JN441440

C++ 에브리원 제2판

C++ FOR EVERYONE 2/E

CAY HORSTMANN 지음
유현중 옮김

C++ FOR EVERYONE (2/e)

저자 머리말

Preface

이 책은 요점과 효율적 학습에 초점을 맞춘 C++ 및 컴퓨터 프로그래밍에 관한 소개서이다. 이 책은 학생들의 폭넓은 관심과 기량을 충족시키도록 설계되었으며, 컴퓨터과학자, 공학자, 그리고 기타 학생들을 위한 첫 프로그래밍 과목에 적합하다. 사전 프로그래밍 경험이 전혀 필요하지 않으며, 약간의 고등학교 수학 정도만 필요하다. 이 책의 핵심 특징은 다음과 같다.

가이드와 데모 예제들로 학생들의 성공적 학습을 돕는다.

초보 프로그래머들이 종종 "어떻게 시작하나요? 이제 뭘 해야 하나요?"라고 묻곤 한다. 물론, 프로그래밍처럼 복잡한 활동은 요리책 스타일의 설명으로 간략화될 수는 없다. 그러나, 단계적 가이드가 자신감을 쌓고 당면한 작업에 관한 개요를 제공하는 데 크게 도움이 된다. '문제 해결하기' 섹션들은 설계와 계획의 중요성을 강조한다. '방법' 가이드는 학생들의 공통적 프로그래밍 작업을 도와준다. 추가 데모 예제들은 온라인으로 제공된다.

연습문제로 완벽을 기한다.

물론 프로그래밍을 하는 학생들은 만만찮은 프로그램들을 구현할 수 있어야 하지만, 우선 해낼 수 있다는 자신감을 먼저 가져야 한다. 이 책은 각 절의 끝에 풍부한 자체 검사 질문들을 포함하고 있다. 'Practice It(연습하기)' 포인터들은 각 절 후에 시도할 연습문제들을 제공한다. 각 장의 끝에는 매우 다양한 프로그래밍 과제가 있으며, 간단한 연습문제에서부터 실제 응용까지를 망라한다.

C++이나 객체지향뿐만이 아니라 컴퓨터과학 원리도 가르친다.

이 책은 C_{++} 프로그래밍 언어를 컴퓨터과학 개념을 소개하기 위한 수단으로 사용한다. 학생들의 능력을 갖춰줄 현대 표준 C++ 특징에 초점을 맞춰서 C++ 언어의 주요 요소들을 다룬다. 이 책은 끝의 장들에 있는 클래스 설계에 들어가기 전에, 제어 구조, 절차 분해, 배열 알고리듬을 강조하는 전통적 노선을 따른다.

Visual features help the reader with navigation

시각적 접근법으로 독자를 자극하며 검색을 쉽게 만든다.

사진들이 컴퓨터 개념의 본질과 작용을 설명해주는

시각적 유추를 제공한다. 단계적 그림들로 복잡한 프로그램 연산들을 예를 들어 설명해준다. 문법 상자들과 보기 표들은 다양한 대표적인 경우들 및 특수한 경우들을 간략한 형태로 제공한다. 텍스트로 된 내용에 집중하기 전에 시각 자료들을 훑어 보는 것으로 쉽게 '지형(lay of the land)' 을 파악할 수 있다.

기술적으로 세밀하면서도 본질에 초점을 맞춘다.
백과사전적으로 내용을 담는 것은 초보 프로그래머들에게 도움이 되지 않는다. 그러나, 그 반대인, 즉, 지나치게 간단한 중요 항목들을 나열만 하는 형태도 마찬가지이다. 이 책에서는 본질적인 내용들이 소화 가능한 정도의 크기로 제공되고, 독자가 추가 지식을 받아들일 준비가 되었을 때 별도의 노트를 통해 훌륭한 연습문제 또는 언어 특징들이 소개된다. 이 책에는 안다고 착각하게 하는 인위적인 과도한 간략화는 없다.

2판의 새로운 점

문제 해결 전략

이 판에 추가된 것으로서, 학생들이 프로그래밍 문제들에 대한 솔루션을 고안하고 평가하는 것을 도와줄 수 있는 기술들을 실질적이고 단계적으로 예를 들어 보여준다. 적절한 곳에 소개된 이들 전략은 많은 학생들의 성공을 가로막는 장애물들을 제거한다. 다음과 같은 전략들이 포함되어 있다.

- 알고리듬 설계
- 손으로 샘플 계산을 해보기
- 흐름도
- 시험 사례
- 그림 그리기(포인터 다이어그램)
- 객체 따라가기(상태와 동작을 확인하면서)
- 클래스 알기
- 단계적 공략
- 알고리듬 조정하기
- 물리적 객체들을 다룸으로써 알고리듬을찾아내기
- 연필로 따라가기(Hand-Tracing)
- 스토리 보드
- 재사용 가능한 함수들

선택적 엔지니어링 연습문제

매장 끝의 연습문제들은 과학 및 공학 영역 문제들로 개선되었다. 전공으로 C++를 배우는 학생들을 대상으로, 이 연습문제들은 그 분야들에서의 프로그래밍의 가치를 예시하도록 설계되었다. 추가 연습문제들은 이 책의 자매 웹사이트에서 받을 수 있다.

새롭고 재정비된 주제들

사용자 피드백을 반영하고 주제의 흐름을 개선하도록 모든 장들이 발전적으로 개정되었다. 루프 알고리듬들이 이제는 4장에 뚜렷하게 등장한다. 디버깅은 5장의 자세한 Worked Example에 소개된다. 배열은 6장에서 벡터가 소개되기 전에 다뤄지며, 벡터 알고리듬에 관한 새 절은 그 장에서 먼저 소개된 배열 알고리듬을 배경으로 한다. 구조체 유형에 관한 새 절(옵션)이 7장에 있다. 새로운 예제 표, 사진, 연습문제들이 책 전반에 거쳐 등장한다.

책 둘러보기

이 책의 핵심 내용은 다음과 같다:

1장. 소개
2장. 기본 데이타 유형
3장. 판단
4장. 루프
5장. 함수
6장. 배열과 벡터

시스템 및 임베디드 프로그래밍을 필요로 하는 엔지니어들을 위한 과목에서는 포인터에 관한 7장을 다뤄야 한다. 7.1절과 7.4절은 10장에서 다형성을 갖는 포인터를 사용하기에 충분하다.

파일 처리는 8장의 주제이다. 8.1절은 텍스트 파일 읽기 및 쓰기에 대한 소개를 위해 미리 다뤄져도 된다. 이 장의 나머지는 실제 응용을 위한 부가적인 내용들을 제공한다.

9장과 10장은 C++의 객체 지향 특징을 소개한다. 9장은 클래스 설계 및 구현을 소개한다. 10장은 상속과 다형성을 다룬다.

11장. 재귀
12장. 정렬과 탐색
13장. 리스트, 스택, 큐
14장. 집합, 지도, 우선 순위 큐

그림 1은 각 장 간의 관련성을 보여준다.

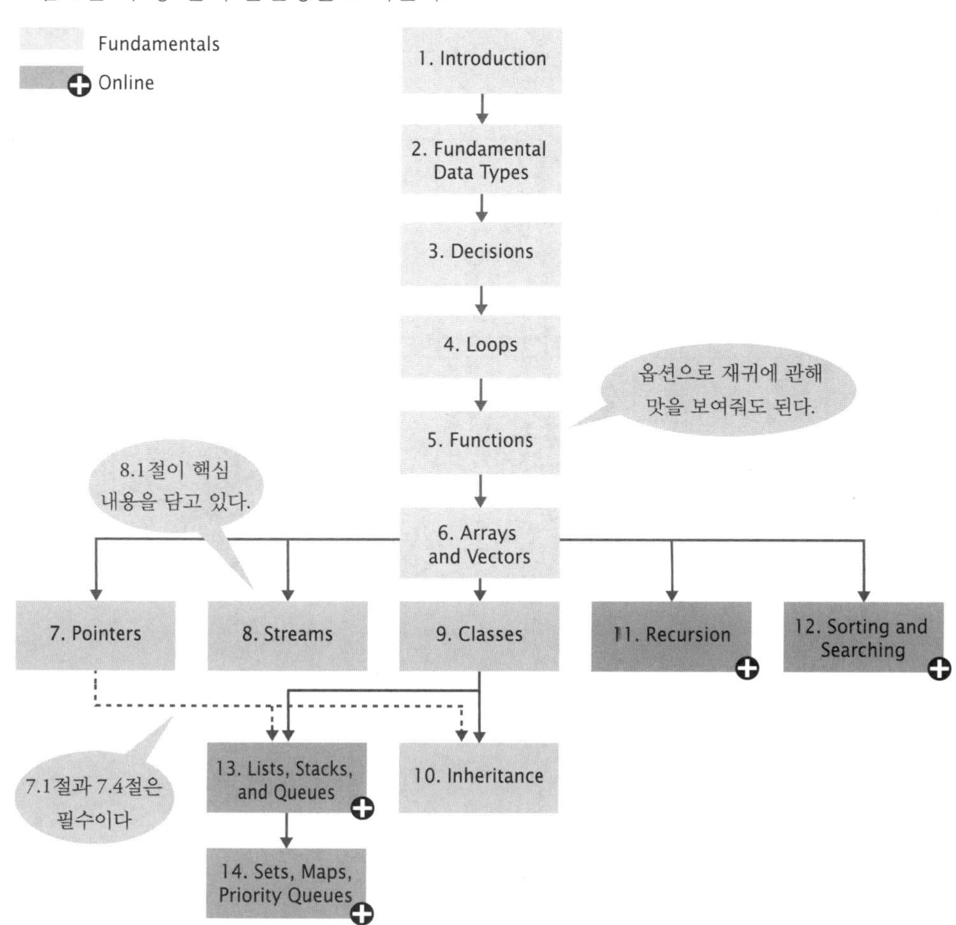

그림 10.1 각 장 간의 관련성

학습 보조물에 대한 안내

이 책의 교육학적 요소들이, 프로그래밍에 관한 핵심 개념과 기본 원리에 초점을 맞추고, 이들을 보강하기 위해 이들 기초를 지원하고 깊이 있게 만들도록 짜여있는 보조 팁 및 디테일과 협력한다. 장의 목적들과 풍부한 연습문제 같은 종래의 특징들 외에, 각 장은 작금의 시각적 학습자들에 맞춰진 요소들을 포함한다.

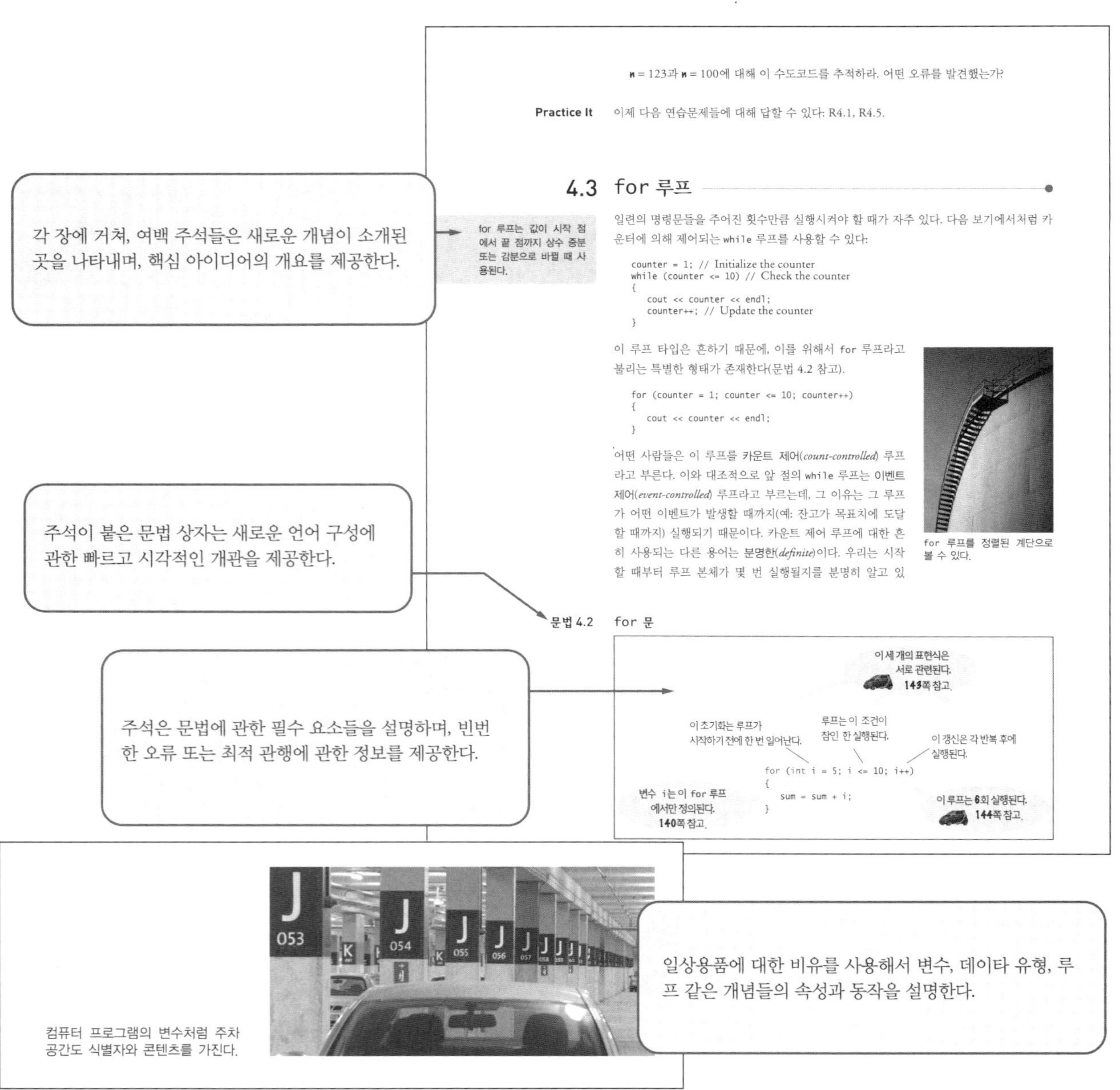

기억하기 쉬운 사진들로 비유를 보강해서 학생들이 개념을 기억하는 데 도움을 준다.

과일 파이 요리법에 아무 과일 종류나 사용하게 되어 있을 수 있다. 이때의 '과일'이 파라미터 변수이다. 사과와 체리가 인수의 예이다.

문제 해결하기 절은 보통 연필과 종이 또는 여타 물건들을 이용해서, 아이디어를 생산하고 제안된 솔루션을 평가하는 기술을 가르친다. 이들 절은 학생들을 성공하게 만드는 대부분의 계획 및 문제 풀기가 컴퓨터 밖에서 일어남을 역설한다.

시작해보자—동전 몇 개를 일렬로 늘어놓고 위의 세 연산을 시도해서 감을 익힌다.

그렇게 하는 것이 배열의 전.후반을 교환하는 우리의 문제에 어떻게 도움이 되는가?

맨 앞과 다섯 번째 동전을 서로 자리를 바꾼다. 우리는 C++ 프로그래머이므로 위치 0과 4의 동전들을 교환한다고 표현할 것이다:

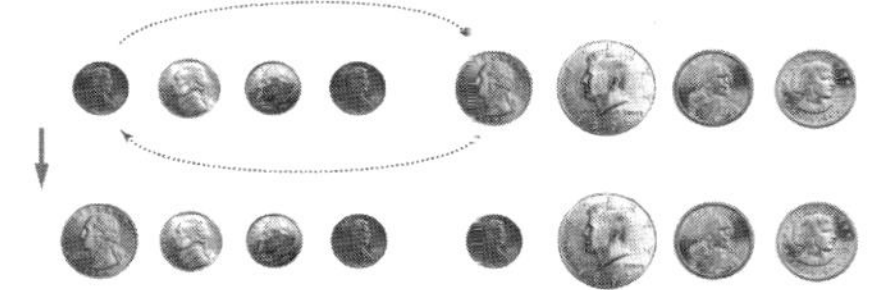

그 다음, 위치 1과 5의 동전들을 서로 교환한다:

How to 1.1 수도코드로 알고리듬을 기술하기

C++로 프로그램을 작성하기 전에, 알고리듬(특정 문제에 대한 솔루션에 도달하기 위한 방법)을 세워야 한다. 수도코드 알고리듬(영어로 표현된 일련의 정밀한 단계들)을 작성하자.

예를 들어, 다음 문제를 고려하자. 둘 중에 한 차를 사려고 한다. 하나는 연비가 더 좋으나, 더 비싸다. 두 차의 가격과 연비(갤런 당 마일, mpg)를 안다고 하자. 차를 십 년 동안 유지할 계획이다. 휘발유가 갤런 당 $4이고, 1년에 15,000마일을 주행한다고 가정하자. 차 값을 현금으로 지불할 것이므로 융자 비용은 걱정하지 않아도 된다. 어떤 차를 사는 것이 더 유리한가?

단계 1 입력과 출력을 결정한다.

이 보기 문제에는 다음과 같은 입력이 있다.

- **purchase price1** 그리고 **fuel efficiency1**, 첫 번째 차의 가격과 연비(mpg 단위)
- **purchase price2** 그리고 **fuel efficiency2**, 두 번째 차의 가격과 연비

단지 어떤 차를 구매하는 것이 더 유리한지 알고 싶다. 이것이 원하는 출력이다.

How To(방법) 가이드는 계획과 시험을 강조하면서 일반 프로그래밍 작업을 단계적으로 지도한다. "이제 뭘 하나요?" 같은 초보자 질문에 답하며, 핵심 개념을 문제 해결 시퀀스에 통합시킨다.

데모 예제 1.1 마루에 타일을 깔기 위한 알고리듬 작성하기

이 데모 예제는 칼라를 교대로 바꾸며 타일을 깔기 위한 알고리듬을 세우는 방법을 보여준다.

데모 예제는 How To(방법)의 단계들을 다른 예제에 적용하고, 그들이 다른 프로그래밍 문제에 대한 솔루션을 계획, 구현, 시험하는 데 어떻게 이용될 수 있는지를 보여준다.

표 2.3 C++의 변수 이름

변수 이름	설명
`can_volume1`	변수 이름은 문자, 숫자, 밑줄 표시 글자로 구성된다.
`x`	수학에서는 x나 y 같은 짧은 이름을 사용한다. 이것은 C++에서도 합법적이나, 프로그램을 이해하기 어렵게 만들 수 있기 때문에 이런 이름은 흔히 쓰이지 않는다(37쪽의 팁 2.1 참고).
⚠ `Can_volume`	**주의:** 변수 이름은 대소문자 구분된다. 이 변수 이름은 `can_volume`과 다르다.
⃠ `6pack`	**오류:** 변수 이름은 숫자로 시작할 수 없다.
⃠ `can volume`	**오류:** 변수 이름은 빈칸을 포함할 수 없다.
⃠ `double`	**오류:** 예약어를 변수 이름으로 사용할 수 없다.
⃠ `ltr/fl.oz`	**오류:** /나 . 같은 기호를 사용할 수 없다.

보기 표들은 여러 개의 구체적 예들로 초보자들을 도와준다. 이 표들은 빈번한 오류를 지적하고 그 절의 주제에 대한 다른 빠른 참조를 제시한다.

그림 4.3 for 루프의 실행

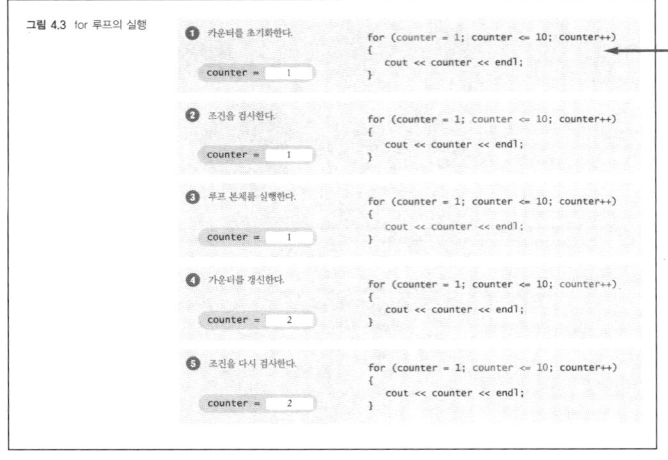

진행형 그림들은 코드 조각들을 따라가면서 학생들이 프로그램 흐름을 시각화할 수 있게 도와준다. 칼라를 일관성 있게 사용해서 변수 및 여타 요소들을 쉽게 인식할 수 있게 해준다.

그림 5.6 balance와 account가 값 파라미터일 때

수 balance가 생성되어 ❶ harrys_account와 똑같은 값으 로 설정된다❷. 그러고 나서 balance가 수정된다❸. 물론, 수이기 때문에 harrys_account에 영향을 주지 않는다. 함수 지고, harrys_account에서 인출되는 금액은 없다❹.

각 절 끝의 자체 검사 연습문제는 학생들이 새로운 내용에 관해 사고하게 만들도록 설계되었으며, 강의 때의 토론을 유발할 수 있다.

자체검사

11. invtabel.cpp 프로그램의 for 루프를 while 루프로 작성하라.
12. 다음 루프는 몇 개의 수를 출력하는가?

```
for (int n = 10; n >= 0; n--)
{
   cout << n << endl;
}
```

13. 10~20 사이의 모든 짝수를 출력하는 for 루프를 작성하라.
14. 1부터 n까지의 정수들의 합을 계산하는 for 루프를 작성하라.
15. 투자액이 두 배가 될 때까지 모든 잔고를 출력하려면 invtable.cpp의 for 루프를 어떻게 변경하면 되는가?

Practice It 이제 다음 연습문제들에 대해 답할 수 있다: R4.2, R4.7, P4.12.

옵션인 엔지니어링 연습문제는 학생들이 전문 분야의 응용 문제를 접하게 해준다.

엔지니어링 P7.20 동심 원형 트랙을 운전자가 없는 열차들이 도는 '대중 이동' 시스템을 위한 제어 소프트웨어를 시뮬레이션하는 프로그램을 작성하라. 스위치들에 의해 열차들이 트랙을 바꿀 수 있다.

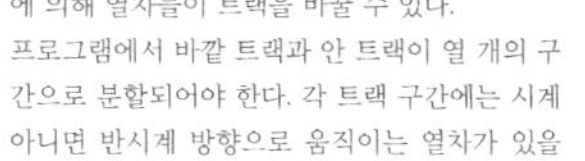

프로그램에서 바깥 트랙과 안 트랙이 열 개의 구간으로 분할되어야 한다. 각 트랙 구간에는 시계 아니면 반시계 방향으로 움직이는 열차가 있을 수 있다. 열차는 그의 트랙의 인접 구간으로 이동하거나, 또는, 만일 그 구간이 점유되어 있으면, 다른 트랙의 인접 구간으로 이동한다.

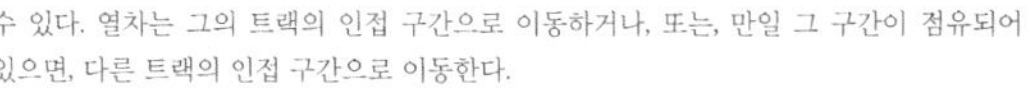

ch07/accounts.cpp

```
#include <iostream>

using namespace std;

int main()
{
   double harrys_account = 0;
   double joint_account = 2000;
   double* account_pointer = &harrys_account;

   *account_pointer = 1000; // Initial deposit

   *account_pointer = *account_pointer - 100; // Withdraw $100
   cout << "Balance: " << *account_pointer << endl; // Print balance

   // Change the pointer value
   account_pointer = &joint_account;

   // The same statements affect a different account
   *account_pointer = *account_pointer - 100; // Withdraw $100
   cout << "Balance: " << *account_pointer << endl; // Print balance

   return 0;
}
```

실행 결과

```
Balance: 900
Balance: 1900
```

프로그램 리스팅은 단순한 칼라 코딩 이상으로서, 쉽게 읽을 수 있도록 세심하게 설계되었다. 함수들은 연한 윤곽선으로 구분된다.

빈번한 오류는 발생 원인 및 대책과 함께, 학생들이 흔히 범하는 오류를 설명한다.

빈번한 오류 2.1 **미정의(undefined) 변수 사용하기**

변수를 처음 사용하기 전에 먼저 정의해야 한다. 예를 들어, 다음 명령 시퀀스는 불법이다:

```
double can_volume = 12 * liter_per_ounce;
double liter_per_ounce = 0.0296;
```

프로그램의 명령문들은 순서대로 컴파일된다. 컴파일러가 첫 명령문에 도달했을 때, `liter_per_ounce`가 다음 줄에서 정의될 것임을 모르므로 오류를 보고한다.

프로그래밍 팁은 좋은 프로그래밍 습관에 관해 설명하고, 팁과 핸드 트레이싱(hand-tracing) 같은 기술들로 학생들이 더욱 능력을 갖추도록 독려한다.

프로그래밍 팁 3.6 **핸드-트레이싱(Hand-Tracing)**

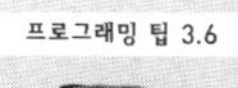

프로그램이 제대로 동작하는지를 이해하기 위한, **핸드-트레이싱**이라고 불리는 아주 유용한 기술이 있다. 프로그램의 동작을 종이 위에 시뮬레이션하는 것이다. 이 방법을 수도코드나 C++ 코드와 함께 사용할 수 있다.

인덱스 카드, 칵테일 냅킨, 또는 손에 닿는 아무 종이든 준비한다. 각 변수에 대해 열을 만들고, 프로그램 코드를 준비해 놓는다. 종이 클립 같은 마커를 사용해서 현재 명령문에 표시한다. 마음 속으로 명령문들을 한 번에 하나씩 실행한다. 변수 값이 바뀔 때마다 이전 값을 선을 그어 지우고, 새 값을 그 밑에 쓴다.

핸드-트레이싱은 프로그램이 제대로 동작하는지를 파악하는 것을 도와준다.

예로서, 94쪽의 프로그램 실행 결과로 얻은 데이타를 갖고 세금 프로그램을 추적하자. 13번과 14번 줄에서 `tax1`과 `tax2`가 0으로 초기화된다.

```
 6 int main()
 7 {
 8    const double RATE1 = 0.10;
 9    const double RATE2 = 0.25;
10    const double RATE1_SINGLE_LIMIT = 32000;
11    const double RATE1_MARRIED_LIMIT = 64000;
12
13    double tax1 = 0;
14    double tax2 = 0;
15
```

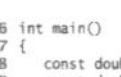

tax1	tax2	income	marital status
0	0		

18번과 22번 줄에서, `income`과 `marital_status`가 입력문에 의해 초기화된다.

```
16    double income;
17    cout << "Please enter your income: ";
18    cin >> income;
19
20    cout << "Please enter s for single, m for married: ";
21    string marital_status;
22    cin >> marital_status;
23
```

tax1	tax2	income	marital status
0	0	80000	m

특강은 필수가 아닌 주제를 소개하고 부가적 설명을 제공한다.

특강 6.2 **정렬 알고리듬**

정렬 알고리듬은 시퀀스의 요소들이 정렬되어 저장되도록 재배치한다. 다음은 **선택 정렬(selection sort)**이라고 불리는 간단한 정렬 알고리듬이다. 다음의 배열 `values`를 정렬해보자.

[0]	[1]	[2]	[3]	[4]
11	9	17	5	12

분명한 첫 단계는 최소 요소를 찾아내는 것이다. 이 경우에 최소 요소는 `values[3]`에 저장되어 있는 5이다. 이 5를 배열의 맨 앞으로 옮겨야 한다. 물론, `values[0]`에는 11이라는 값이 이미 저장되어 있다. 그 때문에 이 11을 어딘가에 옮겨놓지 않고서는 `values[3]`을 `values[0]`에 단순히 옮겨놓을 수 없다. 아직 이 11이 어디로 가야 할지는 모르지만, 분명한 것은 `values[0]`에는 있을 수 없다는 것이다. 단순히 이 11을 `values[3]`과 **교환함**으로써 치워놓는다:

5 9 17 11 12

이제 첫 요소는 올바른 위치에 있다. 앞의 그림에서 어두운 칼라는 이미 정렬된 배열 부분을 표시한다.

그 다음에는 나머지 요소들 `values[1]` … `values[4]`의 최소를 취한다. 이 최소는 9이며, 이미 제자리에 놓여 있다. 이럴 때는 아무 것도 할 필요가 없으며, 단순히 정렬된 영역을 오른쪽으로 한 칸 확장한다:

5 9 17 11 12

Random Fact는 흥미를 유발하고 ACM/IEEE 커리큘럼 가이드라인의 '역사 및 사회적 문맥' 요건을 충족하기 위해 컴퓨팅에 관한 역사 및 사회적인 정보들을 제공한다.

랜덤 팩트 4.1 최초의 버그

전설에 의하면 최초의 버그는 하버드 대학의 거대한 전기기계 컴퓨터인 Mark II에서 발견되었는데, 진짜 벌레 때문에 일어났다. 릴레이 스위치에 나방이 끼인 것이다.

실제로, 운용자가 나방 옆의 일지에 남긴 쪽지를 보면(그림 참고), '버그'라는 용어가 이미 그 당시에 보편적으로 사용된 것으로 보인다.

선구자격 컴퓨터 과학자인 모리스 윌크스는 "왜 그런지, 무어 공대(Moore School)에 있을 때와 그 후에도, 사람들은 항상 프로그램을 바르게 만드는 데 그다지 어려움이 없을 거라고 추정했다. 나는 내 향후 인생의 많은 부분이 내가 짠 프로그램의 실수를 찾아내는 데 소모될 것이란 것을 깨달은 순간을 기억한다."라고 썼다.

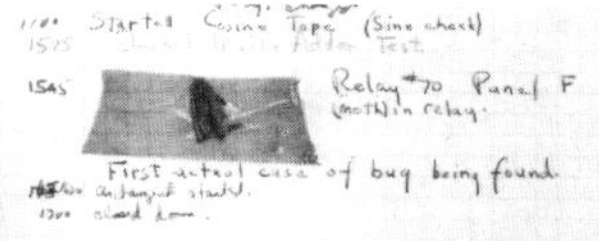

최초의 버그

부록

부록 A는 프로그래밍 스타일 가이드이다. 프로그래밍 숙제를 위한 스타일 가이드를 사용하면 학생들을 좋은 습관으로 안내하고 불필요한 선택을 줄일 수 있다. 스타일 가이드는 강사가 자신이 선호하는 스타일을 반영하기 위해 수정할 수 있도록 전자 양식으로 제공된다.

부록 B와 C에는 C++ 예약어와 연산자들이 정리되어 있다. 부록 D에는 글자 이스케이프 시퀀스와 ASCII 글자 코드 값들이 나열되어 있다. 부록 E에는 이 책에 사용된 모든 라이브러리 함수와 클래스가 기록되어 있다.

이 책의 자매 웹사이트에서 얻을 수 있는 추가 부록들로 네 개의 옵션 장들인 11-14장에서 사용된 함수들과 클래스들을 포함하는 부록 E의 확장 버전, 그리고, 수 체계, 비트, 이동 연산, C++과 Java의 비교를 다루는 부록들이 있다.

학생과 강사 자료

학생과 강사를 위한 다음 자료들은 `www.wiley.com/college/horstmann`에서 받을 수 있다. 두 개의 자매 웹사이트가 이 책에 딸려 있다. 하나는 학생용이며, 다른 하나는 강사들용으로서 등록이 필요하다.

- 과학 및 공학 문제 영역들에 맞춰진 추가 연습문제
- 이 책의 문제 해결 단계들을 다른 실제 예(책에서 아이콘 (⊕)로 표시된)들에 적용하는 Worked Example
- 책의 모든 예제들에 대한 소스 코드
- 모든 복습과 프로그래밍 연습문제들에 대한 솔루션(강사용임)
- 각 장을 요약하고 책의 코드 리스팅과 그림들을 포함하는 강의 프레젠테이션 슬라이드 (파워포인트 포맷)
- 단순히 용어가 아닌, 기술에 초점을 맞춘 테스트 뱅크
- 재귀, 정렬, 검색, 데이타 구조체에 관한 네 개의 추가 장들
- 전자 양식의 프로그래밍 스타일 가이드

`www.wiley.com/college/horstmann`에 있는 C++ *for Everyone* 자매 웹 사이트들을 방문하자.

감사의 글

John Wiley & Sons의 Beth Golub, Tom Kulesa, Andre Legaspi, Elizabeth Mills, Michael Berlin, Lisa Gee, 그리고 이 책 프로젝트를 위해 열심히 일하고 지원해준 Publishing Services의 팀에 감사한다. 특히 막대한 인내심과 꼼꼼함으로 이 책을 가능하게 만들어준 Cindy Johnson에게 깊이 감사한다. 우수한 솔루션을 만든 North Dakota State University의 Jonathan Tolstedt, 테스트 뱅크를 교정하고 향상시킨 University of Kentucky의 Brent Seales, 창의적인 파워포인트 슬라이드를 만든 Polytechnic Institute of New York University의 Evan Gallagher에도 감사한다.

이 책과 첫 판을 검토 및 교재로 시험 사용해준 여러 개인들에게 많은 감사를 보낸다. 개선을 위한 그들의 많은 값진 제안들을 소중하게 생각한다. 거기에는 다음과 같은 이들이 있다.

Charles D. Allison, *Utah Valley State College*
Fred Annexstein, *University of Cincinnati*
Stefano Basagni, *Northeastern University*
Noah D. Barnette, *Virginia Tech*
Susan Bickford, *Tallahassee Community College*
Ronald D. Bowman, *University of Alabama, Huntsville*
Peter Breznay, *University of Wisconsin, Green Bay*
Richard Cacace, *Pensacola Junior College, Pensacola*
Kuang-Nan Chang, *Eastern Kentucky University*
Joseph DeLibero, *Arizona State University*
Subramaniam Dharmarajan, *Arizona State University*
Mary Dorf, *University of Michigan*
Marty Dulberg, *North Carolina State University*
William E. Duncan, *Louisiana State University*
John Estell, *Ohio Northern University*
Waleed Farag, *Indiana University of Pennsylvania*
Stephen Gilbert, *Orange Coast Community College*
Kenneth Gitlitz, *New Hampshire Technical Institute*
Daniel Grigoletti, *DeVry Institute of Technology, Tinley Park*
Barbara Guillott, *Louisiana State University*
Charles Halsey, *Richland College*
Jon Hanrath, *Illinois Institute of Technology*
Neil Harrison, *Utah Valley University*
Jurgen Hecht, *University of Ontario*
Steve Hodges, *Cabrillo College*
Jackie Jarboe, *Boise State University*
Debbie Kaneko, *Old Dominion University*
Mir Behrad Khamesee, *University of Waterloo*
Sung-Sik Kwon, *North Carolina Central University*

Lorrie Lehman, *University of North Carolina, Charlotte*
Cynthia Lester, *Tuskegee University*
Yanjun Li, *Fordham University*
W. James MacLean, *University of Toronto*
LindaLee Massoud, *Mott Community College*
Charles W. Mellard, *DeVry Institute of Technology, Irving*
Ethan V. Munson, *University of Wisconsin, Milwaukee*
Philip Regalbuto, *Trident Technical College*
Don Retzlaff, *University of North Texas*
Jeff Ringenberg, *University of Michigan, Ann Arbor*
John P. Russo, *Wentworth Institute of Technology*
Kurt Schmidt, *Drexel University*
Brent Seales, *University of Kentucky*
William Shay, *University of Wisconsin, Green Bay*
Michele A. Starkey, *Mount Saint Mary College*
William Stockwell, *University of Central Oklahoma*
Jonathan Tolstedt, *North Dakota State University*
Boyd Trolinger, *Butte College*
Muharrem Uyar, *City College of New York*
Mahendra Velauthapillai, *Georgetown University*
Kerstin Voigt, *California State University, San Bernardino*
David P. Voorhees, *Le Moyne College*
Salih Yurttas, *Texas A&M University*

교재로 시험 사용해준 모든 이들에게 특별히 감사한다.

Pani Chakrapani and the students of the University of Redlands
Jim Mackowiak and the students of Long Beach City College, LAC
Suresh Muknahallipatna and the students of the University of Wyoming
Murlidharan Nair and the students of the Indiana University of South Bend
Harriette Roadman and the students of New River Community College
David Topham and the students of Ohlone College
Dennie Van Tassel and the students of Gavilan College

문법 상자 목록

역자 머리말

Preface

이 책을 처음 들여다본 순간 풍부한 연습문제, 그림, 에피소드가 매우 인상적이었다. 다양한 연습문제와 직관적 이해를 돕는 그림과 흥미를 유발하는 에피소드 등은 이 책이 단기간 동안에 쓰여진 책이 아님을 느끼게 해주었으며, 이 책을 쓰기 위해 저자가 꾸준하게 들였을 노력이 엿보였다.

대학에서 강의를 하다 보니 전공서적 번역이 마치 필요악과 같다는 생각이다. 학생들에게 좋은 책과 내용을 접할 수 있는 기회를 제공하기 위해서는 번역서가 필요하다는 사실을 알게 되었으나, 교수로서 끊임 없이 새로운 것을 연구해야 할 때, 이미 잘 알고 있는 내용들을 한글로 바꿔 타이핑하고 있을 때는 갈등을 겪었다. 그럼에도 불구하고 다시 미련하게도 번역에 손을 댄 이유로는 대략 두 가지를 들 수 있다. 첫째는, 이 책의 다양하고 풍부한 연습문제, 그림, 에피소드 등이 무척 인상적이었고, 이러한 저술 구조 및 콘텐츠가 학생들의 이해를 돕고, 그리고 분명하게 이해할 수 있도록 도움을 주기 때문이다. 이 책의 연습문제들이 다루는 분야는 물리, 전기 및 전자공학, 수학 등을 망라한다. 이를 통해 학생들은 다양한 분야에 C++을 응용할 수 있는 능력을 갖추게 될 것이다. 둘째는, 역설적이지만, 학생들이 원서를 볼 수 있는 능력을 키워주기 위해서이다. 이 책의 독자들 대부분이 영문 독해에 어려움을 겪고 있으리라 짐작한다. 영어의 중요성은 여기서 새삼 재강조할 필요가 없을 것이다. 이 책으로 C++을 공부하면서 원서를 같이 비교해서 본다면 영어 공부에도 도움이 될 것이다.

사소하지만 이 책의 좋은 또 다른 특징은 대체로 문장이 매우 짧게 이뤄져 있다는 점이다. 때로는 너무 짧게 문장을 나누고 생략된 접속사가 많아서 어색한 곳도 있다. 그러나, 짧고 간결한 문장체는 특히 엔지니어와 과학자들에게 권장되어야 할 스타일이므로, 가능한 한 원저자가 설명하는 분위기를 그대로 느낄 수 있도록 번역했다. 마치 우리가 작성할 함수와 같이, 한 문장은 하나의 의미만 전달하는 것으로 충분하다.

용어들 중 번역해서 오히려 어색해지거나, 원어로 표기하는 것이 직관적으로 더 나을 때는 원어또는 발음을 사용했다(예: How To, 랜덤 팩트). 그리고, 표현이 천편일률적이지 않도록 신경을 썼다. 예를 들면, "Are you listening to me?"에 대한 "Yes, I' m all ears."라는 대답을 "네 잘 듣고 있어요."라고 너무 친절하게 번역해주는 것이 오히려 바람직하지 않다는 생각이다. 영어의 표현이 다양한 이유도 다양한 이민자와 국제화의 덕일 것으로 생각한다.

원저자가 운영하는 웹사이트(www.wiley.com/college/horstmann) 외에, 역자가 운영할 이 책의 도우미 웹사이트는 cafe.daum.net/RobotVision이다. 보완뿐만 아니라 강의자료, Q&A 등도 제공할 것이니 잘 활용하기 바란다. 아무쪼록, 독자들이 이 책을 통해 C++ 문법뿐만이 아니라, 그를 넘어선 C++ 응용, 그리고 원서와의 대조를 통한 영어 공부 등의 1석 3조 이상의 효과를 얻기를 바란다.

차례

Contents

부록

특징

장	빈번한 오류		How to와 데모 예제	
1 소개	세미콜론 누락	13	수도코드로 알고리듬을 기술하기	19
	단어 철자 오류	16	마루에 타일을 깔기 위한 알고리듬 작성하기	➕ 20
2 기본 데이타 타입	미정의 변수 사용하기	37	여행 시간 계산하기	➕ 53
	비초기화 변수 사용하기	37	계산 수행하기	53
	의도하지 않은 정수 나눗셈	43	우표 가격 계산하기	➕ 56
	짝이 안 맞는 괄호들	44		
	헤더 파일을 잊다	44		
	반올림 오차	45		
3 판단	`if` 조건 다음의 세미콜론	80	`if` 문 구현하기	87
	=와 ==에 대한 혼동	84	중간에서 추출하기	➕ 89
	부동 소수점 수의 정확한 비교	85		
	대롱거리는 `else` 문제	97		
	여러 관계 연산자를 결합하기	105		
	&&와 `||` 조건의 혼동	106		
4 루프	무한 루프	134	루프 작성하기	158
	"도달했나요?"라고 묻지 말라	135	신용카드 처리	➕ 160
	Off-by-One 오류	135		
5 함수	반환값 빠뜨리기	197	함수 구현하기	198
			문자열의 일부를 정합 및 교체하기	➕ 200
			디버거 사용하기	➕ 200
			학점 계산하기	➕ 211
			재귀적으로 생각하기	223

➕ Available online at www.wiley.com/college/horstmann.

⊕ Available online at `www.wiley.com/college/horstmann`.

특징

⊕ Available online at www.wiley.com/college/horstmann.

⊕ Available online at `www.wiley.com/college/horstmann`.

특징

장	빈번한 오류	How to와 데모 예제
11 재귀 (웹)	무한 재귀 ✚ 재귀 함수 따라가기 ✚	
12 정렬과 탐색 (웹)		
13 리스트, 스택, 큐 (웹)		
14 집합, 지도, 우선순위 큐 (웹)		

✚ Available online at www.wiley.com/college/horstmann.

프로그래밍 팁	특강	랜덤 팩트
정렬과 이진 탐색용 라이브러리 함수들 ⊕	객체를 정렬하기 위한 순서화를 정의하는 Quicksort 알고리듬 ⊕	넥타이 목록 작성하기 ⊕
		역 폴란드 표기법 ⊕
	컨테이너 요소들을 위한 순서화 정의하기 ⊕ 상수 반복자 ⊕ 이산적 이벤트 시뮬레이션 ⊕	

CHAPTER 01 소개

Introduction

목표

컴퓨터 구조 배우기
기계 언어와 고수준 프로그래밍 언어 배우기
컴파일러 익히기
첫 C++ 프로그램을 컴파일하고 실행시키기
컴파일-타임과 런-타임 오류 인식하기
수도코드로 알고리듬 기술하기
프로그래밍 활동 이해하기

내용

도구를 모으고, 프로젝트를 탐구하고, 그를 공략하기 위한 계획을 세우듯이, 이 장에서는 프로그래밍 학습을 시작하는 데 필요한 기초를 긁어 모은다. 컴퓨터 하드웨어, 소프트웨어, 그리고 프로그래밍 전반에 관한 간략한 소개 후, 첫 C++ 프로그램을 작성하고 실행하는 방법을 배울 것이다. 프로그래밍 오류를 분석 및 수정하는 방법과, 프로그램 계획 단계에서 알고리듬(문제를 푸는 방법에 관한 단계적 표현)을 기술하기 위해 수도코드를 사용하는 방법도 배울 것이다.

1.1 프로그래밍이란?

컴퓨터는 아주 기본적인 명령들을 연속해서 빠르게 실행한다.

직업상 또는 재미로라도 컴퓨터를 사용해봤을 것이다. 많은 사람들이 인터넷뱅킹 같은 일상적 작업, 또는 기말 리포트를 작성하는 등에 컴퓨터를 사용한다. 컴퓨터는 그런 작업에 적합하다. 컴퓨터는 수들의 합을 구하거나 페이지에서 단어를 찾아내는 일 같은 반복적인 잡일을 싫증을 내거나 지치지도 않고 처리할 수 있다.

컴퓨터의 유연성은 매우 놀랍다. 컴퓨터로 수표책과 잔고를 맞추고, 기말 리포트를 출력하고, 게임을 돌릴 수 있다. 그와 달리, 다른 기계들은 작업 범위가 훨씬 협소하다. 자동차는 굴러가고, 토스터는 빵을 굽는다. 컴퓨터는 각각이 컴퓨터로 하여금 특정 작업을 수행하게 만드는 서로 다른 프로그램들을 실행시키기 때문에, 수행할 수 있는 작업의 범위가 넓다.

컴퓨터 프로그램은 일련의 명령어와 판단이다.

컴퓨터 자체는 데이타(수, 단어, 사진)를 저장하고, 장비(모니터, 사운드 시스템, 프린터)와 대화하고, 프로그램을 실행하는 기계이다. **컴퓨터 프로그램**은 컴퓨터에게 작업을 수행하는 데 필요한 단계들을 아주 상세하게 말해준다. 물리적인 컴퓨터와 주변장치들을 통틀어서 **하드웨어**라고 부른다. 컴퓨터가 실행하는 프로그램은 **소프트웨어**라고 부른다.

작금의 컴퓨터 프로그램들은 너무 복잡해서, 그들이 진짜 지극히 기본적인 연산들로 구성되어 있다고 믿기 어려울 정도이다. 다음은 대표적인 연산의 예이다:

- 이 화면 위치에 붉은 점을 찍어라.
- 이들 두 수를 더하라.
- 만일 이 값이 음수이면, 프로그램을 특정 명령에서 계속하라.

프로그램이 이런 연산들을 무수히 포함하고 있고 또한 컴퓨터가 이들을 무지하게 빨리 실행시킬 수 있기 때문에 컴퓨터 사용자는 이 대화(interaction)가 매끄러울 것으로 오해한다.

프로그래밍은 컴퓨터 프로그램을 설계하고 구현하는 행위이다.

컴퓨터 프로그램을 설계하고 구현하는 행위를 **프로그래밍**이라고 부른다. 이 책에서 컴퓨터를 프로그래밍하는 방법, 즉 컴퓨터가 작업을 실행하게 지시하는 방법을 배울 것이다.

동작과 사운드 효과를 갖춘 컴퓨터 프로그램, 또는 멋진 폰트와 사진을 지원하는 워드프로세서를 작성하는 것은, 여러 명의 고도로 숙련된 프로그래머들을 필요로 하는 복잡한 작업이다. 우리가 수고할 첫 프로그래밍은 더 일상적인 것이 될 것이다. 이 책에서 배울 개념과 기술들이 중요한 기초를 형성하므로 우리가 만든 첫 프로그램이 우리에게 익숙한 복잡한 소프트웨어에 필적하지 못한다고 해도 실망해선 안 된다. 실제로, 단순한 프로그래밍 작업에서도 엄청난 전율을 느낄 것이다. 우리가 한다면 몇 시간이 걸리는 힘들고 단조로운 일을 컴퓨터가 정확하고 빠르게 수행하는 것을 보고, 프로그램을 약간 바꿔서 즉각적 개선으로 이끌고, 컴퓨터가 우리의 정신적 능력의 일부가 되는 것을 보는 것은 놀라운 경험이 될 것이다.

1. 컴퓨터에서 음악을 재생하려면 무엇이 필요한가?
2. 왜 CD 플레이어는 컴퓨터보다 덜 유연한가?
3. 비디오 게임을 하려면 컴퓨터 사용자가 프로그램에 관해서 무엇을 알아야 하는가?

Practice It 이제 다음 연습문제들에 답할 수 있다: R1.1, R1.4.

1.2 컴퓨터 해부

프로그래밍 과정을 이해하기 위해서는 컴퓨터를 구성하는 요소들에 관한 가장 기초적인 것 정도는 이해하고 있어야 한다. 개인용 컴퓨터에 관해 알아 보겠다. 컴퓨터는 클수록 더 빠르고, 크고, 강력한 구성 요소들을 갖고 있지만, 근본적인 설계는 같다.

컴퓨터의 중심에는 CPU(**중앙처리장치**)가 있다(그림 1.1). 이것은 하나 또는 몇 개의 칩들로 구성된다. 컴퓨터 칩(집적회로)은 플라스틱이나 금속 하우징, 금속 커넥터, 주로 실리콘으로 만들어진 내부 배선 등을 갖고 있다. CPU 칩의 경우, 내부 배선이 엄청나게 복잡하다. 예를 들어, 펜티엄 칩(이 책을 쓰고 있을 때 인기 있던 PC용 CPU)에는 **트랜지스터**라고 불리는 부품이 수백만 개가 들어있다.

CPU는 프로그램 제어와 데이타 처리를 담당한다.

CPU는 프로그램 제어와 데이타 처리를 담당한다. 즉, CPU는 프로그램 명령들을 찾아내서 실행하고, 덧셈, 뺄셈, 곱셈, 나눗셈 같은 산술 연산들을 수행하고, 외부 메모리나 장치로부터 데이타를 가져오고, 다시 저장한다.

저장장치에는 메모리와 보조 기억 장치가 포함된다.

컴퓨터는 데이타와 프로그램을 저장한다. 저장장치에는 두 가지가 있다. **주 저장 장치**는 메모리 칩(전기가 공급되어야 데이타를 저장할 수 있는 전자회로)들로 구성된다. **보조 기억 장치**는 대부분 **하드디스크**이며, 전기가 없어도 지속되는 더 싼 저장소를 제공한다. 하드 디스크는 회전하는 플래터(platter, 자기 물질로 코팅되어 있다)와 읽기/쓰기 헤드(플래터의 자기 흐름을 검출 및 변경할 수 있다)로 구성된다(그림 1.2 참고).

그림 1.1
중앙처리장치

그림 1.2
하드 디스크

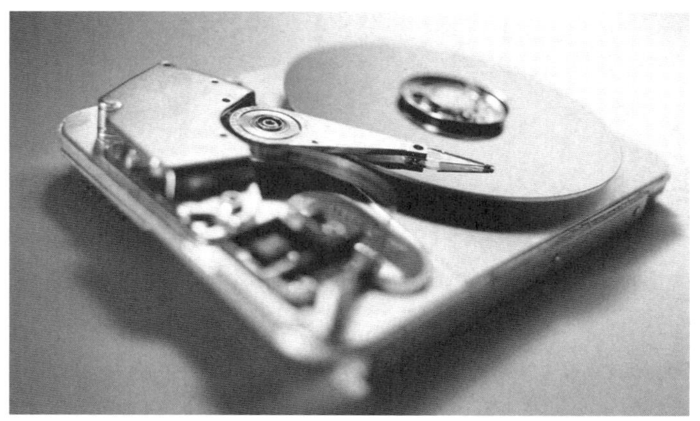

프로그램과 데이타는 보통 하드 디스크에 저장되고, 프로그램이 시작될 때 메모리에 탑재된다. 그러면 프로그램은 메모리의 데이타를 업데이트하고, 수정된 데이타를 다시 하드 디스크에 기록한다.

컴퓨터는 사용자와 대화하기 위해서 주변 장치를 필요로 한다. 컴퓨터는 디스플레이 화면, 스피커, 프린터 등을 통해 사용자에게 정보를 전송한다(**출력**). 사용자는 키보드나 마우스 같은 지시 장치를 통해서 정보를 넣을 수 있다(**입력**).

어떤 컴퓨터들은 독립적이며, 어떤 컴퓨터들은 **네트웍**을 통해 서로 연결되어 있다. 네트웍케이블링을 통해서 컴퓨터는 중앙 저장소로부터 데이타와 프로그램을 읽거나, 다른 컴퓨터로 데이타를 보낼 수 있다. 네트웍으로 연결된 컴퓨터의 사용자는 어떤 데이타가 컴퓨터에 있으며, 어떤 데이타가 네트웍을 통해 전송되는지를 모를 수도 있다.

그림 1.3은 개인용 컴퓨터 구조의 개요를 그림으로 보여준다. 프로그램 명령어와 데이타(텍스트, 숫자, 오디오, 비디오 등)는 하드디스크, DVD 같은 광학 디스크, 또는 네트웍 공간에 저장된다. 프로그램이 시작될 때 메모리로 불려오며, CPU가 읽을 수 있게 된다.

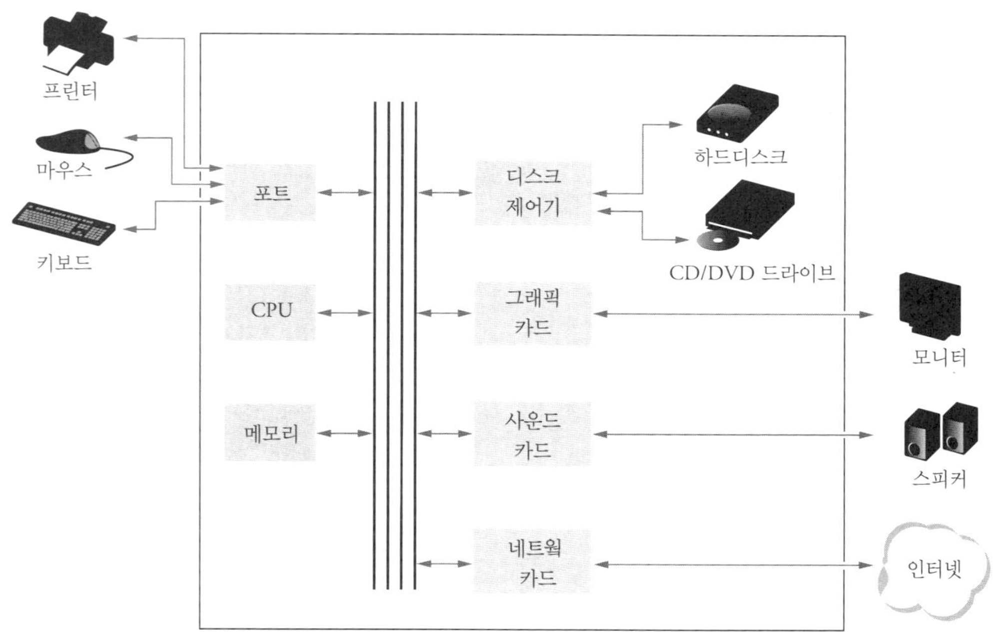

그림 1.3 개인용 컴퓨터의 설계 다이어그램

CPU는 프로그램을 명령어 단위로 읽는다. 명령어들의 지시에 따라 컴퓨터는 데이타를 읽고, 수정하고, 저장한다. 프로그램 명령어들은 CPU가 디스플레이 화면이나 프린터에 점을 찍게 하고, 스피커를 진동시키기도 한다. 이런 동작들이 여러 번 반복, 그리고 매우 빠르게 일어나기 때문에, 사용자에게는 영상이나 소리로 인지된다. 어떤 프로그램 명령어들은 키보드나 마우스로부터 사용자 입력을 읽는다. 프로그램은 이러한 입력들의 특성을 분석해서, 적절한 그 다음 명령을 실행한다.

4. 현재 실행되고 있는 프로그램은 어디에 저장되어 있는가?
5. 컴퓨터의 어디에서 덧셈과 곱셈 같은 산술 연산을 수행하는가?

Practice It 이제 다음 연습문제들에 답할 수 있다: R1.2, R1.3.

랜덤 팩트 1.1 ENIAC과 컴퓨팅의 여명

ENIAC(**electronic numerical Integrator and computer**, 에니악)은 최초의 사용 가능했던 전자 컴퓨터이다. 펜실베이니아 대학의 J. Presper Eckert와 John Mauchly가 설계했으며, 1946년에 완성되었는데, 이는 트랜지스터가 발명되기 2년 전이다. 이 컴퓨터는 큰 방에 설치되었으며, 약 18,000개의 진공관이 들어 있는 여러 캐비닛으로 구성되었다(그림 1.4). 하루에 몇 개 꼴로 진공관이 타버렸다. 직원이 카트에 진공관을 가득 싣고 계속 돌면서 교체했다. 이 컴퓨터는 패널의 선들을 연결해서 프로그래밍되었다. 각 전선 설정에 의해 컴퓨터가 특정 문제를 풀었다. 컴퓨터가 다른 문제를 다루려면 전선 플러그를 뽑아서 다른 곳에 꽂아야 했다.

ENIAC 개발은 바람 저항, 초기 속도, 대기 조건 등에 따른 발사체의 탄도를 제공하는 탄도제원표 계산이 필요했던 미 육군이 지원했다. 탄도를 계산하기 위해서는 특정 미분 방정식의 수치 해를 찾아내야 한다. 그래서 '수치 적분기'라는 별명이 붙었다. ENIAC 같은 기계가 개발되기 전에는 사람이 이런 작업을 했으며, 1950년대까지 '컴퓨터'라는 단어는 이 사람들을 가리켰다. ENIAC은 후에 미국 인구 조사 데이타의 도표 작성 같은 평화적 목적을 위해 사용되었다.

그림 1.4 ENIAC

1.3 기계 코드와 프로그래밍 언어

가장 기본적 레벨에서는 컴퓨터 명령어들은 지극히 원시적이다. 프로세서는 **기계 명령어**들을 실행한다. 전형적인 기계 명령어 시퀀스는 다음과 같다.

1. 메모리 위치 40000의 내용을 CPU로 이동시킨다.
2. 만일 이 값이 100보다 크면, 메모리 위치 11280에 저장되어 있는 명령어로 계속한다.

컴퓨터 프로그램은 프로세서 종류에 따라 달라지는 코드에 기계 명령어로서 저장된다.

사실상, 기계 명령어들은 숫자로 부호화되어 메모리에 저장 가능하게 된다. 펜티엄 프로세서에서 이 명령어 시퀀스는 다음과 같은 숫자 시퀀스로 부호화된다.

161 40000 45 100 127 11280

다른 제조사의 프로세서에서는 이 부호화가 달라진다. 이 종류의 프로세서가 이 숫자 시퀀스를 불러올 때, 이들을 해독해서 관련된 명령 시퀀스를 실행한다.

우리는 어떻게 명령 시퀀스를 컴퓨터에 전달할 수 있는가? 가장 간단한 방법은 실제 숫자들을 컴퓨터 메모리에 넣는 것이다. 이것은 사실상 초창기 컴퓨터들에 사용된 방식이다. 그러나, 긴 프로그램은 수천 개의 명령어로 구성되며, 모든 명령어들에 대해 수치 코드를 확인해서 코드를 수동으로 메모리에 넣는 것은 따분하고 오류를 유발하는 일이다. 앞에서 언급했듯이, 컴퓨터는 따분하고 오류 유발성인 동작들을 매우 훌륭하게 자동화한다. 컴퓨터 과학자들이 컴퓨터 자체가 프로그래밍 프로세스를 돕도록 이용될 수 있음을 깨닫기까지는 그다지 오래 걸리지 않았다.

C++는 시스템들과 임베디드 프로그래밍에 널리 사용되는 범용 언어이다.

Bjarne Stroustrup

컴퓨터 과학자들은 해결 대상 문제와 더 밀접하게 관련된 문법을 사용해서 프로그래머들이 작업을 기술할 수 있게 해주는 **고수준 프로그래밍 언어**를 만들어냈다. 이 책에서 우리는 Bjarne Stroustrup이 1980년대에 개발한 C++ 프로그래밍 언어를 사용할 것이다.

해를 거치면서 C++에 많은 기능들이 추가되었다. 표준화 작업은 1998년도의 C++ 국제 표준 발간으로 막을 내렸다. 사소한 표준 업데이트가 2003년도에 발행되었다. C++는 현재 데이타베이스와 운영체제 같은 시스템 소프트웨어를 개발하는 데 가장 보편적으로 사용되는 언어이다. 또 다른 중요한 사실로서, C++는 자동차 엔진이나 이동 전화기 같은 장치들을 제어하는 작은 컴퓨터인 '임베디드 시스템'을 프로그래밍하는 데 점점 많이 사용되고 있다.

다음은 C++의 대표적인 명령이다

```
if (int_rate > 100) { cout <<"Interest rate error"; }
```

이것은 '만일 이율이 100을 넘으면, 에러 메시지를 표시하라'를 의미한다. 특수 컴퓨터 프로그램인 컴파일러는 이 고수준 묘사를 특정 프로세서를 위한 기계 명령어들로 번역한다.

고수준 프로그래밍 언어는 프로세서에 대해 독립적이다.

고수준 언어는 하드웨어에 대해 독립적이다. C++ 명령들은 인텔 펜티엄과 이동 전화기의 프로세서에서 동등하게 잘 동작한다. 물론 컴파일러가 생성한 기계 명령어들은 서로 다르나, 컴파일러를 사용하는 프로그래머들은 이 차이에 대해 걱정할 필요가 없다.

6. 컴파일러는 컴퓨터 하드웨어 또는 소프트웨어 중 어디에 속하는가?
7. 사무실에서 컴퓨터를 사용하는 사람은 컴파일러를 실행하는가?
8. C++의 가장 중요한 용도들은 무엇인가?

Practice It 이제 다음 연습문제에 답할 수 있다: R1.5.

랜덤 팩트 1.2 표준 위원회

두 개의 표준위원회, 즉 ANSI(American national standards Institute)와 ISO(International organization for standardization)가 합동해서 C++ 언어의 최종 표준을 세웠다.

왜 표준이 있어야 하는가? 우리는 매일 같이 표준화의 혜택을 보고 있다. 전구를 살 때 집에 있는 소켓과 가게에 있는 전구를 재보지 않고도 소켓에 맞을 것으로 확신한다. 사실상, 비표준 전구를 사용하는 전등을 구매한 적이 있다면 표준이 아니라는 게 얼마나 고역인지를 경험했을 것이다. 그런 전등의 교체용 전구는 찾기도 어렵고 비싸다.

ANSI와 ISO 표준위원회는 자동차 타이어와 신용카드 모양에서부터 프로그래밍 언어에까지 걸친 모든 것들에 대한 표준을 세우는 산업 전문가들의 협회이다. C++ 같은 프로그래밍 언어의 표준을 갖춘다는 것은 우리가 한 제조사의 컴파일러로 한 시스템에서 개발한 프로그램을 다른 시스템에 옮겨서 계속 사용할 수 있음을 확신할 수 있다는 것을 의미한다.

1.4 프로그래밍 환경 익히기

수업에서 사용할 프로그래밍 환경에 익숙해지기 위해 시간을 투자하라.

많은 학생들은 프로그래머로서 필요로 하는 도구들이 자신들이 익숙한 소프트웨어와 많이 다름을 알게 된다. 그러므로 내 프로그래밍 환경에 친숙해지도록 시간을 투자해야 한다. 컴퓨터 시스템들 간 차이가 많기 때문에 이 책에서는 따라야 할 단계들의 개요만을 제공할 수 있다. 직접 해보는 실습에 참여하거나, 많이 아는 친구에게 도움을 요청하는 것도 괜찮은 생각이다.

단계 1 C++ 개발 환경을 시작시킨다.

컴퓨터 시스템들은 이 점에서 매우 다르다. 많은 컴퓨터들에는 프로그램을 작성하고 시험할 수 있는 **통합개발환경**이 있다. 다른 컴퓨터들에서는 우선 워드프로세서 같은 기능을 하는, C++ 명령어를 입력할 수 있는 **편집기**를 띄우고, **콘솔 창**을 열고 프로그램을 실행시키기 위한 명령을 입력한다. 내 환경에서 시작하는 방법을 알아내야 한다.

단계 2 간단한 프로그램을 작성한다.

새 프로그래밍 언어의 맨 처음 프로그램으로서 전통적인 선택은 간단한 인사 "Hello, World!"를 표시하는 프로그램이다. 우리도 이 전통을 따르자. C++의 "Hello, World!" 프로그램은 다음과 같다.

```
#include <iostream>

using namespace std;

int main()
{
   cout << "Hello, World!" << endl;
   return 0;
}
```

다음 절에서 이 프로그램을 분석하겠다.

편집기는 C++ 프로그램 같은 텍스트를 입력 및 수정하기 위한 프로그램이다.

어떤 프로그래밍 환경을 사용하든지, 편집기 창에서 프로그램 명령문을 입력하는 것에서 시작한다.

내 환경에 적합한 단계를 따라서 새 파일을 만들고 `hello.cpp`라고 부르자(만일 내 환경이 파일 이름 외에 프로젝트 이름도 요구하면, `hello`를 프로젝트 이름으로 사용하자). 위에 제공된 것과 **똑같이** 프로그램 명령들을 입력한다. 대안으로, 이 책의 프로그램들이 있는 소스 파일들에 있는 전자 복사물을 찾아서 내 편집기 안에 붙여 넣는다.

C++는 대소문자를 구분한다. 대소문자 구분을 유념한다.

이 프로그램을 작성할 때 다양한 기호들에 주의해야 하고, C++가 **대소문자를 구분**함을 명심한다. 프로그램 리스팅에 나타난 대로 대소문자를 정확히 입력해야 한다. `MAIN` 또는 `Endl`이라고 입력하면 안 된다. 주의하지 않으면 문제가 생긴다(16쪽의 빈번한 오류 1.2를 참고한다).

단계 3 프로그램을 컴파일 및 실행시킨다.

컴파일러는 C++ 프로그램을 기계 코드로 번역한다.

C++ 프로그램을 개발 및 실행하는 과정은 프로그래밍 환경에 따라 많이 다르다. 어떤 통합개발환경에서는 단순히 버튼을 누른다. 다른 환경들에서는 명령을 입력해야 하기도 한다. 이 테스트 프로그램을 실행하면 메시지

```
Hello, World!
```

가 스크린에 나타날 것이다(그림 1.5와 그림 1.6 참고).

프로그램이 개발될 때 안에서 어떤 일이 일어나는지를 아는 게 좋다. 우선 컴파일러가 C++ 소스코드(즉, 내가 작성한 표현들)를 기계 명령문들로 번역한다. 기계 코드는 내가 작성한 코드의 번역본만을 포함한다. 그것만으로는 실제로 프로그램을 돌리기에 부족하다. 창에 문자열을 표시하려면, 상당량의 저수준 액티비티가 필요하다. 내 C++ 개발 환경의

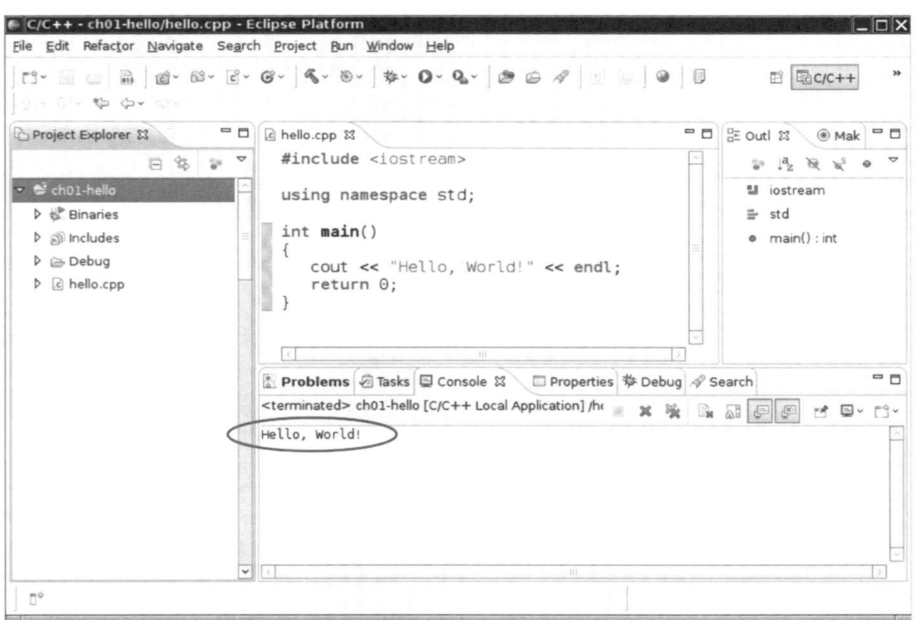

그림 1.5
통합개발환경에서 hello 프로그램을 실행시키기

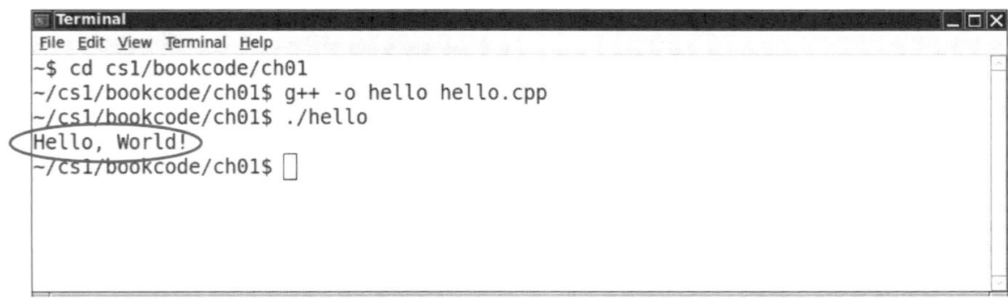

그림 1.6
콘솔 창에서 hello 프로그램을 컴파일 및 실행시키기

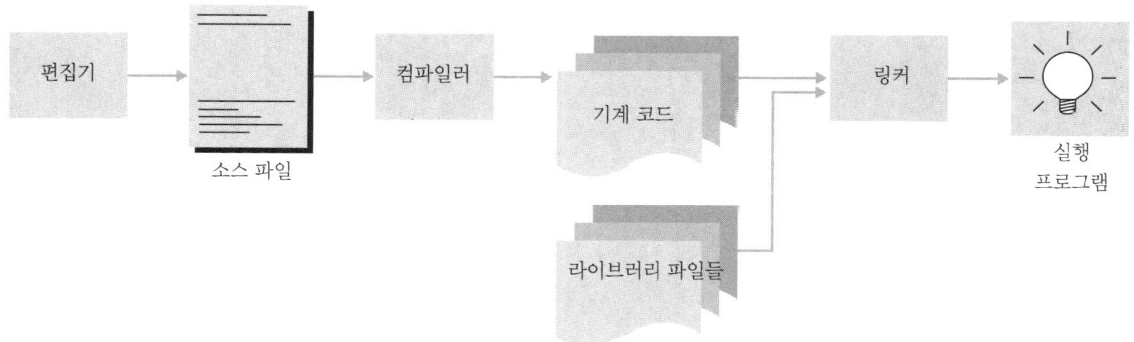

그림 1.7 소스 코드로부터 실행 프로그램까지

개발자들이 cout과 그 기능에 대한 정의를 포함하는 타이브러리를 만들어놨다. **라이브러리**는 내 프로그램에서 사용할 수 있게, 누군가가 프로그램을 작성해서 번역해둔 코드 고음이다(더 복잡한 프로그램들은 둘 이상의 기계 코드 파일과 라이브러리로부터 개발된다). **링커**라고 불리는 프로그램은 내 기계 코드와 C++ 라이브러리에서 필요한 부분을 갖고 실행 파일을 빌드한다(그림 1.7이 이 단계들의 개요를 보여준다). 실행 파일은 컴퓨터 시스템에 따라 다르나 보통 hello.exe 또는 hello라고 불린다. C++ 개발 환경에서 빠져 나와서도 실행 파일을 돌릴 수 있다.

링커는 기계 코드를 라이브러리 코드와 결합해서 실행 가능한 프로그램을 만든다.

단계 4 작업을 체계화한다.

프로그래머로서 우리는 프로그램을 작성하고, 돌리고, 개선한다. 프로그램을 **파일**에 저장한다. 파일은 이름을 가지며, 이름 규칙은 시스템에 따라 다르다. 어떤 시스템은 파일 이름에 빈칸을 허용하나, 그러지 않는 것도 있다. 어떤 것들은 대소문자를 구분하나, 그러지 않는 것도 있다. 대부분의 C++ 컴파일러는 C++ 파일이 **확장자** .cpp, .cxx, .cc, 또는 .C로 끝날 것을 요구한다. 예: test.cpp.

파일들은 **폴더** 또는 **디렉터리**에 저장된다. 폴더는 파일 뿐만 아니라 다른 폴더도 포함할 수 있으며, 이 폴더들 또한 다른 파일과 폴더들을 포함할 수 있다(그림 1.8 참고). 이 계층구조는 매우 커져도 되며, 그 가지들에 대해 신경 쓸 필요가 없다.

그러나, 작업을 정돈하려면 폴더를 만들어야 한다. 프로그래밍 과목마다 폴더를 따르 만들면 좋을 것이다. 그 폴더 안에는 과제마다 별도의 폴더를 만든다.

어떤 프로그래밍 환경은 폴더를 지정하지 않으면 작성한 프로그램을 디폴트 위치에 넣는다. 그 경우, 거기가 어딘지 알아두어야 한다.

내 파일들이 폴더 계층구조의 어디에 들어가는지 알고 있어야 한다. 이 정보는 과제 제출과 **백업용** 복사본을 만드는 데 필수적이다.

만일의 사태에 대비해서 백업용 복사본을 보관하는 전략을 세운다.

앞으로 C++ 프로그램을 만들고 개선하느라 많은 시간을 보낼 것이다. 실수로 파일이 삭제되기도 하고, 컴퓨터 고장으로 파일이 날라가기도 한다. 잃어버린 파일을 좌절하면서 다시 만들게 되지 않으려면 메모리 스틱이나 다른 컴퓨터에 백업용 복사본을 보관하는 습관을 들이도록 한다.

9. 프로그래밍 프로젝트가 어떻게 컴퓨터에 저장되는가?
10. 실행 파일을 텍스트 편집기에 불러오면 무엇이 보일 것으로 예상하는가?
11. 프로그래밍 프로젝트를 하고 있을 때 파일 손실을 막기 위해 어떻게 하고 있는가?

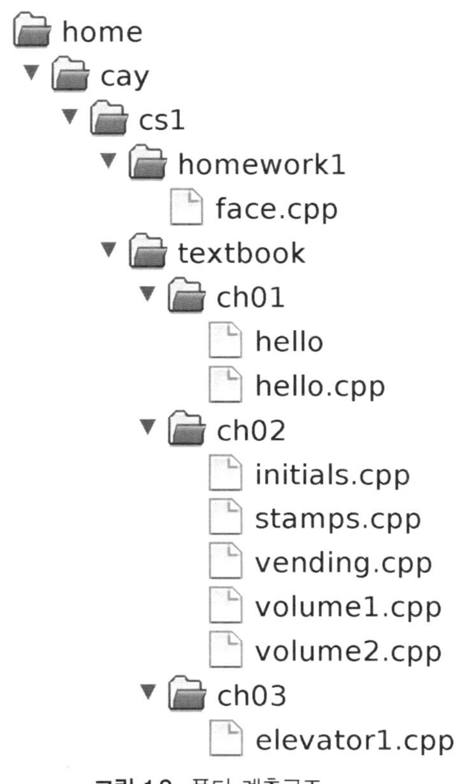

그림 1.8 폴더 계층구조

Practice It 이제 다음 연습문제에 답할 수 있다: R1.6.

프로그래밍 팁 1.1 **복사본을 백업하라**

메모리 스틱에 파일을 백업하는 것은 쉽고 편리한 저장 방법이다. 또 다른 확대되고 있는 백업 형태는 인터넷 파일 저장이다. 몇 가지 조언을 제시한다.

- **자주 백업한다.** 파일 백업은 몇 초밖에 걸리지 않으며, 그렇게 쉽게 저장할 수 있었을 것을 다시 만들기 위해 많은 시간을 소비해야 하는 일이 발생한다면 자신이 원망스러울 것이다. 매 30분마다 작업을 백업할 것을 권장한다.
- **교대로 백업한다.** 하나 이상의 디렉터리에 교대로 백업한다. 즉, 처음에는 첫 디렉터리에 백업하고, 그 다음에는 두 번째 디렉터리에 백업하고, 그 다음에는 세 번째 디렉터리에 한다. 그러고 나서 첫 디렉터리로 돌아간다. 이렇게 하면 항상 세 개의 최근 백업을 보유하게 된다. 만일 가장 최근에 변경한 게 더 나쁘면, 그 이전 버전으로 돌아갈 수 있다.
- **백업 방향에 주의한다.** 백업 작업은 파일을 한 공간에서 다른 공간으로 복사하는 것이다. 이것을 바르게 해야 한다—즉, 작업 공간에서 백업 공간으로 복사해야 한다. 만일 반대로 하면 새 파일을 구 버전으로 덮어쓰게 된다.
- **가끔씩 백업을 점검한다.** 백업들이 있어야 할 곳에 있는지 재확인한다. 필요할 때, 생각한 곳에 있지 않게 되면 그보다 좌절감을 주는 것은 없다.
- **진정한 후, 복구한다.** 파일을 날려버리고 백업에서 복원해야 할 때, 아마도 불만스럽고 신경질적인 상태가 될 것이다. 시작하기 전에 심호흡을 하고 전체 복구 절차를 생각해본다. 불안정한 상태에서 손상된 파일을 복구하려다 마지막 남은 백업조차 삭제해버리는 일도 흔하다.

1.5 나의 첫 프로그램을 분석하기

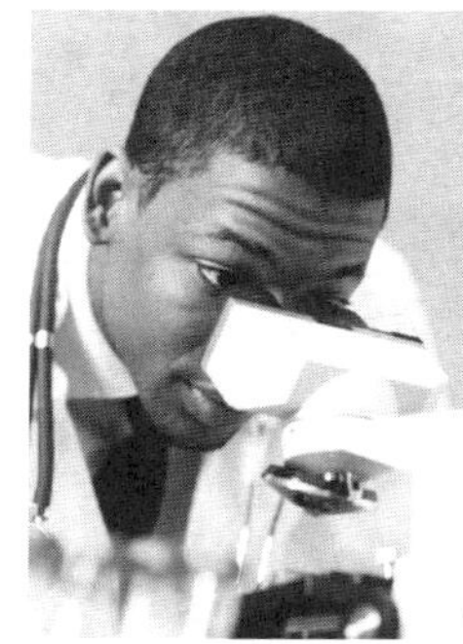

이 절에서는 첫 번째 C++ 프로그램을 자세히 분석한다. 소스 코드를 여기에 다시 싣는다:

ch01/hello.cpp

```
#include <iostream>

using namespace std;

int main()
{
   cout << "Hello, World!" << endl;
   return 0;
}
```

첫 줄

```
#include <iostream>
```

은 컴파일러에게 "스트림 입출력"을 위한 서비스를 포함시키라고 명령한다. 스트림에 관해서는 8장에서 배운다. 지금은 단순히, 입력이나 출력을 수행하는 프로그램에는 이 줄이 들어가야 한다고 알고 있으면 된다.

그 다음 줄

```
using namespace std;
```

는 컴파일러에게 "표준 이름 공간"을 사용하도록 지시한다. 이름 공간은 큰 프로그램에서 이름 간 충돌을 피하기 위한 메커니즘이다. 이름 공간에 신경 쓰지 않아도 된다. 이 책에서 작성할 프로그램들에서는 항상 표준 이름 공간을 사용할 것이다. 작성하는 모든 프로그램의 처음에, `#include` 명령 바로 밑에 단순히 `using namespace std;`을 넣는다.

모든 C++ 프로그램은 main이라고 불리는 함수를 가진다.

다음 구조

```
int main()
{
   ...
   return 0;
}
```

는 값이 0(이 값은 프로그램이 성공적으로 끝났음을 의미한다)인 "정수"(즉, C++에서 `int`라고 부르는, 소수부가 없는 숫자)를 "반환"하는 `main`이라고 부르는 **함수**를 정의한다. **함수**는 특정 작업을 수행하는 프로그래밍 명령문들의 모음이다. 모든 C++ 프로그램은 메인 함수를 가져야 한다. 대부분의 C++ 프로그램이 `main` 외에 다른 함수를 가지며, 함수와 반환 값에 관해서는 5장에서 설명하겠다.

지금은 이 모든 부분들을 간단한 프로그램을 작성하는 데 필요한 배관으로 생각하면 된다. 실행시키고자 하는 코드를 단순히 `main` 함수의 중괄호 안에 넣으면 된다(C++ 프로그램의 기본 구조를 문법 1.1에서 보여준다).

화면에 값을 표시하려면 cout과 << 연산자를 사용한다.

화면에 값을 표시하기 위해서, `cout`으로 불리는 명령과 `<<` 연산자(**삽입 연산자**라고 불리기도 한다)를 사용한다. 예를 들어, 명령문

```
cout << 39 + 3;
```

은 숫자 42를 표시한다.

텍스트 문자열은 큰 따옴표로 묶는다.

명령문

```
cout << "Hello";
```

문법 1.1　C++ 프로그램

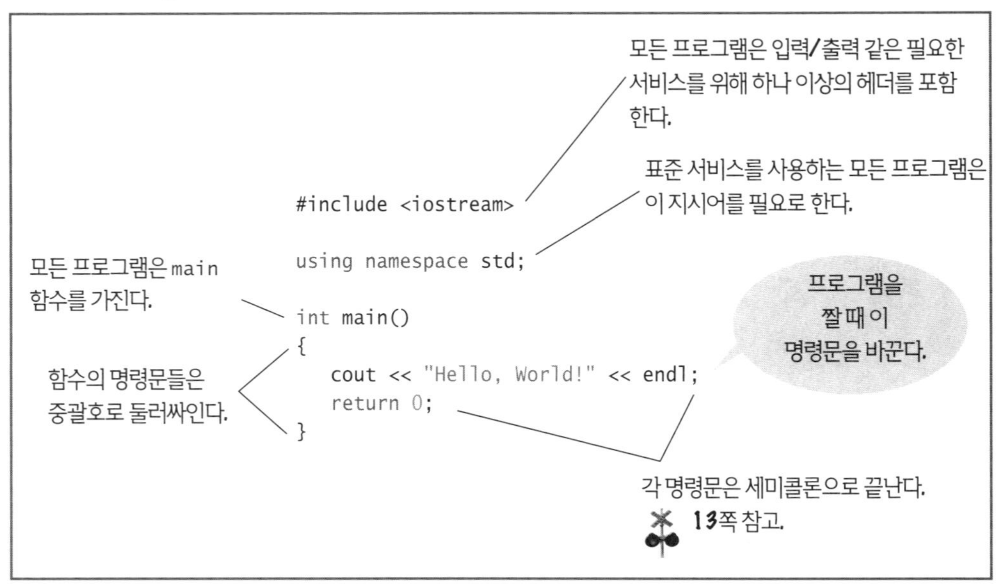

문법 1.2　출력 명령문

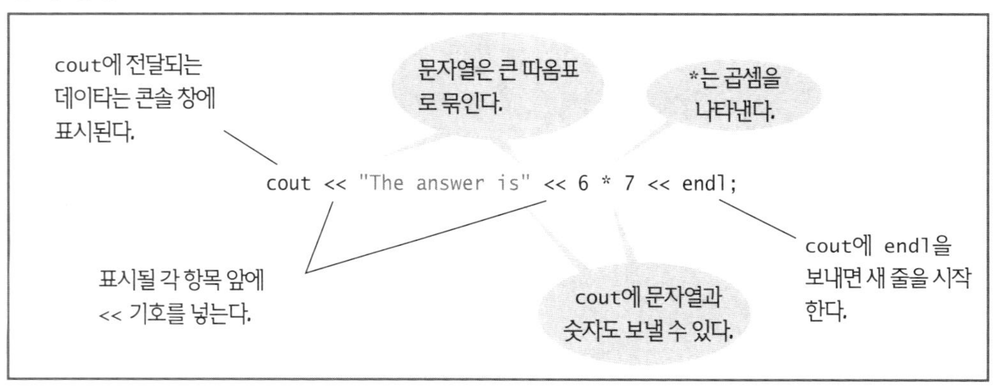

는 **문자열** Hello를 표시한다. 문자열은 일련의 글자들이다. 내가 같은 이름의 함수가 아닌 문자 그대로의 텍스트 "Hello"를 의미하는지를 컴파일러가 알 수 있도록 문자열의 내용은 큰 따옴표로 묶어야 한다.

> 두 숫자를 더하려면 +, 곱하려면 *를 사용한다.

cout에 둘 이상의 항목을 보낼 수 있다. 각각의 앞에 <<를 사용하면 된다. 예를 들어,

```
cout << "The answer is" << 6 * 7;
```

은 The answer is 42를 표시한다(C++에서 *는 곱셈을 나타낸다).

> 출력 줄을 끝내려면 cout에 endl을 보낸다.

endl 기호는 *end of line* 마커를 나타낸다. 이 마커를 cout에 보내면, 커서가 화면에서 다음 줄의 첫 열로 이동된다. 만일 이 마커를 사용하지 않으면, 다음에 표시되는 항목은 단순히 현재 줄의 현재 문자열 다음에 표시된다. 이 프로그램에서는 한 항목만을 출력하나, 일반적으로 우리는 여러 항목을 출력할 필요가 있게 되므로, 모든 출력 줄 끝에 이 마커를 넣는 게 좋다.

> 각 명령문의 끝에 세미콜론을 붙인다.

끝으로, 모든 문장이 마침표로 끝나듯이, C++의 각 명령문이 세미콜론으로 끝남을 주목한다.

12. hello.cpp가 내게 인사하도록 수정하라.
13. 다음 프로그램에서 잘못된 곳은?

```
#include <iostream>
using namespace std;
int main()
{
    cout << Goodbye, World! << endl;
    return 0;
}
```

14. 다음 명령 시퀀스는 무엇을 출력하는가?

```
cout << "Hello";
cout << "World";
```

15. 다음 명령문의 출력은?

```
cout << 2 * 2 << 2;
```

16. 다음 명령문의 출력은?

```
cout << "Hello" << endl << endl << "World";
```

Practice It 이제 다음 연습문제들을 풀 수 있다: R1.7, P1.1, P1.2.

빈번한 오류 1.1

세미콜론 누락

C++에서는 모든 명령문이 세미콜론으로 끝나야 한다. 종종 이를 빠뜨리는 일이 발생하는데, 그러면 컴파일러는 한 명령문의 끝과 다음 명령문의 시작을 구분하기 위해서 세미콜론을 사용하기 때문에 컴파일러를 혼란시킨다. 컴파일러는 명령문의 끝을 인식하는 데 줄 끝이나 닫는 중괄호를 사용하지 않는다. 예를 들어, 컴파일러는

```
cout << "Hello, World!" << endl
return 0;
```

을 한 명령문으로 보고, 다음과 같이 작성한 것으로 간주한다:

```
cout << "Hello, World!" << endl return 0;
```

컴파일러에게 return이란 단어는 출력 명령의 중간에 나오기로 되어 있지 않기 때문에, 컴파일러는 이 명령문을 이해하지 못 한다. 해결 방법은 간단하다. 모든 문장 끝에 마침표가 있어야 하듯이, 모든 명령문 끝에 세미콜론이 있는지 살펴보라.

특강 1.1

이스케이프 시퀀스

다음과 같이 큰 따옴표를 포함하는 문자열은 어떻게 하면 표시할 수 있을까?

```
Hello, "World"
```

다음과 같이 쓰면 안 된다:

```
cout << "Hello, "World"";
```

컴파일러가 "Hello, "를 읽자마자 문자열이 끝났다고 생각하므로, World로 인해 혼란을 겪는다. 컴파일러는 한 가지밖에 생각할 줄 몰라서, 단순하게 분석한 입력이 옳지 않으면, 계속 진행하기를 거부하고 오류를 보고한다. 그 반면에, 인간은 두 번째와 세 번째 큰 따옴표가 문자열의 일부일 것으로 생각할 것이다.

그러면 화면에 큰 따옴표를 어떻게 표시하는가? C++ 설계자들이 이스케이프라는 비상구를 마련해놓았다. 각 따옴표를 백슬래시(\)로 다음과 같이 마킹한다.

```
cout << "Hello, \"World\"";
```

시퀀스 \"는 문자열의 끝이 아니라, 보는 그대로의 따옴표를 표시한다. 이런 시퀀스를 **이스케이프 시퀀스**라고 부른다.

다른 이스케이프 시퀀스들도 있다. 역 빗금을 표시하고 싶으면, 이스케이프 시퀀스 \\를 사용한다. 다음 명령

```
cout << "Hello\\World";
```

는

```
Hello\World
```

를 출력한다.

끝으로, 이스케이프 시퀀스 \n은 화면의 새 줄을 시작하는 **newline** 글자를 나타낸다. 다음 명령

```
cout << "Hello, World!\n";
```

은

```
cout << "Hello, World!" << endl;
```

와 똑같은 효과를 가진다.

1.6 오류

프로그래밍 언어들은 매우 엄격한 규칙을 따른다. 다른 사람과 얘기할 때, 우리는 한두 단어를 우물거리거나 빠뜨려도 보통 의도한 내용을 이해한다. 그러나 C++ 프로그램에서 오류를 범하면, 컴파일러는 의도가 뭔지 추측하려 시도하지 않는다(이것은 사실은 좋은 점이다. 컴파일러가 엉터리로 추측해버리면, 결과 프로그램은 엉뚱한 일을 하게 될 것이고, 처참한 결과를 가져올 수도 있다). 이 절에서 프로그램의 오류에 대처하는 방법을 배운다.

프로그래머들은 컴파일-타임 및 런-타임 오류를 바로 잡느라 많은 시간을 소비한다.

hello.cpp 프로그램으로 조금 연습해보자. 다음과 같은 타이핑 오류를 범하면 어떻게 될까?

```
cot << "Hello, World!" << endl;
cout << "Hello, World! << endl;
cout << "Hollo, World!" << endl;
```

첫 번째 경우에 컴파일러는 cot이 무엇을 의미하지 알 수가 없다고 불평할 것이다. 오류 메시지의 정확한 자구는 컴파일러에 따라 다르지만, 대충 "Undefined symbol cot" 정도

컴파일-타임 오류(compile-time error)는 컴파일러에 의해 검출되는 프로그래밍 언어 규칙에 대한 위반이다.

일 것이다. 이것은 **컴파일-타임 오류** 또는 **문법 오류**이다. 언어 규칙에 의하면 뭔가가 틀렸고, 컴파일러가 그것을 찾아낸 것이다. 하나 이상의 오류를 발견하면, 컴파일러는 프로그램을 기계 코드로 번역하지 않으며, 그 결과, 실행할 프로그램이 존재하지 않게 된다. 오류를 바로 잡아서 다시 컴파일해야 한다. 컴파일이 성공하기까지 보통 컴파일-타임 오류 수정 작업을 몇 번쯤 거치게 된다.

오류를 발견하면 컴파일러는 단순히 정지하고 포기하지는 않는다. 한 번에 모두 수정할 수 있도록, 찾아낼 수 있는 모든 오류를 보고한다. 그러나, 때때로 하나의 오류가 미궁에 빠지게 한다. 이런 일은 두 번째 줄의 오류로 인해 발생할 수 있다. 프로그래머가 닫는 따옴표를 빠뜨렸기 때문에 컴파일러는 문자열의 끝을 계속 찾으려 할 것이다. 그럴 경우 보통 컴파일러가 이웃 줄들에 대해 틀린 보고를 제공한다. 따라서, 이해할 수 있는 오류 메시지만 고치고, 다시 컴파일하도록 한다.

세 번째 줄의 오류는 종류가 다르다. 프로그램이 컴파일되고 실행될 것이나, 출력은 틀린다. 출력은

런-타임 오류(run-time error)는 프로그램이 프로그래머가 의도하지 않은 동작을 하게 만든다.

```
Hollo, World!
```

가 될 것이다. 이것은 **런-타임 오류**이다. 프로그램이 문법적으로 옳고 뭔가를 하지만, 원래 의도한 것을 하지 않고 있다. 컴파일러는 오류를 찾아낼 수 없고, 프로그램이 실행될 때 테스트하고 출력을 조심스럽게 들여다 봐서 없애야 한다 런-타임 오류는 프로그램의 논리적 결함이 원인이므로, 이들을 흔히 **논리 오류(logic error)**라고 부른다. 어떤 런-타임 오류는 너무 심각해서 **예외(exception**, 오류 메시지와 함께 프로그램을 중단시키는 프로세서로부터의 신호)를 발생시킨다. 예를 들어, 프로그램에 명령문 `cout << 1 / 0;`이 있다면, 프로그램은 "divide by zero" 예외로 종료될 것이다.

프로그램을 개발하는 동안 오류는 피할 수 없다. 일단 프로그램이 길어지면 멍청한 실수를 한 번도 범하지 않고 입력한다는 것은 초인적 집중력을 요한다. 세미콜론이나 따옴표 같은 것들을 예상 이상으로 자주 빼먹게 될 것이나, 이런 문제들은 컴파일러가 찾아줄 것이다.

런-타임 오류를 방지하기 위해서 프로그래머가 프로그램을 검사하고 테스트해야 할 책임이 있다.

런-타임 오류는 더 골치 아프다. 컴파일러는 이들을 발견하지 못할 것이며(컴파일러는 문법만 맞다면 어떤 프로그램이든지 기꺼이 번역하려 들 것이다), 결과 프로그램은 뭔가 틀리게 할 것이다. 프로그램을 테스트하고 런-타임 오류를 찾아내는 것은 프로그램 작성자의 책임이다. 프로그램 테스팅은 이 책에서 여러 번 마주칠 중요한 주제이다.

17. `hello.cpp` 프로그램에서 `main` 뒤의 `( )` 글자들을 빠뜨렸다고 하자. 컴파일-타임 오류와 런-타임 오류 중 어느 것이 발생하겠는가?
18. 컴퓨터를 사용할 때 프로그램이 "붕괴(crash)"(느닷없이 중단)되거나 "무반응 상태(hung)"(입력에 반응하지 못함)가 되는 경우를 경험해 봤을 것이다. 이런 것은 컴파일-타임 오류와 런-타임 오류 중 어느 것인가?
19. 컴파일러 오류가 발생했을 때 프로그램의 런-타임 오류 테스트를 할 수 없는 이유는?

Practice It 이제 다음 연습문제들에 대해 답할 수 있다: R1.10, R.11.

빈번한 오류 1.2 **단어 철자 오류**

단어를 잘못 쓰면 이상한 현상이 발생할 수 있으며, 보통 오류 메시지로는 뭐가 잘못된 것인지 분명하지 않다. 다음은 간단한 철자 오류가 어떻게 문제를 일으킬 수 있는지를 보여주는 좋은 예이다.

```
#include <iostream>

using namespace std;

int Main()
{
   cout << "Hello, World!" << endl;
   return 0;
}
```

이 코드는 Main이라는 함수를 정의한다. Main이 대문자로 시작하고 C++ 언어가 **대소문자**를 구분하므로, 컴파일러는 이것을 main 함수와 같은 것으로 간주하지 않는다. 대소문자는 완전히 다른 것으로 간주되며, 컴파일러에게 Main은 rain보다 main에 더 가깝지도 않다. 컴파일러는 이 Main 함수를 컴파일할 것이나, 링커는 실행 파일을 빌드하려고 할 때, main 함수가 없다고 항의하고 프로그램을 링크하기를 거부할 것이다. 물론, "missing main function"이란 메시지가 어디를 봐야 할 지 실마리는 제공해줄 것이다.

컴파일러가 잘못 가리키고 있는 것처럼 보이는 오류 메시지가 뜨게 되면, 철자나 대소문자를 확인하라. C++에서 대부분의 이름은 소문자만을 사용한다. 만일 기호의 이름을 잘못 쓴다면 (예: cout 대신에 out), 컴파일러는 "undefined symbol" 때문에 불평할 것이다. 이 오류 메시지는 보통 철자 오류를 범했다는 좋은 단서이다.

1.7 문제 해결하기: 알고리듬 설계

곧 계산과 판단을 프로그래밍하는 방법을 배울 것이다. 그러나, 다음 장의 계산 구현 메커니즘을 보기 전에, 그에 앞서는 계획 과정을 자세히 들여다 보자.

애인을 찾아주는 온라인서비스를 가입하라고 부추기는 광고를 본적이 있을 것이다. 그런 것을 어떻게 하는지 생각해보자. 양식을 채워서 보낸다. 다른 사람들도 똑같이 한다. 컴퓨터 프로그램이 그 데이타를 처리한다. 나를 위해서 컴퓨터가 짝을 찾아주는 일을 할 수 있을 것이라고 생각해도 괜찮은가? 컴퓨터가 아니라 남동생이 모든 신청서를 받았다고 하자. 동생에게 뭐라고 지시할 수 있을까? "인라인 스케이팅과 인터넷 검색을 좋아하는 잘 생긴 사람을 찾아라"라고 말할 수는 없다. 빼어난 외모에 관한 객관적 표준이 없을뿐더러, 동생의 의견(또는 디지털 사진을 분석하는 컴퓨터 프로그램의 의견)이 나와 다를 수 있다. 만일 문제를 풀기 위한 지침을 기술해서 줄 수 없다면, 컴퓨터가 요술을 부려서 문제를 풀 수 있는 방법 같은 것은 없다. 컴퓨터는 시키는 것만 할 수 있을 뿐이다. 단지 빨리 할 수 있고, 지겨워하거나 지치지 않을 뿐이다.

완벽한 파트너를 찾는 것은 컴퓨터가 해결할 수 있는 문제가 아니다.

다음의 투자 문제를 생각해보자:

연이율이 5%인 은행계좌에 $10,000을 예금했다고 하자. 원금의 두 배가 되려면 몇 년이 걸리겠는가?

이 문제를 손으로 풀 수 있는가? 물론이다. 잔고를 다음과 같이 계산한다:

년도	이자	잔고
0		10000
1	10000.00 x 0.05 = 500.00	10000.00 + 500.00 = 10500.00
2	10500.00 x 0.05 = 525.00	10500.00 + 525.00 = 11025.00
3	11025.00 x 0.05 = 551.25	11025.00 + 551.25 = 11576.25
4	11576.25 x 0.05 = 578.81	11576.25 + 578.81 = 12155.06

잔고가 적어도 $20,000이 될 때까지 계속한다. 그러면 년도 열의 마지막 숫자가 답이다.

물론 이것을 계산하는 것은 나나 내 동생에게는 아주 지겨운 일이다. 그러나 컴퓨터는 반복적 계산을 빠르고 정확하게 잘 해낸다. 컴퓨터에게 중요한 것은 솔루션을 찾아내기 위한 단계를 기술해주는 것이다. 각 단계는 어림짐작이 필요 없게끔 이해하기 쉽고 명료해야 한다. 다음과 같이 기술한다:

년도 값 **0**, 이자를 위한 열, 그리고 잔고 **$10,000**로 시작한다.

년도	이자	잔고
0		10000

잔고가 **$20,000** 보다 작은 한, 다음 단계들을 반복한다.
　해 값에 **1**을 더한다.
　잔고 **x 0.05**로 이자를 계산한다(즉, **5%** 이율).
　이자를 잔고에 더한다.

년도	이자	잔고
0		10000
1	500.00	10500.00
14	942.82	19799.32
(15)	989.96	20789.28

마지막 년도 값을 답으로 보고한다.

수도코드는 문제를 풀기 위한 일련의 단계들을 형식을 갖추지 않고 기술한 것이다.

물론, 이 단계들은 아직 컴퓨터가 이해할 수 있는 언어로 쓰여있지 않으나, 곧 C++로 표현하는 방법을 배울 것이다. 이 비형식적인 기술을 **수도코드(pseudocode)**라고 부른다.

컴퓨터 프로그램이 아닌 인간이 읽을 것이기 때문에 수도코드에는 엄격한 요건이 없다. 다음은 이 책에서 사용할 수도코드 명령들이다:

- 값이 설정 또는 변경되는 방법을 표현하려면 다음과 같은 명령문을 사용한다.

total cost = purchase price + operating cost

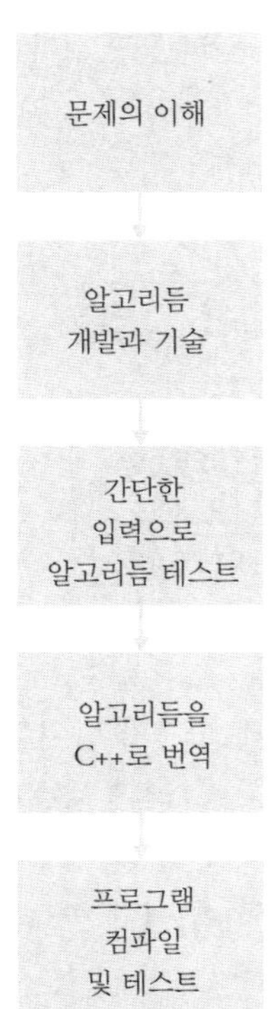

그림 1-9
소프트웨어 개발 프로세스

또는

```
Multiply the balance value by 1.05.
```

또는

```
Remove the first and last character from the word.
```

- 판단과 반복은 다음과 같이 표현할 수 있다.

```
If total cost 1 < total cost 2
While the balance is less than $20,000
For each picture in the sequence
```

어느 명령문들이 선택 또는 반복되어야 하는지를 알려주기 위해 들여쓰기를 사용한다:

```
For each car
    operating cost = 10 x annual fuel cost
    total cost = purchase price + operating cost
```

여기서의 들여쓰기는 각 자동차에 대해 두 명령문이 실행되어야 함을 나타낸다.

- 결과는 다음과 같은 명령문으로 나타낸다:

```
Choose car1.
Report the final year value as the answer.
```

세세한 자구는 중요하지 않다. 중요한 것은 수도코드가

- 모호하지 않고
- 실행 가능하고
- 종료하는(terminating)

일련의 단계들을 표현한다는 것이다.

알고리듬은 솔루션을 찾기 위한 요리법이다.

어떤 방법이든 각 단계에서 무엇을 해야 하는지, 그리고 다음에 어디로 가야 하는지에 관한 정확한 명령들이 있을 때 **모호하지 않다**(*unambiguous*). 어림짐작이나 상상을 위한 여지가 없다. 각 단계가 실제로 실행될 수 있을 때 방법은 **실행가능**(*executable*)하다. 앞으로 연 5%의 고정 이율이 아닌 실질 이율을 사용하는지 물어봤다면, 그 이율이 얼마가 될 지 알 수 있는 사람은 없기 때문에 우리의 방법은 실행 가능하지 않았을 것이다. 만일 언젠가는 끝난다면 방법은 **종료성**(*terminating*)이다. 이 예에서, 약간만 생각하면 이 방법이 영원히 지속되지 않을 것임을 알 수 있다: 반복적으로 잔고가 적어도 $500씩 올라가므로, 언젠가는 $20,000에 도달한다.

문제를 해결하기 위한 알고리듬은 모호하지 않고, 실행 가능하고, 종료성인 단계들의 시퀀스이다.

모호하지 않고, 실행가능하고, 종료성인 단계 시퀀스를 **알고리듬**이라고 부른다. 투자 문제를 풀기 위한 알고리듬을 찾아냈으므로, 컴퓨터를 프로그램해서 솔루션을 찾아낼 수 있다. 알고리듬을 작성하는 것은 작업을 프로그래밍하기 위한 필수 선행 요건이다. 프로그래밍을 시작하기 전에, 풀고자 하는 작업을 위한 알고리듬을 우선 찾아내고 기술해야 한다 (그림 1.9 참고).

20. 이율이 20%이었다고 하자. 투자액이 두 배로 되는데 얼마나 걸리겠는가?
21. 이동통신회사가 300분 통화까지는 $29.95, 그 후에는 분 당 $0.45 플러스 12.5%의 세금과 수수료를 부과한다고 하자. 주어진 통화량에 대해 매월 부과금을 계산할 알고리듬을 제시하라.
22. 여러 사진들 중 가장 매력적인 사진을 찾기 위한 다음 수도코드를 고려하자.

```
Pick the first photo and call it "the best so far".
For each photo in the sequence
    If it is more attractive than the "best so far"
        Discard "the best so far".
        Call this photo "the best so far".
The photo called "the best so far" is the most attractive photo in the sequence.
```

이것은 가장 매력적인 사진을 찾아낼 알고리듬인가?
23. 자체 검사 22의 각 사진에 가격표가 붙어있다고 하자. 가장 비싼 사진을 찾기 위한 알고리듬을 제시하라.
24. 마구 섞여 있는 검정과 하얀 구슬들을 색깔별로 정리하려고 한다고 하자. 다음 알고리듬을 고려하자.

```
Repeat until sorted
    Locate the first black marble that is preceded by a white marble, and switch them.
```

시퀀스 ○●○●● 에 대해 이 알고리듬은 무엇을 하는가? 알고리듬이 정지할 때까지 단계들을 상세히 써보라.
25. 색깔 구슬들이 마구 섞여 있다고 하자. 다음 수도코드를 고려하자.

```
Repeat until sorted
    Locate the first marble that is preceded by a marble of a different color, and switch them.
```

이것은 왜 알고리듬이 아닌가?

Practice It 이제 다음 연습문제들에 답할 수 있다: R1.13, R1.14.

How to 1.1 수도코드로 알고리듬을 기술하기

C++로 프로그램을 작성하기 전에, 알고리듬(특정 문제에 대한 솔루션에 도달하기 위한 방법)을 세워야 한다. 수도코드 알고리듬(영어로 표현된 일련의 정밀한 단계들)을 작성하자.

예를 들어, 다음 문제를 고려하자. 둘 중에 한 차를 사려고 한다. 하나는 연비가 더 좋으나, 더 비싸다. 두 차의 가격과 연비(갤런 당 마일, mpg)를 안다고 하자. 차를 십 년 동안 유지할 계획이다. 휘발유가 갤런 당 $4이고, 1년에 15,000마일을 주행한다고 가정하자. 차 값을 현금으로 지불할 것이므로 융자 비용은 걱정하지 않아도 된다. 어떤 차를 사는 것이 더 유리한가?

단계 1 입력과 출력을 결정한다.

이 보기 문제에는 다음과 같은 입력이 있다.

- **purchase price1** 그리고 **fuel efficiency1**, 첫 번째 차의 가격과 연비(mpg 단위)
- **purchase price2** 그리고 **fuel efficiency2**, 두 번째 차의 가격과 연비

단지 어떤 차를 구매하는 것이 더 유리한지 알고 싶다. 이것이 원하는 출력이다.

단계 2 문제를 더 작은 작업들로 나눈다.

각 차에 대해 전체 차량 유지비를 알아내야 한다. 이 계산을 각 차에 대해 별도로 하자. 각 차의 전체 비용을 구하고 나면, 어떤 차가 더 좋은 선택일지 판단할 수 있다.

각 차의 전체 비용은 **purchase price + operating cost**이다.

십 년 동안 사용량과 휘발유 가격이 일정하다고 가정하므로, 유지비(operating cost)가 한 해 동안의 주행 비용에 의해 결정된다.

유지비는 **10 x annual fuel cost(연간 연료 비용)**이다.

연간 연료 비용은 **price per gallon(갤런 당 가격) x annual fuel consumed(연간 연료 소모량)**이다.

연간 연료 소모량은 **annual miles driven(연간 주행 거리) / fuel efficiency(연비)**이다. 예를 들어, 15,000마일 주행하는 데 연비가 15 mpg라면, 1,000갤런을 소모한다.

단계 3 각 세부 작업을 수도코드로 기술한다.

기술할 때, 다른 계산에서 필요로 할 값들은 중간 중간에 계산해두도록 단계를 세운다. 예를 들어, 단계

```
total cost = purchase price + operating cost
```

는 **operating cost**를 계산한 후에 적는다.

어떤 차를 구입할지를 판단하기 위한 알고리듬은 다음과 같다.

```
For each car, compute the total cost as follows:
    annual fuel consumed = annual miles driven / fuel efficiency
    annual fuel cost = price per gallon x annual fuel consumed
    operating cost = 10 x annual fuel cost
    total cost = purchase price + operating cost
If total cost1 < total cost2
    Choose car1.
Else
    Choose car2.
```

단계 4 문제에 대해 위 수도코드를 테스트한다.

다음의 샘플 값들을 사용할 것이다.

Car 1: $25,000, 50 miles/gallon

Car 2: $20,000, 30 miles/gallon

첫 번째 차의 비용은 다음과 같이 계산한다.

```
annual fuel consumed = annual miles driven / fuel efficiency = 15000 / 50 = 300
annual fuel cost = price per gallon x annual fuel consumed = 4 x 300 = 1200
operating cost = 10 x annual fuel cost = 10 x 1200 = 12000
total cost = purchase price + operating cost = 25000 + 12000 = 37000
```

비슷하게, 두 번째 차의 전체 비용은 $40,000이다. 그러므로, 알고리듬의 출력은 car 1을 선택하는 것이다.

데모 예제 1.1

마루에 타일을 깔기 위한 알고리듬 작성하기

이 데모 예제는 칼라를 교대로 바꾸며 타일을 깔기 위한 알고리듬을 세우는 방법을 보여준다.

⊕ Available online at www.wiley.com/college/horstmann.

요약

'컴퓨터 프로그램'과 프로그래밍을 정의한다.

- 컴퓨터는 매우 기본적인 명령들을 연속해서 빠르게 실행한다.
- 컴퓨터 프로그램은 명령과 판단의 시퀀스이다.
- 프로그래밍은 컴퓨터 프로그램을 설계 및 구현하는 행위이다.

컴퓨터 구성 요소를 설명한다.

- 중앙처리장치(CPU)는 프로그램 제어와 데이타 처리를 수행한다.
- 저장장치에는 메모리와 보조기억장치가 포함된다.

고수준 언어를 기계 코드로 번역하는 과정을 설명한다.

- 컴퓨터 프로그램은 프로세서 유형에 따라 달라지는 코드에 기계 명령어들로서 저장된다.
- C++는 시스템들과 임베디드 프로그래밍에 널리 사용되는 범용 언어이다.
- 고수준 프로그래밍 언어는 프로세서에 대해 독립적이다.

C++ 프로그래밍 환경을 익힌다.

- 수업을 위해 내가 사용할 프로그래밍 환경에 익숙해질 수 있도록 시간을 투자한다.
- 편집기는 C++ 프로그램 같은 텍스트를 입력하고 수정하기 위한 프로그램이다.
- C++는 대소문자를 구별한다. 대소문자 사용에 주의해야 한다.
- 일이 터진 후에 후회하지 않도록 백업 복사본을 만들 전략을 세운다.
- 컴파일러는 C++ 프로그램을 기계 코드로 번역한다.
- 링커는 기계 코드를 라이브러리 코드와 결합해서 실행 가능한 프로그램을 만든다.

간단한 프로그램의 구성 요소를 설명한다.

- 모든 C++ 프로그램은 `main`이라고 불리는 함수를 포함한다.
- `cout`과 << 연산자를 사용해서 화면에 값을 표시한다.
- 텍스트 문자열은 따옴표로 묶는다.
- +는 두 수의 덧셈, *는 두 수의 곱셈에 사용한다.
- cout에 endl을 보내서 표시된 출력 줄을 끝낸다.
- 각 명령문을 세미콜론으로 끝낸다.

프로그램 오류를 컴파일-타임 오류와 런-타임 오류로 분류한다.

- 컴파일-타임 오류는 컴파일러가 찾아낸 프로그래밍 언어 규칙에 대한 위반이다.
- 런-타임 오류는 프로그래머가 의도하지 않은 동작을 프로그램이 행하게 한다.
- 프로그래머는 런-타임 오류를 방지하기 위해서 프로그램을 검사 및 테스트할 책임이 있다.

간단한 알고리듬에 대한 수도코드를 작성한다.

- 수도 코드는 문제를 풀기 위한 일련의 단계들을 형식에 얽매이지 않고 표현한 것이다.
- 문제를 풀기 위한 알고리듬은 모호하지 않고, 실행 가능하며, 종료하는 일련의 단계들이다.

복습 연습 문제

R1.1 컴퓨터 프로그램을 사용하는 것과 컴퓨터를 프로그래밍하는 것의 차이를 설명하라.

R1.2 컴퓨터의 어느 부분이 프로그램 코드를 저장할 수 있는가? 사용자 데이타를 저장할 수 있는 것은?

R1.3 컴퓨터의 어느 부분이 사용자에게 정보를 제공해주는가? 사용자 입력을 받아들이는 부분은?

R1.4 토스터는 단일 기능 장치이지만, 컴퓨터는 여러 가지 작업을 수행하도록 프로그램될 수 있다. 내 이동전화기는 단일 기능 장치인가, 아니면 프로그래밍이 가능한 컴퓨터인가? (이에 대한 답은 이동전화기 모델에 따라 다르다.)

R1.5 기계 코드에 비해 C++를 사용할 때의 두 가지 이점을 설명하라.

R1.6 컴퓨터 또는 노트북에서 다음의 정확한 위치(폴더나 디렉터리 이름)을 찾아보아라.

a. 샘플 파일 `hello.cpp`(개발 환경에서 저장한 다음에)

b. 표준 헤더 파일 `<iostream>`.

R1.7 다음 프로그램의 출력은?

```
#include <iostream>
using namespace std;
int main()
{
   cout << "6 * 7 = " << 6 * 7 << endl;
   return 0;
}
```

R1.8 다음 프로그램의 출력은?

```
#include <iostream>
using namespace std;
int main()
{
   cout << "Hello" << "World" << endl;
   return 0;
}
```

Pay close attention to spaces.

R1.9 다음 프로그램의 출력은?

```
#include <iostream>
using namespace std;
int main()
{
   cout << "Hello" << endl << "World" << endl;
   return 0;
}
```

R1.10 컴파일-타임 오류가 있는 세 버전의 `hello.cpp` 프로그램을 작성하라.

R1.11 컴파일-타임 오류를 어떻게 찾아내는가? 런-타임 오류는 어떻게 찾아내는가?

R1.12 다음 질문을 해결할 알고리듬을 작성하라. 어떤 은행계좌가 $10,000로 시작한다. 이자는 매달 연 6%의 복리로 계산(월 0.5%)된다. 매월, 대학 경비를 충당하기 위해 $500씩 인출된다. 몇 년 후에 계좌가 고갈되겠는가?

R1.13 연습문제 R1.12의 질문을 고려하자. 사용자가 숫자들($10,000, 6%, $500)을 선택할 수 있었다고 하자. 내가 개발한 알고리듬이 종료하지 않을 값들이 있는가? 만일 그렇다면, 알고리듬이 항상 종료하도록 바꿔라.

R1.14 집에 페인트 칠할 비용을 추산하기 위해서, 도장공은 외부 표면적을 알아야 한다. 이 비용을 계산할 알고리듬을 개발하라. 입력은 집의 폭, 길이, 높이, 그리고 창과 문의 수 및 크기이다(창과 문의 크기는 일정하다고 가정한다).

R1.15 통근 때 운전할 것인지, 아니면 기차를 탈 것인지를 판단하려고 한다. 집에서부터 직장까지의 편도 거리를 알고 있으며, 내 차의 연비(갤런 당 마일)도 알고 있다. 그리고 편도 기차 운임도 알고 있다. 휘발유 가격은 갤런 당 $4, 자동차 유지비는 마일 당 5센트라고 가정하자. 어떤 통근 수단이 더 저렴한지 판단하기 위한 알고리듬을 작성하라.

R1.16 내 차를 통근과 사적인 용도로 사용하는 비율을 알고 싶다. 집에서부터 직장까지의 편도 거리를 알고 있다. 특정 기간 동안의 거리계의 시작 및 끝 마일리지와 근무일수를 기록했다. 이 문제를 해결할 알고리듬을 작성하라.

R1.17 19쪽의 *How to* 1.1에 기술된 문제에서, 휘발유 가격과 연간 사용에 관해 가정을 사용했다. 이상적으로, 이러한 가정들 없이 어떤 차를 구매하는 것이 더 유리한지 알고 싶다. 컴퓨터 프로그램이 이 문제를 풀 수 없는 이유는?

R1.18 π의 값은 다음 공식에 의해 계산될 수 있다.

$$\frac{\pi}{4} = 1 - \frac{1}{3} + \frac{1}{5} - \frac{1}{7} + \frac{1}{9} - \cdots$$

π를 계산하는 알고리듬을 작성하라. 이 공식이 무한 급수이며 알고리듬은 유한한 수의 단계 후에 정지해야 하기 때문에, 여섯 유효 숫자 자리까지 계산된 결과를 얻으면 정지해야 한다.

R1.19 남동생한테 내 작업을 백업하는 일을 시켰다고 하자. 동생이 임무를 수행하기 위한 자세한 지시사항들을 작성하라. 동생이 얼마나 자주 임무를 수행해야 하는지, 그리고 어떤 파일들을 어떤 폴더에서 어떤 폴더로 복사해야 하는지를 설명하라. 백업이 제대로 됐는지를 동생이 확인하는 방법을 설명하라.

엔지니어링 R1.20 샌프란시스코의 택시 위원회가 다음의 2013년 요율을 정했다.

- 처음 0.2마일: $3.10
- 추가 0.2마일마다: $0.45
- 대기 또는 교통 체증 1분당: $0.45

'대기 또는 교통 체증'에 대한 요금은 속도가 손익분기점보다 느린 각 분마다 거리 요금 대신에 적용된다. 손익 분기점은 1분에 0.2마일을 주행하는 속도이다.

택시가 일정한 속도로 주행한다고 가정하고, 주어진 시간 동안, 주어진 거리를 가는 데 드는 요금을 산출하는 알고리듬을 세워라.

엔지니어링 R1.21 어떤 차가 정지상태에서 시속 60마일로 가속하는 데 걸리는 시간을 안다고 하자. 이 차가 정지상태에 있다가 주어진 속도까지 가속해서(예: 시속 25마일), 목적지에 도달할 때까지 이 속도로 주행한다고 가정하고, 주어진 거리(예: 5마일)를 주행하는 데 걸리는 시간을 계산하기 위한 알고리듬을 세워라.

힌트: 정지상태에서 출발해서 일정한 비율 a로 t초 동안 가속하는 물체의 이동 거리는 $s = \frac{1}{2}at^2$ 이다.

프로그래밍 훈련

P1.1 인사말(다른 언어도 됨)을 표시하는 프로그램을 작성하라.

P1.2 "Hello, my name is Hal!"라는 메시지를 출력하는 프로그램을 작성하라. 그리고 새 줄에 메시지 "What would you like me to do?"를 출력해야 한다. 그러고 나면 이제는 사용자가 입력을 타이핑할 차례이다. 이 방법을 아직 배우지 않았으니, 다음 코드 줄들을 사용한다.

```
string user_input;
getline(cin, user_input);
```

끝으로, 이 프로그램은 사용자 입력을 무시하고 메시지 "I am sorry, I cannot do that."을 출력한다.

이 프로그램은 `string` 데이타 유형을 사용한다. 이 특징을 이용하려면

```
#include <string>
```

줄을 `main` 함수 앞에 넣어야 한다.

실행 결과 예는 다음과 같다. 사용자 입력을 **칼라로 인쇄**했다.

```
Hello, my name is Hal!
What would you like me to do?
Clean up my room
I am sorry, I cannot do that.
```

이 프로그램을 돌릴 때, 입력 줄의 끝 단어를 타이핑한 후에 Enter 키를 누르는 것을 잊지 않도록 한다.

P1.3 "Hello, my name is Hal!"라는 메시지를 출력하는 프로그램을 작성하라. 그리고 나서, 줄을 바꿔서 "What is your name?"도 출력하게 하라. 연습문제 P1.2에서와 같이 다음의 코드 줄들을 이용하라.

```
string user_name;
getline(cin, user_name);
```

마지막으로, 이 프로그램은 "Hello, *user name*. I am glad to meet you!"도 출력해야 한다. 사용자 이름을 출력하기 위해서는 단순히 다음을 사용하라.

```
cout << user_name;
```

연습문제 P1.2에서와 같이 `main` 함수 앞에

```
#include <string>
```

을 넣어야 한다.

프로그램을 실행하면 다음과 같을 것이다. 사용자 입력은 **칼라로 인쇄**되어 있다.

```
Hello, my name is Hal!
```

```
What is your name?
Dave
Hello, Dave. I am glad to meet you!
```

P1.4 처음 열 개의 양의 정수의 합 1 + 2 + ... + 10을 출력하는 프로그램을 작성하라.

P1.5 처음 열 개의 양의 정수의 곱 1 × 2 × ... × 10을 출력하는 프로그램을 작성하라(C++에서는 곱셈에 *를 사용한다).

P1.6 연 이율이 5%인 계좌의 첫 해, 둘째 해, 셋째 해의 잔고를 출력하는 프로그램을 작성하라.

P1.7 터미널 화면에 다음과 같이 박스 안에 내 이름을 표시하는 프로그램을 작성하라.

```
+----+
|Dave|
+----+
```

| - + 같은 글자들을 사용해서 선과 최대한 비슷하게 표시하라.

P1.8 다음과 같이 내 이름을 대문자로 출력하는 프로그램을 작성하라.

```
*    *    **    ****    ****   *   *
*    *   *  *   *   *   *   *   * *
******  *    *  ****    ****     *
*    *  ******  *   *   *   *    *
*    *  *    *  *    *  *    *   *
```

P1.9 다음과 비슷한(같지는 않은) 얼굴을 출력하는 프로그램을 작성하라.

```
  /////
 +-----+
(| o o |)
 |  ^  |
 | '-' |
 +-----+
```

P1.10 다음과 똑같은 집을 출력하는 프로그램을 작성하라.

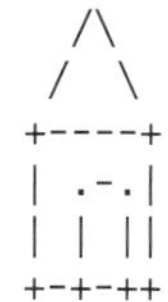

P1.11 다음과 비슷한(같지는 않은), 인사말을 하는 동물을 출력하는 프로그램을 작성하라.

```
 /\_/\      -----
( ' ' )   / Hello \
(  -  ) <  Junior |
 | | |    \ Coder!/
(__|__)     -----
```

P1.12 가장 친한 친구 또는 영화의 이름 등과 같은 세 개의 항목을 세 줄에 따로따로 출력하는 프로그램을 작성하라.

P1.13 좋아하는 시를 출력하는 프로그램을 작성하라. 좋아하는 시가 없다면, 인터넷에서 "Emily Dickinson" 또는 "e e cummings"을 찾아 보아라.

P1.14 피에트 몬드리안의 그림을 모방해서 출력하는 프로그램을 작성하라(그의 그림을 잘 모르면 인터넷을 검색한다). 서로 다른 칼라들에는 @@@ 또는 ::: 같은 연속 글자들을 사용하고, 선을 그리는 데는 -와 |를 사용하라.

P1.15 글자 *와 =를 사용해서 미국기를 출력하는 프로그램을 작성하라.

엔지니어링 P1.16 가스체 거대 행성들(목성, 토성, 천왕성, 해왕성)의 대기는 대부분 수소(H_2)와 그 다음으로 헬륨(He)으로 구성되어 있다. 지구형 행성들의 대기는 대부분이 이산화탄소(CO_2)이며, 금성과 화성의 경우 그 다음으로 질소(N_2)이며, 지구의 경우 대부분 질소(N_2), 그 다음은 산소(O_2)이다. 이 정보들을 행성 유형, 행성 이름, 주요 대기 가스, 두 번째 대기 가스의 네 열을 갖는 차트에 출력하는 프로그램을 작성하라.

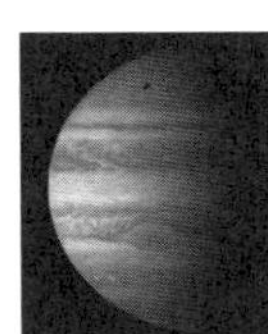

엔지니어링 P1.17 선에 / \ - | + 같은 글자를 사용해서 다음 영상을 표시하는 프로그램을 작성하라. Ω은 'Ohm' 으로 써라.

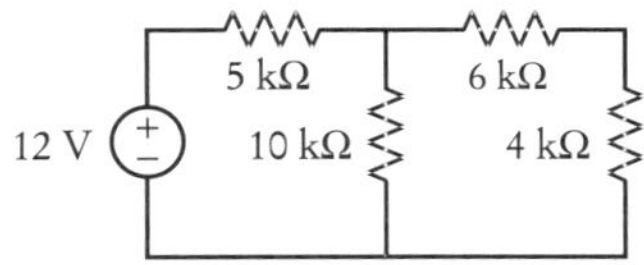

자체 검사 질문에 대한 답

1. CD의 데이타를 읽고, 출력을 스피커와 화면에 내보내는 프로그램.
2. CD 플레이어는 한 가지(음악 CD를 플레이)만 할 수 있으며, 프로그램을 실행할 수 없다.
3. 없음.
4. 보통은 하드디스크인 보조기억장치에.
5. 중앙처리장치.
6. 소프트웨어.
7. 아니오—컴파일러는 프로그래머를 위한 것으로서, 고수준 프로그래밍 명령어들을 기계 코드로 번역한다.
8. 시스템 소프트웨어와 임베디드 시스템.
9. 프로그램은 파일에 저장되고, 파일은 폴더 또는 디렉터리에 저장된다.
10. 글자와 기호들의 랜덤 시퀀스 같은 것을 보게 될 것이다.
11. 파일들과 폴더들을 백업한다.
12. `"World"`를 내 이름으로 교체한다. 예:

```
cout << "Hello, Harry!" << endl;
```

13. `Goodbye, World!`를 따옴표로 묶지 않았다.
14. 빈칸이나 쉼표 없이 `HelloWorld`를 출력한다.
15. 빈칸 없이 `42`.
16.
```
Hello
World
```
두 단어 사이에 빈 줄이 있다.

17. 컴파일-타임 오류.

18. 런-타임 오류. 어쨌든 그 프로그램은 돌릴 수 있게 이기 컴파일되었다.

19. 프로그램에 컴파일 오류가 있으면 실행 파일이 만들어지지 않아서, 돌릴 게 없다.

20. 4년:

    0 10,000

    1 12,000

    2 14,400

    3 17,280

    4 20,736

21. 많아야 300분인가?

    a. 만일 그렇다면, 답은 $29.95 × 1.125 = $33.70.

    b. 아니라면,

    1. 차이를 계산한다: (분 수) – 300.
    2. 이 차이를 0.45로 곱한다.
    3. $29.95를 더한다.
    4. 합을 1.125로 곱한다. 이것이 답이다.

22. 아니요. 두 사진 중 어느 것이 더 매력적인지 판단할 수 있는 객관적인 방법이 존재하지 않기 때문에, If it is more attractive than the "best so far" 단계는 실행 가능하지 않다.

23.
```
Pick the first photo and call it "the most expensive so far".
For each photo in the sequence
    If it is more expensive than "the most expensive so far"
        Discard "the most expensive so far".
        Call this photo "the most expensive so far".
The photo called "the most expensive so far" is the most expensive photo in the sequence.
```

24. 앞에 흰 구슬이 있는 맨 처음 검정 구슬은 회색으로 표시된다:

    ○◍○●●

    둘의 위치를 서로 바꾸면,

    ●○○●●

    그 다음으로 자리가 바뀔 검정 구슬은

    ●○○◍●

    이므로 다음과 같이 된다.

    ●○●○●

    그 다음 단계들은 다음과 같다.

이제 이 시퀀스가 정렬되었다.

25. 이 시퀀스는 종료하지 않는다. 입력 ○●○●○를 고려하자. 처음 두 구슬만 계속 서로 자리가 바뀐다.

CHAPTER 02

기본 데이타 타입

Fundamental Data Types

목표

변수와 상수를 정의 및 초기화할 수 있기
정수와 부동 소수점 수의 특성과 한계를 이해하기
C++로 산술식과 할당문을 쓰기
주석과 좋은 코드 배치의 중요성을 인식하기
입력을 읽어서 처리하고, 그 결과를 표시하는 프로그램을 만들기
표준 C++ 문자열 타입을 사용해서 문자열을 처리하기

내용

수와 문자열(사진의 디스플레이 보드에 있는 것들 같은)은 어떠한 C++ 프로그램에서든 중요한 데이타형이다. 이 장에서는 수와 텍스트를 다루는 방법, 그리고, 그를 이용해서 유용한 작업을 수행하는 간단한 프로그램을 작성하는 방법을 배운다.

2.1 변수

프로그램이 계산을 수행할 때, 그 값들을 나중에 사용할 수 있도록 저장하기를 원할 것이다. C++ 프로그램에서는 값을 저장하는 데 **변수**를 사용한다. 이 절에서는 변수를 정의하고 사용하는 방법을 배운다.

변수 사용 예를 보여주기 위해서, 다음 문제를 푸는 프로그램을 개발할 것이다. 소프트 드링크를 캔과 병으로 판다. 어떤 가게에서 12온스 캔 식스팩을 2리터 병 하나의 값과 같은 가격에 팔고 있다. 어떤 걸 사겠는가(12액량 온스는 대략 0.355리터이다)?

어느 것이 소다를 더 많이 담고 있는가? 12온스 캔 식스팩 또는 2리터 병?

우리는 프로그램에서 팩당 캔의 수와 각 캔의 용량을 위한 변수들을 정의할 것이다. 그러고 나서 식스팩의 용량을 리터로 계산하고, 답을 출력할 것이다.

2.1.1 변수 정의

다음 명령문이 `cans_per_pack`이란 이름의 변수를 정의한다.

```
int cans_per_pack = 6;
```

변수는 이름을 갖는 저장 장소이다.

변수는 컴퓨터 프로그램의 한 저장 장소이다. 각 변수는 이름을 가지며 값을 담는다.

변수는 주차장의 주차 공간과 비슷하다. 주차 공간은 식별자(예: "J 053")를 가지며, 자동차를 수용할 수 있다. 변수는 이름(예: `cans_per_pack`)을 가지며, 값(예: 6)을 담을 수 있다.

컴퓨터 프로그램의 변수처럼 주차 공간도 식별자와 콘텐츠를 가진다.

문법 2.1　변수 정의

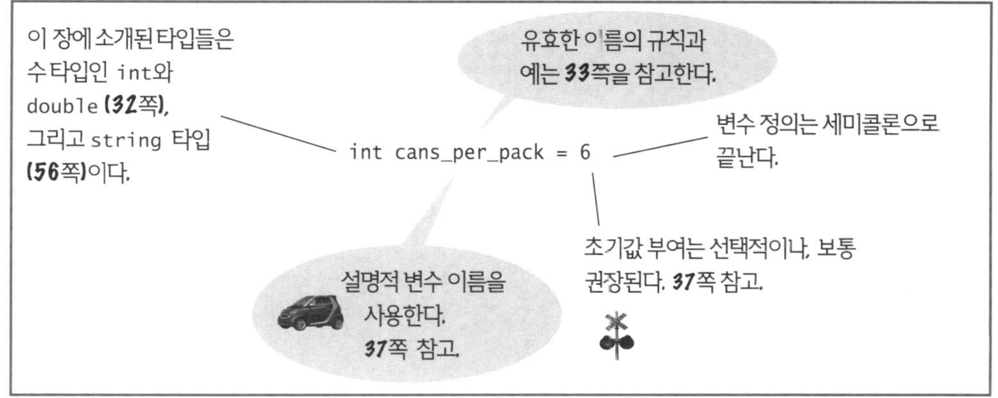

변수를 정의할 때, 보통 초기값을 지정한다.

변수를 정의할 때, 우리는 보통 **초기화**할 필요가 있다. 즉, 변수에 저장될 값을 지정한다. 다음 변수 정의를 다시 고려하자.

```
int cans_per_pack = 6;
```

변수 cans_per_pack은 값 6으로 초기화된다.

변수를 정의할 때, 그 값의 타입도 지정한다.

특정 차량 유형(예: 컴팩트 카, 모터싸이클, 전기 자동차)으로 제한된 주차 공간과 같이, C++의 변수는 특정 **타입**의 데이타를 저장한다. C++는 다양한 데이타 타입(예: 수, 텍스트 문자열, 파일, 날짜)을 지원한다. 변수를 정의할 때는 항상 타입을 지정해야 한다(문법 2.1 참고).

변수 cans_per_pack은 소수 부분이 없는 온전한 수인 **정수**이다. C++에서는 이 타입을 int라고 부른다(C++의 숫자 타입에 관한 더 자세한 정보는 다음 절을 참고한다).

타입이 변수 이름 앞에 옴을 주목한다:

```
int cans_per_pack = 6;
```

표 2.1은 다양한 변수 정의를 보여준다.

각 주차 공간이 특정 운송 수단에 적합하듯이, 각 변수는 특정 타입의 값을 담는다.

표 2.1 C++의 변수 정의	
변수 이름	설명
`int cans = 6;`	정수 변수를 정의하고 6으로 초기화한다.
`int total = cans + bottles;`	초기값이 상수이어야 할 필요는 없다(물론, 캔과 병은 미리 정의되어 있어야 한다).
🚫 `int bottles = "10";`	**오류:** 수를 문자열로 초기화할 수 없다.
`int bottles;`	초기화하지 않고 정수 변수를 정의한다. 오류의 원인이 될 수 있다(??쪽의 빈번한 오류 2.2 참고).
`int cans, bottles;`	단일 명령문에 두 정수를 정의한다. 이 책에서는 각 변수를 별도의 명령문으로 정의하겠다.
⚠ `bottles = 1;`	**주의:** 타입을 빠뜨렸다. 이 명령문은 기존 변수에 새 값을 할당하는 것이지 정의가 아니다 (33쪽의 2.1.4절 참고).

2.1.2 수 타입들

소수부를 가질 수 없는 수들을 위해 int 타입을 사용한다.

부동 소수점 수에는 double 타입을 사용한다.

C++에는 몇 가지 수 타입이 있다. 소수부가 없는 온전한 수를 표기하기 위해서 C++에서는 `int`로 불리는 **정수** 수 타입을 사용한다. 예를 들어, 모든 팩의 캔 수는 정수이어야 한다—캔의 일부를 가질 수 없다.

소수부가 필요할 때(예: 0.355) **부동 소수점 수(floatingpoint number)**를 사용한다. C++에서 가장 흔히 사용되는 부동 소수점 수는 `double`이라고 불린다(그 이유를 알고 싶다면 38쪽의 특강 2.1을 읽는다). 다음은 부동 소수점 변수의 정의이다:

```
double can_volume = 0.355;
```

C++ 프로그램에서 `6`이나 `0.355` 같은 값이 나오면, 그것을 수 **리터럴**(*literal*)이라고 부른다. 표 2.2가 C++에서 정수와 부동 소수점 리터럴들을 쓰는 방법을 보여준다.

표 2.2 C++의 수 리터럴(number literals)		
수	타입	설명
`6`	`int`	정수에는 소수부가 없다.
`-6`	`int`	정수는 음수도 가능하다.
`0`	`int`	영은 정수이다.
`0.5`	`double`	소수부가 있는 수는 `double` 타입이다.
`1.0`	`double`	소수부가 .0인 정수는 `double` 타입이다.
`1E6`	`double`	지수 표기법 수: 1×10^6 또는 1000000. 지수 표기법 수는 항상 `double` 타입이다.
`2.96E-2`	`double`	음수 지수: $2.96 \times 10^{-2} = 2.96/100 = 0.0296$
🚫 `100,000`		**오류:** 쉼표를 십진 분류자로 사용하지 않는다.
🚫 `3 1/2`		**오류:** 분수를 사용하지 않는다; 십진 표기법(3.5)을 사용한다.

2.1.3 변수 이름

변수를 정의할 때, 그 용도를 설명해주는 이름을 골라줘야 한다. 예를 들어, cv 같은 간결한 이름 보다는 can_volume 같이 설명적인 이름을 사용하는 게 좋다.

C++에는 변수 이름을 위한 몇 가지 간단한 규칙이 있다:

1. 변수 이름은 문자 또는 밑줄 표시(_ , underscore) 글자로 시작해야 하며, 나머지 글자들은 문자, 숫자 또는 밑줄 표시이어야 한다.
2. $ 또는 % 같은 기호는 사용할 수 없다. 빈칸도 이름 중간에 허용되지 않으나, 그 대신 can_volume에서와 같이 밑줄 표시를 사용할 수 있다.
3. 변수 이름은 **대소문자**가 구분되므로, Can_volume과 can_volume은 서로 다른 이름들이다. 따라서, 변수 이름에는 소문자만을 쓰는 게 좋다.
4. double 또는 return 같은 **예약어**를 이름으로 사용할 수 없다. 이 단어들은 특별한 C++ 의미를 위해 예약되어 있다(부록 B 참고).

표 2.3이 C++에서 합법적 또는 불법적인 변수 이름들의 예를 보여준다.

표 2.3 C++의 변수 이름

변수 이름	설명
can_volume1	변수 이름은 문자, 숫자, 밑줄 표시 글자로 구성된다.
x	수학에서는 *x*나 *y* 같은 짧은 이름을 사용한다. 이것은 C++에서도 합법적이나, 프로그램을 이해하기 어렵게 만들 수 있기 때문에 이런 이름은 흔히 쓰이지 않는다(37쪽의 팁 2.1 참고).
⚠ Can_volume	**주의**: 변수 이름은 대소문자 구분된다. 이 변수 이름은 can_volume과 다르다.
🚫 6pack	**오류**: 변수 이름은 숫자로 시작할 수 없다.
🚫 can volume	**오류**: 변수 이름은 빈칸을 포함할 수 없다.
🚫 double	**오류**: 예약어를 변수 이름으로 사용할 수 없다.
🚫 ltr/fl.oz	**오류**: /나 . 같은 기호를 사용할 수 없다.

2.1.4 할당문

할당문은 저장되어 있는 변수 값을 새 값으로 바꾼다.

변수에 새 값을 넣기 위해 **할당문(assignment statement)**을 사용한다. 예:

```
cans_per_pack = 8;
```

할당문의 좌변은 변수로 구성된다. 우변은 값을 갖는 표현식이다. 이 값이 변수에 저장되는데, 이전 내용을 덮어쓴다.

변수 정의와 할당문 간에는 중요한 차이가 있다:

```
int cans_per_pack = 6; //변수 정의
...
cans_per_pack = 8; //할당문
```

첫 명령문은 cans_per_pack의 정의이다. 타입이 int인 새 변수를 만들고, 그 이름으로 cans_per_park을 부여하고, 그 값을 6으로 초기화하는 명령이다. 두 번째 명령문이 할당문이다. **기존** 변수 cans_per_pack의 내용을 다른 값으로 바꾸는 명령이다.

할당 연산자 = 는 수학의 등호를 나타내지 않는다.

기호 = 는 좌변과 우변이 같다는 것을 의미하지 않는다. 우변의 표현식이 계산되고, 그 값이 좌변의 변수로 들어간다.

이 할당 연산을 등식을 나타내기 위해 수학에서 사용되는 = 와 혼동하지 않기 바란다. 할당 연산자는 무언가를 하기 위한, 즉 변수에 값을 넣으라는 명령이다. 수학적 등호는 두 값이 같음을 나타낸다.

예를 들어, C++에서는 다음과 같이 써도 아무 문제가 없다.

```
toztal_volume = total_volume + 2;
```

이것은 변수 total_volume에 저장된 값을 확인해서, 2를 더하고, 그 결과를 다시 total_volume에 넣는다는 의미이다(그림 2.1 참고). 이 명령문의 실행 결과인 total_volume이 2만큼 증가한다. 예를 들어, 만일 total_volume이 실행 전에 2.13이었다면, 실행 후에 4.13이 된다. 물론 수학에서 $x = x + 2$라고 쓰는 것은 말이 안 된다. 자신에 2를 더한 것과 같을 수 있는 값은 없다.

문법 2.2 C++ 할당

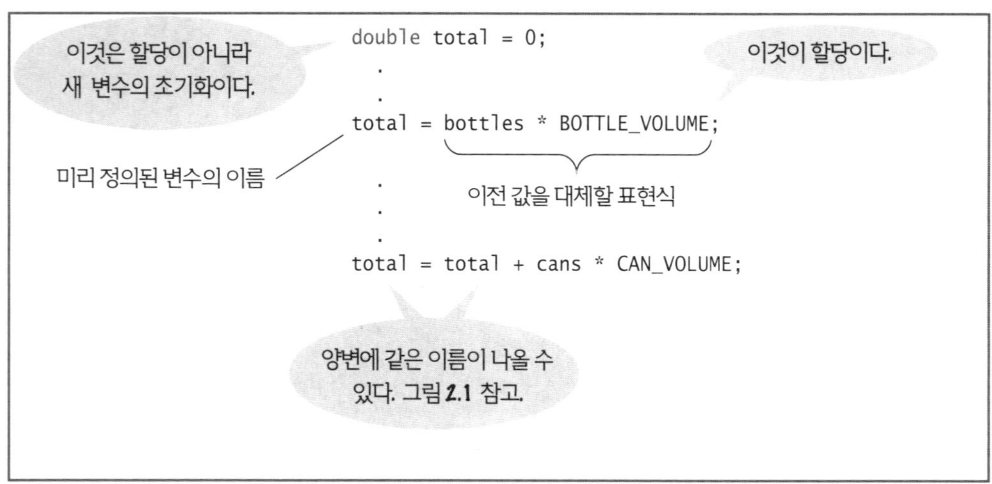

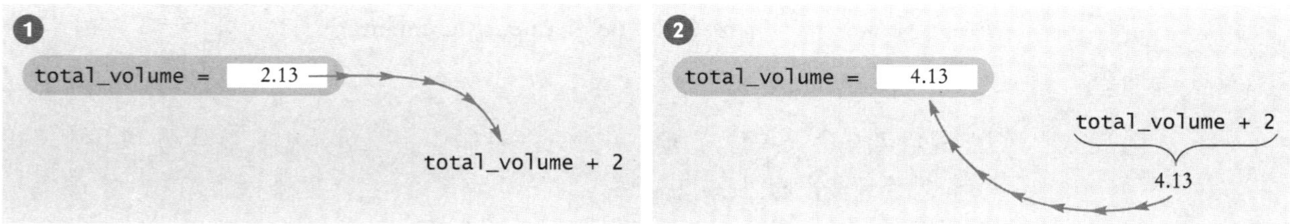

그림 2.1 total_volume = total_volume + 2 할당을 실행하기

2.1.5 상수

const로 정의된 변수의 값은 바꿀 수 없다.

예약어 const로 정의된 변수는 그 값이 바뀔 수 없다. 상수는 보통 변수들과 시각적으로 구분하기 위해 보통 대문자로 쓰인다.

```
const double BOTTLE_VOLUME = 2;
```

수치 값의 의미를 설명하기 위해서 프로그램에 이름이 붙은 상수를 사용하는 것이 좋은 프로그래밍 스타일이다. 예를 들어, 다음 두 명령문을 비교해보자.

```
double total_volume = bottles * 2;
```

그리고

```
double total_volume = bottles * BOTTLE_VOLUME;
```

첫 명령문을 읽는 프로그래머는 2라는 숫자의 중요성을 이해하지 못 할 수 있다. 이름이 붙은 상수를 사용하는 두 번째 명령문은 계산을 훨씬 더 명료하게 이해할 수 있게 한다.

2.1.6 주석

내 코드를 읽을 사람들을 위해서 주석을 사용해서 설명을 삽입하라. 컴파일러는 주석을 무시한다.

프로그램이 점점 복잡해질수록 내 코드를 읽을 사람들을 위한 설명인 **주석(comment)**을 삽입해야 한다. 예:

```
const double CAN_VOLUME = 0.355; // Liters in a 12-ounce can
```

이 주석은 독자에게 0.355란 값의 중요성을 설명한다. 컴파일러는 주석을 처리하지 않고, 구획 문자 //에서부터 그 줄의 끝까지를 모두 무시한다.

TV 해설자(commentator)가 뉴스를 설명하듯이, 내 프로그램의 동작을 설명하기 위해 주석(comment)을 사용한다.

한 줄짜리 주석을 위해서는 //를 사용한다. 주석이 몇 줄에 거쳐 있다면, /*와 */ 구획 기호들 사이에 넣는다. 컴파일러는 이 구획 기호들 및 이들 사이의 모두를 무시한다.

다음은 프로그램의 목적을 설명하는, 프로그램 시작 부분의 긴 주석을 보여주는 전형적인 예이다.

```
/*
   This program computes the volume (in liters) of a six-pack of soda cans
   and the total volume of a six-pack and a two-liter bottle.
*/
```

이제 우리 프로그램을 끝낼 준비가 되었다. 다음 프로그램이 변수, 상수, 할당문의 사용을 보여준다. 이 프로그램은 식스팩의 용량, 그리고 그와 2리터 병의 전체 용량을 출력한다. 캔과 병 용량에 상수를 사용한다. 변수 total_volume은 캔들의 용량으로 초기화된다. 할당문을 사용해서 병의 용량을 더한다.

ch02/volume1.cpp

```
#include <iostream>

using namespace std;

/*
   This program computes the volume (in liters) of a six-pack of soda
   cans and the total volume of a six-pack and a two-liter bottle.
*/
int main()
{
   int cans_per_pack = 6;
   const double CAN_VOLUME = 0.355; // Liters in a 12-ounce can
   double total_volume = cans_per_pack * CAN_VOLUME;

   cout << "A six-pack of 12-ounce cans contains "
      << total_volume << " liters." << endl;

   const double BOTTLE_VOLUME = 2; // Two-liter bottle

   total_volume = total_volume + BOTTLE_VOLUME;

   cout << "A six-pack and a two-liter bottle contain "
      << total_volume << " liters." << endl;

   return 0;
}
```

실행 결과

```
A six-pack of 12-ounce cans contains 2.13 liters.
A six-pack and a two-liter bottle contain 4.13 liters.
```

1. 케이스에 들어 있는 병의 수를 넣기에 적당한 변수를 정의하라.
2. 다음의 변수 정의는 무엇이 잘못되었는가?

   `int ounces per liter = 28.35`

3. 병당 가격과 구매한 병 수를 담기 위한 두 변수 unit_price와 quantity를 정의하라. 적절한 초기 값을 사용하라(**주의**: 달러 단위로 표기할 것. 예: 1불 95센트는 1.95).
4. 자체 검사 3에서 정의된 변수들을 사용해서 전체 구매 가격을 출력하라.
5. 어떤 음료수는 6팩이 아닌 4팩 단위로 판매된다. 전체 용량을 계산하기 위해서 volume1.cpp 프로그램을 어떻게 바꾸면 되겠는가?
6. 다음 주석은 어디가 잘못되었는가?

   `double can_volume = 0.355; /* Liters in a 12-ounce can //`

7. volume1.cpp 프로그램의 cans_per_pack 변수의 타입이 int에서 double로 바뀌었다고 하자. 프로그램에 어떤 영향을 주겠는가?

8. volume1.cpp 프로그램의 변수 total_volume은 왜 const로 선언될 수 없는가?
9. 할당을 주차 공간에 비유해서 설명하라.

Practice It 이제 다음 연습문제들에 대해 답할 수 있다: R2.1, R2.2, P2.1.

빈번한 오류 2.1 **미정의(undefined) 변수 사용하기**

변수를 처음 사용하기 전에 먼저 정의해야 한다. 예를 들어, 다음 명령 시퀀스는 불법이다:

```
double can_volume = 12 * liter_per_ounce;
double liter_per_ounce = 0.0296;
```

프로그램의 명령문들은 순서대로 컴파일된다. 컴파일러가 첫 명령문에 도달했을 때, liter_per_ounce가 다음 줄에서 정의될 것임을 모르므로 오류를 보고한다.

빈번한 오류 2.2 **비초기화 변수 사용하기**

변수를 정의하고 비초기화 상태로 놔두면, 프로그램이 예상치 않게 돌아갈 수 있다. 그 이유를 이해하기 위해서, 변수를 정의할 때 어떤 일이 일어나는지 고려해보자. 지정한 타입의 값을 담을 수 있는 공간이 메모리에 마련된다. 예를 들어, 정의

```
int bottles;
```

에 의해 정수를 담기에 충분한 메모리 블록이 마련된다. 그 메모리에는 이미 어떤 값이 들어 있다. 결국 이전 계산의 쓰레기로 차있는, 이미 사용된 메모리 영역인, 청소되지 않은 트랜지스터들을 배정받는다(이런 면에서 변수는 주차 공간과 다르다. 주차 공간은 다른 차량이 없고 비어 있을 수 있다. 그러나 변수는 항상 어떤 값을 담고 있다).

변수를 초기화하지 않고 사용하면, 그 이전 값이 사용되어 예상치 않은 결과나 나오게 된다. 예를 들어, 다음 프로그램 일부를 고려하자.

```
int bottles; // Forgot to initialize
int bottle_volume = bottles * 2; // Result is unpredictable
```

얼마가 나올지 알 수가 없다. 운이 좋지 않으면, 집에서 돌릴 때는 값이 잘 나오다가, 평가를 받을 때는 엉뚱한 값이 나올 수 있다.

프로그래밍 팁 2.1 **설명적인 변수 이름을 선정하라**

다음과 같이 짧은 변수 이름을 사용하면 타이핑하는 수고를 엄청나게 줄일 수 있을 것이다.

```
double cv = 0.355;
```

하지만 이 정의와 우리가 실제로 사용한 정의를 비교해보자. 어느 것이 읽기에 더 쉬운가? 비교가 안 된다. 그냥 can_volume을 읽는 것이, cv를 읽고서 이게 "can volume"을 의미한다는 걸 알아내는 것보다 훨씬 부담이 덜하다.
실제 프로그래밍에서 이것은 프로그램이 여러 사람에 의해 작성될 때 특히 중요하다. cv가 can

volume을 나타내지 current velocity를 나타내지 않는다는 게 내게는 분명하겠지만, 몇 년 후에 그 코드를 수정해야 할 다른 이에게도 그렇겠는가? 그 점에 대해서 나조차도 석 달 후에 내가 그 코드를 들여다 볼 때 cv가 무엇을 의미하는지 기억할 거라는 보장이 있는가?

특강 2.1

C++의 수 타입

C++는 `int`와 `double` 타입 외에도 몇 가지 다른 수치 타입을 갖고 있다.

C++는 두 가지 부동 소수점 수를 가진다. `float` 타입의 저장 공간은 우리가 이 책에서 사용하는 `double` 타입의 반이며, 단지 6~7 자리만을 저장할 수 있다. 컴퓨터가 지금보다 훨씬 더 적은 메모리를 갖고 있었던 몇 년 전에, `float`는 부동 소수점 수 계산을 위한 표준 타입이었으며, 프로그래머들은 더 많은 자릿수가 필요할 때만 "배정도(double precision)"의 사치를 부리곤 했다. 현재는 `float` 타입이 거의 사용되지 않는다.

어쨌든 이 수들은 컴퓨터에서의 내부 표현 이유로 "부동 소수점"이라고 불린다. 숫자 29600, 2.96, 그리고 0.0296을 고려해보자. 이들은 매우 비슷한 방식으로 표현될 수 있다: 즉, 유효 숫자 자리들(296)과 소수점 위치 표시. 값이 10으로 나뉠 때, 소수점의 위치만 바뀐다. 소수점이 "떠간다(float)". 컴퓨터는 베이스 10이 아닌 베이스 2를 사용하지만, 원칙은 같다.

`int` 타입 외에도 C++는 `short`, `long`, `long long`이란 정수 타입들을 갖고 있다. 각 정수 타입에 대해, `unsigned`가 존재한다. 예를 들어, `short` 타입의 범위는 보통 –32,768에서 32,767까지, `unsigned short`의 범위는 0에서 65,535이다. 이 이상해 보이는 한계는 컴퓨터가 이진수를 사용하기 때문이다. `short` 값은 16개의 이진 자리를 사용하며, 2^{16} = 65,536개의 값을 인코딩할 수 있다. 정수 타입의 범위는 표준화되어 있지 않으며, 컴파일러에 따라 다름을 주의하라. 표 2.4에 대표적인 값들이 포함되어 있다.

표 2.4 수 타입들

타입	범위	전형적 크기
`int`	2,147,483,648 ... 2,147,483,647 (about 2 billion)	4 bytes
`unsigned`	0 ... 4,294,967,295	4 bytes
`short`	–32,768 ... 32,767	2 bytes
`unsigned short`	0 ... 65,535	2 bytes
`long long`	–9,223,372,036,854,775,808 ... 9,223,372,036,854,775,807	8 bytes
`double`	배정도 부동 소수점 타입으로서, 범위는 대략 $\pm 10^{308}$이며, 약 15개의 유효 숫자 자리를 가진다.	8 bytes
`float`	단정도 부동 소수점 타입으로서, 범위는 대략 $\pm 10^{38}$이며, 약 7개의 유효 숫자 자리를 가진다.	4 bytes

특강 2.2 **수 범위와 정밀도**

수들이 컴퓨터에서 한정된 자릿수로 표현되므로, 그들은 임의의 정수 또는 부동 소수점 수를 표현할 수 없다.

int 타입은 **한정된 범위**를 가진다. 대부분의 플랫폼에서는 20억보다 약간 더 큰 수까지를 표현할 수 있다. 많은 응용에서 이것은 문제가 되지 않으나, 세계 인구에 대해 int를 사용할 수 없다.

만일 계산에서 int 범위 밖의 값이 생기면, 그 결과는 **오버플로우**(*overflow*, 넘치다)한다. 오류도 표시되지 않고, 결과가 int에 맞춰 잘리게 되어 쓸모 없는 값이 나오게 된다. 예를 들어,

```
int one_billion = 1000000000;
cout << 3 * one_billion << endl;
```

은 –1294967296를 출력한다.

이와 같은 경우에는 double 값으로 전환할 수 있다. 그러나, 관련 이슈(반올림 오차)에 대한 더 자세한 정보에 관해서 45쪽의 빈번한 오류 2.6을 읽도록 한다.

프로그래밍 팁 2.2 **마법수를 사용하지 말라**

마법수는 설명 없이 코드에 등장하는 수치 상수이다. 예:

```
total_volume = bottles * 2;
```

왜 2인가? 병이 캔보다 용량이 두 배라서? 아니다. 그 이유는 모든 병이 2리터를 담기 때문이다. 코드가 자체 문서화되도록, 이름이 있는 상수를 사용하라.

```
const double BOTTLE_VOLUME = 2;
total_volume = bottles * BOTTLE_VOLUME;
```

명명된 상수를 사용하는 또 다른 이유가 있다. 상황이 바뀌어서 이제는 병의 용량이 1.5리터라고 하자. 명명된 상수를 사용하면, 하나만 바꾸는 것으로 끝난다. 그러지 않으면, 프로그램에서 모든 2를 찾아내서, 그것이 병의 용량 또는 어떤 다른 것을 의미하는지 고민해야 한다. 몇 페이지 이상의 긴 프로그램에서 이 작업은 아주 지루하고, 오류 발생 가능성이 높다.

가장 타당한 우주 상수조차 언젠가는 변한다. 주 당 7일이 있다고 생각하는가? 화성에 있는 고객은 그런 어리석은 선입견에 대해 매우 못마땅할 것이다. 다음과 같은 상수를 만들라.

```
const int DAYS_PER_WEEK = 7;
```

2.2 산수

다음 절들에서는 C++로 산수 및 수학 계산을 수행하는 방법을 배운다.

2.2.1 산술연산자

C++는 계산기와 똑같은 기본 사칙연산, 즉, 덧셈, 뺄셈, 곱셈, 나눗셈을 지원하나, 곱셈과 나눗셈에 다른 기호를 사용한다.

곱셈에는 *, 나눗셈에는 /를 사용한다.

곱셈을 나타내기 위해서는 a * b라고 써야 한다. 수학에서와 달리, a b, a . b, 또는 a × b라고 쓸 수 없다. 마찬가지로, 나눗셈은 항상 /로 나타내야 하며, ÷ 또는 분수 막대(분수의 수평선)를 사용할 수 없다.

예를 들면, $\frac{a+b}{2}$는 (a + b) / 2가 된다.

괄호는 산수에서와 같이 사용된다. 부분식이 어떤 순서로 계산되어야 하는지를 나타내기 위해 사용한다. 예를 들어, 표현식 (a + b) / 2에서 합 a + b가 먼저 계산되고, 그 합이 2로 나뉜다. 그와 달리, 다음 표현식

```
a + b / 2
```

에서는 b만 2로 나뉘며, a와 b / 2의 합이 계산된다. 일반적인 산수 표기법에서와 같이, 곱셈과 나눗셈은 덧셈과 나눗셈보다 **우선 순위**가 높다. 예를 들어, a + b / 2에서 + 연산이 훨씬 왼쪽에 등장하지만 /가 먼저 계산된다. 만일 산술 연산의 두 인자가 정수라면, 그 결과는 정수이다. 만일 둘 중 하나라도 부동 소수점 수이면, 결과는 부동 소수점 수이다. 예를 들어, 4 * 0.5는 2.0이다.

2.2.2 증감

++ 연산자는 변수에 1을 더해준다. -- 연산자는 1을 빼준다.

변수에 1을 더하거나 빼는 일이 너무 빈번해서, 특별한 속기가 존재한다. 즉,

```
counter++;
counter--;
```

++ 증가(increment) 연산자는 C++ 프로그래밍 언어 이름에도 들어가 있다. C++는 C 언어에 대한 증가 개선(incremental improvement) 버전이다.

2.2.3 정수 나눗셈과 나머지

만일 /의 두 인자가 정수이면, 나머지는 버려진다.

나눗셈은 둘 중 한 수만이라도 부동 소수점 수이면 기대한 대로 동작한다. 즉, 7.0 / 4.0, 7 / 4.0, 7.0 / 4 등은 모두 1.75이다. 그러나, 만일 **둘 다** 정수이면, 나눗셈의 결과는 항상 정수이며, 나머지는 버려진다. 즉,

```
7 / 4
```

의 계산 결과는 7 나누기 4의 몫이 1이고 나머지가 3(이건 버려진다)이므로 1이다. 이것은 찾아내기 힘든 프로그래밍 오류를 일으킬 수 있다(43쪽의 빈번한 오류 2.3 참고).

% 연산자는 정수 나눗셈의 나머지를 계산해준다.

만일 나머지에만 관심이 있다면 % 연산자를 사용한다.

```
7 % 4
```

는 3이며, 7을 4로 나누는 정수 나눗셈의 나머지이다. % 기호는 산수에는 비슷한 게 없다. 이 기호가 선택된 이유는 / 와 비슷하게 생겼고, 나머지 연산이 나눗셈과 관련이 있기 때문이다. 이 연산자를 **모듈러스**[**modulus**, 또는 **모듈로**(*modulo*) 또는 **모드**(*mod*)]라고 부른다. 일부 계산기에서 보는 퍼센트 연산과는 무관하다.

다음은 정수 / 그리고 % 연산의 전형적인 사용 예이다. 돼지 저금통에 페니(주: 미국 화폐 단위)가 꽤 있다고 하자.

```
int pennies = 1729;
```

이 금액을 달러와 센트로 환산하려고 한다. 달러는 100으로 정수 나눗셈을 해서 얻는다:

```
int dollars = pennies / 100; // dollars는 17이 된다.
```

정수 나눗셈은 나머지를 버린다. 나머지를 구하기 위해 % 연산자를 사용한다:

```
int cents = pennies % 100; // cents는 29가 된다.
```

% 연산자의 다른 대표적인 용도는 짝수 또는 홀수인지를 검사하는 것이다. 만일 숫자 n이 짝수이면, n % 2는 0이다.

정수 나눗셈과 % 연산자가 페니로 가득한 돼지 저금통의 달러와 센트 금액을 산출해준다.

2.2.4 부동 소수점 수를 정수로 바꾸기

부동 소수점 변수를 정수에 할당하는 것은 소수부(小數部, fractional part)를 버린다.

부동 소수점 값이 정수 변수에 할당될 때 소수부가 버려진다.

```
double price = 2.55;
int dollars = price; // dollars는 2가 된다.
```

소수부를 버리는 건 항상 원하는 바는 아니다. 최근접 정수로 반올림하길 원할 때도 자주 있다. 양의 부동 소수점 값을 **최근접** 정수로 반올림하기 위해서는 0.5를 더한 후 정수로 전환한다.

```
int dollars = price + 0.5; // 최근접 정수로 반올림한다
```

이 예에서, 0.5를 더하면 2.5가 넘는 값은 3이 넘게 된다. 특별히, 2.55는 3.05가 되며, 이 값은 3으로 절사(truncation, 切捨)된다(음의 부동 소수점 값에 대해서는 0.5를 뺀다).

절사가 오류 원이 될 수 있기 때문에, 컴파일러는 부동 소수점 값을 정수 변수에 할당하는 게 안전하지 않다는 경고를 내보낸다. 이 경고를 피하는 방법에 관해서는 46쪽의 특강 2.3을 참고한다.

2.2.5 거듭제곱과 근

C++에는 거듭제곱과 근을 위한 기호가 없다. 이들을 계산하려면 **함수**를 호출해야 한다. 어떤 수의 제곱 근을 취하려면, sqrt 함수를 사용한다. 예를 들어, $\sqrt{x}$를 sqrt(x)라고 쓴다. x^n을 계산하려면 pow(x, n)이라고 쓴다.

C++ 라이브러리는 sqrt(제곱근)와 pow(거듭제곱) 같은 여러 가지 수학 함수들을 정의한다.

sqrt와 pow 함수를 사용하려면, 프로그램 파일의 위 부분에 #include <cmath> 줄을 넣어야 한다. 헤더 파일인 <cmath>는 <iostream>처럼 모든 C++ 시스템에서 이용 가능한 표준 C++ 헤더이다.

알 수 있듯이, /, sqrt, pow 연산들은 수학 항들을 한 줄 높이로 편다. 수학에서는 분수, 지수, 근을 사용해서 식을 간결한 이차원 형태로 배치한다. C++에서는 모든 식을 선형으로 배치해야 한다. 예를 들어, 수학 식

$$b \times \left(1 + \frac{r}{100}\right)^n \text{ 은}$$

```
b * pow(1 + r / 100, n)
```

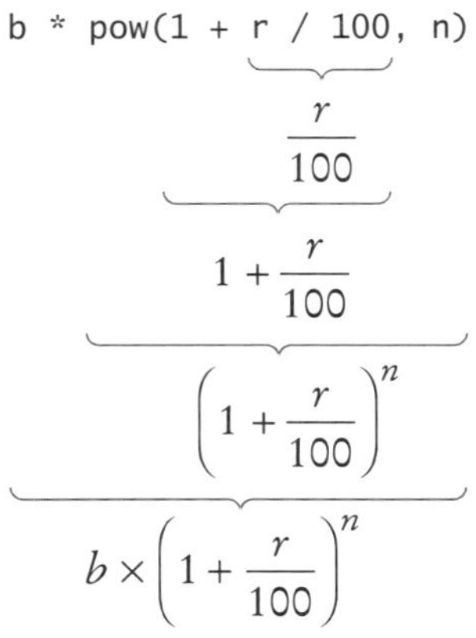

```
b * pow(1 + r / 100, n)
```

$$\underbrace{b \times \underbrace{\left(\underbrace{1 + \underbrace{\frac{r}{100}}}\right)^n}}$$

그림 2.2
표현식을 분석하기

$$b \times \left(1 + \frac{r}{100}\right)^n$$

이 된다. 그림 2.2는 이러한 표현식을 분석하는 방법을 보여준다.

표 2.6은 <cmath> 헤더에 선언되어 있는 기타 함수들을 보여준다. 입력과 출력은 부동 소수점 수이다.

표 2.5 계산 표현식

수학 표현	C++ 표현	설명
$\frac{x+y}{2}$	`(x + y) / 2`	괄호는 필수이다. `x + y / 2`는 $x + \frac{y}{2}$ 로 계산된다.
$\frac{xy}{2}$	`x * y / 2`	괄호는 필수가 아니다. 우선 순위가 같은 연산자들은 왼쪽에서 오른쪽으로 처리된다.
$\left(1+\frac{r}{100}\right)^n$	`pow(1 + r / 100, n)`	프로그램의 시작부에 `#include <cmath>`를 넣는 것을 명심하라.
$\sqrt{a^2+b^2}$	`sqrt(a * a + b * b)`	`a * a`가 `pow(a, 2)`보다 간단하다.
$\frac{i+j+k}{3}$	`(i + j + k) / 3.0`	i, j, k가 정수라도, 분모에 3.0을 사용하면 부동 소수점 나눗셈이 된다.

표 2.6 기타 수학 함수들

함수	설명
`sin(x)`	x의 싸인(x의 단위는 래디언)
`cos(x)`	x의 코싸인
`tan(x)`	x의 탄젠트
`log10(x)`	(십진 로그) $\log_{10}(x)$, $x > 0$
`abs(x)`	절대값 $\lvert x \rvert$

10. 은행 계좌의 이율이 연 p 퍼센트이다. 한 해에 번 이자를 C++로 계산하라. 타입이 `double`인 변수 `p`와 `balance`가 미리 정의되어 있다고 가정한다.

11. 면적이 변수 `area`에 저장되어 있는 정사각형의 한 변의 길이를 C++로 계산하라.

12. 구의 부피는 $V = \frac{4}{3}\pi r^3$ 로 주어진다.
반경이 `double` 타입의 변수 `radius`로 주어질 때, 부피를 위한 C++ 표현을 작성하라. π가 상수 `PI`로 정의되어 있다고 가정한다.

13. `1729 / 10` 와 `1729 % 10`의 값은?

14. 펀치의 요리법이, 온스 단위로 주어진 양의 오렌지 소다를 필요로 한다고 하자.

```
int amount = 32;
```

이 양이 12로 정확히 나눠지지 않는다고 가정하면, 필요한 12온스 캔의 수를 다음과 같이 계산할 수 있다.

```
int cans_needed = amount / 12 + 1;
```

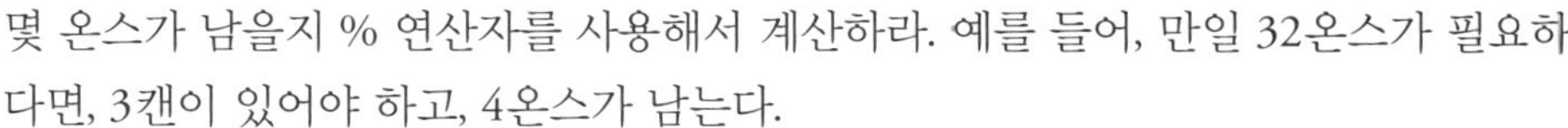

몇 온스가 남을지 % 연산자를 사용해서 계산하라. 예를 들어, 만일 32온스가 필요하다면, 3캔이 있어야 하고, 4온스가 남는다.

Practice It 이제 다음 연습문제들에 대해 답할 수 있다: R2.3, R2.5, P2.2.

빈번한 오류 2.3 의도하지 않은 정수 나눗셈

C++가 정수와 부동 소수점 나눗셈에 같은 기호, 즉 /를 사용한다는 것은 불행한 사실이다. 이들은 실제로 아주 다른 연산들이다. 별 생각 없이 적절치 않은 정수 나눗셈을 사용해서 오류를 범하곤 한다. 세 정수의 평균을 계산하는 다음 코드 조각을 고려하자.

```
cout << "Please enter your last three test scores: ";
int s1;
int s2;
int s3;
cin >> s1 >> s2 >> s3;
double average = (s1 + s2 + s3) / 3; // Error
cout << "Your average score is " << average << endl;
```

뭐가 잘 못 되었을까? 물론 `s1`, `s2`, `s3`의 평균은

$$\frac{s1+s2+s3}{3}$$

이다. 그러나, 여기서 /는 수학적 의미의 나누기가 아니다. `s1 + s2 + s3`와 3이 모두 정수이기 때문에 정수 나눗셈을 나타낸다. 예를 들어, 만일 이 점수들의 합이 14이면, 평균은 정수 나눗셈 14 나누기 3의 결과인 4로 계산된다. 해결책은 분자나 분모를 부동 소수점 수로 만드는 것이다:

```
double total = s1 + s2 + s3;
double average = total / 3;
```

또는

```
double average = (s1 + s2 + s3) / 3.0;
```

빈번한 오류 2.4 짝이 안 맞는 괄호들

다음 표현식을 고려하자.

```
(-(b * b - 4 * a * c) / (2 * a)
```

무엇이 잘못되었는가? 괄호를 세어보라. 세 개의 (, 그리고 두 개의) 괄호가 있다. 괄호가 **균형이 맞지 않는다**. 이런 종류의 타이핑 오류는 복잡한 표현식에서 매우 흔하다. 이제 다음 표현식을 자세히 보자.

```
-(b * b - (4 * a * c))) / (2 * a
```

이 표현식은 세 개의 (, 그리고 세 개의) 괄호가 있으나, 역시 틀리다. 표현식의 중간

```
-(b * b - (4 * a * c))) / (2 * a
                      ↑
```

에는 (가 두 개 밖에 없으나)는 세 개가 있다. 이것은 오류이다. 표현식의 중간에서 (의 수는)의 수 이상이어야 하며, 표현식의 끝에서는 두 수가 같아야 한다.

연필과 종이를 사용하지 않고도 이 카운팅을 쉽게 만들어주는 요령이 있다. 머릿속에 두 카운트를 동시에 저장하는 것은 어렵다. 표현식을 스캔할 때 한 카운트만 저장하라. 첫 번째 여는 괄호에서 1로 시작하고, 여는 괄호를 만날 때마다 1을 더하고, 닫는 괄호를 만날 때마다 1을 뺀다. 표현식을 스캔할 때 이 수들을 크게 소리 내서 말하라. 카운트가 0 밑으로 내려가거나, 끝에서 0이 아니면, 괄호가 맞지 않는 것이다. 예를 들어, 앞의 표현식을 스캔할 때, 다음과 같이 소리 낼 것이고,

```
-(b * b - (4 * a * c ) ) ) / (2 * a
 1        2          1 0 -1
```

그리고 오류를 찾게 될 것이다.

빈번한 오류 2.5 헤더 파일을 잊다

입력이나 출력을 수행하는 모든 프로그램은 `<iostream>` 헤더를 필요로 한다. `sqrt`와 같은 수학 함수를 사용한다면, `<cmath>`를 포함시켜야 한다. 필요한 헤더 파일을 포함시키는 것을 잊으면, 컴파일러는 `cout`이나 `sqrt` 같은 기호들을 이해하지 못할 것이다. 만일 컴파일러가 미정의(undefind) 함수나 기호에 대해 불평한다면 헤더 파일을 확인하라.

때로는 어떤 헤더 파일을 포함시켜야 할지 모를 때가 있다. `abs` 함수를 사용해서 정수의 절대값을 계산하려고 한다고 하자. 공교롭게도 이 `abs` 버전은 `<cmath>` 헤더가 아닌 `<cstdlib>`에 정의되어 있다. 그러면 맞는 헤더 파일을 어떻게 찾아내는가? 개발 환경의 온라인 도움말이나 `http://www.cplusplus.com` 같은 인터넷 참고 사이트(그림 2.3 참고)를 이용해서 `abs` 함수의 온라인 문서를 찾도록 한다. 온라인 문서에는 함수에 관한 간단한 설명과 포함시켜야 할 헤더 파일의 이름이 들어 있다.

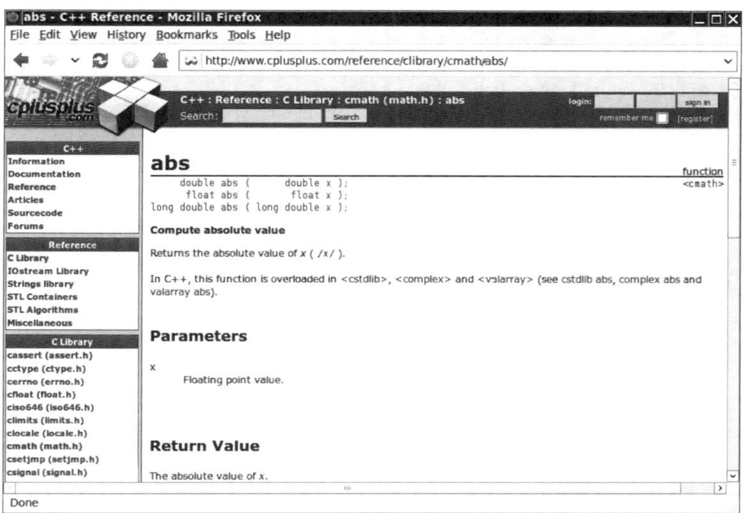

그림 2.3 온라인 문서

빈번한 오류 2.6

반올림 오차

반올림 오차는 부동 소수점 수로 계산할 때 어쩔 수 없는 현실이다. 손으로 계산할 때 아마 경험했을 것이다. 1/3을 소수점 아래 두 자리까지 계산하면 0.33을 얻는다. 다시 3을 곱하면, 1.00이 아닌 0.99를 얻는다.

프로세서 하드웨어에서 숫자는 십진수가 아닌 이진수 체계로 표현된다. 이진 자리가 버려질 때도 반올림 오차가 발생한다. 단지 예상치 않던 곳에서 발생할 뿐이다. 예를 들어보자.

```
#include <iostream>

using namespace std;
int main()
{
   double price = 4.35;
   int cents = 100 * price; // Should be 100 * 4.35 = 435
   cout << cents << endl; // Prints 434!
   return 0;
}
```

물론 100 곱하기 4.35는 435이지만, 이 프로그램은 434를 출력한다.

대부분의 컴퓨터는 숫자를 이진 체계로 표현한다. 이진 체계에서는 4.35에 대한 정확한 표현이 없다—마치 십진 체계에 1/3에 대한 정확한 표현이 없듯이. 컴퓨터가 사용하는 표현이 4.35보다 약간 작기 때문에, 거기에 100을 곱하면 435보다 약간 작은 값이 된다. 이 부동 소수점 값이 정수로 전환될 때 1에 가까운 전체 소수부가 버려져서, 정수 434가 cents에 저장된다. 해결책은 최근접 정수로 바뀌도록 0.5를 더하는 것이다.

```
int cents = 100 * price + 0.5;
```

프로그래밍 팁 2.3 표현식 내 빈칸

```
x1 = (-b + sqrt(b * b - 4 * a * c)) / (2 * a);
```

를 읽는 게

```
x1=(-b+sqrt(b*b-4*a*c))/(2*a);
```

를 읽는 것보다 쉽다. 단순히 모든 연산자 `+ - * / % =`의 주위에 빈칸을 넣어라. 그러나, 단항 마이너스(`-b`와 같이 한 수량의 부호를 바꾸기 위해 사용되는 –) 다음에는 빈칸을 넣지 말아라. 그럼으로써, `a - b`에서와 같이 이항 마이너스와 쉽게 구분될 수 있다.

관습적으로 함수 이름 다음에는 빈칸을 넣지 않는다. 즉, `sqrt(x)`로 쓰고, `sqrt (x)`로 쓰지 말라.

특강 2.3 캐스트

가끔 값을 다른 타입의 변수에 저장해야 할 때가 있다. 정보 손실 위험이 있으면 컴파일러는 경고를 내보낸다. 예를 들어, `double` 값을 `int` 변수에 저장시키면, 정보에 두 가지 형태의 손실이 생길 수 있다.

- 소수부를 잃는다.
- 크기가 무지하게 커진다.

예를 들어,

```
int n = 1.0E100; // NO
```

는 불가능하다. 10^{100}은 표현 가능한 최대 정수보다 더 크다.

그럼에도 불구하고, 때로는 부동 소수점 값을 정수 값으로 전환하기를 원한다. 소수부를 잃을 각오가 되어 있고, 그 특정 부동 소수점 수가 최대 정수보다 크지 않다면, **cast**를 사용해서 경고를 막을 수 있다. 캐스트는 한 타입(예: `double`)에서 다른 타입(예: `int`)으로의 전환으로서, 일반적으로 안전하지는 않지만, 어떤 특정 환경에서 안전하다는 것을 프로그래머가 알고 있을 때 사용한다. 캐스트를 C++에서 다음과 같이 표현한다.

```
int cents = static_cast<int>(100 * price + 0.5);
```

특강 2.4 할당과 연산의 결합

C++에서는 연산과 할당을 결합할 수 있다. 예를 들어, 명령문

```
total += cans * CAN_VOLUME;
```

은

```
total = total + cans * CAN_VOLUME;
```

에 대한 단축 표현이다. 마찬가지로,

```
total *= 2;
```

는

```
total = total * 2;
```

와 같다. 많은 프로그래머들에게 이 단축 표현은 편리하다. 이 표현이 좋으면 코드에 마음껏 사용하라. 그러나 단순성을 위해 이 책에서는 사용하지 않겠다.

랜덤 팩트 2.1 펜티엄 부동 소수점 버그

1994년에 인텔 사는 그 당시로서는 최강 프로세서인 펜티엄을 발표했다. 인텔의 이전 세대 프로세서들과 달리, 고속 부동 소수점 유닛이 장착되었다. 인텔의 목표는 더 상위급인 공학 워크스테이션용 프로세서 제조사들과 공격적으로 경쟁하는 것이었다.

1994년 여름, 버지니아 소재 린치버그 대학의 토마스 나이슬리 박사는 어떤 소수 시퀀스의 역수의 합을 분석하기 위해서 대규모의 계산을 돌렸다. 그 결과는, 그가 불가피한 반올림 오차를 감안한 후조차도, 그의 이론이 예측했던 것과 항상 달랐다. 그러고 나서 나이슬리 박사는 같은 프로그램이 인텔 라인업에서 펜티엄보다 먼저 나온, 더 느린 486 프로세서에 돌아갈 때는 올바른 결과를 산출함을 발견했다. 그런 일은 있어서는 안 되는 것이다. 부동 소수점 계산의 최적 반올림 작용은 IEEE(Institute for electrical and electronic engineers)에 의해 표준화되어 있었으며, 인텔은 486과 펜티엄 프로세서 모두 IEEE 표준을 충실히 준수한다고 주장했다. 더 검사한 후에 나이슬리 박사는 두 프로세서에서 두 수의 곱셈이 다르게 계산되는 아주 작은 수 집합이 있음을 발견했다. 예를 들어,

4,195,835 − [(4,195,835/3,145,727) × 3,145,727]

는 수학적으로 0이고, 486 프로세서에서는 0으로 계산되었다. 그의 펜티엄에서의 결과는 256이었다.

나중에 드러났듯이, 인텔은 별도 테스팅에서 이 버그를 발견하고, 이 문제를 해결한 칩을 생산하고 있었다. 이 버그는 프로세서의 부동 소수점 곱셈 알고리듬의 속도를 높이는 데 사용되는 표의 오류로 인해 야기되었다. 인텔은 이 문제가 대단히 드물다고 밝혔다. 평범한 용도에서 평범한 소비자라면 이 문제를 겪을 확률이 27,000년에 한 번 꼴이라고 주장했다. 인텔에게는 불행이지만, 나이슬리 박사는 평범한 사용자가 아니었다.

이제 인텔은 주체하기 어려운 진짜 문제를 부담하게 되었다. 이미 판매한 모든 펜티엄 프로세서를 교체하는 비용이 적지 않음을 알게 되었다. 인텔은 이미 생산 능력보다 더 많은 칩 주문을 받아놨으며, 그렇잖아도 부족한 칩을 팔지도 못하고 공짜로 바꿔주는 데 쓰기가 특히 억울했을 것이다. 인텔 운영진은 도박을 하기로 결정하고, 자신의 작업이 수학 계산에서 완벽한 정밀도를 필요로 한다는 것을 증명할 수 있는 소비자들에게만 프로세서를 교환해주겠다고 처음에 제안했다. 당연히 그 제안은 펜티엄 칩에 $700 또는 그 이상의 소매 가격을 지불했으며, 언젠가는 자신의 소득세 프로그램이 틀린 환불액을 산출할 가능성이 있다는 지속되는 염려를 안고 살고 싶지 않은 수십만 소비자들에게 통하지 않았다. 결국 인텔은 소비자들의 요구에 굴복하고 약 4억 7천 5백만 달러를 들여 모든 결함 칩을 교체해줬다.

펜티엄 FDIV 오류

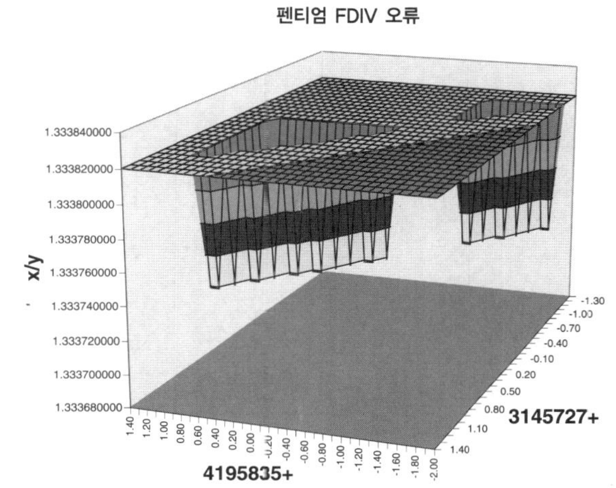

이 그래프는 오리지널 펜티엄 프로세서가 틀린 몫을 산출한 수집합을 보여준다.

2.3 입력과 출력

2.3.1 입력

이 절에서는 사용자 입력을 변수에 넣는 방법을 배운다. 예를 들어 36쪽의 volume1.cpp 프로그램을 보자. 2리터 병과 식스팩이 같은 가격이라고 가정하는 대신에, 프로그램 사용자에게 가격을 물어볼 수 있다.

프로그램이 사용자 입력을 물어볼 때, 우선 사용자에게 어떤 입력이 요구되는지를 알려주는 메시지를 출력해야 한다. 그런 메시지를 **프롬프트(prompt)**라고 부른다.

```
cout << "Please enter the number of bottles: "; // 프롬프트를 표시한다
```

프롬프트 뒤에 endl을 추가하지 않는다. 입력이 다음 줄이 아닌, 콜론 다음에 나올 필요가 있다.

값을 읽어서 변수에 넣으려면 >> 연산자를 사용한다.

그런 다음, 프로그램은 입력을 읽기 위한 명령을 내보낸다. cin이란 객체가 콘솔 창으로부터 입력을 읽는다. 입력 값을 변수에 넣기 위해서 >> 연산자(**추출** 연산자라고도 부른다)를 사용한다. 예:

```
int bottles;
cin >> bottles;
```

프로그램은 입력 명령문을 실행할 때 사용자가 입력을 제공할 때까지 기다린다. 또한, 사용자는 프로그램이 입력을 받아들이도록 엔터 키를 쳐야 한다. 사용자가 입력을 제공하고 나서, 숫자가 bottles 변수에 들어가고, 프로그램이 계속 진행된다.

이 코드 조각에서는, bottles 변수가 바로 다음 명령문에서 채워지므로 초기화될 필요가 없다. 경험상, 바로 다음 입력 명령문으로 **채워지지 않는다면**, 변수를 선언할 때 초기화해야 한다.

한 입력 명령문에서 둘 이상의 값을 읽어 들일 수 있다.

```
cout << "Please enter the number of bottles and cans: ";
cin >> bottles >> cans;
```

두 입력을 같은 줄에서 공급할 수 있다:

```
Please enter the number of bottles and cans: 2 6
```

또는, 각 입력 다음에 엔터 키를 누를 수도 있다:

```
Please enter the number of bottles and cans: 2
6
```

문법 2.3 입력 명령문

```
cout << "Enter the number of bottles: ";
int bottles;
cin >> bottles;
```

여기에 endl을 사용하지 말라.

콘솔 창에 프롬프트를 표시한다.

입력 값을 담을 변수를 정의한다.

프로그램은 사용자 입력을 기다린 후, 입력을 변수에 넣는다.

2.3.2 포맷이 지정된(formatted) 출력

계산 결과를 출력할 때, 그 모양을 조정하고 싶을 때가 있다. 예를 들어, 금액을 달러와 센트로 출력할 때, 보통 두 유효 숫자 자리로 반올림하기를 원한다. 즉,

```
Price per ounce: 0.0409722
```

대신에

```
Price per ounce: 0.04
```

와 같은 출력을 원한다.

값이 어떻게 포맷되어야 하는지를 지정하려면 조종자를 사용한다.

다음 명령문은 모든 부동 소수점 수의 소수점 다음에 두 자리를 사용하라고 cout에게 지시한다.

```
cout << fixed << setprecision(2);
```

이 명령은 출력이 없다; 단지 출력 포맷을 바꾸도록 cout을 조종한다. fixed와 setprecision을 **조종자**(*manipulator*)라고 부른다. 조종자에 관해서는 8장에서 더 자세히 설명하도록 하겠다. 지금은 단지, 통화 값이 깔끔하게 표시되기를 원한다면 위에 주어진 명령문을 포함시킨다는 것을 기억한다.

조종자를 사용하려면, <iomanip> 헤더를 프로그램에 포함시켜야 한다:

```
#include <iomanip>
```

조종자와 값들을 한 명령문에 결합할 수 있다:

```
cout << fixed << setprecision(2)
   << "Price per ounce: "
   << price_per_ounce << endl;
```

가끔 편리할 때가 있는 또 다른 조종자가 있다. 몇 개의 데이타 행을 표시할 때, 보통 우리는 열들의 줄을 맞추기를 원한다.

다음 출력 필드의 **폭**을 설정하기 위해서 setw 조종자를 사용한다. 이 폭은 값을 표시하는데 사용하는 전체 글자 수로서, 숫자, 소수점, 빈칸을 포함한다. 이 폭을 제어하는 것은 숫자 열들의 줄이 맞춰지기를 원할 때 중요하다.

예를 들어, 어떤 수가 여덟 글자 폭의 열에 출력되기를 원할 때,

```
cout << setw(8) << price_per_ounce;
```

를 사용한다.

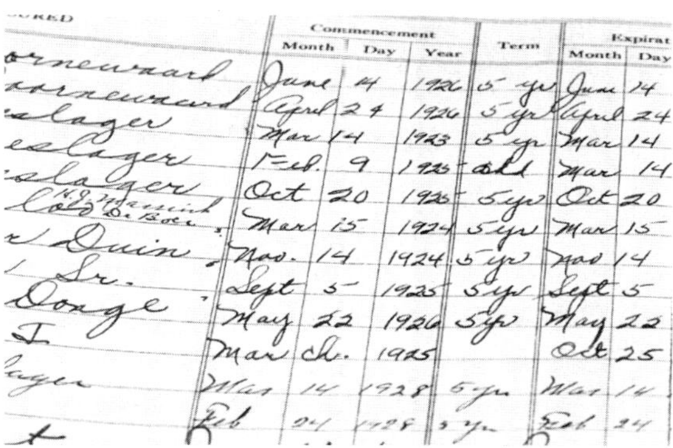

출력을 깔끔하게 줄 맞춰 열에 넣기 위해서 조종자를 사용한다.

이 명령은 값 price_per_ounce 를 폭이 8인 필드에 출력한다. 예:

```
    0.04
```

(여기서 각 ▒ 는 빈칸을 표시한다.)

setprecision과 setw 조종자는 서로 확실하게 다르다. 일단 정밀도가 설정되면, 그 값이 모든 부동 소수점에 사용된다. 그러나, 폭은 바로 **다음** 값에만 영향을 준다. 그 다음 값들은 추가된 빈칸 없이 포맷된다.

다음 예제 프로그램은 식스팩의 가격과 각 캔의 용량을 입력 받으며, 그런 후에 온스당 가격을 출력한다. 이 프로그램은 입력 읽기와 출력 포맷에 관해서 방금 배운 내용을 사용한다.

ch02/volume2.cpp

```
#include <iostream>
#include <iomanip>

using namespace std;

int main()
{
   // Read price per pack

   cout << "Please enter the price for a six-pack: ";
   double pack_price;
   cin >> pack_price;

   // Read can volume

   cout << "Please enter the volume for each can (in ounces): ";
   double can_volume;
   cin >> can_volume;

   // Compute pack volume

   const double CANS_PER_PACK = 6;
   double pack_volume = can_volume * CANS_PER_PACK;

   // Compute and print price per ounce

   double price_per_ounce = pack_price / pack_volume;

   cout << fixed << setprecision(2);
   cout << "Price per ounce: " << price_per_ounce << endl;

   return 0;
}
```

실행 결과

```
Please enter the price for a six-pack: 2.95
Please enter the volume for each can (in ounces): 12
Price per ounce: 0.04
```

표 2.7 출력 포맷 지정하기

출력 명령	출력	설명
`cout << 12.345678;`	`12.3457`	디폴트로, 숫자가 여섯 유효 자리로 출력된다.
`cout << fixed << setprecision(2) << 12.3;`	`12.30`	소수점 다음의 자릿수를 제어하려면 `fixed`와 `setprecision`을 사용한다.
`cout << ":" << setw(6) << 12;`	`:    12`	네 개의 빈칸이 숫자 앞에 출력되어, 총 글자 폭은 6이다.
`cout << ":" << setw(2) << 123;`	`:123`	만일 폭이 충분치 않으면 무시된다.
`cout << setw(6) << ":" << 12;`	`     :12`	폭이 바로 다음 항목만 가리킨다. 여기서 :는 다섯 개의 빈칸 다음에 나온다.

15. 다음 명령 시퀀스는 어디가 잘못 되었는가?

```
cout << "Please enter the unit price: ";
double unit_price;
cin >> unit_price;
int quantity;
cin >> quantity;
```

16. 다음 명령 시퀀스에서 문제가 있는 곳은?

```
cout << "Please enter the unit price: ";
int unit_price;
cin >> unit_price;
```

17. 다음 명령 시퀀스의 출력은?

```
double bottles = 10;
cout << "The total volume is" << 2 * bottles;
```

18. `$1.22` 같은 달러와 센트의 부동 소수점 변수 `total_price`를 어떻게 출력하는가?

19. `setw` 조종자를 사용해서 명령문

```
cout << "Bottles: " << bottles << endl
   << "Cans: " << cans << endl;
```

을 수정해서, 출력이 다음과 같게 만들라. 오른쪽의 숫자들은 아래와 같이 줄이 맞춰져야 한다(숫자들의 자릿수를 최대 8로 가정해도 된다).

```
Bottles:        8
Cans:          24
```

Practice It 이제 다음 연습문제들에 대해 답할 수 있다: R2.7, R2.8, P2.6, P2.7.

2.4 문제 해결하기: 먼저 손으로 하라

알고리듬 개발을 위한 아주 중요한 단계는 먼저 손으로 계산하는 것이다. 내 스스로 솔루션을 계산할 수 없다면, 자동으로 계산하는 프로그램을 작성할 수 없을 가능성이 높다.

손 계산의 사용 예를 보여주기 위해서 다음 문제를 고려하자.

한 줄의 흑색과 백색 타일들을 벽을 따라서 놓아야 한다. 미학적인 이유로, 설계자는 처음과 마지막 타일이 흑색일 것을 명시했다.

내가 할 일은 사용할 공간과 각 타일의 폭이 주어졌을 때, 필요한 타일 수와 양끝의 여백을 계산하는 것이다.

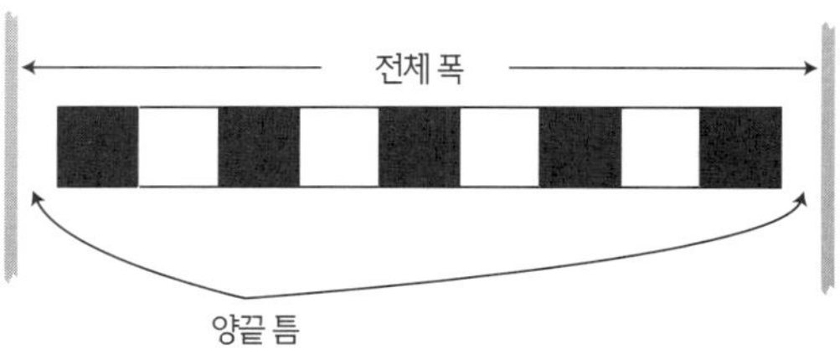

손 계산에 사용할 전형적인 상황에 대한 구체적인 값을 고른다.

문제를 더 구체적으로 만들기 위해서, 다음 크기들을 가정하자.

- 전체 폭: 100인치
- 타일 폭: 5인치

성급한 답은 이 공간을 20개의 타일로 채우는 것일 테지만, 이 값은 틀린다 — 마지막 타일이 흰색이 될 것이다.

대신에, 문제를 이렇게 보자. 첫 타일은 항상 흑색이어야 하며, 그 다음부터는 백/흑 쌍으로 추가한다.

첫 타일은 5인치를 차지하므로, 남은 95인치가 이러한 쌍들에 의해 채워져야 한다. 각 쌍은 폭이 10인치이다. 그러므로, 이러한 쌍의 수는 95 / 10 = 9.5이다. 그러나, 타일 쌍을 부분적으로 사용할 수 없기 때문에 소수부는 버려야 한다.

그러므로, 아홉 개의 타일 쌍 또는 18개의 타일을 처음의 흑색 타일과 함께 사용해야 한다. 전체 타일 수는 19개이다.

이 타일들은 19 × 5 = 95인치를 차지하므로, 전체 틈은 100 − 19 × 5 = 5인치이다. 이 틈은 양 끝에 똑같이 배분되어야 한다. 각 끝의 틈은 (100 − 19 × 5) / 2 = 2.5인치이다.

이 계산은 임의의 전체 폭 및 타일 폭 값들을 위한 알고리듬을 마련하기에 충분한 정보를 제공한다.

```
number of pairs = integer part of (total width - tile width) / (2 x tile width)
number of tiles = 1 + 2 x number of pairs
gap at each end = (total width - number of tiles x tile width) / 2
```

여기서 볼 수 있듯이, 손 계산에 의해 문제를 이해하게 되어 알고리듬 개발이 쉬워졌다.

20. 타일 수와 여백 폭을 계산하기 위한 수도코드를 C++로 번역하라.

21. 설계자가 다음과 같은 흑색, 회색, 백색 패턴을 명시했다고 하자.

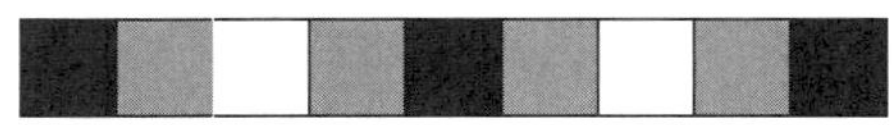

역시, 처음과 마지막 타일은 흑색이어야 한다. 알고리듬을 어떻게 수정해야 하는가?

22. 로봇이 마루에 흑색과 백색 타일들을 번갈아 깔아야 한다. 행과 열의 수가 주어졌다고 할 때, 이 칼라를 만드는 알고리듬을 개발하라(흑색은 0, 백색은 1). 특정 행 및 열의 값으로 시작한 후 일반화하라.

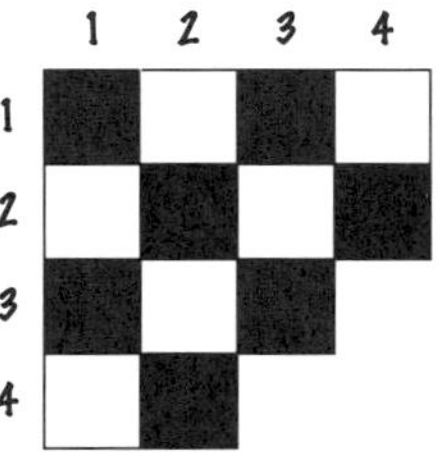

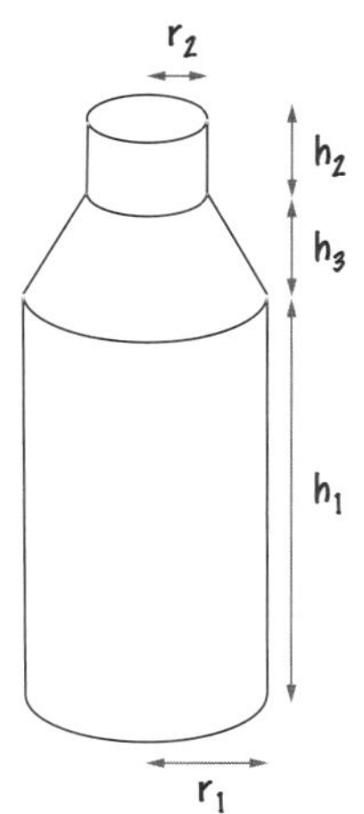

23. 어떤 차에 대해, 첫 해의 수리 및 유지 비용이 $100이고, 10년째에는 $1,500이다. 수리 비용이 매년 똑같이 증가한다고 가정하고, 3년째의 수리 비용을 계산하기 위한 수도코드를 개발하고, **n**년째에 대해서로 일반화하라.

24. 병의 모양이 반경이 r_1과 r_2, 높이가 h_1과 h_2인 두 개의 실린더와, 그들을 연결하는 높이가 h_3인 원뿔 섹션에 의해 근사화된다.
실린더 부피 공식 $V = \pi r^2 h$와 원뿔 섹션 부피 공식

$$V = \pi \frac{\left(r_1^2 + r_1 r_2 + r_2^2\right) h}{3}$$

를 이용해서, 병의 용량을 계산하는 수도코드를 개발하라. 용량을 알고 있는 실제 병을 샘플로 사용해서, 수도코드를 손으로 계산해보라.

Practice It 이제 다음 연습문제들에 대해 답할 수 있다: R2.13, R2.15, R2.16.

데모 예제 2.1 **여행 시간 계산하기**

이 데모 예제에서는 로봇이 암석 지형에서 어떤 물건을 회수하는 데 필요한 시간을 계산하기 위한 손 계산법을 개발한다.

How to 2.1 **계산 수행하기**

많은 프로그램 문제들이 산술 계산을 요구한다. 여기서는 문제 서술을 수도코드, 그리고 궁극적으로는 C++ 프로그램으로 바꾸는 방법을 보여준다.

예를 들어, 자판기를 시뮬레이션하는 프로그램을 작성하도록 요청 받았다고 하자. 소비자는 구매할 물건을 고르고 자판기에 지폐를 삽입한다. 자판기는 판매된 물건과 거스름돈을 내놓는다. 모든 물건 값이 25센트의 배 수이고, 자판기가 잔돈을 1달러 동전과 25센트 동전으로 준다고 가정한다. 내가 할 일은 코인별로 몇 개를 내줘야 하는지를 계산하는 것이다.

단계 1 문제를 이해하자. 입력은 무엇인가? 원하는 출력은 무엇인가?

이 문제에는 두 가지 입력이 있다.

- 소비자가 삽입한 지폐의 액면가
- 구매 물품의 가격

원하는 출력이 두 개 있다.

- 자판기가 반환하는 1달러 동전 수
- 자판기가 반환하는 25센트 동전(쿼터) 수

⊕ Available online at www.wiley.com/college/horstmann.

단계 2 예제를 손으로 풀어보라.

소비자가 $2.25짜리 물건을 사고 $5 지폐를 넣었다고 하자. 이 소비자는 $2.75 또는 두 개의 1달러 동전과 세 개의 쿼터를 받아야 한다.

우리에게는 쉬운 문제이지만, C++ 프로그램이 똑같은 결과를 도출하게 하려면 어떻게 해야 하는가? 이 계산은 달러가 아닌 페니(1센트)를 사용하면 더 간단하다. 소비자가 받을 금액은 275페니이다. 100을 2로 나누면 2가 되고, 이것이 달러의 수이다. 나머지(75)를 25로 나누면 3이 되며, 이것이 쿼터의 수이다.

단계 3 답을 계산하기 위한 수도코드를 작성하라.

앞 단계에서 특정 사례를 다뤘다. 이제 일반화된 방법을 도출해야 한다.

임의의 물건 가격과 지불 금액이 주어졌을 때, 반환할 동전들을 어떻게 계산할 수 있는가? 우선 반환할 금액을 페니로 계산한다.

```
amount due = 100 x bill value - item price in pennies
```

달러 수를 구하기 위해 100으로 나누고 나머지를 버린다.

```
dollar coins = amount due / 100 (without remainder)
```

자판기가 지폐를 받고 동전으로 거스름돈을 준다.

나머지 금액은 두 가지 방법으로 계산될 수 있다. 만일 나머지 연산자에 익숙하다면, 간단하게 다음과 같이 계산하면 된다.

```
amount due = amount due % 100
```

또는 반환할 금액에서 달러 동전 수에 해당하는 페니를 뺀다.

```
amount due = amount due - 100 x dollar coins
```

25로 나눠서 반환할 쿼터 수를 구한다.

```
quarters = amount due / 25
```

단계 4 필요로 하는 변수와 상수를 정의하고, 각각의 타입을 지정하라.

여기서 우리는 다섯 개의 변수가 필요하다.

- `bill_value`
- `item_price`
- `amount_due`
- `dollar_coins`
- `quarters`

100과 25를 `PENNIES_PER_DOLLAR`와 `PENNIES_PER_QUARTER`로 풀어쓰기 위한 상수를 추가하면 어떨까? 그렇게 하면 프로그램을 국제 시장에 내놓기에 더 쉬워질 것이므로, 그러기로 하겠다.

dollar_coins 계산에 정수 나눗셈이 사용되므로, amount_due와 PENNIES_PER_DOLLAR가 int 타입이어야 한다. 마찬가지로, 나머지 변수들도 정수이다.

단계 5 수도코드를 C++ 명령들로 바꿔라.

수도코드 작업을 마쳤으면, 이 단계는 쉬울 것이다. 물론 수학 연산(예: 거듭제곱, 정수 나눗셈)을 C++로 표현하는 방법을 알고 있어야 한다.

```
amount_due = PENNIES_PER_DOLLAR * bill_value - item_price;
dollar_coins = amount_due / PENNIES_PER_DOLLAR;
amount_due = amount_due % PENNIES_PER_DOLLAR;
quarters = amount_due / PENNIES_PER_QUARTER;
```

단계 6 입력과 출력을 제공하라.

계산을 시작하기 전에, 사용자가 지폐 액면가와 물건 가격을 입력하게 한다:

```
cout << "Enter bill value (1 = $1 bill, 5 = $5 bill, etc.): ";
cin >> bill_value;
cout << "Enter item price in pennies: ";
cin >> item_price;
```

계산이 끝났을 때, 그 결과를 표시한다. 더 완벽하게 만들기 위해 setw 조종자를 사용해서 출력을 깔끔하게 줄을 맞춘다.

```
cout << "Dollar coins: " << setw(6) << dollar_coins << endl
     << "Quarters:     " << setw(6) << quarters << endl;
```

단계 7 필요한 헤더를 포함시키고 main 함수를 제공하라.

모든 입력과 출력을 위해 <iostream>이 필요하다. setw 조종자를 사용하므로, <iomanip>도 필요하다. 이 프로그램은 특수한 수학 함수를 사용하지 않는다. 그러므로, <cmath> 헤더는 포함시키지 않는다.

main 함수에서, 상수와 변수들을 정의하고(단계 4), 계산을 수행하고(단계 5), 입력과 출력을 제공해야 한다(단계 6). 분명히, 우선 입력을 받고, 그런 후 계산을 하고, 끝으로 출력을 표시할 것이다. 상수들을 함수의 시작부에서 정의하고, 각 변수는 사용하기 바로 전에 정의한다.

완성된 프로그램, ch02/vending.cpp:

```
#include <iostream>
#include <iomanip>

using namespace std;

int main()
{
   const int PENNIES_PER_DOLLAR = 100;
   const int PENNIES_PER_QUARTER = 25;

   cout << "Enter bill value (1 = $1 bill, 5 = $5 bill, etc.): ";
   int bill_value;
   cin >> bill_value;
   cout << "Enter item price in pennies: ";
   int item_price;
   cin >> item_price;

   int amount_due = PENNIES_PER_DOLLAR * bill_value - item_price;
   int dollar_coins = amount_due / PENNIES_PER_DOLLAR;
   amount_due = amount_due % PENNIES_PER_DOLLAR;
   int quarters = amount_due / PENNIES_PER_QUARTER;
```

```
    cout << "Dollar coins: " << setw(6) << dollar_coins << endl
       << "Quarters:     " << setw(6) << quarters << endl;
}
```

실행 결과

```
Enter bill value (1 = $1 bill, 5 = $5 bill, etc.): 5
Enter item price in pennies: 225
Dollar coins:      2
Quarters:          3
```

데모 예제 2.2 **우표 가격 계산하기**

이 데모 예제는 우표 자판기를 시뮬레이션하기 위해 연산 함수를 사용한다.

2.5 문자열

문자열은 글자 시퀀스이다.

많은 프로그램들이 수가 아닌 텍스트를 처리한다. 텍스트는 **글자**, 즉, 문자, 숫자, 마침표, 빈칸 등으로 구성된다. **문자열**은 글자 시퀀스이다. 예를 들어, 문자열 "Harry"는 다섯 글자 시퀀스이다.

2.5.1 string 타입

문자열을 저장하는 변수를 정의할 수 있다.

```
string name = "Harry";
```

string 타입은 C++ 표준의 일부이다. 사용하려면, 단순히 헤더 파일 <string>을 포함시킨다:

```
#include <string>
```

우리는 문자열 변수(예: 위에서 정의된 변수 name)와 문자열 리터럴("Harry" 같이 따옴표로 둘러싸인 글자 시퀀스)을 구분한다. 문자열 변수에 저장된 문자열은 바뀔 수 있다. 문자열 리터럴은 마치 수 리터럴(예: 2)이 특정 숫자를 나타내듯이, 특정 문자열을 나타낸다.

수 변수와 달리, 문자열 변수는 초기값이 제공되지 않더라도 초기화가 보장된다. 디폴트로, 문자열 변수는 빈 문자열, 즉, 글자를 포함하지 않는 문자열로 설정된다. 빈 문자열 리터럴은 ""로 쓴다. 정의

```
string response;
```

는 다음과 똑같은 효과를 가진다:

```
string response = "";
```

⊕ Available online at www.wiley.com/college/horstmann.

2.5.2 문자열 잇기

문자열들을 잇기 위해서는 + 연산자를 사용한다; 즉, 그들을 조립해서 더 긴 문자열을 만든다.

"Harry"와 "Morgan" 같은 두 개의 문자열이 주어졌을 때, 그들을 하나의 긴 문자열로 이을 수 있다. 결과는 첫 문자열의 모든 글자와, 그에 이은 두 번째 문자열의 모든 글자들로 구성된다. C++에서 두 문자열을 연결하는데 + 연산자를 사용한다. 예:

```
string fname = "Harry";
string lname = "Morgan";
string name = fname + lname;
```

의 결과는 다음 문자열이다.

```
"HarryMorgan"
```

이름과 성 사이에 여백을 넣고 싶다면? 쉽다:

```
string name = fname + " " + lname;
```

이 명령문은 세 문자열, fname, 문자열 리터럴 " ", 그리고 lname을 잇는다. 결과는

```
"Harry Morgan"
```

이다.

2.5.3 문자열 입력

콘솔로부터 문자열을 읽을 수 있다:

```
cout << "Please enter your name: ";
string name;
cin >> name;
```

문자열이 >> 연산자로 읽힐 때, 한 단어만 문자열 변수에 들어간다. 예를 들어, 사용자가 프롬프트에 대한 응답으로

```
Harry Morgan
```

를 입력했다고 하자. 이 입력은 두 단어로 구성된다. cir >> name 호출 후, 문자열 "Harry"가 변수 name에 들어간다. 두 번째 단어를 읽으려면 다른 입력 명령문을 사용한다.

2.5.4 문자열 함수들

length 멤버 함수는 문자열의 글자 수를 제공한다.

문자열의 글자 수를 문자열의 길이라고 부른다. 예를 들어, "Harry"의 길이는 5이다. 문자열의 길이는 length 함수로 계산할 수 있다. sqrt나 pow 함수와 달리, length 함수는 **dot 기호**로 호출된다. 즉, 길이를 알고자 하는 문자열을 쓰고, 점을 찍은 후, 함수 이름을 적고, 괄호를 쓴다.

```
int n = name.length();
```

멤버 함수는 dot 기호를 사용해서 호출된다.

많은 C++ 함수들이 이 점(dot) 표기법을 요구하며, 어떤 것이 필요로 하고, 어떤 것이 필요로 하지 않는지 기억(또는 대조)하고 있어야 한다. 이 함수들을 **멤버 함수**라고 부른다. 멤버 함수 length가 변수 name에 대해 호출되었다고 말한다.

문자열이 있으면, 일부를 substr 멤버 함수에 의해 추출할 수 있다. 멤버 함수 호출

```
s.substr(start, length)
```

이 문자열 s에서 start의 글자에서 시작해서 length개의 글자로 구성된 문자열을 반환한다. 예:

```
string greeting = "Hello, World!";
string sub = greeting.substr(0, 5);
// sub is "Hello"
```

문자열의 일부를 추출하려면 멤버 함수 substr을 사용한다.

substr 연산이 문자열 greeting으로부터 취해진 다섯 글자로 구성된 문자열을 만든다. "Hello"는 greeting 안에 있는 길이가 5인 문자열이다. substr 연산에서 궁금한 점은 시작 위치이다. 시작 위치 0은 "문자열의 처음에서 시작하는 것"을 의미한다. 문자열의 첫 위치는 0, 두 번째는 1등으로 레이블링 된다. 예를 들면, 다음은 greeting 문자열의 위치 번호들이다.

```
H e l l o ,   W o r l d  !
0 1 2 3 4 5 6 7 8 9 10 11 12
```

마지막 글자의 위치 번호(12)는 항상 문자열 길이 보다 1만큼 작다.

부분 문자열 "World"를 추출하는 방법을 알아보자. 글자를 0이 아닌 1에서부터 세기 시작하라. W가 8번째 글자이며, 위치 번호가 7임을 알게 된다. 원하는 문자열의 길이는 다섯 글자이다. 그러므로, 적합한 부분 문자열 명령은 아래와 같다:

```
string w = greeting.substr(7, 5);
```

```
                 5
H e l l o ,   [W o r l d]  !
0 1 2 3 4 5 6  7 8 9 10 11 12
```

만일 길이를 생략하면, 주어진 위치에서부터 문자열 끝까지 있는 모든 글자들을 가져온다. 예:

```
greeting.substr(7)
```

은 문자열 "World!"(느낌표를 포함)이다.

다음은 이 개념을 적용한 간단한 프로그램이다. 이 프로그램은 나의 이름과 내게 중요한 이의 이름을 물어본다. 그러고 나서 이니셜들을 출력한다.

연산 first.subst(0, 1)은 first의 시작에서부터 취해진 한 글자로 구성된 문자열을 만든다. second에 대해서도 프로그램이 똑같은 작업을 한다. 그런 후, 결과인 한 글자 짜리 문자열들을 글자 "&"로 연결해서 길이가 3인 문자열 initials를 만든다(그림 2.4 참고).

```
first    = R o d o l f o
           0 1 2 3 4 5 6
second   = S a l l y
           0 1 2 3 4

initials = R & S
           0 1 2
```

그림 2.4 initials 문자열 만들기

이니셜은 각 이름의 첫 글자로 형성된다.

ch02/initials.cpp

```
#include <iostream>
#include <string>

using namespace std;

int main()
{
   cout << "Enter your first name: ";
   string first;
   cin >> first;
   cout << "Enter your significant other's first name: ";
   string second;
   cin >> second;
   string initials = first.substr(0, 1)
      + "&" + second.substr(0, 1);
   cout << initials << endl;

   return 0;
}
```

실행 결과

```
Enter your first name: Rodolfo
Enter your significant other's first name: Sally
R&S
```

표 2.8 문자열 연산

명령문	결과	설명
`string str = "C";` `str = str + "++";`	str이 "C++"로 설정된다	+는 문자열에 적용될 때 이음을 나타낸다.
⊘ `string str = "C" + "++";`	**오류**	**오류:** 두 개의 문자열 리터럴을 이을 수는 없다.

`cout << "Enter name: ";`
`cin >> name;`
(User input: Harry Morgan)
	name이 "Harry"를 담는다	>>연산자는 string 변수에 그 다음 단어를 넣는다.

`cout << "Enter name: ";`
`cin >> name >> last_name;`
(User input: Harry Morgan)
	name이 "Harry"를, last_name이 "Morgan"을 담는다	둘 이상의 단어를 읽으려면 여러 개의 >> 연산자를 사용한다.

`string greeting = "H & S";` `int n = greeting.length();`	n이 5로 설정된다	각 빈칸은 하나의 글자로서 카운트된다.
`string str = "Sally";` `string str2 = str.substr(1, 3);`	str2가 "all"로 설정된다	위치 1에서 시작하는 세 글자 길이의 부분 문자열을 추출한다(초기 위치는 0이다).
`string str = "Sally";` `string str2 = str.substr(1);`	str2가 "ally"로 설정된다	길이를 생략하면 그 위치부터 끝까지에 있는 모든 글자들이 포함된다.
`string a = str.substr(0, 1);`	a가 str의 이니셜 글자로 설정된다	위치 0에서 시작하는 한 글자 길이의 부분 문자열을 추출한다.
`string b = str.substr(str.length() - 1);`	b가 str의 마지막 글자로 설정된다	마지막 글자의 위치는 str.length() - 1이다. 길이를 명시할 필요가 없다.

25. 문자열 "C++ Program"의 길이는?

26. 다음 문자열 변수를 고려하자.

```
string str = "C++ Program";
```

부분 문자열 "gram"을 반환하는 substr 멤버 함수를 호출하라.

27. 문자열 잇기를 이용해서 자체 검사 26으로부터의 문자열 변수 str을 "C++ Programming"으로 바꿔라.

28. 다음 명령 시퀀스는 무엇을 출력하는가?

```
string str = "Harry";
cout << str.substr(0, 1) + str.substr(str.length() - 1);
```

29. "John Q. Public" 형태의 이름을 읽기 위한 입력 명령문을 작성하라.

Practice It 이제 다음 연습문제들에 대해 답할 수 있다: R2.6, R2.9, P2.12, P2.19.

랜덤 팩트 2.2 세계 알파벳 유니코드

영어 알파벳은 매우 간단하다. 대 · 소문자 *a* 부터 *z*. 다른 유럽 언어들에는 액센트 마크와 특수 글자들이 있다. 독일어에는 세 개의, 소위 **우믈라우트** 글자들 ä, ö, ü 그리고 *이중-s* 글자 ß가 있다. 이들은 없어도 되는 장식용이 아니다. 이 글자들을 단 몇 번이라도 사용하지 않고는 독일어 텍스트를 한 페이지도 작성할 수 없다. 독어 키보드에는 이 글자들을 위한 키들이 있다.

독어 키보드 배치

이러한 사실은 컴퓨터 사용자와 설계자에게 문제가 된다. ASCII(American Standard Code for Information Interchange, 미국 정보 교환용 표준 부호)는 128개의 코드를 규정한다. 52개의 대 · 소문자, 10개의 숫자, 32개의 조판 기호, 34개의 제어 글자(예: 빈칸, 새 줄, 프린터 등 장치 제어를 위한 32개). 우믈라우트와 이중-s는 포함되지 않는다. 일부 독일 데이타 처리 시스템은 거의 사용되지 않는 ASCII 글자들을 독어 문자들로 대체한다. [\ ] { | } ~가 Ä Ö Ü ä ö ü ß로 대체되어 있다. 대부분의 사람들이 이 글자들이 없어도 살 수 있지만, C++ 프로그래머들은 절대로 그럴 수 없다. 다른 인코딩 방식들은 한 바이트가 256개의 서로 다른 글자를 인코딩할 수 있으며, 그 중 128개만이 ASCII에 의해 표준화되어 있다는 사실을 이용한다. 불행하게도, 서로 호환성이 없는 그런 인코딩 표준이 여럿 존재하기 때문에, 유럽의 컴퓨터 사용자들의 성질을 돋우고 있다.

많은 나라들이 로마 문자를 전혀 사용하지 않는다. 몇 가지만 예로 들지만, 러시아어, 그리스어, 아랍어, 타이어는 전혀 다른 모양을 갖고 있다. 사태를 한층 더 복잡하게 만드는 것으로, 히브리어와 아랍어는 오른쪽에서 왼쪽으로 쓴다. 이 알파벳들 각각이 30에서 100 사이의 글자를 가지며, 이들을 사용하는 나라들은 독자적 인코딩 표준을 세웠다. 한자를 사용하는 언어들에서는 상황이 훨씬 더 극적이다. 중국 방언, 일본어. 중국 문자는 자모로 되어 있지 않고, 표의 문자이다. 한 글자가 뜻이나 사물을 나

히브리어, 아랍어, 영어

타낸다. 대부분의 단어들이 하나에서 세 개의 이러한 표의 문자들로 구성된다(50,000개가 넘는 표의 문자가 알려져 있으며, 그 중 약 20,000개가 실제로 사용되고 있다). 그러므로, 그들을 인코딩하기 위해 두 바이트가 필요하다. 중국, 대만, 일본은 호환성이 없는 독자적 인코딩 표준을 갖고 있다(일본어는 원주민 음절과 중국 표의 문자가 섞인 것을 사용한다).

문자 인코딩 간의 불일치는 국제 전자 통신과 세계를 대상으로 하는 소프트웨어 제작자들에게는 골칫거리이다. 1988년도에 시작해서, 하드웨어 및 소프트웨어 제작자들의 협력단이 기본적으로 전 세계의 모든 문자를 인코딩할 수 있는, **유니코드**라고 불리는 21-비트 인코딩 방식을 개발했다. 70,000개가 넘는 중국어, 일본어 표의문자들을 포함한 약 100,000개 글자들에 코드가 부여되었다. 이집트 상형문자 같은 멸종 언어들을 위한 코드를 추가하려는 계획도 있다.

중국 문자

요약

C++로 변수 정의를 쓴다.

- 변수는 이름을 갖는 저장 장소이다.
- 변수를 정의할 때는 보통 초기 값을 지정한다.
- 변수를 정의할 때는 그 값의 타입도 지정한다.
- 소수부를 가질 수 없는 숫자를 위해서는 `int` 타입을 사용한다.
- 부동 소수점 수를 위해서는 `double` 타입을 사용한다.
- 할당문은 변수에 저장되어 있는 값을 새 값으로 바꾼다.
- 할당 연산자 `=`는 수학 등호가 아니다.
- `const`로 정의된 변수의 값은 바꿀 수 없다.
- 내 코드를 읽을 사람을 위해 주석을 사용해서 설명을 추가한다. 컴파일러는 주석을 무시한다.

C++에서 산술 연산자를 사용한다.

- 곱셈에는 `*`, 나눗셈에는 `/`를 사용한다.
- `++` 연산자는 변수에 1을 더하고; `--` 연산자는 1을 뺀다.
- 만일 `/`의 두 피연산자가 정수이면, 나머지는 버려진다.
- `%` 연산자는 정수 나눗셈의 나머지를 계산한다.
- 부동 소수점 변수를 정수 변수에 할당하면 소수부가 버려진다.
- C++ 컴파일러 라이브러리는 `sqrt`(제곱근)와 `pow`(거듭제곱) 같은 다양한 수학 함수들을 정의하고 있다.

사용자 입력을 읽어 들이고 포맷이 지정된 출력을 쓰는 프로그램을 작성한다.

- 값을 읽어 들여서 변수에 넣기 위해 >> 연산자를 사용한다.
- 조종자를 사용해서 값들이 어떻게 포맷되어야 하는지를 지정한다.

알고리듬을 개발할 때 손 계산을 수행한다

- 대표적 경우에 대한 손 계산에 사용할 구체적 값을 고른다.

문자열을 처리하는 프로그램을 작성한다.

- 문자열은 글자 시퀀스이다.
- 문자열들을 잇기 위해 + 연산자를 사용한다. 즉, 이어 붙여서 더 긴 문자열을 만든다.
- `length` 멤버 함수는 문자열에 있는 글자 수를 제공한다.
- 멤버 함수는 dot 표기법으로 호출된다.
- `substr` 함수를 사용해서 문자열의 일부를 추출한다.

복습 연습 문제

R2.1 다음 명령 시퀀스 후의 `mystery`의 값은?

```
int mystery = 1;
mystery = 1 - 2 * mystery;
mystery = mystery + 1;
```

R2.2 다음 명령 시퀀스에서 틀린 점은?

```
int mystery = 1;
mystery = mystery + 1;
int mystery = 1 - 2 * mystery;
```

R2.3 다음 수학 식을 C++로 작성하라.

$$s = s_0 + v_0 t + \frac{1}{2} g t^2$$

$$G = 4\pi^2 \frac{a^3}{p^2 (m_1 + m_2)}$$

$$\text{FV} = \text{PV} \cdot \left(1 + \frac{\text{INT}}{100}\right)^{\text{YRS}}$$

$$c = \sqrt{a^2 + b^2 - 2ab\cos\gamma}$$

R2.4 다음 C++ 표현식들을 수학 표기로 작성하라.

a. `dm = m * (sqrt(1 + v / c) / sqrt(1 - v / c) - 1);`
b. `volume = PI * r * r * h;`
c. `volume = 4 * PI * pow(r, 3) / 3;`
d. `z = sqrt(x * x + y * y);`

R2.5 다음 표현식들의 값은? 각 줄에서 다음을 가정한다.

```
double x = 2.5;
double y = -1.5;
int m = 18;
int n = 4;
```

a. `x + n * y - (x + n) * y`
b. `m / n + m % n`
c. `5 * x - n / 5`
d. `1 - (1 - (1 - (1 - (1 - n))))`
e. `sqrt(sqrt(n))`

R2.6 다음 표현식의 값들은 얼마인가? 각 줄에서 다음을 가정한다

```
string s = "Hello";
string t = "World";
```

a. `s.length() + t.length()`
b. `s.substr(1, 2)`
c. `s.substr(s.length() / 2, 1)`
d. `s + t`
e. `t + s`

R2.7 다음 프로그램에서 최소 다섯 개의 컴파일-타임 오류를 찾아내라.

```
#include iostream

int main();
{
   cout << "Please enter two numbers:"
   cin << x, y;
   cout << "The sum of << x << "and" << y
      << "is: " x + y << endl;
   return;
}
```

R2.8 다음 프로그램에서 최소 네 개의 런-타임 오류를 찾아내라.

```
#include <iostream>

using namespace std;

int main()
{
   int total;
   int x1;
   cout << "Please enter a number:";
   cin >> x1;
   total = total + x1;
   cout << "Please enter another number:";
   int x2;
   cin >> x2;
   total = total + x1;
   double average = total / 2;
   cout << "The average of the two numbers is "
      << average << "endl";
   return 0;
}
```

R2.9 2, 2.0, "2", "2.0"의 차이를 설명하라.

R2.10 다음 프로그램 조각들이 각각 무엇을 계산하는지 설명하라.

a.
```
int x = 2;
int y = x + x;
```
b.
```
string s = "2";
string t = s + s;
```

R2.11 단어를 읽고, 첫 글자, 마지막 글자, 그리고 중간에 있는 글자들을 출력하는 프로그램을 위한 수도코드를 작성하라. 예를 들어, 만일 입력이 `Harry`이면, 프로그램은 `H y arr`을 출력한다.

R2.12 이름을 읽고(예: `Harold James Morgan`) 각 이름의 이니셜 글자들로 구성된 모노그램(예: `HJM`)을 출력하는 프로그램을 위한 수도코드를 작성하라.

R2.13 수의 처음과 마지막 자리를 계산하는 프로그램을 위한 수도코드를 작성하라. 예를 들어, 입력이 `23456`이면, 프로그램은 `2`와 `6`을 출력해야 한다. **힌트**: `%`, `log10`.

R2.14 *How to* 2.1의 프로그램이 잔돈을 25센트, 10센트, 5센트로 주도록 수도코드를 수정하라. 가격이 5센트의 배수라고 가정해도 된다. 수도코드를 개발하기 위해서, 먼저 몇 개의 특정 값들을 사용하라.

R2.15 칵테일 셰이커가 세 개의 원뿔 섹션으로 구성되어 있다.

실제 반경 및 높이 값들을 사용해서 전체 용량을 계산하라. 자체 검사 24에서 주어진 공식을 사용한다. 그런 후, 임의의 크기에 대해 동작하는 알고리듬을 개발하라.

R2.16 파이 한 조각을 아래 그림과 같이 자른다. 그림에서 *c*는 선분 길이(현 길이)이고 *h*는 조각의 높이이다.

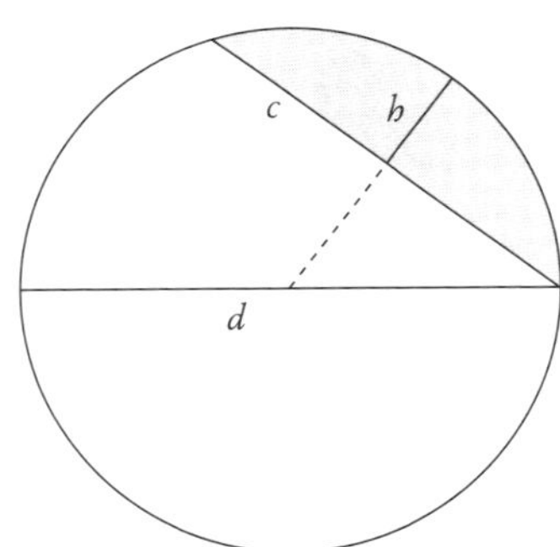

면적 계산을 위한 근사화 공식이 있다: $A \approx \frac{2}{3}ch + \frac{h^3}{2c}$

그러나, 파이의 직경 *d*는 대개 잘 알려져 있는 반면에, *h*는 측정하기가 쉽지 않다. 파이의 직경이 12인치이고 조각의 현 길이가 10인치일 때의 면적을 계산하라. 임의의 직경과 현 길이에 대해 면적을 계산할 수 있는 알고리듬을 만들라.

R2.17 다음 수도코드는 요일 숫자(0 = Sunday, 1 = Monday, 기타 등등)가 주어졌을 때, 요일 이름을 얻는 방법을 기술한다.

Define a string called names containing "SunMonTueWedThuFriSat".
Compute the starting position as 3 x the day number.
Extract the substring of names at the starting position with length 3.

요일 숫자 4를 사용해서 이 수도코드를 검사하라. 58쪽의 그림 2.4와 비슷한, 계산될 문자열의 다이어그램을 그려라.

R2.18 다음 수도코드는 단어의 두 글자의 위치를 서로 바꾸는 방법을 기술한다.

```
We are given a string str and two positions i and j. (i comes before j)
Set first to the substring from the start of the string to the last position before i.
Set middle to the substring from positions i + 1 to j - 1.
Set last to the substring from position j + 1 to the end of the string.
Concatenate the following five strings: first, the string containing just the character
   at position j, middle, the string containing just the character at position i, and last.
```

문자열 "Gateway"와 위치 2와 4를 사용해서 이 수도코드를 검사하라. 58쪽의 그림 2.4와 비슷한, 계산될 문자열의 다이어그램을 그려라.

R2.19 다음 프로그램을 실행시키고, 결과로 얻은 출력에 관해 설명하라.

```
#include <iostream>

using namespace std;

int main()
{
   int total;
   cout << "Please enter a number: ";
   double x1;
   cin >> x1;
   total = total + x1;
   cout << "total: " << total << endl;
   cout << "Please enter a number: ";
   double x2;
   cin >> x2;
   total = total + x2;
   cout << "total: " << total << endl;
   total = total / 2;
   cout << "total: " << total << endl;
   cout << "The average is " << total << endl;
   return 0;
}
```

변수 `total`의 현재 내용을 보여주기 위해 삽입된 **추적 메시지**(회색)들을 주시한다. 이 프로그램을 어떻게 고치면 되겠는가? (이 프로그램에는 별개의 오류 두 개가 있다.)

R2.20 다음 값들을 출력하는 프로그램을 작성하라.

```
3 * 1000 * 1000 * 1000
3.0 * 1000 * 1000 * 1000
```

결과에 관해 설명하라.

R2.21 이 장에는 프로그램을 읽고 보수하는 것을 쉽게 만들기 위한 변수와 상수에 관한 몇 가지 추천 사항들이 있다. 이 추천 사항들을 간략히 요약하라.

프로그래밍 훈련

P2.1 편지 크기(8.5 × 11 inches) 종이의 크기를 밀리미터 단위로 출력하는 프로그램을 작성하라. 인치당 25.4 mm이다. 상수와 주석을 사용하라.

P2.2 편지 크기(8.5 × 11 inches) 종이의 둘레와 대각선 길이를 계산 및 출력하는 프로그램을 작성하라.

P2.3 숫자 하나를 읽고, 제곱, 세 제곱, 네 제곱을 표시하는 프로그램을 작성하라. 단, 네 제곱에만 `pow` 함수를 사용한다.

P2.4 사용자가 두 개의 정수를 입력하게 하고, 다음을 출력하는 프로그램을 작성하라.

- 합
- 차이
- 곱
- 평균

P2.5 사용자가 두 개의 정수를 입력하게 하고, 다음을 출력하는 프로그램을 작성하라.

- 거리(차이의 절대값)
- 최대(두 수 중 큰 것)
- 최소(두 수 중 작은 것)

힌트: `max`와 `min` 함수는 `<algorithm>` 헤더에 정의되어 있다.

P2.6 사용자가 미터 단위로 측정값을 입력하게 하고, 그를 마일, 피트, 인치로 바꾸는 프로그램을 작성하라.

P2.7 사용자로부터 반경을 입력 받고, 다음을 출력하는 프로그램을 작성하라.

- 원의 면적 및 둘레
- 구의 부피 및 표면적

P2.8 사용자에게 직사각형의 변의 길이를 묻고, 다음을 출력하는 프로그램을 작성하라.

- 직경의 면적과 둘레
- 대각선 길이(피타고라스 정리를 이용한다)

P2.9 *How to* 2.1에서 논의된 프로그램을 개선해서 지폐 외에도 쿼터를 입력으로 받을 수 있게 하라.

P2.10 하이브리드카를 구매할지 여부를 판단하는 것을 도와줄 프로그램을 작성하라. 프로그램의 입력은 다음과 같다:

- 새 차 가격
- 연간 예상 주행 거리
- 예상 휘발유 가격
- 5년 후 예상 매도 가격

5년 동안 이 차를 보유할 때의 전체 비용을 계산하라(계산을 단순화하기 위해 융자 비용은 고려하지 않는다). 신형과 중고 하이브리드 그리고 비교 대상 자동차의 시세를 웹에서 찾아보아라. 오늘 휘발유 가격과 연간 15,000마일을 사용해서 프로그램을 두 번 돌린다. 수도코드와 실행 결과를 포함시켜라.

P2.11 다음 수도코드는 주문된 도서의 전체 가격과 수로부터 발주액을 계산하는 방법을 기술한다.

```
Read the total book price and the number of books.
Compute the tax (7.5% of the total book price).
Compute the shipping charge ($2 per book).
The price of the order is the sum of the total book price, the tax, and the shipping charge.
Print the price of the order.
```

이 수도코드를 C++ 프로그램으로 번역하라.

P2.12 다음 수도코드는 열 자리 전화번호(예: "4155551212")를 괄호와 줄 표시를 사용해서 더 읽기 쉬운 문자열(예: "(415) 555-1212")로 바꾸는 방법을 기술한다.

```
Take the substring consisting of the first three characters and surround it with "(" and ")".
   This is the area code.
Concatenate the area code, the substring consisting of the next three characters, a hyphen,
   and the substring consisting of the last four characters. This is the formatted number.
```

이 수도코드를 전화번호를 문자열 변수에 읽어 들이고, 정형화된 번호를 계산하고, 그를 출력하는 C++ 프로그램으로 번역하라.

P2.13 다음 프로그램은 부동 소수점 값으로 주어진 가격으로부터 달러와 센트를 추출하는 방법을 기술한다. 예를 들어, 가격 2.95는 달러와 센트 수로 2와 95가 된다.

```
Assign the price to an integer variable dollars.
Multiply the difference price - dollars by 100 and add 0.5.
Assign the result to an integer variable cents.
```

이 수도코드를 C++ 프로그램으로 번역하라. 가격을 읽고, 달러와 센트를 출력하라. 입력을 2.95와 4.35로 해서 프로그램을 테스트하라.

P2.14 거스름돈 주기. 점원에게 거스름돈을 주는 방법을 알려주는 프로그램을 구현하라. 이 프로그램은 받아야 할 금액과 고객으로부터 받은 금액, 즉, 두 개의 입력을 받는다. 고객이 받을 거스름돈을 달러, 쿼터, 10센트, 5센트, 1센트로 표시하라.

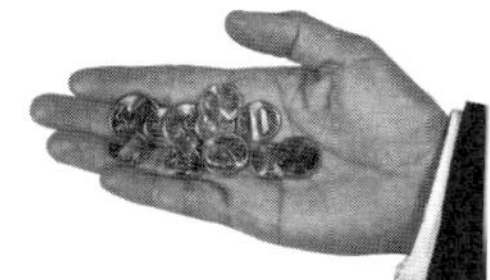

P2.15 사용자가 다음을 입력하게 하는 프로그램을 작성하라.

- 탱크의 휘발유 갤런 수
- 갤런당 마일 연비
- 갤런당 휘발유 가격

그런 후 100마일당 비용과 탱크에 있는 휘발유로 주행할 수 있는 거리를 출력하라.

P2.16 파일 이름과 확장자. 사용자가 드라이브 문자(C), 경로(\Windows\System), 파일 이름(Readme), 확장자(txt)를 입력하게 하는 프로그램을 작성하라. 그런 후, 전체 파일 이름 C:\Windows\System\Readme.txt를 출력하라(만일 UNIX나 Macintosh를 사용하고 있으면, 드라이브 이름을 생략하고, 디렉터리를 구분하는데 \ 대신에 /를 사용하라.)

P2.17 사용자로부터 1,000과 999,999 사이의 수를 읽어 들이고, 천 단위로 분리하는 쉼표를 사용해서 출력하는 프로그램을 작성하라. 다음은 보기 대화이다. 사용자 입력은 회색으로 표시되어 있다.

```
Please enter an integer between 1000 and 999999: 23456
23,456
```

P2.18 사용자로부터 1,000과 999,999 사이의 수를 읽어 들이는 프로그램을 작성하라. 단, 사용자는 입력에 쉼표를 사용한다. 그런 후, 쉼표를 빼고 수를 출력하라. 다음은 보기 대화이다. 사용자 입력은 회색으로 표시되어 있다.

```
Please enter an integer between 1,000 and 999,999: 23,456
23456
```

힌트: 입력을 문자열로 읽는다. 문자열의 길이를 계산한다. *n*개의 글자를 포함한다고 하자. 그런 후, 처음 $n-4$개의 글자와 마지막 세 글자로 구성된 부분 문자열을 추출한다.

P2.19 **격자를 출력하기.** 틱-택-토(tic-tac-toe) 게임을 위한 다음의 격자를 출력하는 프로그램을 작성하라.

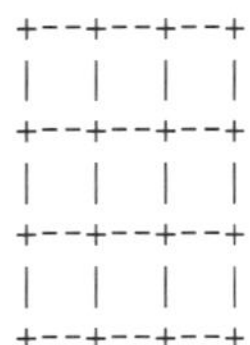

```
+--+--+--+
|  |  |  |
+--+--+--+
|  |  |  |
+--+--+--+
|  |  |  |
+--+--+--+
```

물론, 단순하게 다음 형태의 일곱 개의 명령문을 쓸 수 있을 것이다.

```
cout << "+--+--+--+";
```

그렇지만 좀 더 지능적으로 해보자. 두 종류의 패턴을 저장하는 문자열 변수들을 정의하라. 머리 빗 모양 패턴

```
+--+--+--+
|  |  |  |
```

그리고 맨 아래 줄. 머리 빗을 세 번, 아래 줄을 한 번 출력한다.

P2.20 정수를 읽어서 개별 자리로 분리하는 프로그램을 작성하라. 예를 들어, 입력 16384는 다음과 같이 표시된다.

```
1 6 3 8 4
```

입력의 자릿수가 다섯을 넘지 않으며, 음수가 아니라고 가정한다.

P2.21 두 시각을 군대식으로 읽고(예: 0900, 1730), 두 시각 사이의 시간 및 분 수를 출력하는 프로그램을 작성하라. 다음은 실행 결과 견본이다. 사용자 입력은 회색으로 표시되어 있다.

```
Please enter the first time: 0900
Please enter the second time: 1730
8 hours 30 minutes
```

첫 번째 시각이 두 번째 시각보다 더 늦는 경우도 다룰 수 있으면 가산점이 있다.

```
Please enter the first time: 1730
Please enter the second time: 0900
15 hours 30 minutes
```

P2.22 **큰 글자 찍기.** 큰 글자 H를 다음과 같이 만들 수 있다.

```
*   *
*   *
*****
*   *
*   *
```

이것은 다음과 같은 문자열 상수로 정의될 수 있다.

```
const string LETTER_H =
   "*   *\n*   *\n*****\n*   *\n*   *\n";
```

(`\n` 글자는 특강 1.1에서 설명되었다.) 글자 `E`, `L`, `O`에 대해서도 반복하라. 그러고 나서, 다음 메시지를 큰 글자들로 출력하라.

```
H
E
L
L
O
```

P2.23 숫자 1, 2, 3, ⋯, 12를 해당 월 이름 `January`, `February`, `March`, ⋯, `December`으로 바꾸는 프로그램을 작성하라. **힌트:** 긴 문자열 "`January February March ...`"을 만들되, 모든 이름의 길이가 같도록 빈칸을 추가하라. 그런 다음, `substr`을 사용해서 원하는 월 이름을 추출한다.

엔지니어링 P2.24 다음 회로를 고려하자.

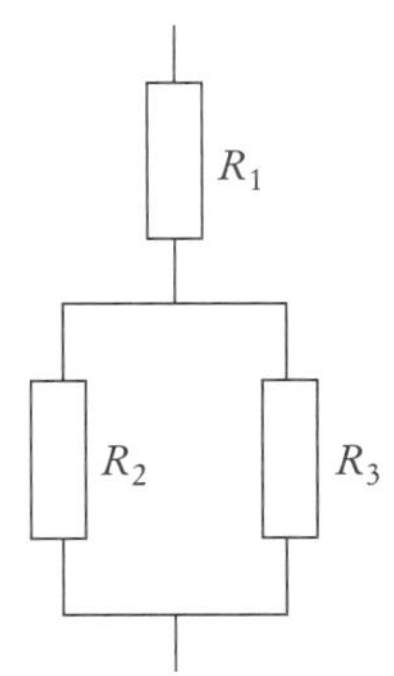

세 저항의 저항 값을 읽고 Ohm의 법칙을 이용해서 전체 저항을 계산하는 프로그램을 작성하라.

엔지니어링 P2.25 이슬점 온도 T_d를 다음 식에 의해 상대 습도 RH와 실온 T로부터 (대략적으로) 계산할 수 있다.

$$T_d = \frac{b \cdot f(T, RH)}{a - f(T, RH)}$$

$$f(T, RH) = \frac{a \cdot T}{b + T} + \ln(RH)$$

여기서 $a = 17.27$ $b = 237.7$°C이다.

상대 습도(0과 1 사이)와 온도(섭씨)를 읽고 이슬점 값을 출력하는 프로그램을 작성하라. 자연 로그 계산에 C++ 함수 log를 사용하라.

엔지니어링 P2.26 아래에 보인 파이프 클립 온도 센서는 파이프의 액체의 온도를 측정하기 위해 직접 구리 파이프에 물려질 수 있는 견고한 센서이다.

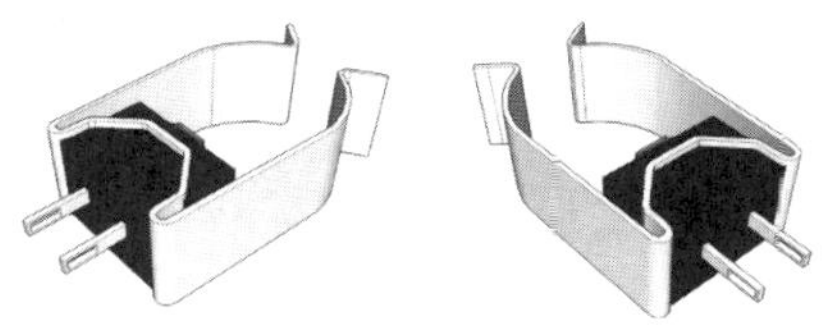

각 센서는 **서미스터**라고 불리는 장치를 포함하고 있다. 서미스터는 다음 식으로 기술되는 온도-종속적 저항 특성을 갖는 반도체 장치이다.

$$R = R_0 \, e^{\beta\left(\frac{1}{T} - \frac{1}{T_0}\right)}$$

여기서 R은 온도 T(°K)에서의 저항(Ω)이며, R_0는 온도 T_0에서의 저항이다. β는 서미스터 제작에 사용된 물질에 따른 상수이다. 서미스터는 R_0, T_0, β 값을 제공해서 규정된다.
이 파이프 클립 온도 센서 제작에 사용된 서미스터는 T_0 = 85°C에서 R_0 = 1075 Ω이며 β = 3969°K이다(β의 단위가 °K임에 유의한다. °K 단위 온도는 °C 단위 온도에 273을 더해서 구한다). °C 단위의 온도는 다음 식에 의해 Ω 단위의 저항으로부터 계산된다.

$$T = \frac{\beta T_0}{T_0 \ln\left(\dfrac{R}{R_0}\right) + \beta} - 273$$

사용자로부터 서미스터 저항 R을 읽고, 액체 온도를 °C로 제공하는 메시지를 출력하는 프로그램을 작성하라.

엔지니어링 P2.27 아래의 회로는 전력 회사와 한 고객 간의 연결의 중요한 측면을 보여준다. 고객은 세 개의 파라미터 V_t, P, pf로 표현된다. V_t는 벽 아웃렛에 꽂았을 때 측정되는 전압이다. 고객의 가전 제품이 정상적으로 작동하기 위해서는 안정적인 V_t 값이 필요하다. 그래서, 전력 회사는 V_t 값 조절에 신경을 많이 쓴다. P는 고객이 사용한 전력량을 나타내며, 고객의 전기 요금을 계산할 때의 주요 요소이다. 역률 pf는 생소하다(역률은 각도의 코싸인으로 계산되므로, 그 값은 항상 0과 1 사이이다). 이 문제에서는 역률의 의미를 조사하기 위한 C++ 프로그램을 작성해야 한다.

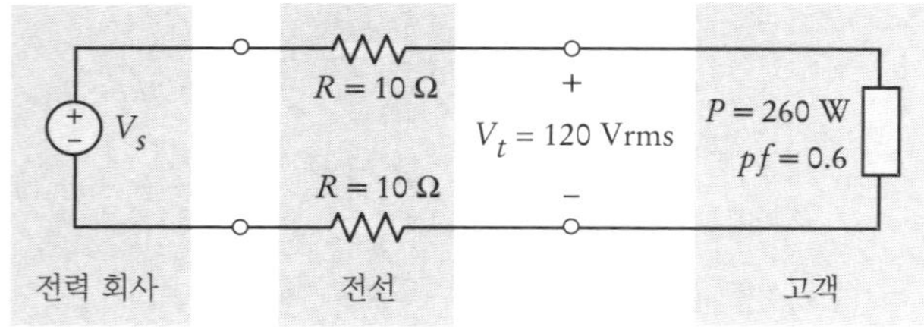

그림에서, 전선을 다소 극단적으로 단순화해서 Ohm 단위의 저항으로 나타냈다. 전력 회사는 AC 전압원으로 표현되었다. 고객에게 전압 V_t의 전력 P를 제공하는 데 필요한 소스 전압 V_s를 다음 공식에 의해 계산할 수 있다.

$$V_s = \sqrt{\left(V_t + \frac{2RP}{V_t}\right)^2 + \left(\frac{2RP}{pf\,V_t}\right)^2 \left(1 - pf^2\right)}$$

(V_s의 단위는 Vrms) 이 공식은 V_s의 값이 pf의 값에 따라 달라짐을 나타낸다. 사용자로부터 역률을 입력 받고, 위 그림에 보인 P, R, V_t의 값을 사용해서 해당 V_s의 값을 제공하는 메시지를 출력하는 프로그램을 작성하라.

엔지니어링 P2.28 안테나에 연결된 다음 튜닝 회로를 고려하자. 이 그림에서 C는 가변 커패시턴스 범위가 $C_{\min}$에서 $C_{\max}$인 커패시터이다.

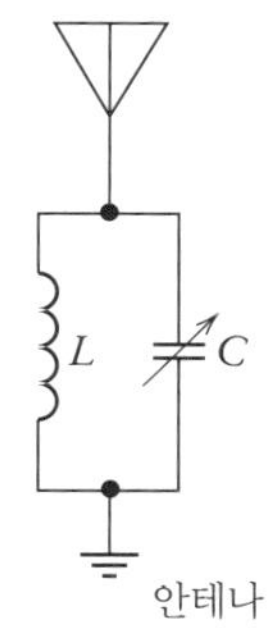

튜닝 회로는 주파수 $f = \dfrac{2\pi}{\sqrt{LC}}$ 를 선택한다. 주어진 주파수에 대해 이 회로를 설계하기 위해서, $C = \sqrt{C_{\min} C_{\max}}$ 를 취하고, f와 C로부터 필요한 인덕턴스 L을 계산한다. 이제 회로는 $f_{\min} = \dfrac{2\pi}{\sqrt{LC_{\max}}}$ 에서 $f_{\max} = \dfrac{2\pi}{\sqrt{LC_{\min}}}$ 범위의 임의의 주파수에 튜닝될 수 있다.

$C_{\min}$과 $C_{\max}$의 값이 주어진 가변 커패시터를 사용해서, 주어진 주파수에 대한 튜닝 회로를 설계하는 프로그램을 작성하라(전형적인 입력은 f= 16.7 MHz, $C_{\min}$ = 14 pF, $C_{\max}$ = 365 pF이다). 프로그램은 f(Hz), $C_{\min}$과 $C_{\max}$(F)를 읽어 들이고, 필요한 인덕턴스 값과 커패시턴스를 조절해서 회로가 튜닝될 수 있는 주파수 범위를 출력한다.

엔지니어링 R2.29 r미터 떨어져 있고, 전하가 Q_1과 Q_2 쿨롱(Coulomb)인 두 전하 입자 간의 전기력(electric force)은 쿨롱 힘의 법칙에 의해 $F = \dfrac{Q_1 Q_2}{4\pi\varepsilon r^2}$ Newton이다. 여기서 $\varepsilon = 8.854 \times 10^{-12}$ Farad/meter이다. 전하 입자 쌍에 대한 힘을 사용자 입력 Q_1 쿨롱, Q_2 쿨롱, r 미터에 기반해서 계산하고, 전기력을 계산해서 표시하라.

자체 검사 질문에 대한 답

1. 한 가지 가능한 답은

```
int bottles_per_case = 8;
```

이다. 다른 변수 이름이나 다른 초기화 값을 사용해도 되지만, 변수 타입은 `int`라야 한다.

2. 세 가지 오류가 있다.
   - 변수 이름에 빈칸을 넣을 수 없다.
   - 소수점 수를 담을 것이므로 변수 타입이 `double`이라야 한다.
   - 명령문 끝에 세미콜론을 빠트렸다.

3. ```
   double unit_price = 1.95;
   int quantity = 2;
   ```

4. `cout << "Total price: " << unit_price * quantity << endl;`

5. `cans_per_pack`의 정의를 다음과 같이 바꾼다.

   `int cans_per_pack = 4;`

6. `/*`로 시작하는 주석을 닫기 위해서 구획 문자 `*/`를 사용해야 한다.

   `double can_volume = 0.355; /* Liters in a 12-ounce can */`

7. 프로그램이 컴파일을 통과하고, 같은 결과를 출력할 것이다. 그러나, 프로그램을 읽는 사람은 캔을 쪼개서 다루고 있는 것 같아 혼동스러울 것이다.

8. 그 값이 할당문에 의해 바뀐다.

9. 주차 공간에서 한 차가 다른 차에 의해 교체될 때 할당이 발생한다.

10. `double interest = balance * p / 100;`

11. `double side_length = sqrt(area);`

12. `4 * PI * pow(radius, 3) / 3`
    이거나 `(4.0 / 3) * PI * pow(radius, 3)`,
    `(4 / 3) * PI * pow(radius, 3)`은 아님.

13. 172와 9

14. `int leftover = 12 - amount % 12;`

15. 프로그램 사용자에게 수량을 입력하라고 알려주기 위한 프롬프트가 없다.

16. 변수 `unit_price`가 `int`로 정의되었다. 만일 사용자가 가격을 `1.95`와 같이 입력한다면, 변수에는 1만 들어갈 것이다.

17. 출력은 다음과 같다.
    `The total volume is20`
    `is`와 `20` 사이에 빈칸이 없다.

18. `cout << "$" << fixed << setprecision(2) << total_price;`

19. ```
    cout << "Bottles: " << setw(8) << bottles << endl
    << "Cans: " << setw(8) << cans << endl;
    ```
    조종자 `setw`가 두 번 나옴에 주의한다. 그리고, 문자열 `"Cans:     "`에 삽입된 공간에도 주의한다.

20. ```
    int pairs = (total_width - tile_width) / (2 * tile_width);
    int tiles = 1 + 2 * pairs;
    double gap = (total_width - tiles * tile_width) / 2;
    ```
    `pairs`를 `int`로 선언해야 한다.
    ```

21. 이제는 맨 처음의 흑색 타일 다음에 네 개의 타일 그룹(회/백/회/흑)들이 놓인다. 그러므로, 알고리듬은 이제 다음과 같이 된다.

```
number of groups = integer part of (total width - tile width) / (4 x tile width)
number of tiles = 1 + 4 x number of groups
```

틈에 대한 식은 바뀌지 않는다.

22. 분명히 답은 행과 열 수가 짝수인지 또는 홀수인지에 따라 다르므로, 먼저 2로 나눈 후 나머지를 취하자. 그러고 나면, 모든 예상 답들을 열거할 수 있다.

Row % 2	Column % 2	Color
0	0	0
0	1	1
1	0	1
1	1	0

표의 처음 세 항목에서, 칼라는 단순히 나머지들의 합이다. 네 번째 항목에서 합이 2가 될 것이나, 우리는 0을 원한다. 나머지 연산을 한 번 더 추가하면 그렇게 된다.

```
color = ((row % 2) + (column % 2)) % 2
```

23. 9년 후에 수리 비용은 $1,400만큼 증가한다. 그러므로 연간 증가는 $1,400 / 9 ≈ $156이다. 3년째의 수리비는 $100 + 2 × $156 = $412이 될 것이다. **n**년째의 수리비는 $100 + **n** × $156이다. 그러나, 반올림 오차의 누적을 피하려면 $156을 산출한 원래 식을 사용하는 게 좋다. 즉,

```
Repair cost in year n = 100 + n x 1400 / 9
```

24. 수도코드는 식으로부터 쉽게 나온다.

bottom volume = $\pi \times r_1^2 \times h_1$
top volume = $\pi \times r_2^2 \times h_2$
middle volume = $\pi \times (r_1^2 + r_1 \times r_2 + r_2^2) \times h_3 / 3$
total volume = bottom volume + top volume + middle volume

전형적인 와인 병을 측정하면

$r_1 = 3.6$, $r_2 = 1.2$, $h_1 = 15$, $h_2 = 7$, $h_3 = 6$ (단위는 모두 센티미터)이다. 그러므로

아래 부분 용량 = 610.73

위 부분 용량 = 31.67

중간 부분 용량 = 135.72

전체 용량 = 778.12

실제 용량이 750 ml이며, 이것은 우리의 계산이 옳다고 믿을 수 있기에 충분할 정도로 계산 결과에 가깝다.

25. 길이는 11이다. 빈칸도 글자로 센다.

26. `str.substr(7, 4)`

27. `str = str + "ming";`

28. `Hy`

29. `cin >> first_name >> middle_initial >> last_name;`

CHAPTER 03 판단

Decisions

목표

if 문을 사용해서 판단을 구현할 수 있기
정수, 부동 소수점 수, 문자열을 비교하는 방법을 배우기
부울(Boole) 데이타 타입을 이해하기
사용자 입력을 검사하기 위한 전략을 개발하기

내용

컴퓨터 프로그램의 기본적 특징은 판단을 내리는 능력이다. 스위치 설정에 따라 트랙을 바꾸는 기차처럼, 프로그램은 입력 및 기타 환경들에 따라 다른 동작을 취할 수 있다.

이 장에서는 간단하거나 복잡한 판단을 프로그래밍하는 방법을 배운다. 배운 내용은 사용자 입력을 검사하는데 적용될 것이다.

3.1 if 문

if 문은 처리될 데이타 특성에 따라 프로그램이 서로 다른 동작을 수행할 수 있게 해준다.

if 문은 판단을 구현하기 위해 사용된다. 조건이 충족될 때, 어떤 명령문 집합이 실행된다. 그렇지 않으면, 다른 명령문 집합이 실행된다(문법 3.1 참고).

다음은 if 문을 사용하는 예이다. 많은 나라들에서 숫자 13은 불행한 것으로 간주된다. 건물주는 미신을 믿는 세입자를 불쾌하기 만들기보다는, 13층을 생략한다. 12층 다음에 바로 14층이다. 물론 13층은 비어 있는 상태로 남아 있거나, 음모론자들이 믿는 것처럼, 비밀방과 연구 랩이 들어서지도 않는다. 그냥 14층으로 불린다. 건물 승강기를 제어하는 컴퓨터는 이 점을 보상해서 14층 이상의 모든 층 수를 조정해야 한다.

승강기 패널은 13층을 '생략'한다. 이 층이 실제로 사라진 건 아니다—승강기를 제어하는 컴퓨터는 14층 이상의 층 숫자를 조정한다.

이 프로세스를 C++로 시뮬레이션하자. 원하는 층을 사용자가 입력하게 하고, 실제 층을 계산한다. 입력이 14 이상일 때, 실제 층을 얻기 위해 입력을 감소시켜야 한다. 예를 들어, 사용자가 20을 입력했다면, 프로그램은 실제 층을 19로 계산한다. 아니면, 입력된 층 숫자를 그대로 사용한다:

```
int actual_floor;

if (floor > 13)
{
   actual_floor = floor - 1;
}
else
{
   actual_floor = floor;
}
```

그림 3.1의 흐름도가 이 분기 동작을 보여준다.

이 예에서, if 문의 각 분기는 한 명령문만을 포함하나, 원하면 얼마든지 추가할 수 있다. 때때로 else 분기에서 아무 하는 일이 없을 때도 있다. 그 경우, 다음 예에서와 같이 완전히 빼버릴 수 있다.

```
int actual_floor = floor;

if (floor > 13)
{
   actual_floor--;
} // No else needed
```

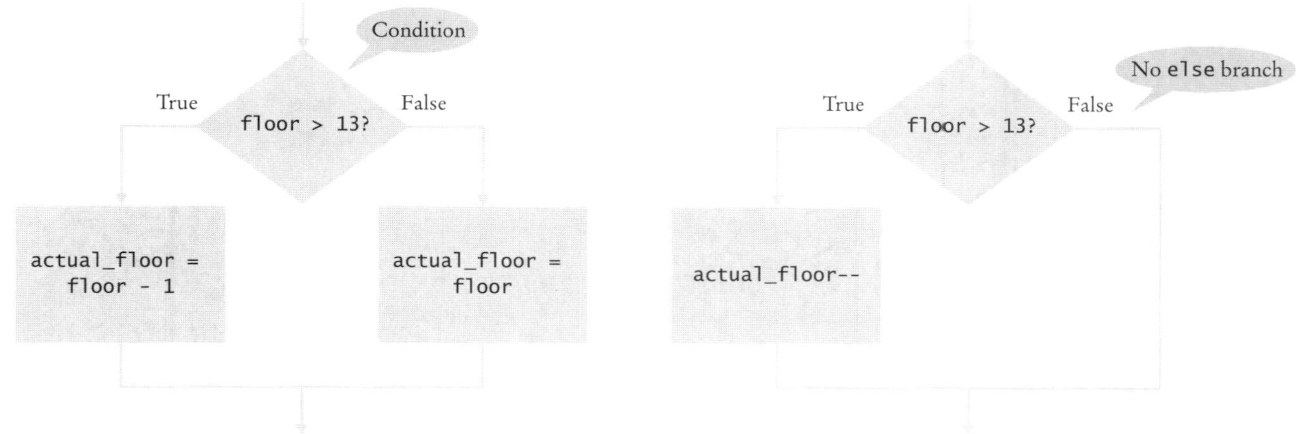

그림 3.1
if 문의 흐름도

그림 3.2
else 분기가 없는 if 문의 흐름도

흐름도는 그림 3.2를 참고한다.

다음 프로그램은 if 문을 사용한다. 이 프로그램은 원하는 층을 물어보고, 실제 층을 출력한다.

if 문은 길의 분기점과 같다. 판단에 따라 프로그램의 다른 부분이 실행된다.

ch03/elevator1.cpp

```
#include <iostream>

using namespace std;

int main()
{
   int floor;
   cout << "Floor: ";
   cin >> floor;
   int actual_floor;
   if (floor > 13)
   {
      actual_floor = floor - 1;
```

문법 3.1 if 문

```
if (floor > 13)
{
   actual_floor = floor - 1;
}
else
{
   actual_floor = floor;
}
```

참 또는 거짓인 조건. 흔히 관계 연산자들 == != < <= > >= 을 사용한다 (83쪽 참고)

분기가 한 명령만을 포함하면 중괄호가 없어도 되지만, 항상 사용하는 게 좋다. 80쪽 참고.

여기에 세미콜론을 넣지 말라. 80쪽 참고.

만일 조건이 참이면, 이 분기의 명령문(들)이 순서대로 실행된다. 만일 이 조건이 거짓이면, 이들은 생략된다.

하는 일이 없으면 else 분기를 빼버려라.

만일 조건이 거짓이면, 이 분기의 명령문(들)이 순서대로 실행된다. 만일 이 조건이 참이면, 이들은 생략된다.

중괄호 줄을 맞추는 게 좋다. 79쪽 참고.

```
   }
   else
   {
      actual_floor = floor;
   }

   cout << "The elevator will travel to the actual floor "
      << actual_floor << endl;

   return 0;
}
```

실행 결과

```
Floor: 20
The elevator will travel to the actual floor 19
```

1. 어떤 아시아 국가에서는 숫자 14가 불행한 것으로 여겨진다. 일부 건물주들은 13층과 14층을 모두 빼버리는 방법을 택한다. 그런 건물을 다루기 위해서 샘플 프로그램을 수정하라.
2. 할인 가격을 계산하기 위한 다음 if 문을 고려하자:

```
if (original_price > 100)
{
   discounted_price = original_price - 20;
}
else
{
   discounted_price = original_price - 10;
}
```

원래 가격이 95, 100, 또는 105일 때 할인 가격은 각각 얼마인가?

3. 다음 if 문을 자체 검사 2의 if 문과 비교하라:

```
if (original_price < 100)
{
   discounted_price = original_price - 10;
}
else
{
   discounted_price = original_price - 20;
}
```

두 명령문이 항상 같은 값을 산출하겠는가? 아니라면, 언제 달라지는가?

4. 할인 가격을 계산하기 위한 다음 명령문들을 고려하자:

```
discounted_price = original_price;
if (original_price > 100)
{
   discounted_price = original_price - 10;
}
```

원래 가격이 95, 100, 또는 105일 때 할인 가격은 각각 얼마인가?

5. 변수 fuel_amount와 fuel_capacity는 실제 연료량과 차량 연료 탱크의 크기를 저장한다. 만일 탱크에 10% 아래로 남아 있으면, 상황 등이 적색을 띠어야 하며, 아니면 녹색을 띠어야 한다. 이 프로세스를 "red" 또는 "green"을 출력해서 시뮬레이션하라.

Practice It 이제 다음 연습문제들에 대해 답할 수 있다: R3.3, R3.4, P3.16.

프로그래밍 팁 3.1 **중괄호 배치**

프로그래머들마다 중괄호 배치가 제 각각이다. 이 책에서는 {와 }의 간단한 줄 맞추기 규칙을 따른다:

```
if (floor > 13)
{
   floor--;
}
```

이 스타일은 짝 괄호를 찾기 쉽게 해준다.

프로그래머에 따라서, 여는 중괄호를 if와 같은 줄에 넣기도 한다:

```
if (floor > 13) {
   floor--;
}
```

코드의 줄을 잘 맞추면 프로그램을 읽기가 쉬워진다.

이 스타일은 괄호의 짝을 맞추기에 더 어렵지만 코드 줄을 절약해서, 스크롤하지 않고도 화면에서 더 많은 코드를 볼 수 있게 해준다. 두 스타일 모두 열렬한 옹호자들이 있다.

중요한 것은 한 프로그래밍 프로젝트에서 어떤 배치 스타일을 골랐다면 일관성을 유지하는 것이다. 어떤 스타일을 고를 것인가는 개인 취향 또는 따라야 하는 코딩 스타일 가이드에 따라 달라진다.

프로그래밍 팁 3.2 **항상 중괄호를 사용하라**

if 문의 분기에 명령문이 하나만 있을 때는 중괄호를 사용할 필요가 없다. 예를 들어, 다음 표현이 허용된다.

```
if (floor > 13)
   floor--;
```

그렇지만, 항상 중괄호를 사용하는 게 좋다:

```
if (floor > 13)
{
   floor--;
}
```

중괄호는 코드를 읽기 쉽게 해주고, 빈번한 오류 3.1에서와 같은 오류를 범할 가능성을 줄여준다.

빈번한 오류 3.1 **if 조건 다음의 세미콜론**

다음 코드 조각은 당혹스런 오류이다.

```
if (floor > 13) ; // ERROR
{
   floor--;
}
```

if 조건 다음에 세미콜론이 없어야 한다. 컴파일러는 이 명령문을 다음과 같이 해석한다. 만일 floor가 13 보다 크다면, 세미콜론만으로 표시된, 즉, 무위(do-nothing) 명령을 실행한다. 중괄호 안의 명령이 if 문의 일부가 아니며, 항상 실행된다. floor의 값이 13을 넘지 않더라도, 하나 감소된다.

예약어 else 다음에 세미콜론을 넣는 것도 역시 틀린다:

```
if (floor > 13)
{
   actual_floor = floor - 1;
}
else ;
{
   actual_floor = floor;
}
```

이 경우 무위 명령문은 floor > 13이 충족되지 않을 때 실행된다. 이것이 if 문의 끝이며, 그 다음 괄호 안의 명령문은 두 경우 모두에 대해 실행된다. 즉, actual_floor가 항상 floor로 설정된다.

프로그래밍 팁 3.3 **탭**

블록 구조 코드는 내포문들이 하나 이상의 레벨로 들여쓰기 되는 특징이 있다.

```
int main()
{
|  int floor;
|  ...
|  if (floor > 13)
```

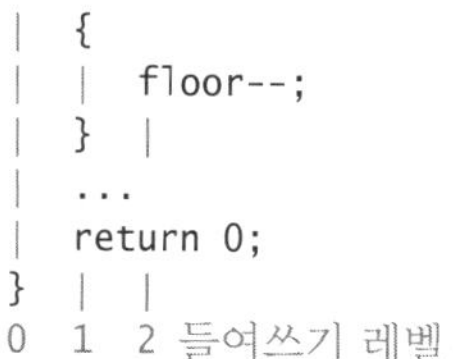

커서를 맨 왼쪽 열에서 원하는 들여쓰기 레벨로 이동시키려면? 완벽한 방법은 원하는 만큼 스페이스 바를 두드리는 것이다. 그러나, 대부분의 프로그래머들은 Tab 키를 대신 사용한다. 탭은 커서를 다음 들여쓰기 레벨로 이동시킨다.

Tab 키를 사용해서 다음 들여쓰기 레벨로 커서를 이동시킨다.

Tab 키 대신에 **탭 문자**를 사용하기도 하는데, 이것은 별로 좋지 않다. 탭 문자는 파일을 다른 사람이나 프린터에 보낼 때 문제를 일으킬 수 있다. 탭 문자의 폭이 통일되지 않았으며, 탭을 무시하는 소프트웨어도 있다. 따라서, 파일에 탭 대신에 빈칸을 사용해서 저장하는 게 좋다. 대부분의 편집기들에는 탭을 빈칸으로 자동 변환하는 설정이 있다. 자신의 개발 환경의 문서에서 이 유용한 설정을 활성화시키는 방법을 찾아보자.

특강 3.1

조건 연산자

C++에는 다음 형태의 **조건 연산자**가 있다:

condition ? $value_1$: $value_2$

이 표현의 값은 테스트를 통과하면 $value_1$, 아니면 $value_2$이다. 예를 들어, 실제 층 수를 다음과 같이 계산할 수 있다.

```
actual_floor = floor > 13 ? floor - 1 : floor;
```

이것은 다음과 등가이다.

```
if (floor > 13)
{
   actual_floor =  floor - 1;
}
else
{
   actual_floor = floor;
}
```

선택 연산자는 값이 기대되는 곳이면 어디든 사용 가능하다. 예:

```
cout << "Actual floor: " << (floor > 13 ? floor - 1 : floor);
```

이 책에서는 선택 연산자를 사용하지 않으나, 많은 C++ 프로그램에서 볼 수 있는 편리한 구조이다.

프로그래밍 팁 3.4

분기 안 중복을 피하기

각 분기 안에 코드를 중복시키지 않았는지 주의한다. 만일 그랬다면, `if` 문 바깥으로 옮겨라. 다음은 중복의 예이다.

```
if (floor > 13)
{
   actual_floor = floor - 1;
   cout << "Actual floor: " << actual_floor << endl;
}
else
{
   actual_floor = floor;
   cout << "Actual floor: " << actual_floor << endl;
}
```

위 출력문은 두 분기에서 똑같다. 오류는 없다—이 프로그램은 제대로 돌아간다. 그러나, 다음과 같이 중복문을 이동시켜서 프로그램을 간략화할 수 있다.

```
if (floor > 13)
{
   actual_floor = floor - 1;
}
else
{
   actual_floor = floor;
}
cout << "Actual floor: " << actual_floor << endl;
```

중복을 제거하는 것은 프로그램이 오랫동안 유지될 때 특히 중요하다. 같은 작용을 하는 두 명령이 있다고 할 때, 프로그래머가 하나만 수정하고 다른 것은 수정하지 않는 경우가 왕왕 있다.

3.2 수와 문자열 비교

관계 연산자(< <= > >= == !=)는 수와 문자열 비교에 사용된다.

모든 if 문은 조건을 포함한다. 많은 경우, 조건에는 두 값의 비교가 포함된다. 예를 들어, 앞 예제에서는 floor > 13을 테스트했다. 이 비교 >를 **관계 연산자(relational operator)**라고 부른다. C++에는 여섯 개의 관계 연산자가 있다(표 3.1 참고).

C++에서는 관계 연산자를 사용해서 한 값이 다른 값보다 큰지 여부를 검사한다.

볼 수 있듯이, 단 두 개의 C++ 관계 연산자(> 와 <)만이 수학 표기와 일치한다. 컴퓨터 키보드에 ≥, ≤ 또는 ≠ 키는 없으나, >=, <=, != 연산자들이 비슷하게 생겼기 때문에 기억하기는 쉽다. == 연산자는 대부분의 C++ 초보자들에게는 처음에는 혼동된다. C++에서 =는 이미 할당이라는 의미를 갖고 있다.

== 연산자는 등가성 검사를 나타낸다.

```
floor = 13; // floor에 13을 할당
if (floor == 13) // floor가 13과 같은지를 테스트
```

테스트 안에서는 ==를 사용하고 테스트 밖에서는 =를 사용한다는 것을 기억하라(더 자세한 정보는 84쪽의 빈번한 오류 3.2를 참고한다).

문자열도 비교할 수 있다.

```
if (input == "Quit") . . .
```

표 3.1 관계 연산자

C++	수학 표기	설명
>	>	초과
>=	≥	이상
<	<	미만
<=	≤	이하
==	=	같음
!=	≠	다름

!=를 사용해서 두 문자열이 서로 다른지를 검사한다. C++에서는 대·소문자가 구분된다. 예를 들어 "Quit"와 "quit"는 같은 문자열이 아니다.

문법 3.2 비교

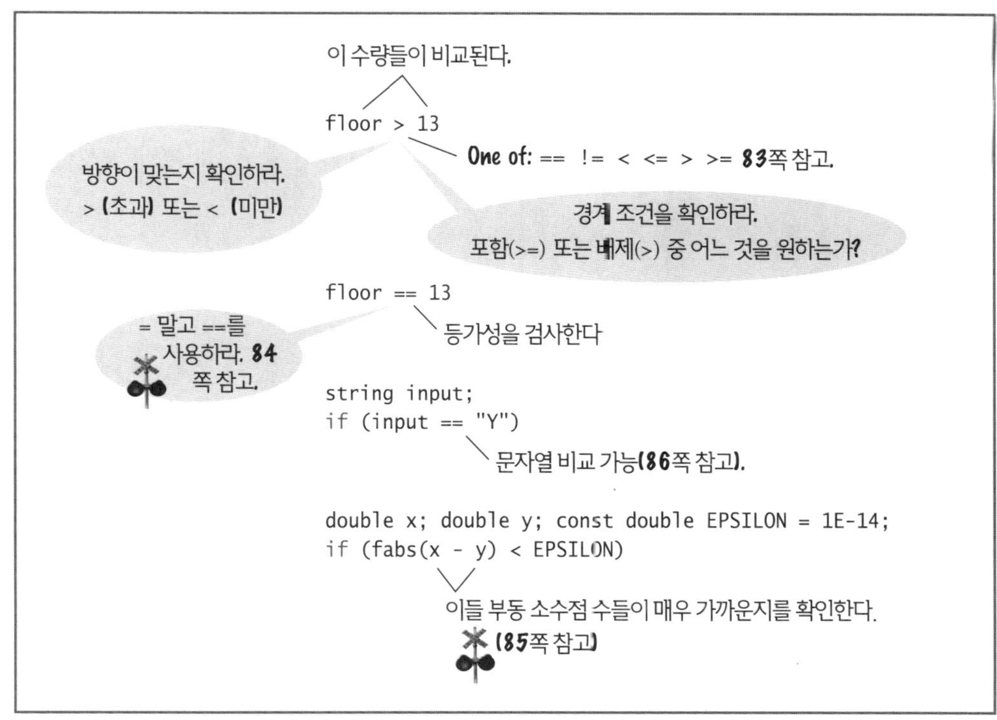

표 3.2는 C++에서 관계연산자를 사용하는 방법을 요약한다.

6. a가 3, b가 4일 때, 다음 중 어느 조건이 참인가?

a. `a + 1 <= b`
b. `a + 1 >= b`
c. `a + 1 != b`

7. 다음 조건의 반대를 제시하라.

```
floor > 13
```

표 3.2 관계연산자 보기

표현	값	설명
`3 <= 4`	참	3은 4보다 작다; <=는 "이하"를 검사한다.
🚫 `3 =< 4`	**오류**	"이하" 연산자는 =<이 아니라 <=이다. "미만" 연산자가 앞에 온다.
`3 > 4`	거짓	>는 <=의 반대이다.
`4 < 4`	거짓	좌변은 우변보다 엄밀하게 작아야 한다.
`4 <= 4`	참	양변이 같다. <=는 "이하"를 검사한다.
`3 == 5 - 2`	참	==는 등가성을 검사한다.
`3 != 5 - 1`	참	!=는 비등가성를 검사한다. 3이 5-1이 아님은 참이다.
🚫 `3 = 6 / 2`	**오류**	등가성 검사에는 ==를 사용한다.
`1.0 / 3.0 == 0.333333333`	거짓	이 값들이 서로 아주 비슷하지만, 정확하게 같지는 않다. 85쪽의 빈번한 오류 3.3 참고.
🚫 `"10" > 5`	**오류**	문자열을 수와 비교할 수 없다.

8. 다음 명령에서 틀린 곳은?

```
if (score_a = score_b)
{
   cout << "Tie" << endl;
}
```

9. 사용자가 Y를 입력했는지를 검사하기 위한 조건을 다음 `if` 문에 추가하라.

```
string input;
cout << "Enter Y to quit." << endl;
cin >> input;
if (...)
{
   cout << "Goodbye." << endl;
   return 0;
}
```

10. 문자열 `str`이 빈 문자열이 아님을 검사하는 방법은?

Practice It 이제 다음 연습문제들에 대해 답할 수 있다: R3.2, R3.5, P3.14.

빈번한 오류 3.2 **=와 ==에 대한 혼동**

=와 ==를 올바로 사용하기 위한 룰은 아주 간단하다. 테스트할 때는 항상 ==를 사용하며, 결코 =를 사용하지 말라. 이게 그렇게 단순한데 컴파일러는 도대체 왜 도와주거나 오류 표시도 못해주는 건가?

사실상, C++ 언어는 테스트할 때 =의 사용을 허용한다. 이것을 이해하려면 뒤로 돌아가야 한다. C++의 전신인 C를 만든 이들은 매우 검소했다. 그들은 특별한 값인 `true`와 `false`를 갖기를 원하지 않았다. 그 대신에, 그들은 조건 안에 수치 값을 사용하는 것을 허용했고, 0은 거짓을 나타내고, 0이 아닌 값은 참을 나타내게 했다. 더 나아가, C와 C++에서 할당문이 값을 가진다. 예를 들어, 할당 표현 `floor = 13`의 값은 13이다.

이 두 특징, 즉, 수들이 진리값으로 사용될 수 있으며, 할당문은 값을 갖는 표현이라는 특징들은 끔찍한 함정을 판다. 다음의 테스트

```
if (floor = 13) // ERROR
```

는 C++에서 허용되지만, `floor`와 13이 같은지를 테스트하지 않는다. 그 대신에, `floor`를 13으로 설정하며, 이 값이 0이 아니므로, 이 `if` 문의 조건은 항상 충족된다.

다행히, 대부분의 컴파일러가 이러한 명령문에 대해 경고를 발생시킨다. 이러한 경고는 중요하게 다뤄져야 한다(컴파일러 경고에 관한 더 자세한 조언에 관해서 프로그래밍 팁 3.5를 참고하자).

어떤 신경증적인 프로그래머들은 =를 사용하는 데 대해 지나치게 겁을 먹어서 할당문을 써야할 때도 ==를 사용한다.

```
floor == floor - 1; // ERROR
```

이 명령문은 `floor`가 `floor - 1`과 같은지를 테스트한다. 테스트 결과는 전혀 사용하지 않는다. 그런데, 이것은 오류가 아니다. 일부 컴파일러는 "이 코드가 효과가 없다"고 경고하나, 다른 것들은 이 코드를 묵인할 것이다.

프로그래밍 팁 3.5

경고도 없게 컴파일하라

컴파일러가 제공하는 메시지에는 두 종류가 있다: **오류**와 **경고**. 오류 메시지는 치명적이다. 컴파일러는 오류 있는 프로그램을 번역하지 않는다. 경고 메시지는 자문성이다. 컴파일러는 프로그램을 번역할 것이나, 프로그램이 내가 기대한대로 수행하지 않을 가능성이 높다.

컴파일러로 경고를 작동시키는 방법을 배우고, 경고가 전혀 없는 코드를 작성하는 게 좋다. 예를 들어, 다음 테스트를 고려하자.

```
if (floor = 13)
```

어떤 C++ 컴파일러는 아리송한 경고 메시지를 내보낸다. "진리값으로 사용된 할당문을 괄호로 묶을 것을 권유한다". 슬프게도, 이 메시지는 도움이 안 되고 오도하고 있다. 그럼에도 불구하고, 이러한 경고는 문제가 되는 문장을 한 번 더 들여다 보고, 고칠 기회를 제공한다—이 경우에는 =를 ==로 교체한다.

경고를 더 눈에 띄게 만들기 위해 많은 컴파일러들이 우리에게 어떤 특별한 행동을 취할 것을 요구한다. 여기에는 통합 환경의 체크박스를 클릭하거나 명령줄에 특별한 옵션을 제공하는 것이 포함될 수 있다. 교사나 실습 조교에게 컴파일러의 경고를 켜는 방법을 문의하라.

빈번한 오류 3.3

부동 소수점 수의 정확한 비교

부동 소수점 수의 정밀도는 유한하며, 계산 시 반올림 오차가 발생할 수 있다. 부동 소수점 수들을 비교할 때는 이 필연적인 반올림을 감안해야 한다. 예를 들어, 다음 코드는 2의 제곱근을 제곱한다. 이상적으로는 답이 2라야 할 것이다.

```
double r = sqrt(2.0);
if (r * r == 2)
{
   cout << "sqrt(2) squared is 2" << endl;
}
```

부동 소수점 수들을 비교할 때는 한정된 정밀도를 감안하자.

```
else
{
   cout << "sqrt(2) squared is not 2 but "
      << setprecision(18) << r * r << endl;
}
```

이 프로그램의 출력은 다음과 같다.

```
sqrt(2) squared is not 2 but 2.00000000000000044
```

부동 소수점 수들을 정확하게 비교하는 것은 대부분의 경우에 타당하지 않다. 그 대신에 그들이 충분히 가까운지를 테스트해야 한다. 즉, 그들의 차의 크기가 어떤 문턱치보다 작아야 한다. 수학적으로는, 아주 작은 수 ε에 대해 x와 y가 다음과 같을 때 충분히 가깝다고 한다.

$$|x - y| < \varepsilon$$

ε은 그리스 문자 엡실론으로서, 매우 작은 수량을 나타낼 때 사용된다. double 수들을 비교할 때는 보통 10^{-14}를 사용한다:

```
const double EPSILON = 1E-14;
double r = sqrt(2.0);
if (fabs(r * r - 2) < EPSILON)
{
   cout << "sqrt(2) squared is approximately 2";
}
```

fabs 함수를 사용하려면 <cmath> 헤더를 포함시켜야 한다.

특강 3.2 사전식 문자열 순서

< <= > >=를 사용해서 문자열들을 비교한다면, 그들은 '사전식' 순서로 비교된다. 이 순서는 사전에 단어들이 정렬된 순서와 매우 비슷하다.

예를 들어, 다음의 코드 조각을 고려하자.

```
string name = "Tom";
if (name < "Dick") ...
```

사전에서 두 용어 중 어느 것이 앞에 오는지 보려면, 둘 간의 달라지는 첫 글자를 찾아라.

사전에 Dick이 Tom 보다 앞에 나오므로, 이 조건은 충족되지 않는다. 사전과 C++의 순서에는 약간의 차이가 있다. C++에서는,

- 모든 대문자가 소문자 보다 먼저 나온다. 예를 들어, "Z"는 "a" 보다 먼저 나온다.
- 빈칸 글자는 모든 인쇄 글자 보다 앞에 나온다.
- 숫자는 문자 보다 앞에 나온다.
- 구두점들의 순서에 관해서는 부록 D를 보라.

문자열을 비교하는 데는 사전식 순서가 사용된다.

두 문자열을 비교할 때, 우리는 두 단어의 첫 글자들을 비교하고, 그 다음에는 두 번째 글자, 기타 등등으로, 두 문자열 중 하나가 끝나거나 일치하지 않는 글자 쌍이 나타날 때까지 계속한다.

만일 둘 중 하나가 끝나면, 더 긴 문자열이 '더 큰' 것으로 간주된다. 예를 들어, "car"와 "cart"를 비교해보자. 처음 세 글자는 일치하고, 그리고 첫 문자열이 끝난다. 그러므로, "car"는 사전식 순서에서 "cart" 보다 먼저 나온다.

```
c a r

c a r t

c a t
```

일치하는 글자들 / r이 t 보다 앞에 나온다

사전식 순서

불일치를 만나는 순간 '더 큰' 글자를 포함하는 문자열이 '더 큰' 것으로 간주된다. 예를 들어, "cat"과 "cart"를 비교하자. 처음 두 글자는 일치한다. t가 r보다 나중에 나오므로, 사전식 순서로는 문자열 "cat"이 "cart"보다 나중에 나온다.

How to 3.1

if 문 구현하기

How to 3.1은 if 문을 구현하는 과정을 안내한다. 다음 보기 문제를 갖고 단계별로 설명하겠다.

학교 도서관이 매년 10월 24일에 Kilobyte Day 세일을 하고, 모든 컴퓨터 액세서리 구매에 대해, 그 가격이 $128 미만이면 8%, 그 이상이면 16% 할인해준다. 점원에게 원래 가격을 묻고, 할인된 가격을 출력하는 프로그램을 작성하라.

단계 1 분기 조건에 대해 판단한다.

이 샘플 문제에서는 조건에 대한 분명한 선택은

original price < 128?

이다. 이거면 되겠고, 이 조건을 우리의 솔루션에 사용하겠다.

그러나, 그 반대의 조건, 즉, 원래 가격이 적어도(≥) $128인가?를 선택해도 똑같이 맞는 솔루션을 얻을 것이다. 할인율이 언제 더 높아지는지를 알고 싶은 구매자의 입장에서 고른다면 이 조건을 더 선호할 것이다.

할인율은 보통 비싼 상품에 대해 더 높다. 이러한 판단을 if문을 사용해서 구현하라.

단계 2 조건이 참일 때 수행될 작업에 대한 수도코드를 마련한다.

이 단계에서는 '긍정' 분기에서 취해지는 동작(들)을 나열한다. 세부 사항은 문제에 따라 달라진다. 메시지를 출력하거나, 값을 계산하거나, 또는 프로그램을 빠져나오길 원할 수도 있을 것이다.

이 보기에서는 8% 할인율을 적용해야 한다:

discounted price = 0.92 x original price

단계 3 조건이 참이 아닌 때 수행될 작업(만일 있다면)을 위한 수도코드를 마련한다.

단계 1의 조건이 충족되지 않는 경우에 무엇을 하기를 원하는가? 때로는 아무것도 안 하길 원한다. 그 경우에는 else 분기가 없는 if 문을 사용한다.

이 보기에서는 가격이 $128 미만인지의 조건이 테스트 되었다. 이 조건이 참이 아닌 경우, 가격은 적어도 $128이므로, 더 높은 16% 할인율이 적용된다:

discounted price = 0.84 x original price

단계 4 관계 연산자를 다시 확인한다.

우선, 테스트가 바른 방향으로 진행하는지 확인한다. >와 <를 많이들 혼동한다. 그 다음에는, < 연산자를 사용해야 하는지, 또는 사촌격인 <= 연산자를 사용해야 하는지 따져본다.

원래 가격이 딱 $128이라면 어떻게 되겠는가? 문제를 자세히 읽어보면 원래 가격이 $128 미만이면 더 낮은 할인율이 적용되고, 적어도 $128이면 더 높은 할인율이 적용됨을 알 수 있다. 따라서 $128은 조건을 충족하지 않으며, 우리는 <= 아닌 <를 사용해야 한다.

단계 5 중복을 제거한다.

두 분기에 공통적인 동작들을 확인하고, 그들을 바깥으로 옮긴다(81쪽의 프로그래밍 팁 3.4 참고).

이 보기에서는 다음 형태의 명령문이 두 개가 있다.

```
discounted price = ___ x original price
```

그들은 할인율만 다르다. 분기에서는 할인율만 설정하고 계산은 나중에 하는 게 좋다:

```
If original price < 128
    discount rate = 0.92
Else
    discount rate = 0.84
discounted price = discount rate x original price
```

단계 6 모든 분기를 테스트한다.

두 가지 테스트 경우를 만든다. 하나는 `if` 문의 조건을 충족시키는 것이고, 다른 하나는 그러지 않는 것. 각 경우에 어떤 일이 일어나는지 스스로에게 물어보아라. 그런 후 수도코드를 따라서 각각을 점검한다.

이 보기에서, 원래 가격이 $100과 $200인 두 가지 시나리오를 고찰하자. 우리는 처음 가격이 $8 할인되고, 두 번째 가격은 $32 할인될 것으로 예상한다.

원래 가격이 100일 때, 조건 100 < 128이 참이며, 다음을 얻는다.

```
discount rate = 0.92
discounted price = 0.92 x 100 = 92
```

원래 가격이 200일 때, 조건 100 < 128이 거짓이며, 다음을 얻는다:

```
discount rate = 0.84
discounted price = 0.84 x 200 = 168
```

두 경우 모두에서 예상했던 답을 얻었다.

단계 7 `if` 문을 C++로 조립한다.

골격

```
if ()
{
}
else
{
}
```

을 타이핑하고, 78쪽의 문법 3.1에 보인 것 같이 채운다. 필요하지 않으면 `else` 분기를 생략한다.

이 보기에서, 완성된 명령문은 다음과 같다:

```
if (original_price < 128)
{
   discount_rate = 0.92;
}
else
{
   discount_rate = 0.84;
}
discounted_price = discount_rate * original_price;
```

데모 예제 3.1 **중간에서 추출하기**

이 데모 예제는 문자열의 중간 글자, 또는 문자열 길이가 짝수라면 중간의 두 글자를 추출하는 방법을 보여준다.

c	r	a	t	e
0	1	2	3	4

랜덤 팩트 3.1 덴버 공항 수하물 취급 시스템

판단을 내리는 것은 컴퓨터 프로그램의 필수적인 역할이다. 공항에서 수하물을 분류하는 것을 돕는 컴퓨터 시스템이 대표적인 예이다. 시스템은 수하물 식별 코드를 스캔한 후에, 분류하고 해당 컨베이어 벨트로 보낸다. 그런 후, 인간 오퍼레이터가 트럭에 싣는다. 덴버 시가 낡고 혼잡한 시설을 교체하기 위해서 거대한 공항을 지었을 때, 수하물 시스템 계약자는 한 가지를 더했다. 새 시스템은 인간 오퍼레이터를 로봇 카트로 교체하도록 설계되었다. 아쉽게도 이 시스템은 실패했다. 수하물이 트랙으로 떨어져서 카트를 멈추는 등의 문제에 시달렸다. 소프트웨어 결함도 좌절시키는 건 마찬가지였다. 카트가 필요한 곳은 다른 곳인데, 엉뚱한 곳에 쓸데없이 모아지고는 했다.

1993년에 공항을 열기로 계획되었으나, 수하물 시스템이 기능을 제대로 하지 않아, 계약자가 문제를 해결하기 위해 노력하는 동안, 1년이 넘게 지연되었다. 계약자는 끝내 해내지 못했고, 결국 수동 시스템이 설치되었다. 이 지연으로 인해 시와 항공사들은 수십억 달러의 비용을 부담하게 되었으며, 한 때 가장 잘 나가던 수하물 시스템 판매회사였던 계약자는 파산하고 말았다.

더 작은 규모로 시도된 적이 없었던 기술에 기반해서 큰 시스템을 구축하는 것은 분명히 매우 위험하다. 로봇과 그를 제어하는 소프트웨어가 시간이 지남에 따라 점점 나아지면, 언젠가는 수하물 처리의 대부분을 맡게 될 것이다. 그렇지만, 점진적으로 진행될 것이다.

덴버 공항은 원래는 수하물을 운반하는 완전 자동 시스템을 갖추고, 인간 오퍼레이터를 로봇 카트로 교체했었다. 불행하게도, 그 시스템은 기능을 하지 못했고, 공항을 열기 전에 분해되었다.

3.3 다지 선다

다지 선다(Multiple Alternatives)는 셋 이상의 경우가 있는 판단에 필요하다.

3.1절에서는 if 문으로 두 갈래 분기를 프로그래밍하는 방법을 봤다. 많은 경우에, 셋 이상의 경우가 있다. 이 절에서는 다지 선다형 판단을 구현하는 방법을 배울 것이다. 예를 들어, 리히터 스케일로 측정된, 지진의 영향을 표시하는 프로그램을 고려하자(표 3.3 참고).

샌프란시스코의 베이 브리지를 훼손시키고 많은 건물을 파괴한 1989년의 Loma Prieta 지진은 리히터 스케일로 7.1로 측정되었다.

표 3.3 리히터 스케일

값	영향
8	대부분의 구조물이 무너진다
7	많은 건물이 파괴된다
6	많은 건물이 심각하게 훼손되고, 일부는 무너진다
4.5	허술하게 지어진 건물들이 훼손된다

⊕ Available online at www.wiley.com/college/horstmann.

리히터 스케일은 지진 강도의 척도이다. 이 스케일의 각 스텝, 예를 들어 6.0에서 7.0은 지진 강도가 10배 증가함을 뜻한다.

이 경우에는 다섯 개의 분기가 있다: 네 가지 파손 각각에 하나씩, 그리고 파손이 없는 경우에 대해 하나. 그림 3.3이 이 다중-분기 명령에 대한 흐름도를 보여준다.

다지 선다를 구현하기 위해서 다음과 같이 여러 개의 if 문을 사용한다:

```
if (richter >= 8.0)
{
   cout << "Most structures fall";
}
else if (richter >= 7.0)
{
   cout << "Many buildings destroyed";
}
else if (richter >= 6.0)
{
   cout << "Many buildings considerably damaged, some collapse";
}
else if (richter >= 4.5)
{
   cout << "Damage to poorly constructed buildings";
}
else
{
   cout << "No destruction of buildings";
}
```

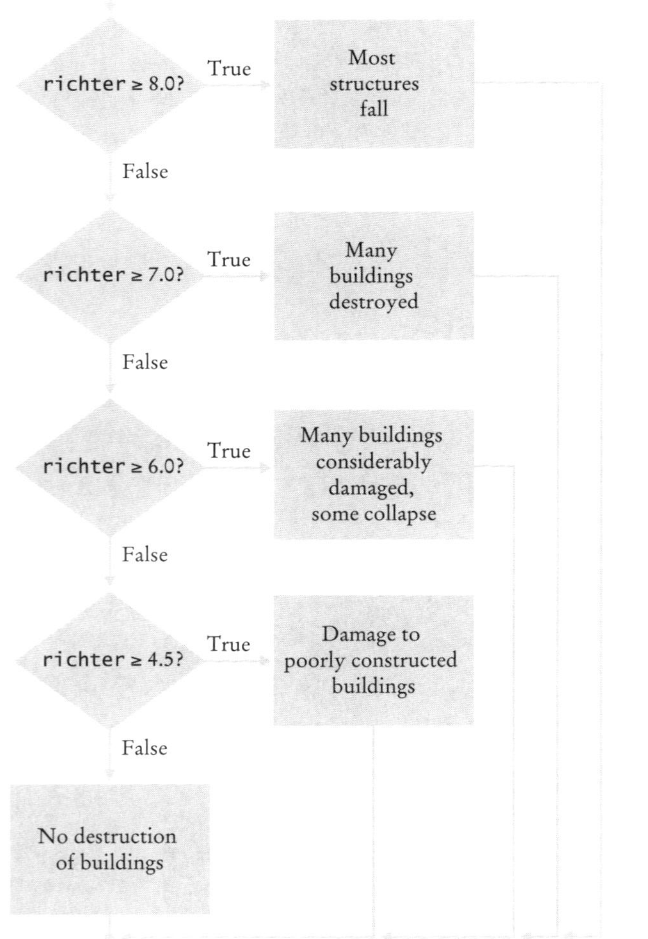

그림 3.3
다지 선다

네 개의 테스트 중 하나가 성공하면, 그 영향이 표시되고, 더 이상 테스트를 하지 않는다. 만일 네 가지 경우 중 하나도 적용되지 않으면, 맨 끝의 else 절이 적용되어 디폴트 메시지가 출력된다(전체 프로그램을 보려면 ch03/richter.cpp 파일을 참고).

여기서는 조건들을 정렬하고, 우선 가장 큰 컷오프에 대해 테스트해야 한다. 테스트 순서를 거꾸로 바꿨다고 가정해보자.

```
if (richter >= 4.5) // Tests in wrong order
{
   cout << "Damage to poorly constructed buildings";
}
else if (richter >= 6.0)
{
   cout << "Many buildings considerably damaged, some collapse";
}
else if (richter >= 7.0)
{
   cout << "Many buildings destroyed";
}
else if (richter >= 8.0)
{
   cout << "Most structures fall";
}
```

여러 개의 if 문을 사용할 때는 조건들의 순서에 유의하라.

이것은 제대로 기능하지 않는다. 리히터의 값이 7.1이라고 해보자. 이 값은 적어도 4.5이므로, 첫 경우를 충족한다. 나머지 테스트들은 전혀 시도되지 않을 것이다.

이 보기에서, 단순히 여러 개의 독립적인 if 문들이 아니라, else if 절들을 사용한 사실도 역시 중요하다. 다음의 독립적인 테스트 시퀀스를 고려해보자.

```
if (richter >= 8.0) // Didn't use else
{
   cout << "Most structures fall";
}
if (richter >= 7.0)
{
   cout << "Many buildings destroyed";
}
if (richter >= 6.0)
{
   cout << "Many buildings considerably damaged, some collapse";
}
if (richter >= 4.5)
{
   cout << "Damage to poorly constructed buildings";
}
```

이 다지 선다는 서로 배타적이지 않다. 만일 리히터가 7.1이면, 끝의 세 테스트가 모두 충족되므로, 세 개의 메시지가 출력된다.

11. 어떤 게임 프로그램에서, 플레이어 A와 B의 점수가 변수 score_a와 score_b에 저장된다. 더 높은 점수의 플레이어가 이긴다고 하고, "A won", "B won" 또는 "Game tied"를 출력하는 일련의 조건문들을 작성하라.

12. x가 양, 음, 0일 때에 대해서 s를 각각 1, −1, 0으로 설정하는 세 개의 분기를 갖는 조건문을 작성하라.

13. 자체 검사 12에서의 임무를 두 개의 분기만으로 해내려면?

14. 초보자들은 때때로 다음과 같은 명령문들을 쓴다.

```
if (price > 100)
{
   discounted_price = price - 20;
}
else if (price <= 100)
{
   discounted_price = price - 10;
}
```

이 코드를 개선하는 방법을 설명하라.

15. 사용자가 richter.cpp 프로그램에 -1을 입력했다고 하자. 무엇이 출력되는가?
16. richter.cpp 프로그램이 사용자가 음수를 입력했는지를 검사하게 만들고 싶다고 하자. if 문의 어디에, 어떤 분기를 추가하겠는가?

Practice It 이제 다음 연습문제들에 대해 답할 수 있다: R3.20, P3.1, P3.9, P3.10.

특강 3.3 switch 문

단일 정수 값을 몇 개의 상수 대안들과 비교하는 일련의 if 문들을 swith 문으로 구현할 수 있다. 예:

```
int digit;
...
switch (digit)
{
   case 1: digit_name = "one"; break;
   case 2: digit_name = "two"; break;
   case 3: digit_name = "three"; break;
   case 4: digit_name = "four"; break;
   case 5: digit_name = "five"; break;
   case 6: digit_name = "six"; break;
   case 7: digit_name = "seven"; break;
   case 8: digit_name = "eight"; break;
   case 9: digit_name = "nine"; break;
   default: digit_name = ""; break;
}
```

는 다음을 간단화한 것이다.

```
int digit;
if (digit == 1) { digit_name = "one"; }
else if (digit == 2) { digit_name = "two"; }
else if (digit == 3) { digit_name = "three"; }
else if (digit == 4) { digit_name = "four"; }
else if (digit == 5) { digit_name = "five"; }
else if (digit == 6) { digit_name = "six"; }
else if (digit == 7) { digit_name = "seven"; }
else if (digit == 8) { digit_name = "eight"; }
else if (digit == 9) { digit_name = "nine"; }
else { digit_name = ""; }
```

별로 줄어들지는 않았지만, 한 가지 장점은 있다—모든 분기가 같은 값, 즉, digit를 테스트한다는 건 분명하다.

한 분기에 대해 여러 case 구를 가질 수 있다. 예:

```
case 1: case 3: case 5: case 7: case 9:
   odd = true; break;
```

default 분기는 case 구들 중 아무도 일치하지 않을 때 선택된다.

switch의 모든 분기는 break 명령에 의해 끝나야 한다. 만일 break를 **빠뜨리면**, break를 만나거나 switch의 끝에 도달할 때까지 그 다음 분기로 들어가서 계속 실행한다. 실제로는 이 관통 행동이 유익할 때가 거의 없으며, 오류의 잦은 원인이 된다. 우연히 break 문을 빼먹어도, 컴파일이 되어 의도하지 않은 코드가 실행된다. 많은 프로그래머들이 switch 문을 다소 위험하게 여겨서 if 문을 선호한다.

자신의 코드에서 switch 문을 사용할 지는 각각 알아서 한다. 어쨌든 다른 프로그래머의 코드에서 보게 되면 이해할 수 있어야 하니, 읽을 줄 알아야 한다.

switch 문은 정해진 대안들 중에서 선택할 수 있게 한다.

3.4 내포 분기

판단문이 다른 판단문의 분기 안에 포함되어 있을 때, **내포되어(nested)** 있다고 한다.

다른 if 문에 if 문을 넣어야 할 때가 있다. 그러한 배치를 **내포된** 명령문 집합이라고 부른다. 다음은 전형적인 예이다.

미국에서는 납세자의 결혼 여부에 따라서 세율이 다르게 적용된다. 독신과 기혼 납세자들을 위해 다른 세금 스케줄들이 존재한다. 기혼 납세자들은 그들의 소득을 합한 합계에 대해 세금을 납부한다. 표 3.4는 세율 계산 표로서, 2008 과세 연도에 발효된 간소화 소득 세율표를 사용하고 있다. 각 '등급'에 대해 다른 세율이 적용된다. 이 소득 세율표에서 첫 등급의 소득에는 10%의 세금이 붙으며, 둘째 번 등급의 소득에는 25%의 세금이 붙는다. 각 등급의 소득 한계는 혼인 여부에 따라 다르다.

내포 판단은 두 레벨 이상의 판단이 있는 문제들에 필요하다.

이제 소득세 세율표의 소득 금액이 주어졌을 때 납부세액을 계산하라. 핵심은 두 개의 판단레벨이 있다는 것이다. 우선 혼인 여부에서 분기해야 한다. 그런 다음, 각 소득세 세율표에 대해, 소득레벨에 따라 또 다른 분기로 가야한다.

이 두 **레벨** 판단 과정은 이 절 끝의 프로그램에서 두 레벨의 if 문들에 반영된다(흐름도는 그림 3.4 참고).

이론적으로, 내포는 두 레벨보다 더 깊어질 수 있다. 세 레벨 판단 과정(맨 먼저 혼인 여부, 그 다음에는 세율표, 그 다음에는 소득 수준)은 세 개의 내포 레벨을 필요로 한다.

소득세 계산은 여러 판단 레벨을 요구한다.

표 3.4 연방 소득 세율표

만일 독신이고 과세 소득이	아래 금액 초과분에 대해	세금은
$32,000 이하이면	$0	10%
$32,000 초과이면	$32,000	$3,200 + 25%
만일 기혼이고 과세 소득이	**아래 금액 초과분에 대해**	**세금은**
$64,000 이하이면	$0	10%
$64,000 초과이면	$64,000	$6,400 + 25%

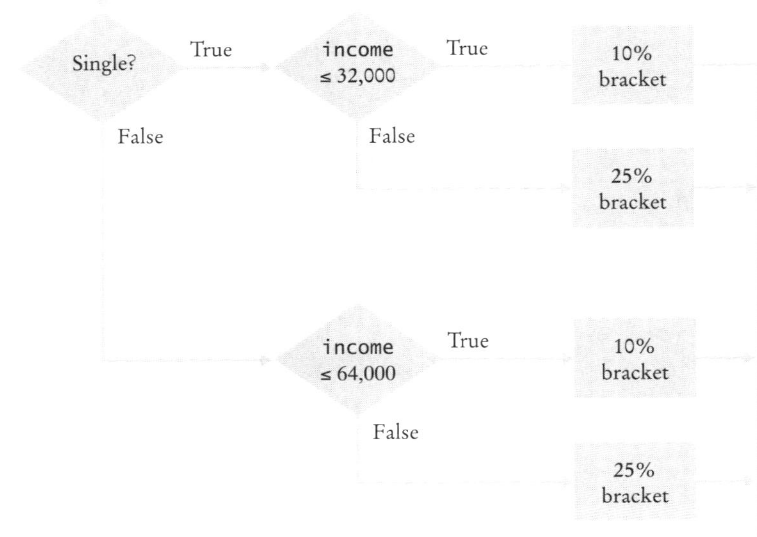

그림 3.4
소득세 계산

ch03/tax.cpp

```
#include <iostream>
#include <string>

using namespace std;

int main()
{
   const double RATE1 = 0.10;
   const double RATE2 = 0.25;
   const double RATE1_SINGLE_LIMIT = 32000;
   const double RATE1_MARRIED_LIMIT = 64000;

   double tax1 = 0;
   double tax2 = 0;

   double income;
   cout << "Please enter your income: ";
   cin >> income;

   cout << "Please enter s for single, m for married: ";
   string marital_status;
   cin >> marital_status;
```

```
   if (marital_status == "s")
   {
      if (income <= RATE1_SINGLE_LIMIT)
      {
         tax1 = RATE1 * income;
      }
      else
      {
         tax1 = RATE1 * RATE1_SINGLE_LIMIT;
         tax2 = RATE2 * (income - RATE1_SINGLE_LIMIT);
      }
   }
   else
   {
      if (income <= RATE1_MARRIED_LIMIT)
      {
         tax1 = RATE1 * income;
      }
      else
      {
         tax1 = RATE1 * RATE1_MARRIED_LIMIT;
         tax2 = RATE2 * (income - RATE1_MARRIED_LIMIT);
      }
   }

   double total_tax = tax1 + tax2;

   cout << "The tax is $" << total_tax << endl;
   return 0;
}
```

실행 결과

```
Please enter your income: 80000
Please enter s for single, m for married: m
The tax is $10400
```

17. 독신 납세자가 $32,000의 소득에 대해 내는 세금은 얼마인가?

18. 첫 내포 `if` 문이

    `if (income <= RATE1_SINGLE_LIMIT)`

    에서

    `if (income < RATE1_SINGLE_LIMIT)`

    으로 바뀌면 금액이 바뀌는가?

19. Harry와 Sally가 각각 연간 $40,000을 번다고 하자. 이들이 결혼한다면 세금이 절약되겠는가?

20. 사용자가 혼인 여부(즉, `s` 또는 `m`)에 대해 올바른 값을 입력했는지를 검사하려면 `tax.cpp`를 어떻게 수정하면 되는가?

21. 어떤 사람들은 소득이 높을수록 더 높은 세율을 적용하는 것에 대해, 열심히 일한 대가로 급여가 올랐을 때, 세금을 공제하고 나면 수령액이 줄어든다고 주장하며 반대한다. 이 주장의 헛점은 무엇인가?

Practice It 이제 다음 연습문제들에 대해 답할 수 있다: R3.7, R3.19, P3.13, P3.19.

프로그래밍 팁 3.6 핸드-트레이싱(Hand-Tracing)

프로그램이 제대로 동작하는지를 이해하기 위한, **핸드-트레이싱**이라고 불리는 아주 유용한 기술이 있다. 프로그램의 동작을 종이 위에 시뮬레이션하는 것이다. 이 방법을 수도코드나 C++ 코드와 함께 사용할 수 있다.

핸드-트레이싱은 프로그램이 제대로 동작하는지를 파악하는 것을 도와준다.

인덱스 카드, 칵테일 냅킨, 또는 손에 닿는 아무 종이든 준비한다. 각 변수에 대해 열을 만들고, 프로그램 코드를 준비해 놓는다. 종이 클립 같은 마커를 사용해서 현재 명령문에 표시한다. 마음 속으로 명령문들을 한 번에 하나씩 실행한다. 변수 값이 바뀔 때마다 이전 값을 선을 그어 지우고, 새 값을 그 밑에 쓴다.

예로서, 94쪽의 프로그램 실행 결과로 얻은 데이타를 갖고 세금 프로그램을 추적하자. 13번과 14번 줄에서 tax1과 tax2가 0으로 초기화된다.

```
 6 int main()
 7 {
 8    const double RATE1 = 0.10;
 9    const double RATE2 = 0.25;
10    const double RATE1_SINGLE_LIMIT = 32000;
11    const double RATE1_MARRIED_LIMIT = 64000;
12
13    double tax1 = 0;
14    double tax2 = 0;
15
```

tax1	tax2	income	marital status
0	0		

18번과 22번 줄에서, income과 marital_status가 입력문에 의해 초기화된다.

```
16    double income;
17    cout << "Please enter your income: ";
18    cin >> income;
19
20    cout << "Please enter s for single, m for married: ";
21    string marital_status;
22    cin >> marital_status;
23
```

tax1	tax2	income	marital status
0	0	80000	m

marital_status가 "s"가 아니므로, 바깥 if 문의 else 분기(36번 줄)로 이동한다.

```
24    if (marital_status == "s")
25    {
26       if (income <= RATE1_SINGLE_LIMIT)
27       {
28          tax1 = RATE1 * income;
29       }
30       else
31       {
32          tax1 = RATE1 * RATE1_SINGLE_LIMIT;
33          tax2 = RATE2 * (income - RATE1_SINGLE_LIMIT);
34       }
35    }
36    else
37    {
```

Income은 <= 64000이 아니므로, 안쪽 if 문의 else 분기(42번 줄)로 이동한다.

```
38       if (income <= RATE1_MARRIED_LIMIT)
39       {
40          tax1 = RATE1 * income;
41       }
42       else
43       {
44          tax1 = RATE1 * RATE1_MARRIED_LIMIT;
45          tax2 = RATE2 * (income - RATE1_MARRIED_LIMIT);
46       }
```

tax1과 tax2의 값이 갱신된다.

```
    {
       tax1 = RATE1 * RATE1_MARRIED_LIMIT;
       tax2 = RATE2 * (income - RATE1_MARRIED_LIMIT);
    }
 }
```

tax1	tax2	income	marital status
0	0	80000	m
6400	4000		

그들의 합 total_tax가 계산 및 출력된다. 그리고 나서 프로그램이 끝난다.

```
 
 double total_tax = tax1 + tax2;
 
 cout << "The tax is $" << total_tax << endl;
 return 0;
}
```

tax1	tax2	income	marital status	total tax
0	0	80000	m	
6400	4000			10400

이 프로그램 추적이 예상 출력($10,400)을 보여주므로, 이 테스트 사례가 제대로 동작한다는 것을 성공적으로 입증했다.

빈번한 오류 3.4 대롱거리는 else (dangling else) 문제

if 문이 다른 if 문 안에 놓일 때, 다음 오류가 발생할 수 있다.

```
double shipping_charge = 5.00; // U.S. 대륙 안에서는 $5
if (country == "USA")
   if (state == "HI")
      shipping_charge = 10.00; // 하와이는 더 비싸다
else // 함정!
   shipping_charge = 20.00; // 해외 운송비
```

들여쓰기 레벨이 마치 else가 country == "USA" 테스트와 묶이는 것으로 보이게 한다. 불행하게도, 그것은 사실이 아니다. 컴파일러는 모든 들여쓰기를 무시하며, else를 그 앞의 if와 짝지워준다. 즉, 이 코드는 실제로는 다음과 같다.

```
double shipping_charge = 5.00; // U.S. 대륙 안에서는 $5
if (country == "USA")
   if (state == "HI")
      shipping_charge = 10.00; // 하와이는 더 비싸다
   else // 함정!
      shipping_charge = 20.00; // 해외 운송비
```

이것은 원하는 게 아니다. 우리는 else를 처음의 if와 묶기를 원한다.

이 모호한 else를 대롱거리는(dangling) else라고 부른다. 80쪽의 프로그래밍 팁 3.2에서 권고했듯이, **항상 중괄호를 사용함**으로써 이 함정을 피할 수 있다.

```
double shipping_charge = 5.00; // U.S. 대륙 안에서는 $5
if (country == "USA")
{
   if (state == "HI")
   {
      shipping_charge = 10.00; // 하와이는 더 비싸다
   }
}
else
{
   shipping_charge = 20.00; // 해외 운송비
}
```

3.5 문제 해결하기: 흐름도

흐름도는 작업, 입력/출력, 판단을 위한 요소들로 구성된다.

이 장에서 이미 흐름도(flowchart)의 예를 본 적이 있다. 흐름도는 문제를 해결하는 데 필요한 판단과 작업의 구조를 보여준다. 복잡한 문제를 풀어야 할 때는, 제어의 흐름을 시각화하기 위해 흐름도를 그리는 게 좋다.

그림 3.5가 기본적인 흐름도 요소들을 보여준다.

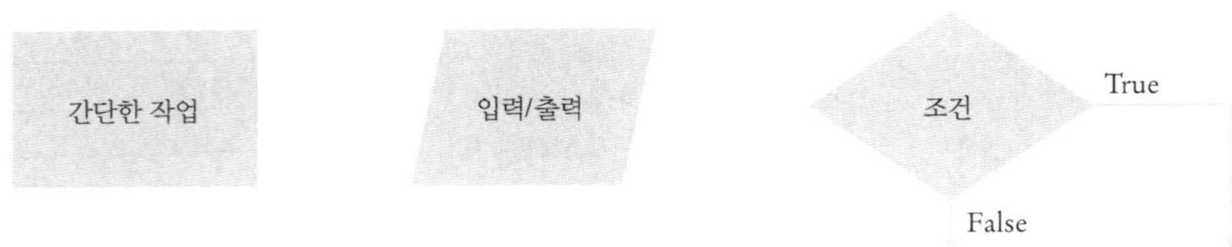

그림 3.5
흐름도 요소들

판단의 각 분기는 작업들, 그리고 또 다른 판단들을 포함할 수 있다.

기본 개념은 매우 간단하다. 실행되는 순서로 작업 및 입력/출력 상자들을 연결한다. 판단을 내려야 할 때는 두 개의 결과(outcome)를 갖는 다이아몬드를 그린다(그림 3.6 참고).

각 분기는 작업들, 그리고 추가적인 판단들을 포함할 수 있다. 한 값에 대한 선택이 여럿 있다면, 그림 3.7에서와 같이 배치한다.

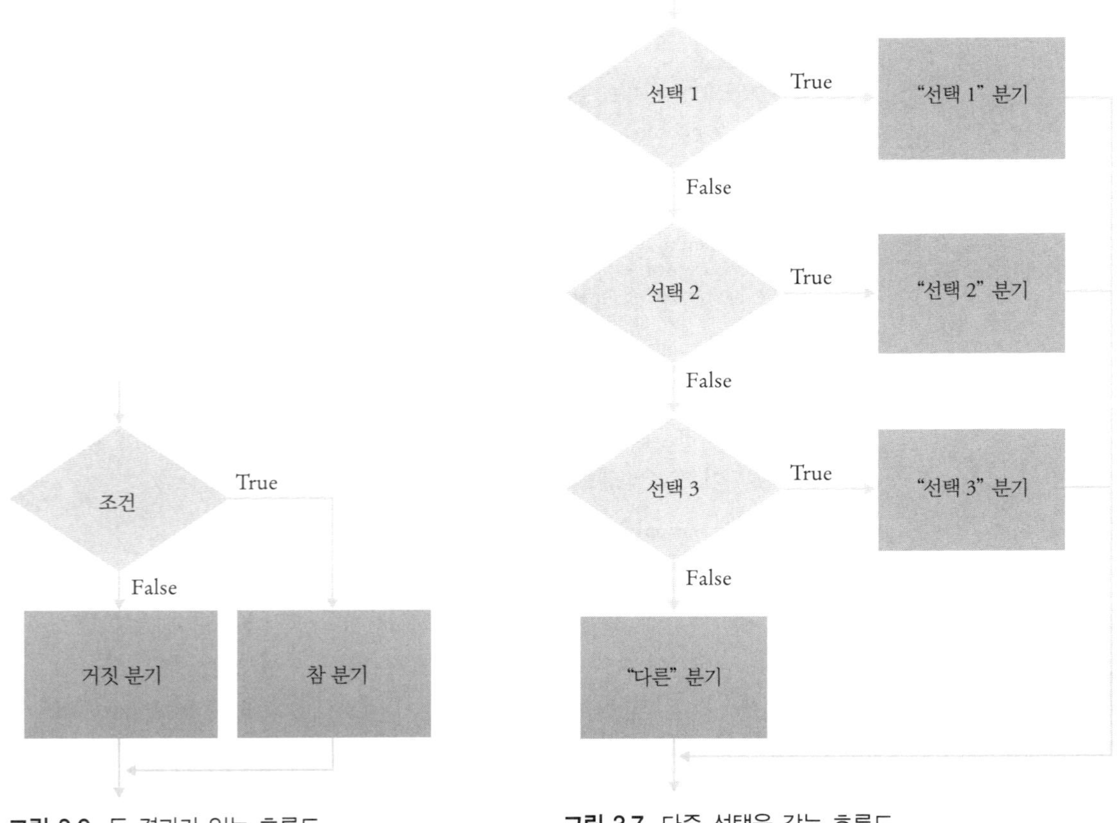

그림 3.6 두 결과가 있는 흐름도

그림 3.7 다중 선택을 갖는 흐름도

흐름도를 그릴 때 명심해야 할 한 가지 이슈가 있다. 제어되지 않은 분기와 합류는 프로그램의 흐름을 얽힌 그물 같은 지저분한 '스파게티 코드'로 만든다.

화살표를 다른 분기 안으로 향하게 하지 말라.

스파게티 코드를 피하는 간단한 룰이 있다: 화살표를 다른 분기 안으로 향하게 하지 말라.

스파게티 코드에는 너무 많은 경로가 있어서, 이해하기가 불가능하다.

이 룰을 이해하기 위해서 다음 보기를 고려하자. 미국 내에서는 운송비가 $5인데, 단, 하와이와 알래스카는 $10이다. 해외 운송료도 $10이다. 다음과 같은 흐름도로 시작할 수 있을 것이다.

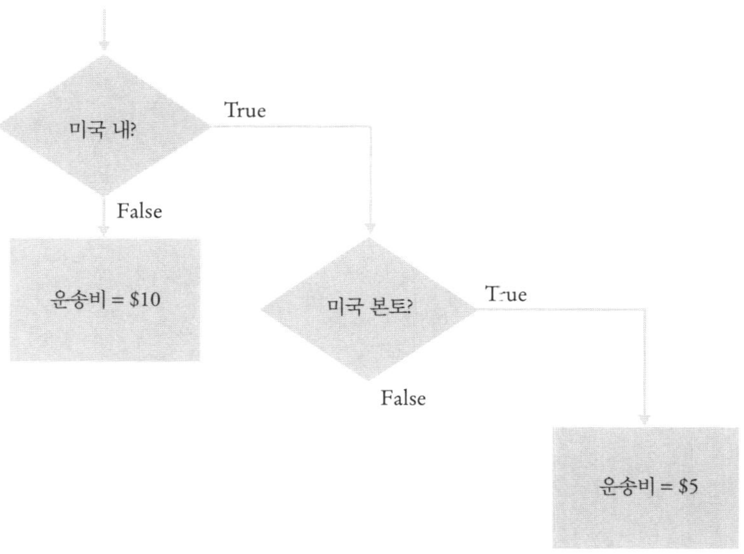

이제 "운송비 = $10"이란 작업을 재사용해보고 싶을 것이다.

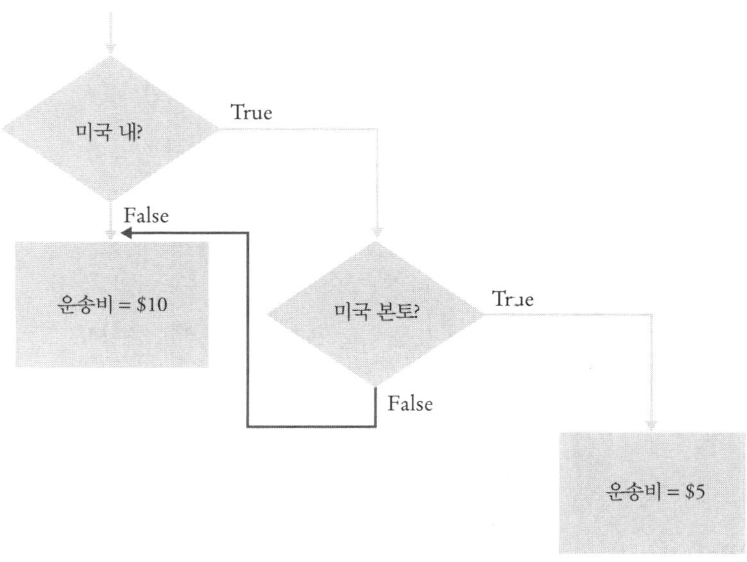

이렇게 하지 말라. 진한 화살표가 다른 분기 안으로 향해 있다. 그 대신에 다음과 같이 운송비를 $10로 설정하는 작업을 하나 더 추가하자.

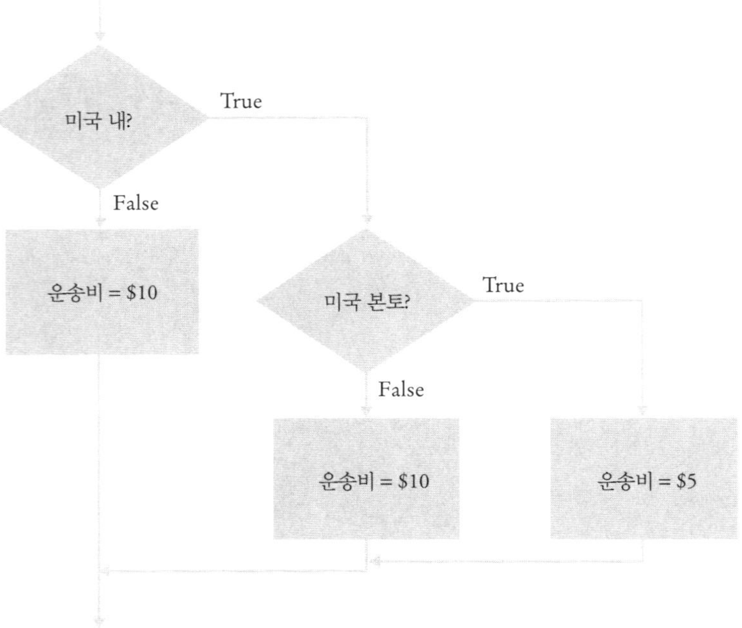

스파게티 코드를 피할 뿐만 아니라, 더 나은 설계이다. 향후, 해외 운송료가 알래스카와 하와이 운송료와 달라질 수도 있을 것이다.

흐름도는 알고리듬의 흐름을 직관적으로 이해할 수 있게 해준다. 그러나, 디테일을 추가하면 흐름도가 급속히 커진다. 그때는 흐름도에서 수도코드로 바꾸는 게 좋다.

22. 값 `temp`를 읽어서 0 미만이면 "Frozen"을 출력하는 프로그램을 위한 흐름도를 그려라.
23. 오른쪽 흐름도는 무엇이 잘못 되었는가?
24. 자체 검사 23의 흐름도를 고쳐라.
25. `x`의 값을 읽는 프로그램을 위한 흐름도를 그려라. 만일 0 미만이면, "Error"를 출력하라. 아니면, 그의 제곱근을 출력하라.
26. `Temp`의 값을 읽는 프로그램을 위한 흐름도를 그려라. 그 값이 0 미만이면, "ICE"를 출력하라. 만일 100을 초과하면, "Steam"을 출력하라. 아니면, "Liquid"를 출력하라.

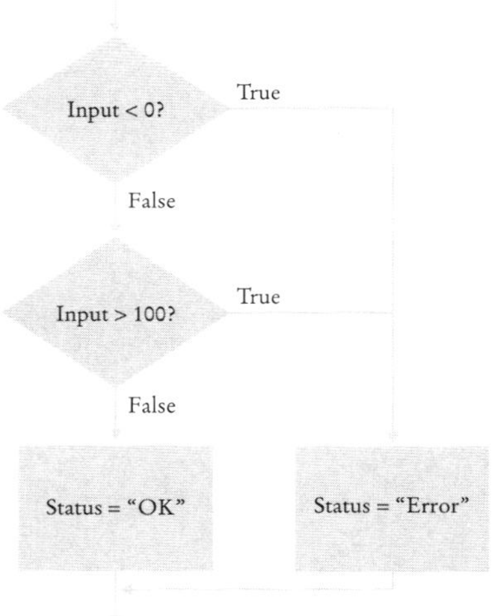

Practice It 이제 다음 연습문제들에 대해 답할 수 있다: R3.10, R3.11, R3.12.

3.6 문제 해결하기: 테스트 케이스

3.4절의 세금 계산 프로그램을 테스트하는 방법을 고찰하자. 물론 가능한 모든 소득세 세율표와 소득 수준의 입력을 시도할 수는 없다. 그렇게 할 수 있다고 하더라도, 그걸 모두 시도할 필요가 없다. 만일 프로그램이 주어진 등급에서 하나 또는 두 개의 세액을 옳게 계산한다면, 모든 세액이 옳게 계산될 거라고 믿을 대의명분이 선다.

프로그램의 각 분기는 테스트 케이스로 커버되어야 한다.

모든 판단 점들에 대한 완벽한 보장을 목표로 하고 싶다. 다음은 포괄적인 테스트 케이스 집합을 얻기 위한 방안이다.

- 소득세 세율표에는 두 가지 가능성이 있으며, 각 상태에 대해 두 가지 과세 등급이 있어서, 총 네 개의 테스트 케이스가 있다.
- 두 등급 사이의 경계에 있는 소득 같은 약간의 경계 조건들과 무소득을 테스트한다.
- 오류 검사를 맡았다면(3.8절에서 설명), 음수 소득 같은 무효 입력도 검사한다.

테스트 케이스와 예상 출력의 목록을 만든다:

테스트 케이스	예상 출력	주석
30,000 s	3,000	10% bracket
72,000 s	13,200	3,200 + 25% of 40,000
50,000 m	5,000	10% bracket
104,000 m	16,400	6,400 + 25% of 40,000
32,000 s	3,200	boundary case
0	0	boundary case

테스트 케이스 집합을 생성할 때, 프로그램의 흐름도를 갖고 있으면 도움이 된다(3.5절 참고). 하나의 테스트 케이스를 갖는 각 분기를 검사한다. 각 판단의 경계 케이스들에 대한 테스트 케이스들을 포함시킨다. 예를 들면, 어떤 판단이 입력이 100 미만인지 여부를 검사한다면, 입력을 100으로 해서 테스트한다.

프로그램을 구현하기 전에 테스트 케이스들을 설계하는 게 좋다.

코딩을 시작하기 전에, 항상 테스트 케이스들을 설계하는 게 좋다. 이 테스트 케이스들에 대해 확인하면, 구현하려는 알고리듬을 더 잘 이해하게 된다.

자체검사

27. 77쪽의 그림 1을 가이드로 이용해서, 3.1절의 `elevator.cpp` 프로그램을 위한 테스트 케이스 집합을 설계하기 위해 3.6절에 기술된 과정을 따르라.

28. 87쪽의 How to 3.1의 알고리듬에 대한 경계 테스트 케이스는 어떤 것인가? 예상 출력은 얼마인가?

29. 90쪽의 그림 3을 가이드로 이용해서, 3.3절의 `richter.cpp` 프로그램을 위한 테스트 케이스 집합을 설계하기 위해서, 3.6절에 기술된 과정을 따르라.

30. *x*와 *y* 위치(단위는 cm)를 반환하는 센서를 갖춘 의료 로봇 프로그램의 일부를 설계한다고 하자. 센서 위치가 원 내부, 원 외부, 경계상(구체적으로 경계로부터의 거리가 1 mm 미만)에 있는지 여부를 확인해야 한다. 원의 중심은 (0, 0), 반경은 2 cm로 가정한다. 테스트 케이스 집합을 제공하라.

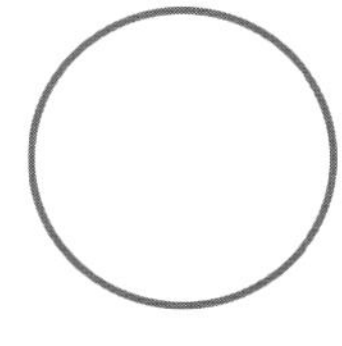

Practice It 이제 다음 연습문제들에 대해 답할 수 있다: R3.13, R3.14.

프로그래밍 팁 3.7 **예상치 않은 문제를 위한 시간을 예비해서 시간표를 짜라**

상용 소프트웨어는 예정보다 늦게 나오는 것으로 악명이 높다. 예를 들어, 마이크로소프트는 윈도우즈 비스타 운영체제를 처음에는 2003년에, 그 다음에는 2005년에, 그 다음에는 2006년 3월에 내놓을 거라고 약속했다. 실제 배포된 건 2007년 1월이었다. 처음 약속들은 현실성이 없었다고 본다. 마이크로소프트는 잠재 구매자들이 제품이 곧 나올 거라고 기대하게 만드는 데 관심이 있었다. 만일 실제 판매 시기를 미리 알았다면, 구매자들은 그 사이에 다른 제품으로 바꿨을 것이다. 그렇지만, 부인할 여지가 없이, 마이크로소프트는 해결하려 노력했던 작업이 얼마나 복잡한지를 미리 계산하지 않았다.

마이크로소프트는 자기네 제품을 늦게 납품할 수 있을지라도, 우리는 그렇지 못하다. 학생 또는 프로그래머로서, 우리는 시간을 현명하게 관리해야 하며, 과제를 늦지 않게 마쳐야 한다. 간단한 프로그래밍 연습문제라면 마감일 전날 밤에 할 수도 있을 것이지만, 그 두 배 정도 힘들 것으로 보이는 과제는 더 많은 문제가 발생할 수 있기 때문에, 네 배 정도 시간이 많이 걸린다. 따라서 프로그래밍 프로젝트를 시작할 때는 항상 시간표를 짜야 한다.

우선, 현실적으로 다음 작업에 시간이 얼마나 걸릴지를 예측하라.

- 프로그램 로직 설계
- 테스트 케이스들을 개발
- 프로그램 입력 및 문법 오류 해결
- 프로그램 테스트 및 디버깅

예를 들어, 소득세 프로그램을 위해 설계에는 한 시간, 테스트 케이스 개발에는 30분, 데이타 입력과 문법 오류 해결에는 한 시간, 테스트와 디버깅에 한 시간 걸릴 것으로 예상할 수 있을 것이다. 총 3.5시간이다. 이 프로젝트를 매일 두 시간씩 작업한다면, 거의 이틀이 걸릴 것이다.

프로그래머들은 컴파일-타임 및 런-타임 오류를 바로 잡느라 많은 시간을 소비한다.

그리고, 실수할 수 있다는 것을 감안하자. 컴퓨터가 고장이 날 수도 있다. 컴퓨터 시스템 문제로 궁지에 빠질 수도 있다(이건 특히 초보자에게 심각하게 염려된다. 단지 문제 해결을 위한 마법 명령을 아는 누군가를 찾아내는 것만도 시간이 걸리기 때문에, 사소한 문제에 하루 정도를 날리는 건 아주 흔하다). 경험상, 예상 시간보다 **두 배**를 잡아라. 즉, 마감일 이틀 전이 아니라, 나흘 전에 시작하라. 만일 아무 실수도 안 한다면, 대단하다; 프로그램을 이틀 일찍 마친 것이다. 불가피한 문제가 발생할 때, 곤혹과 실패로부터 보호해줄 대비 시간을 갖게 되는 것이다.

3.7 부울 변수와 연산자

때로는 프로그램의 어떤 부분에서 논리 조건을 계산하고, 그걸 다른 곳에서 사용할 때가 있다. 참이나 거짓일 수 있는 조건을 저장하기 위해서는 **부울 변수**를 사용한다. 부울 변수는 논리 분야의 개척자인 수학자 George Boole(1815~1864)의 이름을 따서 지어졌다.

부울 타입 bool은 참과 거짓의 두 값을 가진다.

C++에서는 `bool` 데이타 타입이 부울 타입을 나타낸다. `bool` 타입 변수는 `true`와 `false`로 표기하는 딱 두 가지 값을 가질 수 있다. 이 값들은 문자열이나 정수가 아니다; 부울 변수만을 위한 특별한 값들이다.

부울 변수는 up(참) 또는 down(거짓)될 수 있기 때문에 깃발(flag)이라고 불리기도 한다.

다음은 부울 변수를 정의한다:

```
bool failed = true;
```

이 값을 프로그램에서 나중에 판단을 내리기 위해 사용할 수 있다:

```
if (failed) // failed가 true로 설정되어있을 때만 실행된다
{
   ...
}
```

복잡한 판단을 내리기 위해서, 부울 값들을 결합해야 할 때가 있다. 부울 조건들을 결합하는 연산자를 **부울 연산자(Boolean operator)**라고 부른다. C++에서는 && 연산자(*and*라고 불림)가 두 조건이 모두 참일 때 `true`를 내준다. || 연산자(*or*라고 불림)는 조건들 중 적어도 하나가 참이면 `true`를 결과로 제공한다.

C++에는 조건들을 결합하는 두 개의 부울 연산자가 있다: &&(*and*)와 ||(*or*).

온도 값을 처리하는 프로그램을 작성하고, 주어진 온도가 액체 상태에 해당하는지를 테스트하려고 한다고 하자(해수면에서 물은 섭씨 0도에서 얼고, 100도에서 끓는다). 물은 온도가 0을 초과하고, 100 미만이면 액체이다:

```
if (temp > 0 && temp < 100) { cout << "Liquid'; }
```

이 테스트의 조건은 && 연산자로 결합되는 두 부분으로 구성된다(표 3.5와 부록 C에서 보듯이, >와 < 연산자들의 우선 순위가 && 연산자보다 높다).

각 부분은 참이나 거짓일 수 있는 부울 값이다. 결합된 표현식은 두 표현이 모두 참이라야 참이다. 만일 둘 중 하나라도 거짓이면, 결과도 거짓이다(그림 3.8 참고).

A	B	A && B
true	true	true
true	false	false
false	true	false
false	false	false

A	B	A || B
true	true	true
true	false	true
false	true	true
false	false	false

A	!A
true	false
false	true

그림 3.8 부울 진리 표

아이슬란드의 이 간헐온천에서는 얼음과 물과 증기를 볼 수 있다.

표 3.5 연산자와 우선순위	
연산자	**설명**
++ -- +(단항) -(단항) !	증가, 감소, 양, 음, 부울 *not*
* / %	곱셈, 나눗셈, 나머지
+ -	덧셈, 뺄셈
< <= > >=	비교
== !=	같음, 같지 않음
&&	부울 *and*
||	부울 *or*

반대로, 주어진 온도에서 물이 액체가 아닌지를 검사해보자. 이것은 온도가 기껏해야 0 또는 적어도 100인 경우이다. ||(*or*) 연산자를 사용해서 표현을 결합하라:

```
if (temp <= 0 || temp >= 100) { cout << "Not liquid"; }
```

그림 3.9가 이 보기의 흐름도를 보여준다.

조건을 뒤집으려면 !(*not*) 연산자를 사용하라.

not 논리 연산자를 사용해서 조건을 뒤집어야 할 때도 있다. ! 연산자는 단일 조건을 취하고, 그 조건이 거짓이면 참으로 평가하고, 참이면 거짓으로 평가한다. 아래 보기에서는 부울 변수 frozen이 false이면 출력이 발생한다:

```
if (!frozen)
{
   cout << "Not frozen";
}
```

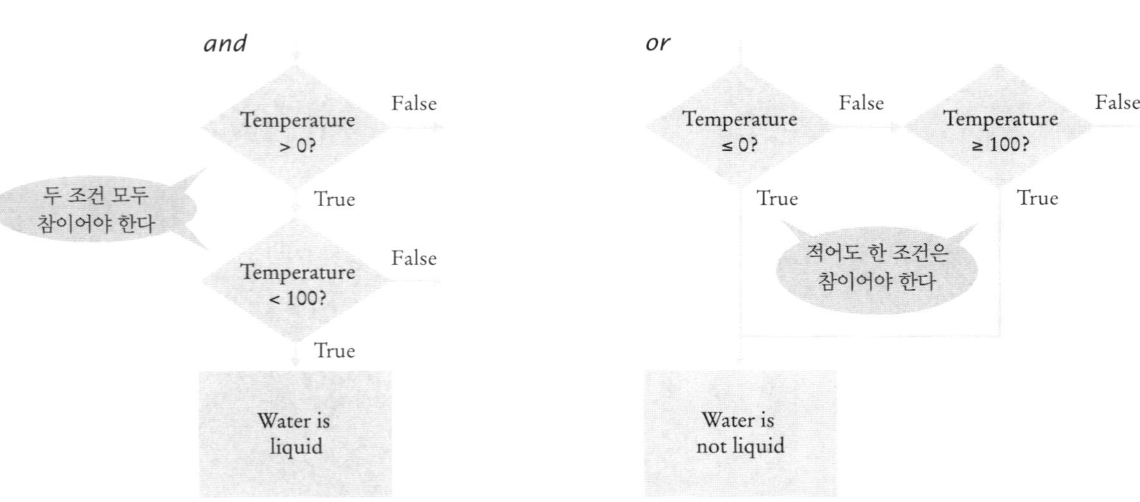

그림 3.9 *and*와 *or* 조합의 흐름도

표 3.6은 부울 연산자를 평가하는 추가적인 예들을 보여준다.

31. x와 y가 정수라고 하자. 둘 다 0인지를 어떻게 테스트하겠는가?

32. 적어도 하나가 0인지를 어떻게 테스트하겠는가?

표 3.6 부울 연산자

표현식	값	설명
`0 < 200 && 200 < 100`	`false`	첫 조건만이 참이다. < 연산자가 && 연산자보다 우선 순위가 높음을 주목한다.
`0 < 200 || 200 < 100`	`true`	첫 조건이 참이다.
`0 < 200 || 100 < 200`	`true`	||는 "-아니면-(either-or)-"에 대한 테스트가 아니다. 두 조건 모두 참이면, 결과는 참이다.
🚫 `0 < 200 < 100`	`true`	**오류:** 표현 0 < 200이 참이라서, 1로 바뀐다. 표현 1 < 100은 참이다. 이런 표현을 쓰면 안 된다. 105쪽 빈번한 오류 3.5 참고.
🚫 `-10 && 10 > 0`	`true`	**오류:** −10은 0이 아니라서 참으로 바뀐다. 이런 표현을 쓰면 안 된다. 105쪽 빈번한 오류 3.5 참고.
`0 < x && x < 100 || x == -1`	`(0 < x && x < 100) || x == -1`	&& 연산자가 || 연산자 보다 우선 순위가 높다.
`!(0 < 200)`	`false`	0 < 200이 참이므로, 그의 부정은 거짓이다.
`frozen == true`	`frozen`	부울 변수를 true와 비교할 필요가 없다.
`frozen == false`	`!frozen`	false와 비교하기보다는 !를 사용하는 게 더 명확하다.

33. 딱 하나만 0인지를 어떻게 테스트하겠는가?

34. `!!frozen`의 값은?

35. 문자열 `"false"`/`"true"` 또는 정수 0/1 대신에 `bool` 타입을 사용하는 이점은 무엇인가?

Practice It 이제 다음 연습문제들에 대해 답할 수 있다: R3.27, P3.22, P3.24.

빈번한 오류 3.5 **여러 관계 연산자를 결합하기**

다음 표현을 고려하자.

```
if (0 <= temp <= 100) // 오류
```

이것은 수학의 0 ≤ `temp` ≤ 100처럼 보이나, 불행하게도 그렇지 않다.

표현 `0 <= temp <= 100`를 분해해보자. 전반의 `0 <= temp`는 `temp`의 값에 따라 출력이 참 또는 거짓인 테스트이다 이 테스트의 결과(`true` 또는 `false`)가 100과 비교된다. 진리 값을 부동소수점 수와 비교 가능한가? `true`가 100보다 큰가, 아니면 작은가? 유감스럽게도, C 언어와의 호환성을 유지하기 위해서 C++는 `false`를 0, `true`를 1로 전환한다. 그러므로 이 표현은 `true`로 계산될 것이다.

프로그램에서 논리 표현과 산술 표현을 섞지 않도록 주의해야 한다. 그 대신에 *and*를 사용해서 두 개의 독립적인 테스트를 결합하라:

```
if (0 <= temp && temp <= 100) ...
```

또 다른 빈번한 오류는, 같은 방식으로

```
if (x > 0 && y > 0) ...
```

대신에

```
if (x && y > 0) ... // 오류
```

라고 쓰는 것이다. 유감스럽게도 컴파일러는 오류 메시지를 내보내지 않을 것이다. 대신에 `x`를 `true` 또는 `false`로 전환한다. 0은 `false`, 0이 아닌 값은 `true`로 바뀐다. `x`가 0이 아니면 `y`가 0보다 큰지 여부를 검사하며, 끝으로 이들 두 진리 값의 *and*를 계산한다. 당연히 이 계산은 무의미하다.

빈번한 오류 3.6 &&와 || 조건의 혼동

*and*와 *or* 조건을 혼동하는 오류는 놀라울 정도로 빈번하다. 적어도 0(이상)이면서(*and*) 기껏해야 100(이하)인 값은 0과 100 사이(between)에 놓인다. 만일 0 미만 또는(*or*) 100을 초과한다면, 이 범위 밖에 놓인다. 황금률은 존재하지 않는다. 단지 조심해야 할 뿐이다.

보통 *and*나 *or*가 명확하게 진술되며, 그러면 구현에 어려움이 없다. 그러나, 때때로 자구 표현이 그만큼 분명하지 않다. 기호를 사용한 목록에서는 개별 조건들이 잘 분리되어 있지만, 그들이 어떻게 결합되어야 하는지에 대해서는 거의 표시되어 있지 않다. 소득세 신고서를 제출하기 위한 다음 지침들을 고찰하라. 다음 사항들 중 적어도 하나가 참이면, 독신 소득세 세율을 신청할 수 있다:

- 결혼한 적이 없다.
- 과세 연도의 마지막 날에 합법적으로 별거 또는 이혼했다.
- 배우자가 사망했으며 재혼하지 않았다.

위 조건들 중 **하나라도** 참이면 이 테스트를 통과하므로, 위 조건들을 *or*로 결합해야 한다. 그와 달리, 다음의 다섯 조건 모두 참이면 더 유리한 기혼 자격 합산 신고서 제출을 이용할 수 있다:

- 배우자가 사망한 지 2년 이상 경과하지 않았으며, 재혼하지 않았다.
- 피부양자 청구권이 있는 자녀가 있다.
- 그 자녀는 과세 연도 내내 자신과 동거했다.
- 이 자녀를 위해 가사 비용의 반이 넘게 지불했다.
- 배우자 사망 연도에 배우자와 함께 부부 소득세 합산 신고서를 제출했다.

이 테스트를 통과하려면 위 조건들이 **모두** 참이어야 하므로, *and*로 결합해야 한다.

특강 3.4 부울 연산자의 단락-회로 평가

&&나 || 연산자가 계산될 때, 진리 값이 결정되는 순간 계산이 정지된다. &&가 계산되는데 첫 조건이 false이면, 두 번째 조건은 결과에 영향을 미치지 못하므로 계산되지 않는다.

예를 들어, 다음 표현을 고찰하자.

```
quantity > 0 && price / quantity < 10
```

`quantity`의 값이 0이라고 하자. 그러면 `quantity > 0` 테스트를 실패하며, 두 번째 테스트는 시도되지 않는다. 0으로 나누는 게 불법이므로 오히려 다행이다.

마찬가지로, `||` 표현식의 첫 조건이 참일 때, 전체 결과가 참이 되므로, 나머지는 계산되지 않는다.

> &&와 || 연산자는 **단락-회로 평가**에 의해 계산된다. 진리 값이 결정되는 순간, 나머지 조건들은 계산되지 않고 끝난다.

이 과정을 단락-회로 평가(*short-circuit evaluation*)라고 부른다.

단락 회로에서 전기는 최저 저항 경로로 흐른다. 마찬가지로, 단락-회로 평가는 부울 표현식의 결과를 계산하기 위한 가장 빠른 경로를 택한다.

특강 3.5 드 모건 법칙(De Morgan's Law)[1]

인간은 일반적으로 *not* 연산자와 결합된 *and/or* 표현식이 있는 논리 조건을 이해하는 데 어려움을 느낀다. 영국의 논리학자 Augustus De Morgan(1806~1871)의 이름을 딴 드 모건 법칙은 이러한 부울 표현을 단순화하는 데 사용될 수 있다.

미 대륙을 벗어나는 경우에 더 높은 운송비를 적용하려 한다고 하자.

```
if (!(country == "USA"
      && state != "AK"
      && state != "HI"))
   shipping_charge = 20.00;
```

이 테스트는 약간 복잡하며, 논리를 조심스럽게 검토해야 한다. 국가가 USA라는 게 참이 아니며, 주가 알래스카가 아니며, 주가 하와이가 아닐 때, 비용은 $20이다. 뭐라고? 이 코드가 헷갈리지 않는다면 거짓말이다.

컴퓨터는 문제 없지만, 코드 작성과 보수는 인간 프로그래머가 한다. 그러므로, 이런 조건을 단순화하는 방법을 알면 좋다.

드 모건 법칙에는 두 가지 형태가 있다. *and* 표현을 부정하는 것, 그리고 *or* 표현을 부정하는 것:

드 모건 법칙은 &&와 || 조건을 부정하는 방법을 알려준다.

```
!(A && B) 는 !A || !B와 같다
!(A || B) 는 !A && !B와 같다
```

특히 *not*을 안으로 이동시키면서 *and*와 *or* 연산자들이 반전된다는 사실에 주목하라. 예를 들어, "the state is Alaska or it is Hawaii"의 부정

```
!(state == "AK" || state == "HI")
```

는 "the state is not Alaska *and* it is not Hawaii", 즉

```
!(state == "AK") && !(state == "HI")
```

이다. 이것은 물론

```
state != "AK" && state != "HI"
```

와 같다. 이제 위 법칙을 운송비 계산에 적용하라.

```
!(country == "USA"
   && state != "AK"
   && state != "HI")
```

는 다음과 같이 등가이다:

```
!(country == "USA")
   || !(state != "AK")
   || !(state != "HI")
```

[1] 드 모르강, 드 모르건 등 다양하게 번역되어 있으나, 영국인이므로 이 책에서는 드 모건으로 부르기로 한다.

이것은 더 간단한 테스트

```
country != "USA"
   || state == "AK"
   || state == "HI"
```

로 된다. *and*와 *or* 표현식의 부정이 있는 조건을 단순화하려면, 일반적으로 드 모건 법칙을 적용해서 부정을 가장 안쪽 레벨로 이동시키는 게 좋다.

3.8 응용: 입력 확인

품질 제어 근로자처럼 우리도 사용자 입력을 처리하기 전에, 먼저 옳은지 확인할 필요가 있다.

if 문의 중요한 응용 중 하나는 **입력 확인**(*input validation*)이다. 프로그램이 사용자 입력을 받을 때마다, 계산에 사용자-공급 값을 사용하기 전에 그 값이 유효한지를 확인할 필요가 있다.

우리의 승강기 프로그램을 고려해보자. 승강기 패널에 1~20(13은 제외)까지 레이블링된 버튼들이 있다고 가정하자. 다음은 부당한 입력들이다:

- 13
- 0 또는 음수
- 20 보다 큰 수
- 숫자가 아닌 입력(예: five)

각 경우에 오류 메시지를 내보내고 프로그램을 빠져 나오기를 원할 것이다.

13이라는 입력을 막는 것은 간단하다:

```
if (floor == 13)
{
   cout << "Error: There is no thirteenth floor." << endl;
   return 1;
}
```

명령문

```
return 1;
```

은 main 함수를 즉각 빠져 나오게 하므로 프로그램이 종료된다. 관례적으로, 프로그램이 정상적으로 완료되면 값 0을 반환하고, 오류가 발생했으면 0이 아닌 값을 반환한다.

값을 읽을 때는 요구 범위 안에 있는지 확인하라.

다음은 사용자가 유효 범위 밖의 숫자를 입력하지 않게 하는 방법이다:

```
if (floor <= 0 || floor > 20)
{
   cout << "Error: The floor must be between 1 and 20." << endl;
   return 1;
}
```

그렇지만, 유효 정수가 아닌 입력을 다루는 것은 더 심각한 문제이다. 명령

```
cin >> floor;
```

이 실행될 때, 사용자가 정수가 아닌(예: five) 입력을 타이핑하면, 정수 변수 floor가 설정되지 않는다. 대신, 입력 스트림 cin이 실패 상태로 설정된다. 이러한 실패 상태를 테스트하기 위해서 fail이란 멤버 함수를 호출한다.

```
if (cin.fail())
{
   cout << "Error: Not an integer." << endl;
   return 1;
}
```

입력 스트림이 실패했는지를 검사하려면 fail 함수를 사용하라.

if 문의 순서는 중요하다. 먼저 cin.fail()을 테스트한다. 입력이 실패하면, floor에 값이 부여되지 않으며, 다른 값과 비교하는 일 또한 무의미하다.

입력 실패는 C++에서 매우 심각하다. 입력이 실패하면, 모든 후속 입력도 실패한다. 부당한 입력에 더 견고한 프로그램 작성법을 8장에서 배울 것이다. 지금 우리의 목표는 단순히 부당한 입력을 감지하고, 프로그램을 빠져 나오는 것이다.

다음은 입력 확인을 갖춘 완성된 승강기 프로그램이다.

ch03/elevator2.cpp

```
#include <iostream>

using namespace std;

int main()
{
   int floor;
   cout << "Floor: ";
   cin >> floor;

   // The following statements check various input errors
   if (cin.fail())
   {
      cout << "Error: Not an integer." << endl;
      return 1;
   }
   if (floor == 13)
   {
      cout << "Error: There is no thirteenth floor." << endl;
      return 1;
   }
   if (floor <= 0 || floor > 20)
   {
      cout << "Error: The floor must be between 1 and 20." << endl;
      return 1;
   }

   // Now we know that the input is valid
   int actual_floor;
   if (floor > 13)
   {
      actual_floor = floor - 1;
   }
   else
   {
      actual_floor = floor;
   }

   cout << "The elevator will travel to the actual floor "
      << actual_floor << endl;

   return 0;
}
```

실행 결과

```
Floor: 13
Error: There is no thirteenth floor.
```

36. elevator2.cpp 프로그램을 고려한다. 입력이 각각 다음과 같을 때의 출력은?

a. 100?
b. −1?
c. 20?
d. thirteen?

37. 복잡한 조건이 있는 단일 if 문이 있도록 elevator2.cpp 프로그램을 재작성해야 한다:

```
if (...)
{
   cout << "Error: Bad input" << endl;
   return 1;
}
```

조건은 무엇인가?

38. 셜록 홈즈 소설 "서섹스 뱀파이어의 모험(The Adventure of the Sussex Vampire)"에서, 아무나 흉내 낼 수 없는 이 탐정이 다음과 같은 말을 중얼거린다. "마틸다 브릭스는 젊은 여자의 이름이 아니었어. 왓슨… 그건 말이지… 수마트라의 커다란 쥐와 관련된 배의 이름이야. 세상이 아직 준비하지 못한 이야기라고." 백 년이 넘게 지난 후에 인도네시아의 또 다른 지역인 서뉴기니에서 거대 쥐가 발견되었다.

입력을 처리할 때, 너무 큰 값은 거부하고자 한다. 그러나 얼마나 커야 너무 큰 건가? 서뉴기니에서 발견된 거대 쥐들은 도시 쥐의 약 다섯 배 크기이다.

내가 쥐의 무게를 처리하는 프로그램을 작성하는 일을 맡았다고 하자. 프로그램은 다음 명령들을 포함한다.

```
double weight;
cout << "Enter weight in kg: ";
cin >> weight;
```

What input checks should you supply?

어떤 입력 검사를 제공해야 하는가?

39. 다음 테스트 프로그램을 고려하자.

```
int main()
{
   int m = 1;
   cout << "Enter an integer: ";
   cin >> m;
   int n = 2;
   cout << "Enter another integer: ";
   cin >> n;
   cout << m << " " << n << endl;
   return 0;
}
```

이 프로그램을 돌리고 첫 프롬프트에서 three를 입력하라. 어떤 일이 일어나는가? 그 이유는?

Practice It 이제 다음 연습문제들에 대해 답할 수 있다: R3.1, R3.30, P3.26.

랜덤 팩트 3.2 인공 지능

세금 준비 패키지 같은 복잡한 컴퓨터 프로그램을 사용할 때, 사용자는 일부 지능을 컴퓨터 덕으로 돌리게 마련이다. 컴퓨터가 분별 있는 질문을 하고, 우리에게는 부담스러운 정신적 도전인 계산을 해준다. 어쨌든, 세금을 계산하는 게 쉽다면, 컴퓨터가 대신하게 할 필요도 없다.

그러나, 프로그래머로서 우리는 지능처럼 보이는 이 모든 것이 환상임을 알고 있다. 인간 프로그래머들이 가능한 모든 시나리오에 대해 소프트웨어에게 신중히 '지시'했으며, 소프트웨어는 단순히 그 안에 프로그래밍 되어 있는 동작과 판단을 재생한다.

어떤 의미에서 진정으로 지능적인 컴퓨터 프로그램을 작성하는 게 가능한가? 컴퓨터 사용의 초창기부터, 인간 두뇌가 단순히 어마어마한 컴퓨터일 뿐이며, 그래서 인간 사고의 일부 프로세스를 흉내 내도록 컴퓨터를 프로그래밍하는 게 당연히 실현 가능할 것이라는 인식이 있었다. *인공 지능* 분야의 진지한 연구는 1950년대 중반에 시작되었으며, 20년 동안은 어느 정도 인상적인 성공을 이뤄냈다. 주지할만한 지적 능력을 필요로 할 것으로 보이는 활동인 장기를 두는 프로그램은 최고수 인간만을 빼고는 모두 물리칠 정도로 좋아졌다. 1975년에 이미 Mycin으로 불린 *전문가-시스템* 프로그램이 수막염 진단에서 평균적인 의사들보다 낫다는 명성을 얻었다.

그러나, 심각한 차질도 있었다. 1982년부터 1992년까지 일본 정부는 400억 엔이 넘는 자금으로 *5세대 프로젝트*로 알려진 거대 연구 프로젝트를 착수했다. 목표는 전문가 시스템 소프트웨어의 성능을 훨씬 개선하는 하드웨어와 소프트웨어를 개발하는 것이었다. 프로젝트 착수 시, 다른 나라들에서는 일본 컴퓨터 산업이 이 분야에서 이론의 여지가 없는 리더가 될 것이라는 두려움이 일었다. 그러나, 최종 결과는 실망스러웠으며, 인공 지능 응용을 시장으로 끌어낸 게 거의 없었다.

착수 당시부터, AI 집단의 공식 목표 중 하나는 한 언어를 다른 언어로, 예를 들면 영어를 러시아어로 번역할 수 있는 소프트웨어를 만드는 것이었다. 이 일은 무지하게 복잡한 것으로 확인되었다. 인간 언어는 처음 생각했던 것보다 훨씬 더 미묘하고 인간 경험과 엮여있는 것으로 보인다. 오늘날 워드프로세싱 프로그램에 딸려있는 문법-검사 툴조차 유용한 툴이라기 보다는 오히려 속임수이며, 문법 분석은 문장 분석의 첫 단계일 뿐이다.

1984년도에 Douglas Lenat이 시작한 CYC(encyclopedia에서 왔음) 프로젝트는 인간의 말과 글의 밑에 깔려 있는 묵시적 가정들을 성문화하려 시도한다. 팀 멤버들은 뉴스 기사를 분석하기 시작했고, 언급되지 않은 어떤 사실이 실지로 문장을 이해하기 위해서 필요한지를 자신들에게 물었다. 예를 들면, 'last fall she enrolled in Michigan state'라는 문장을 보자. 독자는 자동적으로 'fall'이 이 문맥에서는 떨어진다는 것과 무관하며 계절을 가리킨다는 것을 알아챈다. Michigan 주가 있지만, 여기서의 Michigan은 대학을 나타낸다. 당초에 컴퓨터 프로그램은 이런 지식이 없다. CYC 프로젝트의 목표는 필수적인 사실(즉, ① 사람들은 대학에 등록한다. ② Michigan은 주이다. ③ 많은 주들이 X State University, 또는 줄여서 X State란 이름의 대학을 갖고 있다. ④ 대부분의 사람들은 가을에 대학에 등록한다.)을 추출하고 저장하는 것이다. 1995년까지 이 프로젝트는 약 100,000개의 상식 개념들과 그들과 관련된 지식에 관한 약 백만 개의 사실들을 성문화했다. 이 거대한 데이타량조차도 쓸모 있는 응용을 위해서는 충분하지 않다.

최근 들어 인공 지능 기술이 상당히 진전했다. 가장 믿기 어려운 예들 중 하나는 DARPA(Defense Advanced Research Projects Agency)가 주최한 자동 차량을 위한 'Grand Challenges' 시리즈의 결과이다. 경쟁자들은 인간 운전자나 원격 조종이 없이 장애물 코스를 완주해야 하는 컴퓨터-제어 차량을 출품하도록 초청되었다. 2004년도의 첫 행사 때는 출전자들 중 아무도 완주하지 못했다. 2005년도에는 다섯 차량이 모하비 사막의 험한 212 km 코스를 완주했다. 스탠포드의 스탠리가 1등으로 들어왔으며, 평균 속도는 30 km/h이었다. 2007년도에 DARPA는 버려진 공군 기지를 "도심" 환경으로 꾸며서 경주 장소를 옮겼다. 차량들은 캘리포니아 교통 법규를 따라서 서로 반응할 수 있어야 했다. 스탠포드의 세바스찬 스런이 설명했듯이, "마지막 Grand Challenge에서는 뭐가 됐든 피해서 운전해야 했기 때문에, 그게 바위인지 또는 덤불인지는 전혀 중요하지 않았다. 현재의 도전 과제는 환경을 감지하는 것에서 환경을 이해하는 것으로 옮겨가는 것이다".

2007 DARPA Urban Challenge의 우승자

요약

판단을 구현하기 위해 if 문을 사용한다.

- if 문은 처리되는 데이타의 특성에 따라 프로그램이 다른 동작을 수행할 수 있게 해준다.

수와 객체의 비교를 구현한다.

- 관계 연산자(< <= > >= == !=)가 수와 문자열 비교에 사용된다.
- 문자열 비교에는 사전식 순서가 사용된다.

여러 개의 if 문을 필요로 하는 복잡한 판단을 구현한다.

- 세 경우 이상이 있는 판단에는 다지 선다가 필요하다.
- 여러 개의 if 문을 사용할 때는 조건들의 순서에 주의한다.

그의 분기가 또 다른 판단을 요구하는 판단을 구현한다.

- 다른 판단문의 분기 안에 포함되어 있는 판단문은 내포되어 있다고 한다.
- 내포 판단은 두 개의 판단 레벨을 갖는 문제에 필요하다.

프로그램의 제어 흐름을 시각화하기 위해 흐름도를 그린다.

- 흐름도는 작업용, 입력/출력용, 판단용 요소들로 구성된다.
- 판단의 각 분기는 작업, 그리고 더 깊은 판단을 포함할 수 있다.
- 화살표가 다른 분기 안으로 향하게 하지 말라.

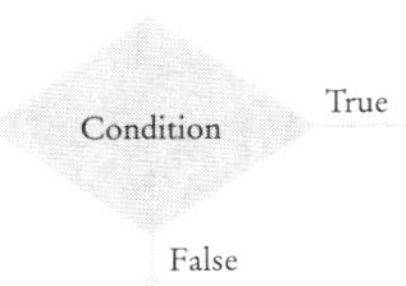

내 프로그램을 위한 테스트 케이스들을 설계한다.

- 프로그램의 각 분기는 테스트 케이스에 의해 커버되어야 한다.
- 프로그램을 구현하기 전에 테스트 케이스를 설계하는 게 좋다.

참 또는 거짓일 수 있는 조건들을 저장 및 결합하기 위해서 부울 데이타 타입을 사용한다.

- 부울 타입 bool은 false와 true의 두 값을 가진다.
- C++는 조건을 결합하는 두 개의 부울 연산자를 갖고 있다: &&(*and*) 그리고 ||(*or*).
- 조건을 반전시키려면 !(*not*) 연산자를 사용한다.
- &&와 || 연산자들은 단락-회로 평가를 사용해서 계산된다. 진리 값이 결정되면, 나머지 조건들은 평가되지 않는다.
- 드 모건 법칙은 &&와 || 조건들을 부정하는 방법을 알려준다.

사용자 입력이 유효한지를 검사하기 위해 if 문을 적용한다.

- 값을 읽을 때, 요구 범위 안에 드는 지를 검사한다.
- fail 함수를 사용해서 입력 스트림이 실패했는지 여부를 테스트한다.

복습 연습 문제

R3.1 다음 if 문들의 오류를 찾아라.

a. `if x > 0 then cout << x;`
b. `if (x > 0) ; { y = 1; } else ; { y = -1; }`
c. `if (1 + x > pow(x, sqrt(2)) { y = y + x; }`
d. `if (x = 1) { y++; }`
e. `cin >> x; if (cin.fail()) { y = y + x; }`

R3.2 다음 코드 조각들의 출력은?

a.
```
int n = 1; int m = -1;
if (n < -m) { cout << n; } else { cout << m; }
```
b.
```
int n = 1; int m = -1;
if (-n >= m) { cout << n; } else { cout << m; }
```
c.
```
double x = 0; double y = 1;
if (fabs(x - y) < 1) { cout << x; } else { cout << y; }
```
d.
```
double x = sqrt(2); double y = 2;
if (x * x == y) { cout << x; } else { cout << y; }
```

R3.3 x와 y가 double 타입 변수라고 하자. x가 양이면 y를 x로 설정하고, 아니면 0으로 설정하는 코드 조각을 작성하라.

R3.4 x와 y가 double 타입 변수라고 하자. abs함수를 호출하지 않고 y를 x의 절대값으로 설정하는 코드 조각을 작성하라. if 문을 사용하라.

R3.5 정수보다 부동 소수점 수를 비교하는 게 더 어려운 이유를 설명하라. 정수 n이 10과 같은지, 그리고 부동 소수점 수 x가 10과 같은지를 검사하는 C++ 코드를 작성하라.

R3.6 85쪽의 빈번한 오류 3.2는 등가성 검사 대신에 할당 연산자를 사용할 때 C++ 컴파일러가 오류를 보고하지 않고, 경고를 내보낼 수도 있다고 설명한다. 다음을 포함하는 테스트 프로그램을 작성하라.

```
if (floor = 13)
```

이 프로그램을 컴파일할 때 내 컴파일러는 어떻게 처리하는가?

R3.7 장기판의 각 정사각형을 문자와 숫자로 나타낼 수 있다. 아래 보기에서는 g5:

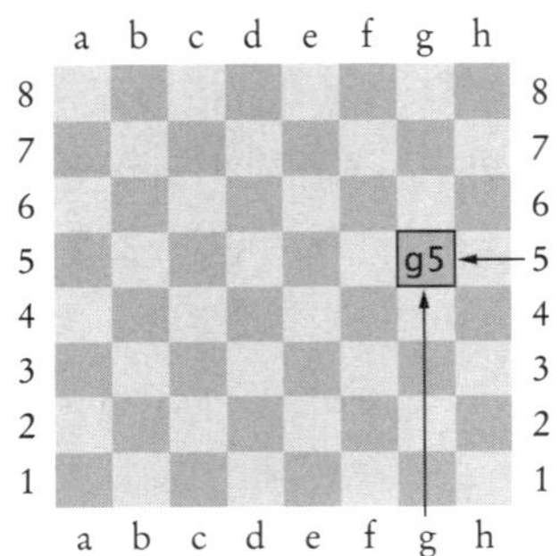

다음 수도코드는 주어진 문자와 숫자의 정사각형이 어두운지(흑색) 또는 밝은지(백색)를 판단하는 알고리듬을 기술한다.

```
If the letter is an a, c, e, or g
    If the number is odd
        color = "black"
    Else
        color = "white"
Else
    If the number is even
        color = "black"
    Else
        color = "white"
```

페이지의 프로그래밍 팁 3.6의 절차를 사용해서, 입력 g5로 이 수도코드를 추적하라.

R3.8 연습문제 R3.7의 알고리듬에 대해 모든 분기를 커버하는 네 개의 테스트 경우를 제시하라.

R3.9 스케줄 프로그램에서, 두 약속이 겹치는지를 검사하려고 한다. 단순화를 위해서, 약속은 정시에 시작하며, 군용 시각(0~23시)을 사용한다. 다음 수도코드는 시작 시각 **start1**과 종료 시각 **end1**인 약속과 시작 시각 **start2**와 종료 시각 **end2**인 약속이 겹치는지를 판단하는 알고리듬을 기술한다.

```
If start1 > start2
    s = start1
Else
    s = start2
If end1 < end2
    e = end1
Else
    e = end2
If s < e
    The appointments overlap.
Else
    The appointments don't overlap.
```

10에서 12까지의 약속과 11에서 13까지의 약속으로 이 알고리듬을 추적하고, 그 다음에는 10에서 11까지의 약속과 12에서 13까지의 약속으로 따라가보라.

R3.10 연습문제 R3.9의 알고리듬에 대한 흐름도를 그려라.

R3.11 연습문제 P3.12의 알고리듬에 대한 흐름도를 그려라.

R3.12 연습문제 P3.13의 알고리듬에 대한 흐름도를 그려라.

R3.13 연습문제 R3.9의 알고리듬을 위한 테스트 경우들을 만들라.

R3.14 연습문제 P3.13의 알고리듬을 위한 테스트 경우들을 만들라.

R3.15 사용자에게서 월과 일을 입력 받고, 다음 네 개의 휴일 중 하나에 해당하는지를 출력하는 프로그램을 위한 수도코드를 작성하라.

- New Year' s Day (January 1)
- Independence Day (July 4)
- Veterans Day (November 11)
- Christmas Day (December 25)

R3.16 다음 표에 따라서 퀴즈 성적을 매기는 프로그램을 위한 수도코드를 작성하라.

점수	성적
90-100	A
80-89	B
70-79	C
60-69	D
< 60	F

R3.17 C++의 문자열의 사전식 순서가 사전 또는 전화번호부의 단어 순서와 어떻게 다른지를 설명하라. **힌트:** `IBM`, `wiley.com`, `Century 21`, `While-U-Wait` 같은 문자열들을 사용.

R3.18 다음 문자열 쌍들에서, 사전식 순서로는 어느 것이 먼저 나오는가?

a. `"Tom", "Dick"`
b. `"Tom", "Tomato"`
c. `"church", "Churchill"`
d. `"car manufacturer", "carburetor"`
e. `"Harry", "hairy"`
f. `"C++", "Car"`
g. `"Tom", "Tom"`
h. `"Car", "Carl"`
i. `"car", "bar"`

R3.19 일련의 `else if` 구들과 내포된 `if` 문들 간의 차이를 설명하라. 각각에 대한 예를 제시하라.

R3.20 테스트 순서가 중요하지 않은 `else if` 구 시퀀스의 보기를 제시하라.

R3.21 3.3절의 조건이 >= 연산자 대신 < 연산자를 사용하도록 재작성하라.

R3.22 연습문제 P3.18의 세금 프로그램을 위한 테스트 경우들을 제공하라. 예상 결과를 손으로 계산하라.

R3.23 다음 표현을 사용해서, 대롱거리는 `else` 문제를 보여주는 C++ 코드 예를 만들라. GPA가 적어도 1.5(이상)이지만 2 미만인 학생은 관찰 대상이다. 1.5 아래인 학생은 낙제이다.

R3.24 부울 입력 p, q, r의 모든 조합에 대한 부울 표현식들의 진리 값들을 찾아내서 다음 진리표를 완성시켜라.

p	q	r	(p && q) || !r	!(p && (q || !r))
false	false	false		
false	false	true		
false	true	false		
...				
5 more combinations				
...				

R3.25 참 또는 거짓? *A* && *B*는 임의의 부울 조건 *A*와 *B*에 대해 *B* && *A*와 같다.

R3.26 많은 탐색 엔진의 "고급 탐색" 기능은 "(cats OR dogs) AND NOT pets" 같은 복잡한 질의에 대해 부울 연산자를 사용할 수 있게 해준다. 이 탐색 연산자들을 C++의 부울 연산자들과 비교하라.

R3.27 b의 값은 false이고, x의 값은 0이라고 하자. 다음 각 표현식의 값은?

a. `b && x == 0`
b. `b || x == 0`
c. `!b && x == 0`
d. `!b || x == 0`
e. `b && x != 0`
f. `b || x != 0`
g. `!b && x != 0`
h. `!b || x != 0`

R3.28 다음 표현을 단순화하라. 여기서 b는 bool 타입의 변수이다.

a. `b == true`
b. `b == false`
c. `b != true`
d. `b != false`

R3.29 다음 명령들을 단순화하라. 여기서 b는 bool 타입의 변수이며, n은 int 타입 변수이다.

a. `if (n == 0) { b = true; } else { b = false; }`
(힌트: n == 0의 값은?)
b. `if (n == 0) { b = false; } else { b = true; }`
c. `b = false; if (n > 1) { if (n < 2) { b = true; } }`
d. `if (n < 1) { b = true; } else { b = n > 2; }`

R3.30 다음 프로그램은 어디가 잘못 되었는가?

```
cout << "Enter the number of quarters: ";
cin >> quarters;
total = total + quarters * 0.25;
cout << "Total: " << total << endl;
if (cin.fail()) { cout << "Input error."; }
```

R3.31 C++ 입력 스트림이 입력을 한 번에 한 자씩 들여다보기 때문에, 수를 읽는 것은 매우 어렵다. 우선, 공백(white space)은 뛰어 넘는다. 그런 다음, 스트림은 수의 일부일 수 있는 입력 글자들을 소모한다. 일단 스트림이 수를 인식하고 나면, 수의 일부가 될 수 없는 글자를 발견하면 읽기를 중단한다. 그러나, 공백이 아닌 첫 글자가 숫자나 부호가 아니거나, 첫 글자가 부호이지만 두 번째 글자가 숫자가 아니면, 스트림은 실패한다.

정수를 읽는 프로그램을 고려하자.

```
cout << "Enter the number of quarters: ";
int quarters;
cin >> quarters;
```

다음의 사용자 입력 각각에 대해, 읽힌 글자 수와 스트림이 실패 상태인지 아닌지 여부를 밝혀라.

a. `15.9`
b. `15 9`
c. `+159`
d. `-15A9`
e. `Fifteen`
f. `-Fifteen`
g. `+ 15`
h. `1.5E3`
i. `+1+5`

프로그래밍 훈련

P3.1 온도 값과 섭씨의 C 또는 화씨의 F를 읽는 프로그램을 작성하라. 해수면 높이일 때, 주어진 온도에서 물이 액체, 고체, 또는 기체인지를 출력하라.

P3.2 물의 비등점은 고도가 300m(또는 1,000피트) 높아질 때마다 섭씨 1도씩 내려간다. P3.1의 프로그램을 사용자가 고도를 미터 또는 피트 단위로 제공할 수 있게 개선하라.

P3.3 세 개의 부동 소수점 수를 입력 받아서 그 중 가장 큰 값을 출력하는 프로그램을 작성하라. 예:

```
Please enter three numbers: 4 9 2.5
The largest number is 9.
```

P3.4 세 개의 문자열을 입력 받고 사전식 순서로 정렬하는 프로그램을 작성하라.

```
Enter three strings: Charlie Able Baker
Able
Baker
Charlie
```

P3.5 정수를 입력 받고, 그 수가 ≥ 10, ≥ 100 등인지를 검사해서 자릿수를 출력하는 프로그램을 작성하라(모든 정수가 백억보다 작다고 가정한다). 만일 음수이면 우선 −1을 곱하라.

P3.6 세 개의 숫자를 입력 받고, 그들이 모두 같으면 "`all the same`", 모두 다르면 "`all different`", 그 외이면 "`neither`"를 출력하는 프로그램을 작성하라.

P3.7 세 개의 숫자를 입력받고, 그들이 오름차순이면 "`increasing`", 내림차순이면 "`decreasing`", 그 외이면 "`neither`"를 출력하는 프로그램을 작성하라. 여기서 "`increasing`"은 지금 값이 앞의 값 보다 큰 "`strictly increasing`"을 의미한다. 3 4 4 시퀀스는 increasing으로 간주되지 않는다.

P3.8 P3.7을 반복하되, 수들을 입력 받기 전에, 사용자에게 increasing/decreasing이 "strict(엄밀)"한지 또는 "lenient(관대)"한지를 물어보아라. 관대한 모드에서는 시퀀스 3 4 4가 increasing이며, 시퀀스 4 4 4는 increasing이기도 하고 decreasing이기도 하다.

P3.9 문자 성적을 숫자 성적으로 바꾸는 프로그램을 작성하라. 문자 성적은 A, B, C, D, F이며 +나 –를 뒤에 붙여도 된다. 이들의 숫자 값은 4, 3, 2, 1, 0이다. F+나 F–는 없다. +는 수 값을 0.3만큼 증가시키며, –는 그만큼 감소시킨다. 그러나 A+의 값은 4.0이다.

```
Enter a letter grade: B-
The numeric value is 2.7.
```

P3.10 0과 4 사이의 수를 최근접 문자 성적으로 바꾸는 프로그램을 작성하라. 예를 들면, 수 2.8(몇 가지 성적의 평균일 수 있다)은 B–로 바뀐다. 두 문자 성적의 중간이면 더 나은 성적을 부여한다; 예를 들어 2.85는 B가 된다.

P3.11 다음 약칭 표기법으로 카드를 묘사하는 사용자 입력을 받는 프로그램을 작성하라.

`A`	Ace
`2 ... 10`	Card 값
`J`	Jack
`Q`	Queen
`K`	King
`D`	Diamond
`H`	Heart
`S`	Spade
`C`	Club

프로그램은 카드를 자세히 묘사해서 출력해야 한다. 예:

```
Enter the card notation: QS
Queen of Spades
```

P3.12 각각이 시(0~23 범위의 군대 시)와 분으로 주어진 두 시점을 비교할 때, 다음 수도코드는 어느 것이 앞서는지를 판단한다.

```
If hour1 < hour2
    time1 comes first.
Else if hour1 and hour2 are the same
    If minute1 < minute2
        time1 comes first.
    Else if minute1 and minute2 are the same
        time1 and time2 are the same.
    Else
        time2 comes first.
Else
    time2 comes first.
```

사용자에게 두 시점을 입력하게 하고, 빠른 시각과 나중 시각을 순서대로 출력하는 프로그램을 작성하라.

P3.13 다음 알고리듬은 주어진 월, 일에 대해 계절(봄, 여름, 가을, 겨울)을 산출한다.

```
If month is 1, 2, or 3, season = "Winter"
Else if month is 4, 5, or 6, season = "Spring"
Else if month is 7, 8, or 9, season = "Summer"
Else if month is 10, 11, or 12, season = "Fall"
If month is divisible by 3 and day >= 21
    If season is "Winter", season = "Spring"
    Else if season is "Spring", season = "Summer"
    Else if season is "Summer", season = "Fall"
    Else season = "Winter"
```

사용자가 월과 일을 입력하게 하고, 이 알고리듬에 의해 계산되는 계절을 출력하는 프로그램을 작성하라.

P3.14 두 개의 부동 소수점 수를 입력 받고, 그들이 두 소수 자리까지 같은지를 검사하는 프로그램을 작성하라. 다음은 두 샘플 실행의 결과이다.

```
Enter two floating-point numbers: 2.0 1.99998
They are the same up to two decimal places.
Enter two floating-point numbers: 2.0 1.98999
They are different.
```

P3.15 은행 거래(transaction)를 시뮬레이션하는 프로그램을 작성하라. 두 개의 은행 계좌가 있다: 당좌예금(checking(수표를 사용하는 계좌))과 저축예금(savings). 우선, 은행 계좌의 초기 잔고를 물어보고, 마이너스 잔고는 거부한다. 그 다음, 거래를 물어본다. 옵션은 입금(deposit), 인출(withdrawal), 이체(transfer)이다. 그 다음, 계좌를 물어본다. 옵션은 당좌예금과 저축예금이다. 그 다음, 금액을 물어본다. 잔고를 초과하는 인출은 거절한다. 끝으로, 두 계좌의 잔고(balance)를 출력한다.

P3.16 직원의 이름과 임금을 읽어 들이는 프로그램을 작성하라. 여기서 임금은 $9.25 같은 시급을 나타낸다. 그 다음, 지난 주에 직원이 몇 시간 일했는지 질문하라. 초과 근무(주 당 40시간 초과)는 기본급의 150%를 지급 받는다. 급여를 계산하고, 직원의 급료를 출력하라.

P3.17 사용자로부터 생일의 월과 일을 입력 받아서, 별점을 출력하는 프로그램을 작성하라. 프로그래머들을 위한 점을 다음과 같이 만들라.

```
Please enter your birthday (month and day): 6 16
Gemini are experts at figuring out the behavior of complicated programs.
You feel where bugs are coming from and then stay one step ahead. Tonight,
your style wins approval from a tough critic.
```

각 점은 별자리의 이름을 포함해야 한다(각 별자리 이름과 날짜 범위는 인터넷상의 수없이 많은 사이트에서 찾아낼 수 있을 것이다).

P3.18 다음 소득세율표에 따라 세금을 계산하는 프로그램을 작성하라.

만일 독신이고 과세 소득이 아래 금액을 초과하되	아래 금액을 넘지 않으면	아래 금액 초과분에 대해	세금은
$0	$8,000	$0	10%
$8,000	$32,000	$8,000	$800 + 15%
$32,000		$32,000	$4,400 + 25%
만일 기혼이고 과세 소득이 아래 금액을 초과하되	**아래 금액을 넘지 않으면**	**아래 금액 초과분에 대해**	**세금은**
$0	$16,000	$0	10%
$16,000	$64,000	$16,000	$1,600 + 15%
$64,000		$64,000	$8,800 + 25%

P3.19 1913년의 원래 U.S. 소득세는 아주 간단했다.

- 처음 $50,000까지는 1%.
- $50,000 넘어 $70,000까지는 2%.
- $70,000 넘어 $100,000까지는 3%.
- $100,000 넘어 $250,000까지는 4%.
- $250,000 넘어 $500,000까지는 5%.
- $500,000 넘으면 6%.

독신 또는 기혼 납세자들에 대한 별도 소득세율표가 존재하지 않았다. 이 소득세율표에 따라 소득세를 계산하는 프로그램을 작성하라.

P3.20 `tax.cpp` 프로그램은 2008 U.S. 소득 세율표의 단순화된 버전을 사용한다. 미혼과 기혼 모두에 대해 금년도 과세 등급 및 세율을 찾아보고, 실제 소득세를 계산하는 프로그램을 구현하라.

P3.21 단위 환산. 사용자에게 어떤 단위(fl. oz, gal, oz, lb, in, ft, mi)를 어떤 단위(ml, l, g, kg, mm, cm, m, km)로 환산하기를 원하는지 물어보는 단위 환산 프로그램을 작성하라. 호환성이 없는 환산(예: gal → km)은 거부하라. 환산할 값을 묻고, 결과를 출력하라.

```
Convert from? gal
Convert to? ml
Value? 2.5
2.5 gal = 9462.5 ml
```

P3.22 알파벳 중 하나를 사용자에게서 받는 프로그램을 작성하라. 사용자 입력에 따라 `Vowel` 또는 `Consonant`를 출력하라. 사용자 입력이 문자(`a~z` 또는 `A~Z`)가 아니거나, 문자열의 길이 > 1이면, 오류 메시지를 출력하라.

P3.23 로마 수. 양의 정수를 로마 수 체계로 바꾸는 프로그램을 작성하라. 로마 수 체계의 숫자들은 다음과 같다.

I	1
V	5
X	10
L	50
C	100
D	500
M	1,000

다음 규칙에 의해 수가 만들어진다. (1) 3,999까지의 수만 표현된다. (2) 십진 체계에서와 같이, 천, 백, 십, 일 자리가 분리 표현된다. (3) 1~9의 수는 다음으로 표현된다.

I	1
II	2
III	3
IV	4
V	5
VI	6
VII	7
VIII	8
IX	9

보다시피, V나 X 앞의 I은 그 값에서 뺄셈되며, 연속해서 네 개 이상의 I을 사용할 수 없다. (4) 십과 백 자리는 글자 I, V, X 대신에 각각 X, L, C와 C, D, M이 사용되는 것 외에는 똑같이 표현된다.

프로그램은 입력(예: 1978)을 받아서 로마 수(예: MCMLXXVIII)로 환산해야 한다.

P3.24 사용자에게 월을 입력(1월은 1, 2월은 2…)하게 하고, 그 달의 날짜 수를 출력하는 프로그램을 작성하라. 2월에 대해서는 "28 or 29 days"를 출력하라.

```
Enter a month: 5
30 days
```

각 달에 대해 분리된 `if/else` 분기를 사용하지 말고 부울 연산자를 사용하라.

P3.25 366일이 있는 해를 윤년이라고 부른다. 4로 나뉘어지되(예: 1980), 100으로 나뉘지(예: 1900) 않으면 윤년이다. 그렇지만, 400으로 나뉘어지는 해(예: 2000)는 윤년이다. 1582년 10월 15일에 그레고리력이 나오기 전에는 예외가 없었다(예: 1500은 윤년이었다). 사용자에게 연도를 묻고 그 해가 윤년인지를 계산하는 프로그램을 작성하라.

P3.26 연습문제 P3.2에 오류 처리를 추가하라. 숫자를 입력해야 할 때 사용자가 다른 걸 입력하거나, 고도에 무효한 단위를 공급하면, 오류 메시지를 출력하고 프로그램을 종료하게 하라.

엔지니어링 P3.27 파장 값을 사용자에게서 받고 해당 전자기 스펙트럼 부분의 명칭(표 3.7 참고)을 출력하는 프로그램을 작성하라.

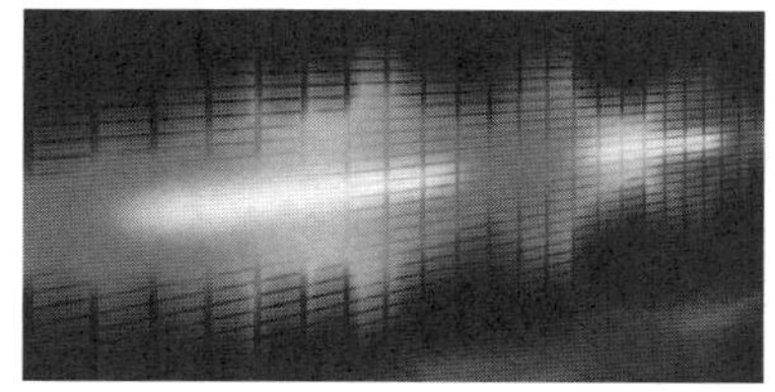

표 3.7 전자기 스펙트럼

명칭	파장(m)	주파수(Hz)
라디오 파	$> 10^{-1}$	$< 3 \times 10^{9}$
마이크로웨이브	$10^{-3} \sim 10^{-1}$	$3 \times 10^{9} \sim 3 \times 10^{11}$
적외선	$7 \times 10^{-7} \sim 10^{-3}$	$3 \times 10^{11} \sim 4 \times 10^{14}$
가시 광선	$4 \times 10^{-7} \sim 7 \times 10^{-7}$	$4 \times 10^{14} \sim 7.5 \times 10^{14}$
자외선	$10^{-8} \sim 4 \times 10^{-7}$	$7.5 \times 10^{14} \sim 3 \times 10^{16}$
X-선	$10^{-11} \sim 10^{-8}$	$3 \times 10^{16} \sim 3 \times 10^{19}$
감마선	$< 10^{-11}$	$> 3 \times 10^{19}$

엔지니어링 P3.28 주파수를 입력 받도록 프로그램을 수정해서 연습문제 P3.27을 반복하라.

엔지니어링 P3.29 먼저 사용자에게 입력이 파장인지 주파수인지를 묻도록 프로그램을 수정해서 연습문제 P3.27을 반복하라.

엔지니어링 P3.30 미니밴에 슬라이딩 도어가 두 개 있다. 각 도어는 대시보드 스위치, 도어의 내부 핸들, 도어의 외부 핸들 중 하나로 열릴 수 있다. 그러나, 유아 잠금(lock) 스위치가 작동 중이면 내부 핸들은 동작하지 않는다. 슬라이딩 도어가 열리려면, 기어 시프트가 주차(park) 위치에 있어야 하며, 마스터 풀림(unlock) 스위치가 작동된 상태이어야 한다(이 책의 저자는 바로 이런 차의 참을성 있는 오너이다).

내가 할 일은 이 차량의 제어 소프트웨어의 일부를 시뮬레이션하는 것이다. 입력은 다음 순서의 스위치들과 기어 시프트의 값 시퀀스이다.

- 좌/우 슬라이딩 도어, 유아 잠금, 마스터 풀림 대시보드 스위치들(0은 off, 1은 작동)
- 좌/우 슬라이딩 도어의 내부/외부 핸들(0 또는 1)
- 기어 시프트 설정(P N D 1 2 3 R 중 하나)

전형적인 입력 중 하나는 `0 0 0 1 0 1 0 0 P`이다.

상황에 맞추어 "left door opens" 그리고/또는 "right door opens"를 출력하라. 만일 열리는 도어가 없으면 "both doors stay closed"를 출력하라.

엔지니어링 P3.31 dB(데시벨) 단위의 소리 레벨 L은 다음 식으로 계산된다.

$$L = 20 \log_{10}(p/p_0)$$

여기서 p는 소리의 압력[단위는 Pa(Pascal, 파스칼)], p_0는 20×10^{-6} Pa인 기준 소리 압력(여기서 L은 0 dB)이다. 다음 표는 특정 소리 레벨들에 관한 묘사를 제공한다.

한계 고통	130 dB
청각 손상 가능	120 dB
1 m에서의 잭 해머	100 dB
10 m에서의 혼잡한 도로 교통	90 dB
일반적 대화	60 dB
조용한 도서관	30 dB
가벼운 잎사귀의 바스락거림	0 db

값과 단위를 dB나 Pa로 읽고, 위의 목록으로부터 가장 가까운 묘사를 출력하는 프로그램을 작성하라.

엔지니어링 P3.32 아래의 전기 회로는 방의 기체 온도를 측정하기 위해 설계되었다.

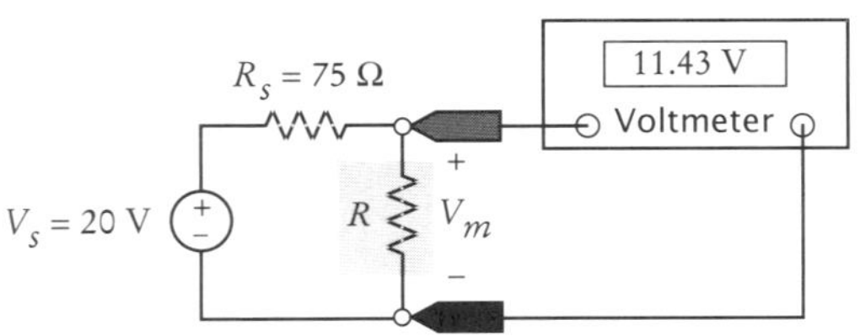

저항 R은 방의 온도 센서를 나타낸다. Ω 단위의 저항 R는 °C 단위의 온도 T와 다음 식에 의해 관련된다.

$$R = R_0 + kT$$

이 장치에서 $R_0 = 100\ \Omega$ 그리고 $k = 0.5$라고 가정한다. 볼트미터는 센서에 걸린 전압 V_m의 값을 표시한다. 이 전압 V_m은 다음 식에 의해 기체의 온도 T를 나타낸다.

$$T = \frac{R}{k} - \frac{R_0}{k} = \frac{R_s}{k}\frac{V_m}{V_s - V_m} - \frac{R_0}{k}$$

볼트미터 전압이 범위 $V_{min} = 12$볼트 $\le V_m \le V_{max} = 18$볼트로 한정된다고 하자. V_m의 값을 입력 받아서 12~18 사이인지를 확인하는 프로그램을 작성하라. 프로그램은 V_m이 12~18 사이일 때 기체 온도를 섭씨로 반환하고, 그렇지 않을 때는 오류 메시지를 반환해야 한다.

엔지니어링 P3.33 서리로 인한 작물 피해는 농부들이 당면하는 여러 위험 요소 중 하나이다. 아래 그림은 서리를 경보하도록 설계된 간단한 경보 회로를 보여준다. 이 경보 회로는 서미스터라고 불리는 장치를 사용해서 온도가 빙점 이하로 떨어질 때 버저 소리를 낸다. 서미스터는 다음 식에 의해 표현되는 온도 종속적 저항 특성을 갖는 반도체 부품이다.

$$R = R_0 e^{\beta\left(\frac{1}{T} - \frac{1}{T_0}\right)}$$

여기서 R은 °K 단위의 온도 T에서의 Ω 단위의 저항이고, R_0는 °K 단위의 온도 T_0에서의 Ω 단위의 저항이다. β는 서미스터 제조에 사용되는 물질에 따른 상수이다.

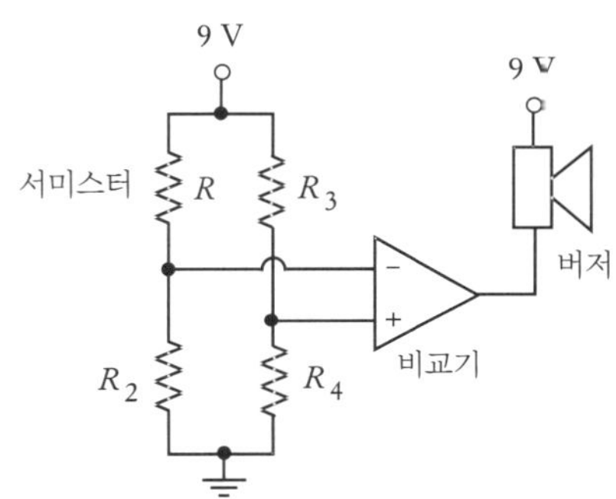

이 회로는

$$\frac{R_2}{R + R_2} < \frac{R_4}{R_3 + R_4}$$

일 때 경보를 내도록 설계되어 있다.

이 경보 회로에 사용된 서미스터는 $T_0 = 40$°C에서 $R_0 = 33{,}192\ \Omega$이며, $\beta = 3{,}310$ °K이다 (β의 단위가 °K임을 주목한다. °K 단위 온도는 °C 단위 온도에 273°를 더해서 얻어짐을 기억하라). 저항 R_2, R_3, R_4는 156.3 kΩ = 156,300 Ω이다.

사용자에게서 °F 단위 온도를 입력 받고, 그 온도에서 경보가 울릴지 여부를 나타내는 메시지를 출력하는 프로그램을 작성하라.

엔지니어링 P3.34 $m = 2$ kg의 질량이 길이 $r = 3$ m인 줄의 끝에 달려 있다. 이 질량이 고속으로 빙빙 돌아간다. 이 줄은 최대 $T = 60$ Newton의 장력을 견딜 수 있다. 회전 속도를 입력 받고, 그 속도가 줄을 끊어지게 할 것인지를 판단하는 프로그램을 작성하라. **힌트:** $T = mv^2/r$.

엔지니어링 P3.35 질량 m이 $r = 3$ m인 줄의 끝에 달려 있다. 이 줄은 1, 10, 20, 40 m/s의 속도로만 돌려질 수 있다. 이 줄은 최대 $T = 60$ Newton의 장력을 견딜 수 있다. 사용자가 질량 m의 값을 입력하면, 줄이 끊어지지 않고 돌릴 수 있는 최대 속도를 계산하는 프로그램을 작성하라. **힌트:** $T = mv^2/r$.

엔지니어링 P3.36 보통 사람은 지구를 이탈한다는 공포를 느끼지 않고 7 mph의 속도로 지면으로부터 점프할 수 있다. 그러나, 우주 비행사가 핼리 혜성에 서서 이 속도로 점프한다면, 다시 내려올까? 사용자가 핼리 혜성 표면으로부터의 점프 속도(mph 단위)를 입력하고, 뛰는 사람이 표면으로 다시 돌아올지 여부를 계산할 수 있는 프로그램을 만들라. 만일 돌아오지 못한다면, 프로그램은 뛰는 사람이 표면으로 돌아오게 하기 위해서는 혜성의 질량이 얼마나 더 커야 하는지를 계산해야 한다.

힌트: 탈출 속도는 $v_{\text{escape}} = \sqrt{2\frac{GM}{R}}$ 이며, 여기서 $G = 6.67 \times 10^{-11} N\,m^2/kg^2$은 중력 상수, $M = 1.3 \times 10^{22}\ kg$은 핼리 혜성의 질량, $R = 1.153 \times 10^6\ m$는 혜성의 반경이다.

자체 검사 질문에 대한 답

1. if 문을 다음과 같이 바꾼다.

```
if (floor > 14)
{
   actual_floor = floor - 2;
}
```

2. 85. 90. 85.
3. 유일한 차이는 `original_price`가 100일 때이다. 자체 검사 2의 명령문은 `discounted_price`를 90으로 설정하나, 이것은 80으로 설정한다.
4. 95. 100. 95.
5.

```
if (fuel_amount < 0.10 * fuel_capacity)
{
   cout << "red" << endl;
}
else
{
   cout << "green" << endl;
}
```

6. (a)와 (b)가 참. (c)는 거짓.
7. `floor <= 13`
8. 값 비교에는 `=`이 아니라 `==`를 사용해야 한다.
9. `input == "Y"`
10. `str != " "` 또는 `str.length() > 0`

11.
```
if (score_a > score_b)
{
   cout << "A won";
}
else if (score_a < score_b)
{
   cout << "B won";
}
else
{
   cout << "Game tied";
}
```

12.
```
if (x > 0)
{
   s = 1;
}
else if (x < 0)
{
   s = -1;
}
else
{
   s = 0;
}
```

13. 우선 s를 세 값 중 하나로 설정할 수 있을 것이다.

```
s = 0;
if (x > 0) { s = 1; }
else if (x < 0) { s = -1; }
```

14. `if (price <= 100)`를 생략하면, `else` 분기가 유일한 대안임이 더 분명해진다.

15. No destruction of buildings

16. 마지막 `else` 앞에 분기를 추가한다:

```
else if (richter < 0) { cout << "Error: Negative input" << endl; }
```

17. $3,200

18. 아니다. 그러면 계산은 0.10 × 32000 + 0.25 (32000 – 32000)이 된다.

19. 아니다. 그들의 세금은 각각 $5,200이며, 그들이 결혼한다면 $10,400을 내야 한다. 실질적으로, 높은 과세 등급의 납세자들(우리 프로그램이 모델링하지 않은)은 결혼하면 더 높은 세금을 내며, 이는 **결혼 페널티**(맞벌이 부부에 불리한 세제)로 알려져 있는 현상이다.

20. 36번 줄의 `else`를 `else if (marital_status == "m")`로 바꾸고, 47번 줄 다음에 분기를 추가한다.

```
else { cout << "Error: marital status should be s or m." << endl; }
```

21. 더 높은 세율은 더 높은 과세 등급에 적용된다. 당신이 독신이고 $31,900을 번다고 하자. $200 급여 인상을 받으려 노력해야 하는가? 물론이다. 처음 $100의 90%, 그 다음 $100의 75%를 갖게 된다.

22. 

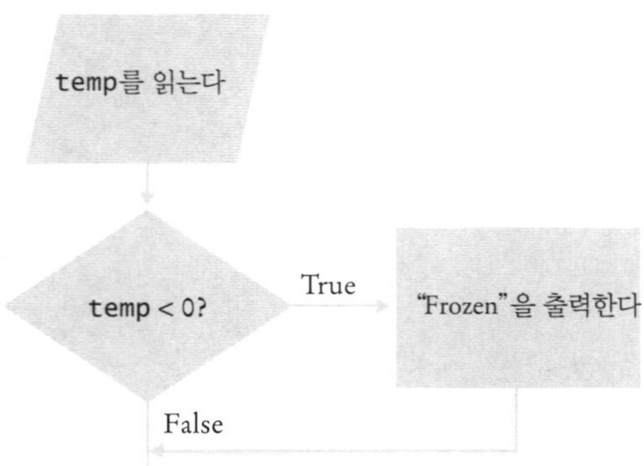

23. 첫 판단으로부터의 "참" 화살표가 두 번째 판단의 "참" 분기로 들어가고 있어서 스파게티 코드를 만들고 있다.

24. 다음은 한 솔루션이다. 3.7절에서 더 품격 있는 솔루션을 얻기 위해 조건들을 결합하는 방법을 배울 것이다.

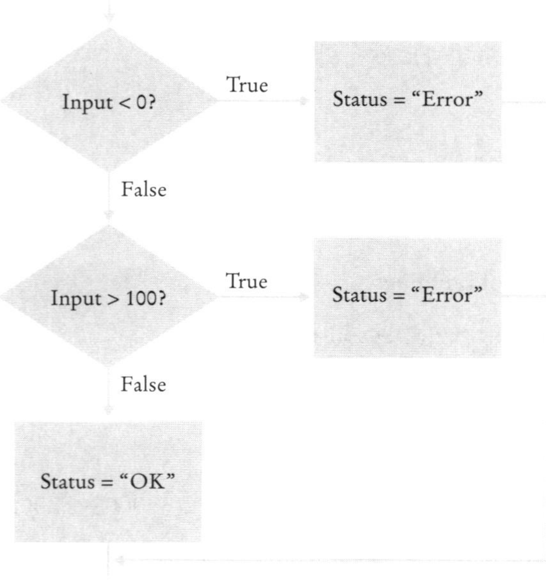

25.

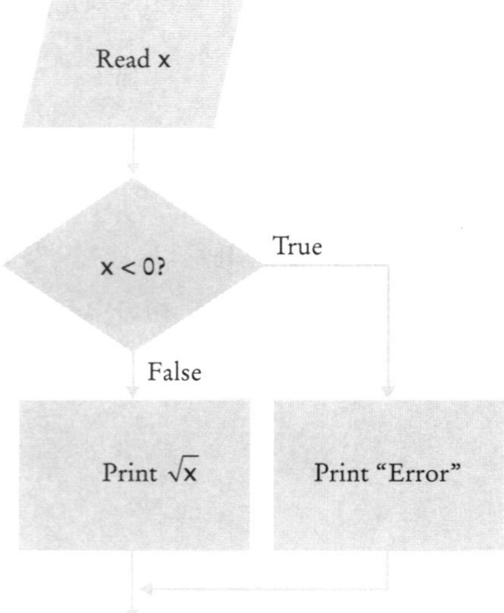

26.

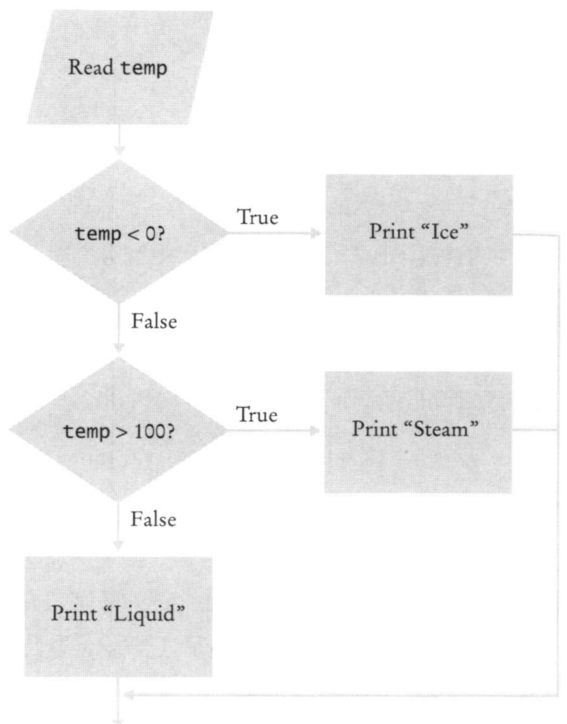

27.

테스트 케이스	예상 출력	주석
12	12	13층보다 아래
14	13	13층보다 위
13	?	규격이 분명치 않다-이 프로그램의 오류 처리가 있는 버전은 3.8절을 보라.

28. 경계 테스트 케이스는 가격이 $128이다. 가격이 적어도 $128이면 더 큰 할인이 적용된다고 문제에서 기술하고 있으므로, 16% 할인이 적용되어야 한다. 따라서 예상 출력은 $107.52이다.

29.

테스트 케이스	예상 출력	주석
9	대부분의 구조물이 무너진다	
7.5	많은 빌딩들이 파괴된다	
6.5	많은 빌딩들이 상당히 파괴된다	
5	엉성하게 설계된 빌딩들이 손상된다	
3	파괴 발생 없음	
8.0	대부분의 구조물이 무너진다	경계 케이스. 이 프로그램에서는 지진 작용이 점진적으로 변하기 때문에, 경계 케이스들이 덜 중요하다.
-1		규격이 분경하지 않다—이 프로그램의 오류 핸들링을 갖춘 버전은 자체 검사 16을 보라.

30.

테스트 케이스	예상 출력	주석
(0.5, 0.5)	내부	
(4, 2)	외부	
(0, 2)	경계상	정확하게 경계상에 있는
(1.414, 1.414)	경계상	경계에 가까운
(0, 1.9)	내부	경계로부터 1mm 미만이 아닌
(0, 2.1)	외부	경계로부터 1mm 미만이 아닌

31. `x == 0 && y == 0`

32. `x == 0 || y == 0`

33. `(x == 0 && y != 0) || (y == 0 && x != 0)`

34. frozen의 값과 같다.

35. 다른 값이 존재하지 않음이 보장된다. 문자열이나 정수를 사용하면, "maybe" 또는 −1 같은 값이 계산에 들어가지 않는다는 것을 검사할 필요가 있을 것이다.

36. (a) 오류: floor는 1과 20 사이이어야 한다. (b) 오류: floor는 1과 20 사이이어야 한다. (c) 승강기는 실제로는 19층으로 이동할 것이다. (d) 오류: 정수가 아니다.

37. `cin.fail() || floor == 13 || floor <= 0 || floor > 20`

38. oh my 같은 입력을 넣지 않도록 cin.fail()로 검사한다. 쥐의 무게는 양수이므로 weight <= 0으로 검사한다. 거대 쥐가 얼마나 큰지는 모르지만, 뉴기니 쥐는 2 kg을 넘지 않는다. 보통 곰쥐(house rat, 또는 rattus rattus)는 0.2 kg까지 나가므로, 무게 > 10 kg이면 분명히 입력 오류이었을 것이며, 아마도 그램과 킬로그램을 혼동했을 것이다. 따라서, 보충할 검사는

```
if (cin.fail())
{
   cout << "Error: Not a number" << endl;
   return 1;
}

if (weight < 0)
{
   cout << "Error: Weight cannot be negative." << endl;
   return 1;
}

if (weight > 10)
{
   cout << "Error: Weight > 10 kg." << endl;
   return 1;
}
```

39. 첫 입력은 실패한다. m의 값은 바뀌지 않는다. 이전 입력이 실패했으므로, 다음 입력은 키 입력을 더 받으려고 조차 않는다. 그 역시 실패하고, n이 바뀌지 않는다. 프로그램은 1 2를 출력한다.

CHAPTER 04 루프

Loops

목표

while, for, do 루프를 구현하기
무한 루프와 off-by-one 오류를 피하기
내포 루프를 이해하기
데이타 집합을 읽고 처리하는 프로그램을 구현하기
시뮬레이션에 컴퓨터를 이용하기

내용

루프에서는 특정 목표가 도달될 때까지 프로그램의 일부가 거듭 반복된다. 루프는 반복되는 단계들이 필요한 계산과 여러 데이타 항목으로 구성된 입력을 처리할 때 중요하다. 이 장에서는 C++의 루프 명령문과 입력을 처리하고 실세계 활동을 시뮬레이션하는 프로그램을 작성하는 기법을 배운다.

4.1 while 루프

이 절에서는 어떤 목표에 도달할 때까지 명령문들을 반복적으로 실행하는 방법을 배운다.

1장의 투자 문제를 다시 기억해보자. 연 5% 이자가 붙는 은행 계좌에 $10,000을 저금한다. 은행 잔고가 투자금의 두 배가 되려면 몇 년이 걸리는가?

붙은 이자에 이자가 또 붙으므로, 은행 잔고는 지수적으로 증가한다.

1장에서 이 문제를 위해 다음 알고리듬을 개발했다:

Start with a year value of 0, a column for the interest, and a balance of $10,000.

year	interest	balance
0		$10,000

Repeat the following steps while the balance is less than $20,000
  Add 1 to the year value.
  Compute the interest as balance x 0.05 (i.e., 5 percent interest).
  Add the interest to the balance.
Report the final year value as the answer.

루프는 어떤 조건이 참인 한, 코드 블록을 반복해서 실행한다.

우리는 C++에서 변수를 정의하고 갱신하는 방법을 이제는 알고 있다. 아직 모르는 것은 "Repeat steps while the balance is less than $20,000"를 수행하는 방법이다.

C++에서 `while` 문이 그런 반복을 구현한다(문법 4.1 참고). 코드

입자 가속기에서 원자 구성 입자는 루프-모양 터널을 여러 번 횡단하면서, 물리 실험에 필요한 속도를 얻는다. 마찬가지로, 컴퓨터 과학에서는 루프의 명령문들이 어떤 조건이 참인 한 실행된다.

문법 4.1 while 문

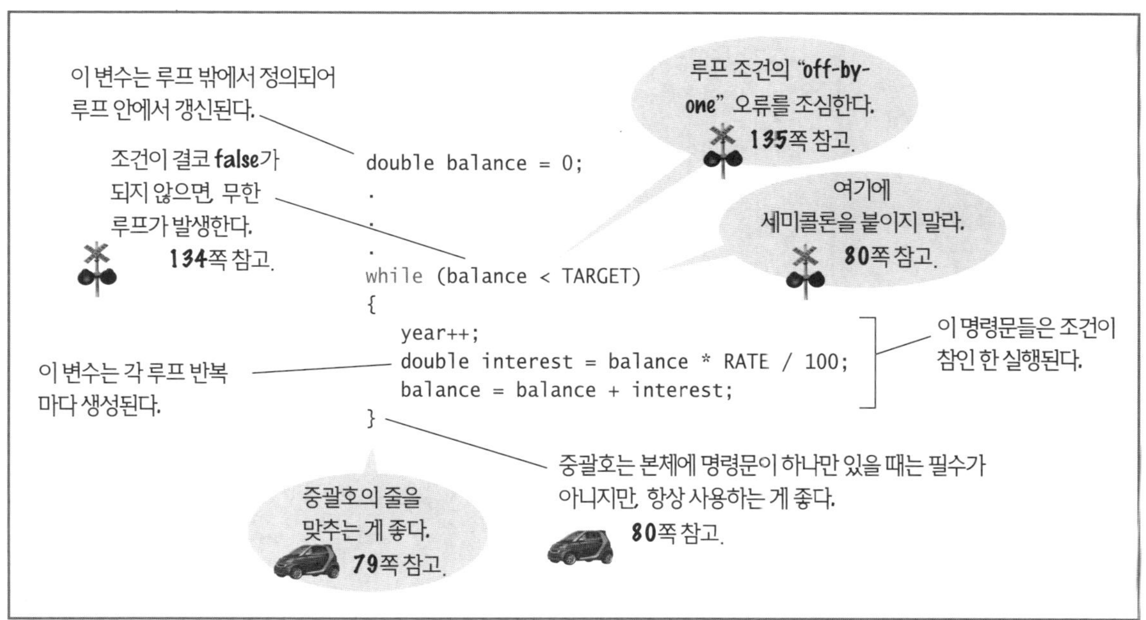


```
while (condition)
{
   statements
}
```

는 조건이 참인 한 명령문들을 계속 실행한다. 우리의 경우에 연도 카운터를 증가시키고, 잔고가 목표 잔고인 $20,000 보다 작은 한 이자를 추가하고자 한다:

```
while (balance < TARGET)
{
   year++;
   double interest = balance * RATE / 100;
   balance = balance + interest;
}
```

balance < TARGET?
False
True
Increment year
Add interest to balance

그림 4.1 while 루프의 흐름도

while 문은 **루프**의 한 예이다. 흐름도를 그리면, 실행의 흐름이 조건이 테스트된 곳으로 다시 돌아온다(그림 4.1 참고).

루프 본체 안에 변수를 정의할 때, 그 변수는 루프의 각 반복마다 생성되고, 각 반복의 끝에서 제거된다. 예를 들어, 이 루프의 interest 변수를 고려하자.

```
while (balance < TARGET)
{
   year++;
   double interest = balance * RATE / 100;
   balance = balance + interest;
} // 여기서는 interest가 더 이상 정의되어 있지 않다.
```

새로운 interest 변수가 각 반복에서 생성된다.

그와 반대로, balance와 years 변수들은 루프 본체의 바깥에서 정의되었다. 그렇게 함으로써 같은 변수가 루프의 모든 반복에 대해 사용된다.

다음은 투자 문제를 푸는 프로그램이다. 그림 4.2가 프로그램의 실행을 보여준다.

그림 4.2
doublinv 루프의 실행

① 루프 조건을 검사한다.

조건이 참이다.

balance = 10000

year = 0

```
while (balance < TARGET)
{
   year++;
   double interest = balance * RATE / 100;
   balance = balance + interest;
}
```

② 루프 안의 명령들을 실행한다.

balance = 10500

year = 1

interest = 500

```
while (balance < TARGET)
{
   year++;
   double interest = balance * RATE / 100;
   balance = balance + interest;
}
```

③ 루프 조건을 다시 검사한다.

조건이 아직도 참이다.

balance = 10500

year = 1

```
while (balance < TARGET)
{
   year++;
   double interest = balance * RATE / 100;
   balance = balance + interest;
}
```

⋮

④ 15회 반복 후

조건이 더이상 참이 아니다.

balance = 20789.28

year = 15

```
while (balance < TARGET)
{
   year++;
   double interest = balance * RATE / 100;
   balance = balance + interest;
}
```

⑤ 루프 다음의 명령을 실행한다.

balance = 20789.28

year = 15

```
while (balance < TARGET)
{
   year++;
   double interest = balance * RATE / 100;
   balance = balance + interest;
}
cout << year << endl;
```

ch04/doublinv.cpp

```
#include <iostream>

using namespace std;

int main()
{
   const double RATE = 5;
   const double INITIAL_BALANCE = 10000;
   const double TARGET = 2 * INITIAL_BALANCE;

   double balance = INITIAL_BALANCE;
   int year = 0;

   while (balance < TARGET)
   {
      year++;
      double interest = balance * RATE / 100;
      balance = balance + interest;
   }
```

```
   cout << "The investment doubled after "
      << year << " years." << endl;

   return 0;
}
```

실행 결과

```
The investment doubled after 15 years.
```

1. 투자액이 세 배가 되려면 몇 년 걸리는가? 프로그램을 수정해서 돌려 보라.
2. 이율이 연 10%라면, 투자액이 두 배가 되는데 몇 년 걸리는가? 프로그램을 수정해서 돌려 보라.
3. 매해 잔고가 출력되도록 프로그램을 수정하라. 어떻게 했는가?
4. `while` 루프의 조건이

   ```
   while (balance <= TARGET)
   ```

   가 되도록 프로그램을 바꿨다고 하자. 프로그램에 어떤 영향을 주는가? 그 이유는?
5. 다음 루프의 출력은?

   ```
   int n = 1;
   while (n < 100)
   {
      n = 2 * n;
      cout << n << " ";
   }
   ```

Practice It 이제 다음 연습문제들에 대해 답할 수 있다: R4.3, P4.11, P4.16.

표 4.1 while 루프 예

루프	출력	설명

`i = 5;`
`while (i > 0)`
`{`
`   cout << i << " ";`
`   i--;`
`}`
	5 4 3 2 1	i가 0일 때, 루프 조건이 false이며, 루프가 끝난다.

`i = 5;`
`while (i > 0)`
`{`
`   cout << i << " ";`
`   i++;`
`}`
	5 6 7 8 9 10 11	i++ 문은 "무한 루프"를 야기하는 오류이다(134쪽 오류 4.1 참고).

`i = 5;`
`while (i > 5)`
`{`
`   cout << i << " ";`
`   i--;`
`}`
	(출력 없음)	i > 5는 false이며, 루프는 전혀 실행되지 않는다.

(계속)

표 4.1 while 루프 예 (계속)

루프	출력	설명

`i = 5;`
`while (i < 0)`
`{`
`   cout << i << " ";`
`   i--;`
`}`
	(출력 없음)	아마 프로그래머가 "i가 0 보다 작으면 중지"할 것으로 생각했나 보다. 그런데, 루프 조건은 루프가 끝날 때가 아니라 실행될 때를 제어한다(135쪽 빈번한 오류 4.2 참고)

`i = 5;`
`while (i > 0) ;`
`{`
`   cout << i << " ";`
`   i--;`
`}`
	(출력이 없으며, 프로그램은 종료되지 않음)	앞의 세미콜론에 주목한다. 이 루프의 본체가 비어 있다. 이 루프는 `i > 0` 인지를 검사하고, 본체에서 아무것도 하지 않으면서 영원히 돈다.

빈번한 오류 4.1 **무한 루프**

아주 성가신 루프 오류가 **무한 루프**, 즉, 영원히 돌며, 프로그램을 죽이거나 컴퓨터를 재시작해야만 정지될 수 있는 루프이다. 프로그램에 출력 명령이 있다면, 스크린에는 줄이 바뀌어가며 출력이 휘휙 지나갈 것이다. 아니면, 프로그램이 아무것도 안 하며 그냥 거기에 그대로 머물러 있는 것처럼 보인다. 어떤 시스템에서는 걸려 있는(hanging) 프로그램을 Ctrl + C를 눌러서 종료시킬 수 있다. 또 다른 시스템에서는 프로그램이 돌고 있는 창을 닫을 수 있다.

무한 루프의 공통 원인은 루프를 제어하는 변수를 갱신하는 것을 잊는 것이다:

```
year = 1;
while (year <= 20)
{
   balance = balance * (1 + RATE / 100);
}
```

위에서 프로그래머가 루프에 year++ 명령을 넣는 것을 까먹었다. 결과적으로, year가 항상 1에 머물러 있으며, 루프는 종료되지 않는다.

또 다른 공통 원인은 카운터를 감소시켜야 하는데 실수로 증가시키는 것이다(또는 그 반대). 다음 보기를 고려하자:

```
year = 20;
while (year > 0)
{
   balance = balance * (1 + RATE / 100);
   year++;
}
```

변수 year가 감소되었어야 했는데 증가되었다. 카운터를 증가시키는 일이 감소시키는 일보다 훨씬 더 흔해서, 손가락이 자동으로 ++를 누르기 때문에 이런 오류가 빈번히 발생한다. 그 결과, year가 항상 0보다 커서 루프가 종료되지 않는다(실제로는 year가 종내에는 표현 가능한 최대 정수를 넘어서면서 음 값으로 바뀐다. 그러면 루프가 끝난다— 물론 완전히 틀린 결과다).

트레드밀에서 달리기를 멈출 수 없는 햄스터처럼, 무한 루프는 결코 종료하지 않는다.

빈번한 오류 4.2 "도달했나요?"라고 묻지 말라

어떤 반복적인 것을 할 때, 우리 대부분은 언제 끝나는지 알고 싶어 한다. 예를 들어, "적어도 $20,000을 마련하고 싶어"라고 생각하면서, 루프 조건을

```
balance >= TARGET
```

로 설정할 수 있다. 그러나 while 루프는 그 반대로 생각한다: 내가 얼마나 지속할 수 있지? 올바른 루프 조건은

```
while (balance < TARGET)
```

이다. 즉, "잔고가 목표보다 낮은 한 지속해라."

루프 조건을 쓸 때, "도달했나요?"라고 묻지 말라. 조건은 루프가 얼마나 지속될지를 결정한다.

빈번한 오류 4.3 Off-by-one 오류

투자액이 두 배가 되는데 필요한 연수를 계산하는 걸 고려하자:

```
int year = 0;
while (balance < TARGET)
{
   year++;
   double interest = balance * RATE / 100;
   balance = balance + interest;
}
cout << "The investment doubled after " << year << " years." << endl;
```

Year가 0과 1 중 어디에서 시작해야 하는가? balance < TARGET 또는 balance <= TARGET 중 어느 것에 대해 테스트를 해야 하는가? 이런 표현식들에서 하나를 빠뜨리기 쉽다.

어떤 이는 off-by-one 오류를 프로그램이 제대로 동작할 때까지 +1 또는 -1을 랜덤하게 삽입해서 해결하려 든다—끔찍한 계획이다. 다양한 모든 가능성에 대해 컴파일하고 테스트하는 것은 시간이 오래 걸릴 수 있다. 적은 양의 정신적 노력을 소모하는 것이 진짜로 시간을 절약하는 것이다.

다행히, off-by-one 오류는 쉽게 피할 수 있다. 단순히 두어 개의 테스트 케이스들을 거치고, 그 테스트 케이스들로부터의 정보를 사용해서 판단을 위한 근거를 찾아내면 된다.

year가 0과 1 중 어디에서 시작해야 하겠는가? 간단한 값들을 사용하는 시나리오를 검토해보자: 초기 잔고는 $100, 이율은 50%. year 1 후에는 잔고가 $150이고, year 2 후에는 $225 또는 $200을 초과한다. 따라서, 투자액은 2년 후에는 두 배가 된다. 루프는 year가 매회 증가하면서 두 번 실행되었다. 따라서 year는 1이 아니라 0에서 시작해야 한다.

루프를 프로그래밍할 때 off-by-one 오류가 흔하게 일어난다. 이러한 오류를 막으려면 간단한 테스트 케이스들로 검토하라.

year	balance
0	$100
1	$150
2	$225

다시 말해서, 변수 balance는 그 해의 끝이 지난 후의 잔고를 나타낸다. 처음에 balance에는 year 1 후가 아닌 year 0 후의 잔고가 들어 있다.

그 다음, < 또는 <= 중 어느 것을 비교 테스트에 사용해야 하겠는가? 보기를 들어서 이 문제를 풀기를 원한다면, 최종 잔고가 초기 잔고의 딱 두 배가 되는 시나리오를 찾아내야 한다. 이런 일은 이율이 100%일 때 발생한다. 루프는 한 번 실행한다. 자, `year`는 1이고, `balance`는 정확히 `2 * INITIAL_BALANCE`이다. 1년 후에 투자액이 두 배가 되었는가? 그렇다. 그러므로, 루프는 다시 실행되지 말아야 한다. 만일 테스트 조건이 `balance< TARGET`이라면, 루프는 정지한다. 테스트 조건이 `balance <= TARGET`이었다면, 루프는 한 번 더 실행했을 것이다.

다시 말해서, 잔고가 두 배가 되지 않은 한 이자를 계속 더한다.

랜덤 팩트 4.1 최초의 버그

전설에 의하면 최초의 버그는 하버드 대학의 거대한 전기기계 컴퓨터인 Mark II에서 발견되었는데, 진짜 벌레 때문에 일어났다. 릴레이 스위치에 나방이 끼인 것이다.

실제로, 운용자가 나방 옆의 일지에 남긴 쪽지를 보면(그림 참고), '버그'라는 용어가 이미 그 당시에 보편적으로 사용된 것으로 보인다.

선구자격 컴퓨터 과학자인 모리스 윌크스는 "왜 그런지, 무어 공대(Moore School)에 있을 때와 그 후에도, 사람들은 항상 프로그램을 바르게 만드는 데 그다지 어려움이 없을 거라고 추정했다. 나는 내 향후 인생의 많은 부분이 내가 짠 프로그램의 실수를 찾아내는 데 소모될 것이란 것을 깨달은 순간을 기억한다."라고 썼다.

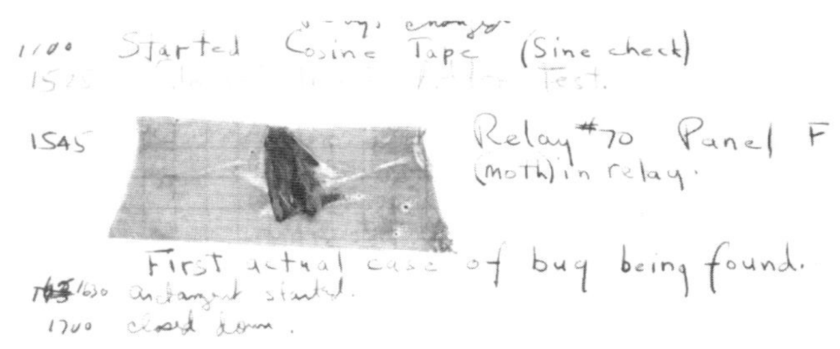

최초의 버그

4.2 문제 해결하기: 핸드-트레이싱

핸드-트레이싱은 명령문들을 단계적으로 훑어가면서 변수들의 값을 추적하는, 코드 실행의 시뮬레이션이다.

프로그래밍 팁 3.6에서 핸드-트레이싱 방법을 배웠다. 코드나 수도코드를 핸드-트레이싱할 때, 종이에 변수들의 이름을 적고, 직접 코드의 각 단계를 실행하고, 변수들을 갱신한다.

코드가 종이에 적혀 있거나 인쇄되어 있으면 가장 좋다. 종이 클립 같은 마커를 사용해서 현재 줄을 표시한다. 변수가 바뀔 때마다, 이전 값을 긋고, 새 값을 그 밑에 적는다. 프로그램이 출력을 산출할 때, 다른 열에 그 출력도 적는다.

다음 보기를 보자. 표시되는 값은 얼마인가?

```
int n = 1729;
int sum = 0;
while (n > 0)
{
   int digit = n % 10;
   sum = sum + digit;
   n = n / 10;
}
cout << sum << endl;
```

세 개의 변수가 있다: n, sum, digit.

n	sum	digit

처음 두 변수는 루프로 들어가기 전에 1729와 0으로 초기화된다.

```
int n = 1729;
int sum = 0;
while (n > 0)
{
   int digit = n % 10;
   sum = sum + digit;
   n = n / 10;
}
cout << sum << endl;
```

n	sum	digit
1729	0	

n이 0 보다 크므로, 루프로 들어간다. 변수 digit가 9(1729를 10으로 나눈 나머지)로 설정된다. 변수 sum은 0 + 9 = 9로 설정된다.

```
int n = 1729;
int sum = 0;
while (n > 0)
{
   int digit = n % 10;
   sum = sum + digit;
   n = n / 10;
}
cout << sum << endl;
```

n	sum	digit
1729	~~0~~	
	9	9

끝으로, n이 172가 된다(나눗셈 1729/10의 나머지는 두 수가 정수이므로 버려짐을 기억하라).

이전 값들을 긋고, 새 값들을 그 밑에 적는다.

```
int n = 1729;
int sum = 0;
while (n > 0)
{
   int digit = n % 10;
   sum = sum + digit;
   n = n / 10;
}
cout << sum << endl;
```

n	sum	digit
~~1729~~	~~0~~	
172	9	9

이제 루프 조건을 다시 검사한다.

```
int n = 1729;
int sum = 0;
while (n > 0)
{
   int digit = n % 10;
   sum = sum + digit;
   n = n / 10;
}
cout << sum << endl;
```

n이 여전히 0 보다 크므로, 루프를 반복한다. 이제 digit가 2가 되고, sum은 9 + 2 = 11로 설정되며, n은 17이 된다.

n	sum	digit
~~1729~~	~~0~~	
~~172~~	~~9~~	~~9~~
17	11	2

루프를 다시 반복하면 digit가 7, sum이 11 + 7 = 18, n이 1이 된다.

n	sum	digit
~~1729~~	~~0~~	
~~172~~	~~9~~	~~9~~
~~17~~	~~11~~	~~2~~
1	18	7

루프를 마지막으로 한 번 더 돈다. 이제 digit는 1, sum은 19, n은 0이 된다.

n	sum	digit
~~1729~~	~~0~~	
~~172~~	~~9~~	~~9~~
~~17~~	~~11~~	~~2~~
~~1~~	~~18~~	~~7~~
0	19	1

```
int n = 1729;
int sum = 0;
while (n > 0)
{
   int digit = n % 10;
   sum = sum + digit;
   n = n / 10;
}
cout << sum << endl;
```

n이 0 이므로
이 조건은 참이 아니다.

조건 n > 0은 이제 거짓이다. 루프 다음의 명령에서 계속한다.

```
int n = 1729;
int sum = 0;
while (n > 0)
{
   int digit = n % 10;
   sum = sum + digit;
   n = n / 10;
}
cout << sum << endl;
```

n	sum	digit	output
~~1729~~	~~0~~		
~~172~~	~~9~~	~~9~~	
~~17~~	~~11~~	~~2~~	
~~1~~	~~18~~	~~7~~	
0	19	1	19

이 명령문은 출력문이다. 출력되는 값은 sum의 값 19이다.

물론, 코드를 그냥 돌려서 같은 결과를 얻을 수 있다. 그러나, 핸드-트레이싱은 단순히 코드를 실행시켰을 때 얻지 못하는 **통찰력**을 제공한다. 각 반복에서 무슨 일이 일어나는지 다시 한 번 보자.

- n의 끝 숫자를 추출한다.
- 그 숫자를 sum에 더한다.

• n에서 그 숫자를 떼어버린다.

핸드-트레이싱은 생소한 알고리듬이 어떻게 동작하는지를 이해하는 데 도움이 된다.

달리 표현하면, 이 루프는 n의 숫자들의 합을 만든다. 이제 이 보기에서의 값뿐만 아니라 임의의 n의 값에 대해 이 루프가 어떤 일을 하는지 알게 되었다(왜 각 자리 숫자의 합을 구하려 할까? 이런 종류의 연산은 신용카드 번호 및 여타 ID 번호의 유효성을 검사하는 데 유용하다 – 연습문제 P4.5 참고).

핸드-트레이싱은 코드나 수도코드의 오류를 보여줄 것이다.

핸드-트레이싱은 바르게 동작하는 코드를 이해하는 데 도움을 줄뿐만 아니라, 코드의 오류를 찾아내기 위한 강력한 기술이기도 하다. 프로그램이 예상치 않은 방향으로 동작할 때는 종이를 꺼내서 코드를 직접 따라가면서 변수들의 값을 추적하라.

핸드-트레이싱을 하는 데 동작하는 프로그램이 필요한 것은 아니다. 수도코드를 핸드-트레이싱할 수도 있다. 사실상, 실제 코드로 번역하는 수고를 하기 전에, 수도코드를 핸드-트레이싱해서 제대로 동작할지를 확인하는 것은 아주 좋은 생각이다.

6. n의 값과 출력을 표시하면서 다음 코드를 핸드-트레이싱하라.

```
int n = 5;
while (n >= 0)
{
   n--;
   cout << n << endl;
}
```

7. n의 값과 출력을 표시하면서 다음 코드를 핸드-트레이싱하라. 어떤 잠재적 오류를 찾아냈는가?

```
int n = 1;
while (n <= 3)
{
   cout << n << ", ";
   n++;
}
```

8. a가 2, n이 4라고 가정하고, 다음 코드를 핸드-트레이싱하라. 그런 후, 임의의 a 및 n 값들에 대해 이 코드가 무엇을 하는지를 설명하라.

```
int r = 1;
int i = 1;
while (i <= n)
{
   r = r * a;
   i++;
}
```

9. 다음 코드를 핸드-트레이싱하라.

```
int n = 1;
while (n != 50)
{
   cout << n << endl;
   n = n + 10;
}
```

10. 다음 수도코드는 수 n의 자리 수를 세도록 의도되었다.

```
count = 1
temp = n
while (temp > 10)
   Increment count.
   Divide temp by 10.
```

n = 123과 **n** = 100에 대해 이 수도코드를 추적하라. 어떤 오류를 발견했는가?

Practice It 이제 다음 연습문제들에 대해 답할 수 있다: R4.1, R4.5.

4.3 for 루프

for 루프는 값이 시작 점에서 끝 점까지 상수 증분 또는 감분으로 바뀔 때 사용된다.

일련의 명령문들을 주어진 횟수만큼 실행시켜야 할 때가 자주 있다. 다음 보기에서처럼 카운터에 의해 제어되는 `while` 루프를 사용할 수 있다:

```
counter = 1; // Initialize the counter
while (counter <= 10) // Check the counter
{
   cout << counter << endl;
   counter++; // Update the counter
}
```

이 루프 타입은 흔하기 때문에, 이를 위해서 `for` 루프라고 불리는 특별한 형태가 존재한다(문법 4.2 참고).

```
for (counter = 1; counter <= 10; counter++)
{
   cout << counter << endl;
}
```

for 루프를 정렬된 계단으로 볼 수 있다.

어떤 사람들은 이 루프를 **카운트 제어**(*count-controlled*) 루프라고 부른다. 이와 대조적으로 앞 절의 `while` 루프는 **이벤트 제어**(*event-controlled*) 루프라고 부르는데, 그 이유는 그 루프가 어떤 이벤트가 발생할 때까지(예: 잔고가 목표치에 도달할 때까지) 실행되기 때문이다. 카운트 제어 루프에 대한 흔히 사용되는 다른 용어는 **분명한**(*definite*)이다. 우리는 시작할 때부터 루프 본체가 몇 번 실행될지를 분명히 알고 있

문법 4.2 for 문

```
for (int i = 5; i <= 10; i++)
{
   sum = sum + i;
}
```

이 세 개의 표현식은 서로 관련된다. 143쪽 참고.

이 초기화는 루프가 시작하기 전에 한 번 일어난다.

루프는 이 조건이 참인 한 실행된다.

이 갱신은 각 반복 후에 실행된다.

변수 i는 이 for 루프에서만 정의된다. 140쪽 참고.

이 루프는 6회 실행된다. 144쪽 참고.

그림 4.3 for 루프의 실행

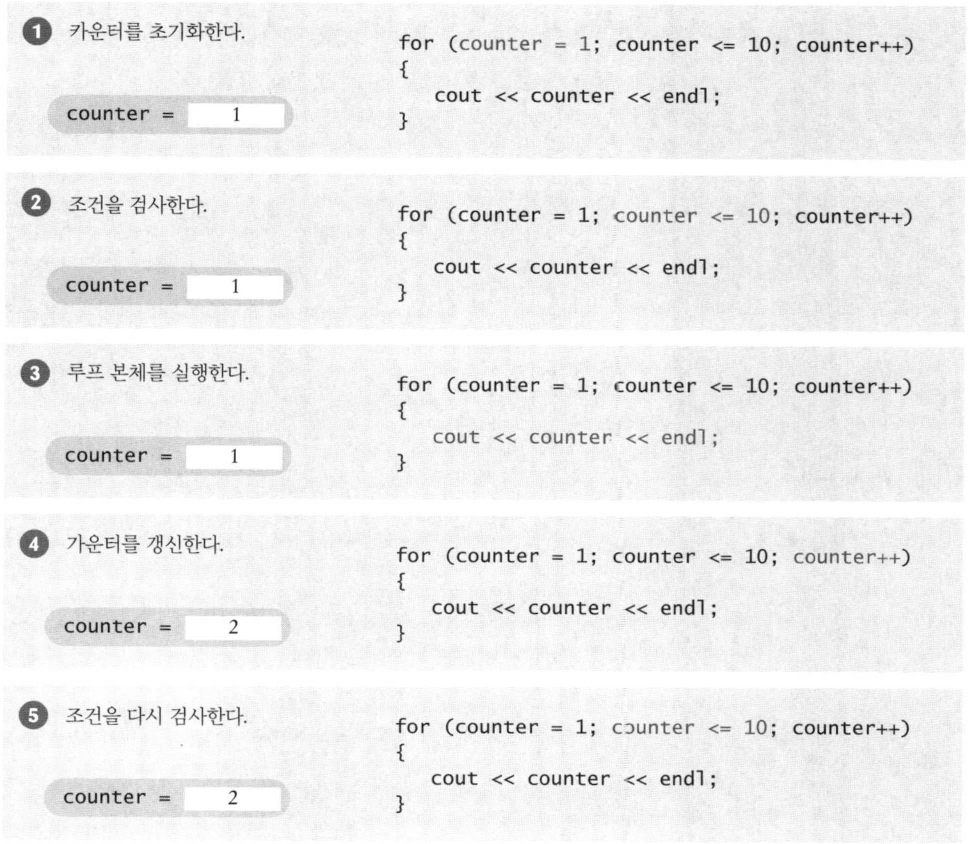

❶ 카운터를 초기화한다.

counter = 1

```
for (counter = 1; counter <= 10; counter++)
{
   cout << counter << endl;
}
```

❷ 조건을 검사한다.

counter = 1

```
for (counter = 1; counter <= 10; counter++)
{
   cout << counter << endl;
}
```

❸ 루프 본체를 실행한다.

counter = 1

```
for (counter = 1; counter <= 10; counter++)
{
   cout << counter << endl;
}
```

❹ 카운터를 갱신한다.

counter = 2

```
for (counter = 1; counter <= 10; counter++)
{
   cout << counter << endl;
}
```

❺ 조건을 다시 검사한다.

counter = 2

```
for (counter = 1; counter <= 10; counter++)
{
   cout << counter << endl;
}
```

다—우리의 보기에서는 열 번. 그와 대조적으로, 목표 잔고를 모을 때까지 몇 번 반복해야 할지 모른다. 그런 루프는 **불분명**(*indefinite*)하다고 부른다.

`for` 루프는 초기화, 조건, 갱신 표현을 모두 깔끔하게 묶는다. 그러나, 이 표현식들이 한꺼번에 실행되지 **않는다**는 것을 알고 있어야 한다(그림 4.3 참고).

- 초기화는 루프에 들어가기 전에 한 번 실행된다.❶
- 조건은 각 반복 전에 검사된다.❷ ❺
- 갱신은 각 반복 후에 실행된다.❹

`for` 루프는 카운트 업 대신에 카운트 다운도 가능하다:

```
for (counter = 10; counter >= 0; counter--) ...
```

증분 또는 감분의 크기가 꼭 1일 필요는 없다:

```
for (counter = 0; counter <= 10; counter = counter + 2) ...
```

다른 변형에 대해서는 142쪽의 표 4.2를 참고한다.

이제까지 우리는 `counter` 변수가 `for` 루프 전에 미리 정의되어 있다고 가정했다. 그 대신에, 루프 초기화 때 변수를 정의할 수도 있다. 그런 변수는 그 루프 내에서만 정의된다:

```
for (int counter = 1; counter <= 10; counter++)
{
   ...
} // counter no longer defined here
```

표 4.2 for 루프 예

루프	i의 값	설명
for (i = 0; i <= 5; i++)	0 1 2 3 4 5	이 for 루프는 6회 실행된다(147쪽의 프로그래밍 팁 4.3 참고).
for (i = 5; i >= 0; i--)	5 4 3 2 1 0	i--를 사용해서 값을 감소시킨다.
for (i = 0; i < 9; i = i + 2)	0 2 4 6 8	스텝 크기가 2이면 i = i + 2를 사용한다.
for (i = 0; i != 9; i = i + 2)	0 2 4 6 8 10 12 14 ... (무한 루프)	이 문제를 피하려면 != 대신에 < 또는 <=를 사용할 수 있다.
for (i = 1; i <= 20; i = i * 2)	1 2 4 8 16	매 단계마다 두 배로 하는 등, i를 변경하는 규칙은 임의로 정할 수 있다.
for (i = 0; i < str.length(); i++)	0 1 2 … 문자열 str의 마지막 유효 인덱스까지	루프 본체에서 str.substr(i, 1)을 사용해서 i번째 글자를 포함하는 문자열을 가져올 수 있다.

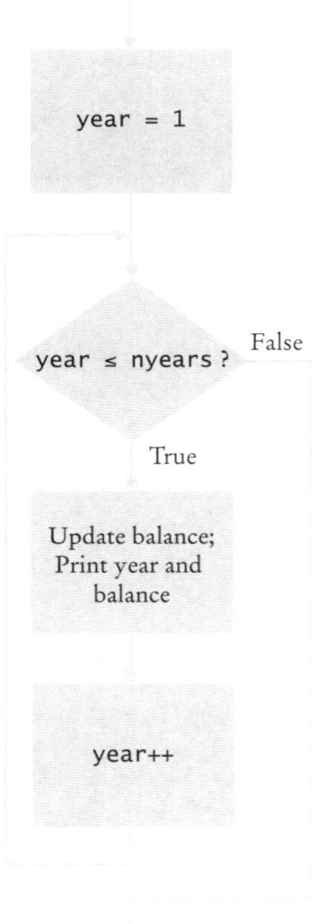

다음은 for 루프의 전형적인 사용 예이다. 다음 표에 보인 것과 같이 저축 계좌의 잔고를 몇 해에 거쳐 출력하려고 한다:

Year	Balance
1	10500.00
2	11025.00
3	11576.25
4	12155.06
5	12762.82

변수 year가 1에서 시작해서 목표에 도달할 때까지 상수 증분으로 바뀌므로, for 루프 패턴을 적용한다:

```
for (int year = 1; year <= nyears; year++)
{
   Update balance.
   Print year and balance.
}
```

다음은 완성된 프로그램이다. 그림 4.4가 해당 흐름도를 보여준다.

year = 1

year ≤ nyears ?

False

True

Update balance; Print year and balance

year++

그림 4.4
for 루프의 흐름도 예

ch04/invtable.cpp

```
#include <iostream>
#include <iomanip>

using namespace std;

int main()
{
   const double RATE = 5;
   const double INITIAL_BALANCE = 10000;
   double balance = INITIAL_BALANCE;
   int nyears;
   cout << "Enter number of years: ";
   cin >> nyears;

```

```
    cout << fixed << setprecision(2);
    for (int year = 1; year <= nyears; year++)
    {
       balance = balance * (1 + RATE / 100);
       cout << setw(4) << year << setw(10) << balance << endl;
    }

    return 0;
}
```

실행 결과

```
Enter number of years: 10
   1  10500.00
   2  11025.00
   3  11576.25
   4  12155.06
   5  12762.82
   6  13400.96
   7  14071.00
   8  14774.55
   9  15513.28
  10  16288.95
```

11. invtabel.cpp 프로그램의 for 루프를 while 루프로 작성하라.
12. 다음 루프는 몇 개의 수를 출력하는가?

```
for (int n = 10; n >= 0; n--)
{
   cout << n << endl;
}
```

13. 10~20 사이의 모든 짝수를 출력하는 for 루프를 작성하라.
14. 1부터 n까지의 정수들의 합을 계산하는 for 루프를 작성하라.
15. 투자액이 두 배가 될 때까지 모든 잔고를 출력하려면 invtable.cpp의 for 루프를 어떻게 변경하면 되는가?

Practice It 이제 다음 연습문제들에 대해 답할 수 있다: R4.2, R4.7, P4.12.

프로그래밍 팁 4.1 **의도된 목적으로만 for 루프를 사용하라**

for 루프는 특정 형태의 루프에 대한 표현 양식이다. 한 값이 시작부터 끝까지 상수 증감으로 바뀐다.

컴파일러는 초기화, 조건, 갱신 표현식들이 서로 관련되는지 검사하지 않는다. 예를 들어, 다음의 루프도 허용된다.

```
// 혼동되는, 무관한 표현식들
for (cout << "Inputs: "; cin >> x; sum = sum + x)
{
   count++;
}
```

그러나, 이런 for 루프를 읽는 프로그래머는 예상과 맞지 않기 때문에 헷갈리게 된다. for 표현 양식을 따르지 않는 반복에 대해서는 while 루프를 사용하라.

프로그래밍 팁 4.2 작업에 맞는 루프 한계를 선정하라

1에서 10까지의 줄 번호를 출력하려고 한다. 물론, for 루프

```
for (int i = 1; i <= 10; i++)
```

를 사용하기를 원할 것이다. i의 값은 관계식 1 ≤ i ≤ 10에 의해 제한된다. 양쪽 한계에 ≤이 있으므로, 이 한계들은 **대칭적**이라고 불린다.

문자열의 글자들을 가로지를 때는 다음 한계를 사용하는 게 더 자연스럽다:

```
for (int i = 0; i < str.length(); i++)
```

이 루프에서 i는 문자열의 모든 유효 위치를 섭렵한다. i번째 글자에 str.sbustr(i, 1)으로 접근할 수 있다. i의 값이 ≤는 왼쪽에 있고, <는 오른쪽에 있는 0 ≤ i < str.length()에 의해 제한된다. str.length()가 유효 위치가 아니므로 이게 적절하다. 이런 한계들은 **비대칭적**이라고 불린다.

이 경우 대칭 한계를 사용하는 것은 좋은 생각이 아니다:

```
for (int i = 0; i <= str.length() - 1; i++) // Use < instead
```

비대칭 형태가 더 이해하기 쉽다.

프로그래밍 팁 4.3 반복 횟수 세기

반복의 올바른 상한과 하한을 찾아내는 것은 헷갈린다. 0에서 시작해야 할지, 아니면 1에서 시작해야 할지? 종료 조건에 <=와 < 중 어느 것을 사용해야 하는지?

반복 횟수를 세는 것은 루프를 더 잘 이해하기 위한 매우 유용한 방법이다. 카운팅은 비대칭 한계를 갖는 루프에 대해 더 쉽다. 다음 루프는 b – a번 실행된다.

```
for (int i = a; i < b; i++)
```

예를 들어, 루프

```
for (int i = 0; i < 10; i++)
```

는 값 0, 1, 2, 3, 4, 5, 6, 7, 8, 9로 10회 실행된다.

대칭 한계를 갖는 루프

```
for (int i = a; i <= b; i++)
```

는 b - a + 1번 실행된다. 이 "+1" 때문에 오류가 많이 발생한다.

예를 들어,

```
for (int i = 0; i <= 10; i++)
```

는 11회 실행된다. 아마도 그게 우리가 원하는 것일 수도 있다. 그렇지 않다면, 1에서 시작하거나 < 10을 사용하라.

이 "+1" 오류를 시각화하는 한 방법은 울타리를 생각하는 것이다. 각 섹션은 왼쪽에 말뚝이 한 개 있으며, 마지막 섹션에는 오른쪽에 마지막 말뚝이 있다. 마지막 값을 세는 것을 잊어먹는 것을 흔히 '울타리 말뚝 오류'라고 부른다.

네 개의 섹션이 있는 울타리에는 말뚝이 몇 개 필요할까? 이런 문제에서 "off by one(하나 빠뜨리기)"이 쉽게 일어난다.

4.4 do 루프

do 루프는 루프 본체가 적어도 한 번 이상 실행되어야 할 때 적합하다.

때때로 루프 본체를 적어도 한 번 실행하고, 그 후에 루프 테스트를 해야 할 때가 있다. do 루프가 이 목적에 맞다:

```
do
{
   statements
}
while (condition);
```

do 루프의 본체가 먼저 실행되고, 조건이 검사된다.

루프 본체를 완료한 후에 조건이 검사되므로 어떤 이는 이런 루프를 **포스트-테스트**(*post-test*) 루프라고 부른다. 그와 대조적으로 while과 for 루프는 **프리-테스트**(*pre-test*) 루프이다. 이들 루프 타입에서는 루프 본체에 들어가기 전에 조건이 검사된다.

그러한 루프의 대표적인 예는 입력 확인이다. 사용자에게 < 100인 어떤 값을 요구한다고 하자. 만일 사용자가 주의하지 않고 더 큰 값을 입력한다면, 올바른 값일 때까지 다시 요구한다. 물론, 사용자가 입력하기 전까지는 그 값을 검사할 수 없다. 이것은 do 루프에 딱 맞다(그림 4.5 참고):

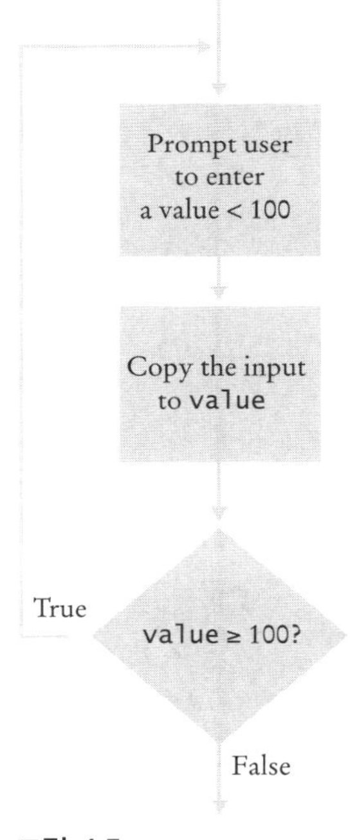

그림 4.5
do 루프의 흐름도

```
int value;
do
{
   cout << "Enter a value < 100: ";
   cin >> value;
}
while (value >= 100);
```

16. 적어도 0, 커봐야 100인 입력을 검사하려 한다고 하자. 이 검사를 위해서 do 루프를 수정하라.

17. while 루프를 사용해서 입력 검사를 다시 작성하라. 나 답의 단점은 무엇인가?

18. C++에 do 루프가 없다고 하자. 모든 do 루프를 while 루프로 바꿔서 재작성할 수 있는가?

19. 정수들을 읽어서 그들의 합을 계산하는 do 루프를 작성하라. 0을 읽으면 중단하라.

20. 양의 정수들을 읽어서 그들의 합을 계산하는 do 루프를 작성하라. 같은 값을 두 번 연

속 읽으면 중단하라. 예를 들어, 만일 입력이 1 2 3 4 4이면, 합은 14이고 루프는 정지한다.

Practice It 이제 다음 연습문제들에 대해 답할 수 있다: R4.8, R4.12, R4.13.

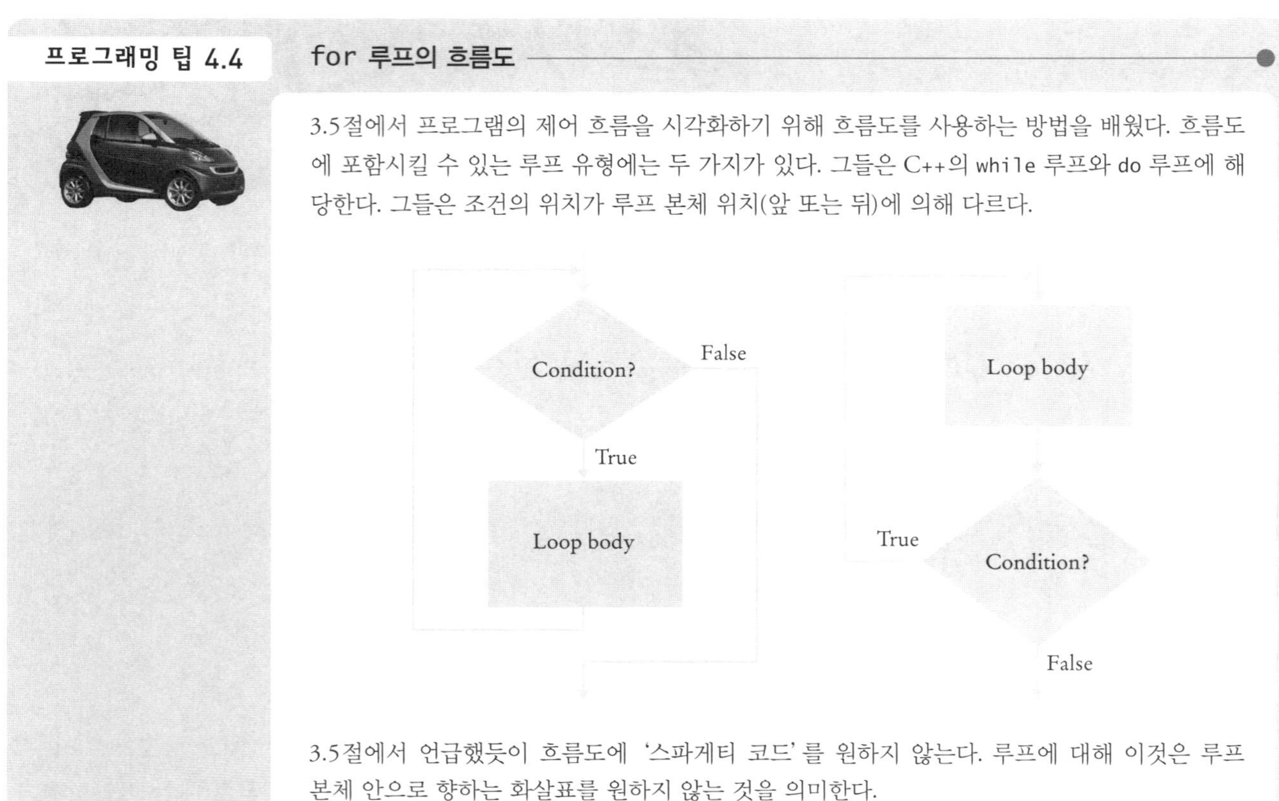

프로그래밍 팁 4.4 **`for` 루프의 흐름도**

3.5절에서 프로그램의 제어 흐름을 시각화하기 위해 흐름도를 사용하는 방법을 배웠다. 흐름도에 포함시킬 수 있는 루프 유형에는 두 가지가 있다. 그들은 C++의 `while` 루프와 `do` 루프에 해당한다. 그들은 조건의 위치가 루프 본체 위치(앞 또는 뒤)에 의해 다르다.

3.5절에서 언급했듯이 흐름도에 '스파게티 코드'를 원하지 않는다. 루프에 대해 이것은 루프 본체 안으로 향하는 화살표를 원하지 않는 것을 의미한다.

4.5 입력 처리하기

이 절에서는 입력 값들을 읽고 처리하는 방법을 배운다.

변수는 이름을 갖는 저장 장소이다.

입력 시퀀스를 읽을 때는 항상 시퀀스의 끝을 나타내는 어떤 방법이 필요하다. 때로는 운이 좋아서 입력 값에 0이 없을 수 있다. 그러면 사용자에게 숫자들을 계속 입력하게 할 수 있고, 시퀀스를 종료하기 위해 0을 입력하게 할 수도 있을 것이다. 만일 0은 허용되지만 음수는 허용되지 않는다면, 종료를 나타내기 위해 −1을 사용할 수 있다. 종료를 위한 신호의 역할을 하는 값을 **센티널**이라고 부른다.

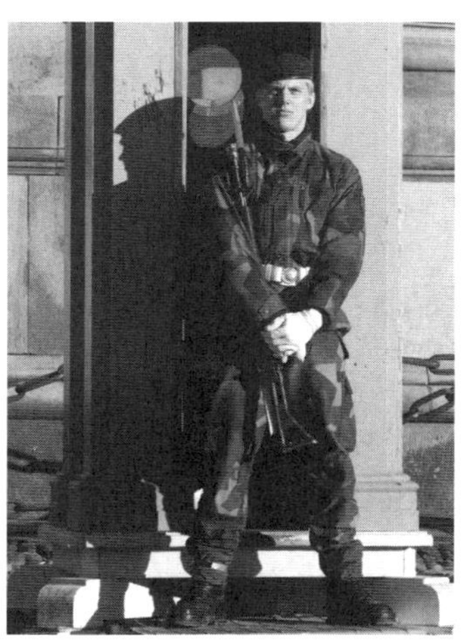

군에서 센티널(보초병)은 국경 또는 통행로를 지킨다. 컴퓨터 과학에서 센티널 값은 입력 시퀀스의 끝 또는 입력 시퀀스 간 경계를 나타낸다.

급여 평균을 계산하는 프로그램에 이 기법을 적용해 보자. 견본 프로그램에서 −1을 센티널로 사용하겠다. 직원은 분명히 음수 값의 급여를 받고 일하지는 않을 것이나, 공짜로 일하겠다는 지원자는 있을 수 있다.

루프 안에서 입력을 읽는다. 만일 입력이 −1이 아니라면, 처리한다. 평균을 계산하기 위해서, 모든 급여의 합계와 입력 수가 필요하다.

```
while (...)
{
   cin >> salary;
   if (salary != -1)
   {
      sum = sum + salary;
      count++;
   }
}
```

센티널 값이 검출되지 않는 한, 루프에 머문다.

```
while (salary != -1)
{
   ...
}
```

딱 한 가지 문제가 있다. 루프에 처음 들어갈 때, 읽어 놓은 데이타 값이 없다. salary를 센티널이 아닌 어떤 값으로 초기화하는 것을 잊지 말도록 한다:

```
double salary = 0; // Any value other than ?1 will do
```

대안으로, do 루프를 사용한다:

```
do
{
   ...
}
while (salary != -1)
```

다음 프로그램은 사용자가 센티널을 입력할 때까지 입력을 읽고, 그 평균을 계산해서 출력한다.

ch04/sentinel.cpp

```
#include <iostream>

using namespace std;

int main()
{
   double sum = 0;
   int count = 0;
   double salary = 0;
   cout << "Enter salaries, -1 to finish: ";
   while (salary != -1)
   {
      cin >> salary;
      if (salary != -1)
      {
         sum = sum + salary;
         count++;
      }
   }
   if (count > 0)
   {
      double average = sum / count;
      cout << "Average salary: " << average << endl;
   }
   else
```

```
    {
       cout << "No data" << endl;
    }
    return 0;
}
```

실행 결과

```
Enter salaries, -1 to finish: 10 10 40 -1
Average salary: 20
```

수치 센티널은 입력에 어떤 제한이 있을 때만 작용한다. 그렇지만, 많은 경우에, 제한이 없다. 0이나 음 값을 포함할 수 있는 데이타 집합의 평균을 계산하려고 한다고 하자. 그러면, 입력의 끝을 나타내기 위해 0이나 −1을 사용할 수 없다.

그런 경우에는 입력이 실패할 때까지 입력을 읽을 수 있다. 3.8절에서 봤듯이, 조건

```
cin.fail()
```

는 이전 입력이 실패했으면 `true`이다. 예를 들어, 입력을 다음 명령들로 읽었다고 하자.

```
double value;
cin >> value;
```

만일 사용자가 수가 아닌 값(예: Q)을 입력한다면, 입력이 실패한다.

이제 더 복잡한 경우를 다뤄보자. 우리는 루프에 들어가서 읽으려 시도했을 때 입력이 실패했다는 것을 알고 있다. 실패를 기억하기 위해 부울 변수를 사용하자:

부울 변수를 사용해서 루프를 제어할 수 있다. 루프에 들어가기 전에 변수를 `true`로 놓고, 루프에서 나올 때 `false`로 설정한다.

```
cout << "Enter values, Q to quit: ";
bool more = true;
while (more)
{
   cin >> value;
   if (cin.fail())
   {
      more = false;
   }
   else
   {
      Process value.
   }
}
```

어떤 프로그래머는 루프를 제어하려고 부울 변수를 사용하는 것을 싫어한다. 153쪽의 특강 4.2는 루프를 빠져나오는 대체 메커니즘을 보여준다. 그러나, 입력을 읽을 때, 더 쉬운 방법이 있다. 다음 표현이 조건에 사용될 수 있다.

```
cin >> value
```

만일 `value`를 읽은 후 `cin`이 실패하지 않는다면, 이것은 `true`로 평가된다. 따라서, 다음 루프로 입력들을 읽고 처리할 수 있다:

```
cout << "Enter values, Q to quit: ";
while (cin >> value)
{
   Process value.
}
```

이 루프는 단일 입력 시퀀스 처리에 적합하다. 입력 읽기에 관해서 8장에서 더 배운다.

21. 값 입력을 위한 프롬프트에서 사용자가 바로 −1을 입력해버리면 sentinel.cpp는 무엇을 출력하겠는가?

22. `sentinel.cpp`에 다음 형태의 검사가 두 개 있는 이유는?

```
salary != -1
```

23. `sentinel.cpp`의 변수 `salary`의 정의가 아래와 같이 바뀐다면 어떻게 되겠는가?

```
double salary = -1;
```

24. 사용자에게 "Enter values, Q to quit."를 프롬프트한다. 사용자가 다른 문자를 입력하면 어떻게 되겠는가?

25. 값 시퀀스를 읽기 위한 다음 루프에서 잘못된 점은?

```
cout << "Enter values, Q to quit: ";
while (!cin.fail())
{
   double value;
   cin >> value;
   sum = sum + value;
   count++;
}
```

Practice It 이제 다음 연습문제들에 대해 답할 수 있다: R4.10, P4.6, P4.7.

특강 4.1 실패 상태 청소하기

어떤 입력 작업이 실패하면, 그 후의 모든 입력 작업도 실패한다 만일 두 수 시퀀스를 읽고 문자를 센티널로 사용하고 싶다면, 처음 센티널을 읽고 난 후 실퍼 상태를 청소해야 한다. 함수 `clear`를 호출한다:

```
cout << "Enter values, Q to quit.\n";
while (cin >> values)
{
   Process input.
}
cin.clear();
```

사용자가 `30 10 5 Q`를 입력했다고 하자. 입력 `Q`가 실패를 야기한다. 성공적으로 처리된 글자들만이 입력에서 제거되기 때문에, 글자 `Q`는 여전히 존재한다. 이를 가짜(dummy) 변수에 읽어 넣는다:

```
string sentinel;
cin >> sentinel;
```

이제 계속해서 입력을 더 읽을 수 있다.

특강 4.2 루프-반 문제와 break 문

어떤 프로그래머는 다음과 같이 부울 변수에 의해 제어되는 루프를 싫어한다:

```
bool more = true;
while (more)
{
   cin >> value;
   if (cin.fail())
```

```
      {
         more = false;
      }
      else
      {
         Process value.
      }
   }
```

루프 종료를 위한 실제 테스트가 루프의 맨 위가 아닌 중간에 있다. 그러면 종료해야 할지 여부를 알게 되기 전에 루프의 반을 지나야 하기 때문에 이것을 **루프-반(loop-and-a-half)** 문제라고 부른다.

대안으로서, 예약어인 break를 사용할 수 있다.

```
while (true)
{
   cin >> value;
   if (cin.fail()) { break; }
   Process value.
}
```

break 문은 루프 조건에 관계 없이, 둘러싼 루프를 깨고 나온다.

루프-반 경우에, break 문은 이로울 수 있다. 그러나, 언제 안전하고, 언제 피해야 하는지에 관한 분명한 규칙을 정하기는 어렵다. 이 책에서는 break를 사용하지 않는다.

특강 4.3 입력과 출력의 전향(redirection)

입력 시퀀스의 평균 값을 계산하는 sentinel 프로그램을 고려하자. 그런 프로그램을 사용할 때는, 미리 그 값들을 파일에 갖고 있을 가능성이 많으며, 그걸 모두 다시 타이핑해서 입력하는 것은 딱한 일이다. 운영체제의 명령줄 인터페이스는, 마치 파일의 모든 글자들이 실제로 사용자에 의해 타이핑 되어 있는 것처럼, 파일을 프로그램의 입력에 연결시키는 방법을 제공한다. 다음과 같이 타이핑하면 프로그램이 실행된다.

```
sentinel < numbers.txt
```

입력 명령이 더 이상 키보드로부터 입력을 기대하지 않는다. 모든 입력 명령들은 파일 numbers.txt로부터 입력을 가져온다. 이 프로세스를 **입력 전향**(*input redirection*)이라고 부른다.

파일로부터 입력을 읽기 위해 입력 전향을 사용하라. 프로그램 출력을 파일에 넣기 위해 출력 전향을 사용하라.

입력 전향은 프로그램을 테스트하기 위한 훌륭한 도구이다. 프로그램을 개발하고 버그를 고칠 때, 프로그램을 돌릴 때마다 같은 입력을 매번 타이핑하는 것은 피곤한 일이다. 몇 분만 투자해서 입력을 파일에 넣고, 전향을 사용하자.

출력 전향도 가능하다. 이 프로그램에서는 그다지 쓸모가 있지는 않다. 다음 명령

```
sentinel < numbers.txt > output.txt
```

을 실행하면, 파일 output.txt는 다음과 같이 입력 프롬프트와 출력을 포함한다.

```
Enter a value, -1 to finish: Enter a value, -1 to finish:
Enter a value, -1 to finish: Enter a value, -1 to finish:
Average: 15
```

그러나, 출력을 전향시키는 것은 많은 출력을 만드는 프로그램에서는 분명히 유용하다. 출력을 포함하는 파일을 채점을 위해 제출하기 전에 출력하거나 편집할 수 있다.

4.6 문제 해결하기: 스토리보드

사용자와 상호작용하는 프로그램을 설계할 때는 그 상호작용을 위한 계획을 세워야 한다. 사용자가 어떤 정보를 어떤 순서로 제공하는지? 어떤 정보를 어떤 포맷으로 프로그램이 표시할 것인지? 오류가 있을 때는 어떤 일이 발생하는지? 언제 프로그램이 정지하는지?

스토리보드는 액션 시퀀스의 각 단계를 위한 주해가 달린 스케치들로 구성된다.

이 계획 수립은 액션 시퀀스를 계획하기 위해 스토리보드가 사용되는 영화나 컴퓨터 게임의 개발과 유사하다. **스토리보드**는 각 단계의 스케치를 보여주는 패널들로 구성된다. 주해는 어떤 일이 일어나는지를 설명하며, 특별한 상황들을 나타낸다. 스토리보드는 소프트웨어 개발에도 이용된다—그림 4.6 참고.

스토리보드 제작은 프로그램을 설계하기 시작할 때 큰 도움이 된다. 프로그램 사용자가 원하는 답을 계산하기 위해서 어떤 정보를 필요로 하는지 자신에게 물어볼 필요가 있다. 그 답을 표현하는 방법을 정해야 한다. 이것들은 답을 계산하기 위한 알고리듬을 설계하기 전에 해결해야 할 중요한 고려 사항들이다.

스토리보드를 개발하는 것은 프로그램에 필요한 입력과 출력을 이해하는 데 도움이 된다.

간단한 예를 보자. "한 핀트는 몇 테이블 스푼인가?" 또는 "30 센티미터는 몇 인치인가?" 같은 질문에 대해 사용자를 도와줄 프로그램을 작성하고 싶다.

어떤 정보를 사용자가 제공하는가?

- 전환할 양과 단위
- 전환 단위

만일 둘 이상의 수량이 있다면? 사용자는 인치로 전환될 전체 센티미터 값들의 표를 가질 수 있을 것이다.

만일 사용자가 옹스트롬(angstrom) 같이 프로그램이 어떻게 다뤄야 할지 모르는 단위들을 입력한다면?

만일 인치를 갤런으로 전환하라는 것 같은 불가능한 전환을 사용자가 요구한다면?

스토리보드 패널로 시작하자. 사용자 입력을 다른 칼라로 쓰는 게 좋다(칼라 펜이 없으면 밑줄을 친다).

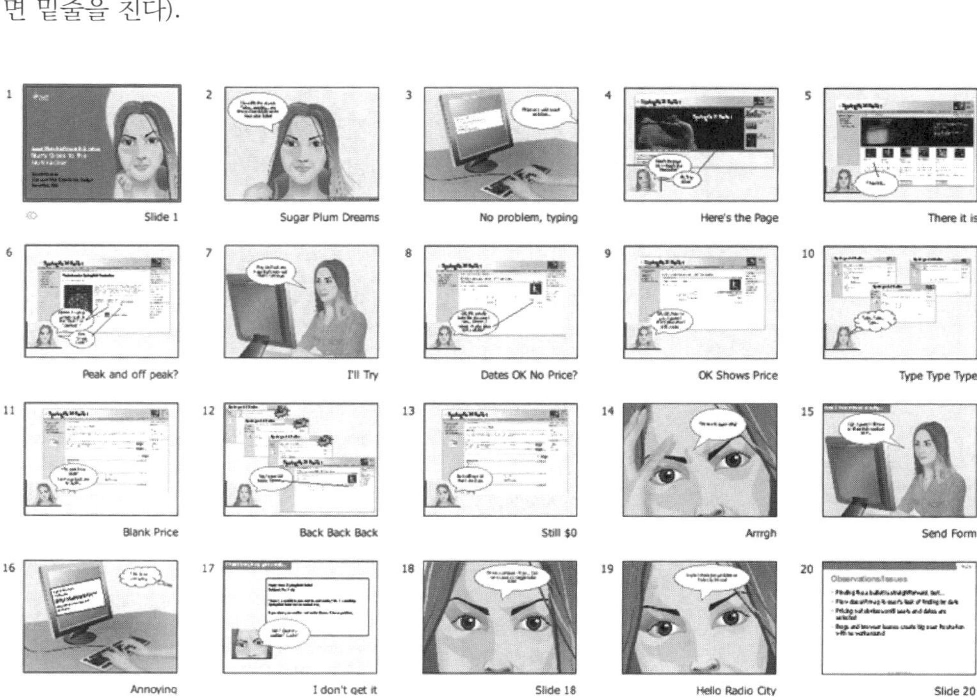

그림 4.6
웹 앱 설계를 위한 스토리보드

```
Converting a Sequence of Values

What unit do you want to convert from? cm
What unit do you want to convert to? in
Enter values, terminated by zero          ← 여러 값의 전환을 허용한다.
30
30 cm = 11.81 in                          ← 포맷은 무엇이 전환되는지를
100                                          명확하게 해준다.
100 cm = 39.37 in
0
What unit do you want to convert from?
```

이 스토리보드는 잠정적 헷갈림을 다루는 방법을 보여준다. 30 센티미터가 몇 인치인지 알고 싶은 사용자가 첫 번째 프롬프트를 부주의하게 읽고 인치를 명시할 수도 있다. 그러나, 출력이 '30 in = 76.2 cm' 이라서, 사용자가 이 문제를 깨닫게 한다.

이 스토리보드는 또한 문제를 제기한다. 'cm' 와 'in' 이 유효한 단위라는 것을 사용자가 어떻게 알 수 있겠는가? 사용자가 틀린 단위를 입력하면 어떻게 되는가? 오류 처리를 보여주는 다른 스토리보드를 만들어보자.

```
Handling Unknown Units (needs improvement)

What unit do you want to convert from? cm
What unit do you want to convert to? inches
Sorry, unknown unit.
What unit do you want to convert to? inch
Sorry, unknown unit.
What unit do you want to convert to? grrr
```

부담을 덜어주기 위해서, 사용자가 공급할 수 있는 단위를 나열해주는 게 좋다.

```
From unit (in, ft, mi, mm, cm, m, km, oz, lb, g, kg, tsp, tbsp, pint, gal): cm
To unit: in          ← 단위들을 다시 나열할 필요는 없다.
```

모든 단위 이름들을 위한 공간을 마련하기 위해서 더 짧은 프롬프트로 바꿨다. 연습문제 R4.17은 다른 대안을 탐구한다.

아직 다루지 않은 문제가 또 있다. 사용자는 어떻게 이 프로그램을 정지시키는가? 첫 번째 스토리보드에서는 프로그램이 영원히 돌아갈 것 같다.

입력 시퀀스를 종료하는 센티널을 본 다음에 사용자에게 물어볼 수 있다.

```
Exiting the Program

From unit (in, ft, mi, mm, cm, m, km, oz, lb, g, kg, tsp, tbsp, pint, gal): cm
To unit: in
Enter values, terminated by zero
30
30 cm = 11.81 in
0                                  ← 센티널이 탈출하기 위한
More conversions (y, n)? n            프롬프트를 내보낸다.
(Program exits)
```

이 사례 탐구에서 볼 수 있듯이 스토리보드는 동작하는 프로그램을 개발하는 데 필수불가결하다. 프로그램을 구조화하기 위해서 사용자 상호작용의 흐름을 알 필요가 있다.

26. 시험 점수들을 읽고 평균 점수를 출력하는 프로그램을 위한 스토리보드 패널을 제공하라. 이 프로그램은 점수 집합을 하나만 처리하면 된다. 오류 처리는 걱정하지 않아도 된다.

27. 구글은 단위 전환을 위한 단순한 인터페이스를 제공한다. 그냥 질문을 입력하면 답을 얻는다.

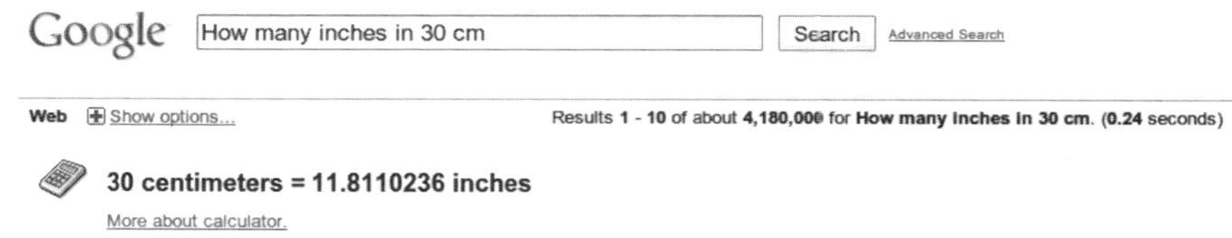

같은 인터페이스를 위한 스토리보드를 C++로 만들다. 모든 게 만사태평한 '해피 데이' 시나리오를 보여주고, 두 종류의 오류를 처리하는 것을 보여줘라.

28. 자체 검사 26의 프로그램을 변경하는 것을 고려하자. 평균을 계산하기 전에 최저 점수를 누락시키자. 사용자가 한 점수만을 제공하는 상황어 대한 스토리보드를 제공하라.

29. 다음 스토리보드를 C++로 구현할 때 어떤 문제가 있는가?

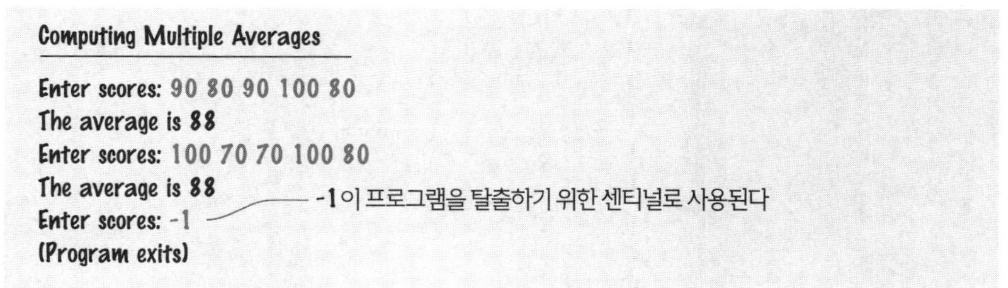

30. 두 이자율에 대해 주어진 햇수 동안 투자액 $10,000이 불어난 것을 비교하는 프로그램을 위한 스토리보드를 만들어라.

Practice It 이제 다음 연습문제들에 대해 답할 수 있다: R4.17, R4.18, R4.19.

4.7 공통 루프 알고리듬

다음 절에서 루프로 구현되는 가장 공통적인 알고리듬 몇 개에 대해서 검토한다. 루프 설계 때 그들을 시작 점으로 사용할 수 있다.

4.7.1 합과 평균 값

입력의 합을 계산하는 것은 매우 흔한 작업이다. **러닝 토털**(*running total*)–각 입력 값이 추가되는 변수–을 보유하라. 물론 이 합계(total)는 0으로 초기화되어야 한다.

```
double total = 0;
double input;
while (cin >> input)
{
   total = total + input;
}
```

평균을 계산하기 위해서는 합계와 값들의 수를 기록한다.

평균을 계산하기 위해서는 몇 개의 값을 갖고 있는지 세고, 그 수로 나눠라. 이 카운트가 0이 아닌지 꼭 확인하라.

```
double total = 0;
int count = 0;
double input;
while (cin >> input)
{
   total = total + input;
   count++;
}
double average = 0;
if (count > 0) { average = total / count; }
```

4.7.2 일치하는 것을 세기

어떤 조건을 충족하는 값들을 세려면, 모든 값을 검사해서 일치할 때마다 카운트를 증가시킨다.

몇 개의 값이 특정 조건을 충족하는지 알아야 할 때가 있다. 예를 들어, 문자열에 빈칸이 몇 개 있는지 세고 싶다. 0으로 초기화되고, 일치할 때마다 증가되는 변수인 카운터를 보유하자.

```
int spaces = 0;
for (int i = 0; i < str.length(); i++)
{
   string ch = str.substr(i, 1);
   if (ch == " ")
   {
      spaces++;
   }
}
```

예를 들어, `str`이 문자열 "`My Fair Lady`"이라면 `spaces`는 두 번(`i`가 2일 때와 7일 때) 증가된다.

변수 `spaces`가 루프 바깥에서 선언되었음을 주목한다. 우리는 이 루프가 한 변수만 갱신하기를 원한다. 변수 `ch`는 루프 안에서 선언된다. 각 반복마다 별도의 변수가 생성되며, 각 루프 반복 끝에서 제거된다.

이 루프는 입력을 스캔하는 데 사용될 수도 있다. 다음 루프는 텍스트를 한 번에 한 단어씩 읽어서, 최대 세 글자를 갖는 단어들의 수를 센다:

```
int short_words = 0;
string input;
while (cin >> input)
{
   if (input.length() <= 3)
   {
      short_words++;
   }
}
```

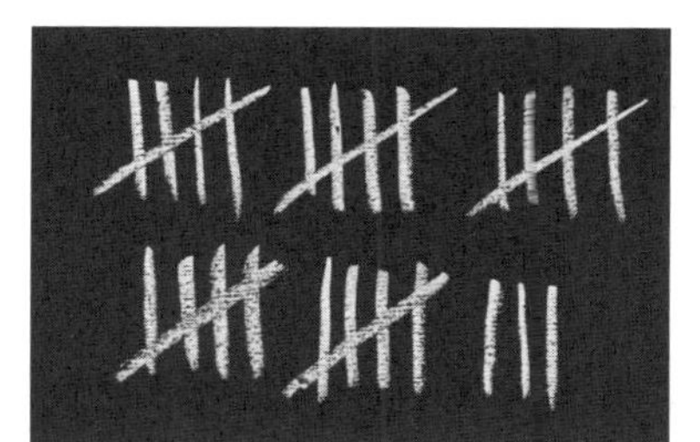

일치하는 것을 찾는 루프에서, 카운터는 일치하는 게 발견될 때마다 증가된다.

4.7.3 첫 번째 일치하는 것을 찾기

만일 일치하는 것을 찾는 것이 목표라면, 일치하는 게 발견될 때 루프를 탈출한다.

어떤 조건을 충족하는 값들의 개수를 셀 때는 모든 값들을 들여다봐야 한다. 그러나, 하나만 찾아도 된다면, 조건이 충족되면 바로 정지할 수 있다.

다음은 문자열에서 첫 번째 빈칸을 찾는 루프이다. 문자열의 모든 요소들을 방문하지 않으므로, while 루프가 for 루프보다 더 적합하다:

검색할 때, 우리는 일치하는 게 발견될 때까지 품목들을 자세히 살핀다.

```
bool found = false;
int position = 0;
while (!found && position < str.length())
{
   string ch = str.substr(position, 1);
   if (ch == " ") { found = true; }
   else { position++; }
}
```

만일 일치하는 게 발견되면, found가 true이며 position은 처음 일치한 것의 인덱스이다. 만일 이 루프가 일치하는 것을 찾지 못하면, found는 루프가 끝난 후에도 false로 남아 있다.

앞의 보기에서는 어떤 조건과 일치하는 글자를 문자열에서 검색했다. 똑같은 과정을 사용자 입력에 대해 적용할 수 있다. 사용자에게 100 미만의 양의 값을 입력할 것을 요구한다고 하자. 사용자가 올바른 입력을 제공할 때까지 계속 요구한다:

```
bool valid = false;
double input;
while (!valid)
{
   cout << "Please enter a positive value < 100: ";
   cin >> input;
   if (0 < input && input < 100) { valid = true; }
   else { cout << "Invalid input." << endl; }
}
```

변수 input이 while 루프의 바깥에 선언되어 있음을 주목하라. 이 입력을 루프가 끝난 후에도 사용하길 원하기 때문이다. 만일 루프 본체 안에 선언되어 있다면, 이 루프의 바깥에서는 사용하지 못한다.

4.7.4 최대값 및 최소값

가장 큰 값을 찾으려면, 그때까지 발견된 최대값보다 더 큰 값이 발견될 때마다 최대값을 갱신한다.

시퀀스의 최대값을 찾으려면, 이제까지 발견된 최대값을 저장하는 변수를 보유하고, 그를 더 큰 값이 발견되면 갱신한다.

```
double largest;
cin >> largest;
double input;
while (cin >> input)
{
   if (input > largest)
   {
      largest = input;
   }
}
```

이 알고리듬은 적어도 하나의 입력을 필요로 한다.

가장 큰 버스 승객의 키를 찾으려면, 이제까지의 최대값을 기억하고, 더 큰 값이 발견될 때마다 그를 갱신한다.

가장 작은 값을 찾기 위해서는 단순히 이 비교를 반대로 하면 된다:

```
double smallest;
cin >> smallest;
double input;
while (cin >> input)
{
   if (input < smallest)
   {
      smallest = input;
   }
}
```

4.7.5 인접 값을 비교하기

루프에서 값 시퀀스를 처리할 때, 방금 나왔던 값과 비교해야 할 때가 있다. 예를 들어, 입력 시퀀스에 인접한 중복 값들(예: 1 7 2 9 9 4 9)이 포함되어 있는지 검사하려 한다고 하자.

지금 도전에 직면해 있다. 값을 읽기 위한 전형적인 루프를 고려하자:

```
double input;
while (cin >> input)
{
   // Now input contains the current input
   . . .
}
```

인접한 입력들을 비교하려면, 이전 입력을 변수에 저장해둔다.

현재 입력을 이전 입력과 어떻게 하면 비교할 수 있는가? 항상, 입력은 이전 입력을 덮어쓰기 한 현재 입력을 포함한다.

그 답은 다음과 같이 이전 입력을 저장하는 것이다:

```
double input;
double previous;
```

```
while (cin >> input)
{
   if (input == previous) { cout << "Duplicate input" << endl; }
   previous = input;
}
```

인접 값들을 비교할 때는 이전 값을 변수에 저장한다.

한 가지 문제가 남아 있다. 루프에 처음 들어갈 때, previous가 아직 설정되어 있지 않다. 이 문제는 루프 바깥에서 초기 입력 작업을 해서 해결할 수 있다:

```
double input;
double previous;
while (cin >> input)
{
   if (input == previous) { cout << "Duplicate input" << endl; }
   previous = input;
}
```

자체검사

31. 4.7.1절의 알고리듬에서 사용자 입력이 제공되지 않을 때, 합계가 얼마로 계산되는가?

32. 모든 양(positive)의 입력들의 합계는 어떻게 계산하는가?

33. 4.7.3절의 알고리듬에서 일치하는 게 발견되지 않을 떠, position의 값은 얼마인가?

34. 문자열의 첫 빈칸(space)의 위치를 찾기 위한 다음 루프에서 잘못된 곳은?

```
bool found = false;
for (int position = 0; !found && position < str.length(); position++)
{
   string ch = str.substr(position, 1);
   if (ch == " ") { found = true; }
}
```

35. 문자열의 마지막 빈칸을 찾는 방법은?

36. 최소 입력값을 찾기 위한 다음 루프에서 잘못된 곳은?

```
double smallest = 0;
double input;
while (cin >> input)
{
   if (input < smallest)
   {
      smallest = input;
   }
}
```

37. 입력이 전혀 제공되지 않을 때, 4.7.5절의 알고리듬에는 어떤 일이 일어나는가?

Practice It 이제 다음 연습문제들에 대해 답할 수 있다: P4.8, P4.13, P4.14.

How to 4.1 루프 작성하기

이 How To는 루프 문을 구현하는 과정을 안내한다. 다음의 예제 문제를 통해 그 단계를 보여주겠다.

12개의 온도 값(각각의 달마다 하나)을 읽어서 가장 기온이 높은 달을 숫자로 표시하자. 예를 들어, `http://worldclimate.com`에 따르면 데스 밸리(Death Valley)의 평균 최고 기온은(월 순으로),

18.2 22.6 26.4 31.1 36.6 42.2
45.7 44.5 40.2 33.1 24.2 17.6

이다. 이 경우, 기온이 가장 높은 달은 7월이며, 프로그램은 7을 표시해야 한다.

단계 1 루프 안에서 할 일을 결정한다.

모든 루프는 다음과 같은, 모종의 반복적인 일을 한다.

- 다른 항목을 읽기.
- 값(예: 은행 잔고, 합계)을 갱신하기.
- 카운터 증가시키기.

만일 루프 안에 무엇이 들어가야 할지 모르겠다면, 손으로 문제를 푼다고 할 때 따를 단계들을 적는 것부터 시작하자. 예를 들어, 온도 읽기 문제에 대해 다음과 같이 쓸 수 있다.

```
Read first value.
Read second value.
If second value is higher than the first, set highest temperature to that value, highest month to 2.
Read next value.
If value is higher than the first and second, set highest temperature to that value, highest month to 3.
Read next value.
If value is higher than the highest temperature seen so far, set highest temperature to that value,
   highest month to 4.
. . .
```

이제 이 단계들을 살펴보고, 이들을 루프 본체 안에 놓여질 수 있는 일련의 **균등한** 동작들로 축소하라. 첫 번째 동작은 쉽다:

```
Read next value.
```

그 다음 동작은 까다롭다. 우리의 설명에서, 우리는 'higher than the first(첫 번째보다 높은)', 'higher than the first and second(첫 번째와 두 번째 보다 높은)', 'higher than the highest temperature seen so far(이제까지 관찰된 최고 온도보다 더 높은)' 이란 테스트들을 사용했다. 모든 반복에서 쓸 수 있는 하나의 테스트를 정할 필요가 있다. 마지막 표현이 가장 일반적이다.

마찬가지로, 최고 월을 설정하는 방법을 찾아내야 한다. 1부터 12까지 변하는 현재 월을 저장하는 변수가 필요하다. 그러고 나면 두 번째 루프 동작을 표현할 수 있다:

```
If value is higher than the highest temperature, set highest temperature to that value,
   highest month to current month.
```

모두 합치면, 루프는,

```
Loop
    Read next value.
    If value is higher than the highest temperature, set highest temperature to that value,
        highest month to current month.
    Increment current month.
```

단계 2 루프 조건을 명시한다.

루프에서 달성하고자 하는 목표가 무엇인가? 대표적인 예는,

- 카운터가 최종 값에 도달했는가?
- 최종 입력 값을 읽었는가?
- 주어진 문턱치에 도달한 값이 있는가?

우리의 예제에서 우리는 단순히 현재 월이 12에 도달하기를 원한다.

단계 3 루프 유형을 결정한다.

우리는 두 가지 주요 루프 유형을 구분한다. 유한 루프 또는 카운트-제어 루프는 정해진 횟수만큼 실행된다. 무한 루프 또는 이벤트-제어 루프에서는 반복 횟수가 미리 알려져 있지 않다 — 이 루프는 어떤 이벤트가 발생할 때까지 실행된다. 후자의 전형적 예는 선티널이 나올 때까지 데이타를 읽는 루프이다.

루프가 몇 번 반복되는지를 미리 안다면, `for` 문을 사용하자. 다른 루프들에 대해서는 루프 조건을 고려하자. 루프를 종료시킬 때를 알 수 있기 전에, 루프 본체 전체를 한 번 반복할 필요가 있는가? 그 경우, `do` 루프를 선택해야 한다. 아니면 `while` 루프를 사용하자.

우리의 예제에서는 12개의 온도 값을 읽는다. 그러므로, 우리는 `for` 루프를 선택한다.

단계 4 루프에 처음 들어가기 위한 변수들을 설정한다.

루프에서 사용되고 갱신되는 모든 변수들을 나열하고, 그들을 어떻게 초기화할 것인지 결정하자. 보통, 카운터는 0 또는 1로, 합계는 0으로 초기화된다.

우리 예제의 변수들은,

```
current month
highest value
highest month
```

최고 온도 값을 설정할 때는 주의할 필요가 있다. 단순히 0으로 설정할 수 없다. 우리 프로그램은, 모두 마이너스 값일 남극 대륙의 온도 값들에 대해서도 동작해야 한다.

한 가지 좋은 방법은 최고 온도 값을 맨 처음 값에 설정하는 것이다. 물론, 그러면 현재 월은 2에서 시작하고, 11개의 값만 더 읽으면 된다는 것을 잊지 말아야 한다.

최고 달도 1로 초기화한다. 어떤 호주 도시에서는 1월 보다 따뜻한 달이 없을 수도 있다.

단계 5 루프가 끝난 후 결과를 처리한다.

많은 경우에, 원하는 결과가 단순히 루프 본체에서 갱신된 변수이다. 예를 들어, 우리의 기온 프로그램에서, 결과는 최고 달이다. 때때로, 루프는 최종 결과에 기여하는 값들을 계산한다. 예를 들어, 온도를 평균해야 한다고 하자. 그러면, 루프는 평균이 아니라 합을 계산해야 한다. 루프가 끝나면 평균을 계산할 준비가 되어 있다. 합을 입력의 개수로 나누라.

다음은 완성된 루프이다:

```
Read first value; store as highest value.
highest month = 1
for (current month = 2; current month <= 12; current month++)
    Read next value.
    If value is higher than the highest value, set highest value to that value,
        highest month to current month.
```

단계 6 전형적인 예를 갖고 루프를 추적한다.

루프 코드를 4.2절에 기술한 것 같이 핸드-트레이싱한다. 너무 복잡하지 않은 보기 값들로 고른다—대부분의 빈번한 오류들을 검사하는 데는 루프를 3~5회 실행하는 것으로 충분하다. 맨 처음과 맨 마지막에 루프에 들어갈 때는 주의를 기울이자.

때때로, 추적을 실현 가능하게 만들기 위해서 약간 수정하고 싶을 때가 있다. 예를 들어, 투자액 더블링 문제를 핸드-트레이싱할 때, 5% 이자보다는 20% 이자를 사용하자. 기온 루프를 핸드-트레이싱할 때는 12개 대신에 4개의 데이타 값을 사용한다.

데이타가 22.6 36.6 44.5 24.2라고 하자. 시뮬레이션(walkthrough)은 다음과 같이 진행된다.

current month	current value	highest month	highest value
		~~1~~	~~22.6~~
~~2~~	~~36.6~~	~~2~~	~~36.6~~
~~3~~	~~44.5~~	3	44.5
4	24.2		

이 추적은 **highest month**와 **highest value**가 적절히 설정되었음을 보여준다.

단계 7 루프를 C++로 구현한다.

우리의 예제를 위한 루프는 다음과 같다. 연습문제 P4.4에서 이 프로그램을 완성시킨다.

```
double highest_value;
cin >> highest_value;
int highest_month = 1;
for (int current_month = 2; current_month <= 12; current_month++)
{
   double next_value;
   cin >> next_value;
   if (next_value > highest_value)
   {
      highest_value = next_value;
      highest_month = current_month;
   }
}
cout << highest_month << endl;
```

데모 예제 4.1 **신용카드 처리**

이 데모 예제는 신용카드 번호에서 빈칸을 제거하기 위해 루프를 사용한다.

4.8 내포 루프

3.4절에서 두 개의 `if` 문을 어떻게 내포시키는지 보았다. 비슷하게, 복잡한 반복들도 **내포 루프**(다른 루프 안의 루프)를 필요로 할 때가 있다. 표를 처리할 때, 내포 루프가 자연스럽

⊕ Available online at `www.wiley.com/college/horstmann`.

루프의 본체가 다른 루프를 포함할 때, 루프가 둥지를 틀었다고 한다. 둥지 루프(또는 내포 루프)[1]의 대표적 용도는 행과 열이 있는 표를 출력하는 것이다.

게 등장한다. 바깥 루프는 표의 모든 행에 대해 반복한다. 안쪽 루프는 현재 행의 열들을 처리한다.

이 절에서는 표를 출력하는 방법을 배운다. 간결성을 위해, 단순히 우측의 표에 있는 것 같은 거듭제곱 x^n을 출력하겠다.

다음은 이 표를 출력하기 위한 수도코드이다:

x^1	x^2	x^3	x^4
1	1	1	1
2	4	8	16
3	9	27	81
…	…	…	…
10	100	1000	10000

```
Print table header.
For x from 1 to 10
    Print table row.
    Print endl.
```

표의 한 행을 어떻게 출력하는가? 각 지수에 대해 값을 출력해야 한다. 이는 두 번째 루프를 필요로 한다:

```
For n from 1 to 4
    Print xⁿ.
```

이 루프는 앞 루프의 안에 놓여야 한다. 안쪽 루프가 바깥 루프 안에 **둥지**를 튼다고 말한다(그림 4.7 참고).

디지털 시계의 시와 분 표시가 내포 루프의 예이다. 시는 12번 루프를 돌고, 매 시에 대해 분은 60번 루프를 돈다.

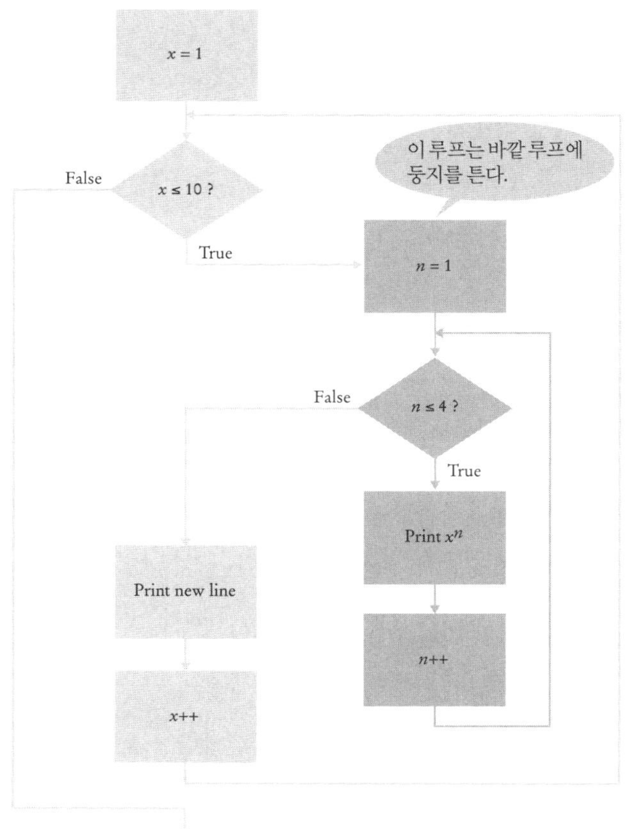

그림 4.7
내포(또는 둥지) 루프의 흐름도

[1] 일반적으로 nested loop를 내포(된) 루프로 번역하나, 이 책에서는 nest의 원래 뜻이며 충분히 직관적인 "둥지"라는 표현도 같이 사용한다.

바깥 루프에는 10개의 행이 있다. 각 x에 대해서, 프로그램은 안쪽 루프의 네 개의 열들을 출력한다. 따라서, 모두 10 × 4 = 40개 값이 출력된다.

다음은 전체 프로그램이다. 표의 헤더를 출력하는 데도 루프를 사용함을 주목한다. 그러나, 그 루프들은 둥지 틀지 않았다.

ch04/powtable.cpp

```
#include <iostream>
#include <iomanip>
#include <cmath>

using namespace std;

int main()
{
   const int NMAX = 4;
   const double XMAX = 10;

   // Print table header

   for (int n = 1; n <= NMAX; n++)
   {
      cout << setw(10) << n;
   }
   cout << endl;
   for (int n = 1; n <= NMAX; n++)
   {
      cout << setw(10) <<      ;
   }
   cout << endl << endl;

   // Print table body

   for (double x = 1; x <= XMAX; x++)
   {
      // Print table row

      for (int n = 1; n <= NMAX; n++)
      {
         cout << setw(10) << pow(x, n);
      }
      cout << endl;
   }

   return 0;
}
```

실행 결과

```
         1         2         3         4
        x         x         x         x

         1         1         1         1
         2         4         8        16
         3         9        27        81
         4        16        64       256
         5        25       125       625
         6        36       216      1296
         7        49       343      2401
         8        64       512      4096
         9        81       729      6561
        10       100      1000     10000
```

표 4.3 내포 루프 예

내포 루프	출력	설명

for (i = 1; i <= 3; i++)
{
for (j = 1; j <= 4; j++) { cout << "*"; }
cout << endl;
}
	****
	****
	****
		별표를 4개씩, 3개 행을 출력한다.

for (i = 1; i <= 4; i++)
{
for (j = 1; j <= 3; j++) { cout << "*"; }
cout << endl;
}
	***
	***
	***
	***
		별표를 3개씩, 4개 행을 출력한다.

for (i = 1; i <= 4; i++)
{
for (j = 1; j <= i; j++) { cout << "*"; }
cout << endl;
}
	*
	**
	***
	****
		각각의 길이가 1, 2, 3, 4인 4개 행을 출력한다.

for (i = 1; i <= 3; i++)
{
for (j = 1; j <= 5; j++)
{
if (j % 2 == 0) { cout << "*"; }
else { cout << "-"; }
}
cout << endl;
}
	-*-*-
	-*-*-
	-*-*-
		짝수 열에는 별표, 홀수 열에는 대시(-)를 출력한다.

for (i = 1; i <= 3; i++)
{
for (j = 1; j <= 5; j++)
{
if ((i + j) % 2 == 0) { cout << "*"; }
else { cout << " "; }
}
cout << endl;
}
	* * *
	 * *
	* * *
		장기판 패턴을 출력한다.

38. 안쪽 루프에는 `cout << endl`이 없는데 바깥 루프에는 있는 이유는?

39. x^0부터 x^5까지 모든 거듭제곱을 표시하려면 프로그램을 어떻게 수정하면 되는가?

40. 위 자체 검사 39대로 바꾼다면, 몇 개의 값이 표시되는가?

41. 다음의 내포 루프는 무엇을 표시하는가?

```
for (int i = 0; i < 3; i++)
{
   for (int j = 0; j < 4; j++)
   {
      cout << i + j;
   }
   cout << endl;
}
```

42. 다음의 대괄호 패턴을 만드는 내포 루프를 작성하라.

```
[][][][]
[][][][]
[][][][]
```

Practice It 이제 다음 연습문제들에 대해 답할 수 있다: R4.23, P4.21, P4.22.

4.9 랜덤 넘버와 시뮬레이션

시뮬레이션할 때는 컴퓨터를 사용해서 액티비티를 시뮬레이션 한다. 랜덤성은 랜덤 넘버 생성기를 호출해서 얻을 수 있다.

시뮬레이션 프로그램은 컴퓨터를 사용해서 실세계(또는 가상 세계)의 액티비티처럼 보이게 만든다. 시뮬레이션은 기후 변화 예측, 교통 분석, 주식 선정, 그리고 과학과 사업의 여러 응용 분야에서 사용된다. 다음 절에서는 랜덤성을 갖는 현상을 모델링하는 시뮬레이션을 구현하는 방법을 배운다.

4.9.1 랜덤 넘버 생성하기

실세계의 많은 이벤트들을 완벽한 정확도로 예측하기는 어려우나, 때때로 우리는 평균적인 움직임(average behavior)은 제법 잘 알 수 있다. 예를 들어, 어떤 가게는 경험에 의해 고객들이 5분에 한 명 꼴로 온다는 것을 안다. 물론, 이것은 평균이다—고객들은 5분 간격으로 오지 않는다. 고객 내방을 정확하게 모델링하기 위해서 이 랜덤한 변화를 참작하기를 원한다. 그러면, 컴퓨터에서 그런 시뮬레이션을 어떻게 돌릴 수 있을 것인가?

C++ 라이브러리에는 완전하게 랜덤해보이는 수들을 만드는 **랜덤 넘버 생성기**가 있다. rand()를 호출하면 0과 RAND_MAX(구현 종속적인 상수로서, 항상은 아니지만 보통 유효한 최대 정수값) 사이의 랜덤한 정수가 만들어진다. rand()를 다시 호출하면 다른 수를 얻는다. 함수 rand는 <cstdlib> 헤더에 선언되어 있다.

다음 프로그램은 rand 함수를 열 번 호출한다.

ch04/random.cpp

```
#include <iostream>
#include <cstdlib>

using namespace std;

int main()
{
   for (int i = 1; i <= 10; i++)
   {
      int r = rand();
      cout << r << endl;
   }
   return 0;
}
```

실행 결과

```
1804289383
846930886
1681692777
1714636915
1957747793
424238335
719885386
1649760492
596516649
118964142
```

실제로는 이 수들은 완전하게 랜덤하지는 않다. 이들은 아주 오랫동안 반복되지 않는 수 시퀀스들에서 뽑힌다. 이 시퀀스들은 실제로는 매우 단순한 공식으로부터 계산된다. 이들은 단지 랜덤 넘버들처럼 보일 뿐이다. 그런 이유로 흔히 이들을 **수도랜덤 넘버**라고 부른다.

프로그램을 다시 돌려 본다. **똑같은 출력을** 얻을 것이다! 이것이 랜덤 넘버들이 공식에 의해 생성된다는 사실을 확인시켜준다. 그러나, 시뮬레이션을 돌릴 때, 우리는 똑같은 결과를 얻기를 원하지 않는다. 이 문제를 해결하기 위해서, 랜덤 넘버 시퀀스를 위한 **씨드**(*seed*)를 지정한다. 새 씨드를 사용할 때마다, 랜덤 넘버 생성기는 새로운 시퀀스를 만들기 시작한다. 이 씨드는 `srand` 함수로 설정된다. 씨드로 사용되는 간단한 값은 현재 시각이다.

```
srand(time(0));
```

랜덤 넘버들을 생성하기 전에, 이 호출을 프로그램에서 한 번 호출한다. 그러면 프로그램이 실행될 때마다 랜덤 넘버들이 달라진다. 그리고, `time` 함수를 선언하는 `<ctime>` 헤더를 포함시킨다.

4.9.2 주사위 던지기 시뮬레이션

실제 응용에서는 랜덤 넘버 생성기로부터의 출력을 다른 범위로 변환할 필요가 있다. 예를 들어, 주사위 던지기를 시뮬레이션하려면 1에서 6 사이의 랜덤 넘버들이 필요하다.

다음은 두 경계 a와 b 사이의 랜덤 정수들을 계산하기 위한 일반적인 방법이다. 147쪽의 프로그래밍 팁 4.3으로부터 알 듯이, 경계를 포함해서, `a`와 `b` 사이에는 `b - a + 1`개의 값이 있다. 먼저 `rand() % (b - a + 1)`를 계산해서 0과 `b - a` 사이의 랜덤 값을 얻고 나서 `a`를 더해서 `a`와 `b` 사이의 랜덤 값을 만든다:

```
int r = rand() % (b - a + 1) + a;
```

다음은 주사위 쌍 던지기를 시뮬레이션하는 프로그램이다.

ch04/dice.cpp

```
#include <iostream>
#include <string>
#include <cstdlib>
#include <ctime>

using namespace std;

int main()
{
   srand(time(0));

   for (int i = 1; i <= 10; i++)
   {
      int d1 = rand() % 6 + 1;
      int d2 = rand() % 6 + 1;
      cout << d1 << " " << d2 << endl;
   }
   cout << endl;
   return 0;
}
```

실행 결과

```
5 1
2 1
1 2
5 1
```

```
1 2
6 4
4 4
6 1
6 3
5 2
```

4.9.3 몬테 카를로 방법

몬테 카를로(Monte Carlo) 방법은 정확하게 풀릴 수 없는 문제에 대한 근사해를 찾아내기 위한 기발한 방법이다(이 방법의 이름은 몬테 카를로의 유명한 카지노 이름을 따서 붙여졌다). 다음은 전형적인 예이다. π를 계산하는 것은 어려우나, 다음의 시뮬레이션에 의해 아주 잘 근사화할 수 있다.

반경이 1인 원을 둘러싸는 정사각형에 다트를 던지는 것을 시뮬레이션한다. 이것은 쉽다. −1과 1 사이의 랜덤한 x와 y 좌표들을 생성한다. 만일 생성된 점이 원 안에 놓이면, **히트**로 센다. 이것은 $x^2 + y^2 \le 1$인 경우이다. 던지는 것이 전적으로 랜덤하기 때문에, 우리는 **히트/시도** 비가 원과 정사각형의 면적 비, 즉 $\pi/4$와 대략 같다고 기대한다. 그러므로, π에 대한 우리의 추정은 4 × **히트/시도**이다. 이 방법은 단순한 산수만을 사용해서 π에 대한 추정을 산출한다.

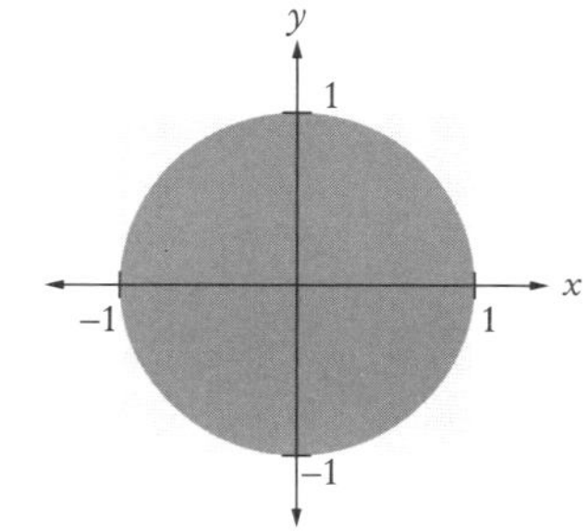

몬테 카를로 시뮬레이션을 돌리기 위해서는 랜덤 넘버 생성에 관해서 좀 더 공부해야 한다. 주사위를 던질 때, 여섯 면 중에 하나가 나와야 한다. 그러나, 다트를 던질 때는 가능한 결과가 많다. 랜덤 부동 소수점 수를 생성해야 한다.

먼저, 다음의 값을 생성한다:

```
double r = rand() * 1.0 / RAND_MAX; // Between 0 and 1
```

값 `r`은 0과 1 사이의 랜덤 부동 소수점 값이다(/ 연산자의 피연산자들 중 하나를 부동 소수점 수로 만들기 위해서 `1.0`으로 곱해야 한다. 나눗셈 `rand() / RAND_MAX`는 정수 나눗셈이다–빈번한 오류 2.3 참고.).

−1과 1 사이의 랜덤 값을 생성하기 위해서, 다음을 계산한다:

```
double x = -1 + 2 * r; // Between -1 and 1
```

`r`이 0에서 1까지 변함에 따라 `x`는 $-1 + 2 \times 0 = -1$에서 $-1 + 2 \times 1 = 1$까지 변한다.

다음은 이 시뮬레이션을 수행하는 프로그램이다.

ch04/montecarlo.cpp

```
#include <iostream>
#include <cstdlib>
#include <cmath>
#include <ctime>

```

```
using namespace std;

int main()
{
   const int TRIES = 10000;

   srand(time(0));

   int hits = 0;
   for (int i = 1; i <= TRIES; i++)
   {
      double r = rand() * 1.0 / RAND_MAX; // Between 0 and 1
      double x = -1 + 2 * r; // Between -1 and 1
      r = rand() * 1.0 / RAND_MAX;
      double y = -1 + 2 * r;
      if (x * x + y * y <= 1) { hits++; }
   }
   double pi_estimate = 4.0 * hits / TRIES;
   cout << "Estimate for pi: " << pi_estimate << endl;
   return 0;
}
```

실행 결과

```
Estimate for pi: 3.1504
```

43. 동전 던지기를 `rand` 함수로 어떻게 시뮬레이션하는가?

44. 랜덤 플레잉 카드를 뽑는 것은 어떻게 시뮬레이션하는가?

45. `dice.cpp` 파일은 왜 `<ctime>` 헤더를 포함하는가?

46. 2와 12 사이의 값을 얻기 위해서 주사위 쌍을 던지는 게임이 많다. 다음 주사위 쌍 던지기 시뮬레이션에서 잘못된 점은 무엇인가?

```
int sum = rand() % 11 + 2;
```

47. 0과 100 사이의 랜덤 부동 소수점 수는 어떻게 생성하는가?

Practice It 이제 다음 연습문제들에 대해 답할 수 있다: R4.24, P4.10, P4.25.

랜덤 팩트 4.2 소프트웨어 해적 행위

이 책을 읽으면서 우리는 컴퓨터 프로그램 몇 개를 작성했으며, 아주 작은 프로그램을 짜는 데도 얼마나 많은 노력이 필요한지를 직접 체험했다. 금융 앱이나 컴퓨터 게임 같은 실제 소프트웨어 상품을 작성하는 것은 많은 시간과 돈을 필요로 한다. 노력 이상의 돈을 벌만한 타당한 가능성이 없다면 그런 시간과 돈을 쓰려고 할 사람은 거의 없을 것이며, 기업은 더 그렇다(사실은, 사용자가 더 정교한 유료 버전으로 업그레이드하거나 컨설팅을 받기 위해 지불할 것이라는 기대에 소프트웨어를 공짜로 뿌리는 회사들도 있다. 또 어떤 회사들은 사용자가 파일을 읽고 사용하게 해 주는 소프트웨어는 공짜로 뿌리나, 그런 파일을 만드는 데 필요한 소프트웨어는 판매한다. 끝으로, 열정 때문에, 공짜로 복사해도 되는 프로그램을 자발적으로 만드는 개인도 있다. 더 자세한 정보는 랜덤 팩트 9.2를 참고한다).

소프트웨어를 팔 때, 기업은 고객의 정직성에 의존해야 한다. 부도덕한 개인에 의해 컴퓨터 프로그램은 쉽게 무단 복제된다. 이것은 대부분의 국가에서 불법이다. 대부분의 정부는 새로운 상품의 개발을 장려하기 위해 저작권법과 특허 같은 법적 보호를 규정한다. 해적 행위가 만연한 국가들에는 외제 소프트웨어가 저가로 풍부하게 공급되고 있으나, 고유 글씨체의 워드 프로세서나 자국 세법에 맞춘 금융 프로그램 같은 자국민을 위한 양질의 소프트웨어를 설계하려는 자국 기업은 없어진다.

대규모 소프트웨어 시장이 처음 등장했을 때, 판매사들은 해적 행위로 인해 입은 금전적 피해 때문에 격분했다. 그들은 합법적인 소유자들만이 소프트웨어를 사용할 수 있게 하기 위한, **동글**(소프트웨어를 돌리기 전에 프린터 포트에 부착해야 하는 장치) 등의 다양한 방책을 동원해서 맞서려 노력했다. 합법적 사용자들은 이 대책을 싫어했다. 그들은 소프트웨어를 위해 지불했으나, 자기 컴퓨터에 여러 개의 동글이 튀어나와 있어야 하는 불편함을 겪어야 했다. 미국에서는 시장 압력에 의해 대부분의 판매사들이 그런 복사 방지 방법을 포기했으나, 아직도 많은 국가에 남아 있다.

소프트웨어를 무단 복제하기가 아주 쉽고 저렴하며, 발각될 가능성은 매우 낮기 때문에, 나 스스로 도덕적으로 선택해야 한다. 만일 내가 정말 갖고 싶은 패키지가 내 예산으로 구입하기에 너무 비싸다면, 훔칠 것인가, 아니면 정직하게 살고 더 저렴한 상품으로 만족할 것인가?

물론 해적 행위는 소프트웨어에 국한되지 않는다. 똑같은 문제가 다른 디지털 상품들에 대해서도 발생하고 있다. 노래나 영화를 무료로 복사한 걸 얻은 적이 있을 것이다. 또는 내가 돈을 내고 산 노래를 듣지 못하게 만드는 뮤직 플레이어에 부착된 복사 방지 장치 때문에 화가 난 적도 있을 것이다. 인정하건대, 적어도 소프트웨어 패키지를 설계하고 구현하는 데 들이는 노력과 비교할 때, 음반사가 자신들이 별로 노력을 들인 것도 없어 보이는 것에 대해 높은 요금을 책정한 합주단에 대해 연민을 갖기가 어려울 수도 있다. 그럼에도 불구하고, 예술가들과 작가들이 그들의 노력에 대해 어떤 보상을 받는 것은 정당하기만 하다. 정직한 고객들에게는 큰 부담을 주지 않고, 예술가, 작가, 프로그래머들에게는 합당하게 지불하는 방법은 아직까지 해결되지 않은 문제이며, 많은 컴퓨터 과학자들이 이 문제를 연구하고 있다.

요약

루프에서의 실행 흐름을 설명한다.

- 루프는 조건이 참인 한, 코드 블록을 반복적으로 실행한다.
- Off-by-one 오류는 루프를 프로그래밍할 때 흔한 오류이다. 이러한 오류를 피하려면 간단한 테스트 케이스들을 고려한다.

프로그램의 동작을 분석하기 위해서 핸드-트레이싱 기법을 이용한다.

- 핸드-트레이싱은 명령들을 짚어 나가고, 변수 값들을 추적하는 코드 실행 시뮬레이션이다.
- 핸드-트레이싱은 생소한 알고리듬이 어떻게 동작하는지를 이해하는 데 도움을 줄 수 있다.
- 핸드-트레이싱은 코드나 수도코드의 오류를 밝혀낼 수 있다.

카운팅 루프를 구현하기 위해 `for` 루프를 사용한다.

- `for` 루프는 어떤 값이 시작 점에서부터 끝 점까지 상수 증분 또는 감분으로 바뀔 때 사용된다.

while 루프와 do 루프 중에선 선택한다.

- do 루프는 루프 본체가 적어도 한 번 실행되어야 할 때 적합하다.

입력 데이타 시퀀스를 읽는 루프를 구현한다.

- 센티널 값은 데이타 집합의 끝을 나타내나, 데이타의 일부는 아니다.
- 루프를 제어하기 위해 부울 변수를 사용할 수 있다. 루프로 들어가기 전에 이 변수를 true로 설정하고, 루프를 떠날 때 false로 설정한다.
- 파일로부터 입력을 읽으려면 입력 전향을 사용한다. 파일에 프로그램 출력을 캡처해서 넣으려면 출력 전향을 사용한다.

사용자 상호작용을 계획하기 위해서 스토리보드 기법을 사용한다.

- 스토리보드는 액션 시퀀스의 각 단계를 위한, 설명이 붙은 스케치들로 구성된다.
- 스토리보드를 개발하면 프로그램에 필요한 입력과 출력들을 이해하는 데 도움이 된다.

가장 보편적인 루프 알고리듬을 안다.

- 평균을 계산하려면, 합계와 값의 수를 기록한다.
- 조건을 충족하는 값들을 세려면, 모든 값을 검사해서 부합할 때마다 카운터를 증가시킨다.
- 찾는 게 목표일 때는, 찾으면 루프를 빠져 나온다.
- 최대값을 찾아내려면, 이제까지 본 최대값보다 더 큰 값을 만나게 될 때 최대값을 갱신한다.
- 인접 입력들을 비교하려면, 이전 입력을 변수에 저장한다.

다중 반복 레벨을 구현하려면 내포 루프를 사용한다.

- 루프의 본체가 다른 루프를 포함할 때, 루프가 둥지를 튼 것이다. 내포 루프의 대표적 용도는 행과 열이 있는 표를 출력하는 것이다.

시뮬레이션의 구현에 루프를 적용한다.

- 시뮬레이션에서, 액티비티를 시뮬레이션하기 위해 컴퓨터를 이용한다. 랜덤 넘버 생성기를 호출해서 랜덤성을 얻을 수 있다.

복습 연습 문제

R4.1 다음 루프들에 대한 추적 표를 작성하라.

a.
```
int i = 0; int j = 10; int n = 0;
while (i < j) { i++; j--; n++; }
```
b.
```
int i = 0; int j = 0; int n = 0;
while (i < 10) { i++; n = n + i + j; j++; }
```
c.
```
int i = 10; int j = 0; int n = 0;
while (i > 0) { i--; j++; n = n + i - j; }
```

d. `int i = 0; int j = 10; int n = 0;`
```
while (i != j) { i = i + 2; j = j - 2; n++; }
```

R4.2 다음 루프들의 출력은?

a. `for (int i = 1; i < 10; i++) { cout << i << " "; }`
b. `for (int i = 1; i < 10; i += 2) { cout << i << " "; }`
c. `for (int i = 10; i > 1; i--) { cout << i << " "; }`
d. `for (int i = 0; i < 10; i++) { cout << i << " "; }`
e. `for (int i = 1; i < 10; i = i * 2) { cout << i << " "; }`
f. `for (int i = 1; i < 10; i++) { if (i % 2 == 0) { cout << i << " "; } }`

R4.3 무한 루프란 무엇인가? 내 컴퓨터에서는 무한 루프를 도는 프로그램을 어떻게 종료시킬 수 있는가?

R4.4 "off-by-one" 오류란 무엇인가? 자신의 프로그래밍 경험에서 겪은 예를 제시하라.

R4.5 입력 값들을 4 7 –2 –5 0로 가정하고, 연습문제 P4.9의 수도코드에 대한 프로그램 추적을 작성하라.

R4.6 다음 코드는 허용되는가?

```
for (int i = 0; i < 10; i++)
{
   for (int i = 0; i < 10; i++)
   {
      cout << i << " ";
   }
   cout << endl;
}
```

무엇을 출력하는가? 이것은 좋은 코딩 스타일인가? 아니라면, 어떻게 개선시키겠는가?

R4.7 다음 루프들은 몇 번 도는가? 단, i가 루프 본체 안에서 바뀌지 않는다고 가정한다.

a. `for (int i = 1; i <= 10; i++) ...`
b. `for (int i = 0; i < 10; i++) ...`
c. `for (int i = 10; i > 0; i--) ...`
d. `for (int i = -10; i <= 10; i++) ...`
e. `for (int i = 10; i >= 0; i++) ...`
f. `for (int i = -10; i <= 10; i = i + 2) ...`
g. `for (int i = -10; i <= 10; i = i + 3) ...`

R4.8 다음과 같은 달력을 출력하는 프로그램의 수도코드를 작성하라.

```
Su  M  T  W Th  F Sa
          1  2  3  4
 5  6  7  8  9 10 11
12 13 14 15 16 17 18
19 20 21 22 23 24 25
26 27 28 29 30 31
```

R4.9 다음과 같은 섭씨/화씨 전환 표를 출력하는 프로그램의 수도코드를 작성하라.

```
Celsius | Fahrenheit
--------+-----------
      0 |         32
     10 |         50
     20 |         68
    ... |        ...
    100 |        212
```

R4.10 학생들의 성적을 읽고 각 학생의 총점을 출력하는 프로그램의 수도 코드를 작성하라. 각 레코드는 학생의 이름과 성, 시험 점수, 센티널(150쪽 참고)인 -1으로 구성된다. 이 시퀀스는 단어 END로 종료된다. 다음은 보기 시퀀스이다.

```
Harry Morgan 94 71 86 95 -1
Sally Lin 99 98 100 95 90 -1
END
```

이 견본 입력을 위한 추적 표를 제공하라.

R4.11 다음의 for 루프를 while 루프로 재작성하라.

```
int s = 0;
for (int i = 1; i <= 10; i++)
{
   s = s + i;
}
```

R4.12 다음의 do/while 루프를 while 루프로 재작성하라.

```
int n;
cin >> n;
double x = 0;
double s;
do
{
   s = 1.0 / (1 + n * n);
   n++;
   x = x + s;
}
while (s > 0.01);
```

R4.13 다음 루프들의 추적 표를 제공하라.

a.
```
int s = 1;
int n = 1;
while (s < 10) { s = s + n; }
n++;
```

b.
```
int s = 1;
for (int n = 1; n < 5; n++) { s = s + n; }
```

c.
```
int s = 1;
int n = 1;
do
{
   s = s + n;
   n++;
}
while (s < 10 * n);
```

R4.14 다음 루프는 무엇을 출력하는가? 컴퓨터를 사용하지 말고, 코드를 추적해서 답을 찾아내어라.

a.
```
int s = 1;
for (int n = 1; n <= 5; n++)
{
   s = s + n;
   cout << s << " ";
}
```

b.
```
int s = 1;
for (int n = 1; s <= 10; cout << s << " ")
{
   n = n + 2;
   s = s + n;
}
```

c.
```
int s = 1;
int n;
for (n = 1; n <= 5; n++)
{
   s = s + n;
   n++;
}
cout << s << " " << n;
```

R4.15 다음 프로그램 조각은 무엇을 출력하는가? 컴퓨터를 사용하지 말고, 코드를 추적해서 답을 찾아내어라.

a.
```
int n = 1;
for (int i = 2; i < 5; i++) { n = n + i; }
cout << n;
```

b.
```
int i;
double n = 1 / 2;
for (i = 2; i <= 5; i++) { n = n + 1.0 / i; }
cout << i;
```

c.
```
double x = 1;
double y = 1;
int i = 0;
do
{
   y = y / 2;
   x = x + y;
   i++;
}
while (x < 1.8);
cout << i;
```

d.
```
double x = 1;
double y = 1;
int i = 0;
while (y >= 1.5)
{
   x = x / 2;
   y = x + y;
   i++;
}
cout << i;
```

R4.16 대칭적 한계들이 더 자연스러운 for 루프의 예를 제시하라. 비대칭적 한계들이 더 자연스러운 for 루프의 예를 제시하라.

R4.17 사용자가 비호환적인 단위들을 입력하는 시나리오를 보여주는 151쪽의 4.6절의 전환 프로그램을 위한 스토리보드 패널을 추가하라.

R4.18 4.6절에서 사용자에게 모든 유효 단위들을 프롬프트에서 보여주기로 했다. 만일 프로그램이 훨씬 더 많은 단위들을 지원한다면, 이 접근법은 못쓴다. 대안적 접근법을 예시하는 스토리보드 패널을 제공하라. 만일 사용자가 미지의 단위를 입력하면, 알고 있는 모든 단위들의 목록이 표시된다.

R4.19 4.6절의 스토리보드를 바꿔서 단위 전환(convert unit), 프로그램 도움말(program help), 프로그램 중단(quit) 중 어느 것을 원하는지를 사용자에게 묻는 메뉴를 지원하게 하라. 이 메뉴는 프로그램 시작부에, 값 시퀀스가 전환되었을 때, 그리고 오류가 표시될 때 표시되어야 한다.

R4.20 4.6절에서 기술된 단위 전환을 수행하는 프로그램을 위한 흐름도를 그려라.

R4.21 4.7.4절에서 최대 및 최소 입력을 찾는 코드는 **최대값**과 **최소값** 변수들을 한 입력 값으로 초기화한다. 그들을 0으로 초기화할 수 없는 이유는?

R4.22 내포 루프란 무엇인가? 내포 루프가 사용되는 전형적인 예를 제시하라.

R4.23 다음의 내포 루프

```
for (int i = 1; i <= height; i++)
{
   for (int j = 1; j <= width; j++) { cout << "*"; }
   cout << endl;
}
```

는 다음과 같이 주어진 폭과 높이의 직사각형을 그린다.

```
****
****
****
```

같은 직사각형을 그리는 **단일** for 루프를 작성하라.

R4.24 아이들에게 시계를 보는 방법을 가르치는 교육 게임을 설계한다고 하자. 시와 분을 위한 랜덤 값들을 어떻게 만들 것인가? 완전한 프로그램을 작성하라.

R4.25 여행 시뮬레이션에서, 해리는 세 개 주에 거주하는 친구들 중 한 명을 방문할 것이다. 캘리포니아에 열 명, 네바다에 세 명, 유타에 두 명이 있다. 각 주의 친구 수에 비례하는 확률을 가진, 목적지 주를 나타내는 1과 3 사이의 랜덤 넘버를 어떻게 만드는가?

프로그래밍 훈련

P4.1 다음을 계산하는 루프를 갖는 프로그램을 작성하라.

a. 2~100 사이의 모든 짝수의 합
b. 1~100의 모든 제곱의 합
c. 2^0부터 2^{20}까지의 모든 거듭 제곱
d. a~b의 모든 홀수의 합. 여기서 a와 b는 입력이다.
e. 입력의 모든 홀수 숫자의 합(예: 입력이 32677이면, 합은 3 + 7 + 7 = 17.)

P4.2 정수 입력 시퀀스를 읽고 다음을 출력하는 프로그램을 작성하라.

a. 입력의 최소 및 최대.
b. 짝수와 홀수 입력 수.
c. 누적 합계. 예: 입력이 1 7 2 9이면, 프로그램은 1 8 10 19를 출력해야 한다.
d. 반복된 같은 수들. 예: 입력이 1 3 3 4 5 5 6 6 2이면, 프로그램은 3 5 6을 출력해야 한다.

P4.3 입력 한 줄을 문자열로 읽고 다음을 출력하는 프로그램을 작성하라.

a. 문자열의 대문자만.
b. 문자열의 매 두 번째 글자.
c. 모든 모음이 밑줄로 교체된 문자열.
d. 문자열의 모음 수.
e. 문자열의 모든 모음들의 위치.

P4.4 *How to* 4.1의 프로그램을 완성시켜라. 12개의 온도 값을 읽어서 최고 기온을 갖는 월을 출력해야 한다.

P4.5 **신용카드 번호 검사.** 신용카드 번호의 마지막 자리는 **검사 자리**(*check digit*)로서, 한 숫자 오류 또는 두 숫자를 바꾸는 것 같은 사본 오류를 방지한다. 다음 방법은 실제 신용카드 번호를 확인하는 데 사용되지만, 단순화를 위해 16자리 대신에 8자리 번호에 대해 기술하겠다.

- 맨 오른쪽 자리에서 시작해서, 한 자리씩 걸러서 숫자의 합을 만든다. 예를 들어, 신용카드 번호가 43589795이면, 합 5 + 7 + 8 + 3 = 23을 만든다.
- 앞 단계에서 포함되지 않은 숫자들 각각을 두 배로 만든다. 결과 수들의 모든 숫자를 더한다. 예를 들어, 위에 주어진 수에 대해, 숫자들을 두 배로 만드는데, 마지막에서 두 번째에서 시작하면, 18 18 10 8을 얻는다. 이 값들의 모든 숫자를 더하면 1 + 8 + 1 + 8 + 1 + 0 + 8 = 27이 나온다.
- 앞의 두 단계의 합을 더한다. 만일 결과의 마지막 숫자가 0이면, 그 수는 유효하다. 우리의 경우, 23 + 27 = 50이므로 이 숫자는 유효하다.

이 알고리듬을 구현하는 프로그램을 작성하라. 사용자는 8-자리 수를 제공해야 하며, 나는 그 수가 유효한지 여부를 출력해야 한다. 만일 유효하지 않다면, 그 수를 유효하게 만들 검사 자리의 값을 출력해야 한다.

P4.6 **통화 환산.** 먼저 사용자가 U.S. 달러와 일본 엔 간의 당일 환율을 입력하게 하고, U.S. 달러 값들을 읽어서 각각을 엔으로 환산하는 프로그램을 작성하라. 센티널로 0을 사용하라.

P4.7 먼저 사용자가 U.S. 달러와 일본 엔 간의 당일 환율을 입력하게 하고, U.S. 달러 값들을 읽어서 각각을 엔으로 환산하는 프로그램을 작성하라. 달러 입력의 끝을 표시하기 위한 센티널 값으로 0을 상용하자. 그런 다음, 프로그램은 엔 값들을 읽고 그들을 달러로 환산한다. 두 번째 시퀀스는 다른 0 값에 의해 종료된다.

P4.8 부동 소수점 값들을 읽는 프로그램을 작성하라. 사용자가 값들을 입력하게 하고, 다음을 출력하라.

- 값들의 평균
- 값들의 최소값
- 값들의 최대값
- 범위, 즉, 최소값과 최대값의 차이

물론, 이 값들을 위한 프롬프트는 한 번만 표시해도 된다.

P4.9 입력에서 최소값을 찾아내기 위한 다음 수도코드를 C++ 프로그램으로 번역하라.

```
Set a Boolean variable "first" to true.
While another value has been read successfully
    If first is true
        Set the minimum to the value.
        Set first to false.
    Else if the value is less than the minimum
        Set the minimum to the value.
Print the minimum.
```

P4.10 문자열의 글자들을 랜덤하게 치환하기 위한 다음 수도코드를 C++ 프로그램으로 번역하라.

```
Read a word.
Repeat word.length() times
    Pick a random position i in the word.
    Pick a random position j > i in the word.
    Swap the letters at positions j and i.
Print the word.
```

글자를 바꾸기 위해서 다음과 같이 부문자열을 만든다:

그런 다음, 문자열을 다음으로 교체한다.

```
first + word.substr(j, 1) + middle + word.substr(i, 1) + last
```

P4.11 단어를 읽고 단어의 각 문자를 별도의 줄에 출력하는 프로그램을 작성하라. 예를 들어, 사용자가 입력 "Harry"를 제공하면, 프로그램은 다음과 같이 출력한다.

```
H
a
r
r
y
```

P4.12 단어를 읽고 역순으로 출력하는 프로그램을 작성하라. 예를 들어, 사용자가 입력 "Harry"를 제공하면, 프로그램은 다음과 같이 출력한다.

```
yrraH
```

P4.13 단어를 읽고 단어의 모음 수를 출력하는 프로그램을 작성하라. 이 연습문제를 위해, `a e i o u y`가 모음이라고 가정한다. 예를 들어, 사용자가 입력 "Harry"를 제공하면, 프로그램은 `2 vowels`를 출력한다.

P4.14 단어를 읽고 단어의 음절(syllable) 수를 출력하는 프로그램을 작성하라. 이 연습문제를 위해, 음절이 다음과 같이 정의된다고 가정한다. 단어의 다지막 e를 제외한, 모음 `a e i o u y`의 각 시퀀스. 그러나, 알고리듬이 산출한 수가 0이면, 1로 바꾼다. 예:

Word	Syllables
Harry	2
hairy	2
hare	1
the	1

P4.15 단어를 읽고 모든 부문자열을 출력하는 프로그램을 작성하라. 단, 길이 순으로 정렬한다. 예를 들어, 사용자가 입력 "rum"을 제공하면, 프로그램은 다음과 같이 출력한다.

```
r
u
m
ru
um
rum
```

P4.16 수를 읽고 그의 이진 숫자들을 출력하는 프로그램을 작성하라. 나머지인 `number % 2`를 출력하고, number를 `number / 2`로 대체한다. number가 0이 될 때까지 계속한다. 예를 들어, 사용자가 입력 13을 제공하면, 출력은 다음과 같아야 한다.

```
1
0
1
1
```

P4.17 **평균과 표준편차.** 일련의 부동 소수점 데이타 값들을 읽는 프로그램을 작성하라. 이 데이타 집합의 끝을 받기 위한 적절한 메커니즘을 선정한다. 값들을 모두 읽었을 때, 값들의 수, 평균, 표준편차를 출력하라. 데이타 집합 $\{x_1, \ldots, x_n\}$의 평균은 $\bar{x} = \sum x_i / n$이다. 여기서 $\sum x_i = x_1 + \ldots + x_n$는 입력 값들의 합이다. 표준 편차는

$$s = \sqrt{\frac{\sum (x_i - \bar{x})^2}{n-1}}$$

이다. 그러나, 이 공식은 이 작업에 적합하지 않다. 프로그램이 $\bar{x}$를 계산할 무렵에는 개별 x_i들은 이미 없어진 지 오래이다. 이 값들을 저장하는 방법을 알게 될 때까지는, 수치적으로 덜 안정한 공식

$$s = \sqrt{\frac{\sum x_i^2 - \frac{1}{n}\left(\sum x_i\right)^2}{n-1}}$$

을 사용하라. 이 수량은 입력 값들을 처리하면서, 개수, 합, 제곱들의 합을 계속 파악하고 있으면 계산할 수 있다.

P4.18 **피보나치 수열**은 다음과 같이 정의된다.

$$f_1 = 1$$
$$f_2 = 1$$
$$f_n = f_{n-1} + f_{n-2}$$

이를 다음과 같이 바꾼다.

```
fold1 = 1;
fold2 = 1;
fnew = fold1 + fold2;
```

피보나치 수열은 토끼 수의 증가를 묘사한다.

그런 후, 더 이상 필요하지 않은 `fold2`를 버리고, `fold2`를 `fold1`으로 설정하고, `fold1`을 `fnew`로 설정한다. `fnew`를 적절한 횟수만큼 반복한다.
이런 식으로 피보나치 수열을 계산하는 프로그램을 구현하라.

P4.19 정수의 인수 분해. 사용자에게서 정수를 입력 받고, 그의 모든 인수를 출력하는 프로그램을 작성하라. 예를 들어, 사용자가 150을 입력했을 때, 프로그램은 다음을 출력해야 한다.

```
2
3
5
5
```

P4.20 소수. 사용자가 정수를 입력하게 하고, 그 정수까지의 모든 소수를 출력하는 프로그램을 작성하라. 예를 들어, 사용자가 20을 입력했을 때, 프로그램은 다음을 출력해야 한다.

```
2
3
5
7
11
13
17
19
```

소수는 1과 자신 외로는 나눠지지 않는 수임을 기억한다.

P4.21 다음과 같이 곱셈표를 출력하는 프로그램을 작성하라.

```
 1   2   3   4   5   6   7   8   9  10
 2   4   6   8  10  12  14  16  18  20
 3   6   9  12  15  18  21  24  27  30
...
10  20  30  40  50  60  70  80  90 100
```

P4.22 정수를 읽어서, 별표를 사용해서 채워진 정사각형과 빈 정사각형을 표시하는 프로그램을 작성하라. 예를 들어, 변의 길이가 5이면, 프로그램은 다음을 출력해야 한다.

```
***** *****
***** *   *
***** *   *
***** *   *
***** *****
```

P4.23 정수를 읽고, 별표를 사용해서 주어진 변 길이의 채워진 다이아몬드를 표시하는 프로그램을 작성하라. 예를 들어, 변 길이가 4이면 프로그램은 다음과 같이 표시해야 한다.

```
   *
  ***
 *****
*******
 *****
  ***
   *
```

P4.24 님 게임(*The game of Nim*). 이것은 다양한 변종이 있는 유명한 게임이다. 다음 변종은 재미있는 승리 전략을 갖고 있다. 두 플레이어가 자갈 더미에서 번갈아 자갈을 꺼낸다. 각자의 차례에서 플레이어는 몇 개의 자갈을 가져갈 것인지 선택한다. 플레이어는 최소 하나, 최대 전체의 반까지 가져가야 한다. 그 다음은 다른 플레이어 차례이다. 마지막 자갈을 가져가는 플레이어가 진다.

컴퓨터가 사람을 상대로 플레이하는 프로그램을 작성할 것이다. 더미의 초기 크기를 나타내기 위해 10과 100 사이의 랜덤 정수를 생성한다. 사람 또는 컴퓨터 중 누가 선을 잡을지를 결정하기 위해 0과 1 사이의 랜덤 정수를 생성한다. 컴퓨터가 **스마트**하게 플레이할지 또는 **멍청**하게 할지 여부를 결정하기 위해서 0과 1 사이의 랜덤 정수를 생성한다. 멍청한 모드에서 컴퓨터는 단순히 자기 차례가 올 때마다 랜덤한 합법적 값을 취한다. 스마트 모드에서 컴퓨터는 더미의 크기가 2의 거듭제곱 빼기 1, 즉, 3, 7, 15, 31, 또는 63이 되기에 충분할만큼 자갈을 가져간다. 이것은 현재 더미 크기가 2의 거듭제곱 빼기 1일 때를 제외하고는 항상 합법적인 수(move)이다. 이 경우, 컴퓨터는 랜덤한 합법적 수(move)를 둔다. 더미 크기가 15, 31, 또는 63이 아닌 한, 컴퓨터가 선을 잡게 되면, 컴퓨터는 스마트 모드에서는 결코 지지 않을 것이다. 물론, 승리 전략을 아는 인간 플레이어가 선을 잡으면 컴퓨터를 이길 수 있다.

P4.25 주정뱅이 걸음. 어떤 주정뱅이가 사거리에서 랜덤하게 방향을 고르고, 비틀거리며 다음 교차로까지 가서, 다시 그 짓을 반복한다. 평균적으로 이 주정뱅이가 오락가락 하다 보면 그다지 멀리 가지 못할 것으로 생각할 수 있겠으나, 실제로는 그렇지 않다.

위치들을 정수 쌍 (x, y)로 표시한다. 100개의 교차로에 대해 이 주정뱅이의 걸음을 구현하고, 시작 및 끝 위치를 출력하라.

P4.26 몬티 홀의 역설(*Monty Hall Paradox*). Marilyn vos Savant(매릴린 보스 새반트)가 어떤 잘 팔리는 잡지에 다음 문제(대략 몬티 홀이 사회를 보는 게임 쇼에 근거하는)를 기술했다. "게임 쇼에 나갔는데, 세 개의 문을 선택해야 한다고 하자. 한 문의 뒤에는 자동차가 있고, 다른 문들 뒤에는 염소가 있다. 내가 예를 들어 문 1을 선택하고(문은 열리지 않음), 문 뒤에 있는 게 무엇인지 알고 있는 사회자가 염소가 있는, 예를 들어 문 3을 연다. 그리고 사회자가 내게 "문 2를 선택하고 싶나요?"라고 묻는다. 바꿔 선택하는 게 유리하겠는가?

Ms. vos Savant는 그게 유리하다는 것을 증명했으나, 수학 교수들을 포함해서 그녀의 독자들 중 많은 이들이 동의하지 않았다. 다른 문이 열렸다고 해서 확률이 바뀌지는 않는다는 것이다.

내가 할 일은 이 게임 쇼를 시뮬레이션하는 것이다. 각 반복에서, 차를 놓을 문의 번호를 1과 3 사이에서 랜덤하게 고른다. 참가자가 랜덤하게 문을 고르게 한다. 게임 쇼 사회자가 염소가 있는 두 문들 중 하나를 랜덤하게 또는 나머지 하나를 고르게 한다. 이제, 플레이어가 세 번째 문으로 바꿔서 이긴다면 전략 1의 카운터를 증가시키고, 참가자가 원래 문을 고집해서 이긴다면 전략 2의 카운터를 증가시킨다. 1000번 반복하고 두 카운터를 출력하라.

P4.27 뷔퐁 반지 실험(*Buffon Needle Exper-iment*). 다음 실험은 프랑스 박물학자 Comte Georges-Louis Leclerc de Buffon (1707~1788)이 고안했다. 길이가 1인치인 바늘이 2인치 간격으로 줄이 그어져 있는 종이 위에 떨어졌다. 만일 바늘이 줄 위에 떨어진다면, **히트**로 간주해서 센다(그림 4.8 참고). 뷔퐁은 **시도/히트** 비가 π에 가까울 것으로 가정했다.

그림 4.8 뷔퐁 바늘 실험

그림 4.9 뷔퐁 바늘 실험에서의 히트

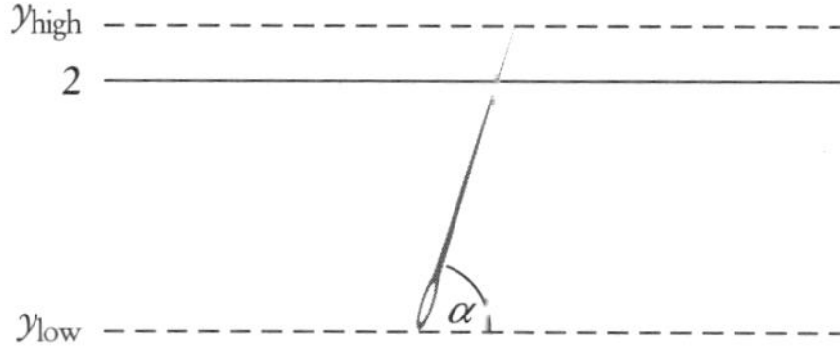

뷔퐁 바늘 실험을 위해 두 개의 랜덤 넘버를 생성해야 한다. 하나는 시작 위치에 해당하고, 다른 하나는 *x*-축을 기준으로 한 바늘의 각도에 해당한다. 그런 후, 바늘을 격자선에 닿았는지를 테스트해야 한다.

바늘의 하단 점을 만든다. 그 점의 *x*-좌표는 상관없으며, *y*-좌표인 y_{low}는 0과 2 사이의 랜덤 넘버로 가정해도 된다. 바늘과 *x*-축 사이의 각도 α는 0도와 180도(π radian) 사이의 임의의 값을 가질 수 있다. 바늘의 위 끝의 *y*-좌표는,

$$y_{high} = y_{low} + \sin\alpha$$

이다. 이 바늘은 그림 9가 보여주듯이 y_{high}가 적어도 2이면 히트이다.

10,000번 시도 후 중단하고, 시도/히트 비를 출력하라(이 프로그램은 π의 값을 계산하는 데 적합하지 않다. 각도 계산에 π가 필요하다).

엔지니어링 P4.28 포식자-피식자 시뮬레이션에서, 다음 공식들을 사용해서 포식자와 피식자의 수를 계산한다.

$$prey_{n+1} = prey_n \times (1 + A - B \times pred_n)$$
$$pred_{n+1} = pred_n \times (1 - C + D \times prey_n)$$

이때, *A*는 피식자의 출생이 자연사를 넘는 비율이며, *B*는 포식률(predation rate)이며, *C*는 먹이가 없을 때 포식자 사망 수가 출생 수를 초과하는 비율이며, *D*는 먹이가 있을 때의 포식자 증가를 나타낸다.

이 비율들, 초기 개체수들, 그리고 주기 수를 사용자가 입력하는 프로그램을 작성하라. 그런 후, 주어진 주기 수에 대해 개체 수들을 출력하라. 입력으로 $A = 0.1$, $B = C = 0.01$, $D = 0.00002$, 피식자와 포식자의 초기 개체수는 각각 1,000과 20을 시도하라.

엔지니어링 P4.29 발사체 비행. 포탄이 초기 속도 v_0로 하늘로 똑바로 쏘아졌다고 하자. 미적분학 책을 보면 *t*초 후에 포탄의 위치는 $s(t) = -\frac{1}{2}gt^2 + v_0 t$라고 기술되어 있을 것이다. 여기서 $g = 9.81\ \mathrm{m/sec^2}$는 지구의 중력이다.

왜 그렇게 명백하게 위험한 실험을 하려는지를 언급하는 미적분학 책이 없어서, 우리가 컴퓨터로 안전하게 해보겠다.

사실상, 우리는 미적분학 책의 정리를 시뮬레이션으로 확인할 것이다. 시뮬레이션에서 우리는 포탄이 아주 짧은 시간 간격 Δt 동안 어떻게 이동하는지를 고찰할 것이다. 짧은 시간

간격 동안에는, 속도 v는 거의 일정하며, 포탄이 이동하는 거리를 $\Delta s = v\Delta t$로 계산할 수 있다. 프로그램에서 우리는 단순하게

```
const double DELTA_T = 0.01;
```

으로 놓으며, 위치를

```
s = s + v * DELTA_T;
```

에 의해 갱신한다. 속도는 일정하게 바뀐다—사실상 지구의 중력 때문에 감소된다. 짧은 시간 간격 동안, $\Delta v = -g\Delta t$이며, 속도를 다음과 같이 지속적으로 갱신해야 한다.

```
v = v - g * DELTA_T;
```

다음 반복에서는 거리를 갱신하기 위해 새로운 속도가 사용된다.

이제 포탄이 지구로 떨어질 때까지 시뮬레이션을 돌린다. 초기 속도를 입력으로 받는다 (100 m/sec가 좋다). 위치와 속도를 초당 100번 갱신한다. 위치 출력은 1초에 한 번씩만 한다. 또한 비교를 위해 정확한 공식 $s(t) = -\frac{1}{2}gt^2 + v_0 t$으로 계산한 값도 출력한다.

주: 정확한 공식이 있는데 이 시뮬레이션을 하는 이유가 뭔지 궁금할 것이다. 미적분학 책에 나오는 이 공식은 정확하지 **않다**. 사실상, 중력은 포탄이 지표로부터 멀어질수록 약해진다. 이 때문에 실제 움직임에 대한 정확한 공식을 만드는 게 불가능하다. 그렇지만, 컴퓨터 시뮬레이션은 가변적인 중력을 적용하도록 간단하게 확장될 수 있다. 포탄에 대해서는 미적분학 책의 공식이 충분히 정확하지만, 탄도 미사일 같은 높은 고도로 나는 물체를 위한 정확한 탄도 계산에는 컴퓨터가 필요하다.

엔지니어링 P4.30 배의 선체의 간단한 모델은 다음 식으로 주어진다.

$$|y| = \frac{B}{2}\left[1 - \left(\frac{2x}{L}\right)^2\right]\left[1 - \left(\frac{z}{T}\right)^2\right]$$

여기서 B는 빔, L은 길이, T는 만재흘수(draft)이다.

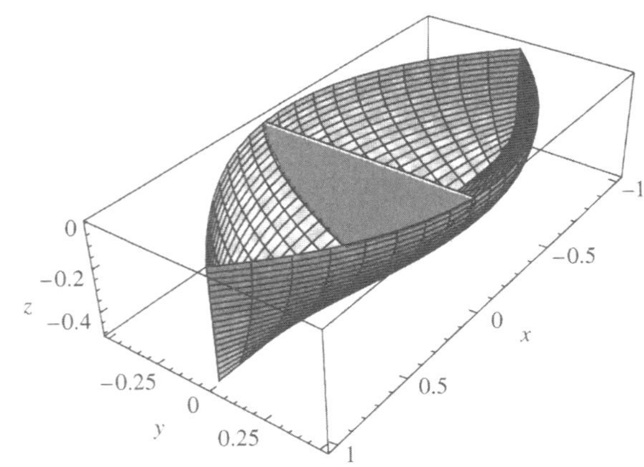

(주: 선체가 우현부터 좌현까지 대칭이므로 각 x와 z에 대해 두 개의 y 값이 있다.)

점 x에서의 단면적을 항해 용어로 '섹션'이라고 부른다. 이를 계산하기 위해 z가 0부터 $-T$까지 각각의 크기가 T/n인 n개의 증분으로 변하게 하자. 각 z 값에 대해 y의 값을 계산하라. 그리고 사다리꼴 조각의 면적들을 합하라. 오른쪽이 그 조각들이며, 여기서는 $n = 4$이다.

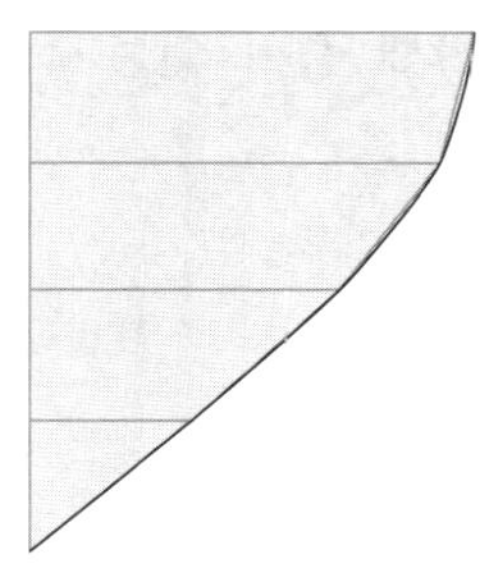

B, L, T, x, n 값들을 읽고 x에서의 단면적을 출력하는 프로그램을 작성하라.

엔지니어링 P4.31 방사성 물질의 방사성 붕괴를 공식 $A = A_0 e^{-t(\log 2/h)}$로 모델링할 수 있다. 여기서 A는 시각 t에서의 물질의 량이며, A_0는 시각 0에서의 량이며, h는 반감기이다.

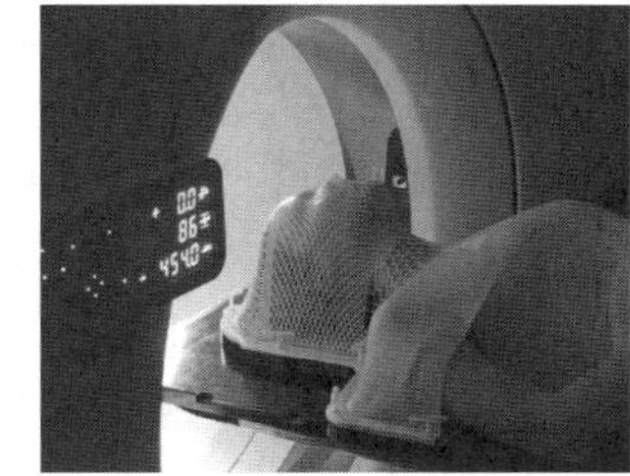

테크네튬-99는 뇌 영상 촬영에 사용되는 방사성 동위 원소이다. 그의 반감기는 6시간이다. 내 프로그램은 투여 후 24시간 동안, 매 시간마다 환자 몸 안의 상대량 A/A_0를 표시해야 한다.

엔지니어링 P4.32 왼쪽 사진은 '트랜스포머'라고 불리는 전기 장치를 보여준다. 트랜스포머는 흔히 페라이트 자심 주위에 와이어 코일을 감아서 만든다. 아래 그림은 휴대폰이나 음악 플레이어 같은 다양한 오디오 장치들에서 볼 수 있는 상황을 예로 보여준다. 이 회로에서 트랜스포머는 스피커를 오디오 증폭기의 출력으로 연결하는 데 사용된다.

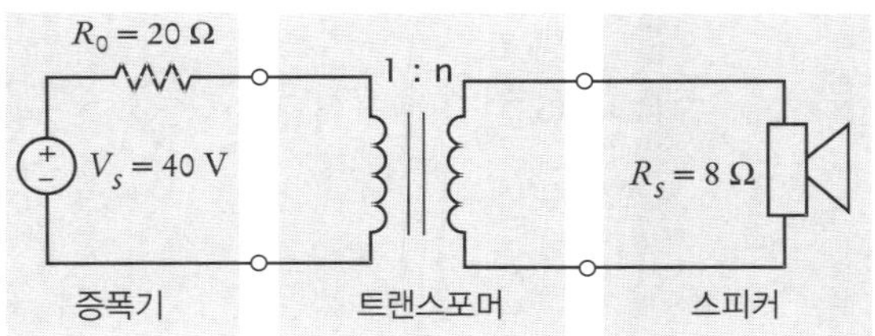

트랜스포머를 나타내는 데 사용된 기호는 두 개의 와이어 코일을 암시하려는 것이다. 이 트랜스포머의 파라미터 n을 트랜스포머의 '권선비'라고 부른다[코일을 형성하기 위해서 와이어를 코어 주위에 감은 횟수를 코일의 감김수(number of turns)라고 부른다. 권선비(turns ratio)는 문자 그대로 두 와이어 코어의 감김수들의 비(ratio)이다].

회로를 설계할 때, 우리는 주로 스피커에 전달되는 전력 값에 관심을 둔다—이 전력이 우리가 듣고자 하는 소리를 스피커가 만들게 한다. 트랜스포머를 사용하지 않고 스피커를 직접 증폭기에 연결한다고 하자. 증폭기의 전력의 일부가 스피커에 도달할 것이다. 나머지 전력은 증폭기 자체에서 손실될 것이다. 이 트랜스포머는 스피커에 증폭기 전력을 더 많이 전달하기 위해서 회로에 삽입된다.

스피커에 전달되는 전력 P_s는 다음 공식에 의해 계산된다.

$$P_s = R_s \left(\frac{nV_s}{n^2 R_0 + R_s} \right)^2$$

위 회로를 모델링하고, 권선비를 0.01의 증분으로 0.01에서 2까지 변화시키는 C++ 프로그램을 작성하고, 스피커에 전달되는 전력을 최대화하는 권선비의 값을 계산하라.

자체 검사 질문에 대한 답

1. 23년.

2. 7년.

3. `while` 루프의 마지막 명령으로

   ```
   cout<< balance << endl;
   ```

   를 추가한다.

4. 프로그램은 똑 같은 출력을 인쇄한다. 그 이유는 14년 후의 잔고가 $20,000보다 약간 적으며, 15년 후에는 $20,000을 약간 넘기 때문이다.

5. `2 4 8 16 32 64 128`

   값 128이 100 보다 크지만 출력됨을 주목한다.

6.

n	output
~~5~~	
~~4~~	4
~~3~~	3
~~2~~	2
~~1~~	1
~~0~~	0
-1	-1

7.

n	output
~~1~~	1,
~~2~~	1, 2,
~~3~~	1, 2, 3,
4	

   맨 끝 값 뒤에 쉼표가 있다. 보통, 쉼표는 값 사이에 있다.

8.

a	n	r	i
2	4	~~1~~	~~1~~
		~~2~~	~~2~~
		~~4~~	~~3~~
		~~8~~	~~4~~
		16	5

   이 코드는 a^n을 계산한다.

9.

n	output
~~1~~	1
~~11~~	11
~~21~~	21
~~31~~	31
~~41~~	41
~~51~~	51
~~61~~	61
...	

   이것은 무한 루프이다. n이 결코 50과 같아지지 않는다.

10.

count	n
1	123
2	12.3
3	1.23

   이것은 올바른 답을 산출한다. 수 123에는 3개의 숫자가 있다.

```
count  n
1      100
2      10
```

이것은 틀린 답을 산출한다. 수 100에도 3개의 숫자가 있다. 루프 조건이 다음이라야 한다.

```
while (temp >= 10)
```

11.
```
int year = 1;
while (year <= nyears)
{
   balance = balance * (1 + RATE / 100);
   cout << setw(4) << year << setw(10) << balance << endl;
   year++;
}
```

12.
```
11 numbers: 10 9 8 7 6 5 4 3 2 1 0
```

13.
```
for (int i = 10; i <= 20; i = i + 2)
{
   cout << n << endl;
}
```

14.
```
int sum = 0;
for (int i = 1; i <= n; i++)
{
   sum = sum + i;
}
```

15.
```
for (int year = 1; balance <= 2 * INITIAL_BALANCE; year++)
```

그러나, 루프 조건이 `year` 변수와 관계가 없으므로, 이 경우에는 `for` 루프를 사용하지 않는 게 좋다. `while` 루프가 더 좋다.

16.
```
do
{
   cout << "Enter a value between 0 and 100: ";
   cin >> value;
}
while (value < 0 || value > 100);
```

17.
```
int value = 100;
while (value >= 100)
{
   cout << "Enter a value < 100: ";
   cin >> value;
}
```

여기서, 루프에 적어도 한 번 진입하게 만들기 위해 변수 `value`가 가짜 값으로 초기화되어야 했다.

18. 그렇다. 다음 do 루프

`do {` *body* `} while (`*condition*`);`

는 다음의 while 루프와 동등하다:

```
bool first = true;
while (first || condition) { body; first = false; }
```

19.
```
int x;
int sum = 0;
do
{
```

```
   cin >> x;
   sum = sum + x;
}
while (x != 0);
```

20.
```
int x = 0;
int previous;
do
{
   previous = x;
   cin >> x;
   sum = sum + x;
}
while (previous != x);
```

21. No data

22. 처음 검사는 센티널이 읽힌 후 루프를 종료한다. 두 번째 검사는 센티널이 입력 값으로 처리되지 않게 한다.

23. while 루프에 들어가지 못한다. 사용자는 입력할 기회가 주어지지 않을 것이다. count가 0으로 남아 있으므로 프로그램은 "No data"를 출력할 것이다.

24. 이 스트림도 실패한다. 더 정확한 프롬프트는 다음과 같아야 한다: "Enter values, a key other than a digit to quit." 그러나, 이것 또한 프로그램 사용자가 이제는 어떤 키를 선택해야 할지 고민해야 하기 때문에 더 혼동을 줄 수 있다.

25. 입력을 읽으려 시도하기 전까지는 입력 실패 여부를 알지 못한다.

26. 평균 계산하기

```
Enter scores, Q to quit: 90 80 90 100 80 Q
The average is 88
(Program exits)
```

27. 간단한 전환

```
Your conversion question: How many inches are 30 cm?
Unknown unit: inches
Known units are in, ft, mi, mm, cm, m, km, oz, lb, g, kg, tsp, tbsp, pint, gal
(Program exits)
```

미지의 단위

```
Your conversion question: How many in are 30 cm   ← 한 값만 전환될 수 있다.
30 cm = 11.81 in
(Program exits)   ← 다른 질문을 위해 프로그램을 다시 돌린다.
```

프로그램이 질문 문법을 이해 못한다.

```
Your conversion question: What is an ångström?
Please formulate your question as "How many (unit) are (value) (unit)?"
(Program exits)
```

28. 한 점수로는 충분하지 않다.

```
Enter scores, Q to quit: 90 Q
Error: At least two scores are required.
(Program exits)
```

29. 이제까지 우리가 다룬 C++ 기법들로는 이 인터페이스를 구현하는 게 불가능하다. 첫 번째 입력 집합이 끝나는 때를 프로그램이 알 도리가 없다(`cin >> value`로 수들을 읽을 때, 그들을 한 줄 또는 여러 줄에 나열할지는 자신이 선택할 일이다).

30. 두 이율을 비교하기

```
First interest rate in percent: 5
Second interest rate in percent: 10
Years: 5
Year     5%          10%
-------------------------
0    10000.00    10000.00
1    10500.00    11000.00
2    11025.00    12100.00
3    11576.25    13310.00
4    12155.06    14641.00
5    12762.82    16105.10
```

이 행은 1이 첫 해의 끝을 의미한다는 것을 명확하게 한다.

31. 합계는 0이다.

32.
```
double total = 0;
double input;
while (cin >> input)
{
   if (input > 0) { total = total + input; }
}
```

33. `position`은 `str.length()`.

34. 일치하는 게 발견될 때 이 루프는 멈출 것이다. 그러나, `position`이 루프 바깥에 정의되어 있지 않으므로 그 값을 액세스할 수 없다.

35. 루프를 문자열의 끝에서 시작한다.

```
bool found = false;
int position = str.length() - 1;
while (!found && position >= 0)
{
   string ch = str.substr(position, 1);
   if (ch == " ") { found = true; }
   else { position--; }
}
```

36. 입력에 0이나 음수가 있지 않으면, 최소값이 0으로 틀리게 계산된다.

37. `cin >> previous`을 실행할 때, `cin`이 실패하고 `previous`는 바뀌지 않는다. `cin >> input`도 실패하고, `while` 루프에 들어갈 수 없다.

38. 안쪽 루프의 모든 값이 같은 줄에 표시되어야 한다.

39. 줄 14, 19, 31을 `for (int n = 0; n <= NMAX; n++)`으로 바꾼다. `NMAX`를 5로 바꾼다.

40. 60: 바깥 루프는 10회 실행되고, 안쪽 루프는 6회 실행된다.

41.
```
0123
1234
2345
```

42.
```
for (int i = 1; i <= 3; i++)
{
   for (int j = 1; j <= 4; j++)
   {
      cout << "[]";
   }
   cout << endl;
}
```

43. `rand() % 2`를 계산하고, 앞면에 대해서는 0, 뒷면에 대해서는 1, 또는 그 반대를 사용한다.

44. `rand() % 4`를 계산하고, 숫자 0 ... 3을 네 가지의 무늬와 연관시킨다. 그 다음, `rand() % 13`을 계산하고, 숫자 0 ... 12를 Jack, Ace, 2 ... 10, Queen, King과 연관시킨다.

45. 함수 `time`을 호출하는 데 필요하다.

46. 이 호출은 2와 12 사이의 값을 제공할 것이나, 모든 값들이 같은 확률을 가진다. 주사위 쌍을 던질 때, 7은 2가 나올 가능성보다 여섯 배 높다. 올바른 공식은 다음과 같다.

```
int sum = rand() % 6 + rand() % 6 + 2;
```

47. `rand() * 100.0 / RAND_MAX`

CHAPTER 05 함수

Functions

목표

함수를 구현할 수 있기
파라미터 전달 개념을 익히기
함수 주석의 중요성을 인식하기
복잡한 작업을 더 간단한 작업들로 분해하는 전략을 개발하기
변수의 스코프를 판단할 수 있기
값 파라미터와 참조 파라미터를 사용할 때를 알기

내용

함수는 C++ 프로그램의 기본 구성 요소이다. 함수는 계산을 이해하고 재사용하기 쉬운 형태로 포장한다(왼쪽 영상에 있는 사람은 '에스프레소 두 컵을 만들라'는 함수를 실행하고 있다). 이 장에서는 함수를 설계하고 구현하는 방법을 배운다. 단계적 정제 과정을 이용해서 복잡한 작업을 협력 함수 집합들로 나눌 수 있다.

5.1 블랙박스로서의 함수

함수는 이름이 붙은 명령 시퀀스이다.

함수는 이름이 있는 명령 시퀀스이다. 우리는 이미 몇 개의 함수를 보았다. 예를 들어, 2장에서 소개된 pow란 이름의 함수는 거듭제곱 x^y를 계산하기 위한 명령들을 포함한다. 또한, 모든 C++ 프로그램은 main이라고 부르는 함수를 갖는다.

우리는 함수 안의 명령들을 실행시키기 위해 함수를 **호출**한다. 예를 들어, 다음 프로그램을 고려하자.

```
int main()
{
   double z = pow(2, 3);
   ...
}
```

표현 pow(2, 3)를 사용해서 main은 pow 함수를 **호출**하고, 거듭제곱 2^3을 계산할 것을 요청한다. 함수 pow의 명령들이 실행되고 결과를 계산한다. 함수 pow는 그 결과(8)를 main에 반환하며, main 함수가 실행을 재개한다(그림 5.1 참고).

다른 함수가 pow 함수를 호출할 때, 호출 pow(2, 3)의 표현 2와 3 같은 '입력'들을 제공한다. 이 표현들을 **인수(argument**, 또는 인자)라고 부른다. 이 용어는 인간 사용자가 제공하는 것 같은 다른 입력들과의 혼동을 막는다. 비슷하게, 함수 pow가 계산하는 '출력'을 **반환 값**이라고 부른다.

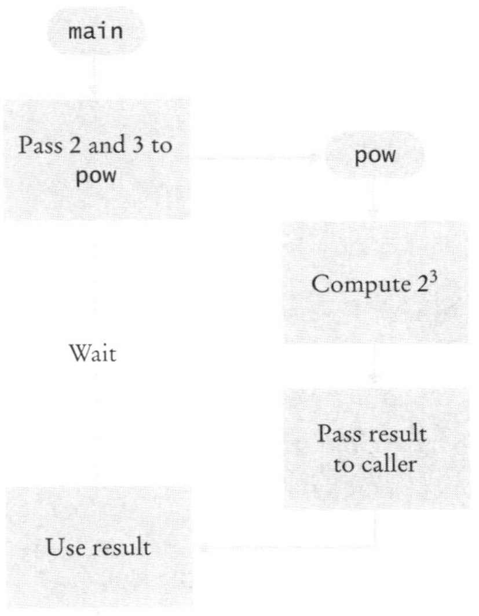

그림 5.1 함수 호출 때의 실행 흐름

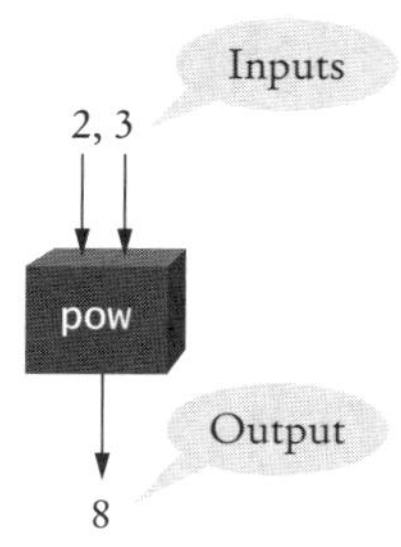

그림 5.2 블랙박스로서의 pow 함수

인수(또는 인자)는 함수가 호출될 때 공급된다. 반환 값은 함수가 계산하는 결과이다.

함수들은 여러 개의 인수를 가질 수 있으나, 반환 값은 하나만 가질 수 있다.

함수의 반환 값은 호출 함수로 반환되며, 화면에 표시되지 않음을 주목한다. 예를 들어, 내 프로그램이 다음과 같은 명령을 포함한다고 하자.

```
double z = pow(2, 3);
```

함수 `pow`가 그 결과를 반환할 때, 반환 값이 변수 `z`에 저장된다. 이 값을 표시하길 원한다면, `cout << z` 같은 명령문을 추가해야 한다.

지금 함수 `pow`가 어떻게 그 임무를 수행하는지 궁금할 것이다. 예를 들어, `pow(2, 3)`은 2^3이 8이라는 것을 어떻게 계산하는가? 곱셈 2 × 2 × 2를 해서? 로그를 취해서? 다행히도, 함수의 사용자로서 우리는 함수가 어떻게 구현되어 있는지를 **알 필요가 없다**. 우리는 단지 함수의 **명세**(*specification*)만 알면 된다. 인수 x와 y를 제공하면, 이 함수가 x^y를 반환한다. 엔지니어들은 명세는 제공되나 구현이 알려져 있지 않은 장치를 **블랙 박스**라고 부른다. 그림 5.2에서와 같이 `pow`를 블랙 박스로 생각할 수 있다.

내 자신의 함수를 설계할 때, 다른 프로그래머들에게 그 함수가 블랙 박스로 보이도록 만들기를 원할 것이다. 그 프로그래머들은 내 함수를 사용할 때 그 안에서 어떤 일이 일어나는지 알고 싶어하지 않는다. 나 혼자서 작업하는 프로그램일지라도, 각 함수를 블랙 박스로 만드는 것이 좋다. 기억해야 할 디테일이 줄어든다.

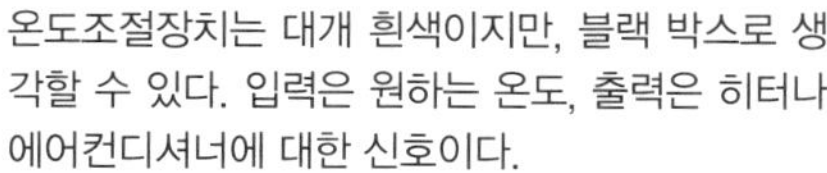

온도조절장치는 대개 흰색이지만, 블랙 박스로 생각할 수 있다. 입력은 원하는 온도, 출력은 히터나 에어컨디셔너에 대한 신호이다.

1. 함수 호출 `pow(3, 2)`를 고려하자. 인수와 반환 값은 얼마인가?
2. 함수 호출 `pow(pow(2, 2), 2)`의 반환 값은 얼마인가?
3. C++ 표준 라이브러리의 `ceil` 함수는 인수 x 하나를 받아서 $\geq x$인 최소 정수를 반환한다. `ceil(2.3)`의 반환 값은 얼마인가?
4. ceil 함수가 어떻게 구현되어 있는지를 몰라도, 자체 검사 3에 대한 답을 계산하는 것이 가능하다. `ceil` 함수의 이러한 면을 엔지니어링 용어를 사용해서 기술하라.

Practice It 이제 다음 연습문제들에 대해 답할 수 있다: R5.1, P5.1.

5.2 함수 구현하기

이 절에서는 주어진 명세로부터 함수를 구현하는 방법을 배운다. 아주 간단한 보기를 사용할 것이다: 변 길이가 주어진 정육면체의 부피를 계산하는 함수.

cube_volume 함수는 주어진 변 길이를 이용해서 정육면체의 부피를 계산한다.

함수를 정의할 때 함수의 이름, 각 인수를 위한 변수, 결과의 자료형을 정의한다.

이 함수를 작성할 때, 다음을 해야 한다:

- 함수의 이름(cube_volume)을 고르고,
- 각 인수를 위한 변수를 선언한다(double side_length). 이 변수들을 **파라미터 변수**라고 부른다.
- 반환 값의 타입(double)을 명시한다.

이 모든 정보를 합쳐서 함수 정의의 첫 줄을 만든다:

```
double cube_volume(double side_length)
```

그 다음, 함수의 본체(함수가 호출될 때 실행되는 명령문들)를 명시한다.

변 길이가 s인 정육면체의 부피는 $s \times s \times s$이다. 그러나, 더 명료하게 하기 위해서 이 파라미터 변수를 s 대신에 side_length라고 불렀으므로, side_length * side_length * side_length를 계산해야 한다.

이 값을 volume이란 변수에 저장할 것이다:

```
double volume = side_length * side_length * side_length;
```

이 함수의 결과를 반환하기 위해서 return 문을 사용한다:

```
return volume;
```

함수의 본체는 중괄호로 묶인다. 다음은 완성된 함수이다:

```
double cube_volume(double side_length)
{
   double volume = side_length * side_length * side_length;
   return volume;
}
```

이 함수를 사용해보자. 함수 cube_volume을 두 번 호출하는 main 함수를 제공하겠다.

```
int main()
{
   double result1 = cube_volume(2);
   double result2 = cube_volume(10);
   cout << "A cube with side length 2 has volume " << result1 << endl;
```

return 문은 함수의 결과를 호출자에게 제공한다.

```
    cout << "A cube with side length 10 has volume " << result2 << endl;

    return 0;
}
```

서로 다른 인수들로 함수가 호출될 때, 함수는 다른 결과를 반환한다. 호출 cube_volume(2)를 고려하자. 인수 2는 side_length 파라미터 변수에 대응한다. 그러므로, 이 호출에서 side_length는 2이다. 이 함수는 side_length * side_length * side_length, 또는 2 * 2 * 2를 계산한다. 호출 때의 인수가 10인 경우에는 10 * 10 * 10을 계산한다.

이제 두 함수를 테스트 프로그램으로 합치자. main이 cube_volume을 호출하므로, cube_volume 함수는 main 함수가 정의되기 전에 알려져 있어야 한다. 이것은 소스 파일에 cube_volume을 먼저 놓고, main을 끝에 놓음으로써 쉽게 달성된다(대안에 대해서는 197쪽의 특강 5.1을 참고).

문법 5.1 함수 정의

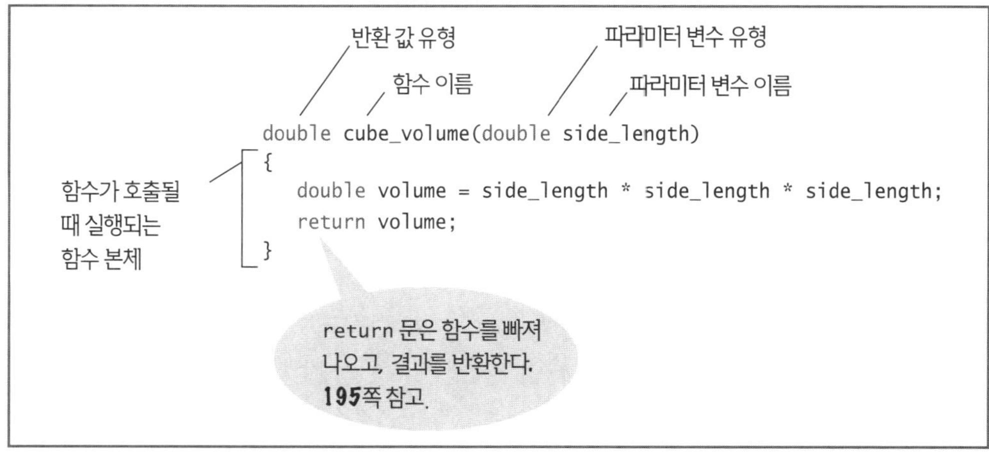

다음은 완성된 프로그램이다. 함수의 동작을 설명하는 주석을 주목한다(192쪽의 프로그래밍 팁 5.1이 주석의 포맷을 설명한다).

ch05/cube.cpp

```
#include <iostream>

using namespace std;

```

```
/**
   Computes the volume of a cube.
   @param side_length the side length of the cube
   @return the volume
*/
double cube_volume(double side_length)
{
   double volume = side_length * side_length * side_length;
   return volume;
}

int main()
{
   double result1 = cube_volume(2);
   double result2 = cube_volume(10);
   cout << "A cube with side length 2 has volume " << result1 << endl;
   cout << "A cube with side length 10 has volume " << result2 << endl;

   return 0;
}
```

실행 결과

```
A cube with side length 2 has volume 8
A cube with side length 10 has volume 1000
```

5. cube_volume(3)의 값은 얼마인가?
6. cube_volume(cube_volume(2))의 값은 얼마인가?
7. 함수 pow를 호출해서 cube_volume의 본체를 바꿔라.
8. 주어진 변 길이의 정사각형의 면적을 계산하는 함수 square_area를 정의하라.
9. 다음 함수를 고려한다.

```
int mystery(int x, int y)
{
   double result = (x + y) / (y - x);
   return result;
}
```

호출 mystery(2, 3)의 결과는 얼마인가?

Practice It 이제 다음 연습문제들에 대해 답할 수 있다: R5.2, P5.2, P5.7.

프로그래밍 팁 5.1 함수 주석

함수를 작성할 때는 그 기능에 대해 **주석**을 달아야 한다. 주석은 컴파일러가 아닌, 읽는 사람을 위한 것으로서, 함수 주석의 모양에 관해서는 보편적인 표준이 존재하지 않는다. 이 책에서는 다음 모양을 사용한다:

```
/**
   Computes the volume of a cube.
   @param side_length the side length of the cube
   @return the volume
*/
double cube_volume(double side_length)
{
   double volume = side_length * side_length * side_length;
```

함수 주석은 함수의 목적, 파라미터 변수의 용도, 반환 값, 그리고 특별 요건을 설명한다.

```
    return volume;
}
```

이 특별한 문서화 스타일은 Java 프로그래밍 언어에서 빌려왔다. 이것은 예를 들어 Doxygen (www.doxygen.org) 같은 C++ 도구들에 의해서도 널리 지원된다.

주석의 첫 줄은 함수의 목적을 설명한다. 각 @param 항목은 파라미터 변수를 설명하며, @return 항목은 반환 값을 설명한다.

함수 주석이 구현(함수가 그 하는 일을 어떻게 하는지)보다는 디자인(함수가 하는 일, 그의 입력, 그의 결과)을 문서화함을 주목한다. 주석은 다른 프로그래머들이 그 함수를 '블랙 박스'로 사용할 수 있게 해준다.

5.3 파라미터 전달

파라미터 변수는 함수 호출 때 공급되는 인수 값들을 담는다.

이 절에서는 함수에 인수들을 전달하는 메커니즘을 들여다본다. 함수가 호출될 때, 그의 **파라미터 변수**들이 생성된다(파라미터 변수 대신에 자주 사용되는 용어는 **형식 파라미터**이다). 함수 호출 때, **인수**라고 불리는 표현이 각 파라미터 변수에 공급된다(이 표현에 대한 자주 사용되는 다른 용어는 **실제 파라미터**이다). 각 파라미터 변수는 해당 인수의 값으로 초기화된다.

그림 5.3에 예시한 함수 호출을 고찰하자:

```
double result1 = cube_volume(2);
```

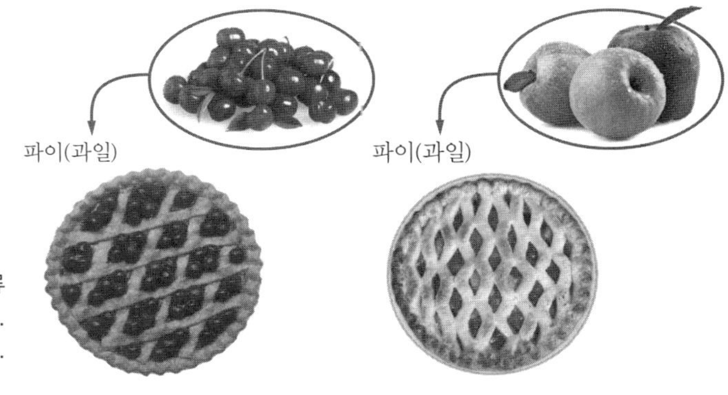

과일 파이 요리법에 아무 과일 종류나 사용하게 되어 있을 수 있다. 이때의 '과일'이 파라미터 변수이다. 사과와 체리가 인수의 예이다.

- 함수 cube_volume의 파라미터 변수 side_length가 생성된다. ❶
- 호출 때 전달된 인수의 값으로 파라미터 변수가 초기화된다. ❷
- 함수가 표현식 side_length * side_length * side_length를 계산하며, 그 값은 8이다. 이 값이 변수 volume에 저장된다. ❸
- 함수가 리턴한다. 그의 모든 변수가 제거된다. 반환 값이 **호출자**, 즉, cube_volume 함수를 호출한 함수로 전달된다. ❹

이제 이어진 호출 cube_volume(10)에서 어떤 일이 일어나는지 고찰해보자. 새로운 파라미터 변수가 생성된다(앞의 파라미터 변수는 cube_volume의 첫 호출 때 제거되었음을 기

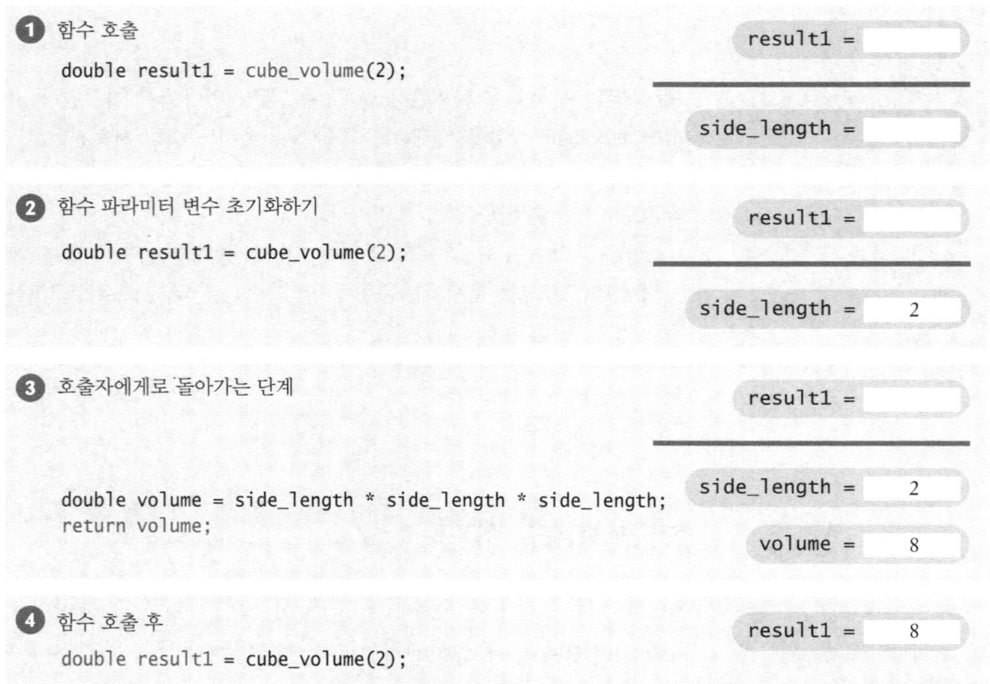

그림 5.3 파라미터 전달

억하라). 이것은 인수 10으로 초기화되고, 과정이 반복된다. 이 두 번째 호출이 완료된 후, 그의 변수들은 또 제거된다.

다른 변수들과 마찬가지로, 파라미터 변수도 호환이 되는 유형의 값으로만 설정될 수 있다. 예를 들어, `cube_volume` 함수의 파라미터 변수 `side_length`는 `double` 유형이다. 이 함수는 `cube_volume(2.0)` 또는 `cube_volume(2)`로 호출될 수 있다. 후자의 경우, 정수 2가 자동으로 `double` 값 2.0으로 전환된다. 그러나, `cube_volume("two")` 호출은 허용되지 않는다.

10. 다음 프로그램은 무엇을 출력하는가? 답을 구하기 위해 그림 1.3과 같은 다이어그램을 사용하라.

```
double mystery(int x, int y)
{
   double z = x + y;
   z = z / 2.0;
   return z;
}
int main()
{
   int a = 4;
   int b = 7;
   cout << mystery(a, b) << endl;
}
```

11. 다음 프로그램은 무엇을 출력하는가? 그림 5.3과 같은 다이어그램을 사용해서 답을 찾아내어라.

```
int mystery(int x)
{
```

```
   int y = x * x;
   return y;
}
int main()
{
   int a = 4;
   cout << mystery(a + 1) << endl;
}
```

12. 다음 프로그램은 무엇을 출력하는가? 그림 5.3과 같은 다이어그램을 사용해서 답을 찾아내라.

```
int mystery(int n)
{
   n++;
   n++;
   return n;
}
int main()
{
   int a = 5;
   cout << mystery(a) << endl;
}
```

Practice It 이제 다음 연습문제들에 대해 답할 수 있다: R5.5, P5.10.

프로그래밍 팁 5.2 **파라미터 변수는 수정하지 말라**

C++에서 파라미터 변수는 여타 변수와 같다. 함수의 본체에서 파라미터 변수들의 값을 바꿀 수 있다. 예:

```
int total_cents(int dollars, int cents)
{
   cents = dollars * 100 + cents; // Modifies parameter variable
   return cents;
}
```

그러나, 많은 프로그래머들이 이렇게 하는 것을 혼란스럽다고 생각한다. 이것은 파라미터(함수의 입력)의 개념과 변수(값의 저장소)의 개념을 섞고 있다. 이러한 혼동을 피하기 위해서 단순히 독립된 변수를 도입한다.

```
int total_cents(int dollars, int cents)
{
   int result = dollars * 100 + cents;
   return result;
}
```

5.4 반환 값

return 문은 함수 호출을 끝내고 함수 결과를 넘겨준다.

함수의 결과를 지정하기 위해 `return` 문을 사용한다. `return` 문이 처리될 때, 함수는 즉각 종료한다. 이 동작은 초반에 예외적인 경우들을 처리할 때 편리하다.

```
double cube_volume(double side_length)
{
   if (side_length < 0) { return 0; }
   double volume = side_length * side_length * side_length;
   return volume;
}
```

만일 함수가 음 값의 side_length로 호출된다면, 함수는 0을 반환하며, 이 함수의 나머지는 실행되지 않는다(그림 5.4 참고).

앞의 보기에서 각 return 문은 상수 또는 변수를 반환했다. 사실상 return 문은 어떠한 수식의 값이라도 반환할 수 있다. 변수에 반환 값을 저장하고 그 변수를 반환하는 대신에, 그 변수를 쓰지 않고 더 복잡한 표현식을 반환하는 것도 가능하다:

```
double cube_volume(double side_length)
{
   return side_length * side_length * side_length;
}
```

함수의 모든 분기가 값을 반환한다는 것은 중요하다. 다음의 틀린 함수를 고려하자:

```
double cube_volume(double side_length)
{
   if (side_length >= 0)
   {
      return side_length * side_length * side_length;
   } // Error
}
```

cube_volume를 음 값의 변 길이로 호출한다고 하자. 물론 그렇게 하지는 않겠지만 코딩 오류로 그런 일이 생길 수도 있다. 그러면 if 조건이 참이 아니므로, 위 return 문은 실행되지 않는다. 그렇지만, 이 함수는 무언가를 반환해야 한다. 상황에 따라서, 컴파일러가 이를 오류로 처리할 수도 있고, 또는, 이 함수가 랜덤 값을 반환할 수도 있다. 어떤 안전한 값을 반환해서 이런 문제를 막자:

```
double cube_volume(double side_length)
{
   if (side_length >= 0)
   {
      return side_length * side_length * side_length;
   }
```

그림 5.4 return 문은 함수를 즉각 종료한다.

```
    return 0;
}
```

모든 함수의 마지막 명령문은 return 문이어야 한다. 이것은 함수가 끝에 도달할 때 어떤 값이 반환되는 것을 보장한다.

빈번한 오류 5.1

반환값 빠뜨리기

함수는 항상 무언가를 반환해야 한다. 만일 함수의 코드에 분기가 여럿 있다면, 그들의 각각이 반드시 값을 반환하게 하라.

```
int sign(double x)
{
   if (x < 0) { return -1; }
   if (x > 0) { return 1; }
   // 오류: x가 0이면 반환 값이 없다.
}
```

이 함수는 부호를 계산한다: 음수에 대해서는 −1, 양수에 대해서는 +1. 그런데, 만일 인수가 0이면, 반환 값이 없다. 대부분의 컴파일러들은 이런 경우에 경고를 발부할 것이나, 경고를 무시했을 때 이 함수가 0을 인수로 호출되면, 랜덤한 값이 반환된다.

특강 5.1

함수 선언

정의되지 않은 변수를 사용하는 것이 오류이듯이, 컴파일러가 모르는 함수를 호출하는 것은 컴파일-타임 오류이다. 이 오류는 함수가 처음 사용되기 전에 함수를 정의해놓으면 피할 수 있다. 맨 먼저 저수준의 도우미 함수(helper function[1]), 그런 다음 중수준의 일꾼 함수(workhorse function), 그리고 마지막으로 main을 정의한다.

어떤 프로그래머들은 main 함수를 앞에 놓는 것을 선호한다. 그럴 경우, 프로그램의 윗부분에 나머지 함수들을 선언하는 방법을 배워야 한다. 함수의 선언은 반환형, 함수 이름, 파라미터 변수들을 포함하나, 본체는 없다.

```
double cube_volume(double side_length);
```

이것은 이 함수가 어딘가에 구현되어 있음을 약속하는 광고이다. 선언과 정의는 쉽게 구분된다. 선언은 세미콜론으로 끝나며, 정의는 {...} 블록이 뒤따른다. 선언은 프로토타입이라고도 불린다.

함수 **프로토타입**에서, 파라미터 이름들은 옵션이다. 다음과 같이 써도 된다.

```
double cube_volume(double);
```

그러나, 각 파라미터의 용도를 문서화하기 위해서 파라미터 이름을 포함하는 것이 좋다.

pow 같은 자주 쓰이는 함수들의 선언은 헤더 파일에 들어 있다. <cmath> 안을 들여다보면, pow 및 여타 수학 함수들의 선언을 발견할 수 있다.

다음은 cube.cpp를 다른 구조로 짠 것이다.

[1] 일반적으로 helper 함수는 프로그램의 가독성을 높이기 위해 더 해설적인 이름을 붙인, 다른 함수의 계산의 일부를 수행하는 함수(객체지향에서는 노출 함수를 보조하는 비노출 함수)를 칭한다.

```
#include <iostream>

using namespace std;

// Declaration of cube_volume
double cube_volume(double side_length);

int main()
{
   double result1 = cube_volume(2); // Use of cube_volume
   double result2 = cube_volume(10);
   cout << "A cube with side length 2 has volume " << result1 << endl;
   cout << "A cube with side length 10 has volume " << result2 << endl;
   return 0;
}

// Definition of cube_volume
double cube_volume(double side_length)
{
   return side_length * side_length * side_length;
}
```

이 방식이 더 좋다면, 그렇게 하라. 한 가지 단점만 유의하면 된다. 함수의 이름이나 파라미터 타입을 바꿀 때, 두 군데에서 바꿔야 한다: 즉, 선언과 정의에서.

How to 5.1 함수 구현하기

함수는 같은 프로그램이나 다른 프로그램들에서 다른 파라미터로 여러 번 사용될 수 있는 계산이다. 어떤 계산이 두 번 이상 필요하다면, 그를 함수로 바꿔라.

이 과정을 예시하기 위해서, 내가 이집트 피라미드를 연구하는 고고학자를 도와주고 있다고 하자. 내가 맡은 일은 피라미드의 높이와 베이스 길이가 주어졌을 때, 피라미드의 용적을 계산하는 함수를 작성하는 것이다.

단계 1 함수가 해야 할 일을 기술한다.

간단한 영어 설명을 제공한다. 예를 들면, 'Compute the volume of a pyramid whose base is a square(베이스가 정사각형인 피라미드의 용적을 계산한다).'

단계 2 함수의 '입력들'을 결정한다.

변화할 수 있는 모든 파라미터들의 목록을 작성한다. 초보자는 지나치게 특정적인 함수를 구현하는 경향이 있다. 예를 들면, 이집트 피라미드들 중 가장 큰 기자(Giza) 피라미드의 높이는 146미터, 베이스 길이는 230미터임을 우리가 알고 있을 수도 있다. 그러나, 원래 문제가 이 거대 피라미드에 관한 질문이었다고 하더라도, 이 수들을 계산에 사용하지 말라. 임의의 피라미드의 용적을 계산하는 함수를 작성하는 것이 더 어렵지도 않고 훨씬 더 쓸모가 있다.

이 경우, 파라미터는 피라미드의 높이와 베이스 길이이다. 지금 나는 이 함수를 기술하기에 충분한 정보를 갖고 있다:

```
/**
   Computes the volume of a pyramid whose base is a square.
   @param height the height of the pyramid
   @param base_length the length of one side of the pyramid's base
   @return the volume of the pyramid
*/
```

단계 3 파라미터 변수들과 반환 값의 타입을 결정한다.

높이와 베이스 길이는 모두 부동 소수점 수일 수 있다. 그러므로, 두 파라미터 변수들을 위해 double 타입을 선택하겠다. 계산된 용적도 부동 소수점 수라서, 반환형도 double이 된다. 그러므로, 이 함수는 다음과 같이 정의될 것이다.

```
double pyramid_volume(double height, double base_length)
```

단계 4 원하는 결과를 얻기 위한 수도코드를 작성한다.

대부분의 경우, 함수는 원하는 답을 찾기 위해 몇 단계를 수행해야 한다. 수학 공식, 분기, 또는 루프를 사용해야 할 수도 있다. 함수를 수도코드로 표현하라.

인터넷 검색을 통해 피라미드의 용적이 다음과 같이 계산된다는 것을 찾아냈다:

volume = 1/3 x height x base area

베이스가 정사각형이므로, 다음 공식을 얻는다:

base area = base length x base length

이들 두 공식을 사용해서, 파라미터 변수들로부터 용적을 계산할 수 있다.

단계 5 함수 본체를 구현한다.

우리의 보기에서 함수 본체는 아주 단순하다. 결과를 반환하기 위한 return 문의 사용을 주목한다.

```
{
   double base_area = base_length * base_length;
   return height * base_area / 3;
}
```

단계 6 함수를 테스트한다.

함수를 구현한 후에, 함수를 따로 테스트한다. 그러한 테스트를 **유닛 테스트**라고 부른다. 테스트 케이스들을 손으로 해결해보고, 이 함수가 올바른 결과를 산출하는지를 확인하라. 예를 들어, 높이가 9, 베이스 길이가 10인 피라미드에 대해, 우리는 용적이 1/3 × 9 × 100 = 300이라고 기대한다. 높이가 0이라면, 용적이 0이라고 기대한다.

```
int main()
{
   cout << "Volume: " << pyramid_volume(9, 10) << endl;
   cout << "Expected: 300"
   cout << "Volume: " << pyramid_volume(0, 10) << endl;
   cout << "Expected: 0"
   return 0;
}
```

출력은 이 함수가 기대한대로 계산했음을 확인시켜준다:

```
Volume: 300
Expected: 300
Volume: 0
Expected: 0
```

데모 예제 5.1 **문자열의 일부를 정합 및 교체하기**

이 데모 예제는 주어진 문자열에서 한 문자열이 맨 처음 발생한 곳을 찾아서 두 번째 문자열로 교체하는 함수를 생성한다.

데모 예제 5.2 **디버거 사용하기**

이 데모 예제에서는 디버거를 사용해서 프로그램의 오류를 찾아내는 방법을 배운다.

5.5 반환 값이 없는 함수

함수가 값을 반환하지 않음을 나타내기 위해서 void 반환형을 사용한다.

때로는 값을 산출하는 명령 시퀀스를 수행할 필요가 있다. 그러한 명령 시퀀스가 여러 번 나타난다면, 함수로 포장하기를 원할 것이다. C++에서는 반환 값이 없음을 표시하기 위해서 `void` 반환형을 사용한다.

void 함수는 값을 반환하지 않으나, 출력을 만들 수는 있다.

다음은 대표적인 예이다. 내 임무는 상자에 다음과 같은 문자열을 인쇄하는 것이다.

```
-------
!Hello!
-------
```

그러나, 다른 문자열이 `Hello`를 대체할 수 있다. 이 작업을 위한 함수는 다음과 같이 정의될 수 있다.

```
void box_string(string str)
```

이제 이 임무를 해결하기 위한 일반적인 방법을 공식화해서 정석대로 이 함수의 본체를 개발한다.

- 문자 -를 **n+2**회 포함하는 줄을 출력한다. 여기서 **n**은 문자열의 길이이다.
- 좌우가 **!**로 둘러싸인 문자열을 포함하는 줄을 출력한다.
- 문자 -를 **n+2**회 포함하는 줄을 하나 더 출력한다.

함수 구현은 다음과 같다.

```
/**
   Prints a string in a box.
   @param str the string to print
*/
```

Available online at www.wiley.com/college/horstmann.

```
void box_string(string str)
{
   int n = str.length();
   for (int i = 0; i < n + 2; i++) { cout << "-"; }
   cout << endl;
   cout << "!" << str << "!" << endl;
   for (int i = 0; i < n + 2; i++) { cout << "-"; }
   cout << endl;
}
```

이 함수가 아무런 값도 계산하지 않음을 주목한다. 이 함수는 어떤 동작들을 수행한 후 호출자로 돌아간다(견본 프로그램 ch05/box.cpp을 참고).

반환 값이 없으므로, 표현식에 box_string을 사용할 수 없다. 즉, 다음과 같이 호출할 수는 있으나,

```
box_string("Hello");
```

다음과 같이 호출할 수는 없다.

```
result = box_string("Hello"); // 오류: box_strirg은 결과를 반환하지 않는다.
```

끝에 닿기 전에 void 함수로부터 돌아가기를 원하면, 값이 없는 return 문을 사용한다. 예:

```
void box_string(string str)
{
   int n = str.length();
   if (n == 0)
   {
      return; // Return immediately
   }
   ...
}
```

13. box_string 함수를 사용해서 다음의 출력을 만들어라.

```
-------
!Hello!
-------
-------
!World!
-------
```

14. 다음 명령문은 무엇이 잘못되었는가?

```
cout << box_string("Hello");
```

15. 문자열과 세 개의 느낌표로 끝나는 줄을 출력하는 함수 shout를 구현하라. 예를 들어, shout("Hello")는 Hello!!!를 출력해야 한다. 이 함수는 반환 값이 없다.

16. 다음과 같이 문자열 양쪽에 빈칸을 두도록 box_string 함수를 수정하라.

```
---------
! Hello !
---------
```

17. box_string 함수는 – 글자를 두 줄을 출력하는 코드를 포함하고 있다. 이 코드를 별도의 함수 print_line에 옮기고, 이 함수를 사용해서 box_string을 간단화하라. 두 함수 모두의 코드를 제시하라

Practice It 이제 다음 연습문제들에 대해 답할 수 있다: R5.4, P5.24.

5.6 문제 해결하기: 재사용 가능한 함수

함수를 정의해서 중복된 코드 또는 수도코드를 제거하라.

C++ 표준 라이브러리의 여러 함수를 사용해봤다. 이들은 프로그래머들이 다시 만들 필요가 없도록 표준 C++의 일부로 제공되었다. 물론 C++ 라이브러리는 필요한 모든 것을 커버하지 않는다. 다수의 문제에 사용될 수 있는 내 자신의 함수들을 설계한다면, 나 역시 시간을 절약할 수 있을 것이다.

같은 프로그램에서, 또는 별개의 프로그램들에서, 거의 같은 코드 또는 수도코드를 여러 번 작성할 때는 함수를 도입하는 것을 고려하라. 다음은 코드 중복의 대표적 예이다.

```
int hours;
do
{
   cout << "Enter a value between 0 and 23: ";
   cin >> hours;
}
while (hours < 0 || hours > 23);

int minutes;
do
{
   cout << "Enter a value between 0 and 59: ";
   cin >> minutes;
}
while (minutes < 0 || minutes > 59);
```

이 프로그램 조각은 두 변수를 읽고, 그들이 특정 범위 내에 있는지 확인한다. 공통되는 동작을 함수로 빼내는 것은 쉽다:

```
/**
   Prompts a user to enter a value up to a given maximum until the user
   provides a valid input.
   @param high the largest allowable input
   @return the value provided by the user (between 0 and high, inclusive)
*/
int read_int_up_to(int high)
{
   int input;
   do
   {
      cout << "Enter a value between 0 and " << high << ": ";
      cin >> input;
   }
   while (input < 0 || input > high);
   return input;
}
```

그런 다음, 이 함수를 두 번 사용한다.

```
int hours = read_int_up_to(23);
int minutes = read_int_up_to(59);
```

루프의 중복을 제거했다. 이제는 함수 내에서 한 번만 일어난다.

이 함수는 정수 값을 읽어야 하는 다른 프로그램들에서도 재사용될 수 있음을 주목한다. 그렇지만, 최저 값이 꼭 0이 아닐 수도 있다는 가능성을 고려해야 한다.

같은 작업을 여러 번 수행할 때는 함수를 사용한다.

함수를 재사용 가능하게 설계하라. 함수가 재사용될 때 바뀔 수 있는 값에 대해서는 파라미터 변수를 제공하라.

다음은 더 나은 대안이다.

```
/**
   Prompts a user to enter a value within a given range until the user
   provides a valid input.
   @param low the smallest allowable input
   @param high the largest allowable input
   @return the value provided by the user (between low and high, inclusive)
*/
int read_int_between(int low, int high)
{
   int input;
   do
   {
      cout << "Enter a value between " << low << " and " << high << ": ";
      cin >> input;
   }
   while (input < low || input > high);
   return input;
}
```

한 프로그램에서

```
int hours = read_int_between(0, 23);
```

으로 호출하고, 다른 프로그램에서

```
int month = read_int_between(1, 12);
```

로 호출할 수 있다. 일반적으로, 함수가 재사용될 때 바뀌는 값에 대해 파라미터 변수를 제공하기를 원할 것이다.

18. 다음 명령문들을 고려하자.

```
int total_pennies = static_cast<int>(100 * total + 0.5);
int total_tax_pennies = static_cast<int>(100 * total * tax_rate + 0.5);
```

코드 중복을 줄이기 위해 함수를 도입하라.

19. 페이지의 좌측 또는 우측에 페이지 번호를 출력하는 다음 코드를 고려하자.

```
if (page % 2 == 0) { cout << page << endl; }
else { cout << setw(80) << page << endl; }
```

if 문의 조건을 이해하기 쉽게 만들기 위해 반환형이 bool인 함수를 도입하라.

20. 초기 잔고가 $10,000이고 이율이 5%인 계좌에 대한 복리를 계산하는 다음 함수를 고려하자.

```
double balance(int years) { return 10000 * pow(1.05, years); }
```

이 함수의 재사용성을 어떻게 하면 더 높일 수 있겠는가?

21. 다음 주석은 다음 루프가 하는 일을 설명한다. 함수를 대신 사용하라.

```
// Counts the number of spaces
int spaces = 0;
for (int i = 0; i < input.length(); i++)
{
   if (input.substr(i, 1) == " ") { spaces++; }
}
```

22. 자체 검사 21에서 빈칸을 세는 함수를 구현해야 했다. 임의의 글자를 셀 수 있도록 일반화시켜라. 왜 이것을 하기를 원할 거라고 생각하는가?

Practice It 이제 다음 연습문제들에 대해 답할 수 있다: R5.7, P5.23.

5.7 문제 해결하기: 단계적 정제

단계적 정제 과정을 이용해서, 복잡한 작업들을 더 단순한 작업들로 분해하라.

문제 해결을 위한 가장 강력한 전략 중 하나가 단계적 정제 과정이다. 어려운 문제를 해결하기 위해서는 더 간단한 작업들로 나눈다. 그리고, 어떻게 풀어야 할지를 아는 작업들만 남을 때까지 계속해서 더 간단한 작업들로 나눈다.

생산 과정은 일련의 조립 단계들로 나뉜다.

다음은 일상생활의 문제에 이 과정을 적용한 예이다. 아침에 일어나서 단순히 커피를 마셔야 한다. 어떻게 커피를 얻나(**get coffee**)? 엄마나 친구 등 누군가에게 좀 갖다 달라고 시킬 수 있는지 살핀다. 그게 안 되면, 직접 준비해야 한다(**make coffee**). 커피를 어떻게 준비하는가? 만일 인스턴트 커피가 있다면, 인스턴트 커피를 준비한다(**make instant coffee**). 인스턴트 커피를 어떻게 준비하는가? 단순히 물을 끓이고(**boil water**), 끓은 물에 인스턴트 커피를 섞는다. 물은 어떻게 끓이는가? 마이크로웨이브가 있으면, 컵에 물을 붓고, 마이크로웨이브에 넣고 3분간 가열한다. 아니면, 주전자에 물을 붓고 스토브에 올려 놓고 물이 끓을 때까지 가열한다. 한편, 인스턴트 커피가 없다면, 커피를 내려야 한다(**brew coffee**). 어떻게 커피를 내리는가? 커피 메이커에 물을 붓고, 필터를 넣고, 커피를 갈고(**grind coffee**), 이 커피를 필터에 넣고, 커피 메이커를 켠다. 어떻게 커피를 가는가? 커피 원두를 커피 분쇄기에 넣고 버튼을 60초 간 누른다.

그림 5.5가 커피-준비 솔루션의 흐름도를 보여준다. 정제는 확장된 상자들로 표시되어 있다. C++에서는 정제를 함수로 구현한다. 예를 들어, 함수 `brew_coffee`는 `grind_coffee`를 호출하고, 함수 `make_coffee`에서 호출된다.

단계적 정제 과정을 프로그래밍 문제에 적용해보자.

수표를 발행할 때 관례적으로 수표 금액을 숫자("$274.15")와 텍스트 문자열("two hundred seventy four dollars and 15 cents") 모두로 쓴다. 그렇게 하면 금액 앞에 자리 몇 개를 더 하고 싶은 수령인의 유혹을 줄인다.

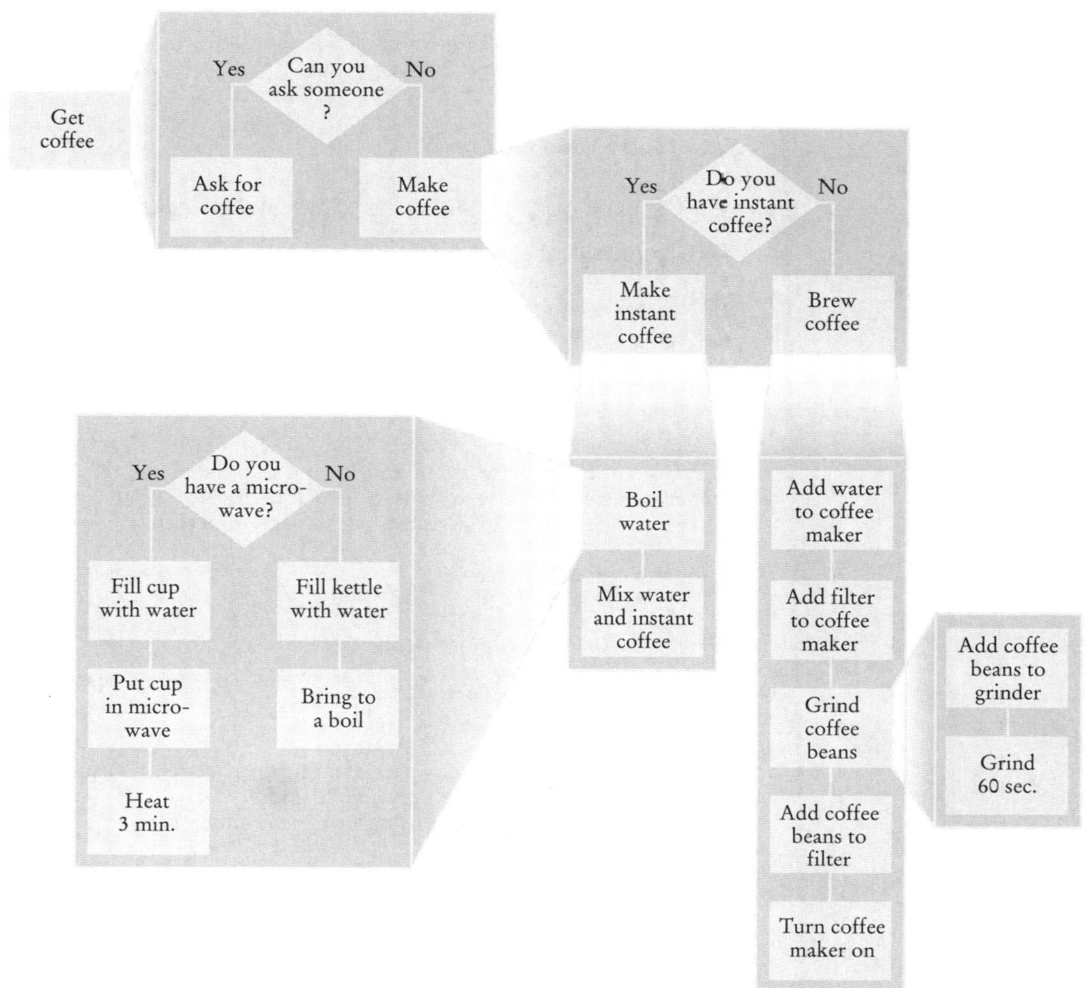

그림 5.4 커피-준비 솔루션의 흐름도

인간에게 이것은 특별히 어렵지 않으나, 컴퓨터는 이것을 어떻게 할 수 있겠는가? 274를 "two hundred seventy four"로 바꾸는 내장 함수는 존재하지 않는다. 이 함수를 우리가 프로그래밍해야 한다. 다음은 우리가 작성하려고 하는 함수를 기술한 것이다.

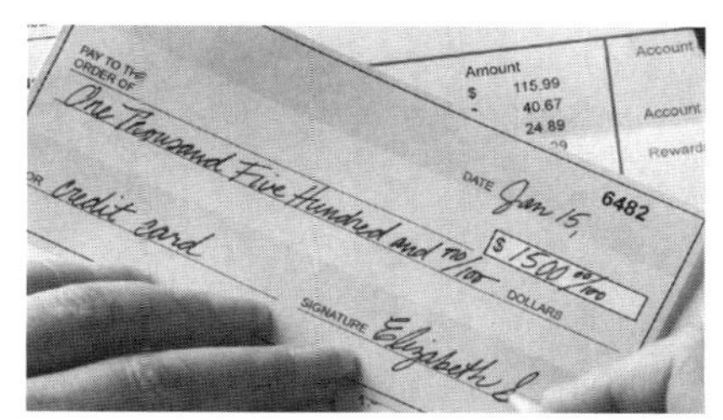

```
/**
   Turns a number into its English name.
   @param number a positive integer < 1,000
   @return the name of number (e.g., "two hundred seventy four")
*/
string int_name(int number)
```

함수가 필요하다는 것을 발견하게 되면, 파라미터 변수들과 반환 값들을 기술하라.

이 함수는 어떻게 임무를 수행할 수 있는가? 우선 간단한 경우부터 보자. 만일 숫자가 1과 9 사이이면, "one" ... "nine"을 계산해야 한다. 사실상, 백 단위(two hundred)에 대해 같은 계산이 또 필요하다. 우리는 단계적 분해 과정을 이용해서, 더 간단한 이 작업에 대한 또 다른 함수를 설계한다. 다시, 함수를 구현하기 보다는, 우선 주석을 작성한다:

```
/**
   Turns a digit into its English name.
   @param digit an integer between 1 and 9
   @return the name of digit ("one" ... "nine")
*/
string digit_name(int digit)
```

함수는 그 작업을 수행하기 위해서 더 간단한 함수들을 필요로 할 수 있다.

이것은 아홉 개의 분기를 갖는 `if` 문을 사용한다면, 구현하기에 충분히 간단해 보인다. `digit_name` 함수를 완성하는 데 더 이상 함수가 필요하지 않으므로, 그 구현은 나중에 걱정하기로 한다.

10에서 19 사이의 수들은 특수한 경우이다. 이들을 문자열 `"eleven"`, `"twelve"`, `"thirteen"` 등으로 전환하는 별도의 함수 `teen_name`을 갖추자:

```
/**
   Turns a number between 10 and 19 into its English name.
   @param number an integer between 10 and 19
   @return the name of the number ("ten" ... "nineteen")
*/
string teen_name(int number)
```

그 다음, 수가 20에서 99 사이라고 하자. 그러면, 십 자리를 `"twenty"`, `"thirty"`, ..., `"ninety"`로 표시한다. 단순성과 일관성을 위해서, 이 계산을 별도의 함수에 넣자:

```
/**
   Gives the name of the tens part of a number between 20 and 99.
   @param number an integer between 20 and 99
   @return the name of the tens part of the number ("twenty" ... "ninety")
*/
string tens_name(int number)
```

이제 수가 20 이상, 99 이하라고 하자. 만일 이 수가 10으로 딱 나눠지면 `tens_name`을 사용하고, 그것으로 끝이다. 그렇지 않으면, 십 자리는 tens_name으로, 일의 자리는 `digit_name`으로 인쇄한다. 만일 100과 999 사이의 수이면, 한 자리와 단어 `"hundred"`, 그리고 나머지는 앞에서 기술된 것 같이 표시한다.

다음은 이 알고리듬의 수도코드이다.

```
part = number (The part that still needs to be converted)
name = "" (The name of the number)

If part >= 100
   name = name of hundreds in part + " hundred"
   Remove hundreds from part.

If part >= 20
   Append tens_name(part) to name.
   Remove tens from part.
Else if part >= 10
   Append teen_name(part) to name.
   part = 0

If (part > 0)
   Append digit_name(part) to name.
```

이 수도코드에는 말로 설명한 것 이상의 중요한 개선이 여럿 있다. 이것은 큰 수들과 비교하는 것에서 시작하는, 테스트를 배치하는 방법을 보여주며, 그 아래 `if` 문들에서 더 작은 수들이 어떻게 연속해서 처리되는지를 보여준다.

한편, 이 수도코드는 조각들의 실제 전환에 관해서는 모호하다. 단순히 'name of hundreds' 등으로 부르고 있다. 게다가, 우리는 빈칸에 관해서도 모호했다. 현재 상태로는, 코드가 빈칸이 없는 문자열(예: twohundredseventyfour)을 만들 것이다. 주된 문제의 복잡성과 비교할 때 우리는 빈칸이 사소한 문제이기를 바랄 것이다. 수도코드를 사소한 디테일로 복잡하게 만들지 않는 게 최선이다.

이제 수도코드를 실제 코드로 바꾼다. 마지막 세 경우는 도우미 함수들이 미리 개발되어 있기 때문에 쉽다:

```
if (part >= 20)
{
   name = name + " " + tens_name(part);
   part = part % 10;
}
else if (part >= 10)
{
   name = name + " " + teen_name(part);
   part = 0;
}

if (part > 0)
{
   name = name + " " + digit_name(part);
}
```

끝으로, 100과 999 사이의 수들의 경우를 해결하자. `part < 1000`이므로, `part / 100`은 단일 디지트이며, 그의 이름은 `digit_name`을 호출해서 얻는다. 그러고 나서, 'hundred' 접미사를 추가한다:

```
if (part >= 100)
{
   name = digit_name(part / 100) + " hundred";
   part = part % 100;
}
```

이제 `int_name` 함수의 모든 중요한 구성 블록들을 봤다. 완성된 프로그램은 다음과 같다.

ch05/intname.cpp

```
#include <iostream>
#include <string>

using namespace std;

/**
   Turns a digit into its English name.
   @param digit an integer between 1 and 9
   @return the name of digit ("one" ... "nine")
*/
string digit_name(int digit)
{
   if (digit == 1) return "one";
   if (digit == 2) return "two";
   if (digit == 3) return "three";
   if (digit == 4) return "four";
   if (digit == 5) return "five";
   if (digit == 6) return "six";
   if (digit == 7) return "seven";
   if (digit == 8) return "eight";
   if (digit == 9) return "nine";
   return "";
}
```

```
/**
   Turns a number between 10 and 19 into its English name.
   @param number an integer between 10 and 19
   @return the name of the given number ("ten" ... "nineteen")
*/
string teen_name(int number)
{
   if (number == 10) return "ten";
   if (number == 11) return "eleven";
   if (number == 12) return "twelve";
   if (number == 13) return "thirteen";
   if (number == 14) return "fourteen";
   if (number == 15) return "fifteen";
   if (number == 16) return "sixteen";
   if (number == 17) return "seventeen";
   if (number == 18) return "eighteen";
   if (number == 19) return "nineteen";
   return "";
}

/**
   Gives the name of the tens part of a number between 20 and 99.
   @param number an integer between 20 and 99
   @return the name of the tens part of the number ("twenty" ... "ninety")
*/
string tens_name(int number)
{
   if (number >= 90) return "ninety";
   if (number >= 80) return "eighty";
   if (number >= 70) return "seventy";
   if (number >= 60) return "sixty";
   if (number >= 50) return "fifty";
   if (number >= 40) return "forty";
   if (number >= 30) return "thirty";
   if (number >= 20) return "twenty";
   return "";
}

/**
   Turns a number into its English name.
   @param number a positive integer < 1,000
   @return the name of the number (e.g. "two hundred seventy four")
*/
string int_name(int number)
{
   int part = number; // The part that still needs to be converted
   string name; // The return value

   if (part >= 100)
   {
      name = digit_name(part / 100) + " hundred";
      part = part % 100;
   }

   if (part >= 20)
   {
      name = name + " " + tens_name(part);
      part = part % 10;
   }
   else if (part >= 10)
   {
      name = name + " " + teen_name(part);
      part = 0;
   }

   if (part > 0)
   {
```

```
92          name = name + " " + digit_name(part);
93       }
94
95       return name;
96    }
97
98    int main()
99    {
100      cout << "Please enter a positive integer: ";
101      int input;
102      cin >> input;
103      cout << int_name(input) << endl;
104      return 0;
105   }
```

실행 결과

```
Please enter a positive integer: 729
seven hundred twenty nine
```

23. 함수 `int_name`이 인수를 9,999까지 처리할 수 있도록 개선시킬 수 있는 방법을 설명하라.

24. 87번 줄에서 `part = 0`으로 설정하는 이유는?

25. `int_name(0)`을 호출할 때 어떤 일이 일어나는가? 이 경우를 바르게 처리할 수 있으려면 `int_name`을 어떻게 바꿔야 하는가?

26. 프로그래밍 팁 5.4에 기술된 것 같이 함수 호출 `int_name(72)`를 추적하라.

27. 단계적 정제 과정을 이용해서 다음 표를 출력하는 작업을 더 간단한 작업들로 나눠라.

```
+-----+-----------+
|   i | i * i * i |
+-----+-----------+
|   1 |         1 |
|   2 |         8 |
  ...
|  20 |      8000 |
+-----+-----------+
```

Practice It 이제 다음 연습문제들에 대해 답할 수 있다: R5.12, P5.16, P5.19.

프로그래밍 팁 5.3 **함수를 짧게 유지하라**

함수를 작성하는 데는 어떤 비용이 든다. 함수를 설계하고, 코딩하고, 테스트해야 한다. 함수는 문서화 되어야 한다. 함수가 특정 상황에 묶여 있기보다는 재사용 가능하게 만들기 위해 노력을 투자해야 한다. 이러한 비용을 피하려고, 코드를 별도의 함수들로 나누려고 수고하기보다는 그저 모든 코드를 한곳에 몰아 넣으려는 유혹을 항상 느낀다. 경험 없는 프로그래머들이 몇 백 줄이나 되는 함수를 만드는 것을 자주 볼 수 있다.

경험상, 자신의 개발 환경에서 코드가 한 스크린에 표시되지 않는 함수는 나눠져야 한다.

프로그래밍 팁 5.4 함수 추적하기

복잡한 함수들을 설계할 때는 자신의 프로그램을 컴퓨터에 넘기기 전에 수동으로 **시뮬레이션(walkthrough)**하는 것이 좋다.

인덱스 카드 같은 종이를 준비하고, 살펴보고자 하는 함수 호출을 적는다. 다음과 같이 함수 이름, 파라미터 변수들의 이름 및 값을 적는다.

그런 다음, 함수 변수들의 이름과 초기 값을 적는다. 코드를 살피면서(walkthrough) 그들을 업데이트할 것이므로, 그들을 표에 적는다.

int_name(number = 416)	
part	name
416	""

테스트 `part >= 100`을 시작한다. `part / 100`은 4이고 `part % 100`은 16이다. `digit_name(4)`가 `"four"`가 된다는 것은 쉽게 알 수 있다(`digit_name`이 복잡하면, 이 함수 호출을 계산하기 위해서 다른 종이에 시작한다. 이런 식으로 여러 장을 쌓는 일이 흔히 있다).

이제 `name`이 `name + " " + digit_name(part / 100) + " hundred"`, 즉, `"four hundred"`로 바뀌었고, `part`는 `part % 100`, 또는 16으로 바뀌었다.

int_name(number = 416)	
part	name
~~416~~	~~""~~
16	"four hundred"

이제 분기 `part >= 10`에 들어간다. `teen_name(16)`은 `sixteen`이므로, 변수들은 이제 다음 값을 가진다.

int_name(number = 416)	
part	name
~~416~~	~~""~~
~~16~~	~~"four hundred"~~
0	"four hundred sixteen"

이제 87번 줄에서 `part`를 0으로 설정한 이유가 확실해졌다. 그러지 않았다면, 그 다음 분기로 들어가서, 결과는 `"four hundred sixteen six"`가 되었을 것이다. 코드를 추적하는 것은 함수의 미묘한 면을 이해하기 위한 효과적인 방법이다.

프로그래밍 팁 5.5

스터브

큰 프로그램을 작성할 때는 모든 함수들을 동시에 구현 및 테스트하는 것이 항상 가능하지는 않다. 한 함수를 테스트하는데 그 함수는 다른 함수를 호출하고, 또 그 함수는 아직 구현되어 있지 않은 경우들이 흔하다. 그런 경우, 임시로 그 함수를 **스터브(stub)**로 교체할 수 있다. 스터브는 다른 함수를 테스트하기에 충분한, 간단한 값을 반환하는 함수이다. 다음은 스터브 함수들의 예이다.

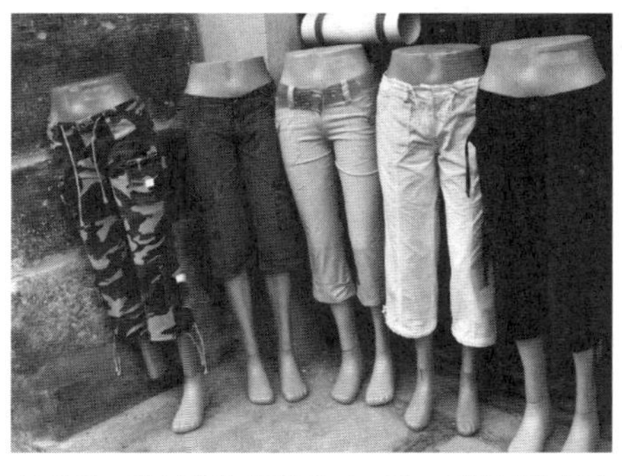

스터브는 테스팅에 사용될 수 있는 불완전한 함수이다.

```
/**
   Turns a digit into its English name.
   @param digit an integer between 1 and 9
   @return the name of digit ("one" ... "nine")
*/
string digit_name(int digit)
{
   return "mumble";
}

/**
   Gives the name of the tens part of a number between 20 and 99.
   @param number an integer between 20 and 99
   @return the tens name of the number ("twenty" ... "ninety")
*/
string tens_name(int number)
{
   return "mumblety";
}
```

이 스터브들을 int_name 함수와 결합해서 인수를 274로 테스트하면, 결과로 "mumble hundred mumblety mumble"을 얻을 것이며, 이는 int_name의 기본 로직이 바르게 동작한다는 것을 의미한다.

데모 예제 5.3

학점 계산하기

이 데모 예제는 단계적 정제를 이용해서 어떤 과목의 문자 성적들을 평균 성적으로 전환하는 문제를 푼다.

Available online at www.wiley.com/college/horstmann.

5.8 변수 스코프와 전역 변수

변수의 스코프는 그 변수가 보이는 프로그램의 부분이다.

프로그램에서 같은 변수 이름을 두 번 이상 정의하는 것이 가능하다. 이러한 변수 이름이 사용될 때, 어느 정의에 속하는지 알 필요가 있다. 이 절에서는 같은 이름의 다중 정의를 다루기 위한 규칙에 관해서 논의한다.

어떤 함수 안에서 정의된 변수는 그가 정의된 지점에서부터 그가 정의된 블록의 끝까지의 범위에서 보인다. 이 영역을 그 변수의 **스코프(scope)**라고 부른다.

다음 보기의 volume 변수들을 고찰하자.

```
double cube_volume(double side_length)
{
   double volume = side_length * side_length * side_length;
   return volume;
}

int main()
{
   double volume = cube_volume(2);
   cout << volume << endl;

   return 0;
}
```

각 volume 변수는 별개의 함수에서 정의되었으며, 그들의 스코프는 겹치지 않는다.

서로 다른 도시에 'Main Stree'라는 이름의 거리가 있을 수 있듯이, C++ 프로그램은 같은 이름의 변수를 여러 개 가질 수 있다.

같은 스코프에서 같은 이름의 두 변수를 정의하는 것은 문법에 어긋난다. 예를 들어, 다음은 문법에 어긋난다.

```
int main()
{
   double volume = cube_volume(2);
   double volume = cube_volume(10);
      // ERROR: cannot define another volume variable in this scope
   ...
}
```

그렇지만, **내포(또는 둥지) 블록**에서는 같은 이름의 변수를 더 정의할 수 있다. 다음에서 우리는 amount라는 변수를 두 개 정의한다.

```
double withdraw(double balance, double amount)
{
   if (...)
```

```
   {
      double amount = 10; // Another variable named amount
      ...
   }
   ...
}
```

둥지 블록의 변수는 바깥 블록에 있는 같은 이름의 변수를 가린다(shadow).

파라미터 변수 amount의 스코프는 둥지 블록의 안을 **제외한** 전체 함수이다. 둥지 블록 안에서 amount는 그 블록에서 정의된 변수를 가리킨다. 이때, 내부 변수가 바깥 블록에 정의된 변수를 가린다고 말한다. 작성하는 함수들에서의 이러한 혼동을 줄 가능성이 있는 상황은 단순히 그 변수들 중 하나의 이름을 바꿔서 피할 수 있다.

지역 변수는 함수 안에 정의된다. 전역 변수는 함수 바깥에 정의된다.

함수 안에서 정의되는 변수를 **지역 변수**라고 부른다. C++는 함수 바깥에서 정의되는 **전역 변수**도 지원한다. 전역 변수는 그 다음에 정의된 모든 함수들에서 보인다. 예를 들어, <iostream> 헤더는 전역 변수 cin과 cout을 정의한다.

다음은 전역 변수의 예이다.

```
int balance = 10000; // A global variable

void withdraw(double amount)
{
   if (balance >= amount)
   {
      balance = balance - amount;
   }
}

int main()
{
   withdraw(1000);
   cout << balance << endl;
   return 0;
}
```

변수 balance의 스코프는 withdraw와 main 함수 모두에 확장된다.

프로그램에서 전역 변수의 사용을 피하라.

일반적으로 전역 변수를 사용하는 것은 좋은 생각이 다니다. 특히 여러 프로그래머들이 개발하는 큰 프로그램에서는 각 함수의 영향이 분명하고 이해하기 쉬워야 한다. 프로그램에서 전역 변수의 사용을 피해야 한다.

다음 견본 프로그램을 고찰하자.

```
int x;
int mystery(int x)
{
   int s = 0;
   for (int i = 0; i < x; i++)
   {
      int x = i + 1;
      s = s + x;
   }
   return x;
}
int main()
{
   x = 4;
   int s = mystery(x);
   cout << s << endl;
}
```

28. 어느 줄이 전역 변수를 정의하는가?
29. 어느 줄이 x란 이름의 지역 변수를 정의하는가?
30. 어느 줄이 2번 줄에 정의된 x의 스코프 안에 있는가?
31. 어느 변수가 14번 줄의 할당에 의해 변하는가?
32. 이 프로그램은 스코프가 겹치지 않는, 이름이 같은 두 변수를 정의한다. 어떤 것들인가?

Practice It 이제 다음 연습문제들에 대해 답할 수 있다: R5.8, R5.9.

프로그래밍 팁 5.6 **전역 변수를 피하라**

전역 변수가 필요한 경우도 있으나(cin과 cout 같이), 매우 드물다. 전역 변수가 있는 프로그램은 더 이상 각 함수를 단순히 인수를 받고 결과를 반환하는 '블랙 박스'로 볼 수 없기 때문에, 유지 및 확장하기가 어렵다. 함수가 전역 변수를 변경할 때, 함수 호출의 영향을 이해하기가 더 어려워진다. 프로그램이 커짐에 따라, 이 어려움은 빠르게 증가한다. 전역 변수를 사용하는 대신에, 함수 파라미터를 사용해서 프로그램의 한 부분에서 다른 부분으로 정보를 운반하자.

5.9 참조 파라미터

인수의 값을 바꾸는 함수를 작성하고 싶으면, 이 변경을 가능하게 만들기 위해서 **참조 파라미터**를 사용해야 한다. 먼저 다른 파라미터 타입이 필요한 이유를 설명하고, 그러고 나서 참조 파라미터의 문법을 보여주겠다.

잔고가 충분히 있다는 가정하에, 은행 계좌에서 주어진 금액을 인출하는 것을 시뮬레이션하는 함수를 고려하자. 만일 금액이 부족하면 $10가 공제된다. 이 함수는 다음과 같이 사용될 것이다.

```
double harrys_account = 1000;
withdraw(harrys_account, 100); // Now harrys_account is 900
withdraw(harrys_account, 1000); // Insufficient funds. Now harrys_account is 890
```

다음은 첫 번째 시도이다:

```
void withdraw(double balance, double amount) // Does not work
{
   const double PENALTY = 10;
   if (balance >= amount)
   {
      balance = balance - amount;
   }
   else
   {
      balance = balance - PENALTY;
   }
}
```

그런데 이 함수는 동작하지 않는다.

함수 호출 withdraw(harrys_account, 100)을 검토(walkthrough)하자 —그림 5.6 참고.

❶ 함수 호출

```
withdraw(harrys_account, 100);
```

harrys_account = 1000

balance =

amount =

❷ 함수 파라미터 변수 초기화

```
withdraw(harrys_account, 100);
```

harrys_account = 1000

balance = 1000

amount = 100

❸ 호출자로 돌아가기 직전

```
balance = balance - amount;
```

harrys_account = 1000

balance = 900

amount = 100

❹ 함수 호출 후

harrys_account = 1000

그림 5.6 balance와 account가 값 파라미터일 때

함수가 시작할 때, 파라미터 변수 balance가 생성되어 ❶ harrys_account와 똑같은 값으로 설정되고, amount는 100으로 설정된다❷. 그리고 나서 balance가 수정된다❸. 물론, 이 수정은 balance가 별도의 변수이기 때문에 harrys_account에 영향을 주지 않는다. 함수가 되돌아갈 때, balance는 잊혀지고, harrys_account에서 인출되는 금액은 없다❹.

값 파라미터를 바꾸는 것은 호출자에 영향이 없다.

파라미터 변수 balance는 공급된 인수의 값으로 초기화되기 때문에, 값 파라미터라고 불린다. 이제까지 우리가 작성한 모든 함수들은 값 파라미터를 사용했다. 그렇지만 이 상황에서는 우리는 balance가 harrys_account와 같은 값을 갖기를 원하지 않는다. 우리는 balance가 실제 변수 harrys_account(또는 joes_account 또는 호출 때 공급되는 아무 변수든)를 가리키기를 원한다. 그 변수의 내용이 갱신되어야 한다.

참조 파라미터는 함수 호출 때 공급되는 변수를 가리킨다.

함수 호출 때 공급된 변수를 갱신하고 싶을 때는 참조 파라미터를 사용한다. balance를 참조 파라미터로 만들면, balance는 새로운 변수가 아니고, 기존 변수에 대한 참조가 된다. balance를 바꾸면, 그 특정 호출에서 balance가 가리키는 변수가 변한다.

그림 5.7이 값 파라미터와 참조 파라미터의 차이를 보여준다.

참조 파라미터를 표시하기 위해서 자료형 이름 다음에 &를 추가한다:

```
void withdraw(double& balance, double amount)
```

double&를 'double에 대한 참조' 또는 간략히 'double 참조'라고 부른다:

withdraw 함수는 이제 두 파라미터 변수를 가진다: 하나는 'double 참조', 다른 하나는 double 타입의 값 파라미터. 함수의 본체는 바뀌지 않는다. 바뀐 것은 balance 변수에 대한 할당의 의미이다.

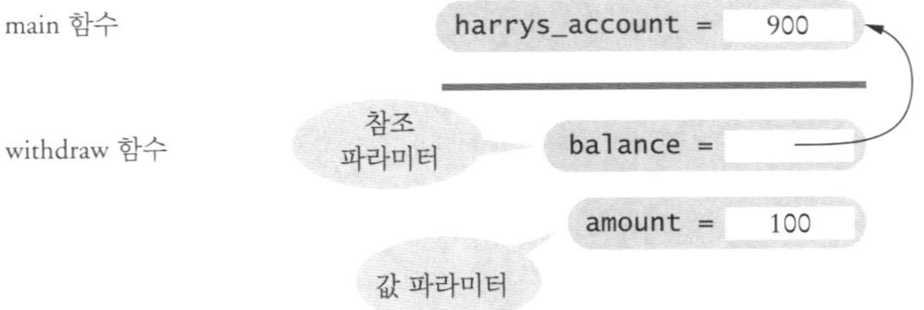

그림 5.7 참조 파라미터와 값 파라미터

다음 할당

```
balance = balance - amount;
```

는 이제 함수에 전달된 변수를 바꾼다(그림 5.8 참고).

은행 잔고에 대한 참조 파라미터는 ATM 카드와 같다—잔고를 바꿀 수 있게 해준다. 그 반면, 값 파라미터는 잔고를 알려줄 수 있을 뿐이다.

예를 들어, 호출

```
withdraw(harrys_account, 100);
```

은 변수 harrys_account를 수정하고, 호출

```
withdraw(sallys_account, 150);
```

는 sallys_account를 수정한다.

참조 파라미터를 수정하면, 호출 때 공급된 변수가 갱신된다.

참조 파라미터의 인수는 항상 **변수**이어야 한다. 수를 공급하면 오류로 처리된다:

```
withdraw(1000, 500); // 오류: 참조 파라미터의 인수는 변수이어야 한다
```

그 이유는 명백하다—함수는 참조 파라미터를 수정하나, 수의 값을 수정하는 것은 불가능하다. 같은 이유로, 표현식을 공급할 수 없다:

```
withdraw(harrys_account + 150, 500);
   // 오류: 참조 파라미터의 인수는 변수이어야 한다
```

그림 5.8 balance가 참조 파라미터일 때

ch05/account.cpp

```cpp
#include <iostream>

using namespace std;

/**
   Withdraws the amount from the given balance, or withdraws
   a penalty if the balance is insufficient.
   @param balance the balance from which to make the withdrawal
   @param amount the amount to withdraw
*/
void withdraw(double& balance, double amount)
{
   const double PENALTY = 10;
   if (balance >= amount)
   {
      balance = balance - amount;
   }
   else
   {
      balance = balance - PENALTY;
   }
}

int main()
{
   double harrys_account = 1000;
   double sallys_account = 500;
   withdraw(harrys_account, 100);
      // Now harrys_account is 900
   withdraw(harrys_account, 1000); // Insufficient funds
      // Now harrys_account is 890
   withdraw(sallys_account, 150);
```

```
    cout << "Harry's account: " << harrys_account << endl;
    cout << "Sally's account: " << sallys_account << endl;

    return 0;
}
```

실행 결과

```
Harry's account: 890
Sally's account: 350
```

33. amount 파라미터가 double 대신에 double&로 정의된다면, withdraw 함수가 바르게 동작하겠는가?

34. 다음 함수는 한 계좌에서 다른 계좌로 특정 금액을 전송하기 위한 것이다. 함수 파라미터들을 공급하라.

```
void transfer(...)
{
   if (balance1 >= amount)
   {
      balance1 = balance1 - amount;
      balance2 = balance2 + amount;
   }
}
```

35. withdraw 함수를 수정해서 인출의 성공 여부를 나타내는 bool 값을 반환하도록 만들라. 잔고가 부족해도 벌금을 부과하지 말아라.

36. minmax(x, y, a, b) 호출이 a를 x와 y 중 더 작은 것으로 설정하고, b를 더 큰 것으로 설정하도록 함수 minmax를 작성하라.

37. 다음 프로그램은 무엇을 출력하는가?

```
void mystery(int& a, int& b)
{
   a = a - b;
   b = b + a;
   a = b - a;
}
int main()
{
   int x = 4;
   int y = 3;
   mystery(x, y);
   cout << x << " " << y << endl;
}
```

Practice It 이제 다음 연습문제들에 대해 답할 수 있다: R5.17, P5.14.

프로그래밍 팁 5.7 참조 파라미터보다 반환 값을 선호하라

일부 프로그래머들은 참조 파라미터를 함수의 결과를 설정하기 위한 메커니즘으로 사용한다. 예:

```
void cube_volume(double side_length, double& volume)
{
   volume = side_length * side_length * side_length;
}
```

그러나, 이 함수는 우리의 이전 cube_volume 함수 보다 불편하다. 이것은 cout << cube_volume(2) 같은 표현에 사용될 수 없다.

함수가 변수를 갱신할 필요가 있을 때만 참조 파라미터를 사용하라.

특강 5.2

상수 참조

큰 객체(string 값 같은)인 값 파라미터를 갖는 것은 효율적이지 않다. 객체를 파라미터 변수에 복사하는 것은 참조 파라미터를 사용하는 것보다 비효율적이다. 참조 파라미터를 사용하면, 변수의 값이 아닌 위치만을 함수에 전달해주면 된다.

아래에 보인 것 같이 **상수 참조**를 사용해서 참조 파라미터의 효율성과 값 파라미터의 의미를 제공하라고 컴파일러에게 지시할 수 있다. 함수

```
void shout(const string& str)
{
   cout << str << "!!!" << endl;
}
```

는 아래 함수와 똑같이 동작한다.

```
void shout(string str)
{
   cout << str << "!!!" << endl;
}
```

딱 한 가지가 다르다. 앞의 함수에 대한 호출이 약간 더 빨리 실행된다.

5.10 재귀 함수(선택)

집 청소 하는 것은 되풀이해서(재귀적으로)해결될 수 있다. 한 방을 청소하고 나서 나머지를 청소한다.

재귀 함수는 자신을 호출하는 함수이다. 처음에는 이상하게 들릴 수 있다. 온 집을 청소해야 하는 고된 일을 맡았다고 하자. 스스로에게 "한 방을 골라서 청소하고, 그 다음에 다른 방들을 청소하겠다"고 말할 것이다. 바꿔 말하면, 대청소 작업은 더 간단해진 입력을 갖고 그 자신을 호출한다. 궁극적으로 모든 방이 청소될 것이다.

C++에서 재귀 함수가 같은 원리를 이용한다. 다음은 대표적인 예이다. 다음과 같은 삼각형 패턴을 출력하려고 한다.

```
[]
[][]
[][][]
[][][][]
```

구체적으로, 우리 작업은 함수

```
void print_triangle(int side_length)
```

를 준비하는 것이다. 위에 주어진 삼각형은 print_triangle(4)를 호출해서 출력된다.

재귀 호출이 어떤 도움이 되는지 알아보기 위해서, 변의 길이가 4인 삼각형이, 변의 길이가 3인 삼각형으로부터 어떻게 얻어질 수 있는지 고찰하자.

```
[]
[][]
[][][]
[][][][]
```

Print the triangle with side length 3.
Print a line with four [].

더 일반적으로, 임의의 변의 길이에 대해서는,

Print the triangle with side length – 1.
Print a line with side length [].

다음은 수도코드가 C++로 번역된 것이다.

```
void print_triangle(int side_length)
{
   print_triangle(side_length - 1);
   for (int i = 0; i < side_length; i++)
   {
      cout << "[]";
   }
   cout << endl;
}
```

이 개념에는 문제가 딱 하나 있다. 변 길이가 1일 때 우리는 print_triangle(0), print_triangle(-1) 같은 것들을 호출하고 싶지 않다. 해법은 이것을 특별한 경우로 다뤄서, side_length가 1보다 작을 때는 아무 것도 출력하지 않는 것이다:

```
void print_triangle(int side_length)
{
   if (side_length < 1) { return; }
   print_triangle(side_length - 1);
   for (int i = 0; i < side_length; i++)
   {
      cout << "[]";
   }
   cout << endl;
}
```

재귀적 계산은 더 간단한 입력을 가지는 같은 문제의 솔루션을 이용해서 문제를 푼다.

print_triangle 함수를 다시 한 번 보고, 그리고 얼마나 괜찮은지 잘 보라. 만일 변 길이가 0이라면, 아무 것도 출력될 필요가 없다. 그 다음 부분도 괜찮다. 더 작은 삼각형을 출력하고, **그게 왜 동작하는지는 신경 쓰지 말자**. 그러고 나서 [] 한 줄을 출력한다. 분명히 그 결과는 원하는 크기의 삼각형이다.

재귀가 성공하려면 두 가지 핵심 요건이 있다:

- 모든 재귀 호출은 어떤 방식으로든 작업을 단순화시켜야 한다.
- 가장 간단한 작업들을 직접 다루기 위한 특별한 경우들이 있어야 한다.

재귀가 종료하기 위해서는 가장 간단한 입력들에 대한 특별한 경우들이 있어야 한다.

print_triangle 함수는 점점 더 작은 변 길이로 자신을 호출한다. 궁극적으로 변 길이는 0이 되며, 함수는 자신을 호출하기를 멈춘다.

변 길이가 4인 삼각형을 출력할 때 다음과 같은 일이 일어난다.

- 호출 printTriangle(4)가 printTriangle(3)을 호출한다.
  - 호출 printTriangle(3)이 printTriangle(2)를 호출한다.
    - 호출 printTriangle(2)가 printTriangle(1)을 호출한다.
      - 호출 printTriangle(1)이 printTriangle(0)을 호출한다.
        - 호출 printTriangle(0)가 아무 것도 하지 않고 되돌아간다.
      - 호출 printTriangle(1)이 []를 출력한다.
    - 호출 printTriangle(2)가 [][]를 출력한다.
  - 호출 printTriangle(3)이 [][][]를 출력한다.
- 호출 printTriangle(4)가 [][][][]를 출력한다.

재귀 함수의 호출 패턴은 복잡해 보이며, 재귀 함수의 성공적 설계에 대한 핵심은 그것에 대해 생각하지 않는 것이다.

이 러시아 인형 세트가 재귀 함수의 호출 패턴을 닮았다.

ch05/triangle.cpp

```
#include <iostream>

using namespace std;

/**
   Prints a triangle with a given side length.
   @param side_length the side length (number of [] along the base)
*/
void print_triangle(int side_length)
{
   if (side_length < 1) { return; }
   print_triangle(side_length - 1);
   for (int i = 0; i < side_length; i++)
   {
      cout << "[]";
   }
   cout << endl;
}

int main()
{
   cout << "Enter the side length: ";
   int input;
   cin >> input;
   print_triangle(input);
   return 0;
}
```

실행 결과

```
Enter the side length: 10
[]
[][]
[][][]
[][][][]
[][][][][]
[][][][][][]
[][][][][][][]
[][][][][][][][]
[][][][][][][][][]
[][][][][][][][][][]
```

재귀가 삼각형 모양들을 출력하는데 꼭 필요하지는 않다. 다음과 같은 둥지 루프를 사용할 수 있다.

```
for (int i = 0; i < side_length; i++)
{
   for (int j = 0; j < i; j++)
   {
      cout << "[]";
   }
   cout << endl;
}
```

그러나, 이 루프 쌍은 다소 난해하다. 사람들은 대부분 재귀 해법을 이해하기 더 쉬워한다.

38. print_triangle 함수를 약간 변형했다.

```
void print_triangle(int side_length)
{
   if (side_length < 1) { return; }
   for (int i = 0; i < side_length; i++)
   {
   }
   cout << endl;
   print_triangle(side_length - 1);
}
```

print__triangle(4)의 결과는?

39. 다음 재귀 함수를 고려하자.

```
int mystery(int n)
{
   if (n <= 0) { return 0; }
   return n + mystery(n - 1);
}
```

mystery(4)의 결과는?

40. 다음 재귀 함수를 고려하자.

```
int mystery(int n)
{
   if (n <= 0) { return 0; }
   return mystery(n / 2) + 1;
}
```

mystery(20)의 결과는?

41. n개의 상자 모양을 연속으로 출력하는 재귀 함수를 작성하라.

42. 5.7절의 int_name 함수는 < 1,000인 인수를 받았다. 재귀 호출을 이용해서 이 범위를

999,999로 확대하라. 예를 들면, 입력 12,345는 "twelve thousand three hundred forty five"를 반환해야 한다.

Practice It 이제 다음 연습문제들에 대해 답할 수 있다: R5.20, P5.28, P5.30.

How to 5.2 재귀적으로 생각하기

문제를 재귀적으로 풀려면 루프로 프로그래밍해서 해결하려는 것과는 다른 사고방식이 필요하다. 사실은, 내가 실제로 약간 게으르거나 게으른 척하고 다른 이들이 일의 대부분을 하게 한다면 도움이 된다. 복잡한 문제를 풀어야 한다면, '어떤 누군가'가 대부분의 힘든 일을 하고, 더 간단한 모든 입력들에 대한 문제를 풀 것인 양 행동하라. 그러고 나면 나는 어떻게 하면 더 간단한 입력들에 대한 솔루션들을 전체 문제에 대한 솔루션으로 바꿀 수 있는지를 알아내기만 하면 된다.

재귀적 사고 과정을 예시하기 위해서, 수의 각 숫자의 합을 계산하는 4.2절의 문제를 고려하자. 우리는 정수 n의 숫자들의 합을 계산하는 함수 digit_sum을 설계하기를 원한다. 예를 들면, digit_sum(1729) = 1 + 7 + 2 + 9 = 19이다.

단계 1 입력을 그들 자신이 문제에 대한 입력들일 수 있는 부분들로 나눈다.

재귀적 솔루션을 찾기 위한 핵심은 입력을 같은 문제에 대한 더 간단한 입력으로 축소하는 것이다.

마음 속으로는, 해결하고자 하는 작업에 대한 특정 입력 또는 입력들을 준비하고, 어떻게 하면 입력을 단순화할 수 있을지를 생각한다. 같은 작업에 의해 해결될 수 있으며, 그 솔루션이 원래 작업과 관련된 단순화를 찾아라.

숫자 합산 문제에서, n = 1729 같은 입력을 간소화할 수 있는 방법을 고찰하자. 1을 빼면 도움이 될까? 어쨌든 digit_sum(1729) = digit_sum(1728) + 1이다. 그러나 n = 1000을 고려하자. digit_sum(1000)과 digit_sum(999) 사이에는 확실한 관계가 없어 보인다.

훨씬 더 촉망되는 아이디어는 마지막 숫자를 제거하는 것이다. 즉, n / 10 = 172를 계산한다. 172의 숫자 합은 1729의 숫자 합과 직접 관련된다.

단계 2 더 간단한 입력들에 대한 솔루션들을 원래 문제에 대한 솔루션으로 합체한다.

마음 속으로는, 단계 1에서 발견한 더 간단한 입력들에 대한 솔루션들을 고찰한다. 그 솔루션들이 어떻게 얻어지는가는 걱정하지 말라. 단순히 그 솔루션들이 순조롭게 얻어진다는 믿음을 가져라. 그냥 스스로에게 이렇게 말하라. 더 간단한 입력들이 존재하므로, 누군가가 나를 위해 문제를 풀 것이다.

재귀적 솔루션을 설계할 때, 다중 둥지 호출에 대해 걱정하지 말라. 단순히 문제를 약간 더 간단한 문제로 축소하는데 초점을 맞춰라.

숫자 합 작업의 경우에, digit_sum(172)를 안다면 digit_sum(1729)를 어떻게 얻을 수 있는지를 자신에게 물어보자. 단순히 마지막 숫자(9)를 더하고, 그러면 끝난다. 마지막 숫자는 어떻게 얻는가? 나머지 n % 10으로서이다. 값 digit_sum(n)은 그러므로

```
digit_sum(n / 10) + n % 10
```

로써 얻어질 수 있다. digit_sum(n / 10)이 어떻게 계산되는지 걱정하지 말라. 입력이 더

작아지므로, 그냥 그렇게 된다.

단계 3 가장 간단한 입력들에 대한 솔루션들을 찾아낸다.

재귀적 계산은 그 입력들을 계속해서 단순화한다. 재귀가 정지하는 것을 보장하려면, 가장 간단한 입력들을 분리해서 다뤄야 한다. 그들을 위한 특별한 솔루션들을 찾아내라. 그것은 일반적으로 아주 쉽다.

digit_sum 테스트에 대한 가장 간단한 입력들을 검토하자.

- 한 자리 수
- 0

한 자리 수는 그 수 자신의 숫자 합이므로, n < 10일 때 재귀를 중단할 수 있으며, 그러한 경우 n을 반환한다. 또는, 내가 원한다면 더 게을러질 수도 있다. 만일 n이 한 자리이면, digit_sum(n/10) + n % 10은 digit_sum(0) + n과 같다. n이 0일 때는 재귀를 종료할 수 있다.

단계 4 간단한 경우들과 축소 단계를 결합해서 솔루션을 구현한다.

이제 솔루션을 구현할 준비가 되었다. 단계 3에서 고려한 간단한 입력들에 대한 분리된 경우들을 만들라. 만일 입력이 가장 간단한 경우들 중 하나가 아니면, 단계 2에서 발견한 로직을 구현한다.

다음은 완성된 digit_sum 함수이다.

```
int digit_sum(int n)
{
   // 재귀를 종료하기 위한 특별한 경우
   if (n == 0) { return 0; }
   // 일반적인 경우
   return digit_sum(n / 10) + n % 10;
}
```

랜덤 팩트 5.1 개인용 컴퓨터의 폭발적 성장

1971년에 인텔 사의 엔지니어인 Marcian E. "Ted" Hoff는 전자계산기 제작 회사를 위해 칩을 개발하고 있었다. 그는 계산기의 키 및 표시 장치와 인터페이스하기 위해 **프로그래밍**될 수 있는 **범용 칩**을 개발하는 것이, 다른 주문 설계를 또 하는 것보다 나을 것임을 깨달았다. 그래서 **마이크로프로세서**가 태어났다. 그 당시에는 주로 계산기, 세탁기 등에 적용되었다. 진실한 의미의 중앙 처리 장치가 단일 칩으로서 컴퓨터 산업에 사용되기까지에는 몇 년이 걸렸다.

호비스트들이 맨 먼저 관심을 보였다. 1974년에 최초 컴퓨터 **키트**인 Alair 8800이 MITS Electronics에 의해 $350에 등장했다. 이 키트는 마이크로프로세서, 회로 기판, 아주 작은 메모리, 토글 스위치들, 표시 전구들로 구성되었다. 구매자들은 납땜하고 조립해야 했으며, 토글 스위치들을 이용해서 기계어로 프로그래밍했다. 크게 히트 치지는 못했다.

맨 처음 빅 히트는 Apple II였다. 이것은 키보드, 모니터, 플로피 디스크 드라이브가 있는 진짜 컴퓨터였다. 처음 등장했을 때 그것은 사용자들이 Space Invaders를 플레이하고, 원시적 부기 프로그램을 돌릴 수 있으며, 사용자가 BASIC으로 프로그래밍할 수 있는 $3000짜리 기계였다. 오리지널 Apple II는 소문자를 지원하지 않았기 때문에 워드프로세싱에는 쓸모가 없었다. 1979년에 새로운 스프레드쉬트 프로그램인 VisiCalc의 등장으로 새로운 전기를 맞이하게 된다. 스프레드쉬트에서 경리 데이타와 그들의 관계들을 행와 열로 구성된 그리드(그림 참고)에 입력한다. 그런 후, 데이타 일부를 변경하고 다른 것들이 어떻게 변하는지를 실시간으로 관찰한다. 예를 들어, 제조 공장에서 작은 장치들을 다르게 섞으면 비용과 이윤에 어떤 영향을 끼치는지를 알 수 있다. 컴퓨터를 이해하며, 전산 센터로부터 데이타 처리 결과를 몇 시간 또는 며칠을 기다려야 하는데 지친 회사의 중간 관리자는 VisiCalc와 그를 돌리는 데 필요한 컴퓨터를 바로 사버렸다. 그들에게 컴퓨터는 스프레드쉬트 기계였다.

Apple II에서 실행되고 있는 VisiCalc 스프레드쉬트

그 다음 빅 히트는 IBM 개인용 컴퓨터였다. 지금은 PC로 불린다. 이것은 인텔의 16-비트 프로세서인 8086을 사용한 최초의, 널리 사용된 개인용 컴퓨터였다. 8086의 후예들이 현재도 개인용 컴퓨터에 사용되고 있다. PC의 성공은 공학적 돌파구가 아닌, 복제하기 쉬웠다는 사실에 기반했다. IBM은 제 3자가 플러그인 카드를 개발하는 것을 장려하기 위해 컴퓨터의 사양을 공개했다. 아마도 IBM은 그들의 컴퓨터와 기능적으로 동등한 버전들이 다른 회사들에 의해 재현될 것이라고 예견하지 못 했을 것이나, 다양한 PC 클론 판매 회사들이 등장했으며, 결국 IBM은 개인용 컴퓨터 판매를 중단했다.

IBM은 그들의 PC를 위한 **운영 체제**(사용자와 컴퓨터 간 상호작용을 체계화하고, 응용 프로그램을 돌리고, 디스크 스토리지 및 다른 리소스들을 관리하는 소프트웨어)를 만든 적이 없다. 대신에 IBM은 고객들에게 세 가지 운영 체제를 옵션으로 제시했다. 대부분의 고객들은 운영 체제를 아주 중요하게 여겼다. 그들은 그 당시 존재한 몇 안 되는 애플리케이션들의 대부분을 돌릴 수 있는 체제를 선택했다. 그게 Microsoft의 DOS(Disk operating system)였다. Microsoft는 같은 운영 체제를 다른 하드웨어 판매 회사들에게 사용하게 허가했으며, 소프트웨어 회사들에게는 DOS 애플리케이션을 작성하도록 권유하였다. 그 결과, PC 호환 기계들을 위한 무지하게 많은 유용한 애플리케이션 프로그램들이 나오게 되었다.

PC 애플리케이션들은 확실히 유용했으나, 배우기가 쉽지 않았다. 모든 판매회사는 서로 다른 사용자 인터페이스(키 조합, 메뉴 옵션, 그리고 사용자가 소프트웨어 패키지의 효과적 사용을 숙달하는 데 필요한 설정들)를 개발했다. 애플리케이션 간 데이타 교환은, 각 프로그램이 서로 다른 데이타 포맷을 사용했기 때문에, 어려웠다. Apple Macintosh가 1984년에 그 모든 것을 바꿔버렸다. 매킨토시의 설계자들은 컴퓨터와의 직관적 사용자 인터페이스를 지원하고 소프트웨어 개발자들이 그것을 고수하게 할 비전을 갖고 있었다. Microsoft와 PC 호환 제조사들을 따라잡는 데 수년이 걸렸다.

대부분 개인용 컴퓨터들은 온라인 소스 정보 접근, 엔터테인먼트, 워드프로세싱, 가계부 정리에 사용된다. 일부 분석가들은 개인용 컴퓨터가 TV 및 케이블 네트웍과 합쳐져서 오락 및 정보 기기로 합체될 것으로 본다.

요약

함수, 인수, 반환 값의 개념을 이해한다.

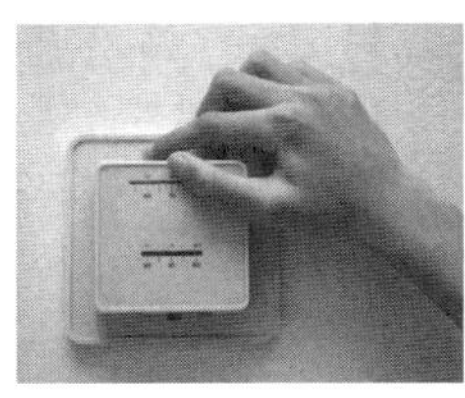

- 함수는 이름이 붙은 명령 시퀀스이다.
- 인수는 함수가 호출될 때 공급된다. 반환 값은 함수가 계산한 결과이다.

함수를 구현할 수 있다.

- 함수를 정의할 때, 함수의 이름, 각 인수에 대한 변수, 결과 자료형을 제공한다.
- 함수 주석은 함수의 용도, 파라미터 변수들과 반환 값의 의미, 특별한 요건 등을 설명한다.

파라미터 전달 과정을 설명한다.

- 파라미터 변수들은 함수 호출 때 공급된 인수 값들을 담는다.

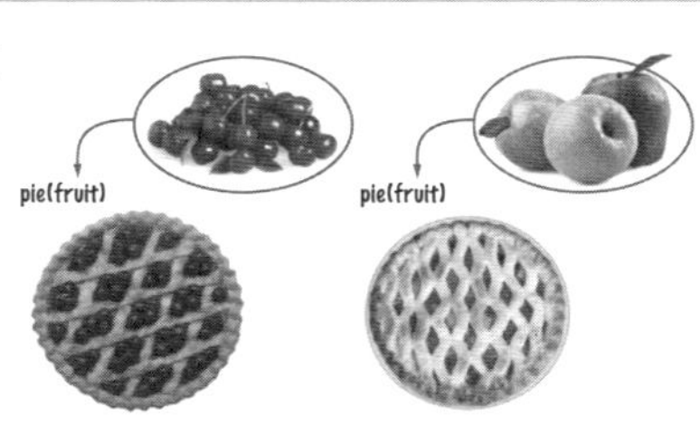

함수로부터의 값의 반환 과정을 설명한다.

- 반환 문은 함수 호출을 종료하며 함수 결과를 제공한다.

반환 값이 없는 함수를 설계 및 구현한다.

- 함수가 값을 반환하지 않음을 표시하기 위해 void 반환형을 사용한다.

여러 문제들에 재사용 가능한 함수를 개발한다.

- 함수를 정의해서 중복된 코드나 수도코드를 제거한다.
- 함수를 재사용 가능하게 설계한다. 함수가 재사용될 때 바뀔 수 있는 값들에 대해서는 파라미터 변수를 공급한다.

단계적 정제 설계 원리를 적용한다.

- 단계적 정제 과정을 사용해서 복잡한 작업을 더 간단한 작업들로 분해한다.
- 함수가 필요하다는 것을 알게 될 때, 파라미터 변수들과 반환 값에 대한 설명을 작성한다.
- 함수는 작업을 수행하기 위해 더 단순한 함수들을 필요로 할 수도 있다.

프로그램의 변수들의 스코프를 결정한다.

- 변수의 스코프는 그가 보이는 프로그램 부분이다.
- 둥지 블록의 변수는 바깥 블록에 있는 같은 이름의 변수를 가린다.
- 지역 변수는 함수 안에서 정의된다. 전역 변수는 함수 바깥에서 정의된다.
- 프로그램에서 전역 변수의 사용을 피한다.

참조 파라미터의 원리를 설명한다.

- 값 파라미터의 변경은 호출자에 영향이 없다.
- 참조 파라미터는 함수 호출 때 공급된 변수를 가리킨다.
- 참조 파라미터를 변경하면 호출 때 공급된 변수가 바뀐다.

재귀 함수 호출을 이해하고 간단한 재귀 함수를 구현한다.

- 재귀적 계산은 같은 문제의 솔루션을 더 간단한 입력에 대해 사용해서 문제를 푼다.
- 재귀가 종료하기 위해서는 가장 간단한 입력들에 대한 특별한 경우들이 있어야 한다.
- 재귀적 솔루션을 찾아내기 위한 핵심은 입력을 같은 문제에 대한 더 간단한 입력으로 축소하는 것이다.
- 재귀적 솔루션을 설계할 때 다중 동지 호출을 걱정하지 말라. 단순히 문제를 약간 더 간단한 문제로 축소하는데 초점을 맞춰라.

복습 연습 문제

R5.1 인수와 반환 값 간의 차이는 무엇인가? 함수는 몇 개의 인수를 가질 수 있는가? 반환 값은 몇 개를 가질 수 있는가?

R5.2 198쪽의 프로그램 `cube.cpp`의 각 줄은 `main`의 첫 줄에서 시작해서, 어떤 순서로 실행되는가?

R5.3 C++ 라이브러리 또는 이 장에서 논의된 함수들 중에서 다음의 예들을 제시하라.

a. 두 개의 `double` 인수와 `double` 반환 값을 갖는 함수
b. 하나의 `double` 인수와 `double` 반환 값을 갖는 함수
c. 두 개의 `int` 인수와 `int` 반환 값을 갖는 함수
d. 하나의 `int` 인수와 `string` 반환 값을 갖는 함수
e. 하나의 `string` 인수를 가지며, 반환 값이 없는 함수
f. 하나의 참조 파라미터를 가지며, 반환 값은 없는 함수
g. 인수는 없으나, `int` 반환 값을 갖는 함수

R5.4 참 또는 거짓?

a. 함수는 딱 하나의 `return` 문을 가진다.
b. 함수는 적어도 하나의 `return` 문을 가진다.
c. 함수는 최대 한 개의 `return` 문을 가진다.
d. 반환 값 `void`를 갖는 함수에는 `return` 문이 없다.
e. `return` 문을 실행할 때, 함수를 즉각 빠져나간다.
f. 반환 값 `void`를 갖는 함수는 결과를 출력해야 한다.
g. 인수가 없는 함수는 항상 같은 값을 반환한다.

R5.5 다음 함수들을 고려하자.

```
double f(double x) { return g(x) + sqrt(h(x)); }
double g(double x) { return 4 * h(x); }
double h(double x) { return x * x + k(x) - 1; }
double k(double x) { return 2 * (x + 1); }
```

프로그램을 컴파일 및 실행시키지 않고, 다음 함수 호출들의 결과를 계산하라.

a. `double x1 = f(2);`
b. `double x2 = g(h(2));`
c. `double x3 = k(g(2) + h(2));`
d. `double x4 = f(0) + f(1) + f(2);`
e. `double x5 = f(-1) + g(-1) + h(-1) + k(-1);`

R5.6 문자가 있는 전화번호(예: 1-800-FLOWERS)를 실제 전화번호로 번역하는 함수를 위한 수도코드를 작성하라. 표준 전화번호판 문자를 사용하라.

R5.7 통화 가치로 부동 소수점 수($ 기호와 소수점 아래 두 자리)를 출력하는 함수를 설계하라.

a. 프로그램 `ch02/volume2.cpp`와 `ch04/invtable.cpp`가 이 함수를 사용하려면 어떻게 바뀌어야 하는가?

b. 이 프로그램들이 유로 같은 다른 통화를 표시하려면 어떻게 수정해야 하는가?

R5.8 다음 프로그램의 각 변수에 대해 (주석으로) 스코프를 명시하라. 그런 다음, 실제로 프로그램을 돌리지 않고 프로그램 출력을 계산하라.

```
int a = 0;
int b = 0;
int f(int c)
{
   int n = 0;
   a = c;
   if (n < c)
   {
      n = a + b;
   }
   return n;
}

int g(int c)
{
   int n = 0;
   int a = c;
   if (n < f(c))
   {
      n = a + b;
   }
   return n;
}

int main()
{
   int i = 1;
   int b = g(i);
   cout << a + b + i << endl;
   return 0;
}
```

R5.9 이제까지 C++의 세 가지 종류의 변수를 봤다: 전역 변수, 파라미터 변수, 지역 변수. 연습 문제 5.8의 변수들을 이 부류에 의해 분류하라.

R5.10 단계적 정제 과정을 이용해서 스크램블드 에그를 만드는 과정을 기술하라. 냉장고에 달걀이 없는 경우도 포함시켜라.

R5.11 다음 함수에는 파라미터가 몇 개 있는가? 반환 값은 몇 개인가? **힌트**: C++의 '파라미터'와 '반환 값' 개념은 '입력'과 '출력'에 대한 직관적 개념과 같지 않다.

```
void average(double& avg)
{
   cout << "Please enter two numbers: ";
   double x;
   double y;
   cin >> x >> y;
   avg = (x + y) / 2;
}
```

R5.12 다음 인수들에 대해 `int_name` 함수의 수동 시뮬레이션(walkthrough)을 수행하라.

a. 5
b. 12
c. 21
d. 301
e. 324
f. 0
g. -2

R5.13 다음 함수를 고려하자.

```
int f(int n)
{
   if (n <= 1) { return 1; }
   if (n % 2 == 0) // n is even
   {
      return f(n / 2);
   }
   else { return f(3 * n + 1); }
}
```

계산 `f(1)`, `f(2)`, `f(3)`, `f(4)`, `f(5)`, `f(6)`, `f(7)`, `f(8)`, `f(9)`, `f(10)`의 추적을 수행하라.

R5.14 다음과 같이 해서 5.8절의 끝에 있는 코드의 전역 변수를 제거하라.

a. 잔고를 `withdraw` 함수에 전달하고 갱신된 잔고를 반환.
b. 잔고를 `withdraw` 함수에 참조 파라미터로 전달.

R5.15 다음 함수들이 주어졌을 때, 함수 호출 `print_roots(4)`를 추적하라.

```
int i;

int isqrt(int n)
{
   i = 1;
   while (i * i <= n) { i++; }
   return i - 1;
}

void print_roots(int n)
{
   for (i = 0; i <= n; i++) { cout << isqrt(i)
}
```

출력이 예상대로 나오게 하려면(즉, 0 1 1 1 2) 이 코드를 어떻게 고쳐야 하는가?

R5.16 두 정수의 값을 교환하기 위한 다음의 함수를 고찰하자.

```
void false_swap1(int& a, int& b)
{
   a = b;
   b = a;
}

int main()
{
   int x = 3;
   int y = 4;
   false_swap1(x, y);
   cout << x << " " << y << endl;
   return 0;
}
```

이 함수가 x와 y의 내용을 교환하지 않는 이유는? 이 함수가 옳게 동작하게 하려면 어떻게 수정해야 하는가?

R5.17 두 정수의 값을 교환하기 위한 다음의 함수를 고찰하자.

```
void false_swap2(int a, int b)
{
   int temp = a;
   a = b;
   b = temp;
}

int main()
{
   int x = 3;
   int y = 4;
   false_swap2(x, y);
   cout << x << " " << y << endl;
   return 0;
}
```

이 함수가 x와 y의 내용을 교환하지 않는 이유는? 이 함수가 옳게 동작하게 하려면 어떻게 수정해야 하는가?

R5.18 다음 함수는 임시 변수를 필요로 하지 않고, 두 정수를 교환한다.

```
void tricky_swap(int& a, int& b)
{
   a = a - b;
   b = a + b;
   a = b - a;
}
```

그렇지만, 한 가지 중요한 경우, 즉, `tricky_swap(x, x)`를 호출할 때 실패한다. 무엇이 발생해야 하는지, 그리고 실제로 어떤 일이 일어나는지를 설명하라.

R5.19 주어진 문자열의 모든 부문자열(substring)을 출력하기 위한 재귀 함수에 대한 수도코드를 제시하라. 예를 들어, 문자열 "rum"의 부문자열은 "rum" 자신, "ru", "um", "r", "u", "m", 그리고 빈 문자열이다. 문자열의 모든 글자가 다르다고 가정해도 좋다.

R5.20 문자열의 모든 글자를 정렬하는 재귀 함수를 위한 수도코드를 제시하라. 예를 들어, 문자열 "goodbye"는 "bdegooy"가 될 것이다.

프로그래밍 훈련

P5.1 `<algorithm>` 헤더에 선언되어 있는 함수 `max`는 두 인수들 중 큰 것을 반환한다. 세 개의 부동 소수점 수를 읽고, `max` 함수를 사용하고, 다음을 표시하는 프로그램을 작성하라.

- 처음 두 입력 중 더 큰 것
- 마지막 두 입력 중 더 큰 것
- 세 입력 모두 중 가장 큰 것

P5.2 주어진 초기 잔고와 이율의 은행 계좌에 대해, 주어진 햇수 후의 잔고를 계산하는 함수를 작성하라. 이자가 해마다 복리로 지불된다고 가정한다.

P5.3 다음 함수들을 작성하고, 그들을 테스트하기 위한 프로그램을 제공하라.

- **a.** 인수들 중 가장 작은 값을 반환하는 `double smallest(double x, double y, double z)`
- **b.** 인수들의 평균을 반환하는 `double average(double x, double y, double z)`

P5.4 다음 함수들을 작성하라.

- **a.** 인수들이 모두 같으면 참을 반환하는 `bool all_the_same(double x, double y, double z)`
- **b.** 인수들이 모두 다르면 참을 반환하는 `bool all_different(double x, double y, double z)`
- **c.** 인수들이 오름차순으로 정렬되어 있으면 참을 반환하는 `bool sorted(double x, double y, double z)`

작성한 함수들을 테스트하는 프로그램을 제공하라.

P5.5 다음 함수들을 작성하라.

- **a.** 인수의 첫 째 자리를 반환하는 `int first_digit(int n)`
- **b.** 인수의 끝 자리를 반환하는 `int last_digit(int n)`
- **c.** 인수의 자릿수를 반환하는 `int digits(int n)`

예를 들어, `first_digit(1729)`는 1, `last_digit(1729)`는 9, `digits(1729)`는 4이다. 작성한 함수들을 테스트할 프로그램을 제공하라.

P5.6 str의 길이가 홀수이면 str의 중간 글자, 짝수이면 중간의 두 글자를 포함하는 문자열을 반환하는 함수

```
string middle(string str)
```

을 작성하라. 예를 들어, `middle("middle")`은 "dd"를 반환한다.

P5.7 n 번 반복된 문자열 `str`을 반환하는 함수

```
string repeat(string str, int n)
```

을 작성하라. 예를 들어, `repeat("ho", 3)`는"hohoho"를 반환한다.

P5.8 문자열 `str`의 모든 모음의 수를 반환하는 함수

```
int count_vowels(string str)
```

를 작성하라. 모음은 a, e, i, o, u, 그리고 이들의 대문자 형태이다.

P5.9 문자열 str의 단어 수를 반환하는 함수

```
int count_words(string str)
```

를 작성하라. 단어는 빈칸에 의해 구분된다. 예를 들어, `count_words("Mary had a little lamb")`는 5를 반환해야 한다.

P5.10 단어의 첫 글자와 끝 글자가 바뀌지 않는다면, 대부분의 사람들이 단어의 두 글자가 서로 뒤바뀐 단어들이 있는 텍스트를 쉽게 읽어낼 수 있다는 것은 잘 알려져 있는 현상이다. 예:

I dn' ot gvie a dman for a man taht can olny sepll a wrod one way(Mrak Taiwn).

주어진 단어를 첫 글자와 끝 글자가 아닌, 랜덤하게 선택된 두 글자를 서로 뒤바꾸는 함수 `string scramble(string word)`를 작성하라. 그런 다음 `cin`으로부터 단어들을 읽고 뒤죽박죽이 된 버전들을 출력하는 프로그램을 작성하라.

P5.11 반경이 `r`인 구, 바닥 반경이 `r`이고 높이가 `h`인 원기둥, 바닥 반경이 `r`이고 높이가 `h`인 원뿔의 부피와 표면적을 계산하는 다음 함수들을 작성하라:

```
double sphere_volume(double r)
double sphere_surface(double r)
double cylinder_volume(double r, double h)
double cylinder_surface(double r, double h
double cone_volume(double r, double h)
double cone_surface(double r, double h)
```

그런 다음, 사용자에게서 `r`과 `h`의 값들을 입력 받고, 위의 여섯 함수를 호출하고, 그 결과들을 출력하는 프로그램을 작성하라.

P5.12 두 점 (x_1, y_1)과 (x_2, y_2)을 연결하는 선분의 길이, 중간점, 그리고 기울기를 계산하는 다음 함수들을 작성하라:

```
double distance(double x1, double x2, double y1, double y2)
void midpoint(double x1, double x2, double y1, double y2, double& xmid,
     double& ymid)
void slope(double x1, double x2, double y1, double y2, bool& vertical,
     double& s)
```

`slope` 함수는 `vertical`을 `true`로 설정하고 s를 설정하지 않거나, `vertical`을 `false`로 설정하고 s를 기울기로 설정해야 한다.

P5.13 프롬프트 문자열과 빈칸을 표시하고, 부동 소수점 수를 읽어 들여서 반환하는 함수

```
double read_double(string prompt)
```

를 작성하라. 대표적인 용도는 다음과 같다.

```
salary = read_double("Please enter your salary:");
perc_raise = read_double("What percentage raise would you like?");
```

P5.14 a가 b보다 크면 두 값을 교환하고, 아니면 그대로 두는 함수 `void swap(int& a, int& b)`를 작성하라. 예:

```
int u = 2;
int v = 3;
int w = 4;
int x = 1;
sort2(u, v); // u is still 2, v is still 3
sort2(w, x); // w is now 1, x is now 4
```

P5.15 세 개의 인수가 정렬되도록 서로 교환해서 배치하는 함수 `sort3(int& a, int& b, int& c)`를 작성하라. 예:

```
int v = 3;
int w = 4;
int x = 1;
sort3(v, w, x); // v is now 1, w is now 3,
```

힌트: 연습문제 P5.14의 `sort2`를 이용하라.

P5.16 `int_name` 함수가 1,000,000,000 미만 값들에 대해 바르게 동작하도록 개선하라.

P5.17 `int_name` 함수가 0 이하의 값들에 대해 바르게 동작하도록 개선하라.
주의: 개선된 함수가 20를 `"twenty zero"`로 출력하지 않도록 하라.

P5.18 일부 값들(예: 20)에 대해 `int_name` 함수는 앞에 빈칸이 있는 문자열(`" twenty"`)을 반환한다. 이 결함을 고쳐서 빈칸이 꼭 필요한 곳에만 삽입되게 만들라. 힌트: 두 가지 방법으로 이를 달성할 수 있다. 절대로 앞에 빈칸이 삽입되지 않게 하거나, 아니면, 반환하기 전에 결과에서 맨 앞 빈칸을 삭제한다.

P5.19 급료 지불 수표를 출력하는 프로그램을 작성하라. 프로그램 사용자에게 직원 이름, 시급료, 근무 시간 수를 질문한다. 시간 수가 40을 초과하면, 40을 초과하는 시간들에 대해 "50% 초과 근무 수당", 즉 시급료의 150%를 지급 받는다. 수표 모양은 아래의 그림과 비슷하다. 지급인과 은행 이름은 가공의 이름을 사용하라. 반드시 단계적 정제를 사용하고, 솔루션을 몇 개의 함수에 나눠라. 수표의 달러 금액을 출력하는 데는 `int_name` 함수를 사용하라.

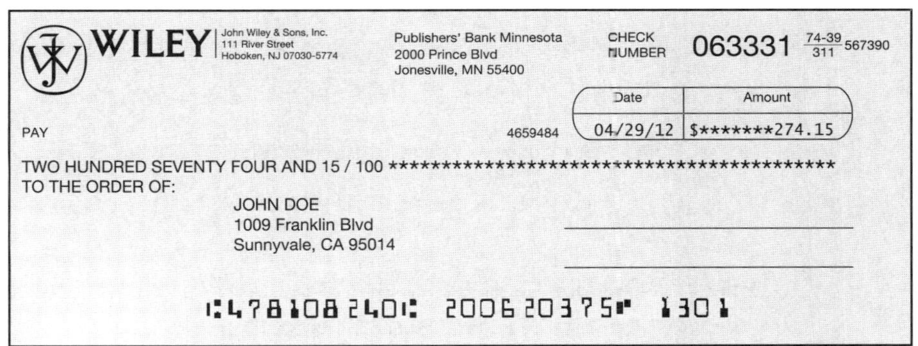

P5.20 Zeller의 조화(*Zeller's congruence*)로 알려져 있는 다음의 공식을 사용해서 주어진 날짜의 요일을 계산하는 함수를 작성하라.

$$w = \left(d + 5 + \frac{(26 \times (mm + 1))}{10} + \frac{5 \times (year \,\%\, 100)}{4} + \frac{21 \times (year/100)}{4}\right) \%\, 7$$

여기서,

d = 그 월의 날짜

mm = 조정된 월(3 = March, ..., 12 = December, 13 = January, 14 = February)

w = 요일(0 = Monday, 1 = Tuesday, ..., 6 = Sunday)

단, 모든 /는 정수 나눗셈, %는 나머지 연산을 나타낸다.

P5.21 윤년. 어떤 해가 윤년, 즉, 366일이 있는 해인지를 검사하는 함수

```
bool leap_year(int year)
```

를 작성하라. 윤년은 지구가 해를 365.25일마다 한 번씩 돌기 때문에, 달력과 해의 동기를 맞추는 데 필요하다. 실제로는 이 숫자는 완벽하게 정확하지는 않으며, 1582년 후부터는 **그레고리력 교정**이 적용된다. 4로 나누어지는 해(예: 1996)는 보통 윤년이다. 그렇지만, 100으로 나뉘는 해(예: 1900)는 윤년이 아니나, 400으로 나뉘는 해(예: 2000)는 윤년이다.

P5.22 MCMLXXVIII 같은 로마 숫자를 십진 표현으로 바꾸는 프로그램을 작성하라. **힌트**: 먼저 로마 숫자를 십진수로 바꾸는 함수를 작성하라. 그러고 나서 다음 알고리듬을 사용하라.

```
total = 0
While the roman number string is not empty
    If the first character has a larger value than the second, or the string has length 1
        Add value(first character) to total.
        Remove the character.
    Else
        Add value(second character) - value(first character) to total.
        Remove both characters.
```

P5.23 연습문제 P3.23에서 수를 로마 숫자들로 바꾸는 프로그램을 작성했다. 그때는 중복 코드를 제거하는 방법을 몰랐으며, 그 결과로 프로그램이 다소 길었다. 다음 함수를 구현 및 이용해서 그 프로그램을 재작성하라.

```
string roman_digit(int n, string one, string five, string ten)
```

이 함수는 one, five, ten 값들에 명기된 문자열들을 사용해서 한 디지트(digit, 한 자리를 의미)를 번역한다. 이 함수를 다음과 같이 호출할 것이다.

```
roman_ones = roman_digit(n % 10, "I", "V", "X");
n = n / 10;
roman_tens = roman_digit(n % 10, "X", "L", "C");
...
```

P5.24 우편 바코드. 신속한 우편물 분류를 위해서 USPS(United States Postal Service)는 우편물을 대량으로 발송하는 회사들에게 우편 번호를 나타내는 바코드(그림 5.9 참고)를 사용할 것을 권장한다.

```
*************** ECRLOT ** CO57

CODE C671RTS2
JOHN DOE                          CO57
1009 FRANKLIN BLVD
SUNNYVALE        CA 95014 – 5143
```

그림 5.9 우편 바코드

다섯 자리 우편 번호의 인코딩 방식을 그림 5.10이 보여준다. 양쪽 끝에는 가장 긴 프레임 막대가 있다. 다섯 개의 인코딩된 디지트들이 나오고, 다음과 같이 계산되는 검사 디지트가 나온다. 모든 디지트를 더하고, 그 합이 10의 배수가 되도록 검사 디지트를 선정한다. 예를 들어, 우편번호 95014는 합이 19이므로, 이 합을 20으로 만들려면 검사 디지트는 1이다.

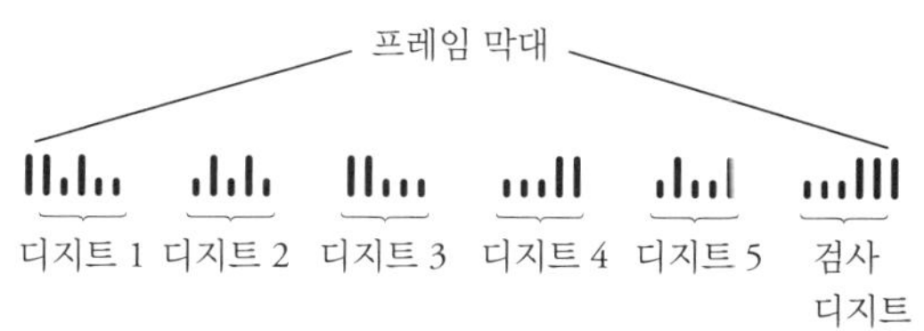

그림 5.10 다섯 자리 바코드의 인코딩

우편 번호와 검사 디지트의 각 디지트는 다음 표에 의해 인코딩된다. 이 표에서 0은 짧은 막대, 1은 긴 막대를 나타낸다.

디지트	막대 1 (가중치 7)	막대 2 (가중치 4)	막대 3 (가중치 2)	막대 4 (가중치 1)	막대 5 (가중치 0)
1	0	0	0	1	1
2	0	0	1	0	1
3	0	0	1	1	0
4	0	1	0	0	1
5	0	1	0	1	0
6	0	1	1	0	0
7	1	0	0	0	1
8	1	0	0	1	0
9	1	0	1	0	0
0	1	1	0	0	0

열 가중치 7, 4, 2, 1, 0를 사용해서 바코드로부터 디지트가 쉽게 계산될 수 있다. 예를 들어, 01100은 0 × 7 + 1 × 4 + 1 × 2 + 0 × 1 × 0 × 0 = 6이다. 유일한 예외는 0이며, 가중치 공식에 의해 11이 된다.

사용자에게 우편번호를 묻고 바코드를 출력하는 프로그램을 작성하라. 짧은 막대에는 :, 긴 막대에는 |를 사용하라. 예를 들어, 95014는 다음과 같이 된다.

```
||:|:::|:|:||::::::||:|::|:::|||
```

P5.25 바코드(:는 짧은 막대, |는 긴 막대를 나타낸다)를 읽어 들이는 프로그램을 작성하라. 바코드가 틀리면 오류 메시지를 출력하라.

P5.26 판단을 내려야 할 필요가 있을 때는 사용자에게 입력을 요구해서, 커피를 준비하기 위한 지침을 출력하는 프로그램을 작성하라. 각 작업을 함수로 분해하라. 예:

```
void brew_coffee()
{
   cout << "Add water to the coffee maker." << endl;
   cout << "Put a filter in the coffee maker." << endl;
   grind_coffee();
   cout << "Put the coffee in the filter." << endl;
   . . .
}
```

P5.27 문자열의 역순을 계산하는 재귀 함수

```
string reverse(string str)
```

를 작성하라. 예를 들어, `reverse("flow")`는 `"wolf"`를 출력해야 한다. **힌트**: 두 번째 글자에서 시작하는 부문자열을 반전시키고, 첫 글자를 끝에 추가한다. 예를 들면, `"flow"`를 반전시키기 위해서 우선 `"low"`를 `"wol"`로 반전시키고, 끝에 `"f"`를 추가한다.

P5.28 `str`이 반전되어도 똑 같은 단어인 회문인 경우 `true`를 반환하는 재귀 함수

```
bool is_palindrome(string str)
```

를 작성하라. 회문의 예에는 `"deed"`, `"rotor"`, `"aibohphobia"` 등이 있다. 힌트: 첫 글자와 끝 글자가 일치하고, 나머지도 회문인 단어가 회문이다.

P5.29 재귀를 이용해서 `match`가 `str`에 포함되어 있는지를 검사하는 함수 `bool find (string str, string match)`를 구현하라:

```
bool b = find("Mississippi", "sip"); // b를 true로 설정한다
```

힌트: `str`이 `match`로 시작하면 끝난 것이다. 아니라면, 첫 글자를 제거해서 얻은 문자열을 고려한다.

P5.30 수 `n`의 숫자 개수를 계산하기 위해서 재귀를 이용하라. **힌트**: 만일 `n` < 10이면, 한 숫자를 가진다. 아니면, `n/10`보다 숫자를 하나 더 가진다.

P5.31 재귀를 이용해서 a^n을 계산하라. 여기서 n은 양의 정수이다. **힌트**: 만일 n이 1이면, $a^n = a$이다. 아니면, $a^n = a \times a^{n-1}$.

엔지니어링 P5.32 곡률 반경이 R_1과 R_2인 표면을 갖는, 두께가 d인 렌즈의 유효 초점 길이 f는 다음과 같이 주어진다.

$$\frac{1}{f} = (n-1)\left[\frac{1}{R_1} - \frac{1}{R_2} + \frac{(n-1)d}{nR_1R_2}\right]$$

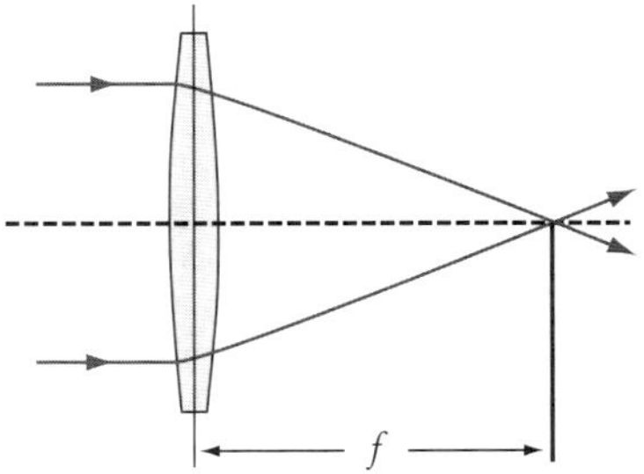

여기서 n은 렌즈 매체의 굴절률이다. 나머지 파라미터들에 관해서 f를 계산하는 함수를 작성하라.

엔지니어링 P5.33 원뿔대처럼 생긴 실험실 용기가 있다.

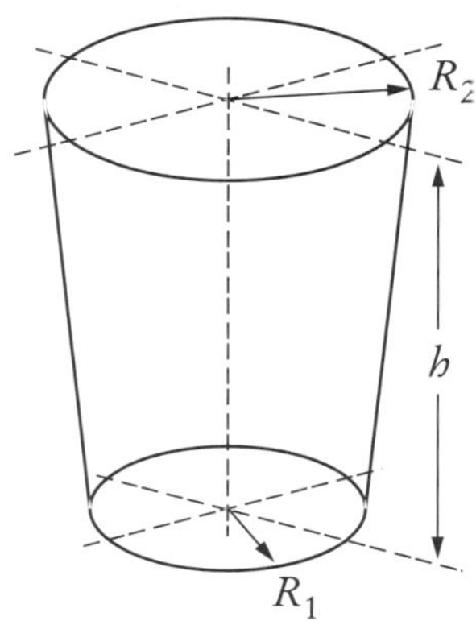

다음 공식들을 이용해서 부피와 표면적을 계산하기 위한 함수들을 작성하라.

$$V = \frac{1}{3}\pi h\left(R_1^2 + R_2^2 + R_1 R_2\right)$$

$$S = \pi\left(R_1 + R_2\right)\sqrt{\left(R_2 - R_1\right)^2 + h^2} + \pi R_1^2$$

엔지니어링 P5.34 영화관에서 관객이 스크린의 그림을 보는 각도 θ는 스크린으로부터 관객의 거리 x에 따라 달라진다. 아래 그림에 보인 크기의 영화관에 대해, 주어진 거리에 대한 각도를 계산하는 함수를 작성하라.

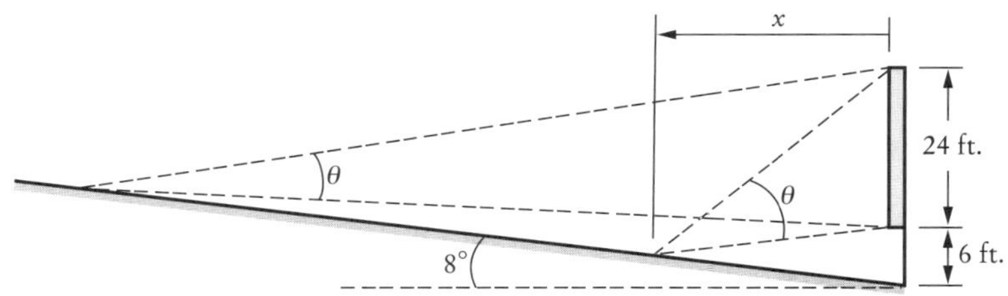

그 다음, 임의의 규모의 극장에 대한 더 일반적인 함수를 제공하라.

엔지니어링 P5.35 그림과 같은 전선은 절연체를 씌운 원통형 전도체이다. 전선의 저항은 다음 공식으로 주어진다.

$$R = \frac{\rho L}{A} = \frac{4\rho L}{\pi d^2}$$

여기서 ρ는 전도체의 고유 저항이며, L, A, d는 각각 전선의 길이, 단면적, 지름이다. 구리의 고유 저항은 $1.678 \times 10^{-8}\ \Omega$ m이다. 전선 지름은 보통, 정수 n인 AWG (American wire gauge)로 규정된다. AWG n 전선의 지름은 다음 공식으로 주어진다:

$$d = 0.127 \times 92^{\frac{36-n}{39}} \text{ mm}$$

전선 치수를 받아서 해당 전선 지름을 반환하는 C++ 함수

```
double diameter(int wire_gauge)
```

를 작성하라. 구리 전선 토막의 길이와 치수를 받아서, 그 전선의 저항을 반환하는 또 다른 함수

```
double copper_wire_resistance(double length, int wire_gauge)
```

를 작성하라. 알루미늄의 고유 저항은 $2.82 \times 10^{-8}\ \Omega$ m이다. 알루미늄 전선 토막의 길이 및 치수를 받아서, 그 전선의 저항을 반환하는 또 세 번째 함수

```
double aluminum_wire_resistance(double length, int wire_gauge)
```

를 작성하라.

이 함수들을 테스트하는 C++ 프로그램을 작성하라.

엔지니어링 P5.36 자동차 주행저항은 다음 식으로 주어진다:

$$F_D = \frac{1}{2}\rho v^2 A C_D$$

여기서 ρ는 공기 밀도(1.23 kg/m^3), v는 m/s 단위의 속도, A는 자동차의 투영 면적(2.5 m^2), C_D는 항력 계수(0.2)이다.

이러한 주행저항을 극복하는 데 필요한 와트 단위의 전력량, 그리고 필요한 등가 마력은 Hp = P / 746이다. 자동차의 속도를 입력 받아서, 그에 따른 주행저항을 극복하는 데 필요한 와트 및 마력 단위의 힘을 계산하는 프로그램을 작성하라. 주: 1 mph = 0.447 m/s.

자체 검사 질문에 대한 답

1. 인수는 3과 2이다. 반환 값은 9이다.
2. 안쪽의 pow 호출은 $2^2 = 4$를 반환한다. 그러므로, 바깥 호출은 $4^2 = 16$을 반환한다.
3. 3.
4. 이 함수의 사용자들은 이 함수를 블랙 박스로 다룰 수 있다.
5. 27.
6. $8 \times 8 \times 8 = 512$.
7.
```
double volume = pow(side_length, 3);
return volume;
```
8.
```
double square_area(double side_length)
{
   double area = side_length * side_length;
   return area;
}
```
9. `(2 + 3) / (3 - 2) = 5`
10. 함수가 호출될 때, x는 4, y는 7로 설정되며, z는 11이 된다. 그러고 나서, z는 5.5로 바뀌고, 이 값이 반환 및 출력된다.
11. 이 함수가 호출될 때, x가 5로 설정된다. 그런 다음 y가 25가 되고, 이 값이 반환되어 출력된다.
12. 이 함수가 호출될 때, n이 5로 설정된다. 그런 다음 n이 두 번 증가되어 7이 된다. 이 값이 반환되어 출력된다.

13.
```
box_string("Hello");
box_string("World");
```

14. box_string 함수는 반환 값이 없다. 따라서, << 표현식에 사용할 수 없다.

15.
```
void shout(string str)
{
   cout << str << "!!!" << endl;
}
```

16.
```
void box_string(string str)
{
   int n = str.length();
   for (int i = 0; i < n + 4; i++) { cout << "-"; }
   cout << endl;
   cout << "! " << str << " !" << endl;
   for (int i = 0; i < n + 4; i++) { cout << "-"; }
   cout << endl;
}
```

17.
```
void print_line(int count)
{
   for (int i = 0; i < count; i++)
   {
      cout << "-";
   }
   cout << endl;
}
void box_string(string str)
{
   int n = str.length();
   print_line(n + 2);
   cout << "!" << str << "!" << endl;
   print_line(n + 2);
}
```

18.
```
int total_pennies = round_to_pennies(total);
int total_tax_pennies = round_to_pennies(total * tax_rate);
```

여기서 이 함수는 다음과 같이 정의된다.

```
/**
   @param amount an amount in dollars and cents
   @return the amount in pennies, rounded to the nearest penny
*/
int round_to_pennies(double amount)
{
   return static_cast<int>(100 * amount + 0.5);
}
```

19.
```
if (is_even(page)) ...
```

여기서 이 함수는 다음과 같이 정의된다.

```
bool is_even(int n)
{
   return n % 2 == 0;
}
```

20. 파라미터 변수를 추가해서 초기 잔고와 이율을 이 함수에 전달할 수 있게 만든다:

```
double balance(double initial_balance, double rate, int years
{
   return initial_balance * pow(1 + rate / 100, years);
}
```

21.
```
int spaces = count_spaces(input);
```

여기서 이 함수는 다음과 같이 정의된다.

```
/**
   @param str any string
   @return the number spaces in str
*/
int count_spaces(string str)
{
   int count = 0;
   for (int i = 0; i < str.length(); i++)
   {
      if (str.substr(i, 1) == " ")
      {
         count++;
      }
   }
   return count;
}
```

22. 빈칸을 다른 글자로 교체하는 것은 아주 쉽다:

```
/**
   @param str any string
   @param ch a string of length 1
   @return the number of times that ch occurs in str
*/
int count(string str, string ch)
{
   int count = 0;
   for (int i = 0; i < str.length(); i++)
   {
      if (str.substr(i, 1) == ch) { count++; }
   }
   return count;
}
```

이것은 다른 글자를 세기를 원할 때도 유용하다. 예를 들어, `count(input, ",")`는 입력에 있는 쉼표의 수를 센다.

23. 75번 줄을 다음과 같이 바꾼다.

```
   name = name + digit_name(part / 100) + "hundred";
```

72번 줄에 다음을 추가한다.

```
if (part >= 1000)
{
   name = digit_name(part / 1000) + "thousand ";
   part = part % 1000;
}
```

65번 줄에서 주석의 1000을 10000으로 바꾼다.

24. "teens" 경우에, 이미 마지막 디지트를 이름의 일부로 갖고 있다.

25. 아무 것도 출력되지 않는다. 이 경우를 다룰 한 방법은 다음 명령을 70번 줄 앞에 삽입하는 것이다.

```
if (number == 0) { return "zero"; }
```

26. 대략적 추적은 다음과 같다:

int_name(number = 72)	
part	name
~~72~~	~~" seventy"~~
2	" seventy two"

문자열이 빈칸으로 시작하는 것을 유의한다. 연습문제 P5.18이 이를 제거하도록 주문한다.

27. 한 가지 가능한 솔루션은 다음과 같다. 작업 **print table**을 **print header**와 **print body**로 나눈다. 작업 **print header**는 **print separator**를 호출하고, 헤더 셀들을 출력하고, **print separator**를 다시 호출한다. 작업 **print body**는 반복적으로 **print row**를 호출하고, 그러고 나서 **print separator**를 호출한다.

28. 1

29. 2, 7

30. 3, 4, 5, 6, 10, 11번 줄. 7~9번 줄은 아니다.

31. 1번 줄에 정의된 전역 변수.

32. 4번과 15번 줄의 s.

33. 그렇다. 하지만, 이 함수가 amount 파라미터 변수를 수정하지 않으므로, 그렇게 할 필요는 없다.

34.
```
void transfer(double& balance1, double& balance2, double amount)
```

35.
```
bool withdraw(double& balance, double amount)
{
   if (balance >= amount)
   {
      balance = balance - amount;
      return true;
   }
   else
   {
      return false;
   }
}
```

36.
```
void minmax(double x, double y, double& a, doubl
{
   if (x < y) { a = x; b = y; }
   else { a = y; b = x; }
}
```

37. 이 프로그램은 x를 1로, 그런 후 y를 4로, 그런 후 x를 3으로 설정한다. 3 4를 출력한다.

38.
```
[][][][]
[][][]
[][]
[]
```

39.
```
4 + 3 + 2 + 1 + 0 = 10
```

40. mystery(10) + 1 = mystery(5) + 2 = mystery(2) + 3 = mystery(1) + 4 = mystery(0) + 5 = 5

41. [] 한 개를 출력하고, 그러고 나서 n - 1개를 출력하면 된다.

```
void print_boxes(int n)
{
   if (n == 0) { return; }
   cout << "[]";
   print_boxes(n - 1);
}
```

42. 단순히 함수의 앞 부분에 다음을 추가한다.

```
if (part >= 1000)
{
   return int_name(part / 1000) + " thousand " + int_name(part % 1000);
}
```

CHAPTER 06 배열과 벡터

Arrays and Vectors

목표

값을 모으기 위한 배열과 벡터의 사용에 익숙해지기
배열과 벡터를 처리하기 위한 공통적 알고리듬을 배우기
배열과 벡터를 받고 반환하는 함수를 작성하기
2차원 배열을 사용할 수 있기

내용

여러 값을 모아야 하는 프로그램들이 많이 있다. 표준 C++에서는 이를 위해 배열과 벡터를 사용한다. 배열은 C++ 언어의 기본 구조이다. 표준 C++ 라이브러리는 크기가 정해져 있지 않은 집합을 다룰 때 더 편리한 대안으로서 벡터 구조를 제공한다. 이 장에서는 배열, 벡터, 그리고 이들을 처리하기 위한 공통 알고리듬들을 배울 것이다.

6.1 배열

배열 데이타 타입을 소개하면서 이 장을 시작한다. 배열은 여러 값들을 모으기 위한 C++의 기본 메커니즘이다. 다음 절들에서는 배열을 정의하는 방법과 배열 요소에 접근하는 방법을 배운다.

6.1.1 배열을 정의하기

다음과 같이 가장 큰 값을 표시하면서, 값 시퀀스를 읽고 출력하는 프로그램을 작성한다고 하자.

```
32
54
67.5
29
34.5
80
115 <= largest value
44.5
100
65
```

값들을 모두 보기 전까지는 어느 값을 가장 큰 값으로 표시해야 할지 모른다. 마지막 값이 가장 큰 값일 수도 있다. 그러므로, 프로그램은 출력할 수 있기 전에 우선 모든 값을 저장해야 한다.

단순히 각 값을 개별 변수에 저장해도 되겠는가? 만일 열 개의 입력이 존재한다면, 열 개의 변수들 `value1`, `value2`, `value3`, ..., `value10`에 저장할 수 있을 것이다. 그러나, 그러한 변수 시퀀스는 실용적이지 않다. 각 변수에 대해 한 번씩, 적지 않은 분량의 코드를 열 번 써야 할 수도 있다. 이러한 문제를 해결하기 위해서, 값 시퀀스를 저장하기 위한 구조인 **배열**을 사용한다.

다음은 열 개의 값을 저장할 수 있는 배열을 정의한다.

```
double values[10];
```

같은 타입의 값들을 모으기 위해서 배열을 사용하라.

이것은 타입이 "`double` 배열"인 변수 `values`의 정의이다. 즉, `values`는 부동 소수점 수들을 저장한다. `[10]`은 배열의 **크기**를 나타낸다(그림 6.1 참고). 배열 크기는 컴파일-타임 때 알려져 있는 상수이어야 한다.

배열을 정의할 때 초기 값들을 지정할 수 있다. 예:

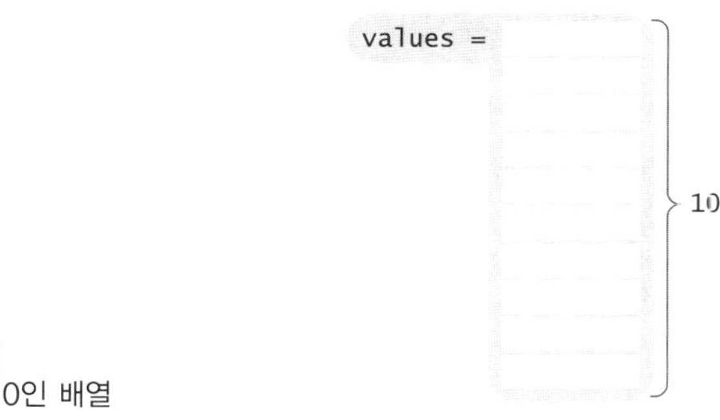

그림 6.1
크기가 10인 배열

문법 6.1 배열을 정의하기

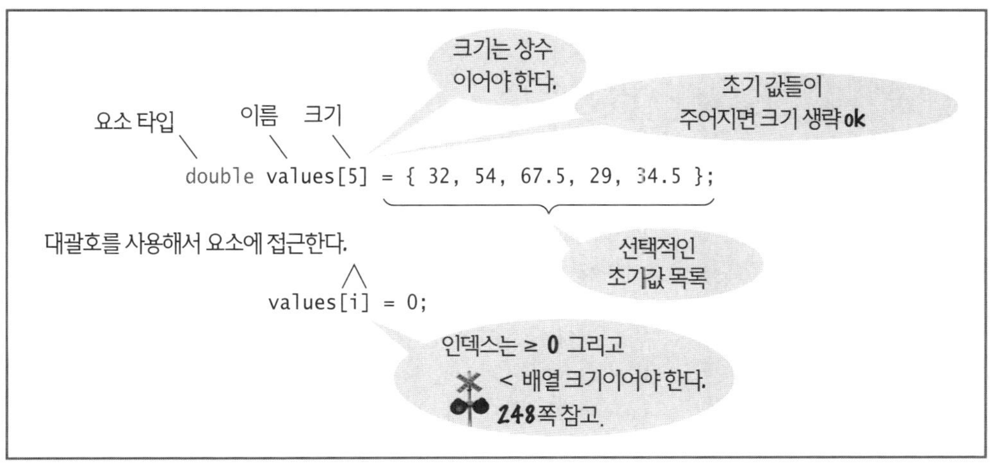


```
double values[] = { 32, 54, 67.5, 29, 34.5, 80, 115, 44.5, 100, 65 };
```

초기값들을 공급할 때는 배열 크기를 지정할 필요가 없다. 컴파일러는 그 값들을 세어서 크기를 계산한다.

표 6.1 배열 정의하기

`int numbers[10];`	정수 열 개짜리 배열
`const int SIZE = 10;` `int numbers[SIZE];`	크기에는 이름 붙은 상수를 사용하는 것이 좋다.
⚠ `int size = 10;` `int numbers[size];`	**주의:** 표준 C++에서는 크기가 상수이어야 한다. 이 배열 정의는 모든 컴파일러에서 통하지는 않는다.
`int squares[5] = { 0, 1, 4, 9, 16 };`	초기 값들이 있는 정수 다섯 개짜리 배열.
`int squares[] = { 0, 1, 4, 9, 16 };`	초기 값들을 제공하면 배열 크기를 생략할 수 있다. 그러면 크기는 초기 값 수로 설정된다.
`int squares[5] = { 0, 1, 4 };`	크기 보다 적은 수의 초기 값들을 공급하면, 나머지 값들은 0으로 설정된다. 이 배열은 0, 1, 4, 0, 0을 포함한다.
`string names[3];`	문자열 세 개짜리 배열.

6.1.2 배열 요소에 접근하기

배열 *values*의 개별 요소는 정수 인덱스 i에 의해 *values*[i] 표기를 사용해서 접근된다.

배열에 저장된 값들을 그의 **요소**들이라고 부른다. 각 요소는 **인덱스**라고 불리는 위치 번호를 가진다. values 배열의 어떤 값에 접근하려면, 사용하려는 인덱스를 [] 연산자에 의해 지정해야 한다.

```
values[4] = 34.5;
```

이제 인덱스가 4인 요소는 34.5로 채워진다(그림 6.2 참고).
인덱스가 4인 요소의 내용은 다음 명령으로 표시할 수 있다.

```
cout << values[4] << endl;
```

배열 요소는 여느 변수 처럼 사용될 수 있다.

여기서 볼 수 있듯이 values [4] 요소는 double 타입의 여느 변수처럼 사용될 수 있다.

C++은 배열 위치를 범상치 않게 센다. 그림 6.2를 자세히 보면, values[4]를 바꿨을 때 **다섯 번째** 요소가 채워졌음을 볼 수 있다. C++에서 배열 요소들의 번호는 ***0*부터 시작**해서 붙는다. 즉, values 배열의 적법한 요소들은 아래와 같다.

values[0], 첫째 요소
values[1], 둘째 요소
values[2], 셋째 요소
values[3], 넷째 요소
values[4], 다섯째 요소
...
values[9], 열 번째 요소

배열 인덱스는 0 이상, 그리고 배열 크기 미만이어야 한다.

왜 이런 번호 부여 방식이 C++에서 선택되었는지는 7장에서 알게 될 것이다.

인덱스 값에 주의해야 한다. 배열에 존재하지 않는 요소에 접근하려는 시도는 심각한 오류를 야기한다. 예를 들어, values에 20개의 요소가 있을 때 values[20]에 접근하면 안 된다.

유효 인덱스 범위 내에 있지 않은 요소에 접근하려는 시도를 **경계 오류(bounds error)**라고 부른다. 컴파일러는 이런 오류를 잡아내지 못 한다. 런-타임 때도 오류 메시지가 나오지 않는다. 경계 오류를 범하면 나도 모르는 상태에서 다른 메모리 위치에서 읽거나 덮어쓰게 된다. 그 결과, 프로그램은 랜덤한 오류를 발생시키며, 정지되어 버릴 수도 있다.

우편함이 번호로 식별되는 것처럼, 배열 요소는 인덱스로 식별된다.

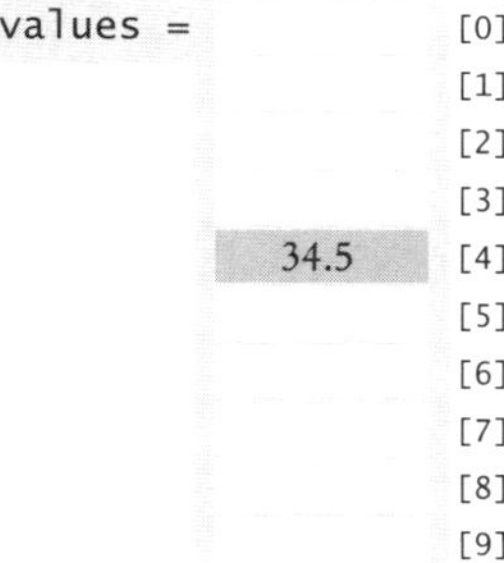

그림 6.2
배열 요소 채우기

무효한 배열 인덱스를 공급할 때 발생하는 경계 오류는 데이타를 오염시키거나, 프로그램을 멈추게 만들 수 있다.

다음은 가장 흔한 경계 오류이다.

```
double values[10];
cout << values[10];
```

요소 수가 10인 배열에 values[10]은 없다—적법한 인덱스 값 범위는 0에서 9까지이다.

배열의 모든 요소를 방문하려면 인덱스를 위한 변수를 사용하라. values가 열 개의 요소를 갖고 있으며, 정수 변수 i가 0부터 9까지의 값을 갖는다고 하자. 그러면, 표현 values[i]는 각 요소에 차례차례 접근한다. 예를 들어 다음 루프는 모든 요소를 표시한다.

```
for (int i = 0; i < 10; i++)
{
   cout << values[i] << endl;
}
```

values[10]에 해당하는 요소가 없으므로 루프 조건에서 인덱스가 *10*보다 작음을 주목한다.

6.1.3 부분적으로 채워진 배열

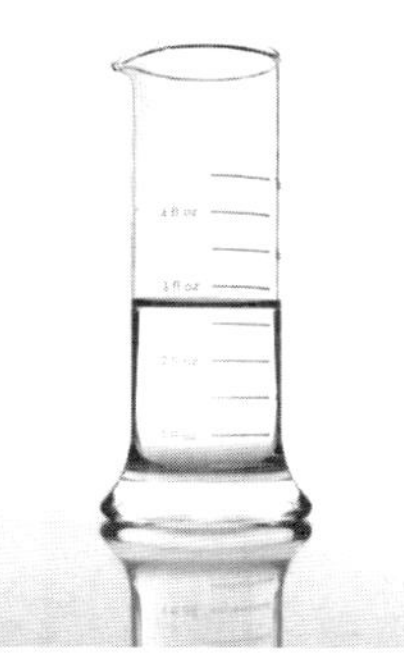

부분적으로 채워진 배열에 대해서는 몇 개의 요소가 채워지는지를 기억할 필요가 있다.

배열은 런-타임 때 크기를 바꾸지 못한다. 이 사실은 몇 개의 요소를 필요로 할지를 미리 알지 못할 때 문제가 된다. 그럴 경우, 저장할 필요가 있는 최대 요소 수를 잘 예측해야 한다. 이 수량을 **용량**(*capacity*)이라고 부른다. 예를 들어, 어떤 때는 10개를 넘게 저장하겠지만 결코 100개를 넘지는 않을 거라고 판단할 수 있다:

```
const int CAPACITY = 100;
double values[CAPACITY];
```

대부분의 실행 때, 배열의 일부만이 실제 요소들에 의해 점유될 것이다. 그런 배열을 **부분적으로 채워진 배열**이라고 부른다. 몇 개의 요소가 실제로 사용되는지를 세는 **짝 변수**(*companion variable*)가 필요하다. 그림 6.3에서는 짝 변수 이름이 current_size이다.

부분적으로 채워진 배열에 대해서는 현재 크기에 대한 짝 변수를 사용한다.

다음의 루프는 값들을 모아서 values라는 배열을 채운다.

```
int current_size = 0;
double input;
while (cin >> input)
{
   if (current_size < CAPACITY)
   {
      values[current_size] = input;
      current_size++;
      }
   }
```

이 루프가 끝났을 때, current_size는 배열의 실제 요소 수를 포함한다. 배열의 이 크기가 용량에 도달하면, 입력 받기를 중단해야 한다.

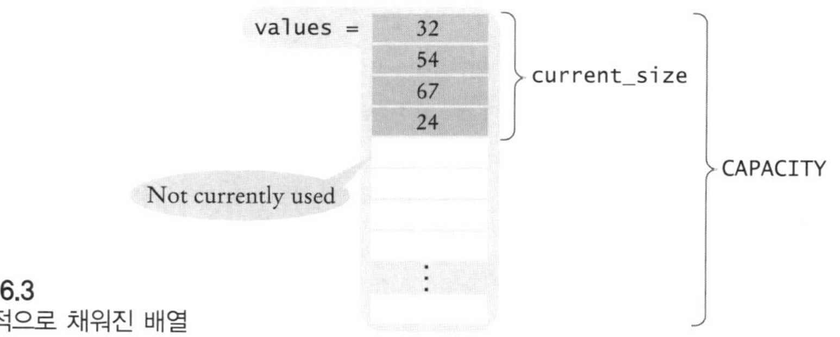

그림 6.3
부분적으로 채워진 배열

수집된 배열 요소들을 처리하기 위해서, 용량이 아닌 짝 변수를 다시 사용한다. 다음 루프는 부분적으로 채워진 배열을 출력한다.

```
for (int i = 0; i < current_size; i++)
{
   cout << values[i] << endl;
}
```

1. 맨 처음 다섯 개의 소수를 포함하는 정수 배열을 정의하라.
2. 배열 primes가 자체 검사 1에서 기술된 바와 같이 초기화되었다고 가정하자. 다음 루프를 실행하고 나면 어떻게 바뀌겠는가?

```
for (int i = 0; i < 2; i++)
{
   primes[4 - i] = primes[i];
}
```

3. 배열 primes가 자체 검사 1에서 기술된 바와 같이 초기화되었다고 가정하자. 다음 루프를 실행하고 나면 어떻게 바뀌겠는가?

```
for (int i = 0; i < 5; i++)
{
   primes[i]++;
}
```

4. 다음과 같은 정의가 주어졌을 때, 배열 values의 최저 및 최고 유효 인덱스 요소들에 0을 넣기 위한 명령문들을 작성하라.

```
const int CAPACITY = 10;
double values[CAPACITY];
```

5. 자체 검사 4에서 정의된 배열이 주어졌을 때, 배열 values의 요소들을 마지막 요소에서 시작해서 역순으로 출력하기 위한 루프를 작성하라.
6. string 타입의 열 개의 값을 저장할 수 있는 words라는 배열을 정의하라.
7. 두 개의 문자열 "Yes"와 "No"를 담는 배열을 정의하라.

Practice It 이제 다음 연습문제들에 대해 답할 수 있다: R6.1, R6.2, R6.6, P6.1.

빈번한 오류 6.1 **경계 오류**

아마도 배열을 사용할 때의 가장 흔한 오류는 존재하지 않는 요소에 대한 접근 시도일 것이다.

```
double values[10];
values[10] = 5.4;
   // 오류 — values는 첨자가 0부터 9까지인 10개의 요소를 갖고 있다.
```

프로그램이 경계 바깥 첨자로 배열에 접근해도 오류 메시지가 나오지 않는다. 그 대신에 프로그램은 조용하게(또는 아주 조용하지는 않게) 메모리 일부를 오염시킨다. 이러한 문제가 눈치채지 못하게 지나가버리는 아주 짧은 프로그램은 예외이지만, 이러한 오염은 프로그램이 예상치 않게 동작하게 만들며, 프로그램을 종료시켜 버릴 수도 있다. 이런 것들은 감지하기 어려운 심각한 오류이다.

프로그래밍 팁 6.1 **관련된 값들의 시퀀스에 대해 배열을 사용하라**

배열은 같은 의미를 갖는 값들을 저장하기 위한 것이다. 예를 들어, 시험 점수는 배열에 아주 적합하다:

```
int scores[NUMBER_OF_SCORES];
```

그러나 개인의 나이, 은행 잔고, 신발 크기를 0, 1, 2 위치에 저장하는 배열

```
double personal_data[3];
```

은 나쁜 설계이다. 어느 데이타 값이 배열의 어느 위치에 저장되어 있는지를 프로그래머가 기억해야 한다면 피곤해질 것이다. 그러한 경우에는 세 개의 분리된 변수를 사용하는 게 훨씬 낫다.

랜덤 팩트 6.1 초창기 인터넷 웜

1988년 11월, 코넬 대학교의 학생 로버트 모리스가 소위 바이러스 프로그램을 퍼뜨려서, 미국 전역의 약 6,000대의 컴퓨터를 감염시켰다. 수만 대의 컴퓨터 사용자들이 그들의 이메일을 읽을 수 없거나 컴퓨터를 사용할 수 없게 되었다. 모든 주요 대학과 많은 하이테크 회사들이 피해를 입었다(그때는 인터넷이 지금보다 훨씬 작았다).

그 공격에 사용된 바이러스 종을 웜(worm, 벌레)이라고 부른다. 그 바이러스 프로그램은 인터넷의 한 컴퓨터에서 다음 컴퓨터로 살금살금 이동한다. 그 웜은 네트웍 상의 특정 컴퓨터에 계좌를 갖고 있는 사용자에 대한 정보를 찾아내기 위한, 유닉스 운영체제의 한 프로그램인 핑거(finger)에 연결을 시도한다. 유닉스의 여느 프로그램들과 마찬가지로, 핑거도 C 언어로 작성되어 있다. C++에서와 같이 C에서도 배열이 고정된 크기를 가진다. 대조할 사용자 이름(예: walters@cs.sjsu.edu)을 저장하기 위해서, 결코 아무도 512자보다 긴 입력을 사용하지 않을 것이라고 가정하고, 길이가 512인 배열을 할당한다. 불행하게도, C++과 마찬가지로 C는 배열 인덱스가 배열 길이보다 작은지를 검사하지 않는다. 너무 큰 인덱스를 사용해서 배열에 쓰면, 다른 객체에 속하는 메모리 위치에 덮어 쓰게 된다. 어떤 핑거 프로그램 버전에서는 프로그래머가 게을러서 입력 글자들을 저장하는 배열이 입력을 받기에 충분히 큰지를 검사하지 않았다. 그래서 벌레 프로그램이 의도적으로 512자 배열에 536 바이트를 썼다. 초과 24바이트는 반환 주소를 덮어썼을 것이고, 공격자는 그게 입력 버퍼 바로 다음에 저장되어 있다는 것을 알고 있었다. 그 함수가 끝났을 때, 호출자에게로 돌아가지 못하고 웜이 제공한 코드로 갔다(그림 6.4 참고). 그 코드는 핑거와 같은 상위 사용자 권한을 갖고 실행되었으므로, 원격 시스템에 대해 웜의 입장이 허용되었다. 핑거를 작성한 프로그래머가 도덕심이 있었다면 이러한 공격은 가능하지 않았을 것이다. C에서처럼, C++에서 모든 프로그래머는 배열 경계를 넘지 않도록 각별히 유의해야 한다.

바이러스 제작자가 수천 대의 컴퓨터에 침입해서 무력화시키는 반사회적 행위를 계획하기 위해 여러 주를 소비해서 얻는 게 무엇일지 당연히 궁금하다. 침입은 제작자에 의해 철저히 의도된 것이나, 컴퓨터의 무력화는 지속적인 재감염으로 야기되는 버그였다. 모리스는 보호 관찰 3년, 사회 봉사 400시간, 벌금 $10,000을 선고 받았다.

근래에는, 컴퓨터 공격이 격렬해졌으며 동기는 더 악랄해졌다. 바이러스가 컴퓨터를 무력화시키는 대신에 경리 정보를 훔치거나, 공격 받은 컴퓨터를 스팸 이메일을 노내는 데 악용하기도 한다. 슬프게도, 엉성하게 작성되어 버퍼 오버런(buffer overrun) 오류에 취약한 프로그램들 때문에 그러한 공격들이 아직도 가능하다.

❶ 공격 전

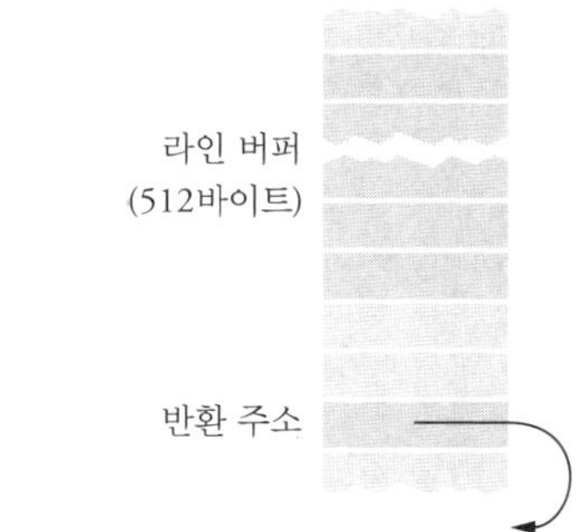

❷ 공격 후

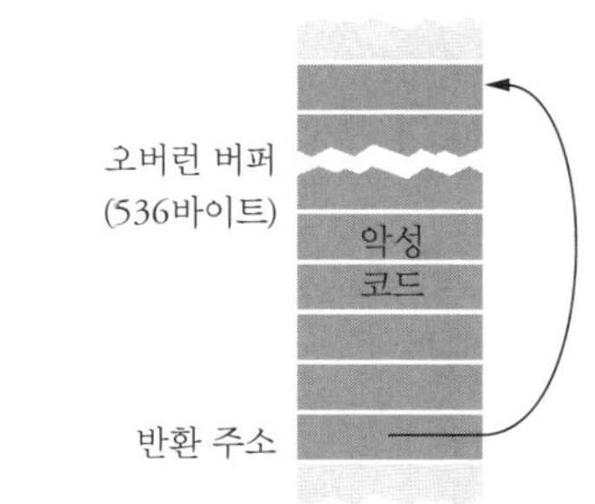

그림 6.4
'버퍼 오버런' 공격

6.2 공통적 배열 알고리듬

다음 절들에서는 값 시퀀스를 처리하기 위한 가장 공통적인 알고리듬들을 다룬다. 전부 또는 일부 채워진 배열 또는 벡터(6.7절에서 소개)에 대해 사용할 수 있도록 알고리듬들을 소개하겠다. **size of** values(또는 값들이 벡터인 경우 `values.size()`)라는 표현을 배열의 요소 수를 나타내는 상수 또는 변수로 교체하도록 한다.

6.2.1 채우기

다음 루프는 배열을 0으로 채운다.

```
for (int i = 0; i < size of values; i++)
{
   values[i] = 0;
}
```

그 다음에, 배열 `squares`를 0, 1, 4, 9, 16 등으로 채우자. 인덱스가 0인 요소는 0^2, 인덱스가 1인 요소는 1^2, 기타 등등이다.

```
for (int i = 0; i < size of squares; i++)
{
   squares[i] = i * i;
}
```

6.2.2 복사하기

배열을 복사하려면, 루프를 사용해서 배열의 요소들을 새 배열에 복사한다.

다음 두 배열을 고려하자.

```
int squares[5] = { 0, 1, 4, 9, 16 }
int lucky_numbers[5];
```

첫 배열의 모든 값을 다른 배열에 복사하려고 한다고 하자. 다음 할당문은 오류이다.

```
lucky_numbers = squares; // 오류
```

C++에서는 한 배열을 다른 배열에 할당할 수 없다. 그 대신에, 루프를 사용해서 모든 요소를 복사해야 한다:

```
for (int i = 0; i < 5; i++)
{
   lucky_numbers[i] = squares[i];
}
```

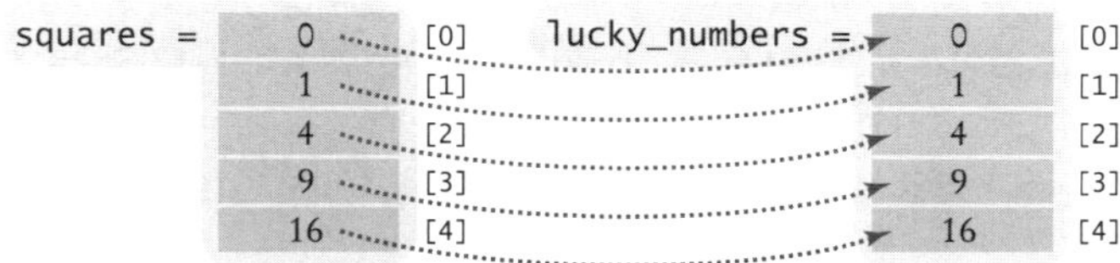

그림 6.5 배열을 복사하기 위해서 요소들을 복사하기

6.2.3 합과 평균값

이미 4.7.1절에서 이 알고리듬을 봤다. 다음은 배열의 도든 요소의 합을 계산하기 위한 코드이다.

```
double total = 0;
for (int i = 0; i < size of values; i++)
{
   total = total + values[i];
}
```

평균을 얻기 위해서 요소 수로 나눈다:

```
double average = total / size of values;
```

이때, 크기가 0이 아니어야 한다.

6.2.4 최대 및 최소

이제까지 본 가장 큰 요소를 위한 변수를 관리하는 4.7.4절의 알고리듬을 사용하자. 다음은 배열용으로 구현한 것이다.

```
double largest = values[0];
for (int i = 1; i < size of values; i++)
{
   if (values[i] > largest)
   {
      largest = values[i];
   }
}
```

largest를 values[0]으로 초기화하기 때문에 루프가 1에서 시작하는 것에 주의한다.

최소 값을 계산하기 위해서는 비교를 반대로 한다.

이 알고리듬들은 배열에 한 개 이상의 요소를 필요로 한다.

6.2.5 요소 분리자

요소들을 분리할 때, 첫 요소 앞에 분리자를 넣지 말라.

집합의 요소들을 표시할 때, 우리는 보통 다음과 같이 쉼표나 수직선을 사용해서 분리한다.

```
1 | 4 | 9 | 16 | 25
```

분리자의 수가 분리 대상보다 한 개 적다는 사실을 주목한다. 첫 요소(인덱스가 0)를 뺀 각 요소 앞에 분리자를 찍는다:

```
for (int i = 0; i < size of values; i++)
{
   if (i > 0)
   {
      cout << " | ";
   }
   cout << values[i];
}
```

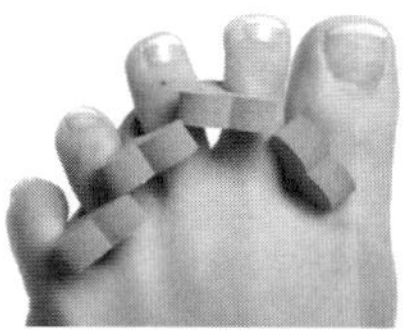

다섯 요소를 인쇄하기 위해서는 네 개의 분리자가 필요하다.

6.2.6 선형 탐색

선형 탐색은 매치되는 것(match, 일치하는 것)이 발견될 때까지 시퀀스의 요소들을 검사한다.

교체 또는 제거를 위해 어떤 요소의 위치를 찾아야 할 때가 있다. 매치되는 것을 발견하거나 배열의 끝에 도달할 때까지 요소들을 방문한다. 다음에서는 100인 맨 처음 요소의 위치를 탐색한다.

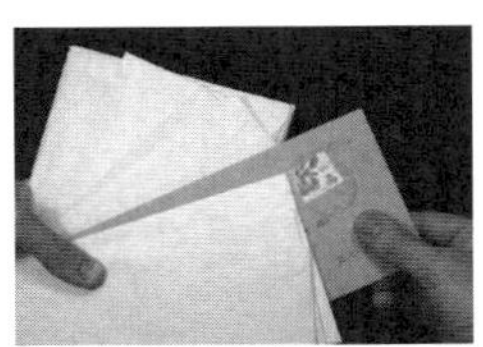

특정 요소를 탐색하려면, 요소들을 방문하고 매치를 만나면 중단한다.

```
int pos = 0;
bool found = false;
while (pos < size of values && !found)
{
   if (values[pos] == 100)
   {
      found = true;
   }
   else
   {
      pos++;
   }
}
```

만일 found가 true이면, pos가 맨 처음 매치의 위치이다.

6.2.7 요소 제거하기

현재 크기가 변수 current_size에 저장되어 있는, 부분적으로 채워진 배열 values를 고려하자. 인덱스가 pos인 요소를 values로부터 제거하려고 한다고 하자. 요소들이 정렬되어 있지 않다면, 이것은 쉬운 작업이다. 제거될 요소를 단순히 마지막 요소로 덮어쓰고, 크기를 추적하는 변수를 감소시킨다(그림 6.6 참고):

```
values[pos] = values[current_size - 1];
current_size--;
```

이 상황은 요소들의 순서가 문제가 되는 경우에는 더 복잡해진다. 그런 경우, 제거될 요소 다음에 있는 요소들을 더 낮은 인덱스로 이동시키고, 배열의 크기를 담고 있는 변수를 감소시켜야 한다(그림 6.7 참고):

```
for (int i = pos + 1; i < current_size; i++)
{
   values[i - 1] = values[i];
}
current_size--;
```

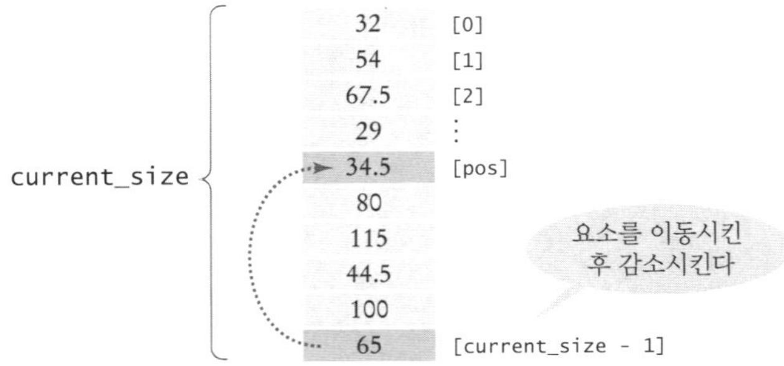

그림 6.6
비정렬(unordered) 배열의 요소를 제거하기

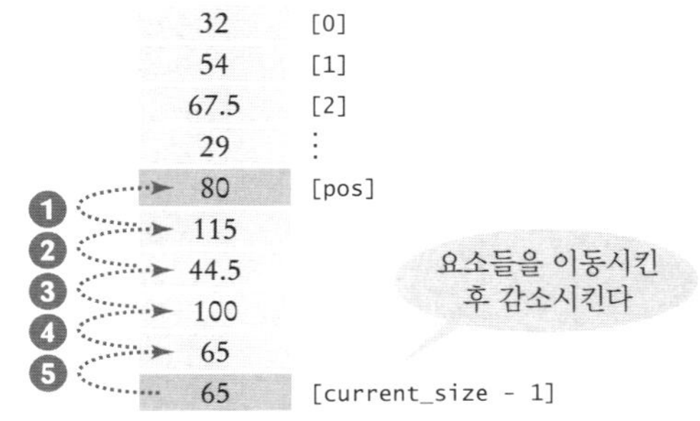

그림 6.7
정렬된(ordered) 배열의 요소를 제거하기

6.2.8 요소 삽입하기

요소들의 순서가 문제 되지 않으면, 새 요소를 단순히 맨 끝에 삽입하고, 크기를 추적하는 변수를 증가시키면 된다(그림 6.8 참고). 부분적으로 채워진 배열에 대해,

```
if (current_size < CAPACITY)
{
   current_size++;
   values[current_size - 1] = new_element;
}
```

요소를 삽입하기 전에, **마지막 요소부터 시작**해서 요소들을 배열의 끝으로 이동시킨다.

시퀀스 중간의 특정 위치에 요소를 삽입하는 것은 더 복잡하다. 우선, 현재 크기를 담고 있는 변수를 증가시킨다. 그 다음, 삽입 위치 위의 모든 요소들을 더 높은 인덱스로 옮긴다. 끝으로, 새 요소를 삽입한다. 다음은 부분적으로 채워진 배열을 위한 코드이다.

```
if (current_size < CAPACITY)
{
   current_size++;
   for (int i = current_size - 1; i > pos; i--)
   {
      values[i] = values[i - 1];
   }
   values[pos] = new_element;
}
```

이동 순서를 주목한다. 한 요소를 제거할 때는 배열의 끝에 도달할 때까지, 우선 그 다음 요소를 더 낮은 인덱스로 옮기고, 그 다음에는 그 다음 요소를 옮기고, 기타 등등이다. 한 요소를 삽입할 때는 삽입 위치에 도달할 때까지, 배열의 끝 요소를 더 높은 인덱스로 옮기고, 그 다음에는 그 앞 요소를 옮기고, 기타 등등이다(그림 6.9 참고).

6.2.9 요소 교환하기

배열의 요소들을 교환(swap)해야 할 때가 있다. 예를 들어, 257쪽의 특강 6.2는 요소들을 반복적으로 교환해서 배열을 정렬(sort)한다.

두 요소를 교환하기 위해서는 임시 변수가 필요하다.

배열 values의 위치 i와 j에 있는 요소들을 교환하는 작업을 고려하자. values[j]를 values[i]에 넣으려 한다. 그러나 values[i]에 지금 저장되어 있는 값을 덮어 쓰게 되므로, 우선 저장해야 한다.

두 요소를 교환할 때는 임시 변수를 사용하라.

```
double temp = values[i];
values[i] = values[j];
```

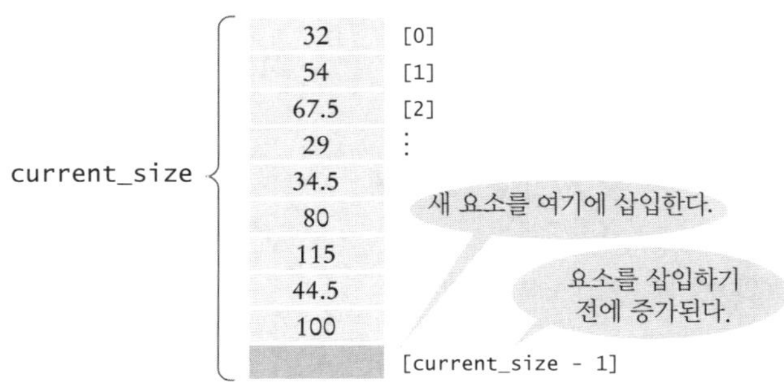

그림 6.8
비정렬 배열에 요소를 삽입하기

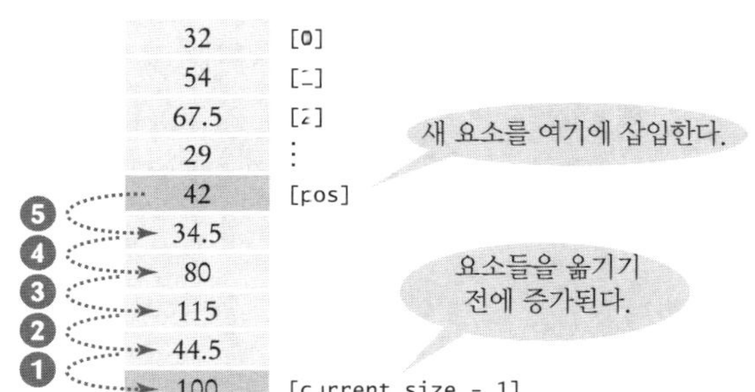

그림 6.9
정렬된 배열에 요소를 삽입하기

그림 6.10
배열 요소 교환하기

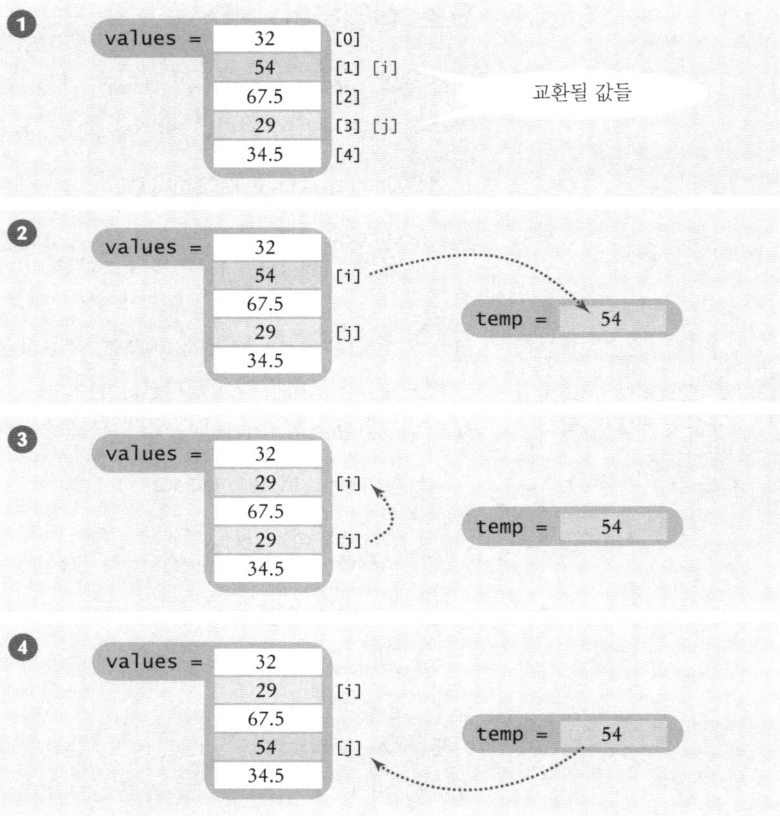

이제 values[j]를 저장된 값으로 설정할 수 있다:

```
values[j] = temp;
```

그림 6.10이 이 과정을 보여준다.

6.2.10 입력 읽기

사용자가 몇 개의 입력 값을 공급할지를 알고 있다면, 그들을 배열에 넣는 일은 간단하다:

```
double values[NUMBER_OF_INPUTS];
for (i = 0; i < NUMBER_OF_INPUTS; i++)
{
   cin >> values[i];
}
```

그러나, 이 기법은 임의의 개수의 입력을 읽어야 할 때는 통하지 않는다. 그런 경우에는 입력의 끝에 도달할 때까지 배열에 값들을 추가한다:

```
double values[CAPACITY];
int current_size = 0;
double input;
while (cin >> input)
{
   if (current_size < CAPACITY)
   {
      values[current_size] = input;
      current_size++;
   }
}
```

이제 values는 부분적으로 채워진 배열이며, 그의 짝 변수인 current_size는 입력 값의 개수로 설정되어 있다.

이 루프는 배열에 들어가지 않는 입력은 버린다. 더 나은 접근법은 용량에 도달했을 때 더 큰 새 배열에 values를 복사하는 것일 것이다(6.2.2절 참고).

다음 프로그램은 입력 시퀀스에서 가장 큰 값을 표시하는, 이 장의 시작부에서 부여된 작업을 해결한다.

ch06/largest.cpp

```
#include <iostream>

using namespace std;

int main()
{
   const int CAPACITY = 1000;
   double values[CAPACITY];
   int current_size = 0;

   cout << "Please enter values, Q to quit:" << endl;
   double input;
   while (cin >> input)
   {
      if (current_size < CAPACITY)
      {
         values[current_size] = input;
         current_size++;
      }
   }

   double largest = values[0];
   for (int i = 1; i < current_size; i++)
   {
      if (values[i] > largest)
      {
         largest = values[i];
      }
   }

   for (int i = 0; i < current_size; i++)
   {
      cout << values[i];
      if (values[i] == largest)
      {
         cout << " <== largest value";
      }
      cout << endl;
   }

   return 0;
}
```

실행 결과

```
Please enter values, Q to quit:
34.5 80 115 44.5 Q
34.5
80
115 <== largest value
44.5
```

8. 입력이 다음과 같을 때 largest.cpp 프로그램의 출력은?

```
20 10 20 Q
```

9. 배열의 0인 요소 수를 세는 루프를 작성하라.

10. 배열의 최대 값을 찾는 알고리듬을 고려하자. largest와 i를 다음과 같이 0으로 초기화하지 않는 이유는?

```
double largest = 0;
for (int i = 0; i < size of values; i++)
{
   if (values[i] > largest)
   {
      largest = values[i];
   }
}
```

11. 분리자들을 인쇄할 때, 맨 앞 요소 앞의 분리자를 생략했었다. 마지막 요소를 제외하고, 각 요소 다음에 분리자가 인쇄되도록 루프를 재작성하라.

12. 분리자를 사용해서 배열을 인쇄하기 위한 다음 명령문들의 문제점은?

```
cout << values[0];
for (int i = 1; i < size of values; i++)
{
   cout << ", " << values[i];
}
```

13. 매치를 검색할 때, for 루프 말고 while 루프를 사용했었다. 다음과 같이 for 루프를 사용할 때의 문제점은?

```
for (pos = 0; pos < size of values && !found; pos++)
{
   if (values[pos] == 100)
   {
      found = true;
   }
}
```

14. 배열에 요소를 삽입할 때, 끝에서 시작해서 요소들을 더 큰 인덱스 값으로 옮겼었다. 다음과 같이 삽입 위치에서 시작하면 안 되는 이유는?

```
for (int i = pos; i < size of values - 1; i++)
{
   values[i + 1] = values[i];
}
```

Practice It 이제 다음 연습문제들에 대해 답할 수 있다: R6.10, R6.13, P6.6, P6.16.

특강 6.1 C++ 라이브러리로 정렬하기

배열 또는 벡터의 요소들을 정렬해야 할 때가 있다. 특강 6.2에서는 비교적 간단하지만 그다지 효율적이지 않은 정렬 알고리듬을 보여준다. 효율적 정렬 알고리듬은 훨씬 더 복잡하다. 다행히 C++ 라이브러리가 효율적인 sort 함수를 제공한다. 요소 수가 size인 배열 a를 정렬하기 위해서는

```
sort(a, a + size);
```

벡터 values를 정렬하려면

```
sort(values.begin(), values.end());
```

을 호출한다. 이 이상한 호출 문법들을 완전히 이해하려면, 고급 C++을 알아야 하는데, 이 책의 범주 밖이다. 그렇지만, 배열이나 벡터를 정렬해야 할 때 sort 함수를 호출하기를 주저하지 말라.

sort 함수를 사용하려면 프로그램에 <algorithm> 헤더를 포함시켜야 한다.

특강 6.2

정렬 알고리듬

정렬 알고리듬은 시퀀스의 요소들이 정렬되어 저장되도록 재배치한다. 다음은 **선택 정렬 (selection sort)**이라고 불리는 간단한 정렬 알고리듬이다. 다음의 배열 values를 정렬해보자.

[0]	[1]	[2]	[3]	[4]
11	9	17	5	12

분명한 첫 단계는 최소 요소를 찾아내는 것이다. 이 경우에 최소 요소는 values[3]에 저장되어 있는 5이다. 이 5를 배열의 맨 앞으로 옮겨야 한다. 물론, values[0]에는 11이라는 값이 이미 저장되어 있다. 그 때문에 이 11을 어딘가에 옮겨놓지 않고서는 values[3]을 values[0]에 단순히 옮겨놓을 수 없다. 아직 이 11이 어디로 가야 할지는 모르지만, 분명한 것은 values[0]에는 있을 수 없다는 것이다. 단순히 이 11을 values[3]과 **교환**함으로써 치워놓는다:

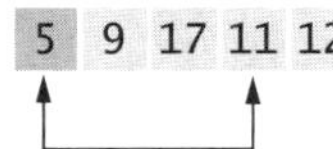

이제 첫 요소는 올바른 위치에 있다. 앞의 그림에서 어두운 칼라는 이미 정렬된 배열 부분을 표시한다.

그 다음에는 나머지 요소들 values[1] … values[4]의 최소를 취한다. 이 최소는 9이며, 이미 제자리에 놓여 있다. 이럴 때는 아무 것도 할 필요가 없으며, 단순히 정렬된 영역을 오른쪽으로 한 칸 확장한다:

5	9	17	11	12

이 과정을 반복한다. 비정렬 영역의 최소값은 11이며, 비정렬 영역의 처음 값인 17과 교환되어야 한다:

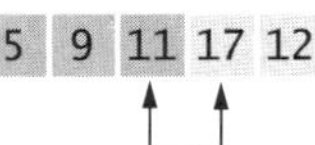

이제 비정렬 영역에는 단 두 개의 요소가 있다. 똑같은 성공적인 전략을 고수한다. 최소 요소는 12이다. 이것을 첫 값인 17과 교환한다:

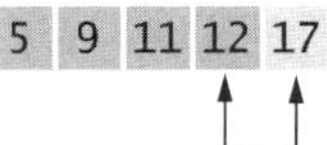

그러면 미처리 영역의 길이는 1이 되며, 물론 길이가 1인 영역은 정렬되어 있다. 완료되었다.

다음은 C++ 코드이다.

```
for (int unsorted = 0; unsorted < size - 1; unsorted++)
{
   // Find the position of the minimum
   int min_pos = unsorted;
   for (int i = unsorted + 1; i < size; i++)
   {
      if (values[i] < values[min_pos]) { min_pos = i; }
   }
```

```
        // Swap the minimum into the sorted area
        if (min_pos != unsorted)
        {
            double temp = values[min_pos];
            values[min_pos] = values[unsorted];
            values[unsorted] = temp;
        }
    }
```

이 알고리듬은 이해하기는 쉽지만, 그다지 효율적이지는 않다. 컴퓨터 학자들이 정렬 알고리듬을 광범위하게 연구해왔으며, 훨씬 더 나은 알고리듬들을 찾아냈다. C++ 라이브러리의 sort 함수가 그런 알고리듬들 중 하나이다(256쪽 특강 6.1 참고).

특강 6.3 이진 탐색

배열이 정렬되어 있을 때, 6.2.6절의 선형 탐색보다 훨씬 더 빠른 탐색 알고리듬이 있다.

다음의 정렬된 배열 values를 고려하자.

[0]	[1]	[2]	[3]	[4]	[5]	[6]	[7]
1	5	8	9	12	17	20	32

값 15가 이 배열에 있는지를 알고 싶다. 이 값이 배열의 전반 또는 후반부에 있는지를 확인해서 탐색 범위를 좁히자. 이 데이타 집합의 전반부의 마지막 점인 values[3]가 9로서, 우리가 찾는 값보다 작다. 따라서, 매치를 찾기 위해 배열의 후반부, 즉, 시퀀스

[0]	[1]	[2]	[3]	[4]	[5]	[6]	[7]
1	5	8	9	12	17	20	32

에서 찾아야 한다. 이제 이 시퀀스의 전반부의 마지막 값은 17이다. 따라서, 시퀀스

[0]	[1]	[2]	[3]	[4]	[5]	[6]	[7]
1	5	8	9	12	17	20	32

안에 있어야 한다. 아주 짧은 이 시퀀스의 전반부의 마지막 값이 12로서, 찾는 값보다 작으므로, 후반부를 들여다봐야 한다.

[0]	[1]	[2]	[3]	[4]	[5]	[6]	[7]
1	5	8	9	12	17	20	32

15 ≠ 17이므로 아직 매치를 찾지 못했으며, 이 시퀀스는 더 이상 나뉠 수 없다. 만일 15를 이 시퀀스에 삽입하기를 원한다면, values[5]의 바로 앞에 삽입해야 한다.

각 단계에서 탐색 범위를 반으로 자르므로, 이 탐색을 **이진 탐색(binary search)**이라고 부른다. 이렇게 반으로 잘라서 해결되는 이유는 값 시퀀스가 정렬되어 있기 때문이다. 다음은 C++로 구현한 것이다.

```
bool found = false;
int low = 0;
int high = size - 1;
int pos = 0;
while (low <= high && !found)
{
    pos = (low + high) / 2; // Midpoint of the subsequence
    if (values[pos] == searched_value) { found = true; }
    else if (values[pos] < searched_value) { low = pos + 1; } // Look in second half
    else { high = pos - 1; } // Look in first half
}
if (found) { cout << "Found at position " << pos; }
else { cout << "Not found. Insert before position " << pos; }
```

6.3 배열과 함수

배열을 함수에 전달할 때, 배열의 크기도 함께 전달하라.

이 절에서는 배열을 처리하는 함수를 작성하는 방법을 알아본다.

배열에 있는 값들을 처리하는 함수는 배열의 유효 요소 수를 알아야 한다. 예를 들어, 다음은 배열의 모든 요소들의 합을 계산하는 sum 함수이다.

```
double sum(double values[], int size)
{
   double total = 0;
   for (int i = 0; i < size; i++)
   {
      total = total + values[i];
   }
   return total;
}
```

배열 파라미터 변수의 특수한 문법에 주의한다. 배열 파라미터 변수를 쓸 때는 파라미터 이름 뒤에 빈 []를 넣는다. 대괄호 안에 배열 크기를 쓰지 않는다.

함수를 호출할 때는 배열의 이름과 크기를 공급한다. 예:

```
double NUMBER_OF_SCORES = 10;
double scores[NUMBER_OF_SCORES]
   = { 32, 54, 67.5, 29, 34.5, 80, 115, 44.5, 100, 65 };
double total_score = sum(scores, NUMBER_OF_SCORES);
```

함수에 더 작은 크기를 전달해도 된다:

```
double partial_score = sum(scores, 5);
```

이 호출은 scores 배열의 처음 다섯 요소들의 합을 계산한다. 함수는 배열의 요소 수를 알 도리가 없음을 기억하라. 함수는 호출자가 제공하는 크기에 전적으로 의존한다.

배열 파라미터는 항상 참조 파라미터이다.

배열 파라미터는 **항상 참조 파라미터**이다(그 이유는 7장에서 알게 된다). 함수는 배열 인수들을 변경할 수 있으며, 그런 수정은 함수에 전달된 배열에 영향을 준다. 예를 들어, 다음의 multiply 함수는 배열의 모든 요소를 갱신한다.

```
void multiply(double values[], int size, double factor)
{
   for (int i = 0; i < size; i++)
   {
      values[i] = values[i] * factor;
   }
}
```

이 경우에는 참조 파라미터를 표시하기 위해 & 기호를 사용하지 않는다.

함수의 반환형은 배열일 수 없다.

비록 배열이 함수 인수일 수는 있지만, 함수 반환형일 수는 없다. 만일 함수가 여러 값을 계산한다면, 함수의 호출자는 그 결과를 담기 위해서 배열 파라미터 변수를 제공해야 한다:

```
void squares(int n, int result[])
{
   for (int i = 0; i < n; i++)
   {
      result[i] = i * i;
   }
}
```

함수가 배열의 크기를 변경할 때는 호출자에게 알려줄 필요가 있다.

함수가 배열의 크기를 바꿀 때는 호출 후에 배열이 몇 개의 요소를 갖는지를 호출자에게 알려줘야 한다. 이를 위한 가장 쉬운 방법은 새 크기를 반환하는 것이다. 다음이 그 예로서, 배열에 입력 값들을 추가하는 함수이다.

```
int read_inputs(double inputs[], int capacity)
{
   int current_size = 0;
   double input;
   while (cin >> input)
   {
      if (current_size < capacity)
      {
         inputs[current_size] = input;
         current_size++;
      }
   }
   return current_size;
}
```

배열에 요소를 추가하는 함수는 배열의 용량을 알아야 한다.

이 함수가 배열의 용량도 알아야 한다는 것을 주목한다. 일반적으로 배열에 요소를 추가하는 함수는 그 용량을 알아야 한다. 이 함수를 다음과 같이 호출한다.

```
const int MAXIMUM_NUMBER_OF_VALUES = 1000;
double values[MAXIMUM_NUMBER_OF_VALUES];
int current_size = read_inputs(values, MAXIMUM_NUMBER_OF_VALUES);
   // values는 부분적으로 채워진 배열이다; current_size 변수가 그 크기를 나타낸다
```

대안적으로, 크기를 참조 파라미터로서 넘길 수 있다. 이것은 기존 배열을 변경하는 함수에 더 적합하다:

```
void append_inputs(double inputs[], int capacity, int& current_size)
{
   double input;
   while (cin >> input)
   {
      if (current_size < capacity)
      {
         inputs[current_size] = input;
         current_size++;
      }
   }
}
```

이 함수는 다음과 같이 호출된다.

```
append_inputs(values, MAXIMUM_NUMBER_OF_VALUES, current_size);
```

호출 후에, `current_size` 변수는 새로운 크기를 담고 있다.

다음의 보기 프로그램은 표준 입력으로부터 값들을 읽고, 두 배로 만들어서 그 결과를 출력한다. 이 프로그램은 세 함수를 사용한다:

- `read_inputs` 함수는 입력 값들로 배열을 채운다. 읽힌 요소 수를 반환한다.
- `multiply` 함수는 받은 배열의 내용을 변경하며, 그럼으로써 배열이 참조에 의해 전달되었음을 보여준다.
- `print` 함수는 받은 배열의 내용을 바꾸지 않는다.

ch06/functions.cpp

```
#include <iostream>

using namespace std;

/**
   Reads a sequence of floating-point numbers.
   @param inputs an array containing the numbers
   @param capacity the capacity of that array
   @return the number of inputs stored in the array
```

```
*/
int read_inputs(double inputs[], int capacity)
{
   int current_size = 0;
   cout << "Please enter values, Q to quit:" << endl;
   bool more = true;
   while (more)
   {
      double input;
      cin >> input;
      if (cin.fail())
      {
         more = false;
      }
      else if (current_size < capacity)
      {
         inputs[current_size] = input;
         current_size++;
      }
   }
   return current_size;
}

/**
   Multiplies all elements of an array by a factor.
   @param values a partially filled array
   @param size the number of elements in values
   @param factor the value with which each element is multiplied
*/
void multiply(double values[], int size, double factor)
{
   for (int i = 0; i < size; i++)
   {
      values[i] = values[i] * factor;
   }
}

/**
   Prints the elements of a vector, separated by commas.
   @param values a partially filled array
   @param size the number of elements in values
*/
void print(double values[], int size)
{
   for (int i = 0; i < size; i++)
   {
      if (i > 0) { cout << ", "; }
      cout << values[i];
   }
   cout << endl;
}

int main()
{
   const int CAPACITY = 1000;
   double values[CAPACITY];
   int size = read_inputs(values, CAPACITY);
   multiply(values, size, 2);
   print(values, size);

   return 0;
}
```

실행 결과

```
Please enter values, Q to quit:
12 25 20 Q
24, 50, 40
```

15. sum 함수를 호출하면서 크기에 관해 거짓으로 알려주면 어떻게 되겠는가? 예: values의 크기가 100인데, 다음과 같이 호출한다.

```
double result = sum(values, 1000);
```

16. 처음 다섯 개의 제곱을 계산하고, 그 결과를 배열 numbers에 저장하는 squares 함수는 어떻게 호출하는가?
17. 배열의 어떤 요소의 맨 처음 위치를 반환하는 함수를 작성하라. 만일 그 요소가 배열에 존재하지 않으면 –1을 반환하라. 6.2.6절의 선형 탐색 알고리듬을 이용하라.
18. 배열 크기가 반환 값이 아닌 참조 파라미터가 되도록 read_inputs 함수를 재작성하라.
19. 두 배열을 다른 배열에 덧붙이는 함수를 위한 헤더를 작성하라. 함수를 구현하지는 말라.

Practice It 이제 다음 연습문제들에 대해 답할 수 있다: R6.14, P6.8, P6.12.

특강 6.4 **상수 배열 파라미터**

함수가 배열 파라미터를 변경하지 않을 때는 다음과 같이 const 예약어를 추가하는 것이 좋다:

```
double sum(const double values[], int size)
```

예약어 const는 함수가 배열 요소를 바꾸지 않는다는 것을 명시하므로 코드를 읽는 데 도움을 준다. 만일 함수 구현에서 배열을 변경하려 든다면 컴파일러가 경고를 내보낸다.

6.4 문제 해결하기: 알고리듬 적용하기

기본적인 알고리듬을 결합해서 복잡한 프로그래밍 작업을 해결할 수 있다.

6.2절에서 여러 가지 기본적인 알고리듬들이 소개되었다. 그 알고리듬들이 배열을 처리하는 많은 프로그램들을 위한 빌딩 블록들을 형성한다. 일반적으로, 자신이 결합하고 적응시킬 수 있는 다양한 알고리듬을 갖고 있는 것은 좋은 문제 해결 전략이다.

보기 문제를 고려해보자: 학생들의 퀴즈 점수가 주어졌다. 최저 점수를 제외한 점수들의 합으로 최종 퀴즈 점수를 계산해야 한다. 예를 들어, 점수가

```
8  7  8.5  9.5  7  4  10
```

이면 최종 점수는 50이다.

우리는 이 경우를 위한 기존 알고리듬을 갖고 있지 않다. 그 대신에 어떤 알고리듬들이 결합될 수 있겠는지 고찰해보자. 다음과 같은 것들이 포함된다.

- 합을 계산하기(6.2.3절)
- 최소값 찾아내기(6.2.4절)
- 한 요소를 제거하기(6.2.7절)

이제 이 알고리듬들을 결합하는 공략 작전을 세울 수 있다.

Find the minimum.
Remove it from the array.
Calculate the sum.

이를 우리 예제에 대해 시도해보자. 다음

[0]	[1]	[2]	[3]	[4]	[5]	[6]
8	7	8.5	9.5	7	4	10

의 최소는 4이다. 이것을 어떻게 제거하나?

이것이 문제이다. 6.2.7절의 제거 알고리듬은 제거될 요소를 요소의 값이 아닌 **위치**에 의해 파악한다.

그런데 우리는 그를 위한 또 다른 알고리듬을 갖고 있다:

- 선형 탐색(6.2.6절)

우리의 공략 작전을 고칠 필요가 있다:

Find the minimum value.
Find its position.
Remove that position from the array.
Calculate the sum.

이렇게 하면 될까? 우리의 보기에 대해 계속해보자.

최소값이 4임을 알아냈다. 선형 탐색은 값 4가 위치 5에 있음을 알려준다.

[0]	[1]	[2]	[3]	[4]	[5]	[6]
8	7	8.5	9.5	7	4	10

그것을 제거한다:

[0]	[1]	[2]	[3]	[4]	[5]
8	7	8.5	9.5	7	10

끝으로, 합을 계산한다: 8 + 7 + 8.5 + 9.5 + 7 + 10 = 50.

이 수동 시뮬레이션(walkthrough)은 우리의 전략이 통함을 보여준다.

더 잘할 수도 있을까? 최소값을 찾아내고, 그 위치를 얻기 위해 배열을 또 한번 훑어야 하는 것은 약간 비효율적이다.

적용시킬 수 있도록, 기본 알고리듬들의 구현을 숙달해야 한다.

최소값의 위치를 산출하기 위해서 최소값을 찾는 알고리듬을 적용할 수 있다. 다음은 원래 알고리듬이다.

```
double smallest = values[0];
for (int i = 1; i < size of values; i++)
{
   if (values[i] < smallest)
   {
      smallest = values[i];
   }
}
```

최소값을 찾을 때, 위치도 갱신하기를 원한다:

```
if (values[i] < smallest)
{
   smallest = values[i];
   smallest_position = i;
}
```

사실은, 그렇게 한다면 더 이상 최소값을 따로 추적해야 할 이유가 없다. 최소값은 단순히 `values[smallest_position]`이다. 이것을 간파했으면, 알고리듬을 다음과 같이 적용할 수 있다.

```
int smallest_position = 0;
```

```
for (int i = 1; i < size of values; i++)
{
   if (values[i] < values[smallest_position])
   {
      smallest_position = i;
   }
}
```

이렇게 적용하면, 우리의 문제는 다음 전략으로 해결된다.

Find the position of the minimum.
Remove it from the array.
Calculate the sum.

264쪽의 *How to* 6.1에서, 우리는 이 전략으로 C++ 프로그램을 개발한다.

다음 절은 기본 알고리듬들 중 아무 것도 작업에 적용될 수 없을 때, 새로운 알고리듬을 찾아내는 기술을 보여준다.

20. 6.2.7절에는 요소를 제거하는 두 알고리듬이 있다. 이 절에서 기술된 작업을 해결하기 위해서 어느 알고리듬을 사용해야 하는가?

21. 전체 점수를 계산하는 데 최소값을 제거하는 것은 사실상 필요하지 않다. 대안을 설명하라.

22. 4.7절의 알고리듬들 중 하나 또는 그 이상을 사용해서, 주어진 배열의 양과 음 값들의 개수를 출력하는 방법을 설명하라.

23. 배열의 모든 양 값들을 쉼표로 구분해서 출력하는 방법은?

24. 배열의 모든 매치를 모으기 위한 다음 알고리듬을 고려하자.

```
int matches_size = 0;
for (int i = 0; i < size of values; i++)
{
   if (values[i] fulfills the condition)
   {
      matches[matches_size] = values[i];
      matches_size++;
   }
}
```

이 알고리듬이 자체 검사 23에 어떻게 도움이 되는가?

Practice It 이제 다음 연습문제들에 대해 답할 수 있다: R6.15, R6.16.

How to 6.1 **배열 다루기**

값 시퀀스를 처리할 때 대개 배열을 사용한다(일부 매우 간단한 경우에는 저장할 필요 없이 읽으면서 값들을 처리할 수 있다). 이 How To는 필요한 단계들을 자세히 검토한다.

6.4절의 보기 문제를 고려하자. 학생들의 퀴즈 점수가 주어졌다. 최저 점수를 뺀 후의 모든 점수들의 합인 최종 퀴즈 점수를 계산해야 한다. 예: 만일 점수들이

```
8  7  8.5  9.5  7  5  10
```

이면, 최종 점수는 50이다.

단계 1 작업을 여러 단계로 분해한다.

대개 다음과 같은 여러 단계로 작업을 나누기를 원할 것이다.

- 배열로 데이타를 읽어오기.
- 하나 또는 그 이상의 단계로 데이타를 처리하기.
- 결과를 표시하기.

우리의 보기 문제에서 이것은 다음의 수도코드를 산출한다.

```
Read inputs.
Compute the final score.
Display the score.
```

데이타를 어떻게 처리할지를 결정하려면 6.2절의 배열 알고리즘들에 숙달해 있어야 한다. 많은 작업들이 그 알고리듬들을 결합 또는 적용해서 해결될 수 있다.

앞 절은 **Compute the final score**를 기본 알고리듬들로 분해하는 방법을 보여줬다.

```
Find the position of the minimum.
Remove it from the array.
Calculate the sum.
```

단계 2 각 단계를 위한 함수들, 인수들, 반환값들을 결정한다.

모든 단계를 `main` 함수에 넣을 수 있지만, 그렇게 하는 것은 결코 좋은 생각이 아니다. 가장 간단한, 최선의 접근법은 각각의 웬만한 단계를 분리된 함수로 나누는 것이다. 우리의 보기에서는 다섯 개의 함수를 구현할 것이다.

- `read_inputs`
- `min_position`
- `remove`
- `sum`
- `final_score`

배열을 처리하는 각 함수에 배열 자체와 배열 크기를 전달해야 한다. 예:

```
double sum(double values[], int size)
```

함수가 이 크기를 변경한다면, 호출자에게 새 크기를 알려줄 필요가 있다. 함수는 크기를 반환할 수 있거나, 또는 크기를 위한 참조 파라미터를 사용할 수 있다. 기존 배열을 변경하는 함수를 위해서는 두 번째 접근법이 더 나은 선택이다.

첫 번째 접근법을 입력 값들을 읽는 함수와 함께 사용한다:

```
int read_inputs(double values[], int capacity) // 크기를 반환한다
```

함수 `remove`는 `current _size` 파라미터를 변경한다:

```
void remove(double values[], int& current_size, int pos)
```

이 시점에서 다음과 같이 각 함수를 문서화한다.

```
/**
   배열에서 한 요소를 제거한다. 요소들의 순서는 보존되지 않는다.
   @param values 부분적으로 채워진 배열
   @param current_size values의 요소 수
   (위치가 유효하다면 1만큼 줄어든다)
   @param pos the position of the element to be removed
*/
void remove(double values[], int& current_size, int pos)
```

단계 3 필요하면 도우미 함수(helper function)들을 사용해서 각 함수를 구현한다.

이미 봤으므로 read_inputs 함수의 코드는 보여주지 않겠다. final_score 함수를 구현하자. 이것은 세 개의 도우미 함수들 min_position, remove, sum을 호출한다:

```
/**
   Removes the smallest value of an array and returns the
   sum of the remaining values.
   @param values a partially filled array
   @param current_size the number of elements in values (will be reduced by 1)
   @return the sum of the values, excluding the minimum
*/
double final_score(double values[], int& current_size)
{
   int pos = min_position(values, current_size);
   remove(values, current_size, pos);
   return sum(values, current_size);
}
```

앞 절에서 min_position을 위한 알고리듬을 설명했다.

```
/**
   Gets the position of the minimum value from an array.
   @param values a partially filled array
   @param size the number of elements in values
   @return the position of the smallest element in values
*/
int min_position(double values[], int size)
{
   int smallest_position = 0;
   for (int i = 1; i < size; i++)
   {
      if (values[i] < values[smallest_position])
      {
         smallest_position = i;
      }
   }
   return smallest_position;
}
```

나머지 도우미 함수들은 6.2절의 알고리듬을 사용한다. 이 책에 딸린 코드에서 그 구현을 찾아볼 수 있다.

단계 4 구현하고 있는 함수들에 대한 경계 조건을 고려한다.

배열에 대해 작용하는 대부분의 함수들은 다소 복잡하므로, 보편적이고 예외적인 경우들을 모두 다루도록 유의해야 한다. 빈 배열이라면 어떻게 되겠는가? 배열에 요소가 하나만 있다면? 매치가 전혀 발견되지 않는다면? 매치가 여러 개 있을 때는? 이러한 경계 조건들을 고려하고, 함수가 옳게 동작하게 하라.

다음은 그러한 고려에 관한 한 예이다. min_position 함수가 크기가 적어도 1인 배열로 호출된다는 것을 어떻게 아는가? (최소값을 찾으려면 적어도 한 요소가 있어야 함을 기억하라.) 이 함수는 final_score 함수에서 호출된다. 그러나, final_score 함수는 빈 배열로 호출될지도 모른다. 검사를 포함하거나, 아니면 함수 주석에 제약 사항을 넣어야 한다. 우리는 후자를 선택하고, min_position 함수의 values 파라미터 변수에 대한 주석을 다음으로 바꿀 것이다.

```
@param values a partially filled array of size >= 1
```

또 다른 잠재적 문제를 고려하라. 매치가 여러 개 있으면? 이것은 한 학생에게 저점 시험이 둘 이상임을 의미한다. final_score 함수는 저점 사례들 중 하나만 제거하며, 그것이 바라는 동작이다.

단계 5 프로그램을 조립하고 테스트한다.

이제 개별 함수들을 조립해서 완성된 프로그램으로 만들 준비가 되었다. 그 전에, 몇몇 테스트 케이스들과 그들의 예상 출력을 고려한다.

테스트 케이스	예상 출력	설명
8 7 8.5 9.5 7 5 10	50	단계 1 참고.
8 7 7 9	24	저점 사례들 중 하나만 제거되어야 한다.
8	0	저점을 제거하면 점수가 남아있지 않는다.
(no inputs)	Error	이것은 적법한 입력이 아니다.

다음의 main 함수가 솔루션을 완성한다(ch06/scores.cpp 참고).

```
int main()
{
   const int CAPACITY = 1000;
   double scores[CAPACITY];
   int current_size = read_inputs(scores, CAPACITY);
   if (current_size == 0)
   {
      cout << "At least one score is required." << endl;
   }
   else
   {
      double score = final_score(scores, current_size)
      cout << "Final score: " << score << endl;
   }
   return 0;
}
```

데모 예제 6.1 **주사위 던지기**

이 데모 예제는 주사위 던지기를 통해서 주사위가 '공정한(fair)' 지를 분석하는 방법을 보여준다.

6.5 문제 해결하기: 물체를 다뤄서 알고리듬을 발견하기

알려져 있는 알고리듬을 결합 및 적용해서 문제를 해결하는 방법을 6.4절에서 봤다. 그러나 표준 알고리듬들 중에 내 작업을 위해 충분한 것이 없을 때는 어떻게 하는가? 이 절에서는 물체를 다뤄서 알고리듬을 찾아내는 기술을 배운다.

다음의 작업을 고려하자. 크기가 짝수인 배열이 주어졌으며, 전반과 후반을 서로 바꿔야 한다. 예를 들어, 배열이 여덟 개의 수

9	13	21	4	11	7	1	3

를 포함하고 있다면, 다음과 같이 바뀌야 한다.

11	7	1	3	9	13	21	4

⊕ Available online at www.wiley.com/college/horstmann.

많은 학생들이 이를 위한 알고리듬을 찾아내는 것을 매우 힘들어 한다. 그들은 루프가 필요하다는 것을 알고 있을 것이며, 요소들이 삽입(6.2.8절) 또는 교환(6.2.9절)되어야 한다는 것도 깨닫고 있겠지만, 그러나, 다이어그램을 그리거나, 알고리듬을 기술하거나, 또는 수도코드를 작성하기에 충분한 직관력을 갖고 있지는 않다.

값들의 배열을 시각화하기 위해서, 여러 개의 동전, 카드, 장난감을 이용하자.

알고리듬을 찾아내기 위한 한 가지 유용한 기술은 물체들을 다루는 것이다. 배열을 나타내기 위해서 물체들을 일렬로 늘어놓는 것에서 시작한다. 동전, 카드, 또는 작은 장난감을 선택하면 좋다.

물체들을 다루는 것이 알고리듬을 찾아내기 위한 아이디어를 제공해줄 수 있다.

다음과 같이 여덟 개의 동전을 늘어놓는다.

한 걸음 물러서서 동전 순서를 바꾸기 위해서 무엇을 할 수 있는지 생각해보자. 동전 하나를 제거할 수 있다(6.2.7절):

배열 요소 제거를 시각화하기

동전 하나를 삽입할 수 있다(6.2.8절):

배열 요소 삽입을 시각화하기

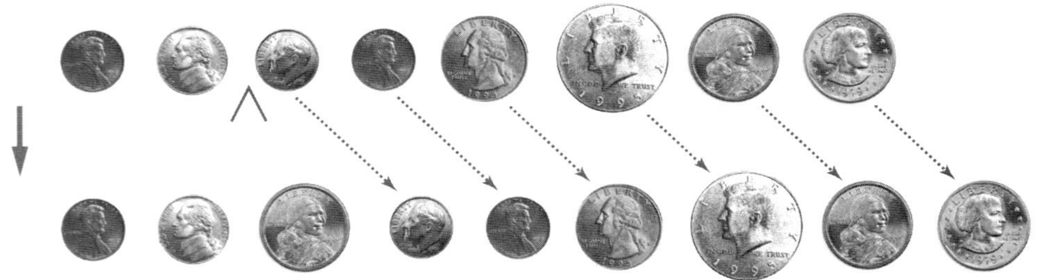

또는 두 개의 동전을 서로 교환할 수 있다(6.2.9절):

두 개의 동전을 서로 교환하기

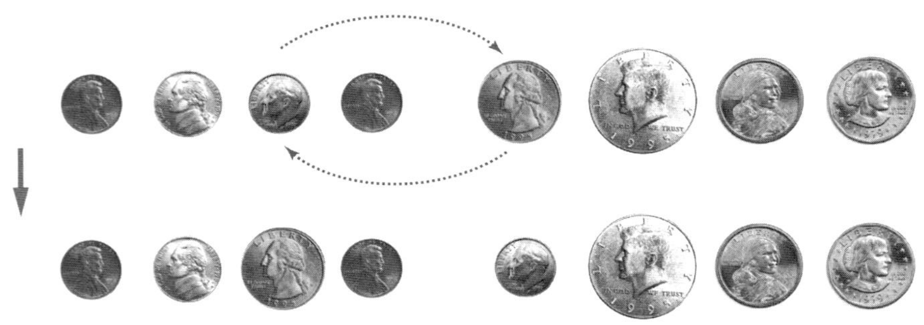

시작해보자—동전 몇 개를 일렬로 늘어놓고 위의 세 연산을 시도해서 감을 익힌다.

그렇게 하는 것이 배열의 전.후반을 교환하는 우리의 문제에 어떻게 도움이 되는가?

맨 앞과 다섯 번째 동전을 서로 자리를 바꾼다. 우리는 C++ 프로그래머이므로 위치 0과 4의 동전들을 교환한다고 표현할 것이다:

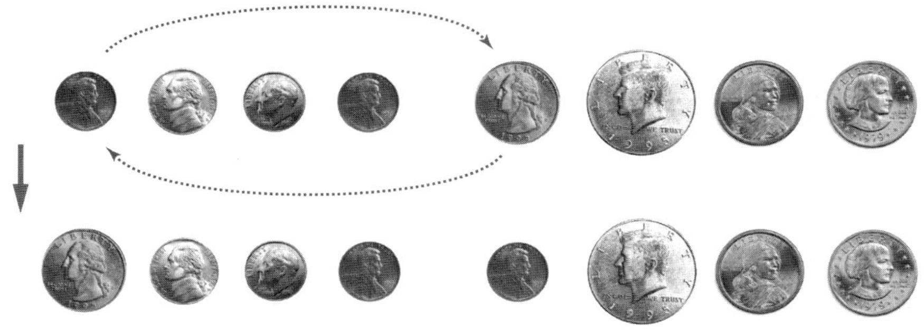

그 다음, 위치 1과 5의 동전들을 서로 교환한다:

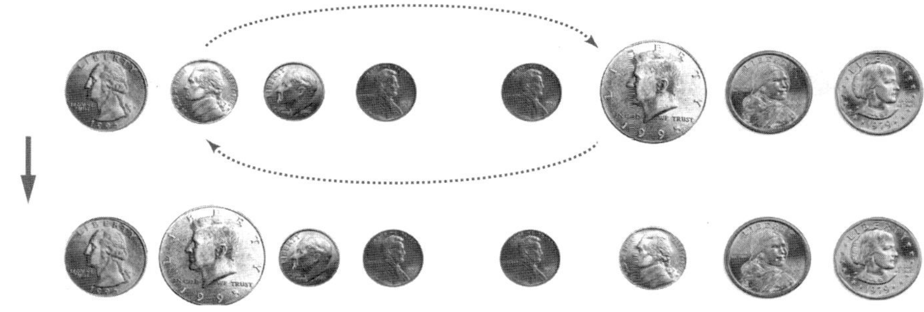

두 번 더 교환하면 끝난다:

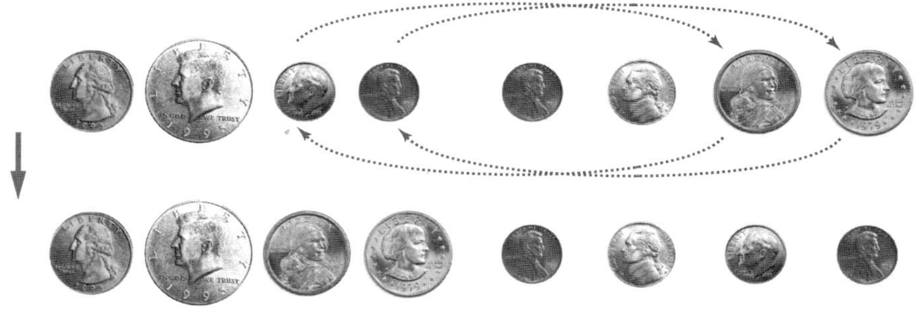

이제 알고리듬의 윤곽이 잡혀 간다:

```
i = 0
j = ... (we'll think about that in a minute)
while (don't know yet)
    swap elements at positions i and j
    i++
    j++
```

변수 j는 얼마에서 시작하는가? 여덟 개의 동전이 있을 때 위치 0에 있는 동전이 위치 4로 옮겨진다. 일반적으로 배열의 중간, 또는 위치 **size/2**로 옮겨진다.

그리고 반복 횟수는? 전반의 모든 동전을 교환해야 한다. 즉, **size/2**개의 동전을 교환해야 한다. 수도코드는 다음과 같다.

```
i = 0
j = size / 2
while (i < size / 2)
    swap elements at positions i and j
    i++
    j++
```

위치 마커 또는 카운터로 종이 클립을 사용할 수 있다.

이 수도코드의 세부 절차를 검토(walkthrough)한다(4.2절). 변수 i와 j의 위치들을 표시하기 위해 종이 클립을 사용할 수 있다. 만일 이 세부 절차 검토(walkthrough)가 성공적이면, 이 수도코드에 'off-by-one' 오류가 없다는 것을 알게 된다. 자체 검사 25에서 이 검토(walkthrough)를 수행해야 하며, 연습문제 P6.7에서 이 수도코드를 C++로 번역해야 한다. 연습문제 R6.17은 동전을 반복적으로 제거 및 삽입해서 배열의 전후반부를 교환하기 위한 다른 알고리듬을 제시한다.

많은 사람들이 다이어그램을 그리거나 머리 속으로 알고리듬을 시각화하는 것보다 물체를 다루는 것을 덜 두려워한다. 새로운 알고리듬을 설계해야 할 때 이 기법을 시도해보자!

25. 변수 i와 j의 위치를 표시하기 위해 두 개의 종이 클립을 사용해서, 이 절에서 우리가 개발한 알고리듬의 세부 절차를 검토(walkthrough)하라. 그 수도코드에 경계 오류가 없는 이유를 설명하라.

26. 동전을 사용해서 다음의 수도코드를 시뮬레이션하라. 단, i와 j의 위치를 표시하기 위한 두 개의 종이 클립을 사용하라.

```
i = 0
j = size - 1
while (i < j)
    swap elements at positions i and j
    i++
    j--
```

이 알고리듬이 하는 일은?

27. 짝수들이 앞에 오도록 배열 요소들을 재배치하는 작업을 고려하자. 순서는 문제되지 않는다. 예를 들어, 배열

```
1 4 14 2 1 3 5 6 23
```

은 다음과 같이 재배치될 수 있다.

```
4 2 14 6 1 5 3 23 1
```

동전과 종이 클립을 사용해서, 요소 교환(swapping)에 의해 이 작업을 해결하는 알고리듬을 찾아내고, 그를 수도코드로 기술하라.

28. 교환 대신에 제거와 삽입을 이용하는, 자체 검사 27의 작업을 위한 알고리듬을 찾아내라.

29. 배열의 최대 요소가 아니라, 입력 시퀀스에서 가장 큰 요소를 찾아내는 4.7.4절의 알고리듬을 고려하자. 이 알고리듬은 장난감 병정들을 재배치하는 것보다, 카드 데크에서 카드를 뽑는 것으로 시각화하는 것이 더 유리한 이유는?

Practice It 이제 다음 연습문제들에 대해 답할 수 있다 : R6.17, R6.18, P6.7.

6.6 2차원 배열

2차원 레이아웃을 갖는 값들의 집합을 저장해야 할 때가 자주 있다. 그러한 데이타 집합들은 금융이나 과학 분야 애플리케이션들에서 흔히 볼 수 있다. 값들의 행 및 열로 구성된 구조를 *2차원 배열* 또는 **매트릭스**(또는 행렬)라고 부른다.

그림 6.11에 보인 데이타-2010년도 동계 올림픽 피겨스케이팅의 메달 수—를 저장하는 방법을 연구해보자.

	금	은	동
캐나다	1	0	1
중국	1	1	0
독일	0	0	1
한국	1	0	0
일본	0	1	1
러시아	0	1	1
미국	1	1	0

그림 6.11 피겨 스케이팅 메달 수

6.6.1 2차원 배열 정의하기

C++은 2차원 배열을 저장하기 위해 두 개의 첨자를 갖는 배열을 사용한다. 예를 들면, 다음은 메달 수 데이타를 저장하기에 적합한 7행, 3열 짜리 태열의 정의이다.

```
const int COUNTRIES = 7;
const int MEDALS = 3;
int counts[COUNTRIES][MEDALS];
```

이 배열은 다음과 같이 각 행을 묶어서 초기화할 수 있다.

```
int counts[COUNTRIES][MEDALS] =
   {
      { 1, 0, 1 },
      { 1, 1, 0 },
      { 0, 0, 1 },
      { 1, 0, 0 },
      { 0, 1, 1 },
      { 0, 1, 1 },
      { 1, 1, 0 }
   };
```

1차원 배열에서와 같이, 2차원 배열도 일단 정의하고 나면 크기를 바꿀 수 없다.

6.6.2 요소 접근하기

2차원 배열의 개별 요소들은 두 개의 첨자를 사용해서 접근된다. *array*[i][j].

2차원 배열의 특정 요소에 접근하기 위해서는, 두 개의 분리된 대괄호에 첨자를 명시해서 행과 열을 선택한다(문법 6.2와 그림 6.12 참고).

```
int value = counts[3][1];
```

문법 6.2 2차원 배열 정의

요소 타입 / 행 / 열 / 이름 / 선택적 초기값 목록

```
int data[4][4] = {
                 { 16, 3, 2, 13 },
                 { 5, 10, 11, 8 },
                 { 9, 6, 7, 12 },
                 { 4, 15, 14, 1 },
               };
```

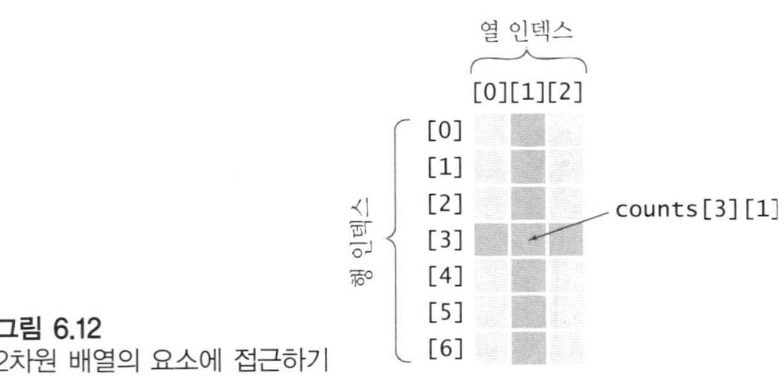

그림 6.12
2차원 배열의 요소에 접근하기

2차원 배열의 모든 값들에 접근하기 위해서는, 두 개의 둥지 루프(nested loops)를 사용한다. 예를 들면, 다음 루프는 counts의 모든 요소를 출력한다.

```
for (int i = 0; i < COUNTRIES; i++)
{
   // Process the ith row
   for (int j = 0; j < MEDALS; j++)
   {
      // Process the jth column in the ith row
      cout << setw(8) << counts[i][j];
   }
   cout << endl; // Start a new line at the end of the row
}
```

6.6.3 행과 열 합계 계산하기

흔한 작업 중에 행 또는 열의 합계를 계산하기가 있다. 우리의 예에서, 행 합계는 특정 국가가 획득한 전체 메달 수를 제공한다.

올바른 인덱스 값을 찾아내기는 약간 까다로우므로, 간단한 스케치를 해보는 게 좋다. 행 i의 총계를 계산하려면, 다음 요소들을 방문해야 한다.

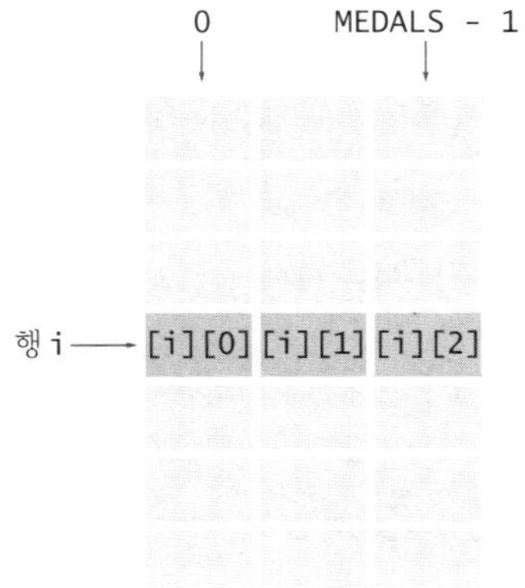

여기서 볼 수 있듯이, j가 0부터 MEDALS - 1의 범위인 counts[i][j]의 합을 계산해야 한다. 다음의 루프가 합계를 계산한다.

```
int total = 0;
for (int j = 0; j < MEDALS; j++)
{
   total = total + counts[i][j];
}
```

열 합계를 계산하는 것도 비슷하다. i가 0부터 COUNTRIES - 1 범위인 counts[i][j]의 합을 계산한다:

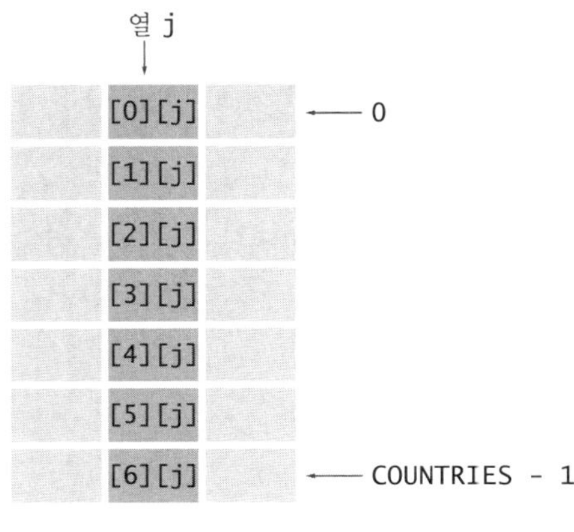


```
int total = 0;
for (int i = 0; i < COUNTRIES; i++)
{
   total = total + counts[i][j];
}
```

6.6.4 2차원 배열 파라미터들

2차원 배열 파라미터는 고정된 열 수를 가져야 한다.

2차원 배열을 어떤 함수에 전달할 때, 파라미터 타입과 함께 열 수를 **상수로서** 명시해야 한다. 예를 들면, 다음 함수는 주어진 열의 합계를 계산한다.

```
const int COLUMNS = 3;

int row_total(int table[][COLUMNS], int row)
{
   int total = 0;
   for (int j = 0; j < COLUMNS; j++)
   {
      total = total + table[row][j];
   }
   return total;
}
```

이 함수는 임의의 행 수를 갖는 2차원 배열의 행 합계를 계산할 수 있으나, 이 배열은 세 개의 열을 가져야 한다. 열의 수가 4인 2차원 배열의 행 합계를 계산하려면 함수를 다시 작성해야 한다.

이 제한을 이해하려면, 배열 요소들이 메모리에 저장되는 방식을 알아야 한다. 배열이 2차원으로 보이지만, 요소들은 선형 시퀀스로서 저장된다. 그림 6.13이 counts 배열이 한 행씩 저장됨을 보여준다.

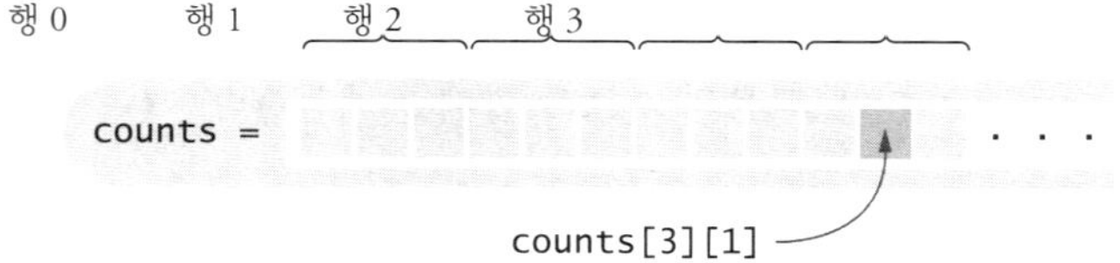

그림 6.13 2차원 배열은 행이 연속된 것으로서 저장된다.

예를 들어,

```
counts[3][1]
```

에 접근하려면, 프로그램은 먼저 행 0, 1, 2를 지나고, 행 3에서 오프셋이 1인 위치를 찾아내야 한다. 배열의 처음에서부터의 오프셋은

$$3 \times \textit{number of columns} + 1$$

이다. 이제 `row_total` 함수를 고려하자. 컴파일러는 오프셋

```
i * COLUMNS + j
```

를 계산해서 요소

```
table[i][j]
```

를 찾아내는 코드를 생성한다. 컴파일러는 파라미터를 선언할 때, 두 번째 대괄호 쌍에 제공된 값을 이용한다:

```
int row_total(int table[][COLUMNS], int row)
```

처음 대괄호 쌍은 1차원 배열에서와 같이 비어 있어야 함을 주목한다.

함수 `row_total`은 배열의 행 수는 알 필요가 없다. 행 수가 요구된다면 다음 보기에서와 같이 변수로서 전달한다.

```
int column_total(int table[][COLUMNS], int rows, int column)
{
   int total = 0;
   for (int i = 0; i < rows; i++)
   {
      total = total + table[i][column];
   }
   return total;
}
```

다음 프로그램이 2차원 배열을 다루는 방법을 보여준다. 이 프로그램은 메달 수와 행 합계를 출력한다.

ch06/medals.cpp

```
#include <iostream>
#include <iomanip>
#include <string>

using namespace std;

const int COLUMNS = 3;

/**
   Computes the total of a row in a table.
   @param table a table with 3 columns
   @param row the row that needs to be totaled
```

```
   @return  the sum of all elements in the given row
*/
double row_total(int table[][COLUMNS], int row)
{
   int total = 0;
   for (int j = 0; j < COLUMNS; j++)
   {
      total = total + table[row][j];
   }
   return total;
}

int main()
{
   const int COUNTRIES = 7;
   const int MEDALS = 3;

   string countries[] =
      {
         "Canada",
         "China",
         "Germany",
         "Korea",
         "Japan",
         "Russia",
         "United States"
      };

   int counts[COUNTRIES][MEDALS] =
   {
      { 1, 0, 1 },
      { 1, 1, 0 },
      { 0, 0, 1 },
      { 1, 0, 0 },
      { 0, 1, 1 },
      { 0, 1, 1 },
      { 1, 1, 0 }
   };

   cout << "        Country    Gold  Silver  Bronze   Total" << endl;

   // Print countries, counts, and row totals
   for (int i = 0; i < COUNTRIES; i++)
   {
      cout << setw(15) << countries[i];
      // Process the ith row
      for (int j = 0; j < MEDALS; j++)
      {
         cout << setw(8) << counts[i][j];
      }
      int total = row_total(counts, i);
      cout << setw(8) << total << endl;
   }

   return 0;
}
```

실행 결과

```
        Country    Gold  Silver  Bronze   Total
         Canada       1       0       1       2
          China       1       1       0       2
        Germany       0       0       1       1
          Korea       1       0       0       1
          Japan       0       1       1       2
         Russia       0       1       1       2
  United States       1       1       0       2
```

30. 우리의 샘플 데이타에서 열들을 합해서 얻는 결과는 무엇인가?

31. 보드 게임을 위한 8 × 8 배열을 고려하자.

```
int board[8][8];
```

두 개의 둥지 루프를 사용해서 장기판처럼 0과 1이 번갈아 나오도록 초기화한다:

```
0 1 0 1 0 1 0 1
1 0 1 0 1 0 1 0
0 1 0 1 0 1 0 1
...
1 0 1 0 1 0 1 0
```

힌트: `i + j`가 짝수인지 검사한다.

32. 틱-택-토(tic-tac-toe, 3목두기) 보드를 표현하기 위한 2차원 배열을 정의하라. 이 보드는 세 개의 행과 열을 가지며, 문자열 `"x"`, `"o"`, `" "`를 포함한다.

33. 틱-택-토 보드의 우상단 코너에 `"x"`를 두기 위한 할당문을 써라.

34. 어떤 요소들이 틱-택-토 보드의 좌상단과 우하단 코너들을 잇는 대각선 상에 있는가?

Practice It 이제 다음 연습문제들에 대해 답할 수 있다: R6.23, P6.19, P6.20.

빈번한 오류 6.2 2차원 배열 파라미터의 열 크기를 빠뜨리기

1차원 배열을 함수에 전달할 때는 배열의 크기를 분리된 파라미터 변수로서 명시한다:

```
void print(double values[], int size)
```

이 함수는 어떠한 크기의 배열도 출력할 수 있다. 그러나, 2차원 배열에 대해서는 행과 열 수를 단순히 파라미터 변수로 전달할 수 없다:

```
void print(double table[][], int rows, int cols) // NO!
```

함수는 컴파일 타임 때 2차원 배열의 열 수를 알아야 한다. 열 수를 배열 파라미터 변수와 함께 명시해야 한다. 이것은 상수이어야 한다:

```
const int COLUMNS = 3;
void print(const double table[][COLUMNS], int rows) // OK
```

이 함수는 어떠한 행 수의 표도 출력할 수 있으나, 열 수는 고정되어 있다.

데모 예제 6.2 세계 인구 표

이 데모 예제는 행 및 열 헤더가 있고, 각 데이타 열의 합계가 있는 표에 세계 인구 데이타를 출력하는 방법을 보여준다.

⊕ Available online at www.wiley.com/college/horstmann.

6.7 벡터

벡터는 크기가 변할 수 있는 값 시퀀스를 저장한다.

사용자 입력으로부터 값들을 받는 프로그램을 작성할 때는 몇 개의 값이 있게 될지 모른다. 그러나, 유감스럽게도 배열 크기는 **프로그램이 컴파일될 때** 알려져 있어야 한다.

6.1.3절에서 이 문제를 부분적으로 채워진 배열에 의해 어떻게 다룰 수 있는지를 봤다. 다음 절들에서 설명할 벡터 구조는 더 편리한 솔루션을 제공한다. 벡터는 배열처럼 값 시퀀스를 모으지만, 그 크기가 바뀔 수 있다.

벡터는 필요한 만큼의 요소들을 담도록 확장된다.

6.7.1 벡터 정의하기

벡터를 정의할 때는 다음과 같이 꺾쇠 괄호에 요소 타입을 명시한다.

```
vector<double> values;
```

초기 크기의 명시는 선택적이다. 예를 들면, 다음은 초기 크기가 10인 벡터의 정의이다.

```
vector<double> values(10);
```

초기 크기가 없이 벡터를 정의하면, 그 크기는 0이 된다. 크기가 0인 배열을 정의하는 것은 의미가 없으나, 초기 크기를 0으로 선언하고 필요에 따라 키우는 것이 유용할 때가 자주 있다.

프로그램에 벡터를 이용하기 위해서는 `<vector>` 헤더를 포함시켜야 한다.

벡터의 요소는 배열에서와 같이 `values[i]`로서 접근한다.

벡터의 현재 크기를 알려면 size 멤버 함수를 사용한다.

멤버 함수 `size`는 벡터의 현재 크기를 반환한다. 벡터의 모든 요소를 방문하는 루프에서는 `size` 멤버 함수를 다음과 같이 사용한다.

문법 6.3 벡터 정의하기

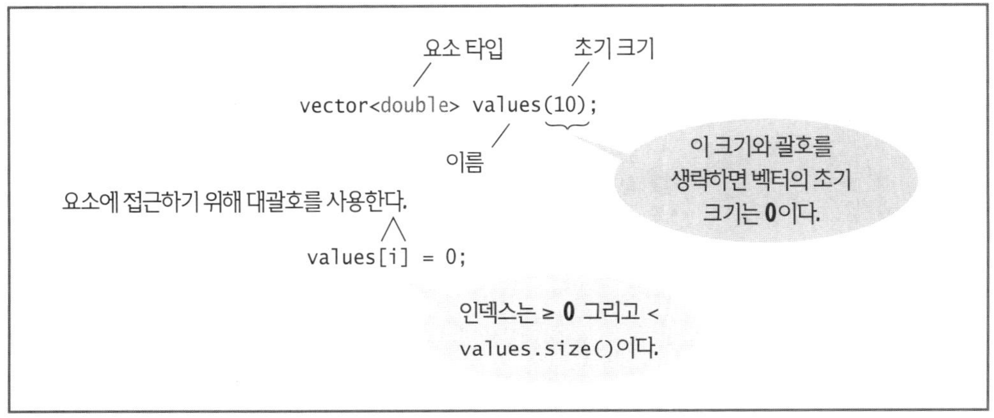

표 6.2 벡터 정의하기

`vector<int> numbers(10);`	정수 열 개짜리 벡터
`vector<string> names(3);`	문자열 세 개짜리 벡터
`vector<double> values;`	크기가 0인 벡터
🚫 `vector<double> values();`	**오류:** 벡터를 정의하지 않는다.

`vector<int> numbers;`
`for (int i = 1; i <= 10; i++)`
`{`
`   numbers.push_back(i);`
`}`
	1, 2, … , 10으로 채워진 정수 열 개짜리 벡터

`vector<int> numbers(10);`
`for (int i = 0; i < numbers.size(); i++)`
`{`
`   numbers[i] = i + 1;`
`}`
	1, 2, … , 10으로 채워진 정수 열 개짜리 벡터를 정의하는 다른 방법

```
for (int i = 0; i < values.size(); i++)
{
   cout << values[i] << endl;
}
```

6.7.2 벡터의 확장 및 축소

벡터에 요소를 추가하려면 push_back 멤버 함수를 사용한다. 크기를 줄이려면 pop_back을 사용한다.

요소가 더 필요하면, push_back 함수를 사용해서 벡터의 끝에 요소를 추가한다. 그에 의해 벡터의 크기는 1만큼 증가한다. 함수 push_back은 점 표기(dot notation)에 의해 호출해야 하는 멤버 함수이다:

```
values.push_back(37.5);
```

이 호출 후에 그림 6.14의 벡터 values는 크기가 3이 되며, values[2]는 값 37.5를 가진다.

빈 벡터로 시작하고, push_back 함수를 사용해서 그를 채우는 것은 아주 흔하다. 예:

```
vector<double> values; // Initially empty
values.push_back(32); // Now values has size 1 and element 32
values.push_back(54); // Now values has size 2 and elements 32, 54
values.push_back(37.5); // Now values has size 3 and elements 32, 54, 37.5
```

멤버 함수 push_back의 또 다른 흔한 용도는 벡터를 입력 값들로 채우는 것이다:

```
vector<double> values;  // Initially empty
```

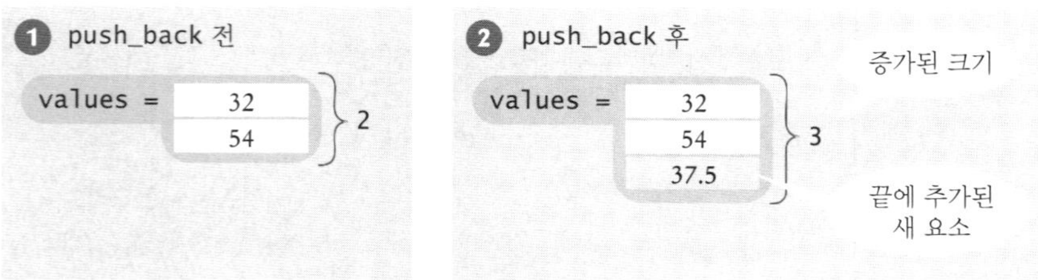

그림 6.14 push_back으로 요소 추가하기

```
double input;
while (cin >> input)
{
   values.push_back(input);
}
```

이 입력 루프가 6.2.10절의 루프보다 얼마나 더 간단한지를 주목한다.

또 다른 멤버 함수 pop_back은 벡터의 끝 요소를 제거해서, 그 크기를 1만큼 줄인다(그림 6.15 참고):

```
values.pop_back();
```

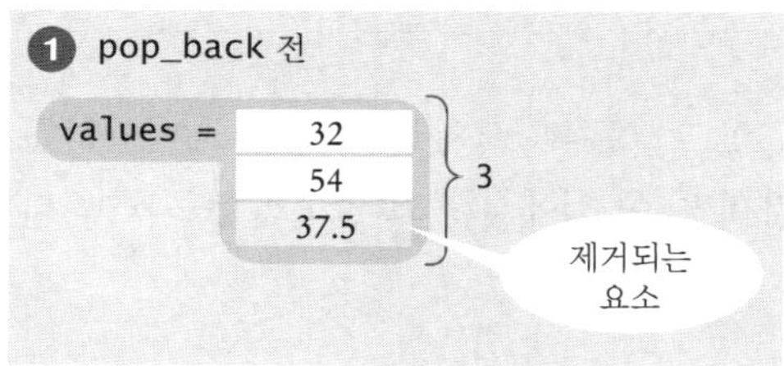

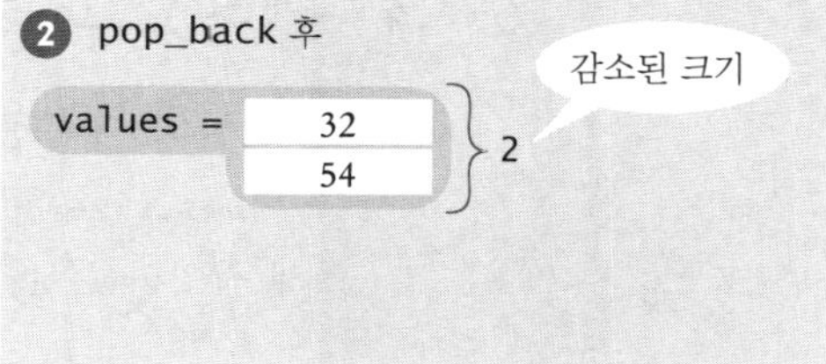

그림 6.15 pop_back으로 요소 제거하기

6.7.3 벡터와 함수

벡터는 함수 인자와 반환 값으로 쓰일 수 있다.

벡터를 여느 값들과 마찬가지로 함수 인자로 사용할 수 있다. 예를 들어, 다음 함수는 부동 소수점 수들의 벡터의 합을 계산한다.

```
double sum(vector<double> values)
{
   double total = 0;
   for (int i = 0; i < values.size(); i++)
   {
      total = total + values[i];
   }
   return total;
}
```

벡터의 내용을 변경하려면 참조 파라미터를 사용한다.

이 함수는 벡터 요소들을 방문하지만, 변경하지는 않는다. 만일 요소들을 변경해야 한다면, 참조 파라미터를 사용하라. 다음의 함수는 벡터의 모든 값들을 주어진 계수로 곱한다.

```
void multiply(vector<double>& values, double factor) // Note the &
{
   for (int i = 0; i < values.size(); i++)
   {
      values[i] = values[i] * factor;
   }
}
```

변경되지 않을 벡터 파라미터에 대해 상수 참조(특강 5.2 참고)를 사용하는 프로그래머들도 있다. 예:

```
double sum(const vector<double>& values) // const & added for efficiency
```

함수는 벡터를 반환할 수 있다.

함수는 벡터를 반환할 수 있다. 다시, 벡터는 이 점에서 여느 값들과 다르지 않다. 함수에서 결과를 담고, 그냥 반환하면 된다. 다음 보기에서, squares 함수는 0^2부터 $(n-1)^2$까지의 제곱들의 벡터를 반환한다.

```
vector<int> squares(int n)
{
   vector<int> result;
   for (int i = 0; i < n; i++)
   {
      result.push_back(i * i);
   }
   return result;
}
```

여기서 볼 수 있듯이, 벡터를 함수에 사용하는 것은 쉽다 — 특별히 명심해야 할 룰이 없다.

6.7.4 벡터 알고리듬

6.2절의 대부분의 알고리듬에 벡터를 적용할 수 있다 — 단순히 **size of** values를 values.size()로 바꿔라. 이 절에서는 그 알고리듬들 중 벡터를 위해 달라지는 부분에 대해 설명한다.

복사하기

6.2.2절에서와 같이, 배열을 복사하려면 루프가 필요하다. 벡터를 복사하는 것은 훨씬 더 쉽다. 단순히 벡터를 다른 벡터에 할당한다. 예:

```
vector<int> squares;
for (int i = 0; i < 5; i++) { squares.push_back(i * i); }
vector<int> lucky_numbers; // Initially empty
lucky_numbers = squares; // Now lucky_numbers contains the same elements as squares
```

매치 찾기

6.2.6절에서 맨 처음 매치를 찾아내는 방법을 봤다. 그러나 모든 매치를 찾아야 할 때도 있다. 이 작업을 배열로 하면 따분하나, 매치를 모으는 벡터를 사용하면 간단하다. 다음은 100보다 큰 모든 요소를 모은다.

```
vector<double> matches;
for (int i = 0; i < values.size(); i++)
{
   if (values[i] > 100)
   {
      matches.push_back(values[i]);
   }
}
```

요소 제거하기

벡터에서 요소를 제거할 때, pop_back 멤버 함수를 호출해서 벡터의 크기를 조정해야 한다. 다음은 순서가 문제 되지 않을 때 [pos]에 있는 요소를 제거하기 위한 코드이다.

```
int last_pos = values.size() - 1;
values[pos] = values[last_pos]; // Replace element at pos with last element
values.pop_back(); // Delete last element
```

정렬된 벡터에서 요소를 제거할 때는 먼저 요소들을 옮기고, 크기를 줄인다:

```
for (int i = pos + 1; i < values.size(); i++)
{
   values[i - 1] = values[i];
```

```
}
values.pop_back();
```

요소 삽입하기

벡터의 끝에 요소를 추가하는 데는 특별한 코드가 요구되지 않는다. 단순히 push_back 멤버 함수를 사용하라.

요소를 중간에 삽입할 때도 벡터의 크기가 증가되도록 push_back을 호출해야 한다. 다음 코드를 사용하라.

```
int last_pos = values.size() - 1;
values.push_back(values[last_pos]);
for (int i = last_pos; i > pos; i--)
{
   values[i] = values[i - 1];
}
values[pos] = new_element;
```

35. 처음 다섯 소수 (2, 3, 5, 7, 11)를 포함하는 정수 벡터를 정의하라. 이 요소들을 추가하기 위해 push_back을 사용하라.

36. push_back을 사용하지 않고 자체 검사 35에 답하라.

37. 다음 명령들 후에 벡터 names의 내용은?

```
vector<string> names;
names.push_back("Ann");
names.push_back("Bob");
names.pop_back();
names.push_back("Cal");
```

38. 5분마다 온도를 측정해서 저장해야 한다고 하자. 벡터 또는 배열 중 어느 것을 사용해야 하는가?

39. 요일 이름들을 저장해야 한다고 하자. 벡터 또는 일곱 문자열 짜리 배열 중 어느 것을 사용해야 할까?

40. 두 벡터를 이어 붙여서 세 번째 벡터를 만드는 함수에 대한 헤더를 작성하라. 이 함수를 구현하지는 말라.

41. 한 벡터의 요소들을 다른 벡터에 이어 붙이는, 다음의 부분적으로 완성된 함수를 고려하자.

```
void append(vector<double>__ target, vector<double>__ source)
{
   for (int i = 0; i < source.size(); i++)
   {
      target.push_back(source[i]);
   }
}
```

파라미터로 값 또는 참조 파라미터 중 어느 것을 사용해야 하는지 지정하라.

Practice It 이제 다음 연습문제들에 대해 답할 수 있다 : R6.11, R6.25, P6.26, P6.27.

프로그래밍 팁 6.2 **배열 보다 벡터를 선호하라**

대부분의 프로그래밍 작업에서 벡터가 배열보다 사용하기가 더 쉽다. 벡터는 확장 및 축소된다. 벡터가 같은 크기로 유지되더라도, 벡터는 그 크기를 알고 있으므로 편리하다. 초보자에게, 배열의 유일한 장점은 초기화 문법이다. 때때로 일부 고급 프로그래머들이 배열이 더 효율적이기 때문에 선호한다. 또한, 오래된 프로그램으로 작업하려면 배열 사용 방법을 알아야 한다.

랜덤 팩트 6.2 최초의 프로그래머

주머니 계산기와 개인용 컴퓨터가 존재하기 전에는, 항해사들과 엔지니어들은 계산 속도를 높이기 위해서 기계적인 덧셈기, 계산자, 로그 및 삼각 함수 표를 사용했다. 불행하게도, 값이 수동으로 계산되어야 하는 이 표들은 부정확하기로 악명이 높았다. 수학자 찰스 배비지(1791~1871)는 인쇄된 표를 자동으로 제공해주는 기계가 발명된다면, 계산 및 식자 오류를 피할 수 있을 것임을 간파했다. 배비지는 이 용도의 기계를 개발하기 시작했고, 그 기계가 다항식을 계산하는 데 연속 차분(successive difference)을 이용했기 때문에 **차분 엔진**(*Difference Engine*)이라고 이름을 붙였다. 예를 들어, 함수 $f(x) = x^3$을 고려해보자. $f(1)$, $f(2)$, $f(3)$ 등의 값들을 적어

배비지의 차분 엔진의 복제품

보자. 그런 다음, 연이은 값들 간의 차이를 계산한다:

```
1
    7
8
    19
27
    37
64
    61
125
    91
216
```

두 번째 열에 있는 연이은 값들의 차이를 계산하면서 이 과정을 반복하고, 이를 한 번 더 반복한다:

```
1
    7
8        12
    19        6
27       18
    37        6
64       24
    61        6
125      30
    91
216
```

이제 이 차이들은 똑같다. 함수 값들을 덧셈 패턴에 의해 되찾을 수 있다–패턴의 주변 값들과 상수 차분을 알아야 한다. 직접 해보라. 강조 표시된 수들을 종이에 적고, 나머지들을 북쪽과 북서쪽에 있는 수들을 더해서 채운다.

기계적 덧셈기들이 오래 전부터 알려져 왔었기 때문에 이 방법은 매우 매력적이었다. 그들은 톱니바퀴들로 구성되었으며, 십진수를 나타내기 위해서 톱니바퀴 당 10개의 톱니가 있었다. 그리고 자리올림을 처리하기 위한 메커니즘도 있었다. 반면에 기계적 곱셈기들은 허술하고 신뢰도가 낮았다. 배비지는 성공적인 차분 엔진 프로토타입을 만들었으며, 이어서 자비와 정부 보조금으로 표-인쇄 기계를 만들었다. 그러나, 자금 문제와 요구 정밀도로 기계를 만들기가 어려웠기 때문에 끝내 완성되지 못했다.

차분 엔진 작업을 하면서 배비지는 자신이 **분석 엔진**(*Analytical Engine*)이라고 부른 훨씬 더 웅장한 비전을 떠올렸다. 차분 엔진은 제한된 계산을 수행하기 위해서 설계되었으며, 오늘날의 주머니 계산기보다 스마트하지 않다. 그러나, 배비지는 그런 기계가 데이타뿐만 아니라 프로그램도 저장함으로써 프로그래밍이 가능하게 만들어질 수 있음을 깨달았다. 분석 엔진의 내부 기억 장치는 각각 50자리의 1000개의 레지스터로 구성될 예정이었다. 프로그램과 상수들은 천공 카드에 저장될 예정이었다. 이것은 당시 무늬 있는 천을 짜기 위해 베틀에 흔히 사용된 기술이었다.

바이런 경의 외동딸이었던 Lovelace의 백작 부인 에이더 오거스터(ada augusta, 1815–1852)는 찰스 배비지의 친구이자 후원자이었다. 에이더는 단순히 수학적 표를 계산할 뿐만 아니라 숫자가 아닌 데이타를 처리하기 위한 그러한 기계의 잠재력을 처음 깨달은 사람들 중 하나였다. 그녀는 분석 엔진에 의해 처리될 최초의 알고리듬으로 인식되는 노트를 남겼으며, 많은 이들에 의해 세계 최초의 프로그래머로 여겨진다.

요약

값들을 모으기 위해 배열을 사용한다.

- 같은 타입의 값들의 시퀀스를 모으기 위해서 배열을 사용한다.
- 배열 *values*의 개별 요소들은 정수 인덱스 i에 의해, 표기 *values*[i]를 사용해서 접근된다.
- 배열 요소는 여느 변수처럼 사용될 수 있다.
- 배열 인덱스는 0 이상이어야 하고, 배열의 크기보다 작아야 한다.
- 무효한 배열 인덱스를 공급할 때 발생하는 경계 오류는 데이타를 오염시키거나 프로그램이 종료되어 버리게 할 수 있다.

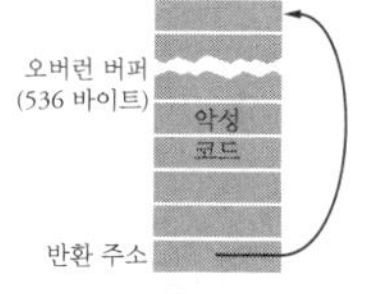

- 부분적으로 채워진 배열과 함께, 현재 크기를 위한 짝 변수를 사용한다.

공통 배열 알고리듬들을 사용할 수 있다.

- 배열을 복사하려면 루프를 사용해서 요소들을 새 배열에 복사한다.
- 요소들을 구분할 때, 첫 요소 앞에는 분리자를 넣지 않는다.
- 선형 탐색은 매치가 발견될 때까지 시퀀스에서 요소들을 검사한다.
- 요소를 삽입하기 전에 요소들을 마지막 것부터 시작해서 배열의 끝 쪽으로 옮긴다.
- 두 요소를 교환할 때는 임시 변수를 사용한다.

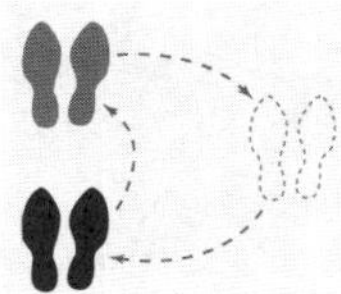

배열을 처리하는 함수를 구현한다.

- 배열을 함수에 전달할 때 배열의 크기도 전달한다.
- 배열 파라미터는 항상 참조 파라미터이다.
- 배열은 함수의 반환 타입이 될 수 없다.
- 함수가 배열의 크기를 변경할 때는 호출자에게 알려줘야 한다.
- 배열에 요소들을 추가하는 함수는 그 용량을 알고 있어야 한다.

프로그래밍 문제를 풀기 위한 알고리듬들을 결합 및 적용할 수 있다.

- 기본 알고리듬들을 결합해서 복잡한 프로그래밍 작업을 해결할 수 있다.
- 기본 알고리듬들을 적용할 수 있도록 그들을 숙달해야 한다.

물체를 다뤄서 알고리듬을 찾아낸다.

- 값들의 배열을 시각화하기 위해서 동전, 플레잉 카드, 장난감 등을 이용한다.
- 종이 클립을 위치 마커나 카운터로 이용할 수 있다.

행과 열로 배치된 데이타를 위해서는 2차원 배열을 사용한다.

- 2차원 배열을 사용해서 표 데이타를 저장한다.

- 2차원 배열의 개별 요소들은 두 개의 첨자를 사용해서 접근된다: *array*[i][j].
- 2차원 배열 파라미터는 고정된 열 수를 가져야 한다.

크기가 변할 수 있는 컬렉션을 다루기 위해서는 벡터를 사용한다.

- 벡터는 크기가 변할 수 있는 값 시퀀스를 저장한다.
- size 멤버 함수를 사용해서 벡터의 현재 크기를 얻는다.
- push_back 함수를 사용해서 벡터에 요소를 추가한다. pop_back을 사용해서 크기를 줄인다.
- 벡터는 함수 인자와 반환 값으로 사용될 수 있다.
- 참조 파라미터를 사용해서 벡터의 내용을 변경한다.
- 함수는 벡터를 반환할 수 있다.

복습 연습 문제

R6.1 아래의 각 집합으로 배열 double values[10]을 채우는 코드를 작성하라.

a.	1	2	3	4	5	6	7	8	9	10
b.	0	2	4	6	8	10	12	14	16	18
c.	1	4	9	16	25	36	49	64	81	100
d.	0	0	0	0	0	0	0	0	0	0
e.	1	4	9	16	9	7	4	9	11	
f.	0	1	0	1	0	1	0	1	0	1
g.	0	1	2	3	4	0	1	2	3	4

R6.2 다음 배열을 고려하자.

```
int a[] = { 1, 2, 3, 4, 5, 4, 3, 2, 1, 0 };
```

다음의 루프들이 완료된 후에 total의 값은 얼마인가?

a.
```
int total = 0;
for (int i = 0; i < 10; i++) { total = total + a[i]; }
```
b.
```
int total = 0;
for (int i = 0; i < 10; i = i + 2) { total = total + a[i]; }
```
c.
```
int total = 0;
for (int i = 1; i < 10; i = i + 2) { total = total + a[i]; }
```
d.
```
int total = 0;
for (int i = 2; i <= 10; i++) { total = total + a[i]; }
```
e.
```
int total = 0;
for (int i = 0; i < 10; i = 2 * i) { total = total + a[i]; }
```
f.
```
int total = 0;
for (int i = 9; i >= 0; i--) { total = total + a[i]; }
```
g.
```
int total = 0;
for (int i = 9; i >= 0; i = i - 2) { total = total + a[i]; }
```
h.
```
int total = 0;
for (int i = 0; i < 10; i++) { total = a[i] - total; }
```

R6.3 다음 배열을 고려하자.

```
int a[] = { 1, 2, 3, 4, 5, 4, 3, 2, 1, 0 };
```

다음 루프들이 완료된 후에 배열 a의 내용은 어떻게 되는가?

a. `for (int i = 1; i < 10; i++) { a[i] = a[i - 1]; }`
b. `for (int i = 9; i > 0; i--) { a[i] = a[i - 1]; }`
c. `for (int i = 0; i < 9; i++) { a[i] = a[i + 1]; }`
d. `for (int i = 8; i >= 0; i--) { a[i] = a[i + 1]; }`
e. `for (int i = 1; i < 10; i++) { a[i] = a[i] + a[i - 1]`
f. `for (int i = 1; i < 10; i = i + 2) { a[i] = 0; }`
g. `for (int i = 0; i < 5; i++) { a[i + 5] = a[i]; }`
h. `for (int i = 1; i < 5; i++) { a[i] = a[9 - i]; }`

R6.4 1과 100 사이의 열 개의 랜덤 수들로 배열 `int values[10]`을 채우는 루프를 작성하라. 1과 100 사이의 열 개의 서로 다른 랜덤 수들로 `values`를 채우는 두 개의 둥지 루프에 대한 코드를 작성하라.

R6.5 배열의 최대값과 최소값을 동시에 계산하는 루프를 위한 C++ 코드를 작성하라.

R6.6 다음 루프의 문제점은?

```
int values[10];
for (int i = 1; i <= 10; i++)
{
   values[i] = i * i;
}
```

오류를 바로 잡기 위한 두 가지 방법을 설명하라.

R6.7 배열의 인덱스란? 적법한 인덱스 값들은? 경계 오류란?

R6.8 경계 오류를 포함하는 프로그램을 작성하라. 프로그램을 실행하라. 컴퓨터에 어떤 현상이 발생하는가?

R6.9 열 개의 수를 읽는 루프와, 그들을 입력된 순서의 역순으로 표시하는 두 번째 루프를 작성하라.

R6.10 주어진 보기에 대해 6.2.5절의 요소 분리자 루프의 흐름을 추적하라. 한 열은 `i`의 값, 다른 열은 출력인 두 열을 사용하라.

R6.11 `values`가 110 90 100 120 80을 담고 있을 때 6.7.4절의 매치 찾기 루프의 흐름을 추적하라. `i` 열과 `matches` 열을 보여라.

R6.12 `values`가 110 90 100 120 110을 담고 있을 때 6.2.6절의 매치 찾기 루프의 흐름을 추적하라. `pos` 열과 `found` 열을 보여라. `values`가 80 90 100 70을 담고 있을 때에 대해 추적을 반복하라.

R6.13 6.2.7절에 기술된 요소 제거 메커니즘들을 추적하라. 요소가 110 90 100 120 80인 배열 `values`를 사용하고, 인덱스가 2인 요소를 제거하라.

R6.14 아래의 부분적으로 채워진 배열들에 대한 연산들을 위해, 함수의 헤더를 제공하라.

a. 요소들을 내림차순으로 정렬하라.
b. 주어진 문자열로 구분된 모든 요소들을 출력하라.
c. 주어진 값보다 작은 요소 수를 세어라.
d. 주어진 값보다 작은 모든 요소를 제거하라.

e. 주어진 값보다 작은 모든 요소들을 다른 배열에 옮겨라.

f. 이 함수들을 구현하지는 말라.

R6.15 평면의 점들의 x 및 y 좌표를 나타내는 두 개의 배열이 주어졌다. 이 점 집합을 그리기 위해서 이 점들을 포함하는 최소 직사각형의 x 및 y 좌표를 알 필요가 있다.

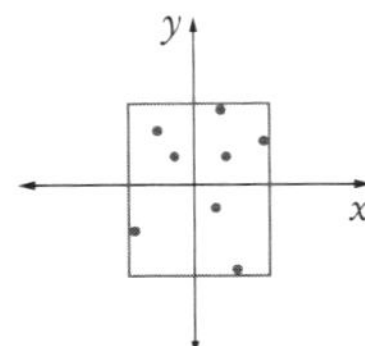

6.2절의 기본 알고리듬들로부터 이 값들을 얻을 수 있는 방법을 설명하라.

R6.16 먼저 배열을 정렬해서 6.4절에 기술된 문제를 풀어라. 총합을 계산하기 위한 알고리듬을 어떻게 변경해야 하는가?

R6.17 요소들을 교환하지 않고, 제거 및 삽입하는 알고리듬을 사용해서 6.5절에 기술된 작업을 해결하라. 제거 및 삽입용 함수들이 존재한다고 가정하고, 이 알고리듬을 위한 수도코드를 작성하라. 동전 시퀀스로 이 알고리듬을 실연해 보이고, 이것이 6.5절에서 개발된 교환 알고리듬보다 덜 효율적인 이유를 설명하라.

R6.18 수 배열에서 가장 빈번하게 발생하는 값을 찾기 위한 알고리듬을 개발하라. 동전 시퀀스를 이용하라. 각각의 동전 밑에는 시퀀스에 있는 같은 값을 갖는 다른 동전들의 수만큼 종이 클립을 놓아라. 옳은 답을 산출하는 알고리듬을 위한 수도코드를 제시하고, 동전과 종이 클립을 사용하는 것이 알고리듬을 찾는 데 어떻게 도움이 되었는지를 설명하라.

R6.19 배열의 요소들을 다음과 같이 한 칸씩 회전시키는 함수를 위한 수도코드를 제공하라. 단, 배열의 첫 요소는 끝으로 옮겨진다.

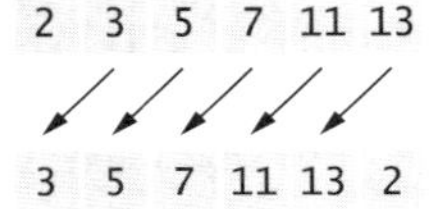

R6.20 부분적으로 채워진 배열의 모든 음 값을 제거하는 함수를 위한 수도코드를 제공하라. 단, 나머지 요소들의 순서는 보존된다.

R6.21 `values`가 **정렬**된, 부분적으로 채워진 정수 배열이라고 하자. 결과 배열이 정렬된 채로 남아있도록, 새 값을 적합한 위치에 삽입하는 방법을 기술하는 수도코드를 제공하라.

R6.22 런(*run*)이란 반복되는 인접한 값들의 시퀀스이다. 배열의 최장 런의 길이를 계산하기 위한 수도코드를 제공하라. 예를 들면, 요소들이 다음과 같은 배열의 최장 런은 4이다.

```
1 2 5 5 3 1 2 4 3 2 2 2 2 3 6 5 5 6 3 1
```

R6.23 2차원 정수 배열의 처음과 마지막 행뿐만 아니라, 처음과 마지막 열도 -1로 채우는 알고리듬을 위한 수도코드를 작성하라.

R6.24 참 또는 거짓?

a. 배열의 모든 요소의 타입은 같다.

b. 배열은 요소로서 문자열을 포함할 수 없다.
c. 2차원 배열은 항상 행과 열 수가 같다.
d. 2차원 배열의 서로 다른 열들의 요소들은 서로 다른 타입을 가질 수 있다.
e. 함수는 2차원 배열을 반환할 수 없다.
f. 모든 배열 파라미터는 참조 파라미터이다.
g. 함수는 파라미터로 전달된 2차원 배열의 크기를 바꿀 수 없다.

R6.25 C++의 벡터로 다음 작업을 수행하는 방법은?

a. 두 벡터가 같은 순서로 같은 요소드를 포함하는지를 검사.
b. 한 벡터를 다른 벡터에 복사.
c. 벡터를 0으로 채워고, 그 안의 모든 요소를 덮어쓰기.
d. 벡터의 모든 요소를 제거.

R6.26 참 또는 거짓?

a. 벡터의 모든 요소는 타입이 같다.
b. 벡터 첨자는 정수이어야 한다.
c. 벡터는 문자열을 요소로 가질 수 없다.
d. 벡터는 문자열을 첨자로 사용할 수 없다.
e. 모든 벡터 파라미터는 참조 파라미터이다.
f. 함수는 벡터를 반환할 수 없다.
g. 함수는 참조 파라미터인 벡터의 길이를 바꿀 수 없다.

프로그래밍 훈련

P6.1 배열을 1에서 100 사이의 열 개의 랜덤 정수들로 초기화하고, 다음을 포함하는 네 줄의 결과를 출력하는 프로그램을 작성하라.

- 짝수 인덱스의 모든 요소들
- 모든 짝수 요소
- 역순의 모든 요소
- 처음과 마지막 요소만

P6.2 정수 배열에 대해 다음 작업들을 수행하는 배열 함수들을 작성하라.

a. 배열의 처음과 마지막 요소를 교환하라.
b. 모든 요소를 오른쪽으로 하나 이동하고, 마지막 요소를 첫 위치로 옮겨라. 예를 들어 1 4 9 16 25는 25 1 4 9 16으로 바뀐다.
c. 모든 짝수 요소들을 0으로 교체하라.
d. 처음과 마지막 요소를 제외하고, 각 요소를 두 이웃의 더 큰 수로 교체하라.
e. 배열의 길이가 홀수이면 중간 요소를, 짝수이면 중간의 두 요소를 제거하라.
f. 모든 짝수 요소들을 앞으로 옮기되, 요소들의 순서는 유지하라(예: 38 82 54 15 42 72 45 97 13 23 → 38 82 54 42 72 15 45 97 13 23).
g. 배열의 두 번째로 큰 수를 반환하라.
h. 배열이 오름차순으로 정렬되어 있으면 `true`를 반환하라.
i. 배열이 인접해 있는 두 중복 값들을 포함하면 `true`를 반환하라.

j. 배열이 중복된 값들(인접해 있지 않아도 됨)을 포함하면 `true`를 반환하라.

각 함수에 대해 테스트 프로그램을 제공하라.

P6.3 `largest.cpp` 프로그램을 수정해서 최소 요소와 최대 요소를 모두 표시하라.

P6.4 점수 배열의 최소값을 제거하지 않고 *How to* 6.1을 다시 구현하라. 그 대신에, 끝 값을 합과 최소의 차이로 계산하라.

P6.5 다른 함수를 호출하지 않고, 부분적으로 채워진 배열에서 최소 값을 제거하는 함수 `void remove_min`을 작성하라.

P6.6 배열의 모든 요소들의 **교번 합**을 계산하는 함수를 작성하라. 예: `alternating_sum` 이

1 4 9 16 9 7 4 9 11

을 포함하는 배열로 호출될 때, 다음과 같이 계산한다.

$$1 - 4 + 9 - 16 + 9 - 7 + 4 - 9 + 11 = -2$$

P6.7 6.5절에서 개발된 알고리듬을 구현하는 함수를 작성하라.

P6.8 배열의 요소 시퀀스를 역순으로 만드는 함수 `reverse`를 작성하라. 예: `reverse`가

1 4 9 16 9 7 4 9 11

을 포함하는 배열로 호출될 때, 배열은 다음으로 바뀐다.

11 9 4 7 9 16 9 4 1

P6.9 두 배열이 같은 요소들을 같은 순서로 갖고 있는지를 검사하는 다음 함수를 작성하라.

```
bool equals(int a[], int a_size, int b[], int b_size)
```

P6.10 중복된 요소들을 무시하고, 두 벡터가 어떤 순서로든 똑 같은 요소들을 갖고 있는지를 검사하는 다음 함수를 작성하라.

```
bool same_set(int a[], int a_size, int b[], int b_size)
```

예: 다음 두 배열

1 4 9 16 9 7 4 9 11

그리고

11 11 7 9 16 4 1

을 같은 것으로 간주한다. 하나 이상의 도우미 함수들이 필요할 수도 있다.

P6.11 두 배열이 어떤 순서로든 같은 요소들을 같은 다양성으로 갖고 있는지를 검사하는 다음 함수를 작성하라.

```
bool same_elements(int a[], int b[], int size)
```

예:

1 4 9 16 9 7 4 9 11

와

11 1 4 9 16 9 7 4 9

는 같다고 간주될 것이나,

1 4 9 16 9 7 4 9 11

과

11 11 7 9 16 4 1 4 9

는 그렇지 않다. 하나 이상의 도우미 함수들이 필요할 수도 있다.

P6.12 배열에서 중복된 것들을 제거하는 함수를 작성하라. 예: `remove_duplicates`가

1 4 9 16 9 7 4 9 11

을 포함하는 배열로 호출되면, 배열은 다음으로 바뀐다.

1 4 9 16 7 11

중복된 것을 제거할 때 갱신되는 배열 크기에 대한 참조 파라미터를 함수에 사용해야 한다.

P6.13 런(*run*)은 인접한 반복 값들의 시퀀스이다. 20회의 랜덤한 주사위 던지기 시퀀스를 생성하고 주사위 값들을 인쇄하는 프로그램을 작성하라. 단, 런들은 다음과 같이 소괄호로 묶어서 표시한다.

```
1 2 (5 5) 3 1 2 4 3 (2 2 2 2) 3 6 (5 5) 6 3 1
```

다음의 수도코드를 사용하라.

```
Set a Boolean variable in_run to false.
For each valid index i in the array
    If in_run
        If values[i] is different from the preceding value
        Print ).
        in_run = false
    If not in_run
        If values[i] is the same as the following value
        Print (.
        in_run = true
    Print values[i].
If in_run, print ).
```

P6.14 20번의 랜덤한 주사위 던지기 시퀀스를 생성하고, 주사위 값들을 출력하는 프로그램을 작성하라. 단, 다음과 같이 가장 긴 런만 표시하라.

```
1 2 5 5 3 1 2 4 3 (2 2 2 2) 3 6 5 5 6 3 1
```

최대 길이 런이 둘 이상이면, 처음 것만 표시하라.

P6.15 0과 99 사이의 20개의 랜덤한 값들의 시퀀스를 생성하고, 그 시퀀스를 출력하고, 정렬하고, 정렬된 시퀀스를 출력하는 프로그램을 작성하라. 표준 C++ 라이브러리의 `sort` 함수를 사용하라.

P6.16 1에서 10까지의 10개의 랜덤한 순열을 만드는 프로그램을 작성하라. 랜덤한 순열을 생성하기 위해서는 같은 내용물을 갖는 두 개의 요소들이 없도록 1에서 10까지의 수들로 배열을 채워야 한다. 이를 위해서 아직 배열에 있지 않은 값을 가질 때까지 랜덤 값들을 생성하는 억지스런 방법을 사용할 수 있다. 그러나, 이 방법은 비효율적이다. 그 대신에 다음 알고리듬을 사용하라.

```
Make a second array and fill it with the numbers 1 to 10.
Repeat 10 times
    Pick a random element from the second array.
    Remove it and append it to the permutation array.
```

P6.17 화장실에서 사람들은 이미 차 있는 칸으로부터 최대한 멀리 떨어져 있기를 원하며, 차 있지 않은 최장 공간 시퀀스의 중간을 고른다는 것은 잘 밝혀져 있는 사실이다.
예를 들어, 열 개의 칸이 모두 비어 있는 상황을 고려하자:

```
_ _ _ _ _ _ _ _ _ _
```

맨 처음 들어온 사람은 중간 위치를 차지할 것이다:

```
_ _ _ _ X _ _ _ _ _
```

그 다음에 들어온 사람은 오른쪽의 빈 영역의 중간을 차지할 것이다:

```
_ _ _ _ X _ _ X _ _
```

true가 찬 칸을 나타내는, `bool` 값의 배열이 주어졌을 때, 그 다음에 들어오는 사람의 위치를 찾아내라. 계산은 다음 함수에 들어가야 한다.

```
next_visitor(bool occupied[], int stalls)
```

P6.18 이 과제에서는 **불가리아 솔리테어** 게임을 모델링한다. 이 게임은 45장의 카드를 갖고 시작한다(이들이 플레잉 카드일 필요는 없다. 표시되지 않은 인덱스 카드도 된다). 이들을 랜덤한 크기의 더미로 랜덤하게 나눈다. 예를 들어, 20, 5, 1, 9, 10의 더미 크기로 시작할 수 있다. 각 라운드에서, 각 더미로부터 카드 하나를 취해서, 이 카드들로 새로운 더미를 만든다. 예를 들어, 위의 시작 구성 샘플이 19, 4, 8, 9, 5 크기의 더미들로 바뀔 수 있다. 이 솔리테어 게임은 더미들의 크기가 1, 2, 3, 4, 5, 6, 7, 8, 9가 될 때 끝난다(항상 이러한 구성으로 끝난다는 것을 보여줄 수 있다).

나의 프로그램에서 랜덤한 시작 구성을 만들고 그를 출력하라. 그런 다음 위의 솔리테어 단계를 적용하고 그 결과를 출력하라. 솔리테어의 최종 구성에 도달하면 중단하라.

P6.19 마방진. 수 1, 2, 3, . . ., n^2으로 채워진 $n \times n$ 매트릭스가 각 행 , 각 열, 각 대각선 요소들의 합들이 같으면 마방진이다.

16	3	2	13
5	10	11	8
9	6	7	12
4	15	14	1

키보드로부터 16개의 값을 읽고, 그들이 4 × 4 배열에 놓여질 때 마방진을 형성하는지 여부를 검사하는 프로그램을 작성하라. 두 가지 특징을 검사해야 한다:

1. 사용자 입력에 1, 2, ..., 16의 각각이 존재하는가?
2. 이 수들이 정사각형에 놓일 때, 행, 열, 대각선의 합들이 서로 같은가?

P6.20 다음 알고리듬을 구현해서 $n \times n$ 마방진을 만들라. n이 홀 수일 때만 동작한다.

```
Set row = n - 1, column = n / 2.
For k = 1 ... n
    Place k at [row][column].
    Increment row and column.
    If the row or column is n, replace it with 0.
    If the element at [row][column] has already been filled
        Set row and column to their previous value.
        Decrement row.
```

다음은 이 방법을 따를 때 얻는 5 × 5 마방진이다.

11	18	25	2	9
10	12	19	21	3
4	6	13	20	22
23	5	7	14	16
17	24	1	8	15

입력은 수 n이고, 출력은 n이 홀수일 때 크기 n의 마방진인 프로그램을 작성하라.

P6.21 values의 값들을 아래의 같이 별표를 사용해서 막대 차트로 표시하는 함수

```
void bar_chart(double values[], int size)
```

를 작성하라. values의 모든 값이 양수라고 가정해도 좋다. 먼저 values의 최대값을 확인하라. 그 값의 막대를 40개의 별표로 그려야 한다. 더 짧은 막대는 그에 비례하는, 더 적은 수의 별표들을 사용해야 한다.

```
**********************
****************************************
****************************
**************************
**************
```

P6.22 연습문제 P6.21의 bar_chart 함수를 values가 음 값을 포함할 때도 제대로 동작하도록 개선하라.

P6.23 연습문제 P6.21의 bar_chart 함수를 아래와 같이 막대들에 대한 캡션 배열을 추가해서 개선하라.

```
      Egypt **********************
     France ****************************************
      Japan ****************************
    Uruguay **************************
Switzerland **************
```

P6.24 극장의 좌석 배치도가 아래와 같이 티켓 가격의 2차원 배열로서 구현되어 있다.

```
10 10 10 10 10 10 10 10 10 10
10 10 10 10 10 10 10 10 10 10
10 10 10 10 10 10 10 10 10 10
10 10 20 20 20 20 20 20 10 10
10 10 20 20 20 20 20 20 10 10
10 10 20 20 20 20 20 20 10 10
20 20 30 30 40 40 30 30 20 20
20 30 30 40 50 50 40 30 30 20
30 40 50 50 50 50 50 50 40 30
```

사용자가 좌석 또는 가격을 선택해서 입력하는 프로그램을 작성하라. 팔린 좌석은 가격을 0으로 바꿔서 표시하라. 사용자가 좌석을 지정할 때, 그 좌석이 남아 있는지 확인하라. 사용자가 가격을 지정할 때는, 그 가격의 모든 좌석을 찾아내어라.

P6.25 틱-택-토 게임을 하는 프로그램을 작성하라. 틱-택-토 게임은 아래 그림과 같이 3 × 3 그리드 상에서 진행된다.

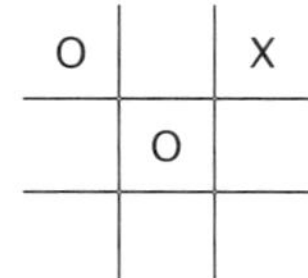

이 게임은 두 플레이어가 서로 교대로 둔다. 1번 플레이어는 수(move)를 원으로 표시하며, 2번 플레이어는 x로 표시한다. 수평 또는 수직 또는 대각선으로 세 개의 마크 시퀀스를 만드는 플레이어가 이긴다. 나의 프로그램은 게임 보드를 그리고, 사용자에게 다음 마크의 좌표들을 물으며, 성공적 수 후에는 플레이어를 바꾸며, 승자를 발표해야 한다.

P6.26 한 벡터를 다른 벡터에 이어 붙이는 함수

```
vector<int> append(vector<int> a, vector<int> b)
```

를 작성하라. 예를 들어, a가

1 4 9 16

b가

9 7 4 9 11

이면, append는 다음 벡터를 반환한다.

1 4 9 16 9 7 4 9 11

P6.27 두 벡터의 요소들을 교번으로 취해서 두 벡터를 합치는 함수

```
vector<int> merge(vector<int> a, vector<int> b)
```

를 작성하라. 한 벡터가 다른 벡터 보다 짧을 때는, 더 긴 벡터의 남는 요소들을 그대로 이어 붙인다. 예를 들어, a와 b가 각각

1 4 9 16

그리고

9 7 4 9 11

이면, merge는 다음 벡터를 반환한다.

1 9 4 7 9 4 16 9 11

P6.28 두 개의 정렬된 벡터를 합쳐서 새로운 정렬된 벡터를 만드는 함수

```
vector<int> merge_sorted(vector<int> a, vector<int> b)
```

를 작성하라. 각 벡터에서 이미 얼마나 처리되었는지를 나타내는 인덱스를 사용하라. 매회, 둘 중 한 벡터로부터 가장 작은 미처리 요소를 이어 붙이고, 인덱스를 증가시킨다. 예를 들어, a와 b가 각각

1 4 9 16

그리고

4 7 9 9 11

이면, merge_sorted는 다음 벡터를 반환한다.

1 4 4 7 9 9 9 11 16

P6.29 책의 짝 코드의 `ch06/image.cpp` 프로그램을 변경해서 장기판 이미지를 만들라.

P6.30 이미지의 좌에서 우로 이동하고, 그리고 다시 좌로 돌아오는 직사각형을 보여주도록 책의 짝 코드의 `ch06/animation.cpp` 프로그램을 변경하라.

엔지니어링 P6.31 실험의 샘플 값들은 종종 스무딩될 필요가 있다. 한 가지 간단한 접근법은 배열의 각 값을 그 값과 두 이웃 값들(또는 배열의 양단에서는 한 이웃 값)의 평균으로 교체하는 것이다. 이 연산을 수행하는 함수

```
void smooth(double[] values, int size)
```

를 구현하라. 솔루션에서 다른 배열을 만들지 말라.

엔지니어링 P6.32 소리는 어떤 시점에서의 소리의 강도를 묘사하는 '샘플 값들'의 배열로 표현될 수 있다. 이 책의 짝 코드의 `sound.cpp` 프로그램은 소리 파일(WAV 포맷)을 읽고, 샘플 값들을 처리하기 위한 함수 `process`를 호출하고, 소리 파일을 저장한다. 나의 임무는 메아리를 넣어서 `process` 함수를 구현하는 것이다. 각 소리 값에 대해, 0.2초 전의 값을 더하라. 결과를 스케일링해서 32767을 넘는 값이 없도록 하라.

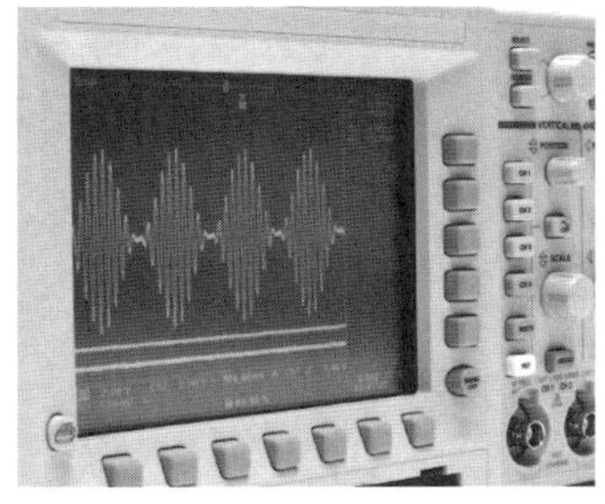

엔지니어링 P6.33 정사각형의 서로 다른 점들에서의 지형의 높이 값들을 제공하는 2차원 배열이 주어졌다. 수위가 주어진 값일 때, 지형의 잠길 점들을 보여주는 홍수 지도를 출력하는 함수

```
void flood_map(double heights[10][10], double water_level)
```

을 작성하라. 홍수 지도에서 각 잠긴 점에 대해서는 *, 잠기지 않은 각 점에 대해서는 스페이스를 출력하라.
견본 지도는 다음과 같다.

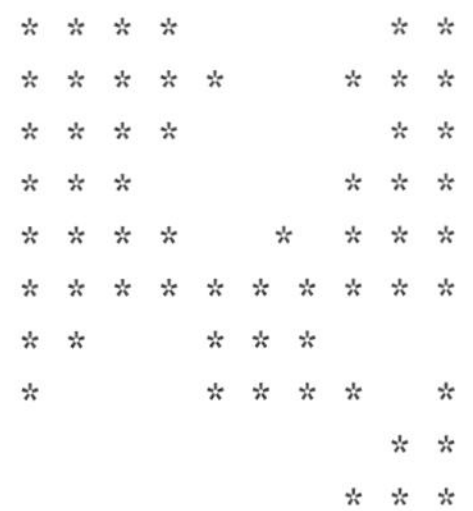

```
* * * *         * *
* * * * *     * * *
* * * *         * *
* * *         * * *
* * * *     * * * *
* * * * * * * * * *
* *     * * *
*       * * * *   *
                * *
              * * *
```

그런 다음, 100개의 지형 고도 값들을 읽고, 수위가 지형의 최저 점으로부터 최고 점까지를 10 단계로 나누어 높아질 때 지형이 어떻게 잠기는지를 보여주는 프로그램을 작성하라.

엔지니어링 P6.34 정현파 영상을 만들기 위해 책의 짝 코드의 `ch06/image.cpp` 프로그램을 변경하라.

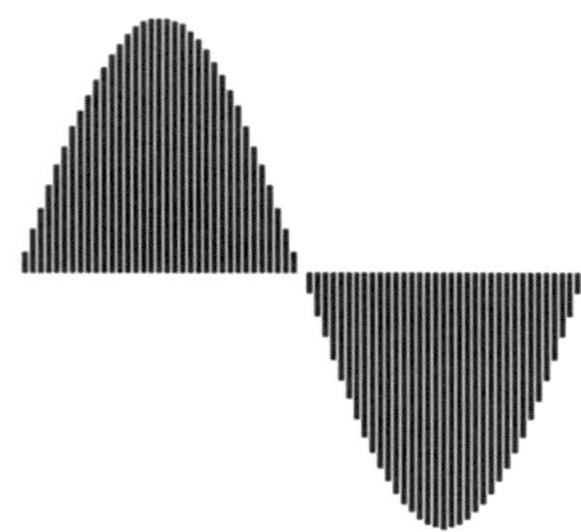

매 5도 마다 화소로 이루어진 줄을 그려라.

엔지니어링 P6.35 `ch06/animation.cpp` 프로그램을 변경해서 애니메이션 정현파를 보여라. i 번째 프레임에서 정현파를 $5 \times i$ 도만큼 이동시켜라.

엔지니어링 P6.36 진동하는 스프링에 달려있는, 질량이 m인 객체의 운동을 모델링하는 프로그램을 작성하라. 스프링이 평형 점으로부터 x 만큼 이동될 때, 후크의 법칙(Hooke' s law)은 복원력을 다음과 같이 표현한다.

$$F = -kx$$

여기서 k는 스프링에 종속되는 상수이다(이 시뮬레이션에서는 10 N/m를 사용하라).

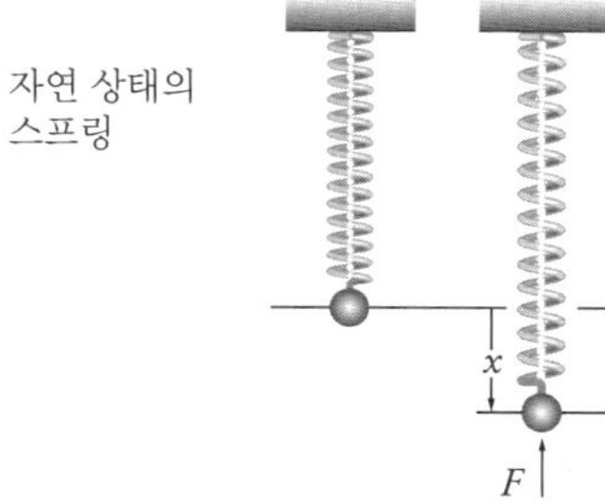

주어진 이동량 x(예: 0.5미터)에서 시작하라. 초기 속도 v는 0으로 설정하라. 질량 1 kg를 사용해서, 뉴튼의 법칙(Newton' s law)($F = ma$)과 후크의 법칙으로부터 가속도 a를 계산하라. 작은 시간 구간 $\Delta t = 0.01$초를 사용하라. 속도를 갱신하라—속도는 $a\Delta t$만큼 변한다. 이동량을 갱신하라— $v\Delta t$만큼 변한다.
10회 반복할 때마다, 스프링 이동량을 한 화소가 1 cm를 나타내는 막대로 그려라. 영상을 생성하기 위해서 프로그램 `ch06/image.cpp`를 변경하라.

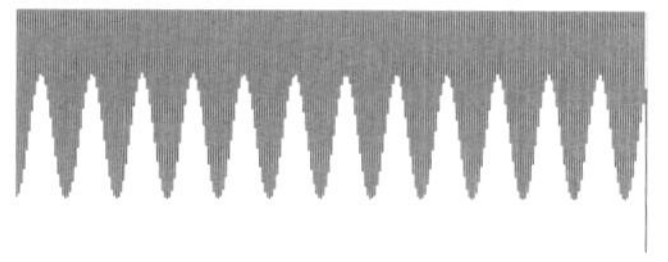

자체 검사 질문에 대한 답

1. `int primes[] = { 2, 3, 5, 7, 11 };`
2. `2, 3, 5, 3, 2`

3.
```
3, 4, 6, 8, 12
```

4.
```
values[0] = 0;
values[CAPACITY - 1] = 0;
```

5.
```
for (int i = SIZE - 1; i >= 0; i--)
{
   cout << values[i] << endl;
}
```

6.
```
string words[10];
```

7.
```
string words[] = { "Yes", "No" };
```

8.
```
20 <== largest value
10
20 <== largest value
```

9.
```
int count = 0;
for (int i = 0; i < size; i++)
{
   if (values[i] == 0)
   {
      count++;
   }
}
```

10. values의 모든 요소들이 음수이면, 결과는 0으로 틀리게 계산된다.

11.
```
int count = 0;
for (int i = 0; i < size; i++)
{
   if (values[i] == 0)
   {
      count++;
   }
}
```

    이제 루프를 다른 방식으로 설정한 이유를 알 것이다.

12. 만일 시퀀스에 요소가 없다면 랜덤 값이 인쇄된다.

13. 매치가 존재할 때, pos가 루프를 탈출하기 전에 증가된다.

14. 이 루프는 모든 요소들을 values[pos]로 설정한다.

15. sum 함수는 values 배열의 모든 수들과 그 다음 900개의 수들을 더한 랜덤한 결과를 제공할 것이다(실제로는, 프로그램이 후자의 모든 수들에 접근할 권한이 없을 가능성이 있으며, 그 경우 운영체계는 프로그램을 종료한다).

16.
```
int numbers[5];
squares(5, numbers);
```

17.
```
int find_first(double values[], int size, double searched_value)
{
   for (int pos = 0; pos < size; pos++)
   {
      if (values[pos] == searched_value)
      {
         return pos;
      }
   }
   return -1;
}
```

매치가 발견될 때 단순히 그 위치를 반환할 수 있기 때문에, 루프가 6.2.6절에서보다 더 간단함을 주목한다.

18.
```
void read_inputs(double inputs[], int capacity, int& size)
{
   size = 0;
   double input;
   while (cin >> input)
   {
      if (size < capacity)
      {
         inputs[size] = input;
         size++;
      }
   }
}
```

19.
```
int append(double first[], int first_size,
   double second[], int second_size,
   double target[], int target_capacity)
```

다음을 주목한다:

- 함수가 복사할 요소 수를 알 수 있도록 두 배열의 크기를 전달해야 한다.
- 함수가 끝을 넘지 않도록 타겟의 용량을 전달해야 한다.
- 타겟 배열은 파라미터 변수이다—함수는 배열을 반환할 수 없다.
- 함수가 타겟의 크기를 반환할 수 있도록 반환형은 `int`이다(또는 참조 파라미터 `int& target_size`를 사용할 수도 있다).

20. 처음 알고리듬을 사용한다. 요소들의 순서는 합을 계산할 때 문제 되지 않는다.

21.
```
Find the minimum value.
Calculate the sum.
Subtract the minimum value.
```

22. 매치를 세는 알고리듬(4.7.2절)을 두 번 사용한다-한 번은 양 값들의 수를 세기 위해서, 또 한 번은 음 값들을 세기 위해서.

23. 6.2.5절의 알고리듬을 변경할 필요가 있다.

```
bool first = true;
for (int i = 0; i < size of values; i++)
{
   if (values[i] > 0))
   {
      if (first) { first = false; }
      else { cout << ", "; }
   }
   cout << values[i];
}
```

분리자를 출력하기 위한 규준으로서 `i > 0`을 더 이상 사용할 수 없음을 주목한다.

24. 이 알고리듬을 배열의 모든 양 값들을 모으는데 사용하고, 6.2.5절의 알고리듬을 매치 배열을 출력하는 데 사용한다.

25. **i**에 대한 종이 클립은 위치 0, 1, 2, 3을 취한다. **i**가 4로 증가될 때, 조건 **i < size/2**가 false가 되어 루프가 끝난다. 마찬가지로 **j**에 대한 종이 클립은 위치 4, 5, 6, 7을 취하며, 이들은 배열의 후반부에 대한 유효한 위치들이다.

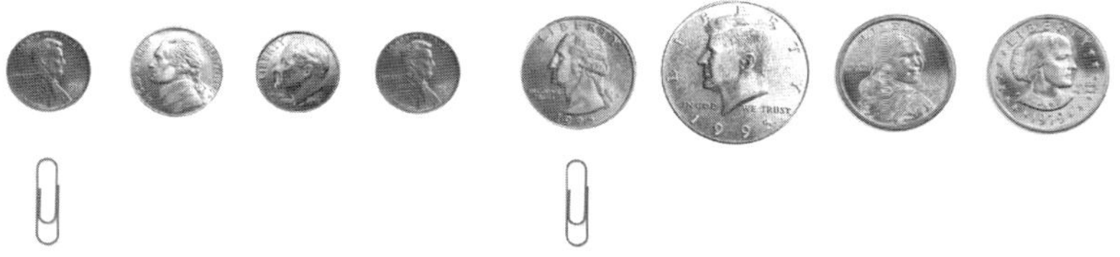

26. 배열 요소들의 순서를 역으로 바꾼다.

27. 한 가지 솔루션은 다음과 같다. 기본 아이디어는 모든 홀수를 한쪽으로 옮기는 것이다. 종이 클립 하나를 배열의 시작 위치에 놓고, 다른 하나를 끝에 놓는다. 첫 종이 클립의 요소가 홀수이면, 다른 종이 클립에 있는 요소와 교환하고, 그 종이 클립을 왼쪽으로 옮긴다. 그렇지 않으면, 첫 종이 클립을 우측으로 옮긴다. 두 종이 클립이 만날 때 중단한다. 수도 코드는 다음과 같다.

```
i = 0
j = size - 1
While (i < j)
   If (a[i] is odd)
      Swap elements at positions i and j.
      j--
   Else
      i++
```

28. 한 가지 솔루션은 다음과 같다. 기본 아이디어는 모든 홀수 요소들을 제거하고, 그들을 끝으로 옮기는 것이다. 비결은 언제 중단할지를 아는 것이다. 이미 옮겨진 요소들이 있는 영역으로 홀수 요소들을 옮겨서 얻어지는 것이 없으므로, 그 영역을 다른 종이 클립으로 표시할 필요가 있다.

```
i = 0
moved = size
While (i < moved)
   If (a[i] is odd)
      Remove the element at position i and add it at the end.
      moved--
```

29. 입력을 읽을 때 한 번에 하나씩 값을 보게 되며, 미리 들여다볼 수 없다. 카드 데크에서 한 번에 하나씩 카드를 뽑는 것이, 모두 노출된 아이템 시퀀스를 보는 것보다 이 프로세스를 더 제대로 시뮬레이션한다.

30. 대회의 금, 은, 동 메달 수 합계를 얻는다. 우리의 예에서는 각각 4개씩이다.

31.
```
for (int i = 0; i < 8; i++)
{
   for (j = 0; j < 8; j++)
   {
      board[i][j] = (i + j) % 2;
   }
}
```

32. `string board[3][3];`

33. `board[0][2] = "x";`

34. `board[0][0], board[1][1], board[2][2]`

35.
```
vector<int> primes;
primes.push_back(2);
primes.push_back(3);
primes.push_back(5);
primes.push_back(7);
primes.push_back(11);
```

36.
```
vector<int> primes(5);
primes[0] = 2; primes[1] = 3; primes[2] = 5; primes[3] = 7; primes[4] = 11;
```

37. `Ann, Cal`

38. 이 문제에는 측정 수에 관한 언급이 없다. 만일 이 측정을 몇 개월 또는 몇 년을 지속해야 한다면(과학이나 산업 응용 분야에서는 흔하다), 벡터를 선택하는 게 좋다. 이 측정을 정해진 기간(예: 하루) 동안 하는 것이라면, 배열도 똑같이 괜찮다.

39. 요일 수는 변하지 않으므로 배열을 사용해도 불리할 것이 없다.

40. `vector<double> append(vector<double> first, vector<double> second)`

이것과 자체 검사 19에 대한 답을 대조해보라.

41. `target`은 참조 파라미터이어야 하며, `source`는 값 파라미터이어야 한다.

CHAPTER 07

포인터

Pointers

목표

포인터를 선언하고, 초기화하고, 사용한다.

배열과 포인터의 관계를 이해한다.

문자열 객체와 글자 포인터 간에 전환을 익힌다.

동적 메모리 할당과 반환을 익힌다.

내용

왼쪽의 게임에서, 스피너[1]의 포인터가 한 아이템으로 이동한다. 플레이어는 포인터를 따라가서 그가 가리키는 아이템을 처리한다(공을 가져가거나 그 공간에 쓰인 명령을 따라해서). C++도 프로그램이 실행되는 동안 서로 다른 값들을 가리킬 수 있는 포인터를 가진다. 포인터는 위치가 바뀌거나, 크기가 가변적인 데이타를 다룰 수 있게 해준다.

7.1 포인터를 정의하고 사용하기

변수에 의해서는 고정된 위치의 값에 접근할 수 있다. 포인터에 의해서는, 위치를 바꿀 수 있다. 이 능력은 많은 유용한 응용을 제공한다. 포인터는 요구에 따른 값의 할당을 가능하게 해준다. 또한, 10장에서 보겠지만, 포인터는 관련된 여러 유형의 객체들을 다루는 프로그램을 구현하기 위해 필요하다. 이 장에서는 포인터를 정의하고 그들이 가리키는 값들에 접근하는 방법을 배운다.

7.1.1 포인터 정의하기

예금 및 인출을 하기 위한 프로그램은 필요하지만, 항상 같은 은행 계좌를 사용해야 하지는 않는 사람이 있다고 하자. 포인터를 사용하면, 예금과 인출을 위한 코드를 변경하지 않고도 서로 다른 계좌로 전환하는 것이 가능하다.

계좌 잔고를 저장하기 위한 변수에서 시작해보자:

```
double harrys_account = 0;
```

이제, 우리가 은행 계좌를 다루는 알고리듬을 작성하기를 원하지만, 때로는 harrys_account, 때로는 다른 계좌를 사용하기를 원할 수 있다고 예상한다고 하자. 포인터가 그러한 유연성을 제공한다. 포인터는 값이 얼마인지가 아닌, 값이 저장된 위치를 알려준다.

포인터는 메모리에서의 변수의 위치를 나타낸다.

다음은 포인터 변수의 정의이다. 이 포인터 변수는 변수 harrys_accout의 위치(주소라고도 불리는)로 초기화된다(그림 7.1 참고):

```
double* account_pointer = &harrys_account;   ①
```

칠판의 이곳 저곳을 가리키는 지시봉처럼, C++ 포인터도 다양한 메모리 위치를 가리킬 수 있다.

[1] 카지노 용어

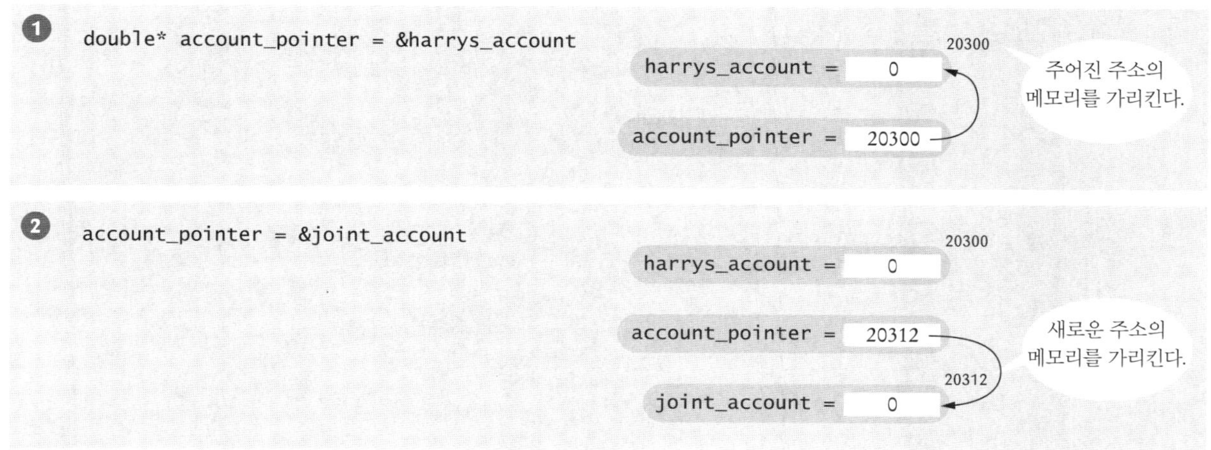

그림 7.1 메모리에서의 포인터와 값

타입 T*는 타입 T의 변수에 대한 포인터를 나타낸다.

타입 `double*` 또는 'double에 대한 포인터'는 `double` 변수의 위치를 나타낸다. **주소 연산자**로도 불리는 & 연산자는 변수의 주소를 제공한다. `double` 변수의 주소를 취하는 것은 `double*` 타입의 값을 제공한다.

& 연산자는 변수의 위치를 제공한다.

포인터에 관한 개념은 다소 추상적일 수 있으나, 간단한 요령으로 구체화할 수 있다. 컴퓨터 프로그램의 모든 변수는 특정 메모리 위치에 자리 잡는다. 우리는 각 변수가 어디에 저장되는지는 모르지만, 알고 있는 척해도 된다. `harrys_account`가 20300(가상의 값) 번지에 저장되어 있음을 알고 있는 척하자. 그림 1에서 보듯이, `harrys_account`의 값은 0이지만, `&harrys_account`의 값은 20300이다. `account_pcinter`의 값도 20300이다. 우리는 다이어그램에서 포인터로부터 장소로 향하는 화살표를 그리지만, 물론 컴퓨터는 숫자만을 저장하지 화살표는 저장하지 않는다.

포인터를 사용함으로써, 언제라도 다른 계좌로 전환할 수 있다. 다른 계좌에 접근하려면 단순히 포인터 값을 바꾼다:

```
account_pointer = &joint_account;
```

7.1.2 포인터를 통해서 변수에 접근하기

* 연산자는 포인터가 가리키는 변수에 접근한다.

포인터를 갖고 있으면 그가 가리키는 변수에 접근하고 싶을 것이다. * 연산자는 포인터가 가리키는 변수를 읽거나 갱신하는 데 사용된다. 포인터와 함께 사용될 때 * 연산자는 곱셈과 전혀 관계가 없다. C++ 표준에서 이 연산자를 **간접 연산자**(*indirection operator*)라고 부르며, 흔히 **역참조 연산자**(*dereferencing operator*)라고도 부른다.

다음 명령문은 `account_pointer`가 가리키는 계좌에 입금한다(그림 7.2 참고).

```
*account_pointer = 1000;
```
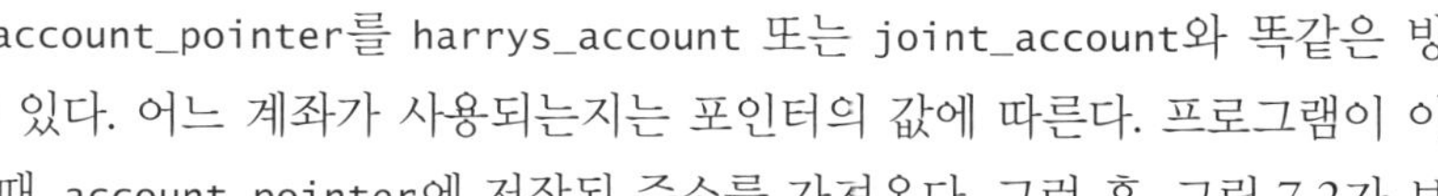

달리 설명하면, `*account_pointer`를 `harrys_account` 또는 `joint_account`와 똑같은 방식으로 사용할 수 있다. 어느 계좌가 사용되는지는 포인터의 값에 따른다. 프로그램이 이 명령문을 실행할 때, `account_pointer`에 저장된 주소를 가져온다. 그런 후, 그림 7.2가 보여주듯이, 그 주소의 변수를 사용한다.

`*account_pointer`와 같은 표현은 할당문의 어느 쪽에든 쓰일 수 있다. 왼쪽에 있을 때

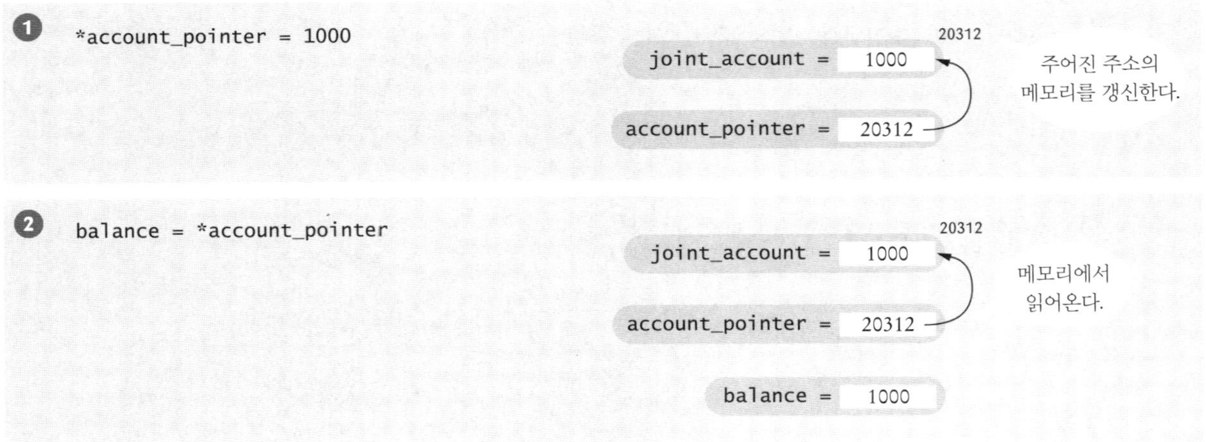

그림 7.2 포인터 변수는 할당문의 어느 쪽에든 사용 가능하다

는 우측의 값이 이 포인터가 가리키는 장소에 저장된다. 우측에 있을 때는 공간으로부터 값이 불려와서, 좌측의 변수에 할당된다. 예를 들어, 다음 명령문은 account_pointer가 지금 가리키는 변수를 읽고, 그 내용을 balance 변수에 넣는다.

```
balance = *account_pointer; ❷
```

할당문의 양쪽에 *account_pointer를 사용할 수 있다. 다음 명령문은 $100를 인출한다.

```
*account_pointer = *account_pointer - 100;
```

표 7.1에 추가적인 포인터 예들이 있다.

7.1.3 포인터를 초기화하기

포인터를 사용할 때는 적절한 초기화를 위해 주의를 기울이는 것이 특히 중요하다.

포인터를 초기화할 때, 포인터와 메모리 주소가 타입이 같아야 한다. 예를 들어, 다음의 초기화는 오류이다.

문법 7.1 포인터 문법

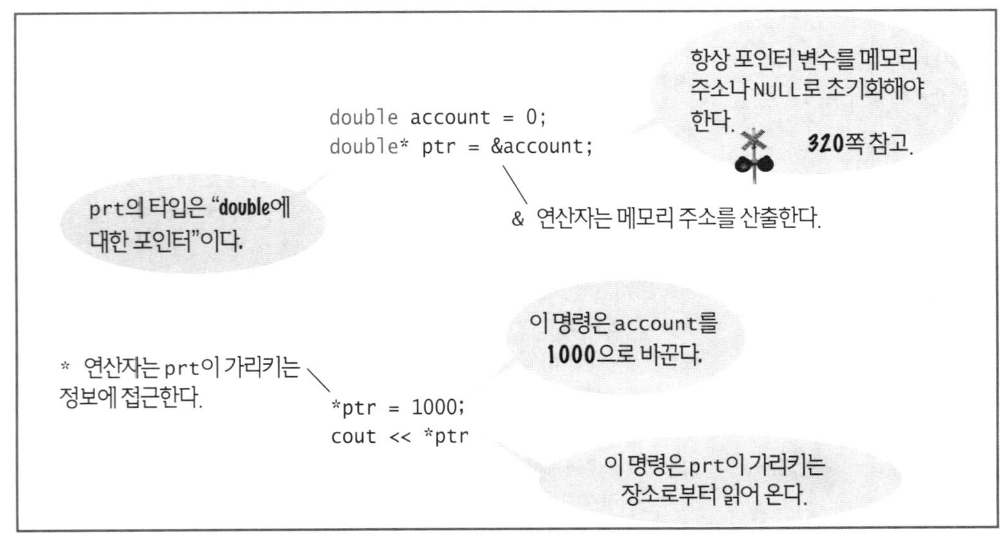

표 7.1 포인터 문법 예

다음의 선언을 가정한다.

```
int m = 10; // Assumed to be at address 20300
int n = 20; // Assumed to be at address 20304
int* p = &m;
```

표현	값	설명
p	20300	m의 주소
*p	10	그 주소에 저장된 값
&n	20304	n의 주소
p = &n		p를 n의 주소로 설정
*p	20	변경된 주소에 저장된 값
m = *p		20을 m에 저장
🚫 m = p	**오류**	m은 int 값; p는 int* 포인터. 이 타입들은 비호환적이다.
🚫 &10	**오류**	변수의 주소만을 취할 수 있다.
&p	p의 주소 (아마 20308).	이것은 정수의 위치가 아니라, 포인터 변수의 위치이다.
🚫 double x = 0; p = &x	**오류**	p는 int* 타입, &x는 double* 타입. 이 타입들은 비호환적이다.

```
int balance = 1000;
double* account_pointer = &balance; // Error!
```

주소 &balance는 int 값에 대한 포인터 즉, int* 타입의 표현이다. double* 포인터를 int*로 초기화하는 것은 결코 허용되지 않는다.

초기화되지 않은 포인터를 사용하면 오류이다.

초기화 변수를 제공하지 않고 포인터 변수를 정의하면, 포인터가 랜덤한 주소를 갖게 된다. 랜덤한 주소를 사용하는 것은 오류이다. 실제로 초기화되지 않은 포인터를 사용하면 프로그램이 충돌하거나 이상하게 동작하게 된다:

```
double* account_pointer;
   // Forgot to initialize
*account_pointer = 1000;
   // NO! account_pointer contains an unpredictable value
```

NULL 포인터는 아무 객체도 가리키지 않는다.

아무 것도 가리키지 않는 포인터를 나타내기 위해서 사용하는 NULL이라는 특별한 값이 있다. 포인터 변수를 정의하는데, 그를 초기화할 준비가 되어 있지 않다면, NULL로 설정하라.

```
double* account_pointer = NULL; // Will set later
```

나중에 포인터가 여전히 NULL인지를 검사할 수 있다. 만일 그렇다면, 사용하지 말라.

```
if (account_pointer != NULL) { cout << *account_pointer; } // OK
```

NULL 포인터를 통해서 데이타에 접근하려는 시도는 불법이며, 프로그램이 종료되게 만들 것이다.

다음의 프로그램이 포인터의 특성을 보여준다. 같은 인출 명령문을 두 번 실행하지만, 서로 다른 account_pointer 값을 사용한다. 각각에 대해 다른 계좌가 변경된다.

ch07/accounts.cpp

```
#include <iostream>

using namespace std;

int main()
{
   double harrys_account = 0;
   double joint_account = 2000;
   double* account_pointer = &harrys_account;

   *account_pointer = 1000; // Initial deposit

   *account_pointer = *account_pointer - 100; // Withdraw $100
   cout << "Balance: " << *account_pointer << endl; // Print balance

   // Change the pointer value
   account_pointer = &joint_account;

   // The same statements affect a different account
   *account_pointer = *account_pointer - 100; // Withdraw $100
   cout << "Balance: " << *account_pointer << endl; // Print balance

   return 0;
}
```

실행 결과

```
Balance: 900
Balance: 1900
```

1. 다음 명령문들을 고려한다. 출력은?

```
int a = 1;
int b = 2;
int* p = &a;
cout << *p << endl;
p = &b;
cout << *p << endl;
```

2. 다음 명령문들을 고려한다. 출력은?

```
int a = 1;
int b = 2;
int* p = &a;
int* q = &b;
*p = *q;
cout << a << " " << b << endl;
```

3. 다음 명령문들을 고려한다. 출력은?

```
int a = 15;
int* p = &a;
int* q = &a;
cout << *p + *q << endl;
```

4. 다음 명령문들을 고려한다. 출력은?

```
int a = 15;
int* p = &a;
int* q = &a;
*p = *p + 10;
cout << *q << endl;
```

5. 다음 명령문들을 고려한다. 출력은?

```
int a = 15;
int* p = &a;
cout << *p << " " << p << endl;
```

Practice It 이제 다음 연습문제들에 대해 답할 수 있다: R7.1, R7.2, R7.4.

빈번한 오류 7.1 포인터와 그가 가리키는 데이타를 혼동하기

포인터는 메모리 주소, 즉, 값이 메모리의 어디에 놓여 있는지를 알려주는 수이다. 흔히 포인터를 그가 가리키는 변수와 혼동한다:

```
double* account_pointer = &joint_account;
account_pointer = 1000; // Error
```

이 할당문은 joint_account 잔고를 1000으로 설정하지 않는다. 그 대신에 포인터를 메모리 주소 1000을 가리키게 설정한다. 포인터 accout_pointer는 변수 joint_account가 어디에 있는지 만을 나타내며, 주소 1000에 있지 않을 것은 거의 확실하다. 대부분의 컴파일러가 이러한 할당문에 대해 오류를 보고할 것이다.

제대로 변수에 접근하려면 *account_pointer를 사용하라.

```
*account_pointer = 1000; // OK
```

프로그래밍 팁 7.1 각 포인터 변수에 대해 별도의 정의를 사용하라

C++에서 다음과 같이 여러 변수를 함께 정의하는 것은 적법하다.

```
int i = 0, j = 1;
```

이 스타일이 포인터와 사용되면 혼란스럽다.

```
double* p, q;
```

가 첫 변수에만 관련된다. 즉, p는 double 포인터이나, q는 double 값이다. 혼동을 피하려면, 각 포인터 변수를 분리해서 정의하는 것이 상책이다.

```
double* p;
double* q;
```

특강 7.1 포인터와 참조

5.9절에서 참조 파라미터가 어떻게 인수로 전달된 변수를 함수가 변경할 수 있게 해주는지를 봤다. 다음은 참조 파라미터를 갖는 함수의 예이다.

```
void withdraw(double& balance, double amount)
{
   if (balance >= amount)
   {
      balance = balance - amount;
   }
}
```

다음과 같이 호출하면, 잔고가 충분하다는 가정하에, $1000가 harrys_account에서 인출된다.

```
withdraw(harrys_checking, 1000);
```

같은 효과를 얻기 위해 포인터를 사용할 수 있다:

```
void withdraw(double* balance, double amount)
{
   if (*balance >= amount)
   {
      *balance = *balance - amount;
   }
}
```

그러나, 이때는 계좌의 **주소**로 함수를 호출해야 한다:

```
withdraw(&harrys_checking, 1000);
```

두 솔루션은 같다. 보이지 않는 이면에서, 컴파일러가 참조 파라미터를 포인터로 번역한다.

7.2 배열과 포인터

포인터는 배열의 특이한 점들을 이해하는 데 특히 도움이 된다. 다음 절들에서는 C++에서의 배열과 포인터의 관계를 설명한다.

7.2.1 포인터로서의 배열

다음의 배열 선언을 고찰하자.

```
int a[10];
```

배열 변수의 이름은 배열의 시작 원소에 대한 포인터이다.

알고 있듯이, a[3]는 배열 원소이다. 대괄호가 빠진 배열 이름은 시작 원소에 대한 포인터를 나타낸다(그림 7.3 참고).

그 포인터를 변수에 캡처할 수 있다:

```
int* p = a; // Now p points to a[0]
```

배열 이름을 포인터로 사용할 수도 있다. 명령문

```
cout << *a;
```

은

a =	0	20300
	1	20308
	4	20316
a + 3 =	9	20324
	16	20332
	25	20340
	36	20348
	49	20356
	64	20364
	81	20372
p =	20300	

그림 7.3
배열 원소들에 대한 포인터

```
cout << a[0];
```

와 같은 효과를 가진다.

7.2.2 포인터 산수

포인터 산수는 배열 포인터에 정수 오프셋을 더해서, 주어진 원소 수만큼을 건너뛰는 포인터 를제공하는 것을 의미한다.

배열 원소들에 대한 포인터는 **포인터 산수**를 지원한다. 배열의 다른 장소를 가리키기 위해서 포인터에 정수 오프셋을 더할 수 있다. 예를 들어, p가 배열의 처음을 가리킨다고 하자:

```
double a[10];
double* p = a;
```

그러면 표현

```
p + 3
```

은 인덱스가 3인 배열 원소에 대한 포인터이며,

```
*(p + 3)
```

이 그 배열 원소이다.

앞 절에서 봤듯이, 배열 이름을 포인터로 사용할 수 있다. 즉, a + 3은 인덱스가 3인 배열 원소에 대한 포인터이며, *(a + 3)는 a[3]와 똑같은 의미를 가진다. 실제로, 임의의 정수 n에 대해 다음은 참이다. a[n]은 *(a + n)과 같다 이 관계를 **배열/포인터 이원성 법칙**이라고 부른다.

배열/포인터 이원성 법칙은 a[n]이 *(a+n)과 같음을 나타낸다. 후자에서 a는 배열에 대한 포인터이며 n은 정수 오프셋이다.

이 법칙은 모든 C++ 배열이 인덱스 0에서 시작하는 이유를 설명해준다. 포인터 a(또는 a + 0)는 배열의 시작 원소를 가리킨다. 따라서 그 원소는 a[0]이어야 한다.

포인터 산수를 더 잘 이해하기 위해서, 다시 실제 메모리 주소를 알고 있는 척해보자. 배열 a가 주소 20300에서 시작한다고 하자. 이 배열은 타입 double의 10개의 값을 포함하고 있다. double 값은 메모리의 8 바이트를 차지한다. 그러므로, 이 배열은 20300부터 20379까지의 80 바이트를 차지한다. 시작 값은 주소 20300에 위치하며, 그 다음 값은 20308에 위치하는 등이다(그림 7.3 참고). 예를 들어, a + 3의 값은 20300 + 3 × 8 = 20324이다(일반적으로 p가 타입 T에 대한 포인터이면, 주소 p + n은 n × (T 값의 크기)를 주소 p에 더해서 얻어진다).

317쪽의 표 7.2가 이 보기를 이용해서 포인터 산수와 배열/포인터 이원성을 보여준다.

7.2.3 배열 파라미터 변수와 포인터

배열과 포인터의 연관성을 이해하고 나면, 배열 파라미터 변수가 다른 파라미터 타입들과 다른 이유가 분명해진다. 예로서, 배열의 모든 값들의 합을 계산하는 다음 함수를 고려하자.

```
double sum(double a[], int size)
{
   double total = 0;
   for (int i = 0; i < size; i++)
   {
      total = total + a[i];
   }
   return total;
}
```

표 7.2 배열과 포인터

표현	값	설명
a	20300	배열의 시작 주소. 여기서는 20300으로 가정된다.
*a	0	그 주소에 저장되어 있는 값(이 배열은 값 0, 1, 4, 9, . . . 를 포함한다).
a + 1	20308	배열의 그 다음 double 값의 주소. double은 8 바이트를 차지한다.
a + 3	20324	인덱스가 3인 원소의 주소로서, 3 × 8 바이트를 건너 뛰어서 얻어진다.
*(a + 3)	9	주소 20324에 저장되어 있는 값.
a[3]	9	배열/포인터 이원성에 의해 *(a + 3)과 같다.
*a + 3	3	*a와 3의 합. 괄호가 없으므로, *는 a만에 적용된다.
&a[3]	20324	인덱스가 3인 원소의 주소. a + 3과 같다.

함수에 배열을 전달할 때는 시작 주소만이 전달된다.

이 함수에 대한 호출은 다음과 같다(그림 7.4 참고).

```
double data[10];
... // Initialize data
double s = sum(data, 10);
```

값 data가 sum 함수에 전달된다. 이것은 사실상 double* 타입의 포인터로서, 이 배열의 첫 원소를 가리킨다. 따라서, 우리는 함수가 다음과 같이 선언될 것으로 기대할 것이다.

```
double sum(double* a, int size)
```

그러나, 함수 정의를 자세히 살펴보면, 파라미터 변수가 빈 괄호의 배열로 선언되어 있음을 알게 될 것이다:

```
double sum(double a[], int size)
```

C++ 컴파일러의 관점에서 볼 때 두 파라미터 선언은 완전히 같다. [] 표기는 포인터를 선언하기 위한 '문법 설탕(syntactic sugar)' 이다(컴퓨터 과학자들은 '문법 설탕' 이란 용어를

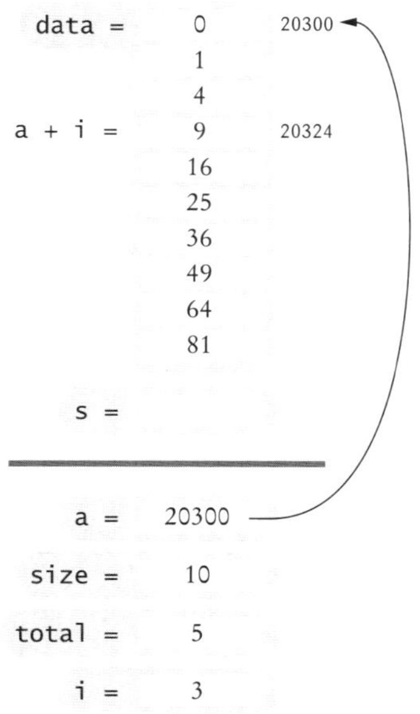

그림 7.4
함수에 배열을 전달하기

사람이 읽기 쉽고, 복잡한 구현 디테일을 가려주는 표기를 나타내기 위해 사용한다). 이 배열 표기가 읽는 이로 하여금 전체 배열이 함수에 전달되었다고 착각하게 만드나, 사실상 함수는 배열의 시작 주소만을 받는다.

이제 함수 본체의 다음 명령문을 고려하자.

```
total = total + a[i];
```

C++ 컴파일러는 a를 배열이 아닌 **포인터**로 간주한다. 표현 a[i]는 *(a + i)에 대한 문법 설탕이다. 이 표현은 변수 a에 저장된 주소로부터 i 원소만큼 떨어진 저장 위치를 나타낸다. 그림 7.4는 i가 3일 때 a[i]가 어떻게 접근되는지를 보여준다.

이제 왜 항상 배열의 크기를 전달해야 할 필요가 있는지 이해할 수 있을 것이다. 함수는 배열이 시작하는 위치를 알려주는 하나의 메모리 주소만을 받는다. 그 메모리 주소는 함수가 배열의 값들의 위치를 찾아낼 수 있게 해준다. 그러나, 함수는 어디에서 멈춰야 할지를 알 필요도 있다.

자체 검사 6~9에 대해서는 그림 7.3에서와 같이 배열과 포인터를 그려라. 시작 주소를 가정하고(20300 정도면 좋다), 각 int 값이 4 바이트를 차지한다고 가정하라.

6. 다음 명령문들 다음에 배열 a의 내용은?

```
int a[] = { 2, 3, 5 };
int* p = a;
p++;
*p = 0;
```

7. 다음 명령문들 다음에 배열 a의 내용은?

```
int a[] = { 2, 3, 5 };
int* p = a + 1;
*(p + 1) = 0;
```

8. 다음 명령문들 다음에 배열 a의 내용은?

```
int a[] = { 2, 3, 5 };
int* p = a;
int* q = a + 2;
p++;
q--;
*p = *q;
```

9. 다음 명령문들의 출력은?

```
int a[] = { 2, 3, 5 };
cout << *a + 2 << " ";
cout << *(a + 2) << endl;
```

10. 6장에서 다음 함수를 정의했다.

```
void squares(int n, int result[])
```

포인터 표기를 사용해서 파라미터 변수를 선언하라.

Practice It 이제 다음 연습문제들에 대해 답할 수 있다: R7.7, R7.8, P7.4.

특강 7.2 배열 원소들을 훑기 위해서 포인터를 사용하기

7.2.3절의 sum 함수를 다시 고려하자. sum 함수의 첫 파라미터 변수가 포인터임을 알고 있으므로, 이 함수를 약간 다른 방식으로 구현할 수 있다. 정수 인덱스를 증가시키는 대신에, 포인터 변수를 증가시켜서 배열의 모든 원소를 차례로 방문할 수 있다:

```
double sum(double* a, int size)
{
   double total = 0;
   double* p = a; // p starts at the beginning of the array
   for (int i = 0; i < size; i++)
   {
      total = total + *p; // Add the value to which p points
      p++; // Advance p to the next array element
   }
   return total;
}
```

초기에, 포인터 p는 원소 a[0]를 가리킨다. 다음과 같은 증가는 p가 그 다음 원소를 가리키게 만든다(그림 7.5 참고).

```
p++;
```

배열 원소를 a[i]로 접근하는 것보다 포인터를 사용해서 증가시키는 것이 약간 더 효율적이다. 이러한 이유로, 배열 원소 접근을 위해 인덱스 대신에 포인터를 사용하는 프로그래머들도 있다.

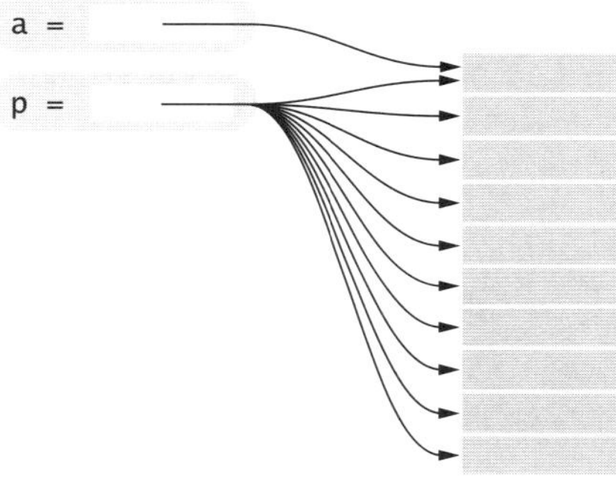

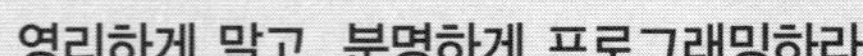

그림 7.5
배열 원소들을 훑는 포인터 변수

프로그래밍 팁 7.2 영리하게 말고, 분명하게 프로그래밍하라

어떤 프로그래머들은 코드가 이해하기 어렵게 되더라도 명령문 수를 최소화하는 데 커다란 자부심을 갖는다. 예를 들어 다음은 sum 함수의 적법한 구현이다.

```
double sum(double* a, int size)
{
   double total = 0;
   while (size-- > 0) // Loop size times
   {
      total = total + *a++; // Add the value to which a points; increment a
   }
   return total;
}
```

이 구현은 두 가지 요령을 피운다. 첫째, 함수 파라미터 변수 a와 size가 변수이며, 그들을 변경하는 것이 적법하다. 또한, 표현 size--와 a++는 '변수를 감소 또는 증가시키고 이전 값을 반환' 하는 것을 의미한다. 즉, 표현

```
size-- > 0
```

에는 두 작업이 결합되어 있다. size를 감소시키고, 감소시키기 전에 size가 양인지를 검사한다. 마찬가지로, 표현

```
*a++
```

는 포인터를 다음 원소에게로 증가시키되, 증가 전에 가리켰던 원소를 반환한다.

이런 프로그래밍 스타일을 사용하지 말라. 프로그래머로서의 나의 임무는 다른 프로그래머들을 나의 영리함으로 혼란스럽게 만드는 것이 아니라, 이해 및 유지하기 쉽게 코드를 작성하는 것이다.

빈번한 오류 7.2 포인터를 지역 변수에 반환하기

두 원소를 포함하는 배열에 포인터를 반환하려 시도하는 다음 함수를 고려하자.

```
double* firstlast(double a[], int size)
{
   double result[2];
   result[0] = a[0];
   result[1] = a[size - 1];
   return result; // Error!
}
```

이 함수는 result 배열의 시작 원소에 대한 포인터를 반환한다. 그러나, 그 배열은 firstlast 함수의 지역 변수이다. 지역 변수는 함수를 빠져나갈 때 더 이상 존재하지 않게 된다. 그 내용은 다른 함수 호출에 의해 바로 덮어 쓰여진다.

이 문제는 답을 담기 위한 배열을 전달해서 해결할 수 있다:

```
void firstlast(const double a[], int size, double result[])
{
   result[0] = a[0];
   result[1] = a[size - 1];
}
```

그러면 결과를 담을 배열을 할당하는 것은 호출자의 책임이다.

특강 7.3 상수 포인터

다음은 상수 포인터를 정의한다.

```
const double* p = &balance;
```

p가 가리키는 값을 변경할 수 없다. 즉, 다음 명령문은 불법이다.

```
*p = 0; // Error
```

물론 값을 읽을 수는 있다:

```
cout << *p; // OK
```

상수 배열 파라미터 변수는 상수 포인터와 같다. 예를 들어, 다음 함수를 고려하자.

```
double sum(const double[] values, int size)
```

7.2.3절로부터 values가 포인터임을 기억하라. 이 함수는 다음과 같이 정의될 수 있다.

```
double sum(const double* values, int size)
```

이 함수는 포인터 values를 배열 원소들을 읽기 위해 사용할 수 있으나, 그들을 변경할 수는 없다.

7.3 C와 C++ 문자열

C++에는 문자열을 다루기 위한 두 가지 메커니즘이 있다. string 클래스는 임의의 길이의 글자 시퀀스를 지원하며, 문자열 접합과 비교 같은 편리한 연산을 제공한다. 그러나, C++는 C 언어로부터, 문자열을 char 값 배열로 나타내는 더 기본적인 수준의 문자열 처리를 상속 받기도 한다. 이 절에서는 이 타입들 간의 관계를 설명한다.

7.3.1 char 타입

char 타입의 값은 개별 글자를 나타낸다. 글자 리터럴은 작은 따옴표로 둘러싸인다.

char 타입은 개별 글자를 나타낸다. 글자 리터럴은 작은 따옴표로 구분된다. 예:

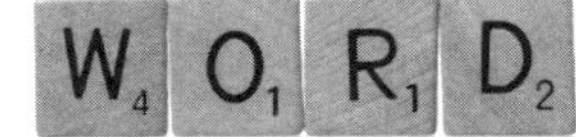

```
char input = 'y';
```

각 글자는 실제로는 정수 값으로 인코딩된다(오늘날 대부분의 컴퓨터에서 사용되는 ASCII 코드에 의한 인코딩에 관해서는 부록 D를 참고한다).

'y'는 단일 글자이며, "y"와는 다르다. 후자는 'y'라는 글자를 포함하는 문자열이다.

표 7.3이 대표적인 글자 리터럴들을 보여준다.

7.3.2 C 문자열

리터럴 문자열(큰 따옴표로 둘러싸인)은 제로(0) 터미네이터를 갖는 char 값 배열이다.

C 프로그래밍 언어에서 문자열은 항상 글자 배열로 표현된다. C++ 프로그래머들은 char 값 배열을 'C 문자열'이라고 부르기도 한다.

표 7.3 글자 리터럴들

'y'	글자 y
'0'	숫자 0에 대한 글자. ASCII 코드에서 '0'은 값이 48이다.
' '	빈칸 글자
'\n'	새 줄 글자
'\t'	탭 글자
'\0'	문자열의 널 터미네이터
🚫 "y"	**오류:** char 값이 아님

그림 7.6 글자 배열

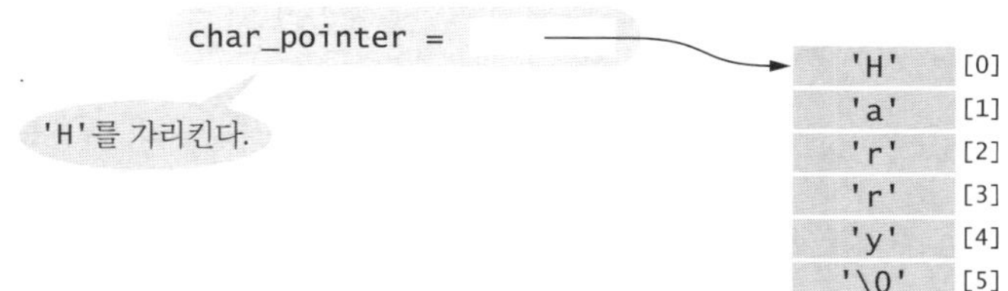

특히, "Harry" 같은 리터럴 문자열은 string 타입 객체가 아니다. 대신에, char 값 배열이다. 모든 배열과 마찬가지로, 문자열 리터럴은 배열의 첫 글자를 가리키는 포인터 변수에 할당될 수 있다.

```
const char* char_pointer = "Harry"; // 'H'를 가리킨다.
```

이 문자열은 const로 선언되었는데, 그 이유는 이 리터럴 문자열을 변경하면 안 되기 때문이다(상수 포인터에 관한 더 자세한 사항은 311쪽의 특강 7.3을 참고한다).

C 문자열에는 널 터미네이터(*null terminator*)라고 불리고 '\0'으로 표기되는 특별한 글자가 끝에 있다. 예를 들어, C 문자열 'Harry'는 여섯 거의 글자, 즉, 'H', 'a', 'r', 'r', 'y', '\0'를 포함한다.

터미네이터는 수 0으로 인코딩되는 글자이다. 이 0은 제로라는 숫자를 나타내는 글자인 '\0'과 다르다(ASCII 인코딩 방식에서, 숫자 0을 나타내는 글자는 48이란 수로 인코딩된다).

C 문자열에 연산되는 함수들은 이 터미네이터를 필요로 한다. 다음은 대표적인 보기로서, <cstring> 헤더에 선언되어 있는, 글자 배열의 길이를 계산하는 strlen 함수이다. 이 함수는 터미네이터에 도달할 때까지 글자 수를 센다.

```
int strlen(const char s[])
{
   int i = 0;
   while (s[i] != '\0') { i++; } // 널 터미네이터 앞의 글자 수를 센다
   return i;
}
```

호출 strlen("Harry")는 5를 반환한다.

7.3.3 글자 배열

"Harry" 같은 리터럴 문자열은 상수이다. 이의 글자들을 변경할 수 없다. 문자열의 글자를 변경하고 싶으면, 글자 배열을 선언해야 한다. 예:

```
char char_array[] = "Harry"; // 6 글자 배열
```

char_array 변수는 'H', 'a', 'r', 'r', 'y', 그리고 널 터미네이터로 초기화된 6 글자짜리 배열이다. 컴파일러는, 널 터미네이터를 포함해서 배열 초기화에 사용된 문자열의 글자를 센다.

배열의 글자들을 변경할 수 있다:

```
char_array[0] = 'L';
```

7.3.4 C와 C++ 문자열들 간의 전환

C++ 문자열 클래스가 널리 이용되기 전에는, 글자 배열을 보통 직접 처리하였으나, 아주 어려웠다(315쪽의 특강 7.4를 참고한다). 만일 C 문자열을 받거나 반환하는 함수를 사용한다면, C 문자열과 string 객체 간의 전환 방법을 알아야 한다.

많은 라이브러리 함수들이 char* 타입의 포인터를 사용한다.

예를 들어, <cstdlib> 헤더는 유용한 함수

```
int atoi(const char s[])
```

를 선언한다. atoi 함수는 숫자를 포함하는 글자 배열을 정수 값으로 전환한다.

```
char[] year = "2012";
int y = atoi(year); // 이제 y는 정수 2012이다
```

c_str 멤버 함수는 문자열 객체의 char* 포인터를 제공한다.

이 기능은 C++ 문자열 클래스에서 왠지 빠져있다. string 클래스의 c_str 멤버 함수가 '탈출구(escape hatch)'를 제공한다. 만일 s가 문자열이면, s.c_str()이 이 문자열의 글자들에 대한 char* 포인터를 제공한다. 다음은 이 멤버 함수를 사용해서 atoi 함수를 호출하는 방법을 보여준다.

```
string year = "2012";
int y = atoi(year.c_str());
```

C++ 문자열 변수를 C 문자열로 초기화할 수 있다.

역으로 C 문자열을 C++ 문자열로 전환하는 것은 아주 쉽다. 단순히 string 변수를, 문자열 리터럴이나 글자 배열 같은 char* 타입의 임의의 값으로 초기화한다. 예를 들어, 정의

```
string name = "Harry";
```

는 C++ 문자열 객체 name을 C 문자열 "Harry"로 초기화한다.

7.3.5 C++ 문자열과 [] 연산자

이제까지는 C++ 문자열의 개별 글자에 접근하기 위해서 항상 substr 멤버 함수를 사용했다. 예를 들어, 어떤 string 변수가

```
string name = "Harry";
```

으로 정의되어 있다면, 표현

```
name.substr(3, 1)
```

는 인덱스 3에 있는 글자를 포함하는, 길이가 1인 문자열을 제공한다.

[] 연산자에 의해 C++ 문자열 객체 안의 글자에 접근할 수 있다.

개별 글자를 [] 연산자에 의해 접근할 수 있다:

```
name[0] = 'L';
```

이제 이 문자열은 "Larry"이다. 한 번에 한 글자씩 문자열을 방문하고 싶다면, [] 연산자가 substr 함수보다 더 편리하다.

다음은 유용한 보기이다. 다음의 함수는 문자열을 복사하고, 모든 글자를 대문자로 바꾼다.

```
/**
   Makes an uppercase version of a string.
   @param str a string
   @return a string with the characters in str converted to uppercase
*/
string uppercase(string str)
{
   string result = str; // Make a copy of str
   for (int i = 0; i < result.length(); i++)
   {
      result[i] = toupper(result[i]); // Convert each character to uppercase
   }
   return result;
}
```

예를 들어, `uppercase("Harry")`는 글자들이 `"HARRY"`인 문자열을 반환한다.

`toupper` 함수가 `<cctype>` 헤더에 정의되어 있다. 이 함수는 소문자를 대문자로 전환한다(`tolower` 함수는 그 반대를 수행한다).

11. 글자 배열 `"Hello, World!\n"`에는 몇 개의 `char` 값이 저장되어 있나?

12. strlen(`"Hello, World!\n"`)는 얼마인가?

13. 문자열 `"Hello"`를 가리키는 포인터 변수를 선언하라.

14. 다음 명령문을 고려하자.

```
string title = "Agent" + 007;
```

이 명령문은 컴파일 되는가? 결과는?

15. 다음 명령들을 고려하자.

```
cout << "Enter an integer, Q to quit";
string input;
cin >> input;
if (input == "Q") { return; }
```

입력이 글자 `Q`가 아니면, 문자열 `input`에 저장된 수를 어떻게 추출하는가?

Practice It 이제 다음 연습문제들에 대해 답할 수 있다: R7.15, R7.16, P7.6.

특강 7.4 C 문자열 다루기

`string` 클래스가 널리 이용되기 전에는 글자 배열로 보통 직접 작업했다.

324쪽의 표 7.4가 C 문자열을 다루기 위해 보편적으로 사용되는 몇 가지 함수들을 보여준다. 이 함수들은 모두 `<cstring>` 헤더에 선언되어 있다.

이름과 성을 한 문자열에 접합하는 작업을 고려하자. `string` 클래스를 사용하면 이 작업이 아주 쉬어진다:

```
string first = "Harry";
string last = "Smith";
string name = first + " " + last;
```

이 작업을 C 문자열로 구현해보자. 결과를 위한 글자 배열을 할당한다.

```
const int NAME_SIZE = 40;
char name[NAME_SIZE];
```

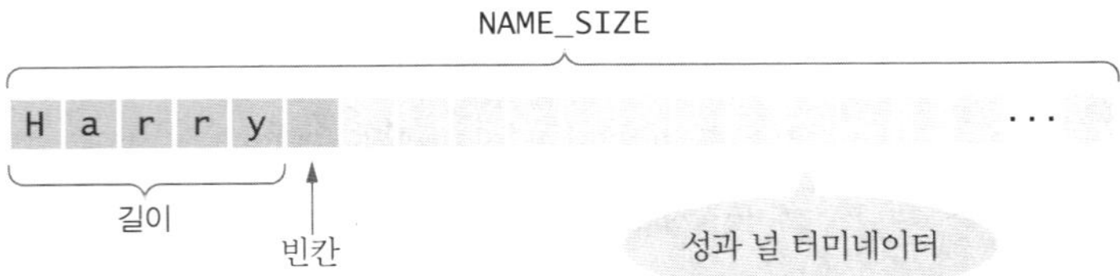

널 터미네이터를 위해 한 글자가 필요하므로, 이 배열은 길이가 기껏해야 39자인 문자열을 담을 수 있다.

이제 strncpy를 사용해서 이름을 복사한다:

```
strncpy(name, first, NAME_SIZE - 1);
```

타겟 배열이 넘치지 않도록 주의해야 한다. 이름이 39자를 넘을 가능성은 별로 없으나, 해커가 메모리를 덮어쓰기 위해 더 긴 입력을 넣을 수 있다.

이제, 아직 공간이 있다면, 빈칸과 성을 추가하되, 역시 배열 경계를 넘지 않도록 주의한다:

```
int length = strlen(name);
if (length < NAME_SIZE - 1)
{
   strcat(name, " ");
   int n = NAME_SIZE - 2 - length; // Leave room for space, null terminator
   if (n > 0)
   {
      strncat(name, last, n);
   }
}
```

여기서 볼 수 있듯이, C 문자열 코드는 C++ 문자열을 사용하는 코드보다 세 배 이상 길면서도, 그만큼 강력하지도 않다—만일 타겟 배열이 결과를 담기에 충분히 길지 않으면, 결과가 잘려나간다.

표 7.4 C 문자열 함수들

이 표에서 s와 t는 글자 배열, n은 정수이다.

함수	설명
strlen(s)	s의 길이를 반환.
strcpy(t, s)	s의 글자들을 t로 복사.
strncpy(t, s, n)	n개 이하의 s의 글자들을 t로 복사.
strcat(t, s)	s의 글자들을 t의 글자들 다음에 덧붙임.
strncat(t, s, n)	n자 이하의 s의 글자들을 t의 글자들 다음에 덧붙임.
strcmp(s, t)	s와 t가 같은 내용을 가지면 0, 사전적 순서에서 s가 t의 앞에 나오면 음의 정수, 아니면 양의 정수를 반환.

7.4 동적 메모리 할당

많은 프로그래밍 상황에서, 값이 몇 개나 필요할지 미리 알지 못 한다. 이 문제를 해결하기 위해서 동적 할당(*dynamic allocation*)을 이용해서, 필요할 때마다 C++ 런-타임 시스템에 값이 몇 개나 필요할 지 미리 알 수 없다면, 동적 메모리 할당을 이용하자.

게 새로운 값을 생성하라고 요구할 수 있다. 런-타임 시스템은 임의의 타입의 값들과 배열들을 할당할 수 있는, **힙(heap)**이라고 불리는 커다란 저장 영역을 관리한다.

```
new double
```

new 연산자는 힙으로부터 메모리를 할당한다.

과 같이 요청하면 타입이 double인 저장소가 힙에 설치되며, 이 저장소에 대한 포인터가 반환된다. 표현

```
new double[n]
```

은 크기가 n인 배열을 할당하고, 그 시작 원소에 대한 포인터를 반환한다(이때 n이 상수일 필요는 없다).

그 포인터를 변수에 캡처하고자 할 것이다:

```
double* account_pointer = new double;
double* account_array = new double[n];
```

동적으로 할당된 객체(들)을 delete 또는 delete[] 연산자로 되찾아야 한다.

이제 그 포인터를 이 장의 앞에서 설명한대로 사용한다. 배열을 할당했다면, 마술 같은 배열/포인터 이원성에 의해 배열 표기 account_array[i]를 i번째 원소에 접근하기 위해서 사용할 수 있다.

new 연산자로 할당한 메모리를 프로그램이 더 이상 필요로 하지 않게 되면, delete 연산자를 사용해서 그 메모리를 힙에 반환해야 한다:

```
delete account_pointer;
```

그런데, 배열을 할당했다면 delete[] 연산자를 사용해야 한다.

```
delete[] account_array;
```

이 연산자는 힙에게 그 포인터가 단일 값이 아닌 배열을 가리킴을 상기시켜 준다.

메모리 블록을 제거한 후에는 그것을 더 이상 사용할 수 없다. 그 저장공간은 다른 곳에서 이미 사용되고 있을 수도 있다:

문법 7.2 동적 메모리 할당

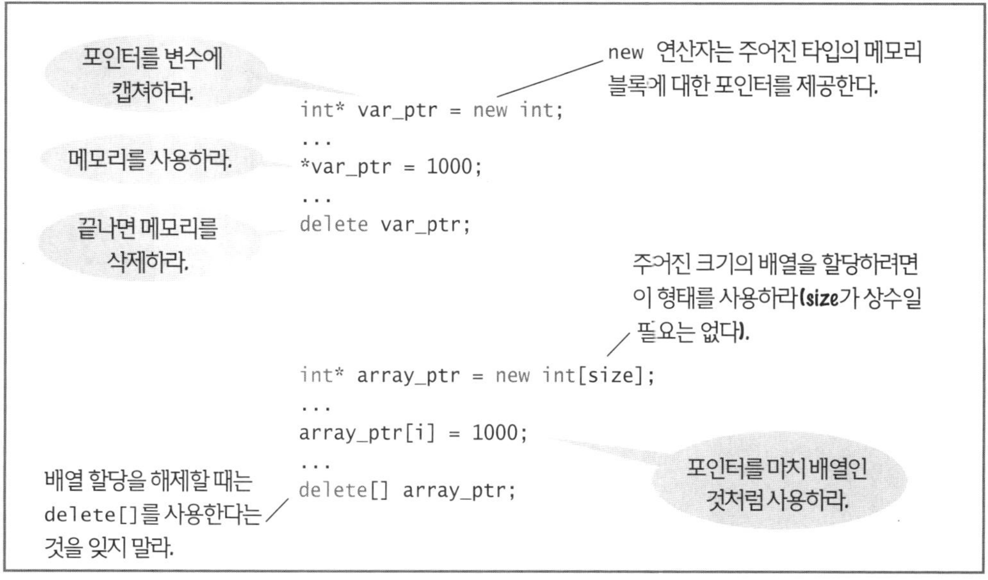

```
delete[] account_array;
account_array[0] = 1000; // NO! You no longer own the memory of account_array
```

힙 배열은 배열 변수에 비해 한 가지 중요한 장점을 지닌다. 배열 변수를 선언하면, 프로그램을 컴파일할 때, 고정된 배열 크기를 명시해야 한다. 그러나, 배열을 힙에 할당할 때는 그 크기를 런-타임 때 선택할 수 있다.

또한, 나중에 원소가 더 필요하더라도 방법이 있다. 더 큰 힙 배열을 할당하고, 더 작은 배열의 원소들을 이 더 큰 배열에 복사하고, 더 작은 배열을 제거한다(그림 7.7):

```
double* bigger_array = new double[2 * n];
for (int i = 0; i < n; i++)
{
   bigger_array[i] = account_array[i];
}
delete[] account_array;
account_array = bigger_array;
n = 2 * n;
```

이것이 바로 vector가 막후에서 하고 있는 것이다.

힙 할당이 강력한 특징이지만, 모든 규칙을 정확하게 따라 하도록 각별히 조심한다:

- new에 대한 모든 호출은 delete에 대한 호출과 정확히 짝이 맞아야 한다.
- delete[]를 사용해서 배열을 삭제한다.
- 메모리 블록이 제거되고 나면 접근하지 말라.

이 규칙들을 따르지 않으면, 프로그램이 서거나 예상치 않게 돌아간다. 표 7.5는 흔한 오류를 보여준다.

프로그램이 더 이상 필요로 하지 않는 힙 메모리는 모두 재활용하라.

16. 다음 명령 시퀀스의 출력은?

```
int* p = new int;
*p = 3;
cout << *p << endl;
delete p;
```

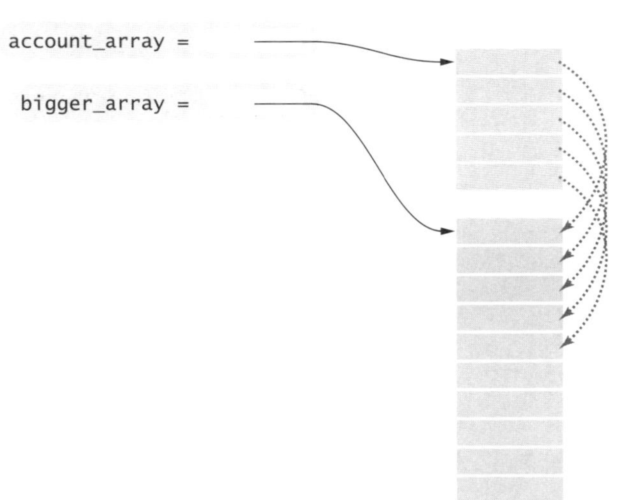

그림 7.7 동적 배열 늘리기

표 7.5 흔한 메모리 할당 오류

명령문	오류

`int* p;`
`*p = 5;`
`delete p;`
	new int에 대한 호출이 없다.

`int* p = new int;`
`*p = 5;`
`p = new int;`
	처음 할당된 메모리 블록이 삭제되지 않았다.

`int* p = new int[10];`
`*p = 5;`
`delete p;`
	delete[] 연산자가 사용되었어야 한다.

`int* p = new int[10];`
`int* q = p;`
`q[0] = 5;`
`delete p;`
`delete q;`
	같은 메모리 블록이 두 번 삭제되었다.

`int n = 4;`
`int* p = &n;`
`*p = 5;`
`delete p;`
	new를 호출해서 얻은 메모리 블록만 삭제할 수 있다.

17. 다음 명령 시퀀스의 출력은?

```
int* p = new int[10];
for (int i = 0; i < 10; i++) { p[i] = i * i; }
cout << *p << " " << *(p + 1) << " " << p[2] << endl;
delete[] p;
```

18. 다음 명령 시퀀스에서 잘못된 것은?

```
int* p = new int[10];
p[10] = 5;
delete[] p;
```

19. 다음 함수를 고려하자.

```
int* grow(int a[], int size)
{
   int* result = new int[2 * size];
   for (int i = 0; i < size; i++) { result[i] = a[i]; }
   for (int i = size; i < 2 * size; i++) { result[i] = 0; }
   return result;
}
```

다음 명령들 후에 p가 가리키는 배열의 내용은?

```
int primes[] = { 2, 3, 5, 7, 11 };
int* p = grow(primes, 5);
```

20. 자체 검사 19의 grow 함수를 고려하자. 그의 호출자가 기억해야 할 것은?

Practice It 이제 다음 연습문제들에 대해 답할 수 있다: R7.19, R7.21, P7.10.

빈번한 오류 7.3 대롱거리는 포인터

아주 흔한 포인터 오류는 이미 삭제된 메모리를 가리키는 포인터를 사용하는 것이다. 그런 포인터를 **대롱거리는 포인터(dangling pointer)**라고 부른다. 해제된 메모리는 다른 용도로 재사용될 것이므로, 대롱거리는 포인터를 사용하면 실제로 피해를 야기할 수 있다. 다음 보기를 고려하자.

> 대롱거리는 포인터(삭제된 메모리를 가리키는 포인터)를 사용하는 것은 심각한 프로그래밍 오류이다.

```
int* values = new int[n];
// Process values
delete[] values;
// Some other work
values[0] = 42;
```

포인터가 유효한 메모리 위치를 가리키는지를 컴파일러가 추적하지 않기 때문에 이 코드는 컴파일될 것이다. 그러나, 실행 때는 예기치 않은 결과가 발생할 수 있다. 만일 이 프로그램이 values를 삭제한 후에 아무 데에서건 new 연산자를 호출하면, 그 호출에 의해 같은 메모리가 다시 할당될 수 있다. 이제 프로그램의 다른 부분이 values가 가리키는 메모리에 접근하고, 그 메모리에 덮어쓰기할 때 그 프로그램 부분이 오동작할 것이다. 이것은 new에 대한 호출이 전혀 눈에 띄지 않아도 발생할 수 있다-그런 호출이 라이브러리 함수에서 발생할 수 있다.

삭제된 포인터를 절대로 **사용하지 말라**. 어떤 프로그래머들은 삭제된 모든 포인터를 NULL로 설정해서 예방 조치하기도 한다:

```
delete[] values;
values = NULL;
```

다른 포인터 변수에 values를 저장했었을 수도 있기 때문에 이것은 완벽한 보호는 아니지만, 상당히 괜찮은 예방 조치이다.

빈번한 오류 7.4 메모리 리크

또 다른 매우 빈번한 포인터 오류는 힙에 메모리를 할당하고, 해제하지는 않는 것이다. 해제되지 않은 메모리 블록을 **메모리 리크(memory leak)**라고 부른다.

몇몇 작은 메모리 블록을 할당하고서 그들을 해제하는 것을 잊는 것은 큰 문제가 아니다. 프로그램이 탈출할 때, 할당된 모든 메모리가 운영체제에 반환된다.

그러나 프로그램이 오랫동안 돌아간다거나, 또는 큰 메모리를 할당한다면(아마 루프에서), 메모리를 고갈시킬 수 있다. 메모리 고갈은 프로그램을 갑자기 멈추게 만든다. 프로그램이 사용 가능한 모든 메모리를 고갈시키는 극단적인 경우에는 컴퓨터가 서버릴 수 있다. 메모리 리크를 피하는 것은 재시작 없이 몇 달 또는 몇 해를 돌아야 하는 프로그램들, 그리고 이동전화 같이 자원이 제한된 장치에서 돌아가는 프로그램들에서 특히 중요하다.

> new에 대한 모든 호출은 delete에 대한 호출과 짝이 맞아야 한다.

짧게 돌아가는 프로그램을 작성할 때도, 메모리 리크를 피하는 습관을 들여야 한다. new 연산자에 대한 모든 호출에는 그에 상응하는 delete 연산자 호출이 있어야 한다.

7.5 포인터 배열과 벡터

포인터 시퀀스가 있을 때, 그들을 배열이나 벡터에 넣을 수 있다. 열 개의 int* 포인터의 배열과 벡터는 다음으로 정의된다.

```
int* pointer_array[10];
vector<int*> pointer_vector(10);
```

표현 pointer_array[i] 또는 pointer_vector[i]는 시퀀스에서 인덱스가 i인 포인터를 나타낸다.

이러한 포인터 시퀀스들의 한 응용은 그림 7.8에 보인 삼각형 배열처럼 각 행의 길이가 다른 2-차원 배열이다.

이 경우에, 2-차원 배열을 사용하는 것은 원소들의 거의 반이 낭비될 것이므로 효율적이지 못할 것이다.

우리는 **갈튼 보드**(*Galton board*)(그림 7.9)를 시뮬레이션하기 위한 배열 같은 것을 사용하는 프로그램을 개발할 것이다. 갈튼 보드는 피라미드 형으로 배치된 펙(peg)들과 바닥의 빈(bin)들로 구성된다. 공이 맨 위의 펙에 떨어지고 빈들을 향해서 내려간다. 각 펙에서 좌 또는 우로 이동할 확률은 50%씩이다. 빈들의 공들은 종 모양 곡선 분포를 근사화한다.

갈튼 보드는 빈 안의 공만 보여줄 수 있으나, 우리는 각 펙에 대한 카운터도 사용할 수 있다. 이 카운터는 공이 펙을 지날 때 증가된다.

펙이 열 줄이 있는 보드를 시뮬레이션할 것이다. 각 행은 카운터 배열을 필요로 한다.

다음 명령들은 삼각형 배열을 초기화한다.

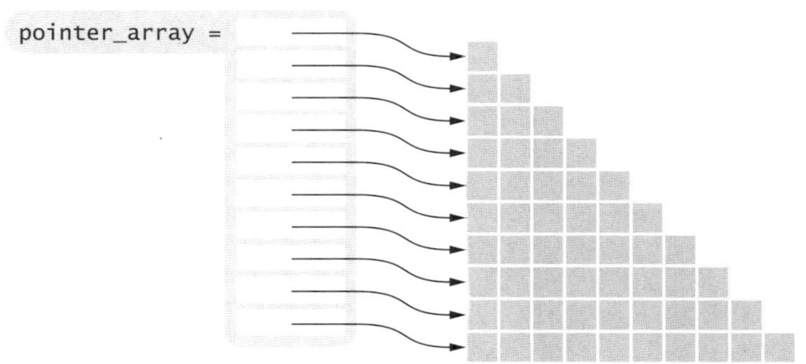

그림 7.8 삼각형 배열

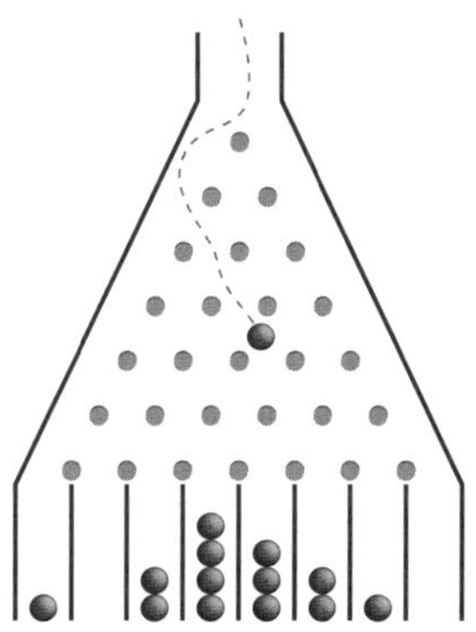

그림 7.9 갈튼 보드

```
int* counts[10];
for (int i = 0; i < 10; i++)
{
   counts[i] = new int[i + 1];
}
```

첫 원소인 counts[0]는 길이가 1인 배열에 대한 포인터를 담으며, 마지막 원소 counts[9]는 길이가 10인 배열에 대한 포인터를 담는다.

시뮬레이션을 하기 전에, 값들을 출력하는 방법을 고찰하자. 원소 counts[i]는 한 배열을 가리킨다. 그 배열의 인덱스 j의 원소는

```
counts[i][j]
```

이다. 다음 루프는 i번째 행의 모든 원소를 출력한다.

```
for (int j = 0; j <= i; j++)
{
   cout << setw(4) << counts[i][j];
}
cout << endl;
```

이제 떨어지는 공을 시뮬레이션하자. 그림 7.9에서의 좌 또는 우로의 이동은 그림 7.10에서는 수직 또는 오른쪽 아래 행으로 이동하는 것에 해당한다. 더 정확하게는, 만일 공이 현재 i행, j열에 있으면, 각각 50%의 확률로 i + 1행의 열 j에 남아 있거나 또는 열 j + 1로 이동할 것이다.

아래 프로그램이 이를 구현한 것이다. 실행 결과에서 1000개의 공이 맨 위의 펙을 어떻게 지나갔는지, 그리고 맨 아래의 펙들의 행이 종 모양 곡선 분포를 어떻게 근사화하는지를 주목하라.

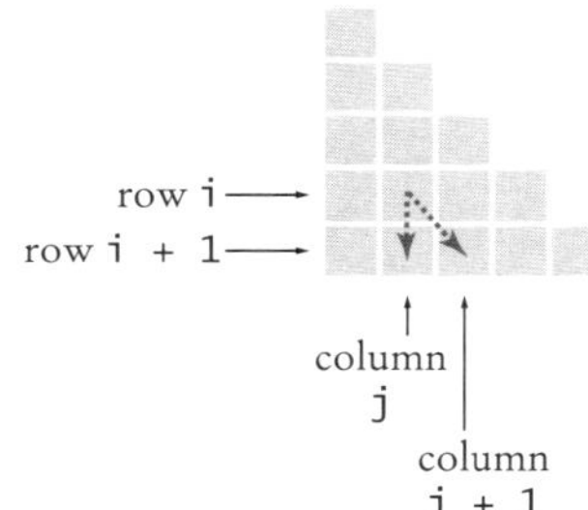

그림 7.10 갈튼 보드 배열에서의 공의 이동

ch07/galton.cpp

```
#include <iostream>
#include <iomanip>
#include <cstdlib>
#include <ctime>

using namespace std;

int main()
{
   srand(time(0));

   int* counts[10];

   // Allocate the rows
   for (int i = 0; i < 10; i++)
   {
```

```
      counts[i] = new int[i + 1];
      for (int j = 0; j <= i; j++)
      {
         counts[i][j] = 0;
      }
   }

   const int RUNS = 1000;

   // Simulate 1,000 balls
   for (int run = 0; run < RUNS; run++)
   {
      // Add a ball to the top
      counts[0][0]++;
      // Have the ball run to the bottom
      int j = 0;
      for (int i = 1; i < 10; i++)
      {
         int r = rand() % 2;
         // If r is even, move down, otherwise to the right
         if (r == 1)
         {
            j++;
         }
         counts[i][j]++;
      }
   }

   // Print all counts
   for (int i = 0; i < 10; i++)
   {
      for (int j = 0; j <= i; j++)
      {
         cout << setw(4) << counts[i][j];
      }
      cout << endl;
   }

   // Deallocate the rows
   for (int i = 0; i < 10; i++)
   {
      delete[] counts[i];
   }

   return 0;
}
```

실행 결과

```
1000
 480 520
 241 500 259
 124 345 411 120
  68 232 365 271  64
  32 164 283 329 161  31
  16  88 229 303 254  88  22
   9  47 147 277 273 190  44  13
   5  24 103 203 288 228 113  33   3
   1  18  64 149 239 265 186  61  15   2
```

21. 삼각형 배열을 다음의 루프로 초기화하지 않은 이유는?

```
for (int i = 0; i < 10; i++)
{
   counts[i] = new int[i];
}
```

22. 프로그램이 이 절에서 우리가 한 것 같이 삼각형 배열을 초기화하고, 존재하지 않는 원소를 다음의 명령문으로 접근한다고 하자.

```
counts[1][2]++
```

프로그램이 컴파일 되겠는가? 만일 그렇다면, 런-타임 때 어떤 일이 일어나겠는가?

23. 첫 행은 길이가 10이고, 마지막 행은 길이가 1인 10 × 10 삼각형 배열을 초기화하라.

24. `counts`가 `vector<int*>`가 되면 `galton.cpp`는 어떻게 바뀌어야 하는가?

25. 각 행이 `vector<int>`가 되면 `galton.cpp`는 어떻게 바뀌어야 하는가?

Practice It 이제 다음 연습문제들에 대해 답할 수 있다: R7.22, P7.11, P7.12.

7.6 문제 해결하기: 그림을 그린다

포인터를 사용하는 프로그램을 설계할 때, 자신이 다루고 있는 데이타를 포인터들이 어떻게 연결하는지를 시각화할 필요가 있다. 대부분의 경우에, 이 연결들을 보여주는 다이어그램을 그리는 것은 매우 중요하다.

포인터를 통해서 접근 또는 변경될 데이타로 시작하라. 이들은 계좌 잔고, 카운터, 글자 문자열, 또는 기타 아이템들일 수 있다. 가리켜질 것에 초점을 맞춰라.

그런 다음, 포인터들을 담고 있는 변수 또는 변수들을 그려라. 이들이 내 시스템에 대한 프론트-엔드가 될 것이다. 처리는 보통 포인터로 시작하며, 그런 다음 실제 데이타의 위치를 찾아낸다.

> 처리될 데이타를 그리고, 그러고 나서 포인터 변수들을 그려라. 포인터 화살표를 그릴 때는 전형적인 상황을 예시하라.

끝으로, 포인터들을 화살표로 그려라. 프로그램이 실행됨에 따라 포인터가 바뀔 것이라면, 전형적인 배치를 그려라. 포인터가 어떻게 변하는지를 보여주는 몇 개의 다이어그램을 그리는 것도 도움이 될 수 있다.

다음의 문제를 고려하자. 대학의 미디어 센터가 마이크, 케이블 같은 장비를 교직원들과 학생들에게 빌려준다. 각 품목의 이름과 그를 대출한 사용자의 이름을 추적하고자 한다.

이 경우, 접근될 데이타는 품명과 사용자명이다. 우리는 모든 이름을 하나의 기다란 글자 배열에 저장할 것이다. 새 이름은 그 끝에 추가된다. 만일 이미 존재하는 이름이라면, 두 번 저장하지 않는다. 이것은, 제거되어야 하는 문자열들이 거의 없다면, 문자열들을 저장하는 효율적인 방법이다. 다음은 이 글자 배열의 일부이다.

Microphone TX-10\0 Smith, Diane\0 Lee, Tim\0 Tape recorder\0 Mini DVI cable\0 ...

그 다음, 품명들에 대한 포인터들을 그리자. 이것들은 `items`라고 불리는 포인터 배열에 저장된다. 일부 품목은 같은 이름을 가질 수도 있다. 아래의 보기에서는 이름이 같은 두 개의 마이크가 있다.

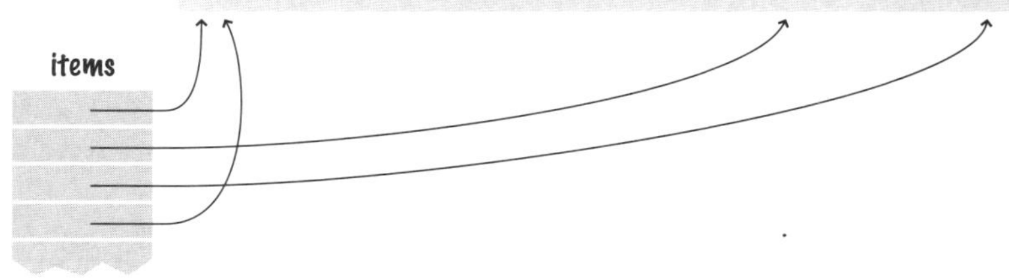

끝으로, 사용자명에 대한 포인터 배열 checked_out_to가 있다. 때로는 품목들이 같은 사용자에게 대출될 수도 있다. 나머지 품목들은 전혀 대출되지 않았으며, 그들에 대한 사용자명 포인터는 NULL이다.

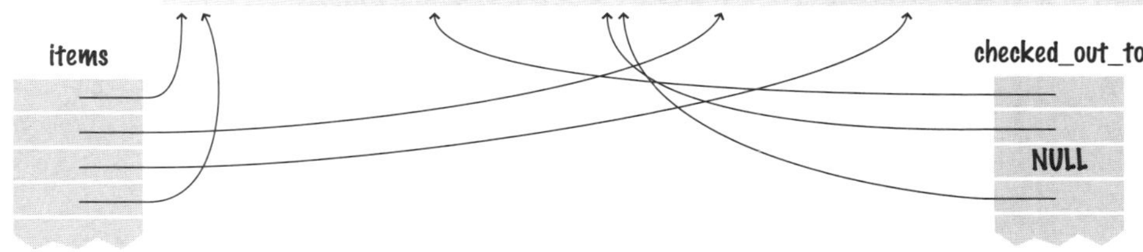

포인터 다이어그램이 있으므로, 이를 이용해서 데이타에 대한 연산을 시각화할 수 있다. 현재 대출되어 있는 모든 품목들의 보고서를 출력하려 한다고 하자. 이것은 두 배열의 모든 포인터들을 방문해서 달성될 수 있다. 포인터 items[i]는 품목의 이름을 제공하며, checked_out_to[i]는 NULL(이 경우, 이 품목을 포함시키기를 원하지 않는다) 또는 사용자의 이름이다.

포인터를 사용하는 프로그래밍은 복잡하므로, 포인터를 사용할 때는 항상 다이어그램을 그리도록 한다.

26. 7.2.3절의 sum 함수를 고려하자. 이 함수가 sum(data + 3, 7)로 호출될 때, 그 파라미터 변수들의 그림을 그려라. 여기서 data는 길이가 10인 배열이다.

27. 배열의 모든 원소들을 역순으로 바꾸는 한 가지 방법은 첫 번째 위치와 마지막 위치에 대한 포인터들을 사용해서, 지시될 원소들을 서로 교환하고, 첫 번째 포인터는 증가시키고, 두 번째 포인터는 감소시키는 것이다. 두 포인터가 배열의 중간에 도달할 때까지 반복한다. 두어 번 반복 후, 이 알고리듬의 포인터들의 그림을 그려라.

28. 두 문자열이 같은 내용을 갖는지를 검사하는 한 방법은 문자열들에 대한 포인터들을 사용해서, 지시될 글자들을 비교하는 것이다. 둘 다 '\0' 터미네이터라면, 중단한다—이 문자열들은 같다. 글자들이 서로 다르다면, 중단한다—이 문자열들은 다르다. 아니면, 두 포인터를 증가시킨다. 두어 번 반복한 후, 이 알고리듬의 포인터들의 그림을 그려라. 반드시 알고리듬의 상태와 일치하는 문자열들을 선택하라.

29. 322쪽의 galton.cpp 프로그램의 줄 56~59의 루프를 다섯 번 반복한 후에 counts 배열의 내용을 보여주는 그림을 그려라.

30. 미디어 센터의 품목들의 이름들을 정렬하려고 한다고 하자. 문자열들을 이동시킬 필요는 없다. 문자열 포인터들을 재배치하기만 하면 된다. 그 결과를 보여주는 그림을 그려라.

Practice It 이제 다음 연습문제들에 대해 답할 수 있다: R7.25, R7.26, R7.27.

How to 7.1 포인터 다루기

프로그램에 유연성(데이타 간의 관계를 바꾸는 능력)을 부여하기 위해서 포인터를 사용한다. 이 How To는 포인터를 사용하기 위한 판단 과정을 안내한다.

우리는 부서 복사기를 위한 제어 로직의 일부를 시뮬레이션하는 작업을 예로 들어 각 단계를 보여줄 것이다. 복사를 하는 사람은 사용자 번호를 입력한다. 번호가 0부터 99까지인 100명의 사용자가 있다. 각 사용자는 마스터 계좌 또는 10개의 프로젝트 계좌들 중 하나인 복사 계좌와 연결되어 있다. 이 연결은 관리자에 의해 관리되며, 사용자가 다른 프로젝트 일을 할 때는 바뀔 수 있다. 복사할 때, 해당 계좌가 증가되어야 한다.

사용자는 복사기 제어 패널에서 신분 정보를 입력한다. 포인터를 사용하면 사용자와 복사 계좌 간의 관계가 유연해질 수 있다.

단계 1 그림을 그린다.

7.6절의 설명에서와 같이, 내 프로그램의 포인터들을 보여주는 그림을 그리는 것이 좋다.

우리의 보기에서, 우리는 복사 계좌–마스터 계좌와 10개의 프로젝트 계좌–를 추적해야 한다. 각 사용자에 대해, 우리는 복사 계좌에 대한 포인터가 필요하다.

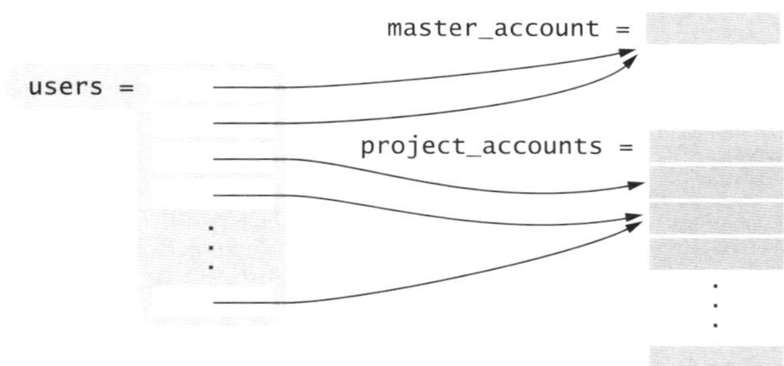

단계 2 포인터 변수를 선언한다.

보통 이 단계는 쉽다. 수치 데이타에 대해 우리는 `int*` 또는 `double*` 타입 포인터를 가질 것이다. 글자 배열을 다룬다면, `char*` 포인터를 사용한다. 10장에서는 객체에 대한 포인터를 사용할 것이다.

몇 개의 포인터 변수가 있나? 하나 또는 두 개만 있다면, 다음과 같이 변수를 선언한다.

```
double* account_pointer;
```

포인터 시퀀스라면, 다음과 같이 벡터 또는 배열을 사용한다.

```
vector<char*> lines;
```

이 보기에서의 목적은 복사 카운터를 다루는 것이다. 그러므로, 우리의 데이타는 정수이며, 포인터의 타입은 `int*` 이다. 우리는 포인터가 각 사용자에 대해 하나씩, 정확히 100개일 것임을 알고 있다. 그러므로 다음과 같은 배열을 선택할 수 있다.

```
int* users[100];
```

단계 3 포인터들을 변수 주소들 또는 힙 메모리로 초기화한다.

변수들을 할당하고, 그들의 주소를 & 연산자로 가져올 것인가? 포인터를 통해서 접근하려는 데이타 량이 고정되어 있다면, 그것도 괜찮다. 그렇지 않다면, new 연산자를 사용해서 메모리를 동적으로 할당하라. 끝날 때는 delete 또는 delete[] 연산자로 메모리를 해제하는 것을 잊지 말라.

우리의 보기에서는 메모리를 동적으로 할당할 필요가 없으므로, 단순히 변수들의 주소를 가져오겠다:

```
int master_account;
int project_accounts[10];
for (int i = 0; i < 100; i++)
{
   users[i] = &master_account;
}
// Here we reassign several users to project accounts.
// The following code is a simulation of the actions that would
// occur in an administration interface, which we do not implement.
users[2] = project_accounts + 1
users[3] = project_accounts + 2
users[99] = project_accounts + 2
```

단계 4 * 또는 [] 연산자를 사용해서 데이타에 접근한다.

포인터를 통해서 한 변수에 접근할 때는 * 연산자를 사용해서 변수를 읽거나 변수에 쓴다. 예:

```
*account_pointer = *account_pointer + 20;
```

배열에 대한 포인터가 있다면 [] 표기를 사용한다. 포인터를 단순히 배열로서 생각하라:

```
account_array[i] = account_array[i] + 20;
```

포인터 배열 또는 벡터가 있다면, 개별 포인터를 가져오기 위한 대괄호가 필요하다. 그런 다음, 값에 접근하기 위해 또 다른 * 또는 []를 공급한다. 갈튼 보드 시뮬레이터 보기에서 카운터가 다음과 같이 접근됨을 봤다.

```
counts[i][j]
```

이 접근 규칙을 명심하고 알고리듬을 구현한다.

우리의 보기에서, 우리는 사용자 ID와 복사 매수를 읽는다. 그런 다음, 복사 계좌를 증가시킨다:

```
cin >> id >> copies;
*users[id] = *users[id] + copies;
```

연습문제 P7.12에서 이 시뮬레이션을 완성시키도록 한다.

데모 예제 7.1 **대량 우편 발송하기**

이 데모 예제는 포인터를 사용해서 대량 우편 발송을 위한 템플릿을 생성한다.

Available online at www.wiley.com/college/horstmann.

랜덤 팩트 7.1 임베디드 시스템

임베디드 시스템은 장치를 제어하는 컴퓨터 시스템이다. 장치는 프로세서와 기타 하드웨어를 포함하며, 컴퓨터 프로그램에 의해 제어된다. 유연하도록 설계되고, 여러 종류의 컴퓨터 프로그램들을 돌릴 수 있는 개인용 컴퓨터와 달리, 임베디드 시스템의 하드웨어와 소프트웨어는 특정 장치에 맞춰진다. 컴퓨터로 제어되는 장치들이 세탁기로부터 의료 장비, 이동전화, 자동차 엔진, 우주선 등에 거쳐 점점 보편화되어 가고 있다.

임베디드 시스템을 프로그래밍할 때 몇 가지 도전적 과제가 있다. 특히 중요한 것으로서, 훨씬 더 높은 품질 관리 표준이 적용된다. 개인용 컴퓨터 소프트웨어의 버그와 관련해서, 판매 회사들은 소비자들이 패치나 업그레이드를 다음 버전에 설치하게 만들 수 있기 때문에 보통 개의치 않는다. 그러나, 임베디드 시스템에서는 그것은 선택 사항이 아니다. 세탁기나 자동차 엔진의 소프트웨어를 업그레이드하는 것을 편안하게 느낄 소비자는 거의 없다. 나는 옳다고 믿고서 프로그래밍 과제를 제출했는데, 교사나 채점자에 의해 버그가 드러난 경험이 있다면, 여러 해 동안 전혀 수정할 필요가 없이 확실하게 제대로 작업을 수행할 수 있는 소프트웨어를 작성하는 것이 얼마나 어려운지를 알 것이다. 품질 표준은 고장이 재산을 파손시키거나 인간의 생명을 위험에 빠뜨리는 장치들에 특히 중요하다. 많은 개인용 컴퓨터 구매자들은, 많은 프로그램들이 같은 장치에서 돌아갈 때 시간이 지남에 따라 투자금이 보상되는 것이기 때문에, 빠르고 저장 용량이 큰 컴퓨터를 산다. 그러나 임베디드 장치의 하드웨어는 공유되지 않고, 한 장치만에 제한된다. 별도의 프로세서, 메모리 등이 장치의 모든 카피를 위해 제조된다. 모든 유닛의 제조 비용을 단 몇 페니만이라도 줄이는 것이 가능하다면, 이 절약은 다량으로 생산되는 장치들에 대해서 빠르게 누적될 수 있다. 따라서, 임베디드 시스템의 프로그래머는 데스크톱 소프트웨어 프로그래머보다 자원을 절약하기 위한 훨씬 더 큰 경제적 유인을 가진다. 유감스럽게도, 자원을 절약하려 시도하는 것은 보통, 바르게 동작하는 프로그램을 작성하는 것을 더 어렵게 만든다.

C와 C++은 임베디드 시스템 개발에 보편적으로 사용되는 언어들이다.

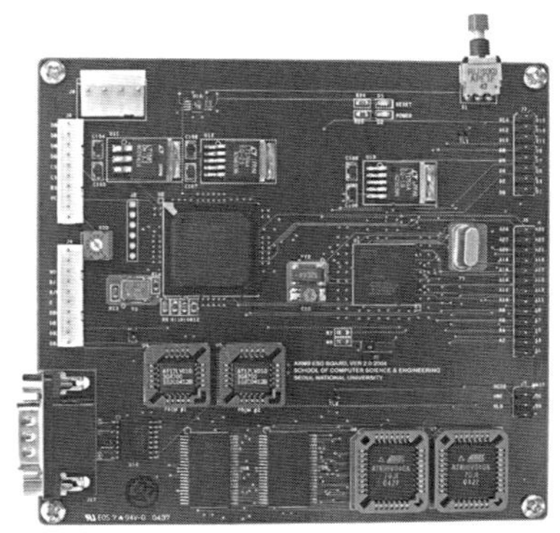
임베디드 시스템의 컨트롤러

7.7 구조체와 포인터(옵션)

7.7.1 구조체

구조체는 멤버 값들을 한 값에 결합한다.

C++에서는 **구조체(structure)**를 사용해서 임의의 타입의 아이템들을 하나의 값에 모은다. 예를 들어, 주소(street address)는 번지(house number)와 거리 이름(street name)으로 구성된다. `StreetAddress`라는 이름의 구조체가 이들 두 값을 하나의 독립체에 결합하기 위해 정의될 수 있다. C++에서는 구조체를 `struct`란 예약어를 사용해서 정의한다:

```
struct StreetAddress
{
   int house_number;
   string street_name;
};
```

이 정의는 새로운 타입인 `StreetAddress`를 만들며, 이것을 사용해서 변수를 선언할 수 있다:

```
StreetAddress white_house;
```

구조체의 멤버에 접근할 때 점(dot) 표기를 사용한다.

변수 `white_house`는 멤버(*member*)라고 불리는, 이름이 붙은 두 부분, 즉, `house_number`와 `street_name`으로 구성된다. 다음과 같이 '점 표기'를 사용해서 각 멤버에 접근한다.

```
white_house.house_number = 1600;
white_house.street_name = "Pennsylvania Avenue";
```

7.7.2 구조체에 대한 포인터

흔히 new 연산자를 사용해서 구조체 값들을 동적으로 할당한다:

```
StreetAddress* address_pointer = new StreetAddress;
```

address_pointer가 가리키는 이 구조체의 집 번호를 설정하려 한다고 하자:

```
*address_pointer.house_number = 1600; // Error
```

유감스럽게도, 이것은 문법 오류이다. 점 연산자는 * 연산자보다 우선 순위가 높다. 즉, 컴파일러는 다음을 의미하는 것으로 생각한다.

```
*(address_pointer.house_number) = 1600; // Error
```

그러나, address_pointer는 구조체가 아니라 포인터이다. 포인터에 점(.) 연산자를 적용할 수 없으며, 컴파일러는 오류를 보고한다. 대신에, * 연산자를 먼저 적용한 후 점 연산자를 적용하기를 원한다는 것을 분명히 해야 한다.

```
(*address_pointer).house_number = 1600; // OK
```

포인터를 통해서 구조체 멤버에 접근하려면 -> 연산자를 사용한다.

이러한 상황이 매우 흔하므로, C++ 설계자들은 '포인터를 따라가서 멤버에 접근하라'는 연산을 줄여 쓴 연산자를 제공한다. 그 연산자를 ->로 쓰며, '화살표'라고 읽는다:

```
address_pointer->house_number = 1600; // OK
```

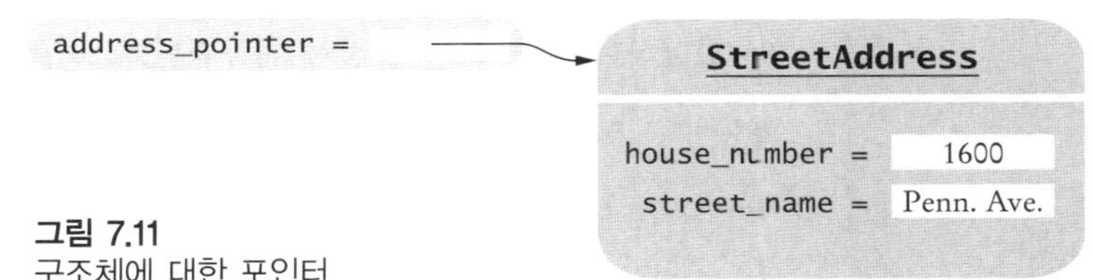

그림 7.11
구조체에 대한 포인터

7.7.3 포인터 멤버를 갖는 구조체

구조체의 멤버가 포인터일 수 있다. 이러한 상황은 구조체 값들 간에 정보가 공유될 때 흔히 발생한다. 예를 들어보자. 사무소가 여럿 있는 조직에서, 각각의 직원에 대해 이름과 사무소 위치가 있다:

```
struct Employee
{
   string name;
   StreetAddress* office;
}
```

다음과 같이 경리회계과에서 일하는 두 직원을 정의한다.

```
StreetAddress accounting;
accounting.house_number = "1729";
accounting.street_name = "Park Avenue";

Employee harry;
harry.name = "Smith, Harry";
harry.office = &accounting;
```

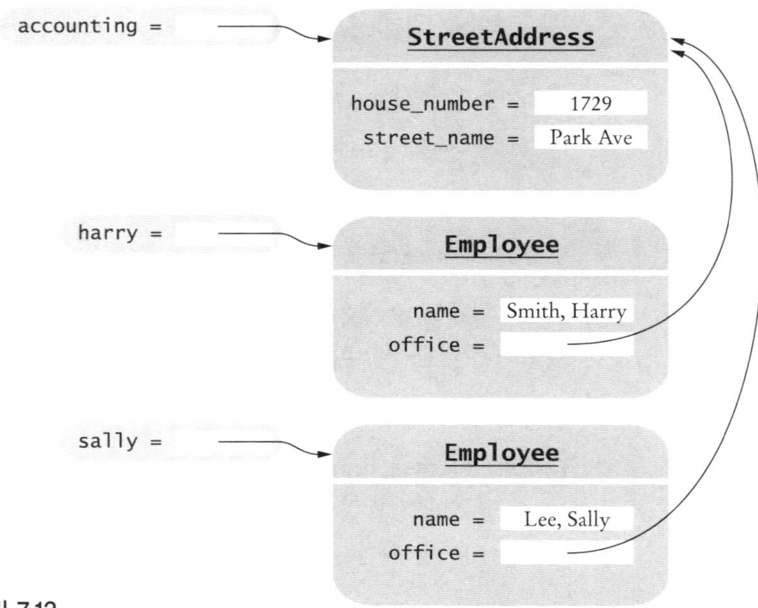

그림 7.12
공유된 구조체에 대한 두 포인터

```
Employee sally;
sally.name = "Lee, Sally";
sally.office = &accounting;
```

그림 7.12는 이 구조체들의 관계를 보여준다.

이 정보 공유는 중요한 장점을 제공한다. 경리회계과가 길 건너로 옮긴다고 하자:

```
accounting.house_number = 1720;
```

Harry와 Sally의 근무지 주소가 모두 자동으로 갱신된다.

31. `StreetAddress` 타입의 변수를 선언하고, 국무부 주소, 2201 C Street NW로 초기화하라.

32. `StreetAddress*` 타입의 포인터 변수를 선언하고, 국무부 주소, 2201 C Street NW를 포함하는 구조체로 초기화하라.

33. 'July 4' 또는 'December 31' 같은 날짜를 나타내기 위한 구조체 타입 `Date`를 정의하라.

34. 자체 검사 33에서 정의한 구조체 타입을 사용해서, 변수 `independence_day`를 정의하고 July 4로 초기화하라.

35. Harry의 근무지 주소를 출력하는 방법은?

Practice It 이제 다음 연습문제들에 대해 답할 수 있다: R7.23, R7.24, P7.16.

요약

포인터 변수를 정의 및 사용한다.

- 포인터는 메모리에서의 변수의 위치를 나타낸다.
- 타입 T*는 타입 T의 변수에 대한 포인터를 나타낸다.
- & 연산자는 변수의 위치를 제공한다.
- * 연산자는 포인터가 가리키는 변수에 접근한다.
- 초기화되지 않은 포인터를 사용하는 것은 오류이다.
- NULL 포인터는 가리키는 객체가 없다.

C++에서의 배열과 포인터 간의 관계를 이해한다.

- 배열 변수의 이름은 그 배열의 시작 원소에 대한 포인터이다.
- 포인터 산수는 배열 포인터에 정수 오프셋을 더하는 것을 의미한다. 그렇게 하면, 주어진 원소 수를 건너 뛰는 포인터가 만들어진다.
- 배열/포인터 이원성 법칙은 a[n]이 *(a + n)과 같음을 명시한다. 여기서 a는 배열에 대한 포인터이며 n은 정수 오프셋이다.
- 함수에 배열을 전달할 때, 시작 주소만이 전달된다.

글자 배열을 처리하는 함수들을 갖는 C++ 문자열 객체를 사용한다.

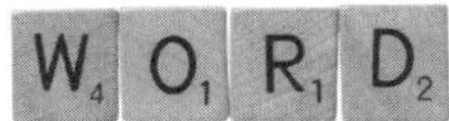

- char 타입의 값은 개별 글자를 나타낸다. 글자 리터럴은 작은 따옴표로 묶인다.
- 리터럴 문자열(큰 따옴표로 묶인다)은 제로 터미네이터가 있는, char 값들의 배열이다.

- 많은 라이브러리 함수들이 char* 타입 포인터를 사용한다.
- c_str 멤버 함수는 string 객체로부터 char* 포인터를 만든다.
- C++ string 변수를 C 문자열로 초기화할 수 있다.
- C++ string 객체의 글자들을 [] 연산자로 접근할 수 있다.

런-타임까지는 메모리 요구량을 모르는 프로그램의 메모리를 할당 및 해제한다.

- 필요한 값들의 수를 미리 알 수 없다면 동적 메모리 할당을 사용하자.
- new 연산자는 힙으로부터 메모리를 할당한다.
- 동적 할당된 객체는 delete 또는 delete[] 연산자로 회수해야 한다.
- 대롱거리는 포인터(삭제된 메모리를 가리키는 포인터)를 사용하는 것은 심각한 프로그래밍 오류이다.
- new에 대한 모든 호출은 delete 호출과 짝이 맞아야 한다.

포인터 배열 및 벡터를 다룬다.

포인터와 그가 가리키는 데이타를 시각화하기 위해 다이어그램을 그린다.

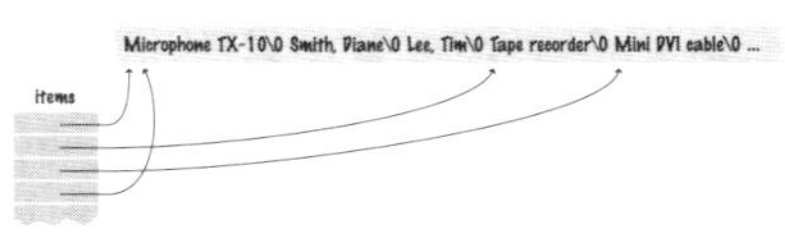

- 처리될 데이타를 그리고, 포인터 변수들을 그린다. 포인터 화살표를 그릴 때는 대표적인 상황을 예시한다.

구조체를 사용해서 데이타 항목들을 모으고, 구조체에 대한 포인터를 다룬다.

- 구조체는 멤버 값들을 하나의 값에 결합한다.
- 점 표기를 사용해서 구조체의 멤버들에 접근한다.
- -> 연산자를 사용해서, 포인터를 통해서 구조체 멤버에 접근한다.

복습 연습 문제

R7.1 다음 코드를 추적하라. a와 b가 각각 20300과 20308에 저장되어 있다고 가정한다. 추적표에는 a, b, p를 위한 입력(entry)들이 있어야 한다.

```
double a = 1000;
double b = 2000;
double* p = &a;
*p = 3000;
p = &b;
a = *p * 2;
```

R7.2 다음 코드를 추적하라. a와 b가 각각 20300과 20308에 저장되어 있다고 가정한다. 추적표에는 a, b, p, q를 위한 입력(entry)들이 있어야 한다.

```
double a = 1000;
double b = 2000;
double* p = &a;
double* q = &b;
*p = *q;
p = q;
*p = 3000;
```

R7.3 다음 코드의 출력은?

```
double a = 1000;
double b = 2000;
double* p = &a;
double* q = p;
b = *q;
p = &b;
a = *p + *q;
cout << a << " " << b << endl;
```

R7.4 다음 코드의 오류를 설명하라. 오류가 없는 줄도 있다. 각 줄은 그 앞 줄에 종속된다.

```
double a = 1000;
double* p = a;
int* p = &a;
double* q;
*q = 2000;
int* r = NULL;
*r = 3000;
```

R7.5 시스템이 패스워드로 빈 문자열을 포함해서, 아무 문자열이든 허용한다고 하자. 그러나, 사용자가 처음 시스템에 접속할 때는 패스워드가 할당되지 않은 상태이다. `string*` 변수와 `NULL` 포인터를 사용해서 빈 패스워드와 비할당(unassigned) 패스워드를 구분할 수 있는 방법을 기술하라.

R7.6 다음과 같은 정의

```
double primes[] = { 2, 3, 5, 7, 11, 13 };
double* p = primes + 3;
```

가 주어졌을 때, 다음 표현들의 의미를 설명하는 다이어그램을 그려라.

a. `primes[1]`
b. `primes + 1`
c. `*(primes + 1)`
d. `p[1]`
e. `p + 1`

R7.7 다음과 같이 정의된 배열 `primes`가 메모리 위치 20300에서 시작한다고 하자.

```
double primes[] = { 2, 3, 5, 7, 11, 13 };
```

다음 각각의 값은?

a. `primes`
b. `*primes`
c. `primes + 4`
d. `*(primes + 4)`
e. `primes[4]`
f. `&primes[4]`

R7.8 배열 `primes`가 다음과 같이 정의되었다고 하자.

```
double primes[] = { 2, 3, 5, 7, 11, 13 };
```

7.2.3절에서 논의된 sum 함수를 고려하자. 다음 각각의 값은?

a. `sum(primes, 6);`
b. `sum(primes, 4);`
c. `sum(primes + 2, 4);`
d. `sum(primes, 0);`
e. `sum(NULL, 4);`

R7.9 다음과 같이 정의된 배열 `primes`가 메모리 위치 20300에서 시작한다고 하자.

```
double primes[] = { 2, 3, 5, 7, 11, 13 };
```

310쪽의 특강 7.2의 `sum`의 정의를 사용해서 함수 호출 `sum(primes, 4)`를 추적하라. 추적표에서 `a`, `size`, `total`, `p`, `i`의 값들을 보여줘라.

R7.10 포인터는 주소이며 수치 값을 가진다. 포인터의 값을 `cout << (unsigned)(p)`와 같이 출력할 수 있다. `p`는 `int*`, `q`는 `double*`일 때, `p`, `p + 1`, `q`, `q + 1`을 비교하기 위한 프로그램을 작성하고 결과를 설명하라.

R7.11 포인터 변수는 단일 변수에 대한 포인터, 배열에 대한 포인터, `NULL`, 또는 랜덤 값을 포함할 수 있다. 이 가능성들의 각각을 보여주기 위해서, 네 개으 포인터 변수 `a`, `b`, `c`, `d`를 만들고, 설정하는 코드를 작성하라.

R7.12 정수 배열의 처음과 마지막 값들을 얻어서 그 결과를 배열 *argument*에 저장하는 함수 `firstlast`를 구현하라.

R7.13 다음 표현들의 의미를 설명하라.

a. `"Harry" + 1`
b. `*("Harry" + 2)`
c. `"Harry"[3]`
d. `[4]"Harry"`

R7.14 다음의 두 변수 정의들 간의 차이는?

a. `char a[6] = "Hello";`
b. `char* b = "Hello";`

R7.15 다음의 세 변수 정의들 간의 차이는?

a. `char* p = NULL;`
b. `char* q = "";`
c. `char r[1] = {'\0'};`

R7.16 다음 프로그램 조각을 고려하자.

```
char a[] = "Mary had a little lamb";
char* p = a;
int count = 0;
while (*p != '\0')
{
   count++;
   while (*p != ' ' && *p != '\0') { p++; }
   while (*p == ' ') { p++; }
}
```

바깥 `while` 루프가 끝날 때 `count`의 값은?

R7.17 C++ 문자열은 세 번 반복하는 다음 코드를 고려하자.

```
string a = "Hello";
string b = a + a + a;
```

`s`가 C 문자열이고, `t`가

```
char t[100];
```

로 선언되었다고 하자. 세 번 반복된 `s`(또는 저장할 수 있을 만큼)를 `t`에 저장하는 C 문자열에 대한 등가 코드를 작성하라.

R7.18 다음 할당문들 중 C++에서 적법한 것은?

```
void f(int p[])
{
   int* q;
   const int* r;
   int s[10];
   p = q;  ❶
   p = r;  ❷
   p = s;  ❸
   q = p;  ❹
   q = r;  ❺
   q = s;  ❻
   r = p;  ❼
   r = q;  ❽
   r = s;  ❾
   s = p;  ❿
   s = q;  ⓫
   s = r;  ⓬
}
```

R7.19 힙으로부터 얻은 객체를 삭제하는 것은 잊으면 어떻게 되는가? 그것을 두 번 삭제하면 어떻게 되는가?

R7.20 삭제된 포인터, 초기화되지 않은 포인터, NULL 포인터에 접근하는 프로그램을 작성하라. 프로그램을 돌리면 어떤 일이 일어나는가?

R7.21 다음 코드에서 오류를 찾아내어라. 모든 줄에 오류가 있지는 않다. 각 줄은 그 앞 줄에 종속된다. 비초기화 포인터, NULL 포인터, 삭제된 객체에 대한 포인터, 객체를 혼동하는 포인터 등에 주의하라.

```
int* p = new int;
p = 5;
*p = *p + 5;
string s = "Harry";
    *s = "Sally";
delete &s;
int* a = new int[10];
*a = 5;
a[10] = 5;
delete a;
int* q;
*q = 5;
q = p;
delete q;
delete p;
```

R7.22 배열이나 포인터를 사용하지 않고, 벡터만을 사용해서 2-차원 삼각형 배열을 정의하는 방법은?

R7.23 7.7.3절의 명령문들을 주소 및 직원 구조체들이 힙에 할당되도록 다시 작성하라.

R7.24 개인의 이름과 그의 부모에 대한 포인터들을 담는 Person이란 구조체 타입을 설계하라. 포인터 링크들을 올바로 설정해서(부모의 부모에 대해서는 NULL을 사용하라), 나와 나의 부모에 대한 구조체 값을 정의하는 명령문들을 작성하라.

R7.25 연습문제 P7.4의 maximum 함수에 대한 호출의 결과를 보여주는 그림을 그려라.

R7.26 연습문제 P7.13에서 두어 줄을 읽은 후에 lines 배열의 포인터들을 보여주는 그림을 그려라.

R7.27 7.6절은 각 품목이 그를 대출한 사용자에 대한 포인터를 갖고 있는 방식을 기술하고 있다. 그렇게 하면 특정 사용자가 대출한 품목들을 찾아내는 것이 어렵다. 이 문제를 해결하기 위해서, 문자열 배열 user_names와 병행 배열 loaned_items를 사용하라. loaned_items[i]는 char* 포인터들의 배열을 가리키며, 그의 각각은 i번째 사용자가 대출한 품목의 이름이다. i번째 사용자가 대출한 품목이 없다면, loaned_items[i]이 NULL이다. 이 방식의 그림을 그려라.

프로그래밍 훈련

P7.1 두 포인터를 받아서 그들이 가리키는 값들을 정렬하는 함수

```
void sort2(double* p, double* p)
```

를 작성하라. sort2(&x, &y)를 호출하면, 호출 후에 x <= y이다.

P7.2 p가 가리키는 값을 x가 더 크다면 x로 대체하는 함수

```
double replace_if_greater(double* p, double x)
```

를 작성하고, p가 가리켰던 이전 값을 반환하라.

P7.3 부동 소수점 데이타의 배열의 평균 값을 계산하는 함수

```
double average(double* a, int size)
```

를 작성하라. 함수에서, 정수 인덱스가 아닌 포인터 변수를 사용해서 배열 원소들에 접근한다.

P7.4 부동 소수점 데이타 배열의 최대 값에 대한 포인터를 반환하는 함수를 작성하라.

```
double* maximum(double* a, int size)
```

만일 size가 0이면 NULL을 반환하라.

P7.5 부동 소수점 데이타 배열의 값들을 역순으로 바꾸는 함수를 작성하라.

```
void reverse(double* a, int size)
```

이 함수에서 배열 원소들을 훑기 위해서, 정수 인덱스 말고 두 개의 포인터 변수를 사용하라.

P7.6 표준 라이브러리의 strncpy 함수를 구현하라.

P7.7 t의 글자들(순서는 무관)로 구성된 s의 처음 부분들의 길이를 반환하는 표준 라이브러리 함수

```
int strspn(const char s[], const char t[])
```

를 구현하라. 예:

```
my_strspn("mississippi", "ims") -> 8
my_strspn("abcdefg", "cde") -> 0
```

P7.8 글자 문자열을 역순으로 바꾸는 함수

```
void reverse(char s[])
```

를 작성하라. 예: "Harry"는 "yrraH"가 된다.

P7.9 strncpy와 strncat 함수들을 사용해서, 문자열 a와 b를 버퍼 result에 잇는 함수

```
void safe_concat(const char a[], const char b[], char result[],
   int result_maxlength)
```

를 구현하라. 버퍼가 넘치지 않도록 주의하라. 이 버퍼는 '\0' 터미네이터를 빼고 result_maxlength 개의 글자를 저장할 수 있다(즉, 이 버퍼는 result_maxlength + 1 바이트를 사용할 수 있다).

P7.10 사용자가 Q를 눌러서 입력을 종료할 때까지 cin으로부터 데이타를 읽는 함수 int* read_data(int& size)를 작성하라. 이 함수는 size 참조 파라미터를 수치 입력 수로 설정해야 한다. 힙(heap)의 배열에 대한 포인터를 반환하라. 이 배열은 정확하게 size 개의 원소를 가져야 한다. 물론, 시작할 때는 사용자가 몇 개의 원소를 입력할지 알 수 없다. 10개 원소의 배열로 시작하고, 배열이 찰 때마다 크기를 두 배로 한다. 최종적으로는, 맞는 크기의 배열을 할당하고, 모든 입력을 거기에 복사하라. 중간 단계에서의 배열들을 필히 삭제하라.

P7.11 맨 아래 카운터들의 막대 차트를 출력해서 갈튼 보드 시뮬레이션을 개선하라. 막대는 숫자들의 마지막 행 밑에 수직으로 그려라.

```
1  18  64 149 239 265 186  61  15   2
    *   *   *   *   *   *   *   *
        *   *   *   *   *   *
        *   *   *   *   *   *
            *   *   *   *
            *   *   *   *
            *   *   *   *
            *   *   *   *
                *   *   *
                *   *   *
                *   *
                *   *
                *   *
                    *
```

P7.12 *How to* 7.1의 복사기 시뮬레이션을 완성시켜라. 프로그램은 우선 메인 메뉴

```
U)ser A)dministrator Q)uit
```

를 보여줘야 한다. 사용자에 대해서는, ID와 매수를 입력 받고, 해당 계좌를 증가시키고, 메인 메뉴로 돌아간다.
관리자에 대해서는 다음 메뉴를 보여준다:

```
B)alance M)aster P)roject
```

잔고 옵션 때는, 마스터 계좌와 10개의 프로젝트 계좌들의 잔고를 보여준다. 마스터 옵션 때는, 사용자 ID를 입력 받고 그를 마스터 계좌에 연결시킨다. 프로젝트 옵션 때는 사용자 ID와 프로젝트 ID를 입력 받는다. 그런 후, 메인 메뉴로 돌아간다.

P7.13 여러 줄의 텍스트를 읽고 char buffer[1000]에 덧붙이는 프로그램을 작성하라. cin.get(ch)를 호출해서 한 번에 한 글자씩 읽어라. 여기서 ch는 char 타입 변수이다. 입력 전향(특강 4.3)을 사용하라. 1000개의 글자를 읽고 정지하라. 텍스트를 읽어들일 때 새 줄 글자 '\n'을 '\0' 터미네이터로 모두 교체하라. 배열 char* lines[100]을 그 포인터들이 텍스트 줄들의 시작을 가리키도록 설정한다. 입력의 줄 수가 100을 넘더라도 100줄까지만 고려하고, 마지막 입력 줄부터 시작해서, 역순으로 줄들을 표시하라.

P7.14 연습문제 P7.13의 프로그램은 1000글자 또는 100줄까지 입력을 처리할 수 있다는 사실로 제한된다. 이 제한을 다음과 같이 제거하라. 입력을 하나의 기다란 string 객체에 이어 넣어라. c_str 멤버 함수를 사용해서 문자열의 글자 버퍼에 대한 char*를 얻어라. 줄들의 시작을 vector<char*>로서 저장하라.

P7.15 연습문제 P7.14는 string 및 vector 클래스들을 이용해서 크기 조절이 가능한 배열을 구현하는 방법을 보여줬다. 이 연습문제에서는 그 능력을 수동으로 구현해야 한다. 힙으로부터 1000글자 짜리 버퍼를 할당하라(new char[1000]). 버퍼가 찰 때마다, 두 배 크기의 버퍼를 할당하고, 버퍼 내용을 복사하고, 구 버퍼를 삭제하라. char* 포인터 배열에 대해서도 똑같이 하라—new char*[100]로 시작해서 크기를 계속 두 배로 키운다.

P7.16 연습문제 P7.13을 다음과 같이 수정하라. 우선 입력된 순서로 줄들을 출력하고, 그러고 나서 정렬된 순서로 출력한다. 줄들을 정렬할 때, lines 배열의 포인터들만 재배치하라.

P7.17 긴 문서를 읽다 보면 여러 단어가 여러 번 나올 확률이 높다. 각 단어를 저장하는 대신에, 유일한 단어들만을 저장하고, 문서를 유일한 단어들에 대한 포인터들의 벡터로 표현하면 좋을 것이다. 이 전략을 구현하는 프로그램을 작성하라. cin으로부터 한 번에 한 단어씩 읽어라. 단어들의 vector<char*>를 사용하라. 새로운 단어가 이 벡터에 담겨 있지 않으면, 메모리를 할당하고, 그 단어를 그 안에 복사해 넣고, 새 메모리에 대한 포인터를 덧붙여라. 만일 단어가 이미 들어 있으면, 기존 단어에 대한 포인터를 덧붙여라.

P7.18 과목들의 이름과 vector<Course*>를 갖는 구조체 Student를 정의하라. 등록한 학생들의 이름과 vector<Student*>를 갖는 구조체 Course를 정의하라.

학생의 이름과 그 학생이 등록한 모든 과목들의 이름들을 출력하는 함수 void print_student(Student* s)를 정의하라. 과목의 이름과 그 과목의 모든 학생들의 이름들을 출력하는 함수 void print_course(Course* c)를 정의하라.

두 벡터를 모두 갱신하면서, 특정 과목에 특정 학생을 등록하는 함수 void enroll (Student* s, Course* c)를 정의하라.

main 함수에서 몇몇 학생들 및 과목들을 정의하고, 그 과목들에 학생들을 등록하라. 그런 다음, 모든 학생들에 대해서는 print_student, 모든 과목들에 대해서는 print_course를 호출하라.

엔지니어링 P7.19 측정값들을 모으고, 그들을 처리하는 장치를 시뮬레이션하는 프로그램을 작성하라.

gather 함수는 데이타 값들(0에서 100 사이의 랜덤한 정수로 시뮬레이션하도록 한다)을 모으고, 그들을 배열에 넣는다. 배열이 꽉 차면, gather 함수는 new_array 함수를 호출해서 채울 새 배열을 요청한다.

process 함수는 데이타 값을 처리한다(이 연습문제에 대해서는 단순히 최대, 최소, 평균을 계산하기 위한 전역 변수를 갱신한다). 배열의 끝에 도달하면, 함수 next_array를 호출해서 처리할 새 배열을 요청한다.

gather 함수가 배열들을 채우는 속도가 process 함수가 그들을 처리하는 속도보다 빠를 수 있으므로, 채워진 배열들에 대한 포인터들을 다른 배열에 저장하라. new_array 및 next_array 함수들은 그 포인터 배열을 사용해야 한다.

실제 장치에서는 데이타 수집과 처리가 병렬로 일어난다. 이 사실을 main에서 gather 함수와 process 함수를 랜덤하게 호출해서 시뮬레이션하라.

엔지니어링 P7.20 동심 원형 트랙을 운전자가 없는 열차들이 도는 '대중 이동' 시스템을 위한 제어 소프트웨어를 시뮬레이션하는 프로그램을 작성하라. 스위치들에 의해 열차들이 트랙을 바꿀 수 있다.

프로그램에서 바깥 트랙과 안 트랙이 열 개의 구간으로 분할되어야 한다. 각 트랙 구간에는 시계 아니면 반시계 방향으로 움직이는 열차가 있을 수 있다. 열차는 그의 트랙의 인접 구간으로 이동하거나, 또는, 만일 그 구간이 점유되어 있으면, 다른 트랙의 인접 구간으로 이동한다.

`Segment` 구조체를 정의하라. 각 구간은 그 트랙의 다음 구간과 이전 구간에 대한 포인터, 다른 트랙의 다음 구간과 이전 구간에 대한 포인터, 열차 지시기–0(비어 있다), +1(열차가 시계 방향으로 움직인다), 또는 –1(열차가 반시계 방향으로 움직인다)–를 가진다. 이 시스템에 랜덤한 구간에 네 대의 열차를, 각 방향으로 두 대씩 운행시켜라. 각 단계의 트랙들과 열차들을 다음과 같이 표시하라.

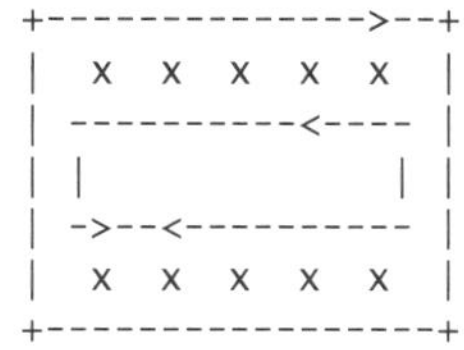

```
+-------------->--+
|  x  x  x  x  x  |
| ----------<---- |
| |             | |
| ->--<---------- |
|  x  x  x  x  x  |
+-----------------+
```

두 직사각형은 트랙을 나타낸다. 열차가 안팎의 트랙 간에 스위치할 수 있게 해주는 각 스위치는 x로 표시되어 있다. 각 열차는 현재 방향을 나타내도록 > 또는 <로 그린다. 프로그램은 50회를 보여줘야 한다. 각 회에서 모든 열차는 한 번씩 움직인다.

자체 검사 질문에 대한 답

1. `1`
`2`
2. `2 2`
3. `30`
4. `25`
5. 15와 변수 a의 메모리 주소. 이 주소는 프로그램 실행 때마다 달라질 수 있다.
6. `2 0 5`
7. `2 3 0`
8. `2 3 5`
9. `4 5`
10. `void squares(int n, int* result)`
11. 15: `'H''e''l''l''o'','' ''W''o''r''l''d''!''\n''\0'`

12. 널 터미네이터는 세지 않으며, '\n'은 한 문자로 센다.

13. `char* p = "Hello";`

14. 이 명령문을 컴파일 되지만, 엉터리 결과를 낸다. "Agent"의 타입은 char* 이다. char*에 정수를 더하는 것은 적법하다. 그 결과는 배열의 시작으로부터 일곱 글자 떨어진 포인터이다. 이 배열은 6 글자만을 포함하므로, 결과는 메모리의 다른 어딘가를 가리킨다. title 문자열은 제로를 만나게 될 때까지 발견되는 글자들로 구성될 것이다. 그 결과는 예측 불가능하다.

15. `int number = atoi(input.c_str());`

16. 3

17. 0 1 4

18. 접근 p[10]은 불법이다; 반환된 배열의 원소들의 인덱스는 0 ... 9이다.

19. p는 원소 2, 3, 5, 7, 11, 0, 0, 0, 0, 0를 갖는 크기가 10인 배열을 가리킨다.

20. 더 이상 필요하지 않게 되면, 반환된 포인터에 대해 delete[]를 호출한다.

21. 그렇게 하면 첫 행의 원소 수는 0이 될 것이며, 마지막 행은 9개의 원소를 가질 것이다.

22. 프로그램은 컴파일 될 것이다. counts[1]은 int* 포인터이며, [2]를 적용하는 것은 적법하다. counts[1][2]는 메모리 주소 counts[1] + 2에 접근할 것이나, 유감스럽게도 이것은 어떤 다른 메모리를 가리킨다. 그 메모리가 덮어 쓰여질 것이며, 그 영향을 예측하는 것은 불가능하다.

23.
```
int* triangular_array[10];
for (int i = 0; i < 10; i++)
{
   triangular_array[i] = new int[10 - i];
}
```

24. <vector> 헤더를 include시키고, counts의 선언을 vector<int*> counts(10)으로 바꾼다. 프로그램의 나머지 부분을 바꿀 필요가 없다.

25. counts의 선언을 vector<int> counts[10]으로 바꾼다. 행 할당 루프 본체는 다음과 같이 바꾼다.

```
counts[i] = vector<int>(i + 1);
```

할당 해제 루프는 뺀다.

26.

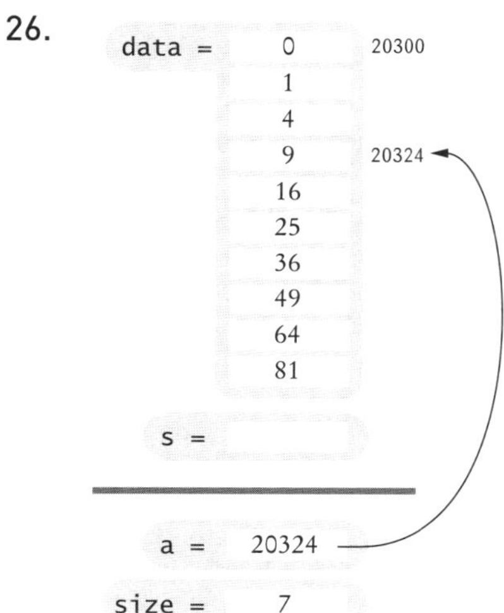
data =
0
20300
1
4
9
20324
16
25
36
49
64
81
s =
a =
20324
size =
7

27.

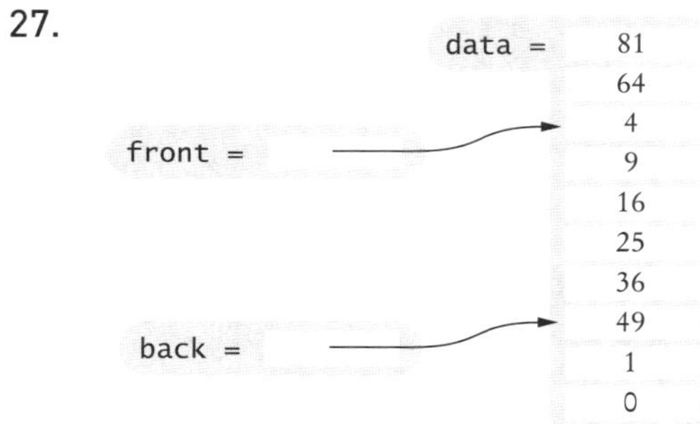
data =
81
64
4
9
16
25
36
49
1
0
front =
back =

28.

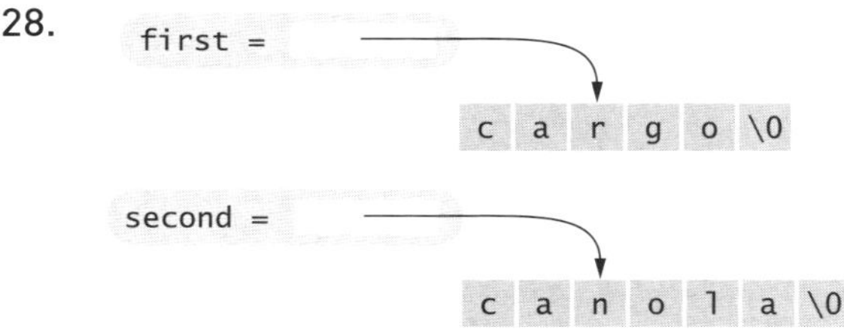
first =
c a r g o \0
second =
c a n o l a \0

29.

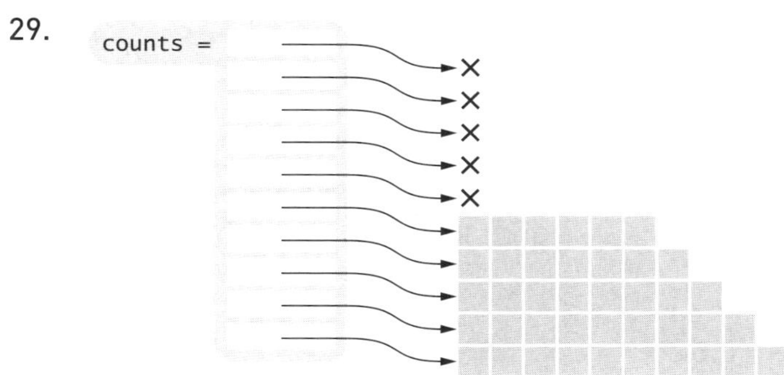
counts =

30.

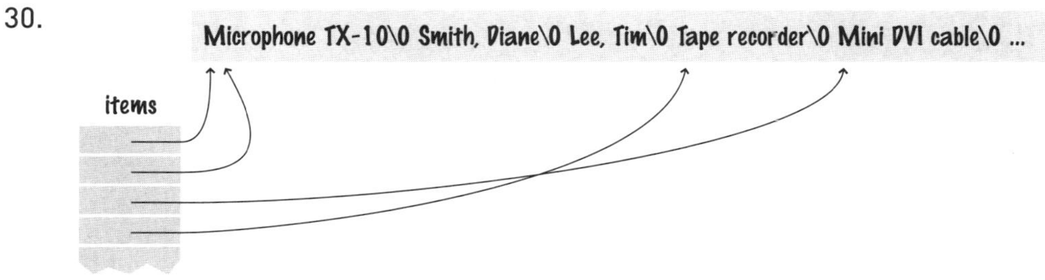
Microphone TX-10\0 Smith, Diane\0 Lee, Tim\0 Tape recorder\0 Mini DVI cable\0 ...
items

31.
```
StreetAddress state_dept;
state_dept.house_number = 2201;
state_dept.street_name = "C Street NW";
```

32.
```
StreetAddress* state_dept = new StreetAddress;
state_dept->house_number = 2201;
state_dept->street_name = "C Street NW";
```

33.
```
struct Date
{
   string month; // It is also OK to define month as an int
   int day;
};
```

34.
```
Date independence_day;
independence_day.month = "July";
independence_day.day = 4;
```

35.
```
cout << harry.office->house_number << " " << harry.office->street_name;
```

office가 포인터이므로 화살표를 사용해야 한다.

CHAPTER 08 스트림

Streams

목표

파일을 읽고 쓸 수 있기

문자열 스트림을 이용해서 문자열과 수 간에 전환하기

명령줄 인수를 처리하기

순차 및 랜덤 접근의 개념을 이해하기

내용

이 장에서는 C++ 스트림 라이브러리를 이용해서 파일을 읽고 쓰는 방법을 배운다. 실세계 데이타를 처리하기 위한 매우 유용한 기술이다. 응용으로서, 데이타를 암호화하는 방법을 배운다(왼쪽에 보인 수수께끼 기계는 독일군이 세계 2차 대전 때 사용한 암호화 장치이다. 선구자적인 영국의 컴퓨터 과학자가 코드를 풀어서, 암호화된 메시지를 가로챌 수 있었으며, 전쟁에 이기는데 큰 도움이 되었다). 이 장의 뒷부분에서는 영상 데이타를 저장하는 것 같은 이진 파일을 처리하는 방법을 배운다.

8.1 텍스트 파일을 읽고 쓰기

C++ 입력/출력 라이브러리는 **스트림** 개념에 기반한다. 입력 스트림은 데이타의 소스이며, 출력 스트림은 데이타의 목적지이다. 데이타의 가장 보편적인 소스와 목적지는 하드디스크의 파일이다.

데이타는 컨베이어 벨트 위의 품목들처럼, 한 번에 하나씩 입력 스트림에 도착한다.

파일을 읽거나 쓰려면, fstream, ifstream, 또는 ofstream 타입의 변수를 사용한다.

파일에 접근하려면, 파일 스트림을 사용한다. 파일 스트림에는 세 가지가 있다. ifstream(입력용), ofstream(출력용), fstream(입출력 공용). 이 파일 스트림들을 사용할 때는 <fstream> 헤더를 인클루드시켜야 한다.

다음 절들에서는, 파일로부터의 데이타를 처리하는 방법을 배운다. 파일에 저장되어 있는 다량의 데이타를 분석하는 일이 지극히 보편적이기 때문에, 파일 처리는 여러 분야에서 매우 중요한 기술이다.

8.1.1 스트림 열기

파일 스트림으로부터 뭔가를 읽으려면, 파일을 열어야 한다. 스트림을 열 때는 디스크에 저장된 파일의 이름을 준다. 프로그램과 같은 디렉터리에 있는, 이름이 input.dat인 파일로부터 데이타를 읽으려 한다고 하자. 그러면 그 파일을 열기 위해서 다음의 함수 호출을 사용한다.

```
in_file.open("input.dat")
```

파일 스트림을 열 때는 디스크에 저장된 파일의 이름을 공급한다.

이 명령문은 변수 in_file을 이름이 input.dat인 파일과 연관 짓는다.

모든 스트림은 객체이며, 그들을 다루는 함수를 호출하기 위하여 점 표기를 사용한다.

쓰기용으로 파일을 열려면, ofstream 변수를 사용한다. 읽기 및 쓰기 겸용으로 파일을 열기 위해서는, fstream 변수를 사용한다.

파일 이름에는 다음과 같이 디렉터리 경로 정보가 프함될 수 있다.

```
~/homework/input.dat (UNIX)
c:\homework\input.dat (Windows)
```

파일 이름을 문자열 리터럴로써 명시하고, 그 이름이 역방향 빗금(backslash) 글자를 포함할 때는(윈도우즈 파일 이름에서와 같이), 각 역방향 빗금을 **두 번** 공급해야 한다.

```
in_file.open("c:\\homework\\input.dat");
```

문자열 리터럴 안의 하나의 역방향 빗금은 다른 글자와 결합해서, 새 줄 글자용 \n와 같이 특별한 의미를 형성하는 **이스케이프 글자(escape character)**이다. \\는 하나의 역방향 빗금을 나타낸다.

string 변수에 저장된 이름을 전달하려면, c_str 함수를 사용해서 C++ string을 C 문자열로 전환한다:

```
cout << "Please enter the file name:";
string filename;
cin >> filename;
ifstream in_file;
in_file.open(filename.c_str());
```

프로그램이 끝날 때, 열려 있는 모든 스트림이 자동으로 닫힌다. 물론 close 멤버 함수를 사용해서 수동으로 스트림을 닫을 수도 있다:

```
in_file.close();
```

수동 닫기는 스트림 변수를 다른 파일을 처리하기 위해 다시 사용하기를 원할 때만 필요하다.

8.1.2 파일로부터 읽기

cin을 사용할 때와 똑같은 작업으로 파일 스트림으로부터 읽는다.

파일 스트림으로부터 데이타를 읽는 것은 아주 쉽다. 단순히 cin으로부터 읽기 위해 항상 사용했던 것과 똑같은 함수들을 사용한다:

```
string name;
double value;
in_file >> name >> value;
```

fail 함수는 입력이 실패했는지를 알려준다. 이미 cin과 함께 이 함수를 사용해서 콘솔 입력 때의 오류를 검사했다. 파일 스트림도 같은 방식으로 진행된다. 파일로부터 수를 읽으려 하는데, 그 다음 데이타가 적절한 형식을 갖춘 수가 아닐 때, 스트림이 실패한다. 데이타를 읽은 후, 처리하기 전에 성공 여부를 검사해야 한다:

```
if (!in_file.fail())
{
   Process input.
}
```

대안으로, >> 연산자가 "not failed" 조건을 반환한다는 사실을 이용해서, 입력 명령과 테스트를 결합할 수 있다:

```
if (in_file >> name >> value)
{
   Process input.
}
```

문법 8.1　파일 스트림 다루기

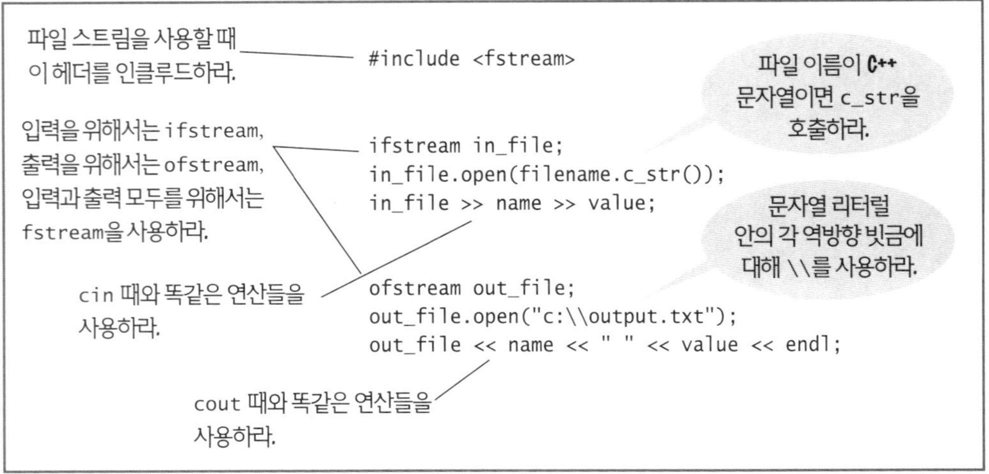

파일로부터 입력을 읽을 때, 수 형식 오류만이 실패의 원인인 것은 아니다. 파일에 있는 모든 데이타를 소모했는데, 더 읽으려 한다고 하자. cin이 단순히 사용자 입력을 더 기다리는 반면, 파일 스트림은 실패 상태로 들어간다. 게다가, 파일을 여는데 그 이름이 무효하다든지, 또는, 그런 이름의 파일이 없다든지 할 때도, 파일 스트림이 역시 실패 상태에 들어간다. open을 호출한 직후에 실패 여부를 검사하는 것이 좋다.

8.1.3 파일에 쓰기

cout 때 사용한 것과 똑같은 연산들에 의해 파일 스트림에 써라.

파일에 쓰기 위해서는 ofstream 또는 fstream 변수를 정의하고 그를 연다. 그런 후, cout 때와 똑 같은 연산들을 사용해서 출력 파일에 정보를 보낸다:

```
ofstream out_file;
out_file.open("output.txt");
out_file << name << " " << value << endl;
```

8.1.4 파일 처리 예

다음은 파일의 데이타를 처리하는 대표적인 예이다. 사회보장국은 그들의 웹 사이트 http://www.ssa.gov/OACT/babynames/에 가장 인기 있는 아기 이름들을 발표한다. 특정 10년 동안의 가장 인기 있는 1000개의 이름을 문의하면, 브라우저가 그 결과를 스크린에 표시한다(그림 8.1 참고).

데이타를 텍스트로 저장하려면, 그를 선택해서 파일에 붙여넣기 한다. 이 책의 부록 코드에 1990년대의 데이타가 포함된 babynames.txt라는 이름의 파일이 있다.

그 파일의 각 줄에는 일곱 개의 항목이 있다:

- 순위(1부터 1000)
- 이름, 빈도, 그 순위의 남아 이름의 백분율
- 이름, 빈도, 그 순위의 여아 이름의 백분율

예를 들어, 다음 줄

```
10  Joseph  260365  1.2681  Megan  160312  0.8168
```

은 10번째로 흔한 남아 이름이 260,365명 또는 그 기간 동안의 1.2681 퍼센트의 Joseph임을 보여준다. 10번째로 흔한 여아 이름은 Megan이다. Joseph이 Megan보다 훨씬 많은 이유는? 부모들이 더 큰 여아 이름 집합을 사용하기 때문에 각각의 이름이 덜 흔한 것으로 보인다.

목록의 남아와 여아의 상위 50%의 이름을 분석해서 이 추측을 테스트해보자.

개인 용품 판매자들은 사회보장국으로부터의 데이타 파일들을 처리해서, 인기 있는 이름들의 동향을 알아낼 수 있다.

각 줄을 처리하기 위해서, 우선 순위를 읽는다:

```
int rank;
in_file >> rank;
```

그런 다음, 남아들의 이름의 세 값의 집합을 읽는다:

```
string name;
int count;
double percent;
in_file >> name >> count >> percent;
```

그런 다음, 이 단계를 여아들에 대해서 반복한다.

이 동작들이 같으므로 이 용도의 도우미 함수 process_rame을 공급한다. 50%에 도달한 후에 처리를 중단하기 위해서, 빈도를 누적하고 50%에 도달할 때 멈춘다. 그러나, 합계를 50으로 초기화하고 빈도를 빼나가는 것이 약간 더 간단하다고 밝혀져 있다. 남아들과 여아들에 대해 별도의 합계가 필요하다. 합계가 0 아래로 떨어질 때, 출력을 중단한다. 두 합계가 모두 0 밑으로 내려갈 때, 읽기를 중단한다.

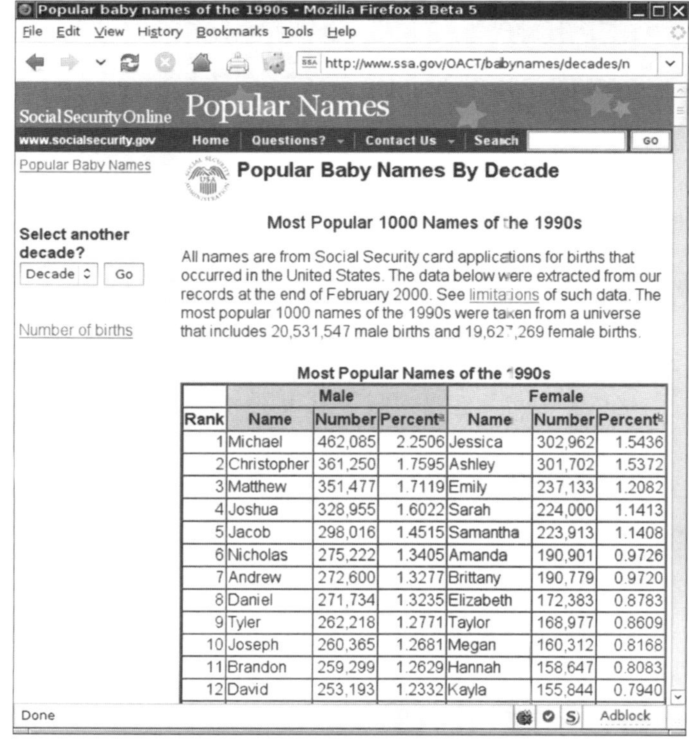

Rank	Male			Female		
	Name	Number	Percent	Name	Number	Percent
1	Michael	462,085	2.2506	Jessica	302,962	1.5436
2	Christopher	361,250	1.7595	Ashley	301,702	1.5372
3	Matthew	351,477	1.7119	Emily	237,133	1.2082
4	Joshua	328,955	1.6022	Sarah	224,000	1.1413
5	Jacob	298,016	1.4515	Samantha	223,913	1.1408
6	Nicholas	275,222	1.3405	Amanda	190,901	0.9726
7	Andrew	272,600	1.3277	Brittany	190,779	0.9720
8	Daniel	271,734	1.3235	Elizabeth	172,383	0.8783
9	Tyler	262,218	1.2771	Taylor	168,977	0.8609
10	Joseph	260,365	1.2681	Megan	160,312	0.8168
11	Brandon	259,299	1.2629	Hannah	158,647	0.8083
12	David	253,193	1.2332	Kayla	155,844	0.7940

그림 8.1 아기 이름 질문하기

스트림을 위해서는 항상 참조 파라미터를 사용하자.

아래 코드의 `process_name` 함수의 `in_file` 파라미터 변수가 참조 파라미터임을 주목하자. 읽기 또는 쓰기가 스트림 변수를 변경한다. 이 스트림 변수는 이제까지 읽힌 또는 쓰인 글자 수를 모니터한다. 아무 읽기 또는 쓰기 연산이든 그 데이타를 바꾼다. 그 때문에, 스트림 파라미터 변수를 항상 참조 파라미터로 만들어야 한다.

완성된 프로그램이 아래와 같다. 볼 수 있듯이, 파일로부터 읽는 것은 키보드 입력을 읽는 것만큼 쉽다.

프로그램 출력을 보자. 놀랍게도, 단 69개의 남아 이름과 153개의 여아 이름이 인구의 반을 차지한다. 개인용품을 만드는 사업자들에게는 이것은 좋은 소식이다. 연습문제 P8.10에서는 수년 간 이 분포가 어떻게 변해왔는지를 분석해야 한다.

ch08/babynames.cpp

```
#include <iostream>
#include <fstream>
#include <string>

using namespace std;

/**
   Reads name information, prints the name if total >= 0, and adjusts the total.
   @param in_file the input stream
   @param total the total percentage that should still be processed
*/
void process_name(ifstream& in_file, double& total)
{
   string name;
   int count;
   double percent;
   in_file >> name >> count >> percent;

   if (in_file.fail()) { return; } // Check for failure after each input
   if (total > 0) { cout << name << " "; }
   total = total - percent;
}

int main()
{
   ifstream in_file;
   in_file.open("babynames.txt");
   if (in_file.fail()) { return 0; } // Check for failure after opening

   double boy_total = 50;
   double girl_total = 50;

   while (boy_total > 0 || girl_total > 0)
   {
      int rank;
      in_file >> rank;
      if (in_file.fail()) { return 0; }

      cout << rank << " ";

      process_name(in_file, boy_total);
      process_name(in_file, girl_total);

      cout << endl;
   }

   return 0;
}
```

실행 결과

```
1 Michael Jessica
2 Christopher Ashley
3 Matthew Emily
4 Joshua Sarah
5 Jacob Samantha
6 Nicholas Amanda
7 Andrew Brittany
8 Daniel Elizabeth
9 Tyler Taylor
10 Joseph Megan
...
68 Dustin Gabrielle
69 Noah Katie
70 Caitlin
71 Lindsey
...
150 Hayley
151 Rebekah
152 Jocelyn
153 Cassidy
```

1. `in_file.open("")`이라고 호출하면 어떻게 되나?
2. 다음 코드에서 잘못된 것은?

```
ifstream out_file;
out_file.open("output.txt");
out_file << "Hello, World!" << endl;
```

3. 다음 함수에서 잘못된 것은?

```
double sum(ifstream in)
{
   double total = 0;
   double input;
   while (in >> input) { total = total + input; }
   return total;
}
```

4. 인구의 10%를 차지하는 가장 흔한 이름을 얻도록 `babynames.cpp`을 변경하라.
5. 프로그램 출력이 파일 `00`에 저장되도록 `babynames.cpp` 프로그램을 변경하라.

Practice It 이제 다음 연습문제들에 대해 답할 수 있다: R8.3, R8.6, P8.1.

8.2 텍스트 입력 읽기

다음 절들에서는 실생활 상황에서 흔히 일어나는 것 같은 복잡한 내용의 텍스트를 처리하는 방법을 배운다.

8.2.1 단어 읽기

우리는 >> 연산자를 사용해서 스트림으로부터 다음 단어를 읽는 방법을 이미 알고 있다:

>> 연산자로 문자열을 읽을 때, 단어들 사이의 공백(white space)은 소모된다.

```
string word;
in_file >> word;
```

이 연산이 실행될 때 정확히 다음과 같은 일이 일어난다. 첫째, 공백에 해당하는 입력 글자들이 스트림으로부터 제거되며, 그들은 단어에 더해지지 않는다. 공백(white space)에는 빈칸(space), 탭 글자, 줄을 구분하는 새줄(newline) 글자가 포함된다. 공백이 아닌 첫 글자가 문자열 word의 첫 글자가 된다. 다른 공백 글자가 발생하거나 파일의 끝에 도달할 때까지 글자들이 더해진다. 단어 다음의 공백은 스트림으로부터 제거되지 않는다.

8.2.2 글자 읽기

스트림으로부터 개별 글자들을 얻고(get), 마지막 글자를 반환(unget)할 수 있다.

전체 단어를 읽는 대신, get 함수를 사용해서 한 번에 한 글자씩 읽을 수 있다:

```
char ch;
in_file.get(ch);
```

get 함수는 "not failed" 조건을 반환한다. 다음 루프는 파일의 모든 글자를 처리한다.

```
while (in_file.get(ch))
{
   Process the character ch.
}
```

get 함수는 공백 글자들을 읽는다. 빈칸, 탭, 새줄 같은 글자들을 처리하기를 원한다면, 이것은 유용하다. 그 반면에, 공백에 관심이 없을 때는 >> 연산자를 대신 사용하자:

```
in_file >> ch; // ch가 그 다음 비공백 글자로 설정된다
```

글자를 읽었는데 후회한다면, 그 다음 입력 연산이 그를 다시 읽을 수 있도록 **반환**(*unget*)할 수 있다. 그러나, 마지막 글자만을 반환할 수 있다. 이를 **한 글자 미리보기**(*one-character lookahead*)라고 부른다. 입력 스트림의 그 다음 글자를 들여다 볼 수 있으며, 그러면 그를 소모할 것인지 또는 되돌려 놓을 것인지를 결정할 수 있다.

미리보기를 위한 대표적 상황은 수들을 들여다 보는 것이다:

```
char ch;
in_file.get(ch);
if (isdigit(ch))
{
   in_file.unget(); // 숫자가 수의 일부가 되도록 되돌려 놓는다
   int n;
   data >> n; // Read integer starting with ch
}
```

isdigit 함수는 글자들을 분류하는 유용한 함수들 중 하나이다(표 8.1 참고). 인수가 테스트를 통과했는지 여부에 따라 모두 true 또는 false를 반환한다. 이 함수들을 사용하려면 <cctype> 헤더를 인클루드시켜야 한다.

8.2.3 줄 읽기

getline 함수로 입력 줄을 읽고, 처리할 수 있다.

파일의 각 줄이 데이타 레코드일 때, 보통 줄 전체를 getline 함수로 읽는 것이 최선이다:

```
string line;
getline(in_file, line);
```

스트림으로부터 한 글자를 읽었는데, 싫다면 반환할 수 있다.

그 다음 입력 줄(newline 글자 빼고)이 문자열 line에 들어간다.

getline 함수는 "not failed" 조건을 반환한다. 다음 루프를 이용해서 파일의 각 줄을 처리할 수 있다.

```
while (getline(in_file, line))
{
   Process line.
}
```

getline이 멤버 함수가 아니고, 점 표기로 호출되지 않는 보통 함수임을 주목하자.

다음은 파일의 줄들을 처리하는 대표적인 예이다. CIA 세계 팩트북 사이트(https://www.cia.gov/library/publications/theworld-factbcok/index.html)로부터의 인구 데이타 파일은 다음과 같은 줄들을 포함한다.

```
China  1330044605
India  1147995898
United States 303824646
...
```

각 줄이 데이타 레코드이므로, 줄들을 문자열 변수에 읽어들이기 위한 getline 함수를 이용하는 것은 당연하다. 그 문자열로부터 데이타를 추출하기 위해서는, 이름이 끝나고 숫자가 시작하는 곳을 찾아내야 한다.

첫 번째 숫자의 위치를 찾아낸다:

```
int i = 0;
while (!isdigit(line[i])) { i++; }
```

표 8.1 <cctype>의 글자 함수들	
함수	용인되는 글자들
isdigit	0 ... 9
isalpha	a ... z, A ... Z
islower	a ... z
isupper	A ... Z
isalnum	a ... z, A ... Z, 0 ... 9
isspace	공백(빈칸, 탭, newline, 그리고 거의 사용되지 않는 캐리지 리턴(carriage return), 폼 피드(form feed), 수직 탭)

그 다음, 거꾸로 가서 공백을 건너뛴다:

```
int j = i - 1;
while (isspace(line[j])) { j--; }
```

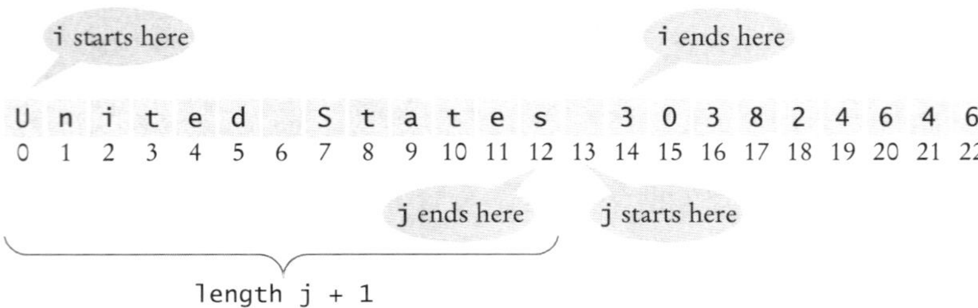

끝으로, 국가 이름과 인구를 추출한다:

```
string country_name = line.substr(0, j + 1);
string population = line.substr(i);
```

딱 한 가지 문제가 있다. 인구가 숫자가 아닌 문자열로 저장된다. 8.4절에서 스트림을 사용해서 인구 수를 추출하는 방법을 볼 것이다.

6. 입력 스트림이 글자들 `6,995.0`을 포함한다고 하자. 다음 명령문들 후의 `number`와 `ch`의 값은?

```
int number;
char ch;
in_file >> number;
in_file.get(ch);
```

7. 입력 스트림이 글자들 `Hello, World!`를 포함한다고 하자. 다음 명령문들 후의 `word`와 `ch`의 값은?

```
string word;
char ch;
in_file >> word >> ch;
if (isupper(ch)) { in_file.unget(); in_file >> word; }
```

8. 입력 파일이 수 시퀀스를 포함하고 있으나, 때때로 어떤 값이 `N/A`(not available)로 표시되어 있다고 하자. 수들은 읽고 이 마커는 건너뛸 수 있는 방법은?

9. 다음 루프의 효과는?

```
char ch;
while (in_file.get(ch) && isspace(ch)) { }
in_file.unget();
```

10. 간단하게 다음 루프로 인구 데이타를 읽을 수 없는 이유는?

```
while (in_file >> country_name >> population)
{
   Process country name and population.
}
```

Practice It 이제 다음 연습문제들에 대해 답할 수 있다: P8.6, P8.7, P8.9.

8.3 텍스트 출력 쓰기

>> 연산자를 사용해서 문자열과 수를 스트림에 보낸다. 스트림에 한 글자를 쓰려면

```
out_file.put(ch);
```

을 사용한다. 출력 형식을 제어하려면 스트림 **조종자**(*manipulator*)를 사용한다. 조종자는 스트림의 동작에 영향을 주는 어떤 값이다. << 연산자를 사용해서 스트림에 보내진다. 우리가 이미 사용했던 `setw` 조종자가 대표적인 예이다. 명령문

```
out_file << setw(10);
```

다음 출력의 폭을 설정하려면 setw 조종자를 사용하라.

는 당장 출력을 만들지 않으며, 그 다음 항목이 쓰여질 때, 출력이 열 글자를 차지하도록 충분한 빈칸들로 패딩된다(주어진 폭에 값이 맞지 않더라도 잘리지 않는다).

예를 들어, 시와 분을 09:01처럼 출력할 때와 같이, 때로는 수의 앞을 0으로 패딩할 필요가 있다. 이것은 `setfill` 조종자를 사용해서 달성된다:

```
out_file << setfill('0') << setw(2) << hours
   << ":" << setw(2) << minutes << setfill(' ');
```

이러면, 필드를 패딩하는 데 0이 사용되며, 그 후에 빈칸이 채움 글자(fill character)로 복원된다.

디폴트로, 채움 글자는 항목 앞에 등장한다:

```
out_file << setw(10) << 123 << endl << setw(10) << 4567;
```

은 다음을 만든다.

```
       123
      4567
```

조종자는 사운드 믹서의 제어 버튼과 같다. 출력을 만들지는 않지만, 출력이 어떠해야 하는지에 영향을 준다.

수들은 우측에 정렬된다. 이 정렬은 수들에 대해서는 좋지만, 문자열들에 대해서는 아니다. 대개, 우리는 문자열들이 왼쪽에 정렬되기를 원한다. 이 정렬을 설정하기 위해 `left`와 `right` 조종자를 사용한다. 다음 예는 문자열에 대해서는 좌측 정렬을 사용한 후, 수에 대해서는 우측 정렬로 되돌아온다:

```
out_file << left << setw(10) << word << right << setw(10) << number;
```

부동소수점 수들에 대한 디폴트 형식을 **일반**(*general*) 형식이라고 부른다. 이 형식은 **정밀도**(디폴트는 6)에 의해 지정된 만큼의 숫자들로 표시하며, 큰 수와 작은 수들에 대해서는 과학 표기로 바꿔 표시한다. 예를 들면,

```
out_file << 12.3456789 << " " << 123456789.0;
```

은

```
12.3457 1.23457e+08
```

로 표시한다. 고정(*fixed*) 형식은 모든 값에 대해 소수점 아래 자리 수를 같게 출력한다. 고정 형식으로는 의의 수들이 다음과 같이 표시된다.

```
12.345679 123456789.000000
```

소수점 아래 자리 수가 고정되게 부동소수점 수의 형식을 맞추려면 fixed와 setprecision 조종자를 사용하자.

이 형식을 선택하기 위해서는 fixed 조종자를 사용하고, 정밀도를 바꾸기 위해서는 setprecision 조종자를 사용하자.

예를 들면,

```
out_file << fixed << setprecision(2) << 1.2 << " " << 1.235
```

는

```
1.20 1.24
```

를 표시한다.

표 2가 스트림 조종자들을 요약한다. setw를 제외한 모든 조종자들이 스트림 객체의 상태를 후속 연산들 모두에 대해 설정함을 유념한다. 각 출력 연산 후에, 필드 폭이 0으로 리셋된다. 이 연산자들을 사용하려면 <iomanip> 헤더를 인클루드시켜야 한다.

11. 다음 명령문의 출력은?

```
cout << fixed << 123456.0;
```

12. 결과가 123456.00이 되려면 위 명령문을 어떻게 바꿔야 하는가?

13. 다음 명령문의 출력은?

```
cout << setw(8) << setfill('0') << 123456;
```

14. 다음 명령문의 출력은?

```
cout << setw(2) << setfill('0') << 123456;
```

표 8.2 스트림 조종자

조종자	용도	예	출력
setw	다음 항목만의 필드 폭을 설정한다.	`out_file << setw(6) << 123 << endl << 123 << endl << setw(6) << 12345678;`	123 123 12345678
setfill	필드를 패딩하는 채움 글자를 설정한다(디폴트 글자는 빈칸이다).	`out_file << setfill('0') << setw(6) << 123;`	000123
left	좌측 정렬을 선택한다.	`out_file << left << setw(6) << 123;`	123
right	우측 정렬(디폴트)을 선택한다.	`out_file << right << setw(6) << 123;`	123
fixed	부동소수점 수들에 대해 고정 형식을 선택한다.	`double x = 123.4567;` `out_file << x << endl << fixed << x;`	123.457 123.456700
setprecision	일반 형식을 위한 유효 숫자 자리수(고정 형식의 소수점 아래 자리수)를 설정한다.	`double x = 123.4567;` `out_file << fixed << x << endl << setprecision(2) << x;`	123.456700 123.46

15. 다음 명령 시퀀스가 수들을 정렬하지 못하는 이유는?

```
cout << setw(10) << setprecision(2) << fixed << 1.234 << endl << 56.7;
```

Practice It 이제 다음 연습문제들에 대해 답할 수 있다 : R8.7, R8.8, P8.18.

8.4 문자열 스트림

앞 절들에서 스트림들이 글자들을 파일로부터 읽고, 파일이 쓰는 방법을 봤다. istringstream 클래스는 문자열로부터 글자들을 읽고, ostringstream 클래스는 글자들을 문자열에 쓴다. 이것은 별로 관심을 끌지 못한다 — 우리는 이미 문자열의 글자들에 접근하고 바꾸는 방법을 알고 있다. 그러나, 이 문자열 스트림 클래스들은 다른 스트림 클래스들과 똑같은 **인터페이스(interface)**를 갖고 있다. 특히, 우리는 문자열에 포함된 수들을 읽고 쓰기 위해서 이미 익숙한 >>와 << 연산자들을 사용할 수 있다. 그런 이유로, istringstream과 ostringstream 클래스들을 어댑터(*adapter*)라고 부른다 — 이들이 문자열을 스트림 인터페이스에 적응시킨다. 문자열 스트림들을 사용할 때는 <sstream> 헤더를 인클루드시켜라.

다음은 대표적인 예이다. 문자열 date가 "January 24, 1973" 같은 날짜를 포함하고 있으며, 우리는 이를 월, 일, 년으로 분리하려 한다고 하자. 우선, istringstream 객체를 만든다. 그런 다음, str 함수를 사용해서 읽고자 하는 문자열로 스트림을 설정한다:

```
istringstream strm;
strm.str("January 24, 1973");
```

전원 플러그를 국제 아웃렛으로 전환하는 어댑터와 같이, 문자열 스트림 어댑터들은 문자열을 스트림으로서 접근할 수 있게 해준다.

istringstream을 사용해서 문자열 안의 수를 정수나 부동소수점 수로 전환하자.

그 다음, 단순히 >> 연산자를 사용해서 월, 일, 쉼표 구분자, 년도를 읽는다:

```
string month;
int day;
string comma;
int year;
strm >> month >> day >> comma >> year;
```

여기서 month는 "January", day는 24, year는 1973이다. 이 입력 명령문은 day와 year를 정수로 만든다. 이 문자열을 substr으로 분해했다면, 문자열들만을 얻었을 것이다.

사실상, 숫자를 포함하는 문자열을 정수 값으로 전환하는 것은 아주 빈번한 연산이므로, 이 용도의 도우미 함수를 작성해두면 좋다:

```
int string_to_int(string s)
{
   istringstream strm;
   strm.str(s);
   int n = 0;
   strm >> n;
   return n;
}
```

예를 들어, string_to_int("1973")은 정수 1973이다.

수 값을 문자열로 전환하려면 ostringstream을 사용하라.

문자열 스트림에 씀으로써, 정수 또는 부동 소수점 수를 문자열로 바꿀 수 있다. 먼저 ostringstream 객체를 만든다:

```
ostringstream strm;
```

그 다음에, << 연산자를 사용해서 스트림에 수를 더한다. 이 수가 글자 시퀀스로 전환된다:

```
strm << fixed << setprecision(5) << 10.0 / 3;
```

이제 스트림은 문자열 "3.33333"을 포함한다. 스트림으로부터 이 문자열을 얻으려면, str 멤버 함수를 호출한다:

```
string output = strm.str();
```

더 복잡한 문자열도 같은 방식으로 만들 수 있다. 다음은 월, 일, 년의 데이타 문자열을 만든다.

```
string month = "January";
int day = 24;
int year = 1973;
ostringstream strm;
strm << month << " " << day << ", " << year;
string output = strm.str();
```

여기서 output은 "January 24, 1973"이다. 정수인 일과 년을 문자열로 전환했다. 정수를 문자열로 전환하는 것도 아주 빈번한 연산이므로, 그를 위한 도우미 함수를 갖고 있으면 도움이 된다:

```
string int_to_string(int n)
{
   ostringstream strm;
   strm << n;
   return strm.str();
}
```

예로서, int_to_string(1973)은 문자열 "1973"이다.

16. 다음 명령문들 후에 n의 값은?

```
istrstream strm;
strm.str("123,456");
int n;
int m;
char ch;
strm >> n >> ch >> m;
n = 1000 * n + m;
```

17. string_to_int("123,456")은 무엇을 반환하는가?

18. string_to_int("$123")은 무엇을 반환하는가?

19. 다음 명령문들 후에 strm.str()의 값은?

```
istringstream strm;
strm.str("January 24, 1973");
```

20. 부동소수점 수를 문자열로 반환하는 함수를 작성하라. 소수점 아래 숫자 수를 위한 파라미터 변수를 제공하라.

Practice It 이제 다음 연습문제들에 대해 답할 수 있다: R8.9, P8.10, P8.13.

8.5 명령줄 인수

운영 체제와 사용된 C++ 개발 환경에 따라서, 프로그램을 시작시키는 방법이 다르다—예를 들면, 컴파일 환경에서 "Run"을 선택하거나, 아이콘을 클릭하거나, 명령 셸 창의 프롬프트에서 프로그램의 이름을 타이핑해서. 후자의 방법을 "명령줄에서 프로그램을 불러내기"라고 부른다. 이 방법을 사용할 때는 프로그램의 이름을 타이핑해야 하나, 프로그램이 사용할 수 있는 추가 정보도 타이핑해 넣을 수 있다. 이 추가 문자열들을 **명령줄 인수(command line argument)**라고 부른다. 예를 들면, 다음 명령줄

```
prog -v input.dat
```

로 프로그램을 실행시키면, 프로그램이 두 개의 명령줄 인수, 즉, 문자열 "-v"와 "input.dat"를 받는다. 이 문자열들로 무엇을 할 것인지는 전적으로 프로그램에 달려 있다. 관례적으로 하이픈(-)으로 시작하는 문자열들을 옵션으로 해석하며, 다른 문자열들은 파일 이름으로 해석한다.

명령줄로부터 시작하는 프로그램은 프로그램의 이름과 main 함수의 명령줄 인수들을 받을 수 있다.

명령줄 인수를 받으려면, main 함수를 달리 정의해야 한다. 두 개의 파라미터 변수, 즉, 하나의 정수와 char* 타입의 문자열 리터럴 배열을 정의한다:

```
int main(int argc, char* argv[])
{
   ...
}
```

여기서 argc는 인수들의 수이며, argv는 인수들의 값들을 포함한다. 우리의 예에서, argc는 3이며, argv는 세 개의 문자열

```
argv[0]:   "prog"
argv[1]:   "-v"
argv[2]:   "input.dat"
```

을 포함한다.

argv[0]가 항상 프로그램의 이름이며, argc는 항상 적어도 1임을 주목한다.

파일을 암호화, 즉, 뒤섞어서 해독 방법을 아는 이를 제외하고는 읽을 수 없게 만드는 프로그램을 작성해보자. 암호화 분야의 2000년 간의 진전을 무시하고, 우리는 A를 D로 바꾸고, B를 E로 바꾸는 등의 줄리어스 시저가 잘 사용한 방법을 사용할 것이다. 즉, 각 글자 c가 $c + 3$으로 대체된다(그림 8.2 참고).

이 프로그램은 다음의 명령줄 인수들을 취한다.

- 암호화 대신 해독을 나타내는 선택적 -d 플래그
- 입력 파일 이름
- 출력 파일 이름

예를 들면,

```
caesar input.txt encrypt.txt
```

는 파일 input.txt를 암호화하고, 결과를 encrypt.txt에 넣는다.

```
caesar -d encrypt.txt output.txt
```

는 파일 encrypt.txt를 해독하고, 그 결과를 output.txt에 넣는다.

줄리어스 시저는 메시지 암호화에 간단한 방법을 사용했다.

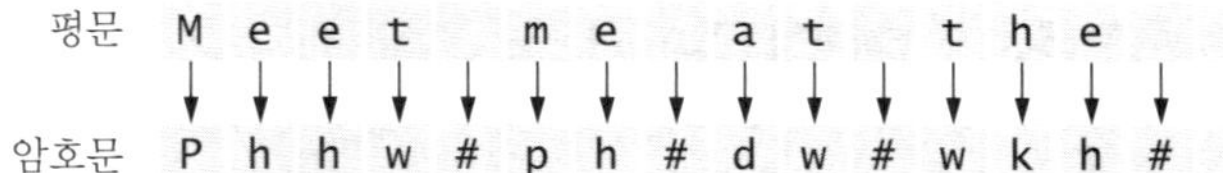

그림 8.2 시저 암호

ch08/caesar.cpp

```
#include <iostream>
#include <fstream>
#include <string>
#include <sstream>

using namespace std;

/**
   Encrypts a stream using the Caesar cipher.
   @param in the stream to read from
   @param out the stream to write to
   @param k the encryption key
*/
void encrypt_file(ifstream& in, ofstream& out, int k)
{
   char ch;
   while (in.get(ch))
   {
      out.put(ch + k);
   }
}

int main(int argc, char* argv[])
{
   int key = 3;
   int file_count = 0; // The number of files specified
   ifstream in_file;
   ofstream out_file;

   for (int i = 1; i < argc; i++) // Process all command-line arguments
   {
      string arg = argv[i]; // The currently processed argument
      if (arg == "-d") // The decryption option
      {
         key = -3;
      }
      else // It is a file name
      {
         file_count++;
         if (file_count == 1) // The first file name
         {
            in_file.open(arg.c_str());
            if (in_file.fail()) // Exit the program if opening failed
            {
               cout << "Error opening input file " << arg << endl;
               return 1;
            }
         }
         else if (file_count == 2) // The second file name
         {
            out_file.open(arg.c_str());
            if (out_file.fail())
            {
               cout << "Error opening output file " << arg << endl;
               return 1;
            }
```

```
            }
         }
      }

   if (file_count != 2) // Exit if the user didn't specify two files
   {
      cout << "Usage: " << argv[0] << " [-d] infile outfile" << endl;
      return 1;
   }

   encrypt_file(in_file, out_file, key);
   return 0;
}
```

21. 만일 프로그램이 `caesar -d encrypt.txt`으로 호출되면, `argc`는 얼마이며, `argv`의 원소들은 무엇인가?

22. 자체 검사 21에서와 같이 호출될 때 프로그램을 추적하라.

23. CAESAR를 시저 암호를 사용해서 암호화하라.

24. 빈칸(space)에 대해서는 프로그램은 무엇을 하는가?

Practice It 이제 다음 연습문제들에 대해 답할 수 있다: R8.11, P8.5, P8.17.

랜덤 팩트 8.1 암호화 알고리듬

이 장의 끝에 있는 연습문제들은 텍스트를 암호화하기 위한 알고리듬들을 제공한다. 연인한테 비밀 메시지를 보낼 때 거기에 있는 방법들을 사용하지 말라. 숙련된 암호 전문가라면 그 방법들을 아주 빠른 시간 내에 풀 수 있다, 즉, 비밀 키워드를 몰라도 원래 텍스트를 복구할 수 있다.

1978년도에 Ron Rivest, Adi Shamir, Leonard Adleman이 훨씬 더 강력한 암호화 방법을 소개했다. 그 방법은 발명자들의 이름을 따라 RSA로 불린다. 자세한 방법은 여기에 소개하기에는 너무 복잡하지만, 실제로는 이해하기에 어렵지 않다. 자세한 내용은 http://theory.lcs.mit.edu/~rivest/rsapaper.pdf에서 찾아 볼 수 있다.

RSA는 뛰어난 암호화 방법이다. 두 개의 키, 즉, 공개 키와 개인 키가 있다(그림 참고). 공개 키는 명함(또는 e-mail 서명 블록)에 인쇄해서 다른 이들에게 줄 수 있다. 그러면, 누구든 나만이 해독할 수 있는 메시지를 내게 보낼 수 있다. 비록 다른 모든 이들이 공개 키를 알고 있으며, 또한, 내게 오는 메시지를 가로챈다고 해도, 해독해서 메시지를 읽을 수 없다. 1994년에, 인터넷 상으로 공동 작업한 수백 명의 연구자들이 129개 숫자 키로 암호화된 메시지를 해독했다. 230개 숫자 이상으로 암호화된 메시지는 안전한 것으로 기대된다.

이 알고리듬의 발명자들은 특허를 받았다. 특허는 사회가 발명자와 맺는 합의이다. 20년 동안, 발명자는 독점적인 상용화 권리를 가지며, 그 발명품을 제조하기를 원하는 이들로부터 로열티를 받을 수 있으며, 경쟁자가 그를 전혀 사용하지 못하게 막을 수도 있다. 그 대가로, 발명자는 다른 이들이 배울 수 있도록 발명을 공개해야 하며, 독점 기간 종료 후에는 모든 청구권을 포기해야 한다. 특허 법이 없다면 발명자는 발명하려 수고하지 않을 것이며, 그들의 장치를 복제하는 것을 막기 위해 그들의 기법을 은폐하려 할 것이다.

RSA 특허에 관해서는 일부 논란이 있어 왔다. 특허 보호가 없었더라도, 이 발명자들이 방법을 공개했고, 그렇게 해서 20년 독점이라는 대가 없이 사회에 혜택을 제공했을까? 이 경우 그 대답은 아마도 그렇다이다. 발명자들은 판매 영수증보다는 월급으로 살아가고, 보통 그들의 발견에 대해 명성과 커리어가 높아짐으로써 보상을 받는 학문 연구자들이었다. 그들의 추종자들이 개선을 찾아내는 데(그리고 특허를 내는 데) 적극적이었나? 물론 알 수 있는 방법은 없다. 이 알고리듬이 특허에 해당하는가, 또는 아무에게도 속하지 않는 수학적 사실인가? 특허국은 후자의 자세를 오랫동안 견지했다. RSA 발명자들 및 많은 다른 이들이 이러한 제한을 피하가기 위해, 알고리듬보다는, 가상적인 전자 장치에 의해 그들의 발명을 기술했다. 요즘이라면 특허국은 소프트웨어 특허를 수여할 것이다.

RSA 스토리에는 또 다른 흥미로운 면이 있다. 프로그래머인 phil Zimmermann이 RSA에 기반한 PGP(*Pretty Good Privacy*)라고 불리는 프로그램을 개발했다.

누구든 메시지를 암호화하기 위해서 이 프로그램을 사용할 수 있으며, 해독은 가장 강력한 컴퓨터로 조차도 불가능하다. GNU 프로젝트 (http://www.gnupg.org)로부터 무료로 받을 수 있다. 강력한 암호화 방법의 존재는 미국 정부를 끊임없이 괴롭히고 있다. 범죄자들과 외국 기관들이 경찰과 정보 기관이 해독할 수 없는 통신을 보낼 수 있다. 정부는 그의 프로그램이 인터넷에 올라갈 수 있음을 그가 알고 있었어야 했다고 주장하며, Zimmermann을 승인 되지 않은 군수품 수출을 금지하는 법을 위반했다는 이유로 고소할 것을 고려하고 있다. 이러한 암호화 방법들을 시민들이 사용하거나 법률 집행으로부터 키를 비밀로 하는 것을 불법화하는 것이 진지하게 고려되어 왔다.

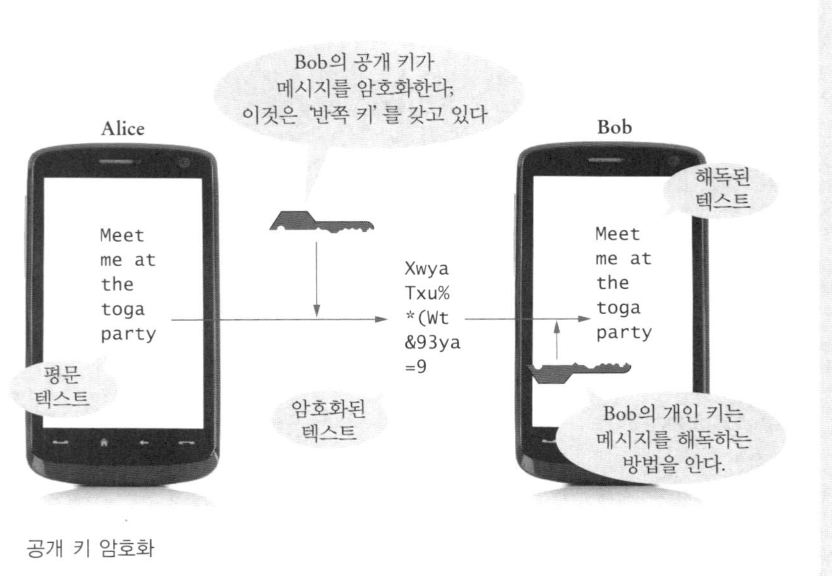

공개 키 암호화

How to 8.1 텍스트 파일 처리하기

실제 데이타를 담고 있는 텍스트 파일을 처리하는 것은 아주 험난할 수 있다. 이 방법이 한 단계씩 안내해줄 것이다.

예로서, 다음 작업을 고려하자. 두 나라의 데이타 파일 worldpop.txt와 worldarea.txt(이 책의 부록 코드에 제공됨)를 읽어라. 두 파일은 같은 순서로 같은 국가들을 포함한다. 국가명과 인구밀도를 포함하는 파일 world_pop_density.txt를 작성하라. 단, 국가명은 좌측 정렬, 수들은 우측 정렬되어야 한다.

```
Afghanistan                  50.56
Akrotiri                    127.64
Albania                     125.91
Algeria                      14.18
American Samoa              288.92
. . .
```

싱가폴은 세계에서 가장 인구 밀도가 높은 나라들 중 하나이다.

단계 1 처리 작업을 이해하라.

늘 그랬듯이, 솔루션을 설계하기 전에 작업을 분명하게 이해해야 한다. 수작업으로 해낼 수 있겠는가(더 작은 입력 파일로)? 그렇지 않다면, 문제에 관한 정보를 더 얻도록 하라.

다음의 수도코드가 우리의 처리 작업을 기술한다.

```
While there are more lines to be read
    Read a line from each file.
    Extract the country name.
    population = number following the country name in the first line
    area = number following the country name in the second line
    If area != 0
        density = population / area
    Print country name and density.
```

단계 2 읽고 써야 할 파일들을 결정한다.

이것은 문제로부터 명확해야 한다. 우리의 보기에서는 두 개의 입력 파일, 즉, 인구 데이타와 지역 데이타, 그리고 하나의 출력 파일이 있다.

단계 3 파일 이름을 얻기 위한 방법을 선택한다.

세 가지 옵션이 있다:

- 파일 이름들(예: "worldpop.txt")을 하드 코딩하기
- 사용자에게 묻기:

```
cout << "Enter filename: ";
cin >> filename;
in_file.open(filename.c_str());
```

- 파일 이름들을 위한 명령줄 인수를 사용하기

단계 4 줄, 단어, 글자-기반 입력들 중에서 선택한다.

경험상, 만일 입력 데이타가 줄로 그룹지어져 있다면, 줄을 읽어라. 우리의 보기에서와 같이 표로 정리된 데이타일 때, 또는 줄 번호를 보고해야 할 필요가 있을 때가 그렇다.

여러 줄에 거쳐 있을 수 있는 데이타를 모을 때는, 단어로 읽는 것이 더 적합하다. 단어로 읽을 때는 모든 공백을 놓친다는 것을 명심하라.

글자로 읽는 것은 개별 글자에 대한 접근이 필요한 작업에 가장 유용하다. 그 예로는 글자 빈도 분석하기, 탭을 빈칸으로 바꾸기, 암호화 등이 있다.

단계 5 줄-중심 입력에 대해서는 필요한 데이타를 추출한다.

`getline` 함수로 입력의 한 줄을 읽는 것은 간단하다. 그러고 나면, 그 줄로부터 데이타를 얻어야 한다. 8.2절에 기술되었듯이, 부문자열을 추출할 수 있다. 또는 그 줄을 `istringstream`으로 바꾸고, 그의 요소들을 >> 연산자로 추출하는 방법도 있다. 각 줄에 있는 항목 수가 일정할 때는 후자의 접근 방법이 더 쉽다. 우리의 보기에는 해당되지 않는다—국가명은 둘 이상의 문자열로 구성될 수도 있다. 그러므로, 우리는 각 입력 줄로부터 부문자열을 추출하기로 한다.

부문자열들 중에 수가 되어야 하는 것이 있으면, 그를 전환하도록 한다(8.4절 참고).

단계 6 반복적으로 일어나는 작업은 함수에 넣는다.

입력 파일을 처리하는 것은 보통 공백을 건너뛴다거나 문자열들로부터 수를 추출한다거나 하는 반복적인 작업을 포함한다. 이러한 따분한 연산들을 다루는 함수를 개발해두면 나중에 도움이 된다.

우리의 보기에서는, 도우미 함수를 호출하는 공통 작업(국가명과 그 다음의 값을 추출하는)이 있다. 이 작업이 도우미 함수

```
void read_line(string line, string& country, double& value)
```

에 구현될 수 있다. 또한 우리는 인구와 면적 값을 부동소수점 수로 전환하는 도우미 함수 `string_to_double`가 필요하다. 이 함수는 8.4절에서 개발된 `string_to_int`와 비슷하다.

단계 7 필요하면, 조종자를 사용해서 출력을 포맷한다.

출력을 포맷해야 한다면, 8.3절의 설명에서와 같이 조종자를 사용하라. 보통 우리는 고정 출력 포맷으로 바꾸고, 정밀도를 설정해야 한다. 그런 다음, 모든 값의 앞에 `setw`를 사용하고, 문자열들의 줄을 맞추는 데는 `left`, 수들의 줄을 맞추는 데는 `right`를 사용하라:

```
out << setw(40) << left << country << setw(15) << right << density << endl;
```

완성된 프로그램은 다음과 같다.

ch08/popdensity.cpp

```
#include <cctype>
#include <fstream>
#include <iostream>
#include <iomanip>
#include <sstream>
#include <string>

using namespace std;

/**
   Converts a string to a floating-point number, e.g. "3.14" -> 3.14.
   @param s a string representing a floating-point number
   @return the equivalent floating-point number
*/
double string_to_double(string s)
{
   istringstream stream;
   stream.str(s);
   double x = 0;
   stream >> x;
   return x;
}

/**
   Extracts the country and associated value from an input line.
   @param line a line containing a country name, followed by a number
   @param country the string for holding the country name
   @param value the variable for holding the associated value
   @return true if a line has been read, false at the end of the stream
*/
void read_line(string line, string& country, double& value)
{
   int i = 0; // Locate the start of the first digit
   while (!isdigit(line[i])) { i++; }
   int j = i - 1; // Locate the end of the preceding word
   while (isspace(line[j])) { j--; }

   country = line.substr(0, j + 1); // Extract the country name
   value = string_to_double(line.substr(i)); // Extract the number value
}

int main()
{
   ifstream in1;
   ifstream in2;
   in1.open("worldpop.txt"); // Open input files
   in2.open("worldarea.txt");

   ofstream out;
   out.open("world_pop_density.txt"); // Open output file
   out << fixed << setprecision(2);

   string line1;
   string line2;

   // Read lines from each file
   while (getline(in1, line1) && getline(in2, line2))
   {
      string country;
      double population;
      double area;

      // Split the lines into country and associated value
      read_line(line1, country, population);
      read_line(line2, country, area);

```

```
      // Compute and print the population density
      double density = 0;
      if (area != 0) // Protect against division by zero
      {
         density = population * 1.0 / area;
      }
      out << setw(40) << left << country
         << setw(15) << right << density << endl;
   }

   return 0;
}
```

데모 예제 8.1 **중복 항목 찾기**

이 데모 예제는 파일을 처리해서 반복된 단어를 포함하는 줄들을 찾아낸다.

8.6 랜덤 접근과 이진 파일

다음 절들에서는 파일의 임의의 위치에 있는 데이타를 읽고 쓰는 방법과 영상 파일을 편집하는 방법을 배운다.

8.6.1 랜덤 접근

읽기 또는 쓰기 연산전에 파일 포인터를 이동시킴으로써 랜덤 접근파일의 임의의 위치에 접근할 수 있다.

이제까지는 앞이나 뒤로 건너뛰지 않고, 한 번에 한 항목씩 파일에서 읽거나 파일에 써왔다. 그 접근 패턴을 **순차 접근**이라고 불린다. 많은 애플리케이션에서 우리는 앞의 모든 항목을 먼저 읽어야 할 필요 없이, 특정 항목에 접근하기를 원한다. 이 접근 패턴을 **랜덤 접근**이라고 부른다(그림 8.3 참고). 랜덤 접근에서 '랜덤'한 것은 없다—이 용어는 파일의 임의의 위치에 저장되어 있는 항목을 읽고 변경할 수 있다는 것을 의미한다.

파일 스트림만이 랜덤 접근을 지원한다; 키보드 및 터미널과 연관된 cin과 cout 스트림들은 못한다. 각 파일 스트림은 두 개의 특별한 위치를 가진다: *get* 위치와 *put* 위치(그림 8.4 참고). 이 위치들은 그 다음 글자가 읽히거나 쓰여질 위치를 결정한다.

다음 함수 호출들은 get과 put 위치들을, 스트림의 시작에서부터 카운트된 특정 값으로 이동시킨다.

```
strm.seekg(position);
strm.seekp(position);
```

get과 put 위치들의 현재 값을 계산하려면, 다음 명령을 사용한다.

```
position = strm.tellg();
position = strm.tellp();
```

⊕ Available online at www.wiley.com/college/horstmann.

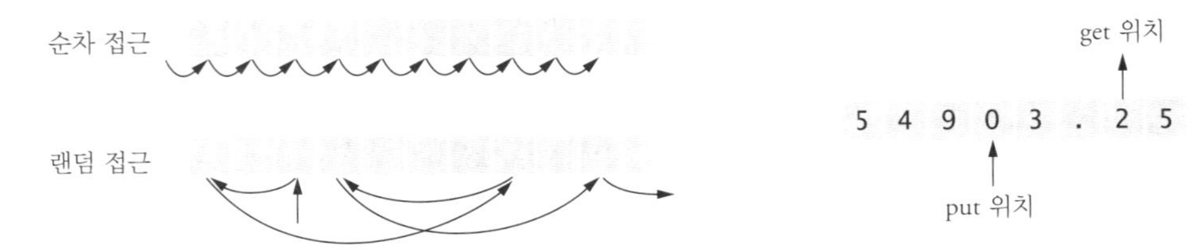

그림 8.3 순차 및 랜덤 접근

그림 8.4 get과 put 위치

8.6.2 이진 파일

읽기나 쓰기 연산에 앞서 **파일 포인터**를 이동시킴으로써 랜덤 접근 파일의 임의의 위치에 접근할 수 있다.

많은 파일들, 특히 영상과 사운드를 포함하는 파일들이 정보를 텍스트가 아닌 이진 수들로 저장한다. 수들이, 컴퓨터의 메모리에 있을 때와 같이, **바이트** 시퀀스로 표현된다(각 바이트는 0에서 255 사이의 값이다). 이진 포맷에서는 부동소수점 수가 항상 8 바이트를 차지한다. 우리는 영상을 위한 이진 파일 포맷을 갖고 랜덤 접근을 공부할 것이다.

좌식 식사에서는 음식이 차례로 나온다. 뷔페에서는 모든 음식에 대해 "랜덤 접근"이 가능하다.

이진 파일에 관한 몇 가지 기술적 이슈들을 다뤄야 한다. 읽고 쓰기 위해 이진 파일을 열려면, 다음 명령을 사용한다.

```
fstream strm;
strm.open(filename, ios::in | ios::out | ios::binary);
```

다음 호출로 한 바이트를 읽는다.

```
int input = strm.get();
```

이 호출은 0에서 255 사이의 값을 반환한다. 정수를 읽으려면, 네 개의 바이트 b_0, b_1, b_2, b_3를 읽고, 이들을 $b_0 + b_1 \cdot 256 + b_2 \cdot 256^2 + b_3 \cdot 256^3$로 결합한다. 이 작업을 위한 도우미 함수를 제공할 것이다.

>> 연산자는 이진 파일로부터 수를 읽을 때 사용될 수 없다.

8.6.3 영상 파일 처리하기

이 절에서는 BMP 포맷의 영상 파일을 편집하기 위한 프로그램을 작성하는 방법을 배운다. 더 보편적인 GIF, PNG, JPEG 포맷과 달리, BMP 포맷은 데이타 압축을 사용하지 않기 때문에 더 간단하다. 그 때문에, BMP 파일은 크고, 실제에서는 거의 찾아볼 수 없다. 그러나, 영상 편집기들은 아무 영상이든 BMP 포맷으로 전환할 수 있다.

BMP 포맷에는 여러 버전이 있다. 우리는 24-비트 트루 칼라 포맷으로도 불리는 가장 간단하고 보편적인 포맷만을 다룰 것이다. 이 포맷에서는 각 화소가 세 바이트 시퀀스로 표현되는데, 청, 록, 적 값에 대해 각각 한 바이트씩이다. 예를 들면, 청록색(청색과 녹색의 혼합)은 255 255 0, 적색은 0 0 255, 중간 회색은 128 128 128이다.

BMP 파일은 다양한 정보를 포함하고 있는 헤더로 시작한다. 우리는 다음 항목들만 필요하다:

위치	항목
2	이 파일의 바이트 단위 크기
10	영상 데이타의 시작
18	영상의 화소 단위 폭
22	영상의 화소 단위 높이

영상은 영상의 맨 아래 행의 화소들에서 시작하는, 화소 행 시퀀스로서 저장된다. 각 화소 행은 청/녹/적 쌍 시퀀스를 포함한다. 행의 끝은 행의 바이트 수가 4로 나눠도록 추가 바이트들로 패딩된다(그림 8.5 참고). 예를 들면, 만일 어떤 행이 청록색 하나, 적색 하나, 중간 회색 하나의 단 세 화소로 구성되어 있다면, 그 행은 다음과 같이 인코딩된다.

255 255 0 0 0 255 128 128 128 *x y z*

여기서 *x y z*는 행 길이를 4의 배수인 12로 올리기 위한 패딩 바이트들이다. 이러한 작은 트위스트들이 실제 파일 포맷으로 작업하는 것을 아주 즐거운 경험이 되게 해준다.

이 절의 끝에 있는 샘플 프로그램은 BMP 파일의 모든 화소를 읽고, 그를 네거티브로 대체한다-즉, 백색은 흑색으로, 청록색은 적색으로, 기타 등등. 그 결과는 옛날 카메라들로 만들곤 했던 종류의 네거티브 영상이다(그림 8.6 참고).

이 프로그램을 시도해보기 위해서, 좋아하는 사진을 하나 골라서, 영상 편집기로 BMP 포맷으로 전환하고(또는 이 책의 코드 파일들과 있는 `queen-mary.bmp`를 사용), 다음 프로그램을 돌리고, 변환된 파일을 영상 편집기에서 띄워 보라. 연습문제 P8.21과 P8.22에서는 더 흥미로운 효과를 만들어 보기로 한다.

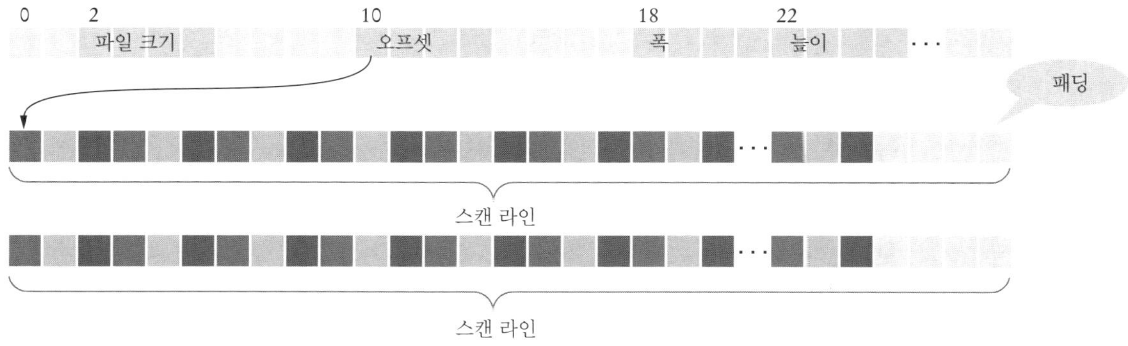

그림 8.5 24-비트 트루 칼라 영상의 BMP 파일 포맷

그림 8.6 영상과 그의 네거티브

ch08/imagemod.cpp

```
#include <iostream>
#include <fstream>
#include <cstdlib>

using namespace std;

/**
   Processes a pixel by forming the negative.
   @param blue the blue value of the pixel
   @param green the green value of the pixel
   @param red the red value of the pixel
*/
void process(int& blue, int& green, int& red)
{
   blue = 255 - blue;
   green = 255 - green;
   red = 255 - red;
}

/**
   Gets an integer from a binary stream.
   @param stream the stream
   @param offset the offset at which to read the integer
   @return the integer starting at the given offset
*/
int get_int(fstream& stream, int offset)
{
   stream.seekg(offset);
   int result = 0;
   int base = 1;
   for (int i = 0; i < 4; i++)
   {
      result = result + stream.get() * base;
      base = base * 256;
   }
   return result;
}
```

```
int main()
{
   cout << "Please enter the file name: ";
   string filename;
   cin >> filename;

   fstream stream;
   // Open as a binary file
   stream.open(filename.c_str(), ios::in | ios: out | ios::binary);

   int file_size = get_int(stream, 2); // Get the image dimensions
   int start = get_int(stream, 10);
   int width = get_int(stream, 18);
   int height = get_int(stream, 22);

   // Scan lines must occupy multiples of four bytes
   int scanline_size = width * 3;
   int padding = 0;
   if (scanline_size % 4 != 0)
   {
      padding = 4 - scanline_size % 4;
   }

   if (file_size != start + (scanline_size + padding) * height)
   {
      cout << "Not a 24-bit true color image file." << endl;
      return 1;
   }

   int pos = start;

   for (int i = 0; i < height; i++) // For each scan line
   {
      for (int j = 0; j < width; j++) // For each pixel
      {
        stream seekg (pos);// Go to the next pixel

         int blue = stream.get(); // Read the pixel
         int green = stream.get();
         int red = stream.get();

         process(blue, green, red); // Process the pixel

         stream.seekp(pos); // Go back to the start of the pixel

         stream.put(blue); // Write the pixel
         stream.put(green);
         stream.put(red);
      }

      stream.seekg(padding, ios::cur); // Skip the padding
   }

   return 0;
}
```

25. 보통 영문에서, 다음 코드 조각은 무엇을 하는가?

```
strm.seekp(0);
strm.put(0);
```

26. 각 화소의 녹색 및 청색 값들을 뒤바꿔서 환각적 효과를 내려면 imagemod.cpp 프로그램을 어떻게 변경해야 하는가?

27. 같은 영상 파일에 대해 `imagemod.cpp` 프로그램을 두 번 실행시키면 어떻게 되겠는가?

28. 위의 영상 변경 프로그램을 순차 접근 만으로 구현할 수 있겠는가? 만일 아니라면, 그 이유는?

29. 어떤 BMP 파일이 BMP 포맷으로, 영상 데이타가 오프셋 64에서 시작하는 100 × 100 화소의 영상을 저장하고 있다고 하자. 전체 파일 크기는?

Practice It 이제 다음 연습문제들에 대해 답할 수 있다: R8.12, R8.13, P8.21.

랜덤 팩트 8.2 데이타베이스와 프라이버시

대부분의 회사들은 대용량 고객 기록 및 기타 사업 정보 데이타 파일을 컴퓨터를 사용해서 관리한다. 데이타베이스는 사업 비용을 낮출 뿐만 아니라, 회사가 제공할 수 있는 서비스 품질을 개선한다. 이제는 은행에서 돈을 인출하거나 여행 예약하는 것이 예전에는 얼마나 시간이 많이 걸리는 일이었는지 거의 상상도 할 수 없다.

오늘날 대부분의 데이타베이스는 관계 모델에 따라 정리된다. 어떤 회사가 나의 주문 및 지불 사항을 저장한다고 하자. 그들은 아마 내가 주문할 때마다 내 이름과 주소를 매 번 반복하지는 않을 것이다; 그렇게 하면 불필요한 공간을 차지할 것이다. 그 대신에, 그들은 모든 고객 이름이 있는 파일을 하나 만들고, 고객들을 고유 번호에 의해 식별할 것이다. 고객의 전체 정보가 아닌, 이 고객 번호만이 주문 기록과 함께 저장된다.

Customers

Cust. #	Name
11439	Doe, John

Orders

Order #	Cust. #	Item
59673	11439	DOS for Historians
59897	11439	Big C++
61013	11439	C++ for Everyone

관계 데이타베이스 파일들

송장을 출력하기 위해서, 데이타베이스 프로그램은 고객 및 주문 파일을 대상으로 질의(query)를 내보내고, 둘 다로부터 필요한 정보(이름, 주소, 주문 품목)를 가져와야 한다. 흔히, 질의에는 셋 이상의 파일이 관련된다. 예를 들면, 회사는 카탈로그 발송을 위해, 차량 소유주들의 주소 파일과 지불을 정확히 하는 사람들의 명단 파일을 갖고 있을 것이며, 지난달에 주문을 냈고, 비싼 차를 몰며, 대금을 지불하는 모든 고객들을 찾아내고 싶을 것이다. 이런 종류의 질의는 물론 모든 고객 파일들이 똑 같은 키를 사용한다면 훨씬 더 빠르다. 그 때문에 미국의 그 많은 단체들이 고객들의 사회보장번호를 수집하려고 노력한다.

1935년의 사회보장법은 사회보장기금에 대한 기여를 추적하기 위해서 각 기여자에게 사회보장번호가 할당될 것을 규정했다. 이 번호들은 078-05-1120 같은 독특한 포맷을 가진다(이 특정 번호는 지갑에 넣는 견본 카드에 인쇄되었다. 이것은 실제로는 지갑 회사의 부사장의 비서의 사회보장번호이었다. 수 천명이 남용하자 이 번호는 폐기되었으며, 그 비서는 새 번호를 받았다). 오른쪽의 그림이 사회보장 카드를 보여준다. 원래는 범용적인 식별 번호 용도가 아니었으나, 그렇게 되어 버렸다.

어떤 사람들은 거의 모든 단체들이 그들의 사회보장 번호와 기타 개인 정보를 저장하기를 원한다는 사실에 관해 매우 우려하고 있다. 회사들과 정부가 여러 데이타베이스를 합쳐서 우리가 원하지 않거나 사실이 아닌 우리에 관한 정보를 유추할 수 있을 가능성이 있다. 보험 회사가 내게 특정 질환이 있는 친척들이 많다는 것을 발견하면 보장을 거부하거나 높은 보험료를 매길지도 모른다. 부정확한 신용도나 의료 기록 때문에 취업이 거부될지도 모르며, 나는 그 이유조차 모를 수도 있다. 이러한 것들은 적지만 점점 많은 사람들에게 매우 부정적인 영향을 줘온 아주 불안감을 주는 국면들이다.

많은 산업 국가들에서(현재의 미국에서는 아니고), 국민은 그들에 관한 어떤 정보가 어떤 상황에서 전달되어야 하는지를 통제할 권한을 갖고 있다.

사회보장 카드

요약

파일을 읽고 쓰는 프로그램을 개발한다.

- 파일을 읽고 쓰기 위해서는 fstream, ifstream, 또는 ofstream 타입의 변수를 사용한다.
- 파일 스트림을 열 때는 디스크에 저장된 파일의 이름을 제공한다.
- cin에 사용한 것과 똑같은 연산들에 의해 파일 스트림으로부터 읽는다.
- cout에 사용한 것과 똑같은 연산들에 의해 파일 스트림에 쓴다.
- 스트림에는 항상 참조 파라미터를 사용한다.

파일의 텍스트를 처리할 수 있다.

- >> 연산자로 문자열을 읽을 때는 단어들 간의 공백이 소모된다.
- 스트림으로부터 개별 글자들을 가져올 수 있으며, 마지막 글자를 물릴 수도 있다.
- getline 함수로 입력의 한 줄을 읽을 수 있고, 그것을 더 처리할 수도 있다.

출력을 정갈하게 포맷하는 프로그램을 작성한다.

- 그 다음 출력의 폭을 설정하기 위해서 setw 조종자를 사용한다.
- 부동소수점 수를 소수점 아래에 고정된 자릿수로 포맷하려면 fixed와 setprecision 조종자를 사용한다.

문자열과 수 간에 전환한다.

- istringstream을 사용해서 문자열 안의 수들을 정수 또는 부동소수점 수로 전환한다.
- ostringstream을 사용해서 수치 값을 문자열로 전환한다.

C++ 프로그램의 명령줄 인수를 처리한다.

- 명령줄에서 시작하는 프로그램은 프로그램의 이름과 main 함수의 명령줄 인수를 받을 수 있다.

이진 파일을 읽고 쓰는 프로그램을 개발한다.

- 랜덤 접근 파일에서는 파일 포인터를 읽기 또는 쓰기 연산 전에 이동시킴으로써 임의의 위치에 접근할 수 있다.

복습 연습 문제

R8.1 파일을 언제 `ifstream`, `ofstream`, 또는 `fstream`으로 여는가? 단순히 모든 파일을 `fstream`으로 열어도 되는가?

R8.2 읽기 전용으로 연 파일에 쓰게 되면 어떤 일이 일어나는가? 모르면 시도해 보라.

R8.3 존재하지 않는 파일을 읽기용으로 열려고 하면 어떤 일이 일어나는가? 존재하지 않는 파일을 쓰기용으로 열려고 하면 어떤 일이 일어나는가?

R8.4 쓰기용으로 파일을 열려고 하는데, 그 파일 또는 장치가 쓰기-보호(읽기 전용으로도 불림)되어 있다면 어떤 일이 일어나는가? 짧은 테스트 프로그램으로 시도해 보라.

R8.5 `temp\output.dat` 또는 `c:\temp\output.dat` 같이 이름이 역방향 빗금을 포함하는 파일은 어떻게 여는가?

R8.6 8.5절의 `encrypt_file` 함수의 `in`과 `out` 파라미터 변수들이 값 파라미터가 아니고 참조 파라미터인 이유는?

R8.7 날짜와 시각을 `2011-03-01 09:35` 처럼 ISO 8601 형식으로 쓰는 출력 명령문을 제공하라. 날짜와 시각이 다섯 개의 정수 변수들인 year, month, day, hour, minute에 제공된다고 가정한다.

R8.8 제품 설명, 수량, 단가, 달러와 센트 단위의 총액을 포함하는 표의 한 줄을 쓰기 위한 출력 명령문을 제공하라. 열들이 다음과 같이 맞춰져야 한다.

Item	Qty	Price	Total
Toaster	3	$29.95	$89.85
Hair Dryer	1	$24.95	$24.95
Car Vacuum	2	$19.99	$39.98

R8.9 문자열 `"3.14"`를 부동소수점 수 3.14로 전환하는 방법은? 부동소수점수 3.14를 문자열 `"3.14"`로 전환하는 방법은?

R8.10 명령줄이란? 프로그램이 그의 명령줄을 읽는 방법은?

R8.11 프로그램 `woozle`이 다음 명령

```
woozle -DNAME=Piglet -I\eeyore -v heff.cpp a.cpp lump.cpp
```

으로 시작한다면, `argc`의 값은 얼마인가? `argv[0]`, `argv[1]` 등의 값은 얼마인가?

R8.12 순차 접근과 랜덤 접근의 차이는 무엇인가?

R8.13 텍스트 파일과 이진 파일은 어떤 차이가 있나?

R8.14 파일의 get 위치와 put 위치는 무엇인가? 그들을 어떻게 이동시키는가? 그들의 현 위치는 어떻게 알아내는가?

R8.15 get 또는 put 위치를 파일의 끝을 넘어 이동시키려 하면 어떤 일이 발생하겠는가? `cin`이나 `cout`의 get 또는 put 위치를 이동시키려 하면 어떤 일이 발생하겠는가? 시도해보고 결과를 보고하라.

프로그래밍 훈련

P8.1 다음 작업들을 수행하는 프로그램을 작성하라.

```
Open a file with the name hello.txt.
Store the message "Hello, World!" in the file.
Close the file.
Open the same file again.
Read the message into a string variable and print it.
```

P8.2 부동소수점 수들을 포함하는 파일을 읽는 프로그램을 작성하고, 파일의 수들의 평균을 출력하라. 파일 이름을 사용자로부터 받는다.

P8.3 연습문제 P8.2를 반복하되, 명령줄에서 사용자가 파일 이름을 지정할 수 있게 하라. 만일 사용자가 파일 이름을 지정하지 않으면, 사용자가 이름을 입력하게 하라.

P8.4 두 열의 부동소수점 수들을 포함하는 파일을 읽는 프로그램을 작성하라. 사용자에게서 파일 이름을 받는다. 각 열의 평균을 출력하라.

P8.5 명령줄에 명시된 모든 파일을 탐색하는 프로그램 `find`를 작성하고, 어떤 키워드를 포함하는 모든 줄을 출력하라. 예를 들어,

```
find Tim report.txt address.txt homework.cpp
```

를 호출하면, 프로그램이 다음을 출력한다.

```
report.txt: discussed the results of my meeting with Tim T
address.txt: Torrey, Tim|11801 Trenton Court|Dallas|TX
address.txt: Walters, Winnie|59 Timothy Circle|Detroit|MI
homework.cpp: Time now;
```

키워드는 항상 첫 번째 명령줄 인수이다.

P8.6 파일의 모든 단어들의 스펠링을 검사하는 프로그램을 작성하라. 파일의 각 단어를 읽고, 단어 목록에 들어있는지를 검사해야 한다. 단어 목록은 대부분의 UNIX 시스템(Linux와 Mac OS X 포함)에서 파일 `/usr/share/dict/words`에 있다(만일 UNIX 시스템에 접근할 수 없다면, 인터넷에서 `/usr/share/dict/words`를 검색해서 파일의 복사본을 찾을 수 있다). 프로그램은 이 단어 목록에서 찾을 수 없는 모든 단어들을 출력해야 한다. 다음의 수도코드를 따라서 하라.

```
Open the dictionary file.
Define a vector of strings called words.
For each word in the dictionary file
    Append the word to the words vector.
Open the file to be checked.
For each word in that file
    If the word is not contained in the words vector
        Print the word.
```

P8.7 파일의 각 줄을 읽고, 그 글자들을 역순으로 바꾸고, 결과 줄을 다른 파일에 쓰는 프로그램을 작성하라. 파일 이름들을 위한 프롬프트가 나타날 때 사용자가 `input.txt`와 `output.txt`를 지정하며, `input.txt`는 다음 줄들을 포함한다고 하자.

```
Mary had a little lamb
Its fleece was white as snow
And everywhere that Mary went
the lamb was sure to go.
```

프로그램이 끝난 후에, output.txt는 다음을 담고 있어야 한다.

```
Mary had a little lamb
Its fleece was white as snow
And everywhere that Mary went
the lamb was sure to go.
```

P8.8 파일의 각 줄을 읽고, 그 글자들을 역순으로 바꾸고, 결과 줄을 같은 파일에 쓰는 프로그램을 다음의 수도코드를 따라서 작성하라.

```
While the end of the file has not been reached
    pos1 = current get position
    Read a line.
    If the line was successfully read
        pos2 = current get position
        Set put position to pos1.
        Write the reversed line.
        Set get position to pos2.
```

P8.9 파일의 각 줄을 읽고, 그 줄들을 역순으로 바꾸고, 그들을 다른 파일에 쓰는 프로그램을 작성하라. 명령줄에서 사용자가 파일 이름들 input.txt와 output.txt를 지정해야 하고, input.txt는 다음 줄들을 포함한다고 하자.

```
Mary had a little lamb
Its fleece was white as snow
And everywhere that Mary went
The lamb was sure to go.
```

프로그램 종료 후, output.txt는 다음을 담고 있어야 한다.

```
bmal elttil a dah yraM
wons sa etihw saw eceelf stI
tnew yraM taht erehwyreve dnA
.og ot erus saw bmal ehT
```

P8.10 사회보장국으로부터 10년 단위로 과거의 이름들에 관한 데이타를 얻어라. 그 표 데이타를 babynames80s.txt 등의 이름의 파일들에 붙여넣기 하라. babynames.cpp 프로그램을 변경해서, 파일 이름을 사용자로부터 받게 만들어라. 파일들의 수들은 쉼표로 구분되므로, 이를 처리하도록 프로그램을 변경하라. 빈도의 동향을 찾아낼 수 있는가?

P8.11 babynames.txt를 읽고, 남아들과 여아들의 데이타를 분리해서 두 파일 boynames.txt와 girlnames.txt를 만드는 프로그램을 작성하라.

P8.12 babynames.txt와 같은 포맷의 파일을 읽고, 남녀 공통인 이름들(예: Alexis 또는 Morgan)을 모두 출력하는 프로그램을 작성하라.

P8.13 worldpop.txt 파일(이 책의 소스코드와 함께 들어 있음)의 국가 데이타를 읽는 프로그램을 작성하라. 이 파일을 편집하지 말고 각 줄을 처리하기 위해서 다음 알고리듬을 사용한다. 비공백 글자들을 국가 이름에 추가하라. 공백이 나오면, 그 다음 비공백(non-white space) 글자의 위치를 찾아내어라. 이것이 한 숫자(digit)가 아니면, 국가 이름에 빈칸(space)과 그 글자를 추가하라. 그렇지 않으면, 그것을 돌려놓고, 수를 읽는다. 모든 국가의 인구의 합을 출력하라 ("European Union"의 항목은 제외하고).

P8.14 사용자에게서 파일 이름을 입력 받고, 그 파일의 글자 수, 단어 수, 줄 수를 출력하는 프로그램을 작성하라. 그런 다음, 프로그램이 그 다음 파일의 이름을 묻게 한다. 존재하지 않는 파일을 사용자가 입력할 때(예: 빈 문자열), 프로그램이 종료해야 한다.

P8.15 한 파일을 다른 파일에 복사하는 프로그램 copyfile을 작성하라. 파일 이름들은 명령줄에서 지정된다. 예:

```
copyfile report.txt report.sav
```

P8.16 여러 파일들의 내용을 한 파일에 **이어 붙이는(concatenate)** 프로그램을 작성하라. 예를 들어,

```
catfiles chapter1.txt chapter2.txt chapter3.txt bcok.txt
```

는 파일들 `chapter1.txt`, `chapter2.txt`, `chapter3.txt`의 내용을 포함하는 긴 파일 `book.txt`를 만든다. 항상 타겟 파일이 명령줄의 마지막에 명시된다.

P8.17 **랜덤 단일자 암호**(*Random monoalphabet cipher*). 모든 글자를 고정된 양만큼 이동시키는 씨저 암호(Caesar cipher)는 해독하기가 너무 쉽다. 다음은 더 나은 아이디어이다. 키로서, 수 말고 단어를 사용하라. 키워드가 FEATHER라고 하자. 그러면 우선 중복 글자들을 제거해서 FEATHR을 만들고, 알파벳의 나머지 글자들을 역순으로 이어 붙인다.

```
F E A T H R Z Y X W V U S Q P O N M L K J I G D C B
```

이제 이 글자들을 다음과 같이 암호화한다.

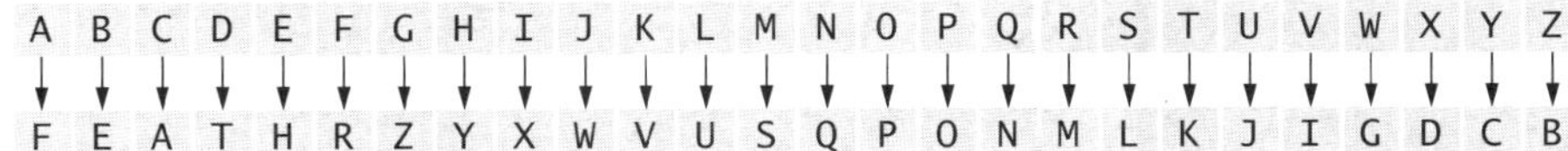

이 암호를 사용해서 파일을 암호화 또는 해독하는 프로그램을 작성하라. 예를 들어,

```
crypt -d -kFEATHER encrypt.txt output.txt
```

는 키워드 FEATHER를 사용해서 파일을 해독한다. 키워드를 공급하지 않는 것은 오류이다.

P8.18 **글자 빈도.** 연습문제 P8.17의 암호를 사용해서 파일을 암호화 한다면, 모든 글자들이 뒤죽박죽 뒤섞여서 키워드를 모르는 한 해독할 가능성이 없을 것처럼 보일 것이다. 키워드를 추측하는 것도 역시 가능성이 없어 보인다. 키워드로 가능한 것이 너무 많이 존재한다. 그렇지만, 해독 훈련을 받은 누군가는 이 암호를 바로 풀어낼 수 있을 것이다. 영문자들의 평균 빈도는 잘 알려져 있다. 가장 빈번한 글자는 E로서 약 13%를 차지한다. 다음은 글자들의 평균 빈도이다.

A	8%	H	4%	O	7%	U	3%
B	<1%	I	7%	P	3%	V	<1%
C	3%	J	<1%	Q	<1%	W	2%
D	4%	K	<1%	R	8%	X	<1%
E	13%	L	4%	S	6%	Y	2%
F	3%	M	3%	T	9%	Z	<1%
G	2%	N	8%				

입력 파일을 읽고, 그 파일의 글자 빈도를 표시하는 프로그램을 작성하라. 이러한 도구는 코드를 푸는 데 도움이 될 것이다. 암호화된 파일의 가장 빈번한 글자들은 H와 K이며, 그러면, 이들이 E와 T에 대한 암호들일 가능성이 아주 높다.
위와 같은 표에 열들의 줄을 맞춰서 결과를 보여줘라.

P8.19 *Vigenère cipher.* 단순한 글자 빈도 분석을 무산시키기 위해서, Vigenère 암호는 글자를 입력 문서에서의 그 위치에 따라 몇 개의 암호 글자들로 인코딩한다. 예를 들어 TIGER를 키워드로 선정하라. 그런 다음 입력 텍스트의 첫 글자를 다음과 같이 인코딩한다.

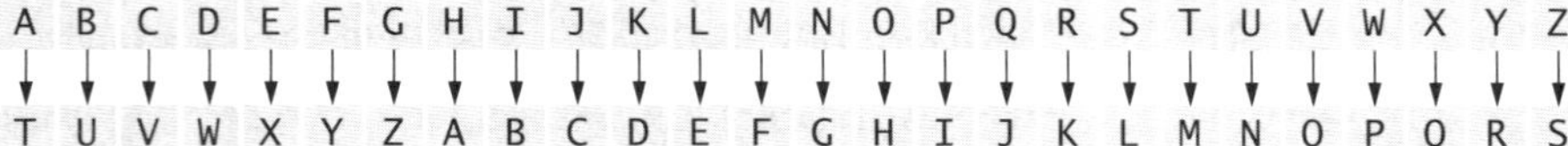

인코딩된 알파벳은 단순히 키워드 TIGER의 첫 글자인 T에서 시작하도록 이동된 보통 알파벳이다. 두 번째 글자는 다음 맵에 의해 암호화된다.

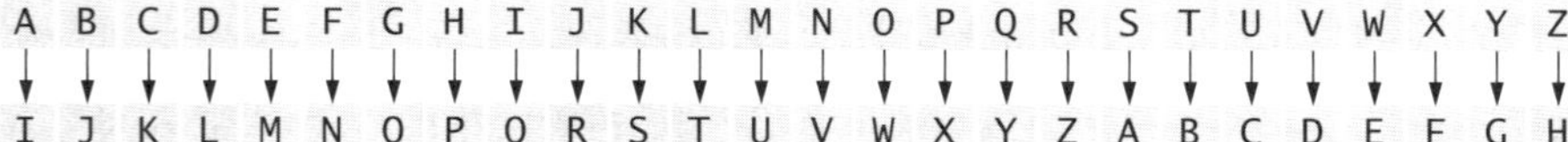

입력 텍스트의 세 번째, 네 번째, 다섯 번째 글자들은 G, E, R로 시작하는 알파벳 시퀀스를 사용해서 인코딩된다. 키의 길이가 다섯 글자이므로, 입력 텍스트의 여섯 번째 글자는 첫 번째와 같은 방식으로 암호화된다.

이 암호에 의해 입력 텍스트를 암호화 또는 해독하는 프로그램을 작성하라.

P8.20 *Playfair cipher.* 암호화된 텍스트에 대한 단순한 글자 빈도 분석을 무산시키는 또 다른 방법은 글자 **쌍으로** 암호화하는 것이다. 이를 수행하기 위한 간단한 방법이 플레이페어 암호이다. 키워드를 고르고, 중복된 글자들을 제거한다. 그런 다음, 키워드와 알파벳의 나머지 글자들을 5 × 5 정사각형에 채운다(정사각형이 25개 밖에 없으므로 I와 J는 같은 글자로 간주한다).

다음은 키워드 PLAYFAIR에 대한 배치이다.

```
P L A Y F
I R B C D
E G H K M
N O Q S T
U V W X Z
```

글자 쌍(예: AM)을 암호화하기 위해서, A와 M을 코너로 하는 직사각형을 찾는다.

```
P L A Y F
I R B C D
E G H K M
N O Q S T
U V W X Z
```

이 쌍의 인코딩은 다른 두 코너 쌍(이 경우 FH)을 찾아서 만든다. 두 글자가 같은 행이나 열에 있으면(예: GO) 둘을 단순히 교환한다. 해독은 같은 방식으로 수행된다.

P8.21 영상 파일을 편집하고 청색과 녹색 값들을 30%씩 줄여서 "일몰" 효과를 내는 프로그램을 작성하라.

P8.22 영상 파일을 편집해서 흑백 영상으로 바꾸는 프로그램을 작성하라.

각 화소를 청, 녹, 적 성분들에 대해 같은 회색 레벨을 갖는 화소로 교체한다. 이 회색 레벨은 적색 레벨의 30%, 녹색 레벨의 59%, 청색 레벨의 11%를 더해서 계산된다(인간의 눈의 칼라 감지 추상 세포는 적, 녹, 청에 대한 감도가 다르다).

P8.23 정크 메일(*Junk mail*). 두 파일, *template*과 *database*를 읽는 프로그램을 작성하라. 템플릿 파일은 텍스트와 태그들을 포함한다. 태그들은 |1| |2| |3| …과 같은 형태를 띄며, 현재 데이타베이스 레코드의 첫 번째, 두 번째, 세 번째, … 필드로 교체되어야 한다.
대표적인 데이타베이스 모양은 다음과 같다.

```
Mr.|Harry|Morgan|1105 Torre Ave.|Cupertino|CA|95014
Dr.|John|Lee|702 Ninth Street Apt. 4|San Jose|CA|95109
Miss|Evelyn|Garcia|1101 S. University Place|Ann Arbor|MI|48105
```

그리고 다음은 전형적인 폼 레터(form letter)[1]이다:

```
To:
|1| |2| |3|
|4|
|5|, |6| |7|

Dear |1| |3|:

You and the |3| family may be the lucky winners of $10,000,000
clearinghouse sweepstakes! ...
```

P8.24 세 개의 데이타베이스 파일을 다루는 프로그램을 작성하라. 첫 파일은 어떤 그룹에 속한 사람들의 이름 및 전화 번호를 담고 있다. 둘째 파일은 어떤 그룹에 속한 사람들의 이름과 사회 보장 번호를 담고 있다. 셋째 파일은 어떤 그룹에 속한 사람들의 사회 보장 번호와 연소득을 담고 있다. 이 그룹들은 겹쳐야 하지만, 완전히 같을 필요는 없다. 프로그램은 사용자에게 전화 번호를 묻고, 알 수 있다면, 이름, 사회보장번호, 연소득 정보를 출력한다.

P8.25 학생 성적표를 출력하는 프로그램을 작성하라. 학교에서 가르치는 모든 과목들의 이름을 담고 있는, 다음과 같은 `classes.txt` 파일이 있다.

classes.txt

```
CSC1
CSC2
CSC46
CSC151
MTH121
...
```

[1] (인쇄 · 복사된) 같은 내용의 편지(안내장 · 인사장 등)

각 과목에 대해서는, 학번과 학점이 있는 파일이 있다:

csc2.txt

```
11234 A-
12547 B
16753 B+
21886 C
...
```

학번을 묻고, 모든 과목 파일을 탐색해서 그 학생에 대한 성적표를 출력하는 프로그램을 작성하라. 다음은 견본 성적표이다.

```
Student ID 16753
CSC2 B+
MTH121 C+
CHN1 A
PHY50 A-
```

엔지니어링 P2.26 아래 그림의 스위치가 닫힌 후, 커패시터의 전압(볼트 단위)은 다음 공식으로 표현된다.

$$v(t) = B\left(1 - e^{-t/(RC)}\right)$$

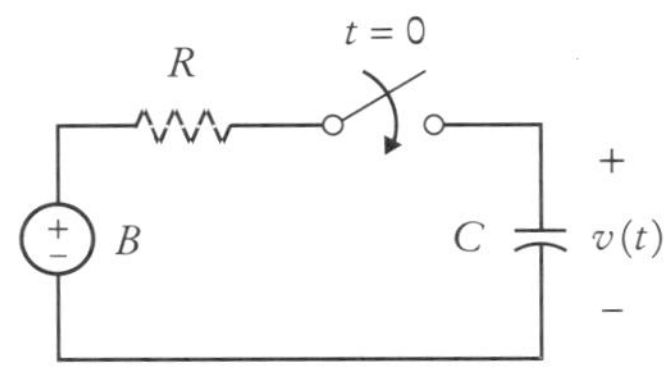

이 전기 회로의 파라미터들이 $B = 12$ volts, $R = 500\ \Omega$, $C = \mu$F라고 하자. 따라서,

$$v(t) = 12\left(1 - e^{-0.008t}\right)$$

이며, 여기서 t의 단위는 μs이다. B, R, C와 t의 시작 및 끝 값을 포함하는 파일 `params.txt`를 읽어라. 시각 t와 해당 커패시터 전압 $v(t)$의 값들의 파일 `rc.txt`를 작성하라. 여기서 t는 주어진 시작 값에서부터 주어진 끝 값까지 100 스텝으로 변한다. 우리의 예제에서 t가 0에서 1000 μs까지 변하면, 출력 파일의 스무 번째 엔트리는 다음과 같이 될 것이다.

```
110   7.02261
```

엔지니어링 P2.27 아래 그림은 연습문제 엔지니어링 P8.26에서 보인 회로의 커패시터 전압의 플롯을 보여준다. 이 커패시터 전압은 0 volt에서 B volts까지 증가한다. "상승 시간(rise time)"은 커패시터 전압이 $v_1 = 0.05 \times B$에서 $v_2 = 0.95 \times B$까지 변하는 데 걸리는 시간으로 정의된다.

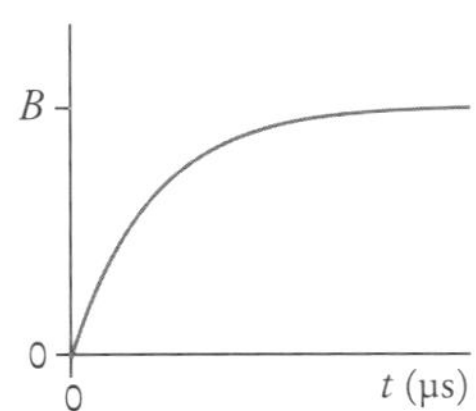

파일 `rc.txt`는 시각 t와 해당 커패시터 전압 $v(t)$의 값들의 목록을 담고 있다. s 단위의 시각과 volts 단위의 해당 전압이 같은 줄에 출력된다. 예를 들면, 줄

```
110   7.02261
```

은 시간이 110 μs일 때 커패시터 전압이 7.02261 volts임을 나타낸다. 이 데이타 파일에서 시간은 증가한다.

파일 rc.txt를 읽고 그 데이타를 이용해서 상승 시간을 계산하는 프로그램을 작성하라. 파일의 끝 줄에 있는 전압으로 B를 근사화하고, $0.05 \times B$와 $0.95 \times B$에 가장 가까운 데이타 점들을 찾아내어라.

엔지니어링 P2.28 다음 포맷의 공유 결합에 대한 결합 에너지와 결합 길이를 담고 있는 파일을 가정하자.

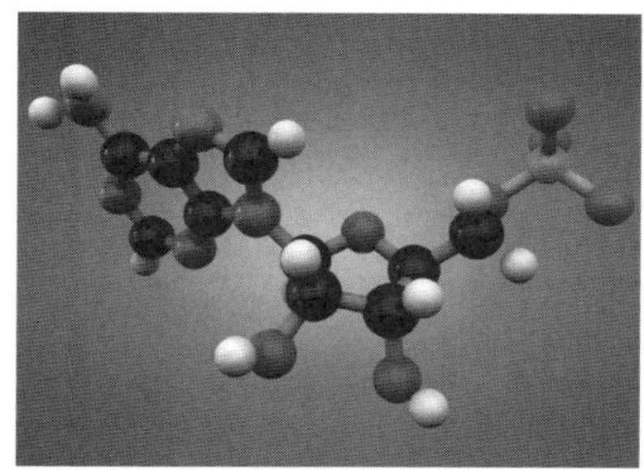

단일, 이중, 삼중 결합	결합 에너지 (kJ/mol)	결합 길이 (nm)
C|C	370	0.154
C||C	680	0.13
C|||C	890	0.12
C|H	435	0.11
C|N	305	0.15
C|O	360	0.14
C|F	450	0.14
C|Cl	340	0.18
O|H	500	0.10
O|O	220	0.15
O|Si	375	0.16
N|H	430	0.10
N|O	250	0.12
F|F	160	0.14
H|H	435	0.074

저장된 파일의 한 열로부터 데이타를 받아들이고, 나머지 열들로부터 해당 데이타를 반환하는 프로그램을 작성하라. 입력 데이타가 서로 다른 행들과 일치하면, 일치하는 모든 행 데이타를 반환하라. 예를 들면, 결합 길이 입력 0.12는 삼중 결합 C|||C와 결합 에너지 890 kJ/mol, 그리고 단일 결합 N|O와 결합 에너지 250 kJ/mol을 반환해야 한다.

자체 검사 질문에 대한 답

1. 빈 이름을 갖는 파일 같은 것은 존재하지 않으므로 스트림이 실패 상태로 들어갈 것이다.
2. 스트림 변수가 입력 스트림으로 선언되어 있는데, ofstream이었어야 한다.
3. 스트림 파라미터 변수 in이 참조 파라미터이어야 한다.
4. boy_total과 girl_total을 10으로 초기화하라.
5. main의 앞 부분에 다음 코드를 삽입하라.

```
ofstream out_file;
out_file.open("output.txt");
```

모든 cout을 out_file로 바꿔라.

process_name에 ofstream& 타입의 out_file 파라미터 변수를 추가하라.

6. 쉼표는 수의 일부로 인식되지 않으므로 **number**는 6이다.

   ch는 ','이다.

7. word는 "World!"(!를 포함)이며, ch는 'W'이다.

8.
```
char ch;
double number;
string marker;
in_file >> ch;
in_file.unget();
if (isdigit(ch) || ch == '-') { cin >> number; } else { cin >> marker; }
```

9. 이 루프는 공백 시퀀스를 건너뛴다.

10. 일부 국가 이름들(United States 같은)은 여러 단어로 구성된다.

11. 디폴트 정밀도가 6이므로 123456.000000이다.

12. cout << fixed << setprecision(2) << 123456.0;

13. 00123456

14. 123456

15. setw 조종자가 처음 출력에만 영향을 주기 때문.

16. 123456

17. 123

18. 0

19. 3.3333. 일반 형식에서 정밀도는 소수점 아래 숫자 수가 아니라, 전체 숫자 수를 나타냄을 유념하라.

20.
```
string double_to_string(double x, int digits)
{
   ostringstream strm;
   strm << fixed << setprecision(digits) << x;
   return strm.str();
}
```

21. argc는 3이며, argv는 문자열 "caesar", "-d", "encrypt.txt"를 포함한다.

22.

key	file_count	i	arg
~~3~~	~~0~~	~~1~~	~~-d~~
-3	1	~~2~~	encrypt.txt
		3	

그런 후, 프로그램은 메시지

Usage: caesar [-d] infile outfile

를 출력하고 종료한다.

23. FDHVDU

24. # 글자로 바꾼다. 빈칸에 대한 ASCII 코드는 32이며, # 글자의 코드는 35이다.

25. 파일의 맨 처음 바이트를 0으로 교체한다.

26. `green`과 `blue` 인수들의 값을 교환하도록 `process` 함수를 변경하라. 프로그램의 나머지 부분은 그래도 둔다.

27. 도로 원래 영상이 된다.

28. 헤더 값들과 화소 데이타는 순차적으로 읽을 수 있을 것이지만, 화소를 업데이트하기 위해서는 거꾸로 이동해야 한다.

29. 각 스캔 라인에 대해 3 × 100 바이트가 필요하다. 이 수가 4로 나뉘므로 패딩은 필요 없다. 전체 크기는 3 × 100 × 100 + 64 = 30,064 바이트이다.

CHAPTER 09 클래스

Classes

목표

캡슐화의 개념을 이해하기
인터페이스와 구현의 분리를 마스터하기
자신의 클래스를 구현할 수 있기
생성자와 멤버 함수가 객체에 작용하는 방식을 이해하기
프로그래밍 문제를 해결하기 위한 적절한 클래스를 찾아내기
프로그램을 여러 소스 파일에 분산시키기

내용

이 장은 복잡한 프로그램을 작성하기 위한 중요한 기법인 객체 지향 프로그래밍을 소개한다. 객체 지향 프로그램에서는 단순히 수와 문자열을 다루지 않고, 자신의 애플리케이션에 의미가 있는 객체를 사용한다. 같은 속성의 객체들(왼쪽의 풍차 같은)은 클래스로 그룹 지어진다. 프로그래머는 이 클래스들을 위한 함수를 구체적으로 명시하고 구현해서 원하는 속성을 제공한다. 이 장에서는 우리 자신의 클래스들을 찾아내고, 구체적으로 명시하고, 구현하는 방법과 우리 자신의 프로그램에서 그들을 이용하는 방법을 배운다.

9.1 객체 지향 프로그래밍

작업을 함수로 분해해서 프로그램을 구조화하는 방법을 배웠다. 그렇게 하는 것은 훌륭한 습관이지만, 경험에 의하면 그것만으로는 충분하지 않다. 프로그램이 커짐에 따라, 많은 함수들을 유지하기가 점점 어려워진다.

이러한 문제를 극복하기 위해서, 컴퓨터 과학자들은 서로 협력하는 객체들에 의해 작업이 해결되는 프로그래밍 스타일인 **객체 지향 프로그래밍**을 발명했다. 각 객체는 자신의 데이타 집합과 그들에 대해 작용하는 함수 집합(이 함수들을 **멤버 함수**라고 부른다)을 가진다.

우리는 `string` 객체, 그리고 `cin`과 `cout` 같은 스트림을 사용했을 때 이미 객체 지향 프로그래밍 스타일을 경험했다. 예를 들면, `string` 객체를 사용하기 위해서 `length`와 `substr` 멤버 함수를 사용했다. 스트림과 함께 사용한 `>>`와 `<<` 연산자도 멤버 함수로서 구현되어 있다—398쪽의 특강 9.2 참고.

클래스는 같은 속성의 객체 집합을 묘사한다.

C++에서 프로그래머는 단일 객체를 구현하지 않는다. 그 대신에 **클래스**를 제공한다. 클래스는 같은 속성의 객체들을 묘사한다. 예를 들면, `string` 클래스는 모든 문자열의 속성을 묘사한다. 이 클래스는 문자열이 그의 글자들을 저장하는 방식, 문자열과 함께 사용될 수 있는 멤버 함수들, 멤버 함수들이 어떻게 구현되어 있는지를 명시한다.

클래스는 같은 속성의 객체 집합을 묘사한다. 예를 들면, `Car`라는 클래스는 특정 용량과 모양을 갖는 모든 승용차를 묘사한다.

엔진의 원리를 몰라도 운전대와 페달을 이용해서 차를 몰 수 있다. 마찬가지로, 멤버 함수를 통해서 객체를 사용한다. 그 구현은 감춰져 있다.

객체 지향 프로그램을 개발할 때, 우리 자신의 애플리케이션에 무엇이 중요한지를 기술하는 우리 자신의 클래스를 생성한다. 예를 들면, 학생 데이타베이스에서는 우리는 `Student`와 `Course`란 클래스들을 사용할 것이다. 물론, 우리는 이 클래스들을 위한 멤버 함수들을 제공해야 한다.

모든 클래스는 클래스의 객체들을 조작하는 멤버 함수들의 집합인 public 인터페이스를 가진다.

객체를 다룰 때, 우리는 그것이 어떻게 구현되어 있는지는 모른다. 우리는 `string`이 글자 시퀀스를 어떻게 구조화하는지, 또는 `cin` 객체가 어떻게 콘솔로부터 입력을 읽는지를 알 필요가 없다. 우리는 호출할 수 있는 멤버 함수들을 의한 사양인 **public 인터페이스**만 알면 된다. 구현 디테일을 감추면서, 퍼블릭 인터페이스를 제공하는 과정을 **캡슐화 (encapsulation)**라고 부른다.

캡슐화는 퍼블릭 인터페이스를 제공하고, 구현 디테일을 감추는 행위이다.

우리 자신의 클래스를 위해 캡슐화를 사용하기를 원할 것이다. 클래스를 정의할 때, 우리는 퍼블릭 멤버 함수들의 속성은 구체적으로 명시할 것이지만, 구현 디테일은 감출 것이다. 캡슐화는 나의 클래스를 사용하는 프로그래머들에게 유익하다. 마치 내가 내부 디테일을 몰라도 `string`과 스트림 클래스들을 이용할 수 있듯이, 그들은 나의 클래스를 구현에 관해 알 필요 없이 사용할 수 있다.

캡슐화는 클래스 사용자에게 영향을 주지 않고 구현을 바꿀 수 있게 해준다.

캡슐화는 또한 클래스를 구현하는 이에게도 유익하다. 오랜 기간에 거쳐 개발이 진행되는 프로그램일 경우, 보통 객체의 효율과 능력을 높이기 위해 구현 디테일이 종종 바뀐다. 캡슐화는 이러한 변화를 가능하게 하는 데 결정적인 역할을 한다. 구현이 감춰져 있을 때, 구현자는 마음껏 개선할 수 있다. 구현이 감춰져 있기 때문에, 이러한 개선이 객체를 사용하는 프로그래머들에게 영향을 주지 않는다.

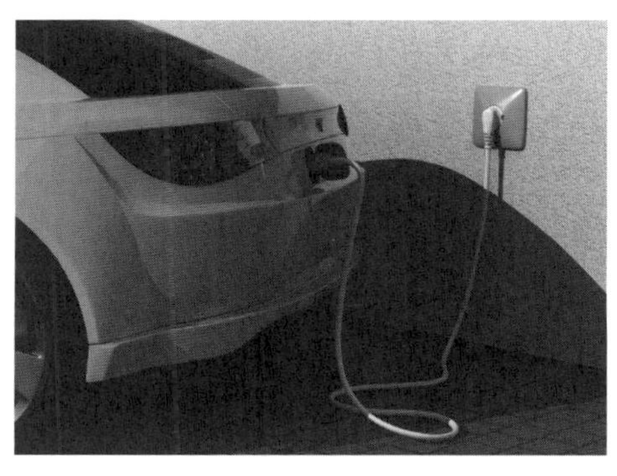

전기차 운전자는 엔진이 달라져도 새로운 컨트롤들을 배울 필요가 없다. 똑 같은 멤버 함수들이 사용되는 한 구현이 개선된 객체를 사용하는 프로그래머도 마찬가지이다.

이 장에서는 캡슐화의 원리를 이용해서, C++로 자신의 클래스를 설계 및 구현하는 방법과 객체 지향 방식으로 프로그램을 구조화하는 방법을 배운다.

1. C++에서 cin은 객체 또는 클래스 중 어느 것인가? string은 객체인가, 클래스인가?
2. string 객체를 사용할 때, 우리는 그것이 글자들을 어떻게 저장하는지 모른다. 어떻게 그들에 접근할 수 있는가?
3. string 객체가 그의 글자들을 저장할 수 있는 가능 한 두 가지 방법을 설명하라.
4. 내가 사용하는 C++ 컴파일러의 제공자가 string 객체가 그의 글자들을 저장하는 방식을 바꾸기로 결정하고, 그에 따라 string 멤버 함수들을 업데이트했다. 갱신된 컴파일러를 받았을 때 나는 내 코드의 어느 부분을 바꿔야 하는가?

Practice It 이제 다음 연습문제들에 대해 답할 수 있다: R9.1, R9.2.

9.2 클래스의 퍼블릭 인터페이스를 명시하기

클래스를 정의하기 위해서는 우선 퍼블릭 인터페이스를 명시해야 한다. 클래스의 퍼블릭 인터페이스는 클래스의 사용자가 그의 객체들에 적용하기를 원할 수 있는 모든 멤버 함수들로 구성된다.

우리의 첫 클래스 예는 금전등록기를 시뮬레이션한다.

간단한 예를 고려해보자. 우리는 금전등록기를 시뮬레이션하는 객체들을 사용하려고 한다. 판매를 담당하는 점원이 어떤 키를 눌러서 거래를 시작하고, 각 품목을 입력한다. 표시기는 지불할 금액과 구매한 총 품목 수를 보여준다.

이 시뮬레이션에서 우리는 다음 연산들을 실행하고자 한다.

- 품목의 가격을 더한다.
- 전체 품목의 총액과 구매한 품목 수를 계산한다.
- 새로운 세일을 위해 금전등록기를 클리어시킨다.

인터페이스는 385쪽의 문법 9.1에 요약된 클래스 정의에 명시된다. 이 클래스를 CashRegister라고 부르기로 하겠다(관례를 따라 프로그래머 정의 클래스의 이름을 대문자로 시작하며, 이름 안의 각 단어도 마찬가지이다. 이 작명 관례를 이름 중간중간의 대문자들이 낙타 혹처럼 생겼다고 해서 **캐멀 케이스**(*camel case*)라고 부른다).

다음은 CashRegister 클래스 정의를 위한 C++ 문법이다.

```
class CashRegister
{
public:
   void clear();
   void add_item(double price);

   double get_total() const;
   int get_count() const;

private:
   data members—see Section 9.3
};
```

멤버 함수들이 클래스의 *public* 섹션에 선언되어 있다. 프로그램의 어디에서든 이 멤버 함수들을 호출할 수 있다. 데이타 멤버들은 클래스의 *private* 섹션에 정의되어 있다. 클래스의 멤버 함수들만이 이 데이타 멤버들에 접근할 수 있다. 이들은 프로그램의 나머지 부분에 대해서는 감춰져 있다.

private 멤버들을 public 섹션 앞에 선언하는 것도 허용되나, 이 책에서는 public 섹션을 앞에 놓기로 한다. 클래스를 읽는 대부분의 프로그래머들이 구현자가 아닌 클래스 사용자이며, 이들은 private 구현보다는 public 인터페이스에 더 관심이 있다.

멤버 함수 선언은 일반 함수의 선언과 비슷해 보인다. 이들의 선언에는 구현이 없다. 9.4절에서 멤버 함수 구현 방법을 볼 것이다.

mutator 멤버 함수는 그가 적용되는 객체를 바꾼다.

멤버 함수에는 두 종류가 있다. **mutator(돌연변이 유발자)**와 **accessor(접근자)**. mutator는 객체의 데이타 멤버를 변경하는 함수이다. `CashRegister` 클래스에는 두 개의 mutator가 있다: `clear`와 `add_item`. 이 함수들 중 하나를 호출하고 나면, 총액과 품목 수가 변경된다.

문법 9.1 **class 정의**

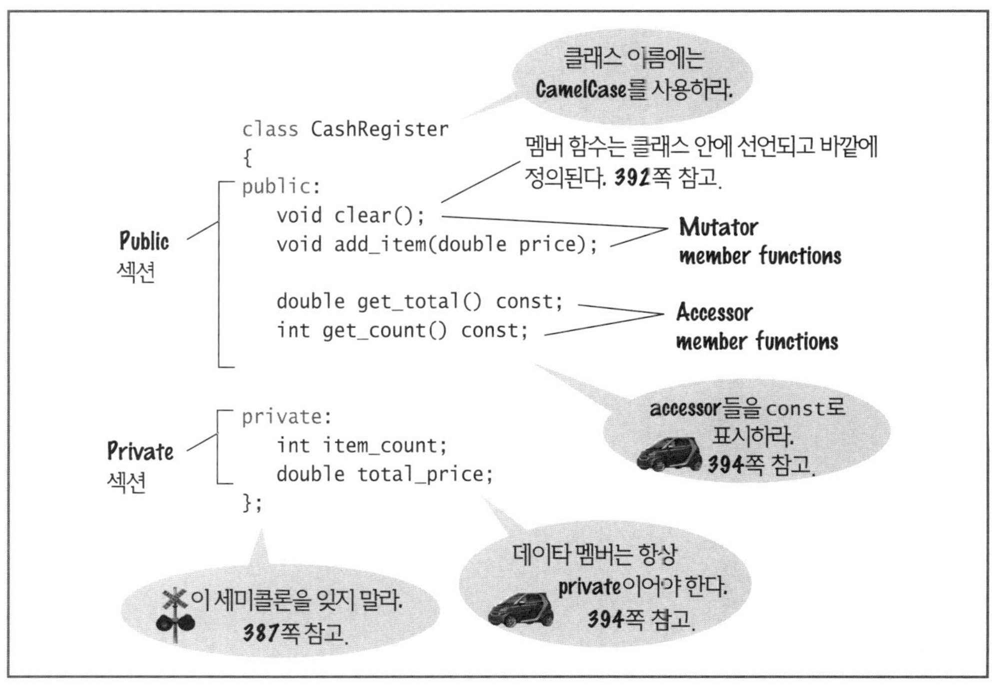

accessor 멤버 함수는 그가 적용되는 객체를 바꾸지 않는다. accessor에는 const를 함께 사용한다.

Accessor는 객체를 바꾸지 않고 정보를 얻기 위해 질문만 한다. CashRegister 클래스에는 두 개의 accessor가 있다: get_total과 get_count. 이 함수들 중 하나를 CashRegister 객체에 적용하면 값이 반환되기만 하며, 객체를 바꾸지 않는다. C++에서는 accessor 함수를 표시하기 위해서 다음과 같이 const 예약어를 사용해야 한다(394쪽의 프로그래밍 팁 9.2 참고).

```
double get_total() const;
```

멤버 함수는 우리가 문자열 및 스트림 함수들에 대해 이미 봤던 것처럼 점 표기를 사용해서 호출된다:

```
CashRegister register1; // Defines a CashRegister object
register1.clear(); // Invokes a member function
```

이제 우리는 CashRegister 객체가 **무엇을** 할 수 있는지는 알게 되었으나, **어떻게** 하는지는 아직 모른다. 물론 프로그램에 CashRegister 객체를 사용하기 위해서는 알 필요가 없다. 우리는 단순히 public 인터페이스를 사용한다. 그림 9.1이 CashRegister 클래스의 인터페이스를 보여준다. mutator 함수들에는 그들이 데이타를 변경한다는 사실을 나타내기 위해서 private 데이타의 내부를 가리키는 화살표가 표시되어 있다. accessor 함수들에는 그들이 데이타를 읽기만 한다는 사실을 나타내기 위해서 반대쪽을 가리키는 화살표가 표시되어 있다.

5. 다음 코드 조각은 무엇을 출력하는가?

```
CashRegister reg;
reg.clear();
reg.add_item(0.95);
reg.add_item(0.95);
cout << reg.get_count() << " " << reg.get_total() << endl;
```

6. 다음 코드 조각은 무엇이 잘못 되어 있는가?

```
CashRegister reg;
reg.clear();
reg.add_item(0.95);
cout << reg.get_amount_due() << endl;
```

7. CashRegister 클래스에 어떤 판매의 총액을 달러로 산출하는 get_dollars라는 멤버 함수를 선언하라.
8. string 클래스의 두 개의 accessor 멤버 함수들의 이름을 써라.
9. ifstream 클래스의 get 멤버 함수는 accessor인가, 또는 mutator인가?

Practice It 이제 다음 연습문제들에 대해 답할 수 있다: R9.3, R9.7.

그림 9.1 CashRegister 클래스의 인터페이스

빈번한 오류 9.1 **세미콜론을 빠뜨리기**

중괄호 { }는 C++ 코드에서 흔하며, 닫는 중괄호 다음에는 보통 세미콜론을 넣지 않는다. 그러나, 클래스 정의는 항상 };로 끝난다. 흔히 이 세미콜론을 잊는 오류를 범한다.

```
class CashRegister
{
public:
   ...
private:
   ...
} // 세미콜론을 빠뜨렸다

int main()
{
   // 많은 컴파일러들이 이 줄에서 오류를 보고한다
   ...
}
```

이 오류는 많은 컴파일러들에게 극도로 혼란스러울 수 있다. 이제는 퇴출되었지만 옛날 코드와의 호환성을 위해 여전히 지원되는, 클래스 타입과 그 타입의 변수들을 동시에 정의하는 문법이 있다. 컴파일러로서는 내가 퇴출된 문법을 사용하지 않는다는 것을 알 수 없기 때문에, 코드를 잘못 분석해서 결국 오류를 보고한다. 불행히도, 세미콜론을 빠뜨린 줄로부터 여러 줄 떨어져서 오류를 보고하기도 한다.

만일 내가 옳다고 확신하는 줄들에 대해서도 컴파일러가 괴상한 오류들을 보고한다면, 그 앞의 클래스 정의들의 각각이 세미콜론으로 끝났는지를 검사하라.

9.3 데이타 멤버

객체는 멤버 함수들에 의해 접근되는 데이타를 가진다.

객체는 그의 데이타를 **데이타 멤버**들에 저장한다. 이들은 클래스 안에 선언된 변수들이다.

클래스를 구현할 때 각 객체가 저장할 데이타를 결정해야 한다. 객체는 모든 멤버 함수 호출을 실행하는 데 필요한 모든 정보를 가져야 한다.

모든 멤버 함수를 조사하고, 그들의 데이타 요구 사항을 찾아내라. accessor 함수들에서부터 시작하는 것이 좋다. 예를 들면, CashRegister 객체는 get_total 함수에 대해 올바른 값을 반환할 수 있어야 한다. 즉, 함수 호출 때 입력된 모든 가격을 저장하고 총액을 계산하거나, 아니면 총액을 저장해야 한다.

필요할지도 모를 모든 품목들을 메고 다녀야 하는 야생 탐험가처럼, 객체는 모든 함수 호출에서 요구되는 데이타를 저장해야 한다.

이제 같은 추론을 get_count 함수에 대해 적용해보자. 만일 금전등록기가 입력된 모든 가격들을 저장한다면, get_count 함수에서 셀 수 있다. 아니면, 카운트를 위한 변수가 필요하다.

add_item 함수는 가격을 인수로 받고, 그 가격을 기록해야 한다. CashRegister 객체가 입력된 가격들의 배열을 저장한다면, add_item 함수는 그 가격을 덧붙인다. 그 반면, 우리가 품목 총액과 개수만을 저장하기로 한다면, add_item 함수는 이들 두 변수를 갱신한다.

끝으로, clear 함수는 다음 판매를 위해, 가격 배열을 비우든지, 아니면 총액과 카운트를 0으로 설정하든지 해서 금전등록기를 준비시켜야 한다.

모든 객체는 자신의 데이타 멤버 집합을 가진다

이제 객체가 필요로 하는 데이타를 표현하는 두 가지 방법을 알아냈다. 어느 방법이든 좋으며, 하나를 선택해야 한다. 더 간단한 것을 선택하기로 한다: 전체 가격과 품목 수를 위한 변수들(다른 옵션들은 연습문제 P9.3과 P9.4에서 살펴보기로 한다).

데이타 멤버들은 클래스 정의의 private 섹션에 정의된다:

```
class CashRegister
{
public:
   // See Section 9.2
private:
   int item_count;
   double total_price;
};
```

모든 CashRegister 객체는 이 데이타 멤버들의 카피를 독립적으로 가진다(그림 9.2 참고).

데이타 멤버들은 private로 정의되므로, 클래스의 멤버 함수들만이 접근할 수 있다. CashRegister 클래스를 사용하는 프로그래머들은 데이타 멤버들에 직접 접근할 수 없다:

```
int main()
{
   ...
   cout << register1.item_count; // Error—use get_count() instead
   ...
}
```

private 데이타 멤버들은 같은 클래스의 멤버 함수들에 의해서만 접근될 수 있다.

모든 데이타 접근은 public 인터페이스를 통해 일어나야 한다. 따라서, 객체의 데이타 멤버들은 그 클래스를 사용하는 프로그래머로부터 효과적으로 감춰진다. 이론적으로 C++에서 데이타 멤버를 캡슐화하지 않은 상태로 두는 것이 가능하지만(public 섹션에 둠으로써), 실질적으로 아주 드물다. 이 책에서 우리는 모든 데이타 멤버를 항상 private으로 만들 것이다.

10. 다음 명령들 후의 register1.item_count, register1.total_price, register2.item_count, register2.total_price의 값은 얼마인가?

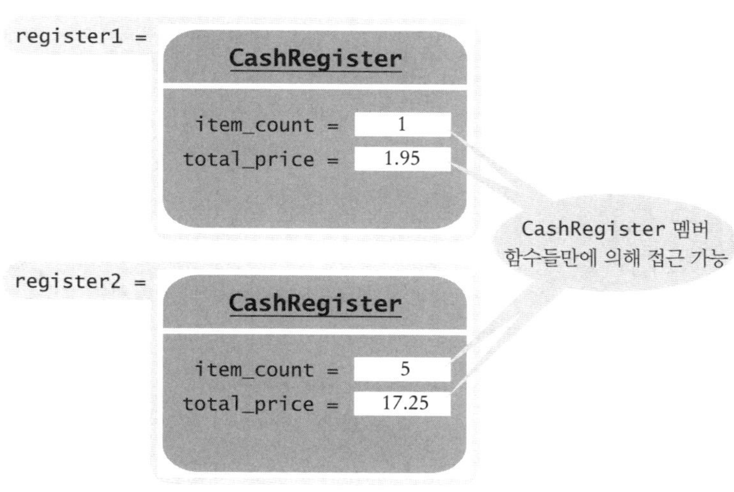

그림 9.2 CashRegister 객체의 데이타 멤버들

이 시계들은 공통된 특성을 가지나, 상태는 각각 다르다. 마찬가지로, 클래스의 객체들은 서로 다른 값들로 설정된 자신들의 데이타 멤버들을 가질 수 있다.

```
register1.clear();
register1.add_item(0.90);
register1.add_item(0.95);
CashRegister register2;
register2.clear();
register2.add_item(1.90);
```

11. 다음 코드 조각에서 틀린 점은?

```
CashRegister register2;
register2.clear();
register2.add_item(0.95);
cout << register2.total_price << endl;
```

12. 9 A.M. 또는 3:30 P.M. 같은 시각을 나타내는 클래스인 `Time`을 고려하자. `Time` 클래스를 구현하는 데 사용될 수 있는 서로 다른 두 가지 데이타 멤버 집합을 제시하라.

13. `Time` 클래스의 구현자가, pubic 인터페이스는 바꾸지 않고, 한 구현 전략에서 다른 전략으로 바꾼다고 하자. `Time` 클래스를 사용하는 프로그래머는 무엇을 해야 하는가?

14. `A+`나 `B` 같은 문자 성적을 나타내는 `Grade` 클래스를 고려하자. 이 `Grade` 클래스를 구현하는데 사용될 수 있는 두 개의 서로 다른 데이타 멤버 집합들을 제시하라.

Practice It 이제 다음 연습문제들에 대해 답할 수 있다 : R9.16, R9.17, R9.18.

9.4 멤버 함수

클래스의 정의에서는 멤버 함수들이 선언된다. 각 멤버 함수는 클래스 정의 다음에 개별적으로 정의된다. 다음 절들은 멤버 함수를 정의하는 방법을 브여준다.

9.4.1 멤버 함수 구현하기

다음은 `CashRegister` 클래스의 `add_item` 함수를 구현한 것이다.

```
void CashRegister::add_item(double price)
{
   item_count++;
   total_price = total_price + price;
}
```

멤버 함수를 정의할 때는 *ClassName::* 접두사를 사용하라.

CashRegister:: 접두사는 우리가 CashRegister 클래스의 add_item 함수를 정의하고 있다는 것을 명확히 해준다. C++에서는 다른 클래스들도 얼마든지 add_item 함수를 적법하게 가질 수 있다(392쪽의 문법 9.2 참고). *Class Name*::add_item 문법은 이 함수를 정의할 때만 사용하며, 호출할 때는 다르다. add_item 멤버 함수를 호출할 때의 호출 형태는 *object*.add_item(...)이다.

접근자(accessor) 멤버 함수를 정의할 때는 파라미터 목록의 닫는 괄호 다음에 예약어 const를 붙인다. 다음은 get_count 멤버 함수이다.

```
int CashRegister::get_count() const
{
   return item_count;
}
```

나머지 멤버 함수들은 이 절의 끝에 있는 예제 프로그램에서 볼 수 있다.

9.4.2 내재적 및 명시적 파라미터들

우리가 멤버 함수에서 item_count나 total_price 같은 데이타 멤버들을 참조할 때, 그 멤버 함수가 적용되는 객체의 데이타 멤버를 가리키는 것이다. 예로서, 다음 호출을 고려하자.

```
register1.add_item(1.95);
```

CashRegister::add_item 함수의 첫 명령문이 다음과 같다.

```
item_count++;
```

어느 item_count가 증가되는가? 이 호출에서는 register1 객체의 item_count이다(그림 9.3 참고).

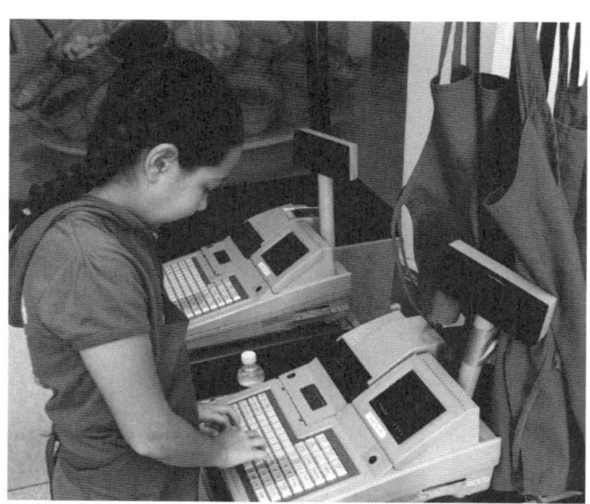

품목이 추가될 때, 함수가 적용되는 금전 등록기 객체의 데이타 멤버에 영향을 준다.

내재적 파라미터는 멤버 함수가 적용되는 객체에 대한 참조(reference)이다.

객체에 대해 멤버 함수가 호출될 때, **내재적 파라미터**는 그 객체에 대한 참조이다. add_item 함수의 코드를 다음과 같이 생각할 수 있다.

```
void CashRegister::add_item(double price)
{
   implicit parameter.item_count++;
   implicit parameter.total_price = implicit parameter.total_price + price;
}
```

멤버 함수의 명시적 파라미터는 함수 정의에 나열된다.

C++에서는 함수 정의에 내재적 파라미터를 쓰지 않는다. 그 때문에, 파라미터가 '내재적'이라고 불린다.

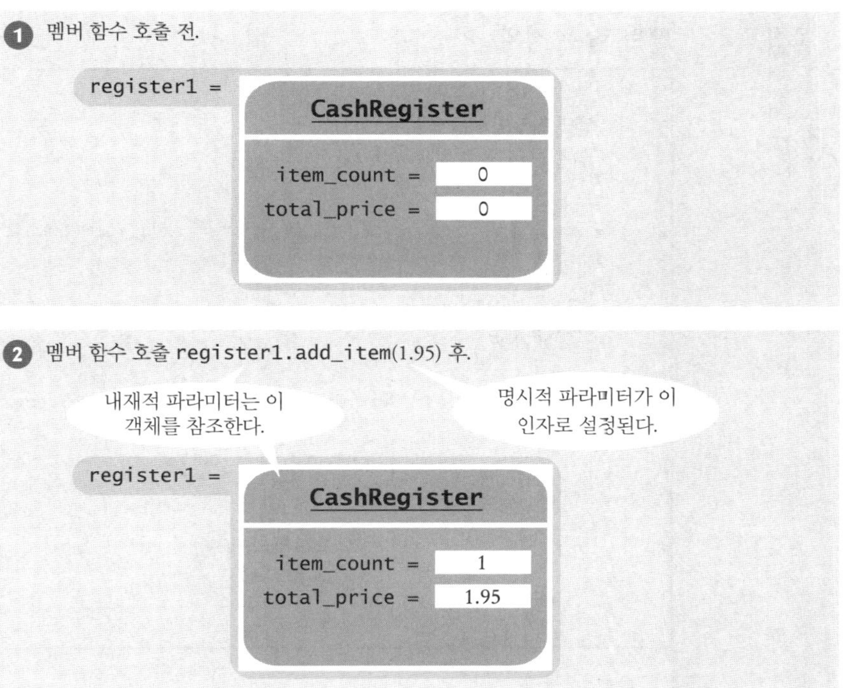

그림 9.3 내재적 및 명시적 파라미터들

그와 대조적으로, `price` 파라미터 변수 같이, 함수 정의에 명시적으로 언급된 파라미터 변수들은 **명시적 파라미터**라고 불린다. 모든 멤버 함수에는 딱 하나의 내재적 파라미터가 있으며, 명시적 파라미터는 없거나 여러 개일 수 있다.

9.4.3 멤버 함수에서 멤버 함수를 호출하기

같은 객체에 대해 또 다른 멤버 함수를 호출할 때는 점 표기를 사용하지 않는다.

한 멤버 함수가 똑같은 객체에 대해 또 다른 멤버 함수를 호출할 때는 점 표기를 사용하지 않는다. 대신에, 단순히 그 함수의 이름을 사용한다. 예를 들어 보겠다. 같은 항목의 여러 인스턴스를 더하기 위해서 멤버 함수를 구현하려 한다고 하자. 이 함수를 구현하는 쉬운 방법은 `add_item` 함수를 반복적으로 호출하는 것이다:

```
void CashRegister::add_items(int quantity, double price)
{
   for (int i = 1; i <= quantity; i++)
   {
      add_item(price);
   }
}
```

이때, `add_item` 멤버 함수는 내재적 파라미터에 대해 적용된다:

```
for (int i = 1; i <= quantity; i++)
{
   implicit parameter.add_item(price);
}
```

이것이 `add_items` 함수가 적용되는 객체이다. 예를 들면, 호출

```
register1.add_items(6, 0.95);
```

에서, `add_item` 함수는 `register1`에 대해 여섯 번 적용된다.

문법 9.2 멤버 함수 정의

멤버 함수의 이름 앞에 *ClassName* ::을 사용하라.

명시적 파라미터

```
void CashRegister::add_item(double price)
{
   item_count++;
   total_price = total_price + price;
}
```

내재적 파라미터의 데이타 멤버들

```
int CashRegister::get_count() const
{
   return item_count;
}
```

접근자 함수들에 대해서는 const를 사용하라. 394쪽 참고

내재적 파라미터의 데이타 멤버들

ch09/registertest1.cpp

```
#include <iostream>
#include <iomanip>

using namespace std;

/**
   A simulated cash register that tracks the item count and
   the total amount due.
*/
class CashRegister
{
public:
   /**
      Clears the item count and the total.
   */
   void clear();

   /**
      Adds an item to this cash register.
      @param price the price of this item
   */
   void add_item(double price);

   /**
      @return the total amount of the current sale
   */
   double get_total() const;

   /**
      @return the item count of the current sale
   */
   int get_count() const;

private:
   int item_count;
   double total_price;
};

void CashRegister::clear()
```

```
{
   item_count = 0;
   total_price = 0;
}

void CashRegister::add_item(double price)
{
   item_count++;
   total_price = total_price + price;
}

double CashRegister::get_total() const
{
   return total_price;
}

int CashRegister::get_count() const
{
   return item_count;
}

/**
   Displays the item count and total price of a cash register.
   @param reg the cash register to display
*/
void display(CashRegister reg)
{
   cout << reg.get_count() << " $" << fixed << setprecision(2)
      << reg.get_total() << endl;
}

int main()
{
   CashRegister register1;
   register1.clear();
   register1.add_item(1.95);
   display(register1);
   register1.add_item(0.95);
   display(register1);
   register1.add_item(2.50);
   display(register1);
   return 0;
}
```

실행 결과

```
1 $1.95
2 $2.90
3 $5.40
```

15. 다음의 get_total 멤버 함수의 구현에서 잘못된 점은?

```
int get_total()
{
   return total_price;
}
```

16. add_item을 호출하지 않고 9.4.3절에 기술된 add_items 멤버 함수를 구현하라.

17. 전체 판매 금액을 센트는 버리고 달러로만 산출하는 CashRegister 클래스의 멤버 함수 get_dollars를 구현하라.

18. string 클래스의 substr 멤버 함수를 고려하자. 이 함수는 몇 개의 파라미터를 가지며, 그들의 타입은 무엇인가?

19. string 클래스의 length 멤버 함수를 고려하자. 이 함수는 몇 개의 파라미터를 가지며, 그들의 타입은 무엇인가?

Practice It 이제 다음 연습문제들에 대해 답할 수 있다 : P9.3, P9.4, P9.6.

프로그래밍 팁 9.1 **모든 데이타 멤버는 private이어야 한다. 대부분의 멤버 함수는 public이어야 한다.**

데이타 멤버를 클래스의 public 섹션에 정의해도 되지만, 자신의 코드에서만은 그러지 말라. 항상, 멤버 함수에 의해 다뤄지는 private 데이타 멤버에 의한 캡슐화를 사용하라.

일반적으로, 멤버 함수들은 public이어야 한다. 그렇지만, 우리는 때때로 다른 멤버 함수들에 의해 도우미 함수로만 사용되는 멤버 함수를 가진다. 이 경우, 도우미 함수를 private로서 만들 수 있다. 단순히 그를 클래스의 private 섹션에서 선언한다.

프로그래밍 팁 9.2 **const 정확성**

C++의 모든 accessor 함수는 const 예약어와 함께 선언되어야 한다(accessor 함수는 그의 내재적 파라미터를 변경하지 않는 멤버 함수임을 기억하라).

예를 들어, 다음 클래스를 설계한다고 하자.

```
class CashRegister
{
   void display(); // 나쁜 스타일-const를 사용하지 않았다
   ...
};
```

이 코드를 컴파일할 때 오류가 보고되지 않는다. 그러나 다른 프로그래머가 이 CashRegister 클래스를 다음과 같이 어떤 함수에서 사용한다고 하자.

```
void display_all(const CashRegister registers[])
{
   for (int i = 0; i < NREGISTERS; i++) { registers[i].display(); }
}
```

이 프로그래머는 착실하게 registers 파라미터 변수를 const로 선언하고 있다. 그러나 그렇기 때문에 registers[i].display() 호출이 컴파일되지 않을 것이다. CashRegister::display에 const란 태그가 붙지 않았기 때문에, 컴파일러는 registers[i].display() 호출이 registers[i]를 변경할 수도 있다고 의심하게 된다. 그러나, 이 함수는 registers 배열을 변경하지 않겠다고 약속했다.

const를 꼼꼼하게 지키는 팀의 다른 멤버들과 함께 프로그램을 작성한다면, 나 자신도 그러는 것이 매우 중요하다. 그러므로, 모든 접근자(accessor) 멤버 함수들에 대해 const를 사용하는 습관을 들여야 한다.

9.5 생성자

생성자는 객체의 데이타 멤버들을 초기화하는 멤버 함수이다. 생성자는 객체가 생성될 때

생성자는 객체가 생성될 때마다 자동으로 호출된다.

마다 자동으로 호출된다. 생성자를 제공함으로써 멤버 함수가 객체에 작용하기 전에 모든 데이타 멤버를 적절하게 설정해놓을 수 있다.

생성자의 중요성을 이해하기 위해서 다음 명령문들을 고려하자.

```
CashRegister register1;
register1.add_item(1.95);
int count = register1.get_count(); // May not be 1
```

여기서, 프로그래머가 항목을 추가하기 전에 clear를 호출하는 것을 잊었다. 그러므로 register1 객체의 데이타 멤버는 랜덤한 값으로 초기화되어 있다. 생성자는 객체가 정의될 때 항상 충분히 초기화되는 것을 보장한다.

생성자의 이름은 클래스 이름과 같다.

생성자의 이름은 그의 클래스 이름과 같다. 클래스 정의 안에 생성자를 선언한다. 예,

```
class CashRegister
{
public:
   CashRegister(); // A constructor
   ...
};
```

생성자는 절대로 값을 반환하지 않으나, 선언 때 void 예약어를 사용하지 않는다.

다음은 위의 생성자의 정의이다.

```
CashRegister::CashRegister()
{
   item_count = 0;
   total_price = 0;
}
```

생성자 정의에서 :: 앞의 첫 CashRegister는 우리가 CashRegister 클래스의 멤버 함수를 정의하는 것임을 나타낸다. 두 번째 CashRegister는 그 멤버 함수의 이름이다.

생성자는 객체에 대한 조립 설명과 같다.

디폴트 생성자에는 인수가 없다.

방금 본 생성자에는 인수가 없다. 그런 생성자를 **디폴트 생성자**라고 부른다. 이들은 우리가 객체를 정의하면서 생성을 위한 파라미터를 명시하지 않을 때 사용된다. 예를 들면,

```
CashRegister register1;
```

이라고 정의하면, 디폴트 생성자가 호출된다. 이 명령은 register1.item_count와 register1.total_price를 0으로 설정한다.

클래스는 여러 개의 생성자를 가질 수 있다.

많은 클래스들이 둘 이상의 생성자를 가진다. 그럼으로써 서로 다른 방식으로 객체를 정의할 수 있게 된다. 두 개의 생성자를 갖는 BankAccount 클래스를 고려하자:

```
class BankAccount
{
public:
   BankAccount(); // balance를 0으로 설정한다
   BankAccount(double initial_balance); // balance를 initial_balance로 설정한다
   // 멤버 함수들은 생략되었다
private:
   double balance;
};
```

컴파일러가 생성 인수와 일치하는 생성자를 고른다.

두 생성자 모두 클래스 BankAccount와 같은 이름을 가진다. 그러나 디폴트 생성자에는 파라미터 변수가 없는 반면, 두 번째 생성자에는 double 파라미터 변수가 있다(이것은 오버로딩–특강 9.2 참고–의 예이다.)

객체를 생성할 때 컴파일러는 내가 제공한 인수들과 일치하는 생성자를 선택한다. 예:

```
BankAccount joes_account;
   // 디폴트 생성자를 사용한다
BankAccount lisas_account(499.95);
   // BankAccount(double) 생성자를 사용한다
```

모든 수치 및 포인터 데이타 멤버들을 생성자에서 초기화하라.

생성자를 구현할 때 수치 또는 포인터인 데이타 멤버들에 대해 특별히 주의를 기울여야 한다. 이 타입들은 클래스가 아니므로 생성자를 갖지 않는다. 클래스의 객체인 데이타 멤버가 있으면, 그 클래스에는 생성자가 있으며, 객체는 초기화될 것이다. 예를 들어, 모든 string 객체는 자동으로 빈 문자열로 초기화된다.

다음 클래스를 고려하자.

```
class Item
{
public:
   Item();
   // Additional member functions omitted
private:
   string description;
   double price;
};
```

Item 생성자에서 price를 0으로 설정할 필요가 있으나, description 데이타 멤버를 초기화할 필요는 없다. 이것은 자동으로 빈 문자열로 초기화된다.

클래스의 생성자를 제공하지 않으면, 컴파일러가 자동으로 디폴트 생성자를 만든다. 디폴트 생성자는 클래스 타입의 모든 데이타 멤버를 그들의 디폴트 생성자로 초기화하며, 나머지 데이타 멤버들은 초기화되지 않은 상태로 놔둔다.

20. BankAccount 클래스의 디폴트 생성자를 구현하라.

21. BankAccount(double) 생성자를 구현하라.

22. Item 클래스의 디폴트 생성자를 구현하라.

23. clear 멤버 함수를 호출하는 CashRegister 클래스의 디폴트 생성자를 구현하라.

24. 다음 정의들의 각각에서 어느 생성자가 호출되는가?

a. `Item item1;`

b. `Item item2("Corn flakes");`

c. `Item item3(3.95);`

d. `Item item4("Corn flakes", 3.95);`

e. `Item item5();`

Practice It 이제 다음 연습문제들에 대해 답할 수 있다: R9.13, R9.14, P9.5, P9.8.

빈번한 오류 9.2 생성자 호출 시도하기

생성자는 객체가 처음 만들어질 때만 적용된다. 다시 적용할 수 없다. 예를 들면, 객체를 클리어시키는 데 생성자를 사용할 수 없다.

```
CashRegister register1;
...
register1.CashRegister(); // Error
```

디폴트 생성자가 새로운 CashRegister 객체를 클리어된 상태로 설정하는 것은 맞으나, 기존 객체에 대해 생성자를 적용할 수는 없다.

특강 9.1 초기화기 목록

데이타 멤버들 자체가 객체들인 객체를 생성할 때, 그 객체들은 자신들의 클래스의 디폴트 생성자에 의해 생성된다. 그러나, 데이타 멤버가 디폴트 생성자가 없는 클래스에 속할 때는, 그 데이타 멤버의 생성자를 명시적으로 호출해야 한다. 다음 예를 보자.

이 Item 클래스에는 디폴트 생성자가 없다.

```
class Item
{
public:
   Item(string item_description, double item_price);
   // No other constructors
   ...
};
```

이 Order 클래스는 Item 타입의 데이타 멤버를 가진다.

```
class Order
{
public:
   Order(string customer_name, string item_description, double item_price);
   ...
private:
   Item article;
   string customer;
};
```

이 Order 생성자는 Item 생성자를 호출해야 한다. 이것은 **초기화기 목록**에 의해 달성된다. 초기화기 목록은 생성자의 여는 중괄호의 앞에 놓인다. 이 목록은 콜론으로 시작하며, 데이타 멤버들의 이름들을 그들의 생성 인수들과 함께 포함한다:

```
Order(string customer_name, string item_description, double item_price)
   : article(item_description, item_price)
{
   customer = customer_name;
}
```

초기화기들은 쉼표로 분리된다. 이 Order 생성자를 다음과 같이 쓸 수도 있다.

```
Order(string customer_name, string item_description, double item_price)
   : article(item_description, item_price), customer(customer_name)
{
}
```

특강 9.2

오버로딩

같은 함수 이름이 두 개 이상의 함수를 위해 사용될 때, 그 이름이 **오버로딩**된다. C++에서는 파라미터 변수들의 타입이 다르다면, 함수 이름을 오버로딩할 수 있다. 예를 들면, print라고 불리는 두 함수를 정의할 수 있다:

```
void print(CashRegister r)
void print(Item i)
```

print가

```
print(x);
```

로 호출될 때, 컴파일러는 x의 타입을 조사한다. 만일 x가 CashRegister 객체이면, 첫 번째 함수가 호출된다. x가 Item 객체이면, 두 번째 함수가 호출된다. x가 둘 중 아무 것도 아니면, 컴파일러는 오류를 발생시킨다.

print_register 또는 print_item 같이 각 함수에 고유한 이름을 주어서 오버로딩을 피하는 것은 항상 가능하다. 그러나, 생성자라면 선택의 여지가 없다. C++에서는 생성자의 이름과 클래스의 이름이 같아야 한다. 클래스에 둘 이상의 생성자가 있다면, 그 이름이 오버로딩되어야만 한다.

이름 오버로딩 외에도, C++은 **연산자 오버로딩**도 지원한다. +, ==, << 같이 익숙한 C++ 연산자들에 새로운 의미를 부여하는 것도 가능하다. 이것은 이 책에서는 논의하지 않을 고급 기법이다.

9.6 문제 해결하기: 객체 추적하기

프로그램이 어떻게 동작하는지를 이해하는데 핸드 트레이싱 기법이 얼마나 유용한지를 봐왔다. 프로그램에 객체가 포함되어 있을 때, 이 기법을 적용하면 객체 데이타와 캡슐화에 관해서 더욱 잘 이해하는데 도움이 된다.

카드의 앞면에는 멤버 함수들, 뒷면에는 데이타 멤버 값들을 적어라.

각 객체에 대해 인덱스 카드 또는 접착력 있는 쪽지를 사용하라. 앞 면에는 객체가 실행할 수 있는 멤버 함수들을 적고, 뒷면에는 데이타 멤버들의 값들을 위한 표를 작성하라.

다음은 CashRegister 객체를 위한 카드 예이다.

CashRegister reg1

clear
add_item(price)
get_total
get_count

앞면

item_count	total_price

뒷면

대단하지는 않지만, 이렇게 해서 캡슐화에 대한 감을 제공할 수 있다. 객체는 그의 퍼블릭 인터페이스(카드의 앞면)에 의해 다뤄지며, 데이타 멤버들은 뒷면에 숨겨져 있다.

객체가 생성될 때, 데이타 멤버들의 초기 값들을 채운다:

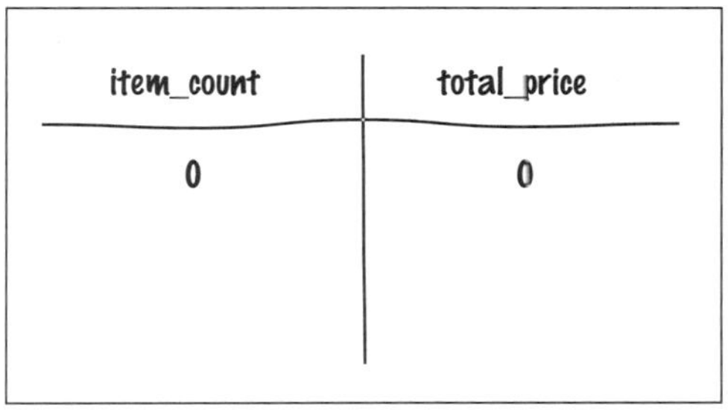

item_count	total_price
0	0

mutator 멤버 함수가 호출될 때 데이타 멤버들의 값을 갱신하라.

mutator 함수가 호출될 때, 기존 값을 긋고, 그 밑에 새 값을 써라. 다음은 add_item 멤버 함수의 호출 후의 상태를 보여준다.

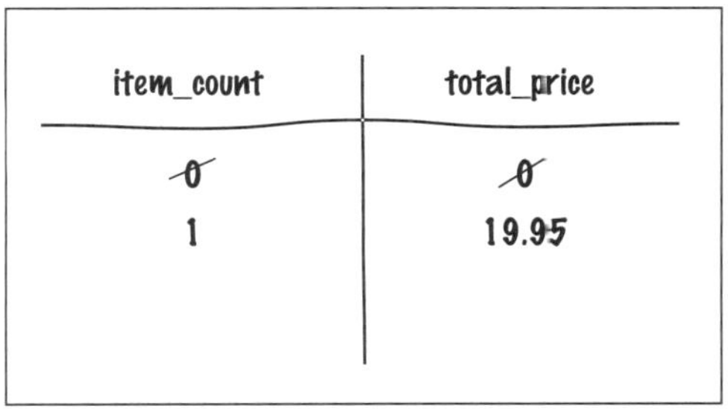

item_count	total_price
~~0~~	~~0~~
1	19.95

프로그램에 둘 이상의 객체가 있다면, 각 객체에 대해 하나씩 여러 장의 카드가 있을 것이다:

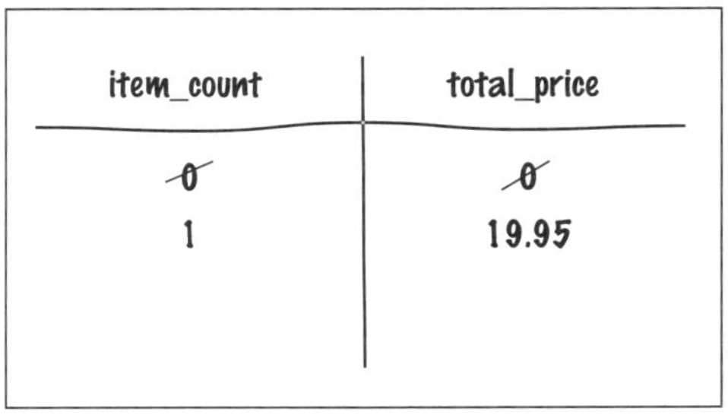

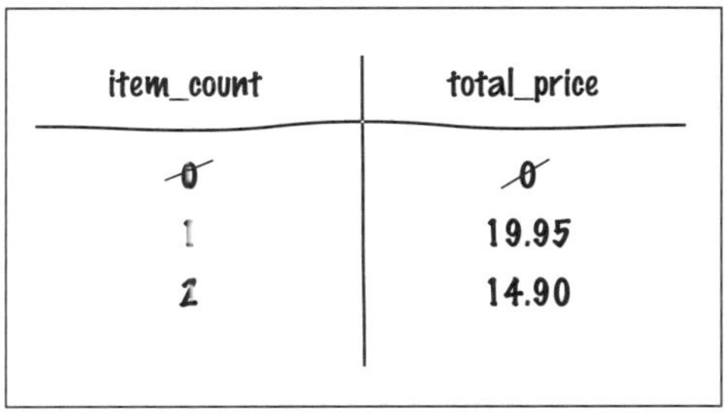

item_count	total_price
~~0~~	~~0~~
1	19.95

item_count	total_price
~~0~~	~~0~~
~~1~~	~~19.95~~
2	14.90

이 다이어그램들은 클래스를 설계할 때도 도움이 된다. 판매세를 계산하기 위해서 CashRegister 클래스를 개선하도록 주문 받았다고 하자. 카드의 앞면에 함수 get_sales_tax를 추가한다. 이제 카드를 뒤집고, 데이타 멤버들을 살펴보고, 답을 계산하기 위한 충분한 정보를 객체가 갖고 있는지를 스스로에게 물어보자. 각 객체가 자율적인 유닛(autonomous unit)임을 기억하자. 계산에 사용될 수 있는 모든 데이타 값은 다음 중 하나이다:

- 데이타 멤버
- 함수 인수
- 전역 상수 또는 변수

판매세를 계산하기 위해서는 세율과 과세 대상 품목들의 합계를 알아야 한다(식료품은 일반적으로 과세 대상이 아니다). 우리에게 그 정보가 없다. 세율과 과세 합계액을 위한 데이타 멤버들을 추가하자. 세율은 생성자에서 설정될 수 있다(객체의 라이프타임 동안 고정된 체로 있다고 가정하고). 품목을 추가할 때, 그 품목이 과세 대상인지에 관한 정보가 주어져야 한다. 만을 그렇다면, 그의 가격을 과세대상 합계에 더한다.

예를 들어, 다음 명령들을 고려하자.

```
CashRegister reg2(7.5); // 7.5 percent sales tax
reg2.add_item(3.95, false); // not taxable
reg2.add_item(19.95, true); // taxable
```

그 결과를 카드에 기록하면 다음과 같을 것이다.

item_count	total_price	taxable_total	tax_rate
~~0~~	~~0~~	~~0~~	7.5
~~1~~	~~3.95~~		
2	23.90	19.95	

이 정보로 세금을 계산하는 것은 쉽다. 세금은 **taxable_total x tax_rate /100**이다. 객체를 추적하는 것은 추가적인 데이타 멤버들에 대한 필요성을 파악하는 데 도움이 된다.

25. 자동차의 연료 소모를 시뮬레이션하는 `Car` 클래스를 고려하자. 우리는 생성자에서 제공된 고정된 효율(갤런 당 마일)을 가정할 것이다. 휘발유를 추가하고, 주어진 거리를 주행하고, 통에 남은 휘발유양을 검사하는 멤버함수들이 있다. 적절한 데이타 멤버들을 선정해서 객체가 생성된 후에 그 값들을 보여주는, `Car` 객체에 대한 카드를 만들라.

26. 다음 멤버 함수 호출들을 추적하라.

```
Car my_car(25);
my_car.acd_gas(20);
my_car.drive(100);
my_car.drive(200);
my_car.add_gas(5);
```

27. 멤버 함스 `get_miles_driven`를 추가해서 자동차의 주행기록계를 시뮬레이션하도록 주문을 받았다고 하자. 이 멤버 함수를 계산하기에 적합한 데이타 멤버를 객체의 카드에 추가하라.

28. 자체 검사 27에서 추가한 데이타 멤버를 갱신하면서, 자체 검사 26의 멤버 함수들을 추적하라.

Practice It 이제 다음 연습문제들에 대해 답할 수 있다: R9.20, R9.21, R9.22.

How to 9.1 클래스 구현하기

지정된 동작들을 객체들이 수행할 수 있는 클래스를 구현하는 것은 매우 흔한 작업이다. 이 *How to*가 필요한 단계들을 자세히 안내한다.

예로서, `Menu` 클래스를 고려하자. 이 클래스의 객체는 다음과 같은 메뉴를 표시할 수 있다.

```
1) Open new account
2) Log into existing account
3) Help
4) Quit
```

그런 후, 메뉴는 사용자가 값을 제공하기를 기다린다. 사용자가 유효한 값을 제공하지 않으면 메뉴가 다시 표시되며, 사용자는 다시 시도할 수 있다.

단계 1 나의 객체들의 비형식적 임무 목록을 얻는다.

나 자신을 문제에서 실제로 요구되는 기능들로 제한하도록 주의하자. 금전등록기나 은행계좌 같은 실제 품목과 관련해서, 구현할 만한 수십 가지 기능들이 잠재하고 있다. 그러나, 나의 임무는 실세계를 충실하게 모델링하는 것이 아니다. 나의 특정 문제를 해결하는데 필요한 임무들만을 결정하면 된다.

이 메뉴의 경우,

Display the menu.
Get user input.

을 할 필요가 있다. 이제 문제 설명의 일부가 아닌 감춰진 임무들을 찾아보자. 객체들은 어떻게 생성되는가? 어떤 일상적인 동작들(예: 각각의 판매를 시작할 때 금전등록기를 클리어시키기)이 일어나야 하는가?

메뉴 예에서는, 메뉴가 어떻게 만들어지는지를 고려하자. 프로그래머는 빈 메뉴 객체를 만들고, 'Open new account', 'Help' 등의 옵션을 추가한다. 여기에는 숨겨져 있는 임무가 있다:

Add an option.

단계 2 퍼블릭 인터페이스를 명시한다.

파라미터 변수들에 대한 타입과 반환 값을 갖춰서 단계 1의 목록을 일련의 멤버 함수들로 바꾼다. 접근자들을 꼭 const로 표시하라. 많은 프로그래머들이 다음과 같이, 샘플 객체에 적용되는 멤버 함수 호출을 쓰면, 이 단계가 더 간단한 것을 발견한다.

```
Menu main_menu;
main_menu.add_option("Open new account");
// Add more options
int input = main_menu.get_input();
```

이제 멤버 함수 목록을 갖게 되었다:

- void add_option(string option)
- int get_input() const

메뉴를 표시하는 것은 어떤가? 사용자에게 입력을 요구하지 않고 메뉴를 표시하는 것은 의미가 없다. 그렇지만, get_input은 사용자가 잘 못된 입력을 제공하면 메뉴를 두 번 이상 표시할 필요가 있을 수 있다. 따라서, display는 private 멤버 함수를 위한 훌륭한 후보이다.

퍼블릭 인터페이스를 완성시키기 위해, 생성자를 명시해야 한다. 내 클래스의 객체를 생성하기 위해서 어떤 정보가 필요한지 스스로에게 물어보자. 때로는 두 개의 생성자가 필요할 것이다: 하나는 모든 데이타 멤버를 디폴트로 설정하고 다른 하나는 그들을 사용자-제공 값들로 설정하는 생성자.

이 메뉴 예의 경우에는 빈 메뉴를 만드는 단일 생성자만으로도 괜찮다.

다음이 퍼블릭 인터페이스이다.

```
class Menu
{
public:
   Menu();
```

```
    void add_option(string option);
    int get_input() const
private:
    ...
};
```

단계 3 퍼블릭 인터페이스를 문서화한다.

클래스를 위한 문서화 주석을 제공하고, 그런 다음에 각 멤버 함수에 대한 주석을 추가하자:

```
/**
   A menu that is displayed on a console.
*/
class Menu
{
public:
   /**
      Constructs a menu with no options.
   */
   Menu();

   /**
      Adds an option to the end of this menu.
      @param option the option to add
   */
   void add_option(string option);

   /**
      Displays the menu, with options numbered starting with 1,
      and prompts the user for input. Repeats until a valid input
      is supplied.
      @return the number that the user supplied
   */
   int get_input() const;
private:
   ...
};
```

단계 4 데이타 멤버들을 결정한다.

객체가 임무를 수행하기 위해서 어떤 정보를 저장해야 하는지를 나 자신에게 물어보자. 멤버 함수 호출의 순서는 정해져 있지 않다는 것을 기억하라! 객체는 그의 데이타 멤버들과 멤버 함수 인수들만을 사용해서 모든 멤버 함수를 처리할 수 있기에 충분한 내부 메모리를 가져야 한다. 간단하거나 또는 관심 있는 것에서 시작해도 좋은데, 각 멤버 함수를 검토하고, 멤버 함수의 임무를 수행하기 위해서 필요한 것이 무엇인지 나 자신에게 물어보라. 멤버 함수가 필요로 하는 정보를 저장하기 위한 데이타 멤버들을 만들라.

이 메뉴 예에서, 분명히 우리는 메뉴가 표시될 수 있도록 메뉴 옵션들을 저장할 필요가 있다. 그들을 어떻게 저장해야 하는가? 문자열들의 벡터로서? 하나의 긴 문자열로서? 두 접근 방식 모두 가능하다. 여기서는 벡터를 사용하기로 한다. 연습문제 P9.7에서 나머지 방식을 구현하도록 한다.

```
class Menu
{
   ...
private:
   ...
   vector<string> options;
};
```

사용자 입력을 검사할 때, 우리는 메뉴 항목의 수를 알아야 한다. 그들을 벡터에 저장하므로, 메뉴 항목 수는 벡터의 크기로서 간단하게 얻어진다. 메뉴 항목들을 하나의 긴 문자열에 저장한다면, 메뉴 항목 수를 저장하는 또 다른 데이타 멤버를 만들어야 할 수도 있다.

단계 5 생성자들과 멤버 함수들을 구현한다.

내 클래스의 생성자들과 멤버 함수들을, 쉬운 것부터 시작해서 한 번에 하나씩 구현하라. 예를 들면, 다음은 add_option 멤버 함수를 구현한 것이다.

```
void Menu::add_option(string option)
{
   options.push_back(option);
}
```

다음은 get_input 멤버 함수이다. 이 멤버 함수는 약간 더 복잡하다. 유효한 입력이 얻어질 때까지 루프를 돌며, 메뉴를 표시하기 위해서 private인 display 멤버 함수를 호출한다.

```
int Menu::get_input() const
{
   int input;
   do
   {
      display();
      cin >> input;
   }
   while (input < 1 || input > options.size());
   return input;
}
```

끝으로, 다음은 display 멤버 함수이다.

```
void Menu::display() const
{
   for (int i = 0; i < options.size(); i++)
   {
      cout << i + 1 << ") " << options[i] << endl;
   }
}
```

Menu 생성자는 약간 특이하다. 우리는 옵션이 없는 메뉴를 구축할 필요가 있다. 벡터는 클래스이며 디폴트 생성자를 가진다. 그 생성자는 정확하게 우리가 원하는 것, 즉, 빈 벡터를 구축한다. 그 외에 할 일은 없다:

```
Menu::Menu()
{
}
```

멤버 함수들 중 일부를 구현하는 것이 곤란하다는 것을 발견하게 되면, 데이타 멤버 선택을 재고할 필요가 있다. 객체의 상태를 정확하게 기술하지 못하는 데이타 멤버들로 시작하는 일은 초보자에게 왕왕 있다. 주저 없이 되돌아 가서 구현 전략을 재고하자.

구현을 완료하고 나면, 클래스를 컴파일하고 컴파일 오류를 해결한다(완성된 클래스는 책의 부록 코드의 ch09/menu.cpp를 참고).

단계 6 나의 클래스를 테스트한다.

짧은 테스터 프로그램을 작성해서 실행한다. 테스터 프로그램은 단계 2에서 찾아낸 멤버 함수 호출들을 수행해야 한다:

```
int main()
{
   Menu main_menu;
   main_menu.add_option("Open new account");
   main_menu.add_option("Log into existing account");
   main_menu.add_option("Help");
   main_menu.add_option("Quit");

   int input = main_menu.get_input();
   cout << "Input: " << input << endl;
   return 0;
}
```

실행 결과

```
1) Open new account
2) Log into existing account
3) Help
4) Quit
5
1) Open new account
2) Log into existing account
3) Help
4) Quit
3
Input: 3
```

데모 예제 9.1 **은행 계좌 클래스를 구현하기** ✚

이 데모 예제는 은행 계좌를 시뮬레이션하는 클래스를 개발하는 방법을 보여준다.

랜덤 팩트 9.1 전자 투표기

미국의 2000년도 대통령 선거에서 투표가 다양한 기계에 의해 집계되었다. 어떤 집계기들은 투표자들이 그들의 선택을 표시하기 위해 구멍을 뚫는 판지 무기명 투표를 처리했다(아래 그림 참고). 투표자들이 조심하지 않으면 오늘날 그 악명 높은 "chad (computer confetti, keypunch droppings)"라는 종이 찌꺼기가 펀치 카드에 붙어 있어서 표를 잘 못 세게 만든다. 수작업 재개표가 필요했으나, 시간 제한과 절차 논쟁으로 인해 전부 그렇게 할 수는 없었다. 선거는 매우 치열했으며, 투표 집계기가 투표자들의 의도를 정확하게 세었다면 선거 결과가 달라졌을 것인지는 많은 사람들의 마음 속에 의문으로 남아있다.

그 뒤에, 투표 집계기 제조사들은 전자 투표 집계기가 펀치 카드나 광학적으로 스캐닝된 형태에 의해 야기되는 문제를 피할 것이라고 주장해왔다. 전자 투표 집계기에서는 투표자가 버튼이나 컴퓨터 스크린 상의 아이콘을 눌러서 투표를 한다. 일반적으로 각 투표자는 투표하기 전에 검토를 위해 요약 화면을 보게 된다. 이 과정은 자동 은행 입출금기를 사용하는 것과 아주 비슷하다.

이 집계기들이 투표자가 의도한 것과 같게 집계될 가능성을 높여줄 것으로 보인다. 그렇지만, 일부 전자 투표 집계기 유형을 둘러싸고 의미있는 논란이 있어왔다. 만일 집계기가 단순히 투표를 기록하고 선거가 끝난 후 합계를 출력한다면, 기계가 제대로 동작했는지를 어떻게 알겠는가? 기계 내부의 컴퓨터가 프로그램을 실행하는데, 우리가 경험을 통해 알고 있듯이, 프로그램에는 버그가 있을 수 있다.

사실상, 일부 전자 투표 집계기들에 버그가 있다. 집계기들이 불가능한 합계를 보고한 경우들이 있었다. 집계기가 투표자 보다 훨씬 많거나 적은 투표수를 보고할 때는 장비가 오동작했다는 것이 분명해진다. 유감스럽게도, 그렇다고 해도 실제 투표수를 알아내기가 불가능하다. 시간이 흐르면서 이 버그들이 해결될 것으로 기대하고 있다. 더욱 나쁜 것은, 결과가 그럴 듯 하면, 아무도 조사하려 들지 않을 것이란 것이다.

많은 컴퓨터 과학자들이 이 이슈에 관해서 토로했으며, 현재의 기술로는 소프트웨어가 오류가 없고, 변경되지 않았다고 얘기하기란 불가능하다는 것을 확인해줬다. 그들 중 여럿이 전자 투표기가 투표자 검증 가능 감사 추적법(voter verifiable audit trail. 정보를 얻을 수 있는 좋은 자료: http://verifiedvoting.org)을 채용할 것을 추천한다. 보통, 투표자 검증 가능 기계는 무기명 투표를 출력한다. 각 투표자는 출력을 검토할 기회를 가지며, 그를 구식 투표함에 넣는다. 만일 전자 장치에 문제가 있다면 출력이 스캔되거나 수작업으로 셀 수 있다.

이 책이 저술될 즈음, 이 개념은 전자 투표기 제조사들과 그들의 고객인 선거 관리 시들과 카운티(county)들 모두에 의한 강력한 저항을 받았다. 제조사들은 일반적으로 예산이 빠듯한 고객들에게 비용 증가를 전가할 수 없기 때문에 기계 비용을 높이는 것을 주저한다. 선관위 공

펀치 카드 무기명 투표

✚ Available online at www.wiley.com/college/horstmann.

무원들은 프린터 오동작 문제를 우려하며, 그들 중 일부는 공개적으로 성가신 재검표를 없애는 장비를 실질적으로 선호한다고 천명했다.

당신의 생각은 어떤가? 아마도 당신은 은행 계좌에서 현금을 찾기 위해 현금 자동 입출금기를 사용할 것이다. 당신은 그 기계에서 나오는 종이 기록을 검토하는가? 당신의 은행 입출금 내역서를 확인하는가? 비록 당신은 하지 않더라도, 은행이 교묘하게 광범위한 부정을 저지르지 않도록 잔고를 재확인하는 사람들을 신뢰하는가?

어쨌든, 은행 거래 장비의 완전성가 투표기의 완전성 보다 더 중요한가, 덜 중요한가? 어쨌든 모든 투표 과정에는 오류와 사기의 여지가 있지 않은가? 잠재적인 약간의 오동작과 사기 위험을 방지하기 위한 장비, 종이, 스태프 시간을 위한 추가 비용은 합당한가? 컴퓨터 과학자들은 이 질문에 답할 수 없다 — 정통한 위원회가 이를 절충해야 한다. 그러나, 모든 전문가들처럼, 그들도 계산 장비의 능력과 한계에 관한 정확한 증언을 공개적으로 밝히고 제공할 의무가 있다.

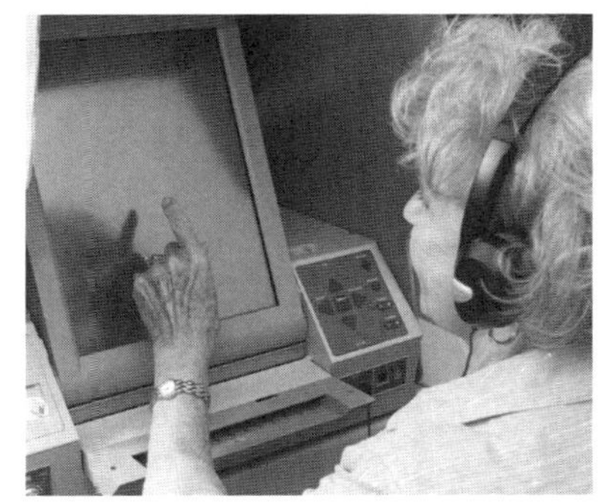
터치 스크린 투표기

9.7 문제 해결하기: 클래스 찾아내기

클래스를 찾아내려면, 문제 설명에서 명사를 살펴보자.

객체와 클래스를 사용해서 문제를 해결할 때, 구현에 필요한 클래스들을 결정해야 한다. 기존 클래스들을 재사용할 수 있거나, 새로운 클래스들을 구현해야 할 수도 있다. 클래스와 멤버 함수를 찾아내기 위한 한가지 간단한 방법은 문제 설명의 명사와 동사를 살펴보는 것이다. 흔히 명사는 클래스에 해당하고, 동사는 멤버 함수에 해당한다.

과학이 되었든, 비즈니스가 되었든, 또는 게임이 되었든, 문제 도메인으로부터의 개념들이 흔히 훌륭한 클래스가 된다. 예:

- `Cannonball`
- `CashRegister`
- `Monster`

문제 도메인으로부터의 개념들이 클래스를 위한 훌륭한 후보이다.

이러한 클래스를 위한 이름은 그 개념을 설명하는 명사이어야 한다. 자주 사용되는 다른 클래스들은 파일 또는 메뉴 같은 시스템 서비스를 표현한다.

어떤 것이 좋은 클래스가 아니겠는가? 클래스 이름으로부터 클래스의 객체가 무엇을 할지를 알 수가 없다면, 아마도 잘못된 방향으로 가고 있는 것이다. 예를 들면, 숙제로 급료지불 수표를 출력하는 프로그램을 작성해야 한다. `PaycheckProgram` 클래스 설계를 시도하는 것으로 시작한다고 하자. 이 클래스의 객체는 무엇을 하겠는가? 이 클래스의 객체는 숙제가 요구하는 모든 것을 해야 할 것이다. 이것으로는 아무 것도 간단해지지 않는다. Paycheck이 더 나은 클래스일 수 있다. 그러면, 내 프로그램은 하나 이상의 Paycheck 객체를 다룰 수 있을 것이다.

다른 흔한 실수는, 특히 함수로 구성되는 프로그램을 작성하는 데 익숙한 학생들에 의한 것인데, 동작을 클래스화하는 것이다. 예를 들면, 숙제가 급료를 계산하는 것이면, `PaycheckProgram` 클래스를 작성하는 것을 고려할 수 있을 것이다. 그러나, 'ComputePaycheck' 객체를 시각화할 수 있는가? 'ComputePaycheck' 가 명사가 아니라는 사실은, 내가 잘못된 방향으로 가고 있음을 귀띔해준다. 그 반면, Paycheck 클래스는 직관적으로 의미가 통한다. 단어 'paycheck' 은 명사이다. 급료지불 수표 객체를 시각화할 수 있다.

이제 숙제를 해결하는 것을 도와주는 compute_taxes같은 Paycheck 클래스의 멤버 함수들에 관해 생각해볼 수 있다.

문제 설명을 분석할 때, 여러 클래스가 필요하다는 것을 자주 발견한다. 그러면, 이 클래스들이 어떻게 관련되는지를 고찰하는 것이 도움이 된다. 클래스들 간의 기본적 관계들 중 하나가 '종합(aggregation)' 관계(비공식적으로 'has-a' 관계로 알려져 있는)이다.

강의 스케줄 시스템에서, 가능성이 있는 문제 도메인의 클래스들에는 Class, LectureHall, Instructor, 그리고 Student가 있다.

클래스는 그의 객체들이 다른 클래스의 객체를 포함하면 다른 클래스를 종합(aggregate)한다.

종합 관계는 한 클래스의 객체들이 다른 클래스의 객체들을 포함하는 것을 말한다. 질문들로 구성된 퀴즈를 고려하자. 각 퀴즈가 둘 이상의 질문을 가지므로, Quiz 클래스가 Question 클래스를 종합한다고 말한다. 클래스 관계를 묘사하는 데에는 UML(Unified Modeling Language) 클래스 다이어그램이라고 불리는 표준 표기법이 있다. UML 표기에서 종합은 다이어몬드 모양 기호가 있는 선으로 표시된다(그림 9.4 참고).

종합에 관해 알아보는 것은 클래스를 어떻게 구현할 것인지를 정하는 데 큰 도움이 된다. 예를 들면, 우리는 Quiz 클래스를 구현할 때, 퀴즈의 질문들을 데이타 멤버로서 저장하기를 원할 것이다. 퀴즈가 가질 수 있는 질문의 수에는 제한이 없으므로, 우리는 벡터를 선택할 것이다:

```
class Quiz
{
   ...
private:
   vector<Question> questions;
};
```

요약하면, 문제 설명을 분석할 때, 우리는 다음 작업들을 수행할 필요가 있다.

- 클래스로 구현하기를 원하는 개념들을 찾아낸다. 흔히, 문제 설명에는 명사들이 있다.
- 클래스의 임무를 찾아낸다. 흔히, 문제 설명에는 동사들이 있다.
- 찾아낸 클래스들 간의 관계를 찾아낸다. 이 절에서 우리는 종합 관계를 설명했다. 다음 장에서는 상속이라고 불리는, 클래스들 간의 또 다른 중요한 관계를 배울 것이다.

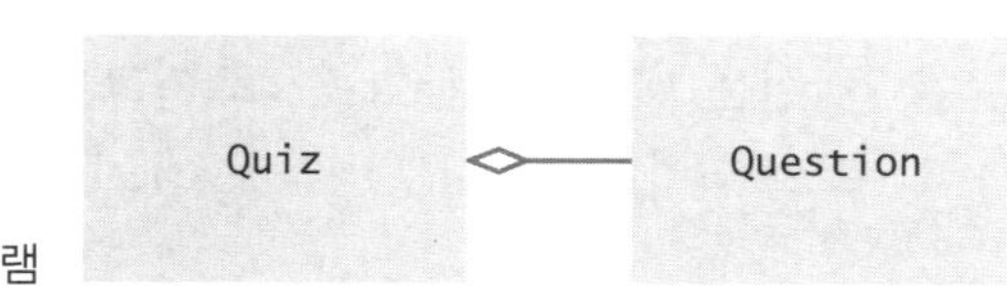

그림 9.4 클래스 다이어그램

자동차는 모터와 타이어를 가진다. 객체-지향 설계에서, 이 'has-a' 관계가 종합(aggregaion)이라고 불린다.

29. 클래스를 찾아내기 위한 경험 법칙은 무엇인가?
30. 내가 맡은 일은 서양 장기를 두는 프로그램을 작성하는 것이다. `ChessBoard`는 적합한 클래스가 되겠는가? `MovePiece`는 어떤가?
31. E-mail 시스템에서 메시지가 우편함에 저장된다. 적합한 종합 관계를 보여주는 UML 다이어그램을 그려라.
32. 어떤 책을 누가 빌려갔는지를 추적하는, 도서관용 시스템을 구현하고 있다. `Book` 클래스가 `Patron` 클래스를 종합해야 하는가, 아니면 반대인가?
33. 도서관 관리 시스템에서, `Patron` 클래스와 `Author` 클래스 간에는 어떤 관계가 있겠는가?

Practice It 이제 다음 연습문제들에 대해 답할 수 있다: R9.23, R9.24, R9.26.

프로그래밍 팁 9.3 **병렬 벡터들을 객체들의 벡터로 만들기**

때때로 우리는, 개념적으로 객체가 되어야 하는 것의 일부를 각각이 저장하는, 같은 길이의 벡터들을 우리 자신이 사용하고 있음을 알게 된다. 그런 경우에는 프로그램을 재편성해서 요소들이 객체인 하나의 벡터를 사용하는 것이 좋다.

예를 들면, 어떤 청구서에 일련의 품목 설명 및 가격들이 들어 있다고 하자. 한 가지 솔루션은 두 개의 벡터를 사용하는 것이다:

```
vector<string> descriptions;
vector<double> prices;
```

이 벡터들의 각각은 같은 길이를 가질 것이며, `descriptions[i]`와 `prices[i]`로 구성된 `i`번째 슬라이스(*slice*)는 함께 처리되어야 하는 데이타를 포함한다. 이 벡터들을 **병렬 벡터**라고 부른다(그림 9.5 참고).

병렬 벡터는 프로그램이 커지면 골칫거리가 된다. 프로그래머는 이 벡터들이 항상 같은 길이를 갖게 하고, 각각의 슬라이스가 사실상 세트를 이루는 값들로 채워지게 해야 한다. 또한, 한 슬라이스에 적용되는 모든 함수가, 프로그래밍하기에 따분하게도 모든 벡터를 인수로 받아야 한다.

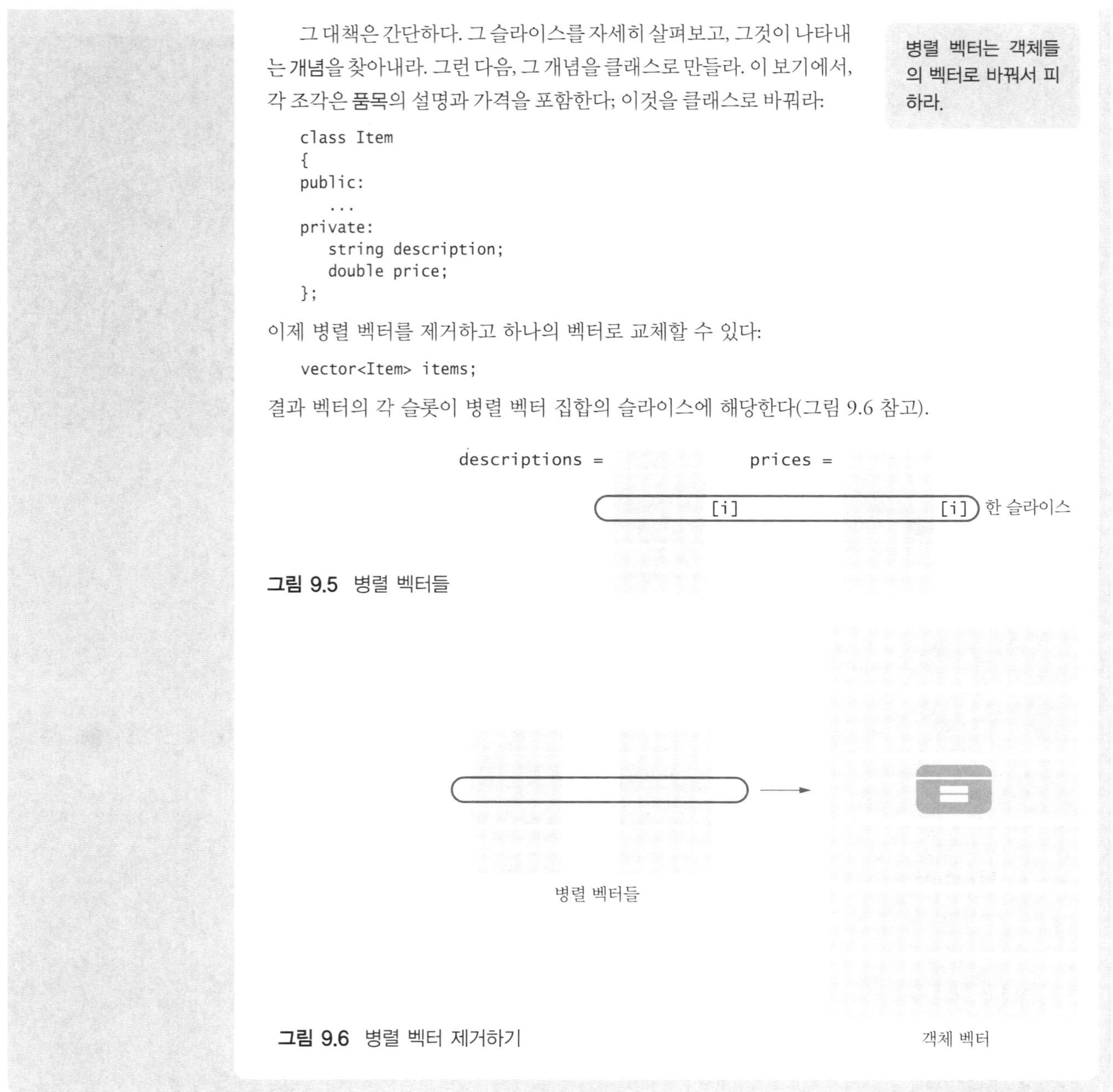

그 대책은 간단하다. 그 슬라이스를 자세히 살펴보고, 그것이 나타내는 **개념**을 찾아내라. 그런 다음, 그 개념을 클래스로 만들라. 이 보기에서, 각 조각은 **품목**의 설명과 가격을 포함한다; 이것을 클래스로 바꿔라:

병렬 벡터는 객체들의 벡터로 바꿔서 피하라.

```
class Item
{
public:
   ...
private:
   string description;
   double price;
};
```

이제 병렬 벡터를 제거하고 하나의 벡터로 교체할 수 있다:

```
vector<Item> items;
```

결과 벡터의 각 슬롯이 병렬 벡터 집합의 슬라이스에 해당한다(그림 9.6 참고).

그림 9.5 병렬 벡터들

그림 9.6 병렬 벡터 제거하기

9.8 분리 컴파일

복잡한 프로그램의 코드는 여러 파일에 분산된다.

작은 프로그램을 작성하고 컴파일할 때는 코드 전체를 하나의 소스 파일에 넣을 수 있다. 프로그램이 커지거나, 팀의 일원으로서 작업할 때는, 상황이 바뀐다. 코드를 별개의 소스 파일들에 나눠야 할 것이다. 이 분할이 필요하게 되는 두 가지가 이유가 있다. 첫째, 파일을 컴파일 하는 것은 시간이 걸리며, 바뀌지 않은 코드까지 컴파일러가 번역하는 동안 기다리고 있는 것은 바보 같다. 코드가 여러 파일에 분산되어 있다면, 바뀐 파일만 다시 컴파일되면 된다. 두 번째 이유는 다른 프로그래머들과 팀으로 작업할 때 분명해진다. 여러 프로그래머가 하나의 소스 파일을 동시에 수정하는 것은 매우 힘들 것이다. 따라서, 각각의 프로그래머가 별도의 파일들을 전담하도록 프로그램 코드가 나눠어진다.

만일 프로그램이 여러 파일로 구성되어 있다면, 그들 중 일부는 다른 파일들에서 필요로 하는 데이타 타입이나 함수들을 정의할 것이다. 이 파일들 간에는 통신 경로가 있어야 한다. C++에서 이 통신은 **헤더 파일**들을 인클루드시켜서 일어난다.

헤더 파일은 다음을 포함한다.

헤더 파일은 클래스들의 정의와 비멤버 함수들의 선언을 포함한다.

- 클래스들의 정의
- 상수들의 정의
- 비멤버 함수들의 선언

소스 파일은 다음을 포함한다.

소스 파일은 함수 구현을 포함한다.

- 멤버 함수들의 정의
- 비멤버 함수들의 정의

CashRegister 클래스를 위해서 우리는 인터페이스와 구현을 각각 포함하는 한 쌍의 파일들 cashregister.h와 cashregister.cpp를 만든다.

헤더 파일은 클래스 정의를 포함한다:

ch09/cashregister.h

```
#ifndef CASHREGISTER_H
#define CASHREGISTER_H

/**
   A simulated cash register that tracks the item count and
   the total amount due.
*/
class CashRegister
{
public:
   /**
      Constructs a cash register with cleared item count and total.
   */
   CashRegister();

   /**
      Clears the item count and the total.
   */
   void clear();

   /**
      Adds an item to this cash register.
      @param price the price of this item
   */
   void add_item(double price);

   /**
      @return the total amount of the current sale
   */
   double get_total() const;

   /**
      @return the item count of the current sale
   */
   int get_count() const;

private:
   int item_count;
   double total_price;
};

#endif
```

CashRegister 클래스의 정의가 요구될 때마다 이 헤더 파일을 인클루드한다. 이 파일이 표준 헤더 파일이 아니므로, 인클루드할 때 그 이름을 다음과 같이 <...>가 아니라 큰 따옴표로 묶어야 한다

```
#include "cashregister.h"
```

헤더 파일을 묶는 지시자들을 주목한다:

```
#ifndef CASHREGISTER_H
#define CASHREGISTER_H
...
#endif
```

어떤 파일이 두 개의 헤더 파일, 즉, cashregister.h와 cashregister.h를 인클루드하는 다른 헤더 파일을 인클루드한다고 하자. 이 지시자들의 역할은 이 파일이 두 번 불려오게 될 때 건너뛰는 것이다. 만일 이러한 검사가 없다면, 컴파일러는 CashRegister 클래스의 정의를 두 번째 보게 될 때 항의할 것이다.(애석하게도, 정의들이 같은지는 확인하지 않는다.)

CashRegister 클래스를 위한 소스 파일은 단순히 멤버 함수들(생성자 포함)의 정의를 포함한다.

소스 파일 cashregister.cpp는 그 자신의 헤더 파일인 cashregister.h를 인클루드한다. 컴파일러는 멤버 함수들을 컴파일하기 위해서 CashRegister 클래스가 어떻게 정의되어 있는지 알아야 한다.

ch09/cashregister.cpp

```
#include "cashregister.h"

CashRegister::CashRegister()
{
   clear();
}

void CashRegister::clear()
{
   item_count = 0;
   total_price = 0;
}

void CashRegister::add_item(double price)
{
   item_count++;
   total_price = total_price + price;
}

double CashRegister::get_total() const
{
   return total_price;
}

int CashRegister::get_count() const
{
   return item_count;
}
```

주석이 구현이 아닌 인터페이스의 일부이기 때문에, 함수 주석들이 헤더 파일에 있음을 주목하라.

cashregister.cpp 파일은 main 함수를 포함하지 않는다. CashRegister 클래스를 사용할 가능성이 있는 프로그램들이 많이 있다. 그 프로그램들 각각은, 다른 함수들과 클래스들은 물론이고, 그 자신의 main 함수를 제공해야 한다.

다음은 CashRegister 클래스를 사용하는 간단한 테스트 프로그램이다. 소스 파일이 cashregister.h 헤더 파일을 인클루드한다.

ch09/registertest2.cpp

```
#include <iostream>
#include <iomanip>
#include "cashregister.h"

using namespace std;

/**
   Displays the item count and total price of a cash register.
   @param reg the cash register to display
*/
void display(CashRegister reg)
{
   cout << reg.get_count() << " $" << fixed << setprecision(2)
      << reg.get_total() << endl;
}

int main()
{
   CashRegister register1;
   register1.clear();
   register1.add_item(1.95);
   display(register1);
   register1.add_item(0.95);
   display(register1);
   register1.add_item(2.50);
   display(register1);
   return 0;
}
```

완전한 프로그램을 만들기 위해서는 registertest2.cpp와 cashregister.cpp 모두를 컴파일해야 한다(그림 9.7 참고). 자세한 사항은 컴파일러에 따라 다르다. 예를 들면, Gnu 컴파일러에서는 다음 명령을 사용한다.

```
g++ -o registertest registertest2.cpp cashregister.cpp
```

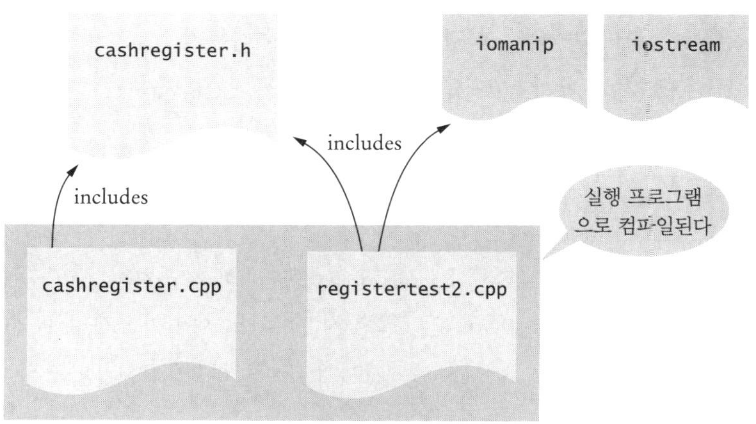

그림 9.7 프로그램을 여러 소스 파일로부터 컴파일하기

방금 헤더와 소스 파일을 설계하기 위한 가장 간단하고 가장 보편적인 경우를 봤다. 추가적으로 알아둬야 할 몇 가지 기술적인 디테일들이 있다:

- 헤더 파일은 클래스를 정의하는데 필요한 모든 헤더를 인클루드해야 한다. 예를 들어서, 만일 어떤 클래스가 `string` 클래스를 사용한다면, `<string>` 헤더도 인클루드하라. 표준 라이브러리의 헤더를 인클루드할 때면, 다음 지시자(directive)도 인클루드하라.

  `using namespace std;`

  item.h

```
#include <string>
using namespace std;

class Item
{
   ...
private:
   string description
};
```

- 공유되는 상수들은 헤더 파일에 넣는다. 예:

  volumes.h

```
const double CAN_VOLUME = 0.355;
```

- 비멤버 함수를 공유하려면, 함수 선언을 헤더 파일에 넣고, 함수의 정의는 해당 소스 파일에 넣는다.

  cube.h

```
double cube_volume(double side_length);
```

  cube.cpp

```
#include "cube.h"

double cube_volume(double side_length)
{
   double volume = side_length * side_length * side_length;
   return volume;
}
```

34. 금전등록기가 은행 계좌로부터의 직접 인출을 수행하도록 개선되고, 멤버 함수 `debit(BankAccount&)`이 `Cash Register` 클래스에 추가된다고 하자. `cashregister.h`에 어떤 헤더 파일을 인클루드해야 하는가?
35. 자체 검사 34에서 기술된 개선에서, `cashregister.cpp`에 어떤 파일을 추가로 인클루드해야 하는가?
36. 자체 검사 34에서 기술된 개선에서, `bankaccount.h` 파일에 어떤 파일을 추가로 인클루드해야 하는가?
37. `display` 함수를 `registertest2.cpp`에서 `cashregister.h` 파일과 `cashregister.cpp` 파일로 옮기려고 한다고 하자. 이 파일들이 어떻게 바뀌어야 하는지를 설명하라.
38. `#include <iostream>` 지시자로 인클루드한 헤더 파일은 어디에 위치하는가?

Practice It 이제 다음 연습문제들에 대해 답할 수 있다 : R9.28, R9.29, P9.20.

9.9 객체에 대한 포인터

다음 절들은 객체에 대한 포인터를 다루는 방법을 설명한다. 다음 장에서 보겠듯이, 객체에 대한 포인터는 관련된 클래스들로부터의 여러 객체를 다룰 때 중요하다.

9.9.1 객체를 동적으로 할당하기

힙에 위치하는 객체를 얻기 위해서는 new 연산자를 사용한다.

힙(heap)에 객체를 할당하는 것은 공통적이다. 7.4절에서 언급했듯이, 힙으로부터 메모리를 얻으려면 new 연산자를 사용한다. 예를 들면, 호출

```
new CashRegister
```

는 CashRegister 객체에 대한 포인터를 반환한다. 생성 인자를 공급할 수도 있다:

new 연산자는 할당된 객체에 대한 포인터를 반환한다.

```
new BankAccount(1000)
```

우리는 보통 new 연산자가 반환한 포인터를 저장할 필요가 있다:

```
CashRegister* register_pointer = new CashRegister;
BankAccount* account_pointer = new BankAccount(1000);
```

힙 객체가 더 이상 필요하지 않을 때, delete 연산자를 사용해서 그 메모리를 회수한다.

이 정의들의 각각은 두 개의 독립체를 할당한다: 포인터 변수와 힙의 객체—그림 9.8 참고. 힙 객체가 더 이상 필요하지 않을 때는 반드시 삭제하라:

```
delete account_pointer;
```

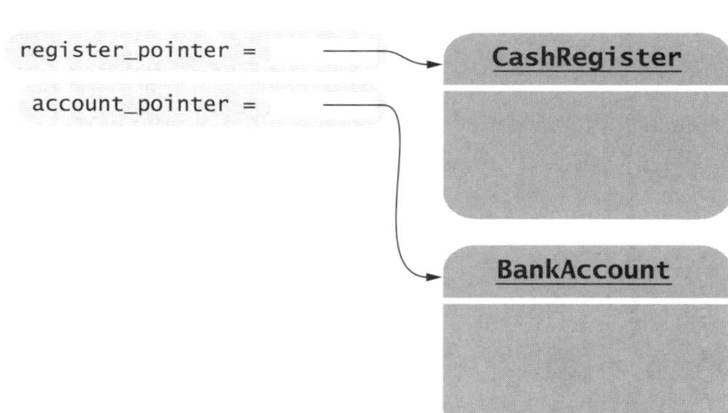

그림 9.8 포인터들과 그들이 가리키는 객체들

9.9.2 -> 연산자

register_pointer가 CashRegister 객체에 대한 포인터이므로, 값 *register_pointer는 CashRegister 객체 자체를 나타낸다. 그 객체에 멤버 함수를 적용하려면, 다음과 같이 호출할 수 있다.

```
(*register_pointer).add_item(1.95);
```

C++에서 점 연산자가 * 연산자에 우선하기 때문에 위의 괄호들이 필요하다. 위 괄호들이 없는 표현은 컴파일-타임 오류가 될 것이다:

```
*register_pointer.add_item(1.95); // 오류—포인터에 .를 적용할 수 없다
```

점 연산자가 * 보다 우선하기 때문에, 점이 객체가 아닌 포인터에 적용될 것이다.

포인터를 통해 멤버 함수를 적용하려면 -> 연산자를 사용하라.

포인터를 통해서 멤버 함수를 호출하는 것이 매우 일반적이기 때문에, '포인터를 따라가서 멤버 함수를 호출하는' 연산을 축약한 연산자가 존재한다. 그 연산자를 ->로 쓰며 보통 '화살표'라고 읽는다. 다음은 '화살표' 연산자를 사용하는 방법이다.

```
register_pointer->add_item(1.95);
```

이 호출은 다음을 의미한다: add_item 멤버 함수를 적용할 때, 내재적 파라미터를 *register_pointer로 설정하고, 명시적 파라미터를 1.95로 설정한다.

9.9.3 this 포인터

멤버 함수에서 this 포인터는 내재적 파라미터를 가리킨다.

각 멤버 함수는 내재적 파라미터에 대한 포인터인 this라고 불리는 특별한 파라미터 변수를 가진다. 예를 들어, CashRegister::add_item 함수를 고려하자.

```
register1.add_item(1.95)
```

라고 호출하면, this 포인터가 CashRegister* 타입을 가지며, register1 객체를 가리킨다.

멤버 함수의 정의 안에서 this 포인터를 사용할 수 있다. 예를 들면, add_item 함수를 다음과 같이 구현할 수 있다.

```
void CashRegister::add_item(double price)
{
   this->item_count++;
   this->total_price = this->total_price + price;
}
```

여기서 표현 this->item_count는 내재적 파라미터의 item_count 데이타 멤버를 가리킨다. item_count가 변수가 아닌 데이타 멤버(이 보기에서는 register1.item_count)임을 분명히 하기 위해서 일부 프로그래머들은 this 포인터를 이런 식으로 사용하는 것을 좋아한다.

39. string 객체를 동적으로 할당하고 그 주소를 포인터 변수 str_pointer에 저장하는 명령문을 작성하라.

40. 자체 검사 39에서 할당된 객체를 할당 해제하는 명령문을 작성하라.

41. 내용을 "Hello"로 string 객체를 동적으로 할당하고, 그 주소를 포인터 변수 str_pointer에 저장하는 명령문을 작성하라.

42. 자체 검사 41에서 할당된 객체에 length 멤버 함수를 적용하고 그 결과를 출력하는 명령문을 작성하라.

43. string::length 멤버 함수가 호출될 때 this는 무슨 타입인가?

Practice It 이제 다음 연습문제들에 대해 답할 수 있다: R9.30, P9.21, P9.22.

특강 9.3 **파괴자와 자원 관리**

파괴자는 다음의 두 상황에서 자동으로 실행되는 특수한 멤버 함수이다.

- 객체 변수가 정의된 블록의 끝에서
- 힙 객체가 삭제될 때

파괴자의 필요성을 이해하기 위해서, C++ 라이브러리에 있는 것과 비슷한 문자열 클래스의 구현을 고려하자. 문자열의 글자들이 힙에 저장되며, 각 String 객체는 그의 글자들을 담고 있는 배열에 대한 포인터를 포함한다:

```
class String
{
   ...
private:
   char* char_array;
}
```

생성자는 글자 배열을 할당하고 초기화한다:

```
String::String(const char initial_chars[])
{
   char_array = new char[strlen(initial_chars) + 1];
   strcpy(char_array, initial_chars);
}
```

이 메모리를 할당 해제하는 것이 파괴자의 임무이다. 파괴자의 이름은 ~ 글자에 이은 클래스 이름, 즉, 이 경우에는 ~String이다. 클래스는 파괴자를 단 하나만 가질 수 있으며, 파괴자에는 인수가 없다.

```
String::~String()
{
   delete[] char_array;
}
```

String 객체가 더 이상 필요하지 않을 때 파괴자는 자동으로 불려지며, 글자들을 위한 메모리가 적절히 재활용된다(그림 9.9 참고):

```
void fun()
{
   String name("Harry"); // ❶ 생성자에 의해 힙 메모리가 할당된다
   ...
} // ❷ 파괴자가 name에 적용되고, 그의 힙 메모리가 할당 해제된다
```

경험 법칙상, 생성자가 new를 호출하면, 우리는 delete를 호출하는 파괴자를 제공해야 한다.

유감스럽게도, 단순히 파괴자를 제공하는 것만으로는 충분하지 않다. 다음 시나리오를 고려하자.

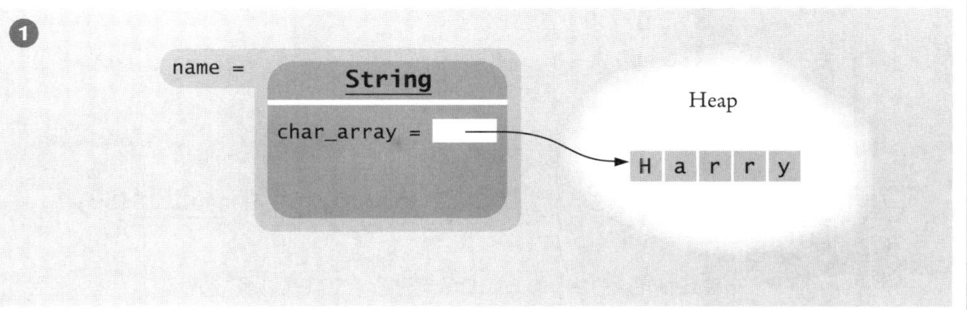

그림 9.9 파괴자는 힙 메모리를 할당 해제한다.

```
String name1("Harry");
String name2("Sally");
name1 = name2;
```

이 할당은 아주 운이 나쁜 결과를 가진다: 첫 `String`을 위한 메모리가 할당 해제되지 않았다(파괴자는 `name1`이 정의된 블록의 끝에서만 호출된다). 그리고, 이제 두 `String` 객체들이 같은 힙 메모리 영역에 대한 포인터를 공유한다. 결국, 이 메모리 장소는 두 번 삭제될 것이다(그림 9.10 참고).

이 문제는 한 객체를 다른 객체에 할당하는 것이 무엇을 의미하는지를 재정의함으로써 극복될 수 있다. 이 문맥에서, 할당은

- 할당문 좌변(이 보기에서는 `name1`)의 `String` 객체 메모리를 삭제하고
- 좌변 객체에 새로운 메모리 블록을 할당하고, 그것을 우변의 문자열을 복사한 것으로 채워야 한다.

또한, 예를 들어, 객체를 함수 인자로서 전달할 때, 안전하게 복사하기 위해서 '복사 생성자' 도 제공해야 한다. 파괴자, 할당 연산자, 복사 생성자를 흔히 C++의 메모리 관리의 '빅 3' 연산이라고 부른다(자세한 사항은 Horstmann과 Budd의 *Big C++*의 *2*판의 15장을 참고한다).

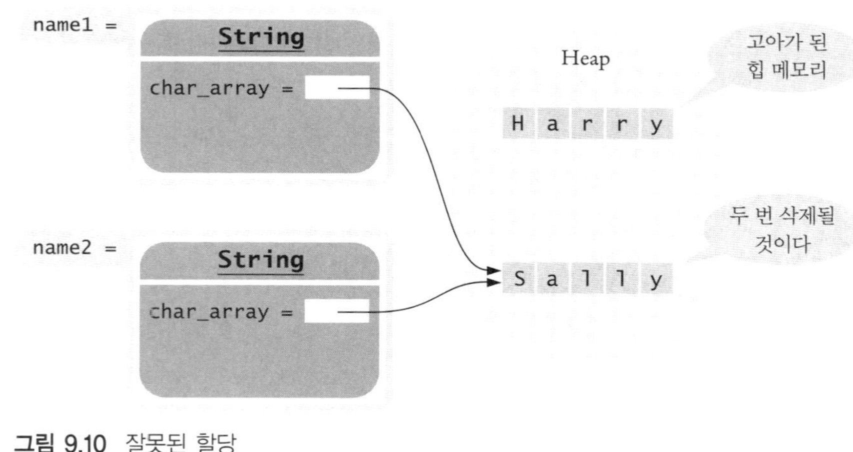

그림 9.10 잘못된 할당

랜덤 팩트 9.2 오픈 소스와 프리 소프트웨어

소프트웨어를 만드는 대부분의 회사들은 소스 코드를 기업 비밀로 여긴다. 어쨌든, 사용자나 경쟁자가 소스 코드에 접근할 수 있다면, 그를 연구해서 원래 판매자에게 지불하는 게 없이 비슷한 프로그램을 만들 수 있다. 같은 이유로, 사용자들은 비밀 소스 코드를 싫어한다. 만일 회사가 문을 닫거나 컴퓨터 프로그램에 대한 지원을 중단하기로 결정한다면, 사용자

들이 골탕을 먹게 된다. 그들은 버그를 고칠 수 없거나, 새 운영체제에서 그 프로그램을 사용할 수 없게 된다. 오늘날, 일부 소프트웨어 패키지들은 '오픈 소스' 또는 '프리 소프트웨어' 라이선스로 배포된다. 여기서의 '프리'는 가격을 의미하지 않으며, 소스 코드를 들여다 보고 변경할 자유를 의미한다. 유명한 컴퓨터 과학자이자 맥아더 '천재' 지원금을 받은 리처드 스톨먼이 프리 소프트웨어의 개념을 개척했다. 그는 Emacs 텍스트 편집기의 발명자이며, 유닉스 호환 운영 체제의 완전 프리 버전을 만드는 것을 목표로 하는 GNU 프로젝트의 창시자이다. GNU 프로젝트의 모든 프로그램은 **일반 공중 라이선스**(*General Public License*) 또는 GPL에 의거해 허가를 받는다. GPL은 아무것도 받지 않거나 시장이 감내할 정도만 받고, 우리가 원하는 만큼의 카피를 만들고, 소스를 임의로 변경하고, 원본 및 수정본 프로그램을 재배포할 수 있게 해준다. 그 보답으로, 우리는 우리가 변경한 사항들도 GPL의 관할 아래 들어간다는 데 대해 동의해야 한다. 내가 바꾼 소스 코드를 공개해야 하며, 누구든지 같은 조건 하에서 배포할 수 있다. GPL 및 유사 오픈 소스 라이선스는 일종의 사회 계약을 형성한다. 소프트웨어 사용자는 소프트웨어를 사용하고 변경할 자유를 누리며, 그 보답으로 그들이 개선한 것을 공유할 의무를 진다. 리눅스 운영 체제와 GNU C++ 컴파일러 같은 많은 프로그램들이 GPL의 관할 하에 배포된다.

일부 상용 소프트웨어 판매 회사들이 GPL을 '바이러스'이고 '상용 소프트웨어 부문을 약화시키는 것'이라고 공격해 왔다. 다른 회사들은 독점적 소프트웨어를 만들면서 오픈 소스 프로젝트에 기부도 하는, 더 미묘한 전략을 취하고 있다.

솔직히, 오픈 소스는 만병통치약이 아니며, 상용 소프트웨어 부문을 위한 충분한 공간이 있다. 오픈 소스 소프트웨어는 그 프로그래머들 중 다수가 다른 이들이 사용하기에 쉬운 제품을 만드는데 관심이 있지 않고, 자신들의 문제를 해결하는 데 관심이 있기 때문에, 흔히 상용 소프트웨어처럼 세련되지 않다. 사업성이 없으면 개발 작업에 관심들을 갖지 않기 때문에, 일부 제품 부류는 오픈 소스 소프트웨어가 전혀 나오질 않는다. 오픈 소스 소프트웨어는 리눅스 운영 체제, 웹 서버, 프로그래밍 도구들 같이 프로그래머들이 관심을 갖는 분야에서 가장 성공적이었다.

긍정적인 면에서, 오픈 소프트웨어 커뮤니티는 매우 경쟁력이 있고 창조적이다. 서로 상대로부터 아이디어를 얻는 경쟁 프로젝트들이, 같이 급속도로 강력해지는 것을 브는 경우가 매우 흔하다. 모두들 소스 코드를 읽고 있는 많은 프로그래머들이 참여한다는 것은, 흔히 버그가 신속하게 잡히는 경향이 있음을 의미한다. 에릭 레이몬드가 그의 유명한 글인 '성당과 바자회' (http://catb.org/~esr/writings/cathedral-bazaar/cathedral-bazaar/index.html)에서 오픈 소스 개발을 묘사했다. 그는 이렇게 썼다. '들여다 보는 눈이 많으면, 버그는 쉽게 잡힌다.

프리 소스 운동의 개척자, 리처드 스톨먼

요약

객체와 클래스의 개념을 이해한다.

- 클래스는 같은 속성의 객체들의 집합을 묘사한다.
- 클래스의 객체들은 멤버 함수들을 통해서 다뤄질 수 있으며, 모든 클래스는 이러한 멤버 함수들의 집합인 퍼블릭 인터페이스를 가진다.
- 캡슐화는 퍼블릭 인터페이스를 제공하고 구현 디테일은 감추는 행위이다.
- 캡슐화는 클래스의 사용자에게 영향을 주지 않고 구현을 변경할 수 있게 해준다.

C++의 클래스의 퍼블릭 인터페이스를 만들어낸다.

- mutator 멤버 함수는 그가 적용되는 객체를 바꾼다.
- 접근자 멤버 함수는 그가 적용되는 객체를 바꾸지 않는다. const를 접근자와 함께 사용한다.

객체의 상태를 나타내기 위한 데이타 멤버들을 선정한다.

- 객체는 멤버 함수들에 의해 접근되는 데이타 멤버들을 담고 있다.
- 모든 객체는 그 자신의 데이타 멤버 집합을 가진다.
- private 데이타 멤버들은 같은 클래스의 멤버 함수들만에 의해 접근될 수 있다.

클래스의 멤버 함수들을 구현한다.

- 멤버 함수를 정의할 때는 *ClassName*: : 접두사를 사용한다.
- 내재적 파라미터는 멤버 함수가 적용되는 객체에 대한 참조이다.
- 멤버 함수의 명시적 파라미터는 함수 정의에 열거된다.
- 같은 객체에 대해 또 다른 멤버 함수를 호출할 때는 점 표기를 사용하지 않는다.

생성자를 설계 및 구현한다.

- 생성자는 객체가 생성될 때 자동으로 호출된다.
- 생성자의 이름은 클래스 이름과 같다.
- 디폴트 생성자에는 인수가 없다.
- 클래스는 생성자를 여러 개 가질 수 있다.
- 컴파일러는 생성 인수와 일치하는 생성자를 골라준다.
- 모든 수치 및 포인터 데이타 멤버들은 필히 생성자에서 초기화한다.

객체 특성을 시각화하기 위해서 객체 추적 기법을 사용한다.

- 카드의 앞 면에 멤버 함수들을 적고, 뒷면에는 데이타 멤버 값들을 적는다.
- mutator 멤버 함수가 호출될 때 데이타 멤버들이 값이 갱신된다.

프로그래밍 문제를 해결하는 데 필요한 클래스들을 찾아낸다.

- 클래스들을 찾아내려면, 문제 설명에서 명사들을 조사한다.
- 문제 도메인으로부터의 개념들은 클래스를 위한 훌륭한 후보이다.
- 클래스는 그의 객체가 다른 클래스의 객체를 포함하면, 다른 클래스를 종합(aggregate)한다.
- 병렬 벡터들은 객체 벡터로 바꿔서 피한다.

클래스의 인터페이스와 구현을 헤더 파일과 소스 파일에 분리한다.

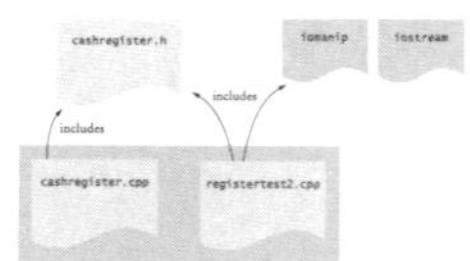

- 복잡한 프로그램의 코드는 여러 파일에 분산된다.
- 헤더 파일은 클래스들의 정의와 비멤버 함수들의 선언을 포함한다.
- 소스 파일은 함수 구현을 포함한다.

- new 연산자를 사용해서 힙에 위치하는 객체를 얻는다.
- new 연산자는 할당된 객체에 대한 포인터를 반환한다.
- 힙 객체가 더 이상 필요하지 않으면, delete 연산자를 사용해서 그의 메모리를 회수한다.
- -> 연산자를 사용해서 포인터를 통해서 멤버 함수를 적용한다.
- 멤버 함수에서 this 포인터는 내재적 파라미터를 가리킨다.

복습 연습 문제

R9.1 여기까지 이 책에서 봤던 C++ 라이브러리 클래스들을 도두 열거하라.

R9.2 November 20, 2012 같은 달력 표시 일자를 저장하는 Date 클래스를 고려하자. 두 가지 가능한 이 클래스의 구현을 고려하자(일, 월, 년을 저장하거나, January 1, 1900 이래 날짜 수를 저장해서). 구현자는 왜 두 번째 버전을 선호하겠는가? 이 선택이 클래스 사용자에게 어떤 영향을 주는가?

R9.3 연습문제 R9.2에 기술된 Date 클래스의 퍼블릭 인터페이스를 포함하는 부분적인 C++ 클래스 정의를 작성하라. 특정 연, 월, 일로 날짜를 설정하는 멤버 함수, 날짜를 주어진 날 수만큼 넘기는 멤버 함수, 이 날짜들 간의 날짜 수를 계산하는 멤버 함수를 제공하라. const에 주의한다.

R9.4 다음 명령들 후의 reg1.get_count(), reg1.get_total(), reg2.get_count(), and reg2.get_total() 호출이 반환하는 값은?

```
CashRegister reg1;
reg1.clear();
reg1.add_item(0.90);
reg1.add_item(1.95);
CashRegister reg2;
reg2.clear();
reg2.add_item(1.90);
```

R9.5 400쪽의 How To 9.1의 Menu 클래스를 고려하자. 다음 호출들이 실행된 후 무엇이 표시되는가?

```
Menu simple_menu;
simple_menu.add_option("Ok");
simple_menu.add_option("Cancel");
int response = simple_menu.get_input();
```

R9.6 클래스의 인터페이스란? 클래스의 구현과의 차이점은?

R9.7 멤버 함수란? 비멤버 함수와의 차이점은?

R9.8 mutator 함수란 무엇인가? accessor 함수란 무엇인가?

R9.9 accessor 함수에서 const를 빠뜨리면 어떤 일이 일어나는가? mutator 함수에 실수로 const를 붙이면 어떻게 되는가?

R9.10 내재적 파라미터란? 명시적 파라미터와는 어떻게 다른가?

R9.11 멤버 함수는 몇 개의 내재적 파라미터를 가질 수 있는가? 비멤버 함수는 몇 개의 내재적 파라미터를 가질 수 있는가? 함수는 몇 개의 명시적 파라미터를 가질 수 있는가?

R9.12 생성자란?

R9.13 디폴트 생성자란? 어떤 클래스에 디폴트 생성자가 없다면 어떻게 되는가?

R9.14 클래스는 생성자를 몇 개까지 가질 수 있는가? 클래스에 생성자가 없어도 되는가? 클래스에 둘 이상의 생성자가 있다면, 어느 것이 호출되겠는가?

R9.15 캡슐화란? 캡슐화가 유용한 이유는?

R9.16 데이타 멤버들은 클래스의 private 섹션에 감춰져 있으나, 전혀 잘 감춰져 있지는 않다. 누구든 private 섹션을 읽을 수 있다. `private` 예약어가 클래스의 private 멤버들을 어느 정도까지 감추는지 설명하라.

R9.17 `CashRegister` 클래스의 `item_count` 데이타 멤버를 `get_count` accessor 함수로 읽을 수 있다. 이것을 바꾸기 위해서는 `set_count` mutator 함수가 있어야만 하는가? 그 이유를 설명하라.

R9.18 `ChessBoard` 클래스를 구현한다고 하자. 보드 상의 말들과 다음 차례 플레이어를 저장하기 위한 데이타 멤버들을 제공하라.

R9.19 비멤버 함수에서는, 멤버 함수에 대한 호출과 비멤버 함수에 대한 호출 간에 구분하기가 쉽다. 어떻게 구분하는가? 멤버 함수에서 호출되는 함수들에 대해서는 이것이 왜 그만큼 쉽지 않은가?

R9.20 9.6절에 기술된 객체 추적 기법을 사용해서, 9.4절의 끝의 프로그램을 추적하라.

R9.21 9.6절에 기술된 객체 추적 기법을 사용해서, 데모 예제 9.1의 프로그램을 추적하라.

R9.22 각 월 당 처음 다섯 번의 거래는 무료이고, 추가 거래마다 $1의 수수료가 부과되는, 예제 9.1의 `BankAccount` 클래스의 변형을 설계하라. 월말에 수수료를 차감하는 멤버 함수를 제공하라. 어떤 데이타 멤버들이 추가로 필요한가? 9.6절에 기술된 객체 추적 기법을 사용해서, 두 달에 거쳐 수수료가 어떻게 계산되는지를 보여주는 시나리오를 추적하라.

R9.23 다음 문제 설명을 고려하자.

> 사용자가 자판기에 동전을 넣고, 버튼을 눌러서 상품을 선택한다. 투여된 동전이 상품 구매 가격을 커버하기에 충분하다면, 상품과 거스름돈이 나온다. 아니면, 투여된 동전이 사용자에게 반환된다.

이를 구현하기 위해서는 어떤 클래스들을 이용해야 하는가?

R9.24 다음 문제 설명을 고려하자.

> 직원들이 2주마다 급료를 받는다. 급료는 일한 매 시간에 대해 시간급으로 지불된다. 그러나, 주 당 40시간을 초과해서 일하면 기본급의 150 퍼센트 비율로 초과 근무 수당을 받는다.

이를 구현하기 위해서는 어떤 클래스들을 이용해야 하는가?

R9.25 다음 문제 설명을 고려하자.

> 고객이 가게에서 상품을 주문한다. 주문된 품목 및 수량, 지불된 금액, 차액이 열거된 청구서가 만들어진다. 상품들이 고객의 물건 발송 주소(shipping address)로 배송되며, 청구서가 청구서 발송지(billing address)도 보내진다.

이를 구현하기 위해서는 어떤 클래스들을 이용해야 하는가?

R9.26 자판기에 상품들이 들어있고, 사용자가 상품을 구매하기 위해 동전을 넣는다고 하자. `VendingMachine`, `Coin` 그리고 `Product` 클래스들 간의 종합 관계(aggregation relationships)를 보여주는 UML 다이어그램을 그려라.

R9.27 `Invoice` 객체에는 주문 상품에 관한 설명과 고객의 청구 및 발송 주소가 담겨 있다. `Invoice`, `Address`, `Customer`, 그리고 `Product` 클래스들 간의 종합 관계를 보여주는 UML 다이어그램을 그려라.

R9.28 두 클래스, `Player`와 `TicTacToeBoard`로 TicTacToe를 플레이하는 프로그램을 구현하는 것을 고려하자. 각 클래스 구현은 그 자신의 C++ 소스 파일에 들어가며, 각 클래스 인터페이스는 그 자신의 헤더 파일에 들어간다. 또한, 소스 파일 `game.cpp`에는 게임을 플레이하고 플레이어들의 점수를 표시하기 위한 코드가 들어간다. 각 헤더 파일의 내용을 설명하고, 그들 각각이 어느 파일에 포함되는지를 결정하라.

R9.29 `display` 함수가 `registertest2.cpp`에서 `cashregister.h`으로 옮겨지면 어떤 일이 발생하는가? 잘 모르겠으면 직접 해보아라.

R9.30 연습문제 P9.22에서 `MenuItem`이 `Menu`를 옵션으로 포함한다. 일반적으로, '옵션' 관계를 구현하기 위한 방법에는 두 가지가 있다. `NULL`일 수 있는 포인터를 사용할 수 있다. 또는 옵션 항목이 존재하는지를 명시하는 `bool` 값 같은 지시자(indicator)를 사용할 수 있다. 이 경우에 포인터가 필요한 이유는?

프로그래밍 훈련

P9.1 예를 들어, 콘서트에 온 청중 수나 버스 승객 수를 확인하기 위한, 사람 수를 세는 기계 장치인 *tally counter*를 모델링하는 클래스를 구현하라. 사용자가 버튼을 누를 때마다, 카운터 값이 하나 증가된다. 이 동작을 `count` 멤버 함수로 모델링하라. 물리적 카운터는 현재 값을 보여주는 표시기를 가진다. 내 클래스에서는 그 대신에 `get_value` 멤버 함수를 사용한다.

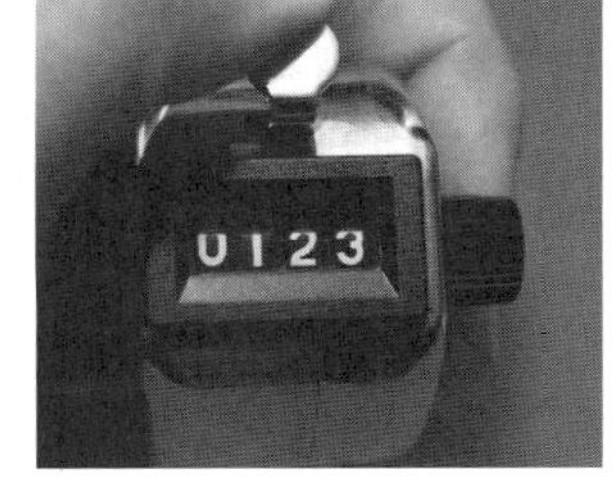

P9.2 `Rectangle` 클래스를 구현하라. 주어진 폭과 높이를 갖는 직사각형을 구성하는 생성자, 둘레와 면적을 계산하는 멤버 함수인 `get_perimeter`와 `get_area`, 폭과 높이를 주어진 계수로 곱해서 직사각형의 크기를 바꾸는 멤버 함수 `void resize (double factor)`를 제공하라.

P9.3 추가된 각 품목의 가격을 `vector<double>`에 기록하도록 `CashRegister` 클래스를 재구현하라. `item_count`와 `total_price` 데이타 멤버들을 삭제하고, `clear`, `add_item`, get_total, get_count 멤버 함수들은 재구현하라. 현재 판매에서의 모든 품목들의 가격을 표시하는 display_all 멤버 함수를 추가한다.

P9.4 전체 가격을 정수(전체 센트 가격)로서 기록하도록 CashRegister 클래스를 재구현하라. 예를 들면, 17.29를 저장하는 대신에, 정수 1729를 저장한다. 이러한 구현이 반올림 오차의 누적을 피할 수 있기 때문에 자주 사용된다. 클래스의 public 인터페이스는 바꾸지 말라.

P9.5 판매세를 계산하는 CashRegister 클래스에 기능을 하나 추가하라. CashRegister 객체를 만들 때 세율이 제공되어야 한다. add_taxable_item과 get_total_tax 멤버 함수들을 더하라 (add_item으로 더해진 품목들은 과세되지 않는다).

P9.6 마감 시간 후, 가게 매니저는 그날 얼마가 거래되었는지를 알고 싶을 것이다. CashRegister를 변경해서 이 기능을 가능하게 만들라. 전체 판매 금액과 판매 건수를 얻기 위한 멤버 함수 get_sales_total과 get_sales_count를 제공하고, 그 다음 날의 판매가 0에서 시작하도록, 카운터와 합계를 리셋하는 멤버 함수 reset_sales를 제공한다.

P9.7 모든 메뉴 항목들을 하나의 긴 문자열로 저장하도록 Menu 클래스를 재구현하라.
힌트: 옵션 수를 위해 별도의 카운터를 사용한다. 새로운 옵션이 추가될 때, 옵션 카운트, 옵션, 개행 글자를 덧붙여라.

P9.8 StreetAddress 클래스를 구현하라. 주소는 집 번호, 거리, 옵션적 아파트 번호, 도시, 주, 우편 번호를 가진다. 두 생성자를 제공하라. 하나에는 아파트 번호가 있고 다른 하나에는 없다. 거리 이름(그리고 옵션인 아파트 번호)을 포함하는 주소를 한 줄에 쓰고, 도시, 주, 우편번호를 그 다음 줄에 출력하는 print 멤버 함수를 제공하고, 주소들을 우편번호로 비교할 때, 어느 주소가 앞에 오는지를 검사하는 멤버 함수 comes_before를 제공하라.

P9.9 get_surface_area()와 get_volume() 멤버 함수들로 SodaCan 클래스를 구현하라. 생성자에서는 캔의 높이와 반경을 제공한다.

P9.10 Portfolio 클래스를 구현하라. 이 클래스는 데모 예제 9.1에서 개발된 BankAccount(코드 파일의 ch09/account.cpp) 타입의 두 개의 데이타 멤버, 즉, checking과 savings를 가진다. 네 개의 멤버 함수

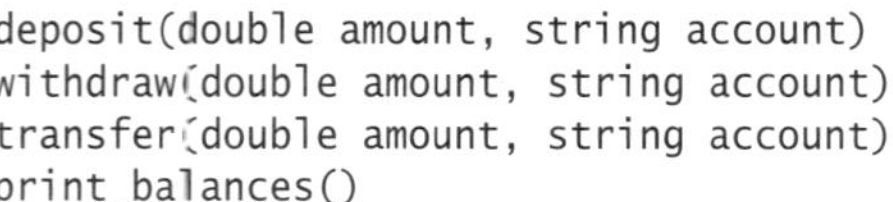

```
deposit(double amount, string account)
withdraw(double amount, string account)
transfer(double amount, string account)
print_balances()
```

를 구현하라. 여기서 account 문자열은 "S" 또는 "C"이다. 이것은 예금과 인출에서 어느 계좌가 바뀌는지를 나타낸다. 이체 때는, 돈이 인출되는 계좌를 나타낸다. 돈은 자동으로 다른 계좌로 이체된다.

P9.11 Student 클래스를 구현하라. 이 연습문제의 목적상, 학생은 이름과 퀴즈 총점을 가져야 한다. 적절한 생성자와 함수 get_name(), add_quiz(int score), get_total_score(), aget_average_score()를 제공하라. 후자를 계산하기 위해서는 학생이 치른 퀴즈 수도 저장해야 한다.

P9.12 평점을 계산하도록 연습문제 P9.11의 Student 클래스를 변경하라. 성적을 추가하고 현재 GPA를 가져오기 위한 멤버 함수들이 필요하다. 성적을 Grade 클래스의 요소로서 명시한

다. "B+"와 같은 문자열로부터 성적을 생성하는 생성자를 제공하라. 성적을 수치 값으로 번역(예: "B+"는 3.3이 된다)하는 함수도 필요할 것이다.

P9.13 국가명, 인구, 면적을 저장하는 Country 클래스를 정의하라. 이 클래스를 이용해서, 국가들을 읽어오고 다음을 출력하는 프로그램을 작성하라.

- 가장 면적이 넓은 나라.
- 가장 인구가 많은 나라.
- 가장 인구 밀도가 높은 나라(제곱 킬로미터 또는 마일 당 인구).

P9.14 E-mail 메시지를 모델링하는 Message 클래스를 설계하라. 메시지에는 수신자, 발신자, 메시지 텍스트가 들어있다. 다음 멤버 함수들을 지원하라.

- 발신자와 수신자를 취하고, 타임 스탬프를 현재 시각을 설정하는 생성자
- 메시지 바디에 텍스트 한 줄을 덧붙이는 멤버 함수 append
- 메시지를 다음과 같은 하나의 긴 문자열로 만드는 멤버 함수 to_string. "From: Harry Hacker\nTo: Rudolf Reindeer\n ..."
- 메시지 텍스트를 출력하는 멤버 함수 print. 힌트: to_string을 사용한다.

메시지를 만들고 출력하기 위해서 이 클래스를 사용하는 프로그램을 작성하라.

P9.15 연습문제 P9.14의 Message 클래스를 사용해서, e-mail 메시지들을 저장하는 클래스 Mailbox를 설계하라. 다음 멤버 함수들을 구현한다.

```
void Mailbox::add_message(Message m)
Message Mailbox::get_message(int i) const
void remove_message(int i)
```

P9.16 간단한 투표에 사용될 수 있는 VotingMachine 클래스를 구현하라. 기계 상태를 클리어시키고, 민주당에 투표하고, 공화당에 투표하고, 두 정당의 총계를 얻기 위한 멤버 함수들을 갖춰라(힌트: 현재 날짜를 가져오기 위해 <ctime> 헤더의 함수를 이용하라).

P9.17 간단한 편지를 쓰기 위한 클래스를 제공하라. 생성자에서 발신자와 수신자의 이름들을 제공하라:

```
Letter(string from, string to)
```

멤버 함수

```
void add_line(string line)
```

를 제공해서 편지의 본문에 텍스트를 한 줄을 추가하라. 편지의 전문을 반환하는 멤버 함수

```
string get_text()
```

를 제공하라. 텍스트의 형태는 다음과 같다.

```
Dear recipient name:
blank line
first line of the body
second line of the body
...
last line of the body
blank line
Sincerely,
blank line
sender name
```

그리고 이 편지를 출력하는 main 함수를 제공하라.

```
Dear John:

I am sorry we must part.
I wish you all the best.

Sincerely,

Mary
```

Letter 클래스의 객체를 생성하고, add_line을 두 번 호출하라.

P9.18 수평선을 따라서 이동하는 벌레를 모델링하는 Bug 클래스를 작성하라. 이 벌레는 우측 아니면 좌측으로 움직인다. 초기에, 벌레는 우측으로 이동하지만, 방향을 바꾸기 위해 돌 수 있다. 각 이동 때마다, 위치는 현재 방향에서 한 단위씩 바뀐다. 생성자

```
Bug(int initial_position)
```

그리고 멤버 함수

```
void turn()
void move()
int get_position()
```

를 제공하라. 견본 용도,

```
Bug bugsy(10);
bugsy.move(); // Now the position is 11
bugsy.turn();
bugsy.move(); // Now the position is 10
```

main 함수는 벌레를 생성하고, 움직이게 하고, 몇 차례 돌고, 그리고 실제 위치와 예상 위치를 출력해야 한다.

P9.19 직선으로 날아가는 나방을 모델링하는 Moth 클래스를 구현하라. 나방은 고정 원점으로부터의 거리인 위치를 가진다. 나방이 광원을 향해 이동할 때, 새로운 위치는 이전 위치와 광원의 위치의 중간이다. 생성자

```
Moth(double initial_position)
```

그리고 멤버 함수

```
void move_to_light(double light_position)
double get_position()
```

를 제공하라. main 함수는 나방을 생성하고, 두어 개의 광원을 향해 이동시키고, 나방의 위치가 예상했던 것과 같은지 검사해야 한다.

P9.20 Person과 StreetAddress 클래스들을 구현하라. 각 개인은 거리주소(street address)를 가진다. 그들의 내용을 표시하기 위해서 각 클래스에 display 함수를 제공하라. 코드를 세 개의 소스 파일에 분산시켜라: 각 클래스에 대해 하나씩, 그리고 main 함수를 포함하는 하나. 두 개의 Person 객체를 생성하고, 그들을 표시하라.

P9.21 연습문제 P9.20의 Person 클래스가 번지에 대한 포인터를 포함하도록 변경하라. 같은 StreetAddress 객체를 공유하는 두 개의 Person 객체를 생성 및 표시하라.

P9.22 그래픽 사용자 인터페이스에 있는 것 같은 부메뉴들을 지원하도록 *How to* 9.1의 Menu 클래스를 재구현하라.

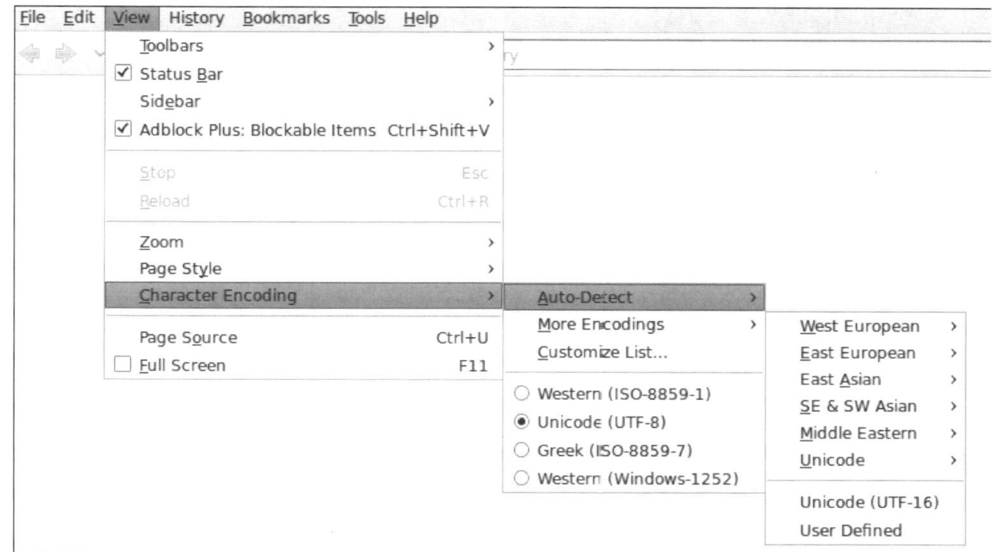

메뉴에는 일련의 메뉴 항목들이 있다. 각 메뉴 항목에는 이름과, 선택적으로 부메뉴가 있다. `Menu` 및 `MenuItem` 클래스들을 구현하라. 메뉴를 표시하고 사용자 입력을 얻는 함수를 제공하라. 단순히 표시된 항목들에 번호를 붙이고, 선택된 항목의 번호를 사용자가 입력하게 하라. 부메뉴가 있는 항목이 선택될 때, 부메뉴를 표시하라. 아니면 단순히 선택된 항목의 이름과 함께 메시지를 출력하라.

두 클래스 간에 원형 종속성이 있음을 주목하라. 그것을 깨기 위해서, 우선 선언

```
class Menu;
```

을 제공하라. 그런 다음, `MenuItem` 클래스를 정의하고, 끝으로 `Menu` 클래스와 `main` 함수를 정의하라.

엔지니어링 P9.23 여기에 보인 것 같은 체육관 라커의 콤비네이션 자물쇠 같이 동작하는 `ComboLock` 클래스를 정의하라. 콤비네이션은 0과 39 사이의 세 수의 조합이다. `reset` 함수가 다이얼을 리셋해서 0을 가리키게 만든다. `turn_left`와 `turn_right` 함수는 다이얼을 주어진 눈금 수만큼 좌 또는 우로 돌린다. `open` 함수는 자물쇠를 열기를 시도한다. 자물쇠는 사용자가 먼저 오른쪽으로 콤비네이션의 첫 번째 수까지 돌리고, 왼쪽으로 두 번째 수까지 돌리고, 오른쪽으로 세 번째 수까지 돌리면 열린다.

```
class ComboLock
{
public:
   ComboLock(int secret1, int secret2, int secret3);
   void reset();
   void turn_left(int ticks);
   void turn_right(int ticks);
   bool open() const;

private:
   ...
};
```

엔지니어링 P9.24 다음과 같은 특징의 Car 클래스를 구현하라. 자동차가 특정 연비(마일/갤런으로 측정된)와 특정량의 연료를 갖고 있다. 이 연비는 생성자에서 지정되며, 초기 연료 레벨은 0이다. 연료 탱크의 연료 레벨을 감소시키면서 특정 거리만큼 운전하는 것을 시뮬레이션하는 멤버 함수 drive, 현재 연료 레벨을 반환하는 멤버 함수 get_gas_level, 연료를 채우기 위한 멤버 함수 add_gas를 제공하라. 용도 예:

```
Car my_hybrid(50); // 갤런 당 50마일
my_hybrid.add_gas(20); // 20갤런을 채운다
my_hybrid.drive(100); // 100마일을 주행한다
cout << my_hybrid.get_gas_level() << endl; // 남은 연료를 출력
```

이를 구현하려면 어떤 클래스(들)을 사용해야 하는가?

엔지니어링 P9.25 2차 방정식 $ax^2 + bx + c = 0$의 모든 실수 해들을 출력하는 프로그램을 작성하라. a, b, c를 읽어 들이고, 이 2차 방정식을 사용하라. $a \neq 0$으로 가정해도 좋다. **판별식** $b^2 - 4ac$가 음수이면, 실수 해가 없음을 표현하는 메시지를 표시하라.
생성자가 2차 방정식의 계수 a, b, c를 받는 클래스 QuadraticEquation를 구현하라. 2차 방정식을 사용해서 해를 얻거나, 또는 해가 존재하지 않는다면 0을 얻는 멤버 함수 get_solution1과 get_solution2를 제공하라. get_solution1 함수는 두 해 중 더 작은 것을 반환해야 한다.
판별식이 음수이면 false를 반환하는 함수

```
bool has_solutions() const
```

를 제공하라.

엔지니어링 P9.26 공중으로 쏘아 올려진 포탄을 모델링하는 Cannonball 클래스를 설계하라. 포탄은

- x 및 y 위치
- x 및 y 속도

를 가진다. 다음의 멤버 함수들을 제공하라.

- x 위치(y 위치는 초기에는 0)를 갖는 생성자
- 포탄을 다음 위치로 보내는 멤버 함수 move(double sec)(현재 속도를 이용해서, 이동 거리를 먼저 sec 초로 계산하고, x 및 y 위치를 갱신하고, 중력 가속도 –9.81 m/sec^{2}를 감안해서 y 속도를 갱신하라. x 속도는 바뀌지 않는다.)(추가적인 자세한 사항에 관해서는 연습문제 P4.29를 참고하라.)
- 각도 α와 초기 속도 v가 파라미터인 멤버 함수 shoot(x 속도는 $v \cos \alpha$, y 속도는 $v \sin \alpha$로 계산하고, y 위치가 ≤ 0일 때까지 0.1초 간격으로 move를 계속 호출하고, 이동할 때마다 매번 (x, y) 위치를 표시하라.)

시작 각도와 초기 속도를 사용자로부터 받는 프로그램에 이 클래스를 사용하라. 그러고 나서 shoot를 호출하라.

엔지니어링 P9.27 아래 사진의 맨 위쪽 저항기의 색깔 띠들은 6.2 kΩ ±5%의 저항을 표시한다. 저항기 허용 오차 ±5%는 수용 가능한 저항 변화를 나타낸다. 6.2 kΩ ±5% 저항기는 작게는 5.89 kΩ, 크게는 6.51 kΩ의 저항을 가질 수 있다. 우리는 6.2 kΩ를 공칭 **저항값**이라고 부르며, 저항의 실제 값은 5.89 kΩ과 6.51 kΩ 사이의 임의의 값이 될 수 있다.

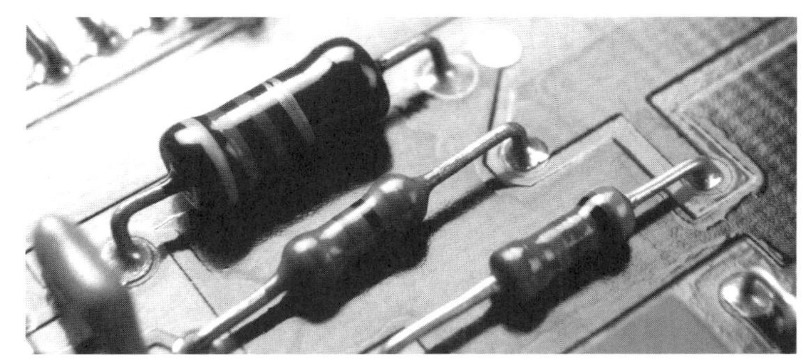

저항기를 클래스로 표현하는 C++ 프로그램을 작성하라. 공칭 저항 및 허용 오차 값을 받아서, 실제 값을 랜덤하게 결정하는 생성자를 하나 제공한다. 이 클래스는 공칭 저항, 허용 오차, 실제 저항을 얻기 위한 퍼블릭 멤버 함수들을 제공해야 한다.

10개의 330 Ω ±10% 저항기들의 실제 저항들을 표시함으로써 클래스가 적절하게 동작한다는 것을 보여주는 C++ 프로그램을 위한 `main` 함수를 작성하라.

엔지니어링 P9.28 연습문제 P9.27의 `Resistor` 클래스에서, 저항과 허용 오차의 '색깔 띠들'의 표현을 반환하는 메소드를 제공하라. 저항기에는 네 개의 색깔 띠가 있다.

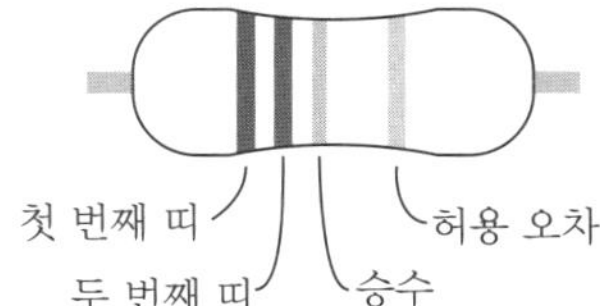

- 첫째 띠는 저항 값의 최상위 숫자이다.
- 둘째 띠는 저항 값의 두 번째 상위 숫자이다.
- 셋째 띠는 십진 승수이다.
- 넷째 띠는 허용 오차를 나타낸다.

칼라	디지트	승수	허용 오차
Black	0	$\times 10^{0}$	–
Brown	1	$\times 10^{1}$	±1%
Red	2	$\times 10^{2}$	±2%
Orange	3	$\times 10^{3}$	–
Yellow	4	$\times 10^{4}$	–
Green	5	$\times 10^{5}$	±0.5%
Blue	6	$\times 10^{6}$	±0.25%
Violet	7	$\times 10^{7}$	±0.1%
Gray	8	$\times 10^{8}$	±0.05%
White	9	$\times 10^{9}$	–
Gold	–	$\times 10^{-1}$	±5%
Silver	–	$\times 10^{-2}$	±10%
None	–	–	±20%

예를 들면(표의 값들을 키로 사용해서), 적색, 보라색, 녹색, 황금색 띠가 있는 저항기는 2,700 kΩ±5%의 저항을 위해 첫째 디지트로 2, 둘째 디지트로 7, 승수로 10^5, 허용 오차로 ±5%를 가진다.

엔지니어링 P9.29 아래 그림은 '전압 분배기'로 불리는, 자주 사용되는 전기 회로를 보여준다. 이 회로의 입력은 전압 v_i이다. 출력은 전압 v_o이다. 전압 분배기의 출력은 입력에 비례하며, 비례 상수는 회로의 '이득'이라고 불린다. 전압 분배기는 공식

$$G = \frac{v_o}{v_i} = \frac{R_2}{R_1 + R_2}$$

으로 표현되며, 여기서 G가 이득, R_1과 R_2가 전압 분배기를 구성하는 두 저항기의 저항이다.

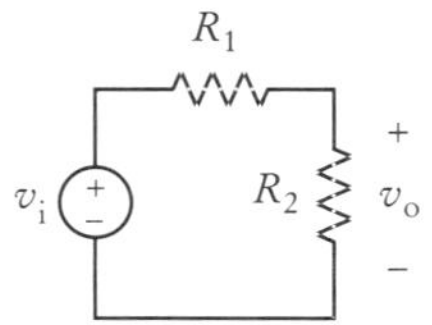

연습문제 P9.27에서 언급되었듯이, 제조상의 차이가 실제 저항 값을 공칭 값에서 벗어나게 만든다. 그 결과, 이 저항 값의 변화가 전압 분배기의 이득 값의 차이를 야기한다. 우리는 공칭 저항 값을 사용해서 **공칭 이득 값**을 계산하고, 실제 저항 값을 사용해서 **실제 이득 값**을 계산한다.

두 클래스 `VoltageDivider`와 `Resistor`를 포함하는 C++ 프로그램을 작성하라. `Resistor` 클래스는 연습문제 P9.27에 기술되어 있다. `VoltageDivider` 클래스는 `Resistor` 클래스의 객체들인 두 개의 데이타 멤버를 가져야 한다. 두 개의 `Resistor` 객체, 그들의 공칭 저항 값, 저항기 허용 오차를 받는 생성자 하나를 제공하라. 이 클래스는 전압 분배기의 이득의 공칭 및 실제 값들을 얻기 위해서 퍼블릭 멤버 함수들을 공급해야 한다.

각각이 공칭 값 $R_1 = 250\ \Omega$과 $R_2 = 750\ \Omega$을 갖는 5% 저항기들로 구성된 열 개의 전압 분배기에 대한 공칭 및 실제 이득을 표시함으로써, 이 클래스가 적절히 동작한다는 것을 보여주는 프로그램을 위한 `main` 함수를 작성하라.

자체 검사 질문에 대한 답

1. `cin`은 객체이고, `string`은 클래스이다.
2. `substr` 멤버 함수와 `[]` 연산자를 사용해서.
3. `vector<char>`로서. `char` 배열로서.
4. 없다. 멤버 함수들을 같은 효과를 가질 것이며, 내 코드는 `string` 객체들을 다른 방식으로 다룰 수 없었을 것이다.
5. `2 1.90`
6. `get_amount_due`라는 이름의 멤버 함수가 존재하지 않는다.
7. `int get_dollars() const;`
8. `length`, `substr`
9. mutator. 글자를 가져오면 스트림에서 그를 제거하므로, 변경이 일어난다. 납득이 안 되는가? `get` 함수를 두 번 부르면 어떤 일이 일어나는지 생각해보라. 대개 두 개의 서로 다른

글자를 얻을 것이다. 그러나 객체에 대해 accessor를 두 번 부르면(두 호출 사이에 mutator 호출이 없이), 틀림없이 같은 결과를 얻게 된다.

10. `2, 1.85, 1, 1.90`

11. 코드가 private 데이타 멤버에 접근하려 한다.

12. (1)
```
int hours; // Between 1 and 12
int minutes; // Between 0 and 59
bool pm; // True for P.M., false for A.M.
```
(2)
```
int hours; // Military time, between 0 and 23
int minutes; // Between 0 and 59
```
(3)
```
int total_minutes // Between 0 and 60 * 24 - 1
```

13. public 인터페이스가 바뀌지 않았으므로 그들의 프로그램을 바꿀 필요는 없다. 새로운 `Time` 클래스 버전으로 다시 컴파일해야 한다.

14. (1) `string letter_grade; // "A+", "B"`

(2) `double number_grade; // 4.3, 3.0`

15. (1) The `CashRegister::`이 빠졌다. (2) `const`가 빠졌다.

16.
```
void CashRegister::add_items(int quantity, double price)
{
   item_count = item_count + quantity;
   total_price = total_price + quantity * price;
}
```

17.
```
int CashRegister::get_dollars() const
{
   int dollars = total_price; // Truncates cents
   return dollars;
}
```

18. 세 개의 파라미터: 타입이 `int`인 두 개의 명시적 파라미터들과, `string` 타입의 한 개의 내재적 파라미터.

19. 하나의 파라미터: 타입이 `string`인 내재적 파라미터 한 개. 이 함수에는 명시적 파라미터가 없다.

20. `BankAccount::BankAccount() { balance = 0; }`

21.
```
BankAccount::BankAccount(double initial_balance)
{
   balance = initial_balance;
}
```

22.
```
Item::Item()
{
   price = 0;
}
```
`description` 데이타 멤버는 초기화할 필요가 없다.

23.
```
CashRegister::CashRegister()
{
   clear();
}
```

24. (a) 디폴트 생성자. (b) `Item(string)` or `Item(const char[])`
(c) `Item(double)` (d) `Item(string, double)` (e) 객체를 정의하지 않는다.

25.

Car my_car
Car(mpg)
add_gas(amount)
drive(distance)
get_gas_left

앞면

gas_left	miles_per_gallon
0	25

뒷면

26.

gas_left	miles_per_gallon
~~0~~	25
~~20~~	
~~16~~	
~~8~~	
13	

27.

gas_left	miles_per_gallon	total_miles
0	25	0

28.

gas_left	miles_per_gallon	total_miles
~~0~~	25	0
~~20~~		
~~16~~		100
~~8~~		200
13		

29. 문제 설명에서 명사를 조사한다.

30. 그렇다(`ChessBoard`), 아니다(`MovePiece`).

31.

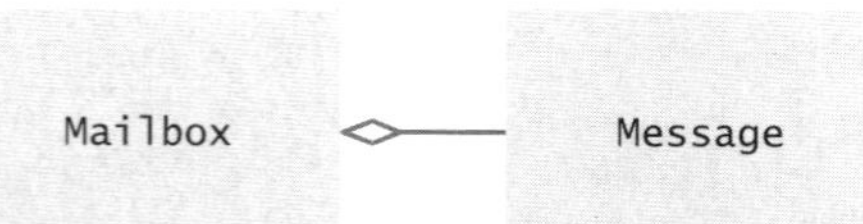

32. 일반적으로 도서관 시스템은 고객이 어떤 책을 빌려갔는지를 추적할 필요가 있으므로, Patron이 Book을 종합하게 하는 것이 더 합리적이다. 그렇지만, 설계에는 항상 한 가지 답만 맞는 것은 아니다. 만일 특정 책을 반출한 고객을 식별하는 것의 중요도가 높다고 느낀다면(아마도 다른 누군가가 그 책을 요청했기 때문에 반환하라고 통지하기 위해서), 종합이 그 반대로 되어야 한다고 주장할 수 있다.

33. 관계가 없을 것이다.

34. 아마도 이름이 bankaccount.h일 BankAccount 클래스를 정의하는 헤더 파일.

35. 없다. cashreg ister.cpp 파일은 bankaccount.h를 인클루드하는 cashregister.h를 인클루드한다.

36. 없다. 은행계좌는 금전등록기에 관해 아무 것도 알 필요가 없다.

37. cashregister.h에 다음 줄을 추가한다.

```
void display(CashRegister reg);
```

display 함수의 구현을 cashregister.cpp에 추가한다.

38. 시스템에 따라 다르다. 내 시스템에서는 그 파일이 /usr/include/c++/4.2/iostream에 위치한다.

39. `string* str_pointer = new string;`

40. `delete str_pointer;`

41. `string* str_pointer = new string("Hello");`

또는

```
string* str_pointer = new string;
*str_pointer = "Hello";
```

42. `cout << str_pointer->length();`

43. string* 또는 더 정확하게는, length가 접근자 함수이므로 const string*이다.

CHAPTER 10 상속

Inheritance

목표

상속과 다형성의 개념을 이해하기
멤버 함수를 상속 받고 오버라이드하는 방법을 배우기
파생 클래스의 생성자를 구현할 수 있기
가상 함수를 설계하고 사용할 수 있기

내용

연관된 클래스들로부터의 객체들은 대개 공통 특성을 공유한다. 예를 들면, 삽, 갈퀴, 클리퍼는 모두 원예 작업을 수행한다. 이 장에서는 상속 표기가 특화된 클래스와 일반 클래스 간의 관계를 어떻게 표현하는지를 배운다. 상속을 이용하면, 클래스들 간에 코드를 공유할 수 있고, 여러 클래스들에 의해 사용될 수 있는 서비스를 제공할 수 있다.

10.1 상속 계층구조

파생 클래스는 기반 클래스로부터 데이타와 습성을 (behavior) 상속받는다.

객체 지향 설계에서, **상속**은 더 일반적인 클래스(**기반 클래스**라고 불림)와 더 특화된 클래스(**파생 클래스**라고 불림) 간 일종의 관계이다. 파생 클래스는 기반 클래스로부터 데이타와 습성을 상속 받는다. 예를 들어, 그림 10.1에 묘사된 서로 다른 차량(vehicle) 종류들 간의 관계를 고려하자.

승용차(car)들은 사람을 한 장소에서 다른 장소로 운반하는 능력 같은, 모든 차량의 공통 특성을 공유한다. 우리는 `Car` 클래스가 `Vehicle` 클래스로부터 상속받는다고 말한다. 이 관계에서 `Vehicle` 클래스는 기반 클래스이며, `Car` 클래스가 파생 클래스이다.

비공식적으로는, 상속 관계는 *is-a* 관계라고 불린다. 이 관계를 9.7절에서 우리가 다뤘던 *has-a* 관계와 비교해보자. 모든 승용차 *is a* 차량이다. 모든 차량은 *has a* 엔진.

항상 기반 클래스 객체 대신에 파생 클래스 객체를 사용할 수 있다.

상속 관계는 다른 클래스의 객체에 의해 알고리듬을 재사용할 수 있게 해주므로 매우 강력하다. `Vehicle` 객체를 다루는 알고리듬이 있다고 하자. 승용차가 차량의 특수한 일종이므로, `Car` 객체를 그런 알고리듬에 제공할 수 있으며, 알고리듬은 바르게 동작할 것이다. 이것은 기반 클래스 객체가 요구될 때 항상 파생 클래스 객체를 사용할 수 있다는 **대체 원칙(substitution principle)**의 한 예이다.

그림 10.1에서 보듯이, 상속 관계는 클래스들이 더욱 특수화되는 계층구조를 일으킬 수 있다. 그림 10.2에서 보듯이 C++ 스트림 클래스들은 그러한 계층구조의 또 다른 예이

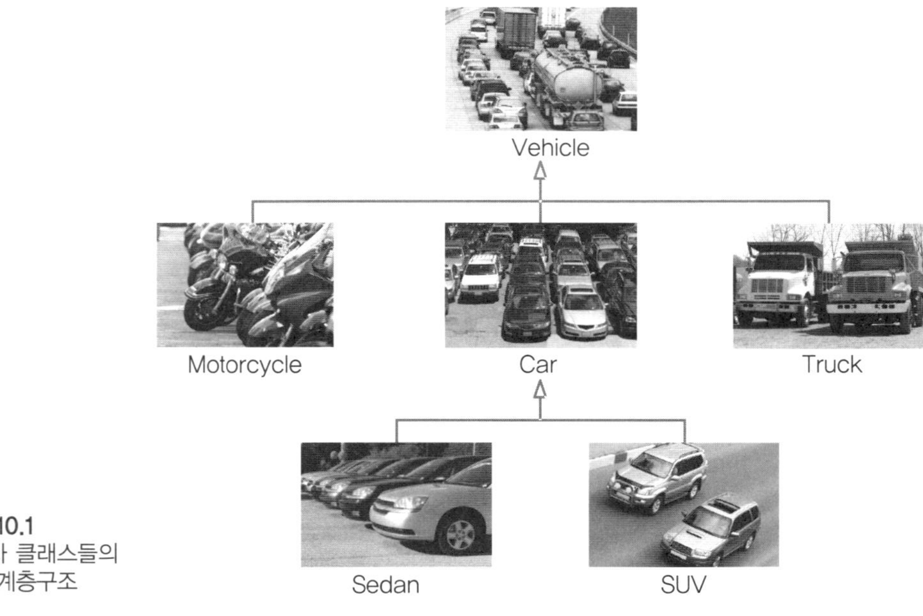

그림 10.1
자동차 클래스들의 상속 계층구조

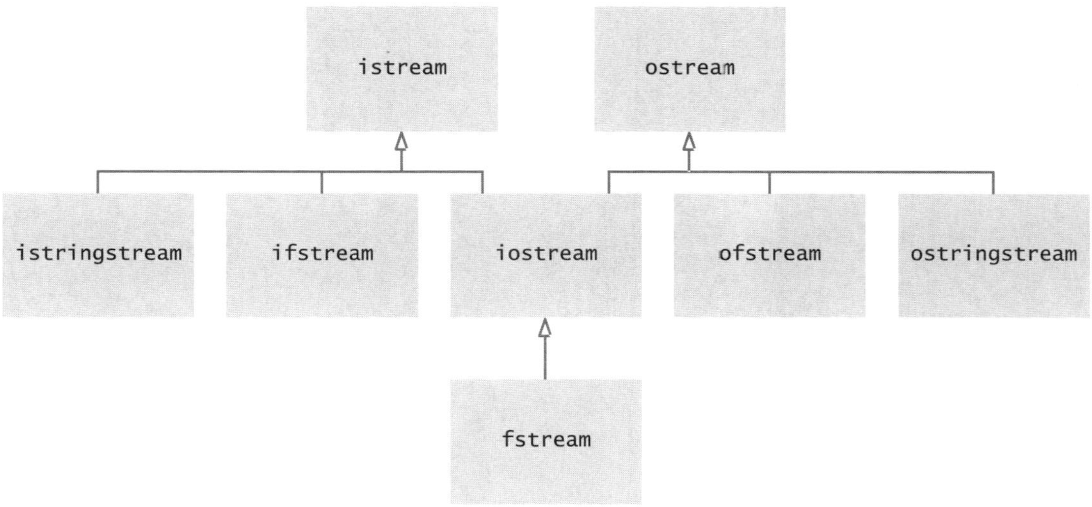

그림 10.2 스트림 클래스들의 상속 계층 구조

다. 그림 10.2는 상속에 대해 기반 클래스와 파생 클래스가 화살표(기반 클래스 방향)로 연결되어 있는 UML 표기를 사용하고 있다.

그림에서 볼 수 있듯이 `ifstream`(파일로부터 읽는 입력 스트림)은 `istream`(임의의 소스로부터 데이타를 읽는 입력 스트림)의 특수한 경우이다. `ifstream`은 `istream`을 요구하는 함수에 인자로 사용될 수 있다.

```
void process_input(istream& in) // ifstream 객체를 갖고 호출할 수 있다
```

`ifstream` 객체 대신에 `istream` 객체를 처리하는 함수를 제공하는 이유는? 그런 함수는 어떠한 종류의 입력 스트림(테스트할 때 편리한 `istringstream` 같은)도 다룰 수 있기 때문에 더 쓸모가 있다. 이것이 대체 원칙이다.

이 장에서 우리는 간단한 클래스 계층구조를 고려할 것이다. 우리는 컴퓨터가 채점하는 퀴즈를 치른 적이 있다. 퀴즈는 질문들로 구성되며, 여러 종류가 있다:

- 빈칸 채우기
- 선택(하나 또는 여럿)
- 수치(여기서는 실제 답이 예를 들어 4/3일 때 1.33 같이 대략적으로만 맞아도 된다.)
- 자유 답안

상속의 예를 보여주기 위해서 우리는 간단하지만 유연한 퀴즈 시험 프로그램을 개발할 것이다.

그림 10.3이 이 질문 유형들에 대한 상속 계층구조를 보여준다.

이 계층구조의 뿌리에는 `Question` 유형이 있다. 질문은 그의 텍스트를 표시할 수 있으며, 제공된 응답이 옳은 답인지를 검사할 수 있다:

```
class Question
{
public:
   Question();
   void set_text(string question_text);
   void set_answer(string correct_response);
   bool check_answer(string response) const;
   void display() const;
```

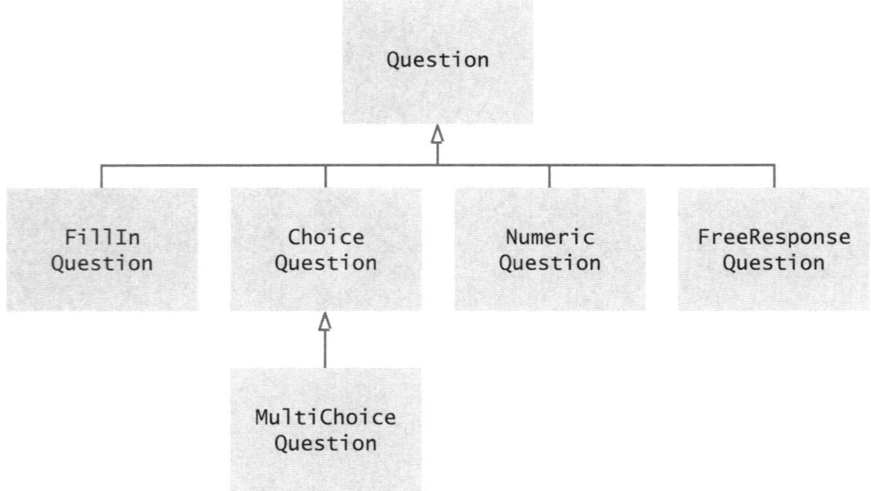

그림 10.3 질문 유형의 상속 계층구조

```
private:
   string text;
   string answer;
};
```

텍스트가 어떻게 표시되는지는 질문 유형에 따라 다르다. 이 장에서 나중에 일부 변형들을 볼 것이나, 기반 클래스는 단순히 질문 텍스트를 cout으로 보낸다. 응답이 어떻게 검사되는지도 질문 유형에 따라 다르다. 이미 언급되었듯이, 수치 질문은 대략적인 답을 수용할 수 있다(연습문제 P10.1 참고). 연습문제 P10.3에서는 응답을 검사하는 다른 방법을 볼 것이다. 그러나 기반 클래스에서 우리는 단순히 응답과 정답이 정확히 일치할 것을 요구할 것이다.

다음 절들에서 우리는 이 기반 클래스의 멤버 함수들과 데이타 멤버들을 상속받는 파생 클래스를 만드는 방법을 볼 것이다.

다음은 Question 클래스와 간단한 테스트 프로그램을 구현한 것이다. text와 answer 필드들이 자동으로 빈 문자열로 설정되기 때문에 Question 클래스 생성자는 아무 것도 하지 않아도 된다. main 함수의 boolalpha 스트림 조종자는 부울 값들이 디폴트인 1과 0 대신에 true와 false로 표시되게 만든다.

ch10/quiz1/test.cpp

```
#include <iostream>
#include <sstream>
#include <string>

using namespace std;

class Question
{
public:
   /**
      Constructs a question with empty text and answer.
   */
   Question();

   /**
      @param question_text the text of this question
   */
```

```
   void set_text(string question_text);

   /**
      @param correct_response the answer for this question
   */
   void set_answer(string correct_response);

   /**
      @param response the response to check
      @return true if the response was correct, false otherwise
   */
   bool check_answer(string response) const;

   /**
      Displays this question.
   */
   void display() const;

private:
   string text;
   string answer;
};

Question::Question()
{
}

void Question::set_text(string question_text)
{
   text = question_text;
}

void Question::set_answer(string correct_response)
{
   answer = correct_response;
}

bool Question::check_answer(string response) const
{
   return response == answer;
}

void Question::display() const
{
   cout << text << endl;
}

int main()
{
   string response;
   cout << boolalpha; // Show Boolean values as true, false

   Question q1;
   q1.set_text("Who was the inventor of C++?");
   q1.set_answer("Bjarne Stroustrup");

   q1.display();
   cout << "Your answer: ";
   getline(cin, response);
   cout << q1.check_answer(response) << endl;

   return 0;
}
```

실행 결과

```
Who was the inventor of C++?
Your answer: Bjarne Stroustrup
true
```

1. Manager 클래스와 Employee 클래스를 고려하자. 어느 것이 기반 클래스가 되겠고, 어느 것이 파생 클래스가 되겠는가?
2. 클래스 BankAccount, CheckingAccount, SavingsAccount 간의 상속 관계는?
3. 함수 do_something(istream& stream)을 고려하자. 그림 10.2로부터, 객체가 이 함수에 전달될 수 있는 모든 스트림 클래스를 열거하라.
4. 함수 do_something(Car& c)를 고려하자. 그림 10.1로부터, 객체가 이 함수에 전달될 수 없는 모든 차량 클래스를 열거하라.
5. Quiz 클래스는 Question 클래스로부터 상속을 받아야 하는가? 그 이유는?

Practice It 이제 다음 연습문제들에 대해 답할 수 있다: R10.1, R10.2, R10.5.

10.2 파생 클래스 구현하기

C++에서는 무엇이 파생 클래스를 다르게 만드는지를 명시해서 기반 클래스로부터 파생 클래스를 형성한다. 우리는 파생 클래스에 새로운 멤버 함수들을 정의한다. 파생 클래스는 기반 클래스의 모든 멤버 함수를 상속받으나, 상속받은 속성이 적합하지 않다면 구현을 바꿀 수 있다.

파생 클래스는 자동으로 기반 클래스의 모든 데이타 멤버를 상속받는다. 우리는 추가된 데이타 멤버들만 정의한다.

다음은 파생 클래스의 정의를 위한 문법이다.

```
class ChoiceQuestion : public Question
{
public:
   New and changed member functions
private:
   Additional data members
};
```

일반 승용차로로 시작하고 그를 변형시키는 스트레치 리무진의 제작사처럼, 프로그래머는 다른 클래스를 변경해서 파생 클래스를 만든다.

: 기호가 상속을 나타낸다. 예약어 public은 기술적인 이유로 필요하다(441쪽의 빈번한 오류 10.1 참고).

ChoiceQuestion 객체는 Question 객체와 세 가지 면에서 다르다.

- 그의 객체들은 답을 위한 다양한 선택 대상(choice)들을 저장한다.
- 다른 선택 대상을 추가하기 위한 멤버 함수가 있다.
- ChoiceQuestion 클래스의 display 함수는 응답자가 하나를 고를 수 있도록 이 선택 대상들을 보여준다.

그림 10.4 파생 클래스 객체의 데이타 레이아웃

ChoiceQuestion 클래스가 Question 클래스에서 상속받을 때, 이들 세 가지 차이만을 쓰면 된다.

```
class ChoiceQuestion : public Question
{
public:
   ChoiceQuestion();
   void add_choice(string choice, bool correct);
   void display() const;
private:
   vector<string> choices;
};
```

그림 10.4는 ChoiceQuestion 객체의 레이아웃을 보여준다. 이것은 Question 기반 객체로부터 text와 answer 데이타 멤버들을 상속받으며, 데이타 멤버(choices 벡터)를 추가한다.

> 파생 클래스는 새로운 구현을 제공함으로써 기반 클래스 함수를 오버라이드한다.

add_choice 함수는 ChoiceQuestion 클래스에 고유하다. 이것은 ChoiceQuestion 객체에만 적용할 수 있으며, 일반적인 Question 객체에는 못한다. 그렇지만, display 함수는 기반 클래스에 존재하는 함수의 재정의로서, 파생 클래스의 특수한 요구를 반영한다. 파생 클래스가 이 함수를 **오버라이드**한다고 말한다. 10.3절에서 그 방법을 볼 것이다.

> 파생 클래스는 그가 오버라이드하지 않는 모든 데이타 멤버와 함수들을 상속받는다.

ChoiceQuestion 클래스 정의에서 우리는 새로운 멤버 함수 및 데이타 멤버들만 명시한다. Question 클래스의 다른 모든 멤버 함수 및 데이타 멤버들은 자동으로 상속된다. 예를 들면, 각 ChoiceQuestion 객체는 text 및 answer 데이타 멤버, set_text, set_answer, check_answer 멤버 함수를 가진다.

문법 10.1 파생 클래스 정의

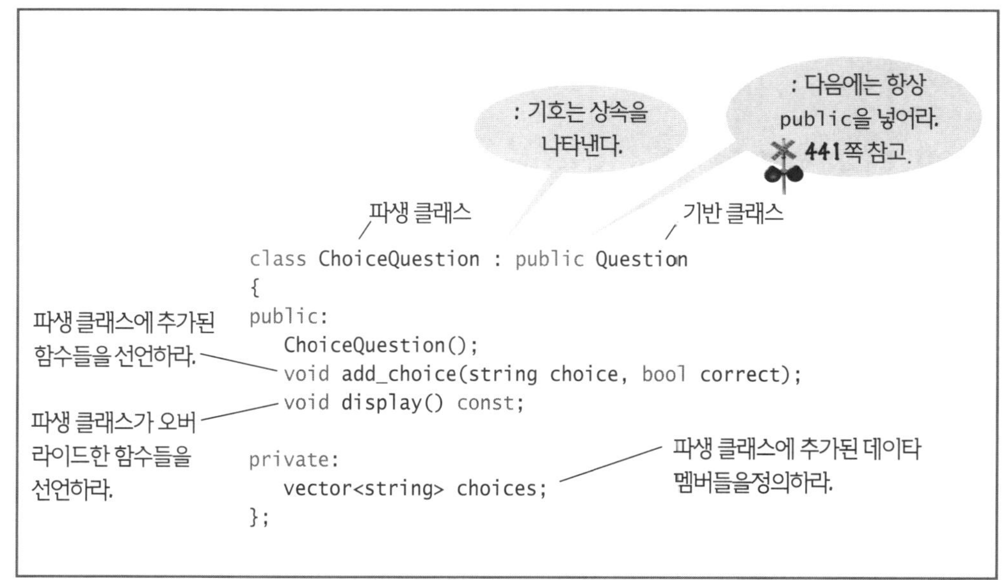

상속받은 멤버 함수들을 파생 클래스 객체에 대해 호출할 수 있다:

```
choice_question.set_answer("2");
```

그렇지만, 상속받은 데이타 멤버들에는 접근할 수 없다. 이 멤버들은 기반 클래스의 프라이빗 데이타이기 때문에, 기반 클래스만이 접근 권한을 가진다. 파생 클래스는 다른 클래스들 이상의 접근 권한을 가지지 않는다.

특히 ChoiceQuestion 멤버 함수들은 answer 멤버에 직접 접근할 수 없다. 이 멤버 함수들은 다른 모든 함수와 마찬가지로 프라이빗 데이타에 접근하려면 Question 클래스의 퍼블릭 인터페이스를 이용해야 한다.

이 점을 예를 들어 보여주기 위해서, add_choice 멤버 함수를 구현하자. 이 함수는 두 개의 파라미터를 가진다: 추가될 선택 대상(선택 대상 벡터에 덧붙여지는), 그리고 이 선택이 옳은지를 표시할 부울 값. 만일 true이면, 답을 현재 선택 번호로 설정한다(우리는 수를 문자열로 전환하기 위해서 ostringstream을 사용한다 — 자세한 사항은 8.4절을 참고).

```
void ChoiceQuestion::add_choice(string choice, bool correct)
{
   choices.push_back(choice);
   if (correct)
   {
      // Convert choices.size() to string
      ostringstream stream;
      stream << choices.size();
      string num_str = stream.str();
      // Set num_str as the answer
      ...
   }
}
```

우리는 기반 클래스의 answer 멤버에 접근할 수 없다. 다행히도 Question 클래스에는 set_answer 멤버 함수가 있다. 우리는 이 멤버 함수를 호출할 수 있다. 어느 객체에 대해서? 우리가 지금 변경하고 있는 질문, 즉, ChoiceQuestion::add_choice 함수의 내재적 파라미터이다. 9장에서 봤듯이, 내재적 파라미터에 대해 멤버 함수를 적용할 때, 우리는 파라미터를 명시하지 않으며, 단지 멤버 함수 이름만을 적는다:

```
set_answer(num_str);
```

컴파일러는 이 호출을 다음과 같이 해석한다.

implicit parameter.set_answer(num_str);

6. q는 Question 클래스의 객체, cq는 ChoiceQuestion 클래스의 객체라고 하자. 다음 호출들 중 어느 것이 적법한가?
   a. q.set_answer(response)
   b. cq.set_answer(response)
   c. q.add_option(option, true)
   d. cq.add_option(option, true)
7. Employee 클래스로부터 상속받고, 급여 상여금을 저장하기 위한 데이타 멤버 bonus를 추가하는 Manager 클래스를 정의하라. 생성자 선언은 생략한다.
8. Employee가 다음과 같이 정의된다고 하자.

```
class Employee
{
public:
   Employee();
   void set_name(string new_name);
   void set_base_salary(double new_salary);
   string get_name();
   double get_salary() const;
private:
   string name;
   double base_salary;
}
```

자체 점검 7의 Manager 클래스는 어떤 데이타 멤버들을 갖는가?

9. Employee 클래스로부터 상속받고, get_salary 함수를 오버라이드하는 Manager 클래스를 정의하라.

10. 자체 점검 9의 Manager 클래스는 어떤 멤버 함수들을 상속받나?

Practice It 이제 다음 연습문제들에 대해 답할 수 있다: P10.2, P10.6.

빈번한 오류 10.1

프라이빗 상속

파생 클래스 이름 다음의 콜론 뒤에 나와야 할 public 예약어를 잊어버리는 오류를 자주 범한다.

```
class ChoiceQuestion : Question // Error
{
   ...
};
```

이 클래스 정의는 컴파일될 것이다. ChoiceQuestion은 여전히 Question으로부터 상속받으나, 프라이빗으로 상속받는다. 즉, ChoiceQuestion의 멤버 함수들만이 Question의 멤버 함수들에 접근할 수 있다. 다른 함수가 ChoiceQuestion 객체에 대해 Question 멤버 함수를 적용할 때마다, 컴파일러는 오류를 표시할 것이다:

```
int main()
{
   ChoiceQuestion q;
   ...
   cout << q.check_answer(response); // Error
}
```

이 프라이빗 상속은 거의 쓸모가 없다. 사실상, 이것은 우선 상속의 참뜻(즉, 기반 클래스 객체처럼 사용 가능한 객체를 생성하는 것)에 위배된다. 파생 클래스의 정의 때 항상 퍼블릭 상속을 사용하고 public 예약어를 제공해야 한다.

빈번한 오류 10.2

기반 클래스 멤버를 복제하기

파생 클래스는 기반 클래스의 데이타 멤버들에 대한 접근 권한이 없다:

```
ChoiceQuestion::ChoiceQuestion(string question_text)
{
   text = question_text; // 오류—프라이빗 기반 클래스 멤버를 접근하려 시도한다
}
```

컴파일러 오류가 발생했을 때, 초보자는 흔히 이 문제를 파생 클래스에 똑같은 이름의 또 다른 데이타 멤버를 추가해서 '해결' 한다:

```
class ChoiceQuestion : public Question
{
   ...
private:
   vector<string> choices;
   string text; // Don't!
}
```

물론 이 생성자는 컴파일되지만, 올바른 텍스트를 설정하지 않는다. 이러한 ChoiceQuestion 객체는 똑같이 text라고 이름이 붙은 두 개의 데이타 멤버를 가진다. 생성자는 이들 중 하나를 설정하며, diplay 멤버 함수는 다른 것을 표시한다.

헛되이 기반 클래스 데이타 멤버를 복제하는 대신에, 우리는 이 보기에서의 set_text 함수 같은, 기반 클래스 멤버를 갱신하는 멤버 함수를 호출해야 한다.

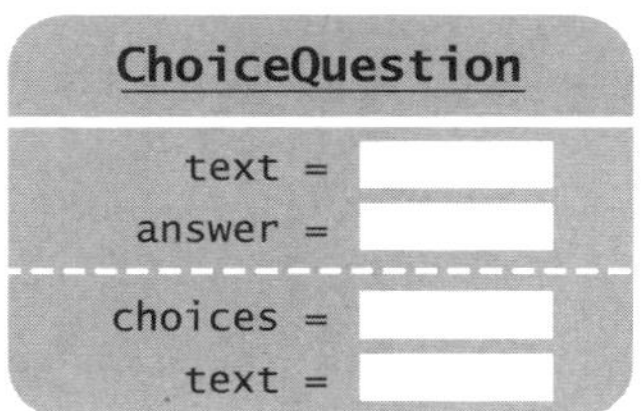

프로그래밍 팁 10.1 값의 차이에 대해서는 한 클래스, 습성의 차이에 대해서는 상속을 이용하라

상속의 목적은 다른 습성으로 객체를 모델링하는 것이다. 학생들이 처음 상속에 관해서 배울 때, 간단한 데이타 멤버로 차이가 표현될 수 있을 때조차도 여러 클래스를 만들어서, 상속을 남용하는 경향이 있다.

주행 거리와 재급유량을 기록해서 승용차군의 연비를 추적하는 프로그램을 고려하자. 무리의 일부 차들은 하이브리드이다. 파생 클래스 HybridCar를 만들어야 하는가? 이 응용에서는 아니다. 하이브리드는 주행과 재급유에 관한 한 다른 차들과 전혀 다를 게 없다. 단지 연비가 낫다는 것뿐이다. 데이타 멤버

```
double miles_per_gallon;
```

을 갖는 Car 클래스 하나면 충분하다.

그렇지만, 서로 다른 종류의 차량을 수리하는 방법을 보여주는 프로그램을 작성하는 것이라면, 독립된 클래스 HybridCar를 갖는 것이 합리적이다. 수리에 관한 한, 하이브리드 차량은 다른 차들과 다르다.

특강 10.1 기반 클래스 생성자를 호출하기

파생 클래스 객체를 생성하는 과정을 고찰하자. 파생 클래스 생성자는 파생 클래스의 데이타 멤버들만을 초기화할 수 있다. 그러나, 기반 클래스 데이타 멤버들도 역시 초기화되어야 한다. 우리가 달리 명시하지 않는 한, 기반 클래스 데이타 멤버들은 기반 클래스의 디폴트 생성자로 초기화된다.

달리 명시되지 않는 한, 기반 클래스 데이타 멤버들은 디폴트 생성자로 초기화된다.

다른 생성자를 명시하기 위해서는, 특강 9.1에 기술된 바와 같이 초기화기 목록을 사용한다. 기반 클래스의 이름과 생성 인수를 초기화기 목록에 명시한다. 예를 들어, Question 기반 클래스가 질문 텍스트를 설정하기 위한 생성자를 갖고 있다고 하자. 파생 클래스 생성자는 그 기반 클래스 생성자를 다음 방법으로 호출할 수 있다.

```
ChoiceQuestion::ChoiceQuestion(string question_text)
   : Question(question_text)
{
}
```

파생 클래스 생성자는 { } 안의 코드를 실행하기 전에 기반 클래스 생성자를 호출한다.

파생 클래스의 생성자가 기반 클래스 생성자에 인수를 공급할 수 있다.

이 보기 프로그램에서는 기반 클래스의 디폴트 생성자를 사용했다. 그렇지만, 기반 클래스에 디폴트 생성자가 없다면, 초기화기 목록 문법을 사용해야 한다.

문법 10.2 기반 클래스 초기화기를 갖는 생성자

```
ChoiceQuestion::ChoiceQuestion(string question_text)
   : Question(question_text)
{
}
```

기반 클래스 생성자가 먼저 호출된다.

기반 클래스 생성자 호출을 생략하면, 디폴트 생성자가 불린다.

이 블록은 추가적 명령문들을 담을 수 있다.

10.3 멤버 함수 오버라이드하기

파생 클래스는 기반 클래스로부터 멤버 함수들을 물려받는다. 상속받은 멤버 함수의 속성에 만족하지 않는다면, 파생 클래스에서 새로운 구현을 명시해서 **오버라이드**할 수 있다.

파생 클래스는 기반 클래스로부터 함수를 상속받거나, 또는 다른 구현을 제공해서 그를 오버라이드할 수 있다.

ChoiceQuestion 클래스의 display 함수를 고려하자. 이것은 답의 선택 대상들을 보여주기 위해서 기반 클래스 display 함수를 오버라이드할 필요가 있다. 구체적으로, 파생 클래스 함수는

- 질문 텍스트를 표시하고
- 답 선택 대상들을 표시

해야 한다. 후자는 답 선택 대상들이 파생 클래스의 데이타 멤버이므로 쉽다:

```
void ChoiceQuestion::display() const
{
   // Display the question text
   ...
   // Display the answer choices
   for (int i = 0; i < choices.size(); i++)
   {
      cout << i + 1 << ": " << choices[i] << endl;
   }
}
```

그러나, 질문 텍스트는 어떻게 가져오는가? 기반 클래스의 텍스트 멤버는 프라이빗이므로, 직접 접근할 수 없다.

그 대신에 기반 클래스의 display 함수를 호출할 수 있다:

```
void ChoiceQuestion::display() const
{
   // Display the question text
   display(); // Invokes implicit parameter.display()
   // Display the answer choices
   ...
}
```

그렇지만, 이것은 의도대로 돌아가지 않을 것이다. ChoiceQuestion::display의 내재적 파라미터의 타입이 ChoiceQuestion이며, ChoiceQuestion 클래스에 display라는 이름이 있으므로, 그 함수가 호출될 것이다—그러나 그 함수는 우리가 바로 지금 작성 중이다! 이 함수는 자신을 계속해서 반복해서 부를 것이다.

질문 텍스트를 표시하기 위해서는 display란 이름의 어느 함수를 호출하기를 원하는지에 관해서 더 명확하게 표시해야 한다. 우리는 Question::display를 원한다:

```
void ChoiceQuestion::display() const
{
   // Display the question text
   Question::display(); // OK
   // Display the answer choices
   ...
}
```

기반 클래스 함수를 명시적으로 호출하려면 *BaseClass::function* 표기를 사용하라.

함수를 오버라이드할 때, 우리는 대개 기반 클래스 버전의 기능을 **확장**하고 싶어한다. 그러므로, 흔히 우리는 기반 클래스 버전을 확장하기 전에 먼저 불러올 필요가 있다. 그것을 불러오려면 *BaseClass::function* 표기를 사용할 필요가 있다. 그렇지만 기반 클래스 함수를 호출하는 것은 의무는 아니다. 때때로, 파생 클래스가 기반 클래스를 오버라이드하고, 전혀 다른 기능을 명시한다.

다음은 평범한 Question 객체와 ChoiceQuestion 객체를 표시하는 완성 프로그램이다 (이미 우리가 본 Question 클래스의 정의는 question.h에 있으며, 그 구현은 question.cpp에 있다). 이 보기는 기반 클래스로부터 더 특화된 클래스를 만들기 위해 상속을 이용하는 방법을 보여준다.

ch10/quiz2/test.cpp

```
#include <iostream>
#include <sstream>
#include <vector>
#include "question.h"

class ChoiceQuestion : public Question
{
public:
   /**
      Constructs a choice question with no choices.
   */
   ChoiceQuestion();

   /**
      Adds an answer choice to this question.
      @param choice the choice to add
      @param correct true if this is the correct choice, false otherwise
   */
```

```
   void add_choice(string choice, bool correct);

   void display() const;
private:
   vector<string> choices;
};

ChoiceQuestion::ChoiceQuestion()
{
}

void ChoiceQuestion::add_choice(string choice, bool correct)
{
   choices.push_back(choice);
   if (correct)
   {
      // Convert choices.size() to string
      ostringstream stream;
      stream << choices.size();
      string num_str = stream.str();
      set_answer(num_str);
   }
}

void ChoiceQuestion::display() const
{
   // Display the question text
   Question::display();
   // Display the answer choices
   for (int i = 0; i < choices.size(); i++)
   {
      cout << i + 1 << ": " << choices[i] << endl;
   }
}

int main()

   string response;
   cout << boolalpha;

   // Ask a basic question

   Question q1;
   q1.set_text("Who was the inventor of C++?");
   q1.set_answer("Bjarne Stroustrup");

   q1.display();
   cout << "Your answer: ";
   getline(cin, response);
   cout << q1.check_answer(response) << endl;

   // Ask a choice question

   ChoiceQuestion q2;
   q2.set_text("In which country was the inventor of C++ born?");
   q2.add_choice("Australia", false);
   q2.add_choice("Denmark", true);
   q2.add_choice("Korea", false);
   q2.add_choice("United States", false);

   q2.display();
   cout << "Your answer: ";
   getline(cin, response);
   cout << q2.check_answer(response) << endl;

   return 0;
}
```

실행 결과

```
Who was the inventor of C++?
Your answer: Bjarne Stroustrup
true
In which country was the inventor of C++ born?
1: Australia
2: Denmark
3: Korea
4: United States
Your answer: 2
true
```

11. 다음의 display 함수의 구현에서 잘못된 점은?

```
void ChoiceQuestion::display() const
{
   cout << text << endl;
   for (int i = 0; i < choices.size(); i++)
   {
      cout << i + 1 << ": " << choices[i] << endl;
   }
}
```

12. 다음의 display 함수의 구현에서 잘못된 점은?

```
void ChoiceQuestion::display() const
{
   this->display();
   for (int i = 0; i < choices.size(); i++)
   {

      cout << i + 1 << ": " << choices[i] << endl;
   }
}
```

13. 기반 클래스의 set_answer 함수를 호출하는 add_choice 함수의 구현을 다시 검토해 보자. Question: :set_answer로 호출할 필요가 없는 이유는?

14. 자체 검사 9의 Manager 클래스에서, 매니저들이 자신들의 이름 앞에 *를 갖도록(예: *Lin, Sally) get_name 함수를 오버라이드하라.

15. 자체 검사 9의 Manager 클래스에서, 급여와 상여금의 합을 반환하도록 get_salary 함수를 오버라이드하라.

Practice It 이제 다음 연습문제들에 대해 답할 수 있다: R10.12, P10.1.

빈번한 오류 10.3 **기반 클래스 이름을 잊기**

기반 클래스의 기능을 확장할 때의 빈번한 오류는 기반 클래스 이름을 잊는 것이다. 예를 들면, 매니저의 급여를 계산하기 위해서, 근본적인 Employee 객체의 급여를 얻고 상여금을 더한다:

```
double Manager::get_salary() const
{
   double base_salary = get_salary();
      // Error—should be Employee::get_salary()
   return base_salary + bonus;
}
```

여기의 set_salary()는 멤버 함수의 내재적 파라미터에 적용된 get_salary 함수를 가리킨다. 이 내재적 파라미터의 타입은 Manager이며, Manager::get_salary 함수가 있어서, 이 함수가 호출된다. 물론 이것은 우리가 작성할 함수에 대한 재귀적 호출이다. 그 대신에, 우리는 어느 get_salary 함수를 우리가 호출하기를 원하는지를 명시해야 한다. 이 경우 Employee::get_salary를 명시적으로 호출해야 한다.

기반 클래스 함수를 같은 이름의 파생 클래스 함수에서 호출할 때, 반드시 기반 클래스 이름을 포함하는, 함수의 전체 이름을 제공하라.

10.4 가상 함수와 다형성

앞 절들에서 상속의 한 가지 중요한 용도를 봤다: 기반 클래스로부터 더욱 특화된 클래스를 형성하기. 다음 절들에서는 상속의 더 강력한 응용을 보게 된다: 런 타임 때 타입과 속성이 바뀔 수 있는 객체들로 작업하기. 이 속성 변화는 **가상 함수**에 의해 달성된다. 객체에 대해 가상 함수를 적용할 때, C++ 런-타임 시스템은, 객체가 속하는 클래스에 따라서, 어느 멤버 함수를 실제로 호출할지를 결정한다.

다음 절들에서 우리는 런-타임 때 클래스가 바뀔 수 있는 객체에 접근하기 위해서 포인터를 사용해야 하는 이유와, 주어진 객체에 대해 가상 함수가 적절한 멤버 함수를 어떻게 선택하는지를 볼 것이다.

10.4.1 슬라이싱 문제

이 절에서 우리는 클래스 계층구조에 있는 다른 클래스들에 속하는 객체들을 다룰 때 흔히 일어나는 문제에 관해서 논의한다.

quiz2/test.cpp의 main 함수를 들여다보면, 각 질문을 표시하고 응답을 검사하기 위한 반복 코드가 있음을 발견할 수 있을 것이다. 모든 질문이 배열에 모아지고, 루프를 사용해서 그들을 사용자에게 보여줄 수 있다면 더 좋을 것이다:

```
const int QUIZZES = 2;
Question quiz[QUIZZES];
quiz[0].set_text("Who was the inventor of C++?");
quiz[0].set_answer("Bjarne Stroustrup");
ChoiceQuestion cq;
cq.set_text("In which country was the inventor of C-+ born?");
cq.add_choice("Australia", false);
...
quiz[1] = cq;

for (int i = 0; i < QUIZZES; i++)
{
   quiz[i].display();
   cout << "Your answer: ";
   getline(cin, response);
   cout << quiz[i].check_answer(response) << endl;
}
```

배열인 quiz는 Question 타입의 객체들을 담는다. 컴파일러는 ChoiceQuestion이 Question의 특수한 경우임을 알아차린다. 그래서 ChoiceQuestion 객체로부터 Question 객체로의 할당을 허용한다:

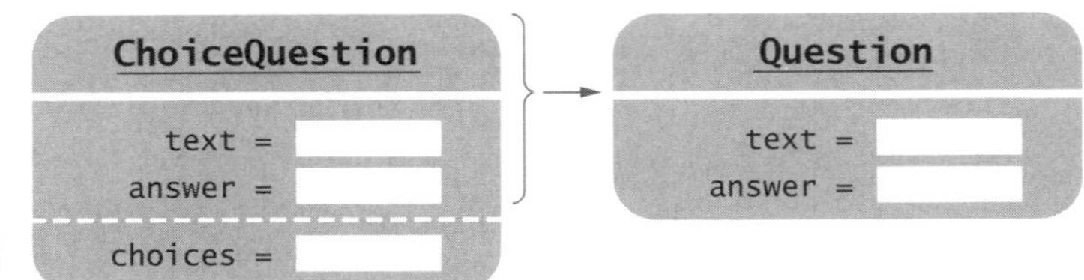

그림 10.5 파생 클래스 데이타를 잘라내 버리기

```
quiz[1] = cq;
```

그렇지만, ChoiceQuestion 객체는 세 개의 데이타 멤버를 가지는 반면, Question 객체는 두 개만을 가진다. 파생 클래스 데이타를 저장하기에 공간이 충분치 않은 것이다. 그 데이타는 파생 클래스 객체를 기반 클래스 변수에 할당할 때 그냥 **버려진다**(*sliced away*)(그림 10.5 참고).

결과 프로그램을 돌리면 옵션들이 표시되지 않는다:

```
Who was the inventor of C++?
Your answer: Bjarne Stroustrup
true
In which country was the inventor of C++ born?
Your answer:
```

파생 클래스 객체를 기반 클래스로 전환할 때 파생 클래스 데이타가 잘려 나간다.

이 문제는 상속 계층구조에 섞여 있는 여러 클래스들로부터의 객체들을 다룰 필요가 있는 코드에 전형적이다. 파생 클래스 객체들은 대개 기반 클래스 객체들보다 크며, 서로 다른 파생 클래스들의 객체들은 크기가 서로 다르다. 객체의 배열은 이 크기 차이를 다룰 수 없다.

그 대신에, 우리는 실제 객체를 다른 곳에 저장하고, 포인터들을 저장해서 배열에 그들의 위치를 모을 필요가 있다. 다음 절에서 포인터의 이용에 관해 논의한다.

10.4.2 기반 클래스와 파생 클래스에 대한 포인터

클래스 계층구조의 서로 다른 클래스들로부터의 객체들에 접근하려면 포인터를 사용하라. 다양한 객체들에 대한 포인터는 객체들 자체는 크기가 서로 다르더라도, 모두 같은 메모리 주소의 크기를 가진다.

다음은 포인터 배열을 설정하기 위한 코드이다(그림 10.6 참고).

```
Question* quiz[2];
quiz[0] = new Question;
quiz[0]->set_text("Who was the inventor of C++?");
quiz[0]->set_answer("Bjarne Stroustrup");
ChoiceQuestion* cq_pointer = new ChoiceQuestion;
cq_pointer->set_text("In which country was the inventor of C++ born?");
cq_pointer->add_choice("Australia", false);
...
quiz[1] = cq_pointer;
```

강조 표시된 코드가 보여주듯이, 단순히 포인터들을 담을 배열을 정의하고, new를 호출해서 모든 객체들을 할당하고, -> 연산자를 점 연산자 대신에 사용한다.

파생 클래스 포인터는 기반 클래스 포인터로 전환될 수 있다.

마지막 할당이 ChoiceQuestion* 타입의 파생 클래스 포인터를 Question* 타입의 기반 클래스 포인터에 할당함을 주목한다. 이것은 지극히 적법하다. 포인터는 객체의 시작 주소이다. 모든 ChoiceQuestion은 Question의 특수한 경우이므로, ChoiceQuestion 객체의 시작 주소는 특히 Question 객체의 시작 주소이다. 그 반대인, 기반 클래스로부터 파생 클래스로의 할당은 오류이다.

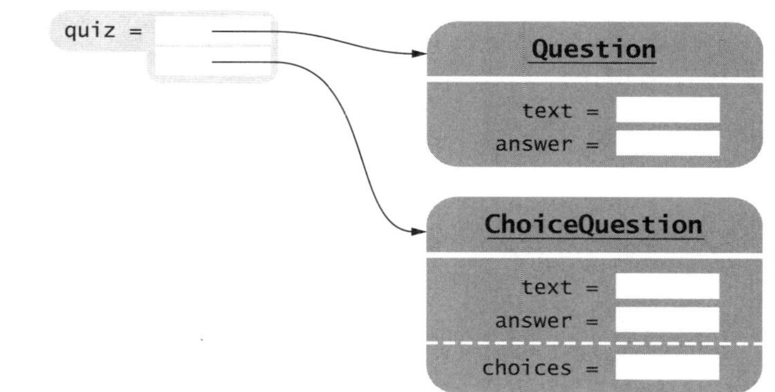

그림 10.6 포인터 배열은 서로 다른 클래스들의 객체들을 저장할 수 있다.

모든 질문들을 보여주는 코드가 다음과 같다.

```
for (int i = 0; i < QUIZZES; i++)
{
   quiz[i]->display();
   cout << "Your answer: ";
   getline(cin, response);
   cout << quiz[i]->check_answer(response) << endl;
}
```

그리고 또, quiz[i]가 포인터이므로 -> 연산자를 사용한 것도 주목한다.

10.4.3 가상 함수

클래스 계층구조에 있는 서로 다른 클래스들의 객체들을 모으고 멤버 함수를 부를 때, 우리는 적합한 멤버 함수가 적용되기를 원한다. 예를 들면, ChoiceQuestion 객체를 가리키고 있는 Question* 포인터에 대해 display 멤버 함수를 호출할 때, 우리는 선택 대상들이 표시되기를 원한다.

효율성의 이유로, 이것은 C++에서 디폴트가 아니다. 디폴트에 의해, 호출

```
quiz[i]->display();
```

는 항상 Question::display를 호출하며, 그 이유는 quiz[i]의 타입이 Question*이기 때문이다.

그러나, 이 경우에 우리는 quiz[i]가 가리키는, Question 객체일 수도 있고 ChoiceQuestion 객체일 수도 있는 객체의 실제 타입을 결정하고, 적합한 함수를 호출하기를 진심으로 원한다. C++에서 우리는 함수 호출 전에 적절한 함수 선택(루프에서 매 반복마다 다를 수 있다)이 선행되어야 함을 컴파일러에게 알려야 한다. 이 목적을 위해서 virtual 예약어를 사용한다:

```
class Question
{
public:
   Question();
   void set_text(string question_text);
   void set_answer(string correct_response);
   virtual bool check_answer(string response) const;
   virtual void display() const;
private:
   ...
};
```

virtual 예약어는 기반 클래스에서 사용되어야 한다. 그러면 이름과 파라미터 변수 타입들이 같은 파생 클래스들에 있는 모든 함수들이 자동으로 가상적이지만, 파생 클래스 함수들에도 virtual 예약어를 공급하는 습관을 들이는 것이 좋다:

```
class ChoiceQuestion : public Question
{
public:
   ChoiceQuestion();
   void add_choice(string choice, bool correct);
   virtual void display() const;
private:
   ...
};
```

함수 정의에는 예약어 virtual을 공급하지 않는다:

```
void Question::display() const // No virtual reserved word
{
   cout << text << endl;
}
```

가상 함수가 호출될 때, 내재적 파라미터의 실제 타입에 속하는 버전이 불려진다.

가상 함수가 호출될 때, 컴파일러는 런 타임 때의 특정 호출에서의 내재적 파라미터의 타입을 결정한다. 그리고 그 객체를 위한 적합한 함수가 호출된다. 예를 들면, display 함수가 virtual로 선언될 때, 호출

```
quiz[i]->display();
```

는 Question::display이든 또는 ChoiceQuestion::display이든, 항상 display[i]가 가리키는 객체의 실제 타입에 속하는 함수를 호출한다.

움직이는 방법에서 차량들이 서로 다를 수 있듯이, 다형성 객체들은 서로 다른 방식으로 작업을 수행할 수 있다.

10.4.4 다형성

다형성('여러 형상을 갖는 것'이란 뜻)은 작업 집합을 공유하며, 그들을 서로 다른 방식으로 실행하는 객체들을 묘사한다.

quiz 배열은 두 종류의 질문 모두를 섞어서 모은다. 이러한 컬렉션을 **다형적**('여러 형상을 갖는' 이란 뜻)이라고 부른다. 다형적 집합의 객체들은 공통점이 있지만 같은 타입일 필요는 없다. 이 공통성을 표현하는 데 상속이 이용되며, 가상 함수들은 습성(behavior)이 달라지게 해준다.

가상 함수들은 프로그램에 많은 유연성을 부여한다. 질문 표시 루프는 일반적인 메커니즘만을 기술한다: "질문을 표시하고, 응답을 얻어서 검사한다". 각 객체는 스스로 어떻게 특정 작업을 수행하는지를 안다: "질문을 표시한다" 그리고 "응답을 검사한다".

가상 함수를 사용하면 프로그램을 **쉽게 확장**할 수 있다. 대략적인 답을 기꺼이 수용하는 계산을 위한 새로운 질문 종류를 갖기를 원한다고 하자. 우리는 새로운 클래스

NumericQuestion를 정의하고, 자신의 check_answer 함수를 갖게 하기만 하면 된다. 그러면 quiz 배열을 평범한 질문들, 선택 질문들, 수치 질문들을 섞어서 넣을 수 있다. 질문을 표시하는 코드는 바꿀 필요가 전혀 없다. 가상 함수에 대한 호출이 자동으로 올바른, 새로 정의된 클래스의 멤버 함수를 선택한다.

다음은 포인터와 가상 함수를 사용하는, 퀴즈 프로그램의 최종 버전이다. 이 프로그램을 실행할 때, 가상 함수들의 적절한 버전이 호출된다는 것을 알게 될 것이다(question.cpp과 choicequestion.cpp 파일은 책의 짝 코드에 포함되어 있다).

ch10/quiz3/question.h

```
#ifndef QUESTION_H
#define QUESTION_H

#include <string>

using namespace std;

class Question
{
public:
   /**
      Constructs a question with empty question and answer.
   */
   Question();

   /**
      @param question_text the text of this question
   */
   void set_text(string question_text);

   /**
      @param correct_response the answer for this question
   */
   void set_answer(string correct_response);

   /**
      @param response the response to check
      @return true if the response was correct, false otherwise
   */
   virtual bool check_answer(string response) const;

   /**
      Displays this question.
   */
   virtual void display() const;
private:
   string text;
   string answer;
};

#endif
```

ch10/quiz3/choicequestion.h

```
#ifndef CHOICEQUESTION_H
#define CHOICEQUESTION_H

#include <vector>
#include "question.h"

class ChoiceQuestion : public Question
```

```
{
public:
   /**
      Constructs a choice question with no choices.
   */
   ChoiceQuestion();

   /**
      Adds an answer choice to this question.
      @param choice the choice to add
      @param correct true if this is the correct choice, false otherwise
   */
   void add_choice(string choice, bool correct);

   virtual void display() const;
private:
   vector<string> choices;
};

#endif
```

ch10/quiz3/test.cpp

```
#include <iostream>
#include "question.h"
#include "choicequestion.h"

int main()
{
   string response;
   cout << boolalpha;

   // Make a quiz with two questions
   const int QUIZZES = 2;
   Question* quiz[QUIZZES];
   quiz[0] = new Question;
   quiz[0]->set_text("Who was the inventor of C++?");
   quiz[0]->set_answer("Bjarne Stroustrup");

   ChoiceQuestion* cq_pointer = new ChoiceQuestion;
   cq_pointer->set_text(
      "In which country was the inventor of C++ born?");
   cq_pointer->add_choice("Australia", false);
   cq_pointer->add_choice("Denmark", true);
   cq_pointer->add_choice("Korea", false);
   cq_pointer->add_choice("United States", false);
   quiz[1] = cq_pointer;

   // Check answers for all questions
   for (int i = 0; i < QUIZZES; i++)
   {
      quiz[i]->display();
      cout << "Your answer: ";
      getline(cin, response);
      cout << quiz[i]->check_answer(response) << endl;
   }

   return 0;
}
```

16. 이 테스트 프로그램이 quiz[1]>add_choice("Australia", false)를 직접 호출하는 대신에 변수 cq_pointer를 도입한 이유는?

17. 다음 명령문들 중 적법한 것은?

a. `ChoiceQuestion q;`
`Question a = q;`

b. `ChoiceQuestion b = a;`

c. `a.add_choice("Yes", true);`

d. `b.add_choice("No", false);`

18. 다음 명령문들 중 적법한 것은?

a. `Question* p = new ChoiceQuestion;`

b. `ChoiceQuestion* q = p;`

c. `p->add_choice("Yes", true);`

d. `q->add_choice("No", false);`

19. 다음 명령문들의 결과로 무엇이 표시되는가?

```
ChoiceQuestion* p = new ChoiceQuestion;
p->set_text("What is the answer?");
p->add_choice("42", true);
p->add_choice("Something else", false);
Question q = *p;
q.display();
```

20. `check_answer`가 `question.h`에 `virutal`로 선언되지 않았다고 하자. `test.cpp`의 속성이 어떻게 바뀔 것인가?

Practice It 이제 다음 연습문제들에 대해 답할 수 있다: R10.14, R10.15, P10.11, P10.12.

프로그래밍 팁 10.2 타입 태그를 사용하지 말라

어떤 프로그래머들은 각 개체가 그의 타입(흔히 문자열)을 표시하는 태그를 갖는 상속 계층구조를 만든다. 그러고 나서 그들은 그 문자열을 묻는다:

```
if (q->get_type() == "Question")
{
   // Do something
}
else if (q->get_type() == "ChoiceQuestion")
{
   // Do something else
}
```

이것은 나쁜 전략이다. 새로운 클래스가 추가되면, 이들 질문이 모두 수정되어야 한다. 그 반면에, 우리의 quiz 프로그램에 `NumericQuestion` 클래스를 추가하는 것을 고려해보자. 타입 태그가 아니라 가상 함수를 사용하기 때문에 아무 것도 바꾸지 않아도 된다.

자신이 클래스 계층구조에 타입 태그를 넣고 있는 것을 발견하면, 재고하고 그 대신에 가상 함수를 사용하라.

빈번한 오류 10.4 객체 슬라이싱

C++에서는 파생 클래스를 기반 클래스 변수에 카피하는 게 적법하다. 그러나, 그 과정에서 파생 클래스 정보가 손실된다. 예를 들면, `Manager` 객체가 `Employee` 타입 변수에 할당될 때, 그 결과는 Manager 데이타의 Employee 부분만이다:

```
Manager m;
...
Employee e = m; // m의 Employee 기반 데이타만을 담는다
```

Manager에 고유한 정보는 Employee 타입의 변수에 들어가지 않으므로 잘려나간다. 슬라이싱을 피하려면 포인터를 사용한다.

슬라이싱 문제는 일반적으로 함수가 다형적 파라미터(즉, 기반 클래스나 파생 클래스에 속할 수 있는 파라미터)를 가질 때 발생한다. 그 경우, 파라미터 변수가 포인터 또는 참조이어야 한다. 다음 예를 고려하자.

```
void ask(Question q) // Error
{
   q.display();
   cout << "Your answer: ";
   getline(cin, response);
   cout << q.check_answer(response) << endl;
}
```

이 함수를 ChoiceQuestion 객체로 호출하면, 파라미터 변수 q가 그 객체의 카피로 초기화된다. 그러나 q는 Question 객체이다. 파생 클래스 정보가 잘려나간다. 가장 간단한 해결책은 참조를 사용하는 것이다.

```
void ask(const Question& q)
```

이제 *address*만이 함수에 전달된다. 참조는 실제로는 변장한 포인터이다. 슬라이싱이 발생하지 않으며, 가상 함수가 옳게 동작한다.

특강 10.2 가상적 자체 호출(self-call)

Question 클래스에 다음 함수를 추가한다고 하자.

```
void Question::ask() const
{
   display();
   cout << "Your answer: ";
   getline(cin, response);
   cout << check_answer(response) << endl;
}
```

이제 다음 호출을 고려하자.

```
ChoiceQuestion cq;
cq.set_text("In which country was the inventor of C++ born?");
...
cq.ask();
```

어느 display와 check_answer 함수를 ask 함수가 호출하는가? Question::ask 함수의 코드를 들여다보면, 이 함수들이 내재적 파라미터에 대해 실행된다는 것을 알 수 있다:

```
void Question::ask() const
{
   implicit parameter.display();
   cout << "Your answer: ";
   getline(cin, response);
   cout << implicit parameter.check_answer(response) << endl;
}
```

이 호출에서의 내재적 파라미터는 ChoiceQuestion 타입의 객체인 cq이다. display와 check_answer 함수가 가상적이므로, 이 함수들의 ChoiceQuestion 버전이 자동으로 호출된다.

이것은 ask 함수가, ChoiceQuestion 클래스에 관해 아무 것도 모르는 Question 클래스에서 정의되어도 그렇다.

알 수 있듯이, 가상 함수는 아주 강력한 메커니즘이다. Question 클래스는 질문을 하는 공통적 특성(즉, 질문을 표시하고 응답을 검사하는 것)을 명시하는 ask 함수를 제공한다. 표시 및 검사가 어떻게 수행되는지는 파생 클래스에 넘겨진다.

How to 10.1

상속 계층구조를 개발하기

어떤 것들은 더 일반적이고, 또 어떤 것들은 더 구체적인 여러 클래스들로 작업할 때, 우리는 그들을 상속 계층구조로 조직화하기를 원한다. 이것은 서로 다른 클래스의 객체들을 획일적으로 처리할 수 있게 해준다.

예로서, 고객들에게 다음과 같은 종류의 계좌들을 제공하는 은행을 고려하자.

- 이자를 받는 세이빙스 어카운트. 이자는 매월 복리로 지불되며, 월간 최저 잔고에 대해 계산된다.
- 이자가 없고, 월 3회의 무료 인출을 제공하고, 추가 인출에 대해서는 $1의 거래 수수료를 부과하는 체킹 어카운트.

프로그램은 두 종류 모두에 해당하는 계좌들을 관리할 것이며, 다른 종류의 계좌가 주요 처리 루프에 영향을 주지 않고 추가될 수 있도록 구조화되어야 한다. 다음 메뉴를 제공한다.

```
D)eposit   W)ithdraw   M)onth end   Q)uit
```

저금과 인출 때, 계좌 번호와 금액을 질문하고, 각 거래 후에 계좌 잔고를 출력한다.

"Month end" 명령에서는 은행 계좌 종류에 따라, 이자를 누적하거나 거래 카운터를 클리어시켜라. 그러고 나서 모든 계좌의 잔고를 출력하라.

단계 1 계층구조를 구성하는 클래스들을 열거한다.

우리의 경우에, 문제 설명에서 두 클래스가 나온다. SavingsAccount와 CheckingAccount. 둘 사이의 공통성을 표현하기 위해서, BankAccount 클래스를 도입할 것이다.

단계 2 클래스들을 상속 계층구조에 구조화한다.

기반과 파생 클래스들을 보여주는 UML 다이어그램을 그려라. 다음은 우리의 보기에 대한 다이어그램이다.

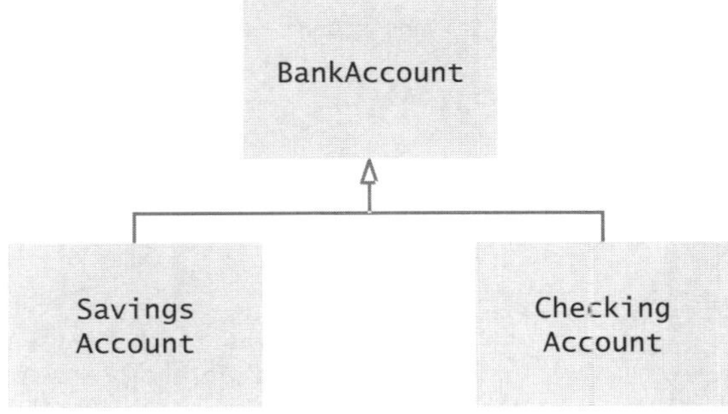

단계 3 공동 책임을 결정한다.

단계 2에서 이 계층구조의 기반 클래스를 식별하게 될 것이다. 그 클래스는 주어진 작업을 수행할 충분한 책임을 지녀야 한다. 그 작업들이 어떤 것들인지를 알아내기 위해서, 객체들을 처리하기 위한 수도코드를 작성하라:

```
For each user command
    If it is a deposit or withdrawal
        Deposit or withdraw the amount from the specified account.
        Print the balance.
    If it is month end processing
        For each account
            Call month end processing.
            Print the balance.
```

이 수도코드로부터 모든 은행 계좌가 수행해야 하는 다음과 같은 공동 책임 목록을 얻는다.

```
Deposit money.
Withdraw money.
Get the balance.
Carry out month end processing.
```

단계 4 파생 클래스에서 어느 함수들이 오버라이드되는지를 판단한다.

각 파생 클래스와 공동 책임 각각에 대해, 습성이 상속될 수 있는지 또는 오버라이드되어야 하는지를 판단하라. 오버라이드될 필요가 있는 함수를 계층구조의 루트에서 모두 virtual로 선언하라.

잔고를 확인하는 것은 모든 계좌 종류에 대해 공통이다. 인출과 월말 처리는 파생 클래스에 따라 다르므로, 이들은 virtual로 선언되어야 한다. 앞으로, 저금할 때도 수수료를 부과하는 계좌가 생길지도 모르므로, deposit 멤버 함수도 virtual로 선언하는 것이 현명할 것으로 생각된다:

```
class BankAccount
{
public:
   virtual void deposit(double amount);
   virtual void withdraw(double amount);
   virtual void month_end();
   double get_balance() const;
private:
   ...
};
```

단계 5 각 파생 클래스의 퍼블릭 인터페이스를 정의한다.

일반적으로 파생 클래스들은 기반 클래스와 다른 책임들을 맡는다. 오버라이드될 멤버 함수들뿐만 아니라, 그것들도 나열하라. 또한 파생 클래스들의 객체들이 어떻게 구성되어야 하는지도 명시할 필요가 있다.

이 보기에서 우리는 세이빙스 어카운트에 대한 이율을 설정하는 방법이 필요하다. 그 밖에, 생성자 및 오버라이드되는 함수들도 명시해야 한다:

```
class SavingsAccount : public BankAccount
{
public:
   /**
      Constructs a savings account with a zero balance.
   */
   SavingsAccount();

   /**
      Sets the interest rate for this account.
      @param rate the monthly interest rate in percent
   */
   void set_interest_rate(double rate);

   virtual void withdraw(double amount);
   virtual void month_end();
private:
```

```
   ...
};

class CheckingAccount : public BankAccount
{
public:
   /**
      Constructs a checking account with a zero balance.
   */
   CheckingAccount();

   virtual void withdraw(double amount);
   virtual void month_end();
private:
   ...
};
```

단계 6 데이타 멤버들을 식별한다.

각 클래스의 데이타 멤버들을 열거하라. 모든 클래스에 공통적인 데이타 멤버를 발견하면, 필히 계층구조의 베이스에 놓아라.

모든 계좌는 잔고를 가진다. 우리는 그 값을 BankAccount 기반 클래스에 저장한다:

```
class BankAccount
{
   ...
private:
   double balance;
};
```

SavingsAccount 클래스는 이율을 저장할 필요가 있다. 또한 인출할 때마다 갱신되어야 하는 월간 최저 잔고도 저장할 필요가 있다:

```
class SavingsAccount : public BankAccount
{
   ...
private:
   double interest_rate;
   double min_balance;
};
```

CheckingAccount 클래스는 무료 인출 한도를 넘을 때부터 수수료가 적용될 수 있도록 인출 횟수를 세어야 한다:

```
class CheckingAccount : public BankAccount
{
   ...
private:
   int withdrawals;
};
```

단계 7 생성자들과 멤버 함수들을 구현한다.

BankAccount 클래스의 멤버 함수들은 잔고를 갱신 또는 반환한다:

```
BankAccount::BankAccount()
{
   balance = 0;
}

void BankAccount::deposit(double amount)
{
   balance = balance + amount;
}

void BankAccount::withdraw(double amount)
{
   balance = balance - amount;
}
```

```
double BankAccount::get_balance() const
{
   return balance;
}
```

BankAccount 기반 클래스 레벨에서는 월말 처리(end of month processing)에 관해서는 아무 것도 말할 수 있는 게 없다. 우리는 그 함수가 아무 것도 하지 않게 만들기로 한다:

```
void BankAccount::month_end()
{
}
```

SavingsAccount 클래스의 withdraw 멤버 함수에서는 최저 잔고가 갱신된다. 기반 클래스 멤버 함수에 대한 호출에 주목하라:

```
void SavingsAccount::withdraw(double amount)
{
   BankAccount::withdraw(amount);
   double balance = get_balance();
   if (balance < min_balance)
   {
      min_balance = balance;
   }
}
```

SavingsAccount 클래스의 month_end 멤버 함수에서는 이자가 계좌에 입금된다. 우리는 balance 데이타 멤버에 대해 직접 접근할 권한이 없으므로, deposit 멤버 함수를 호출해야 한다. 최저 잔고는 다음 달을 위해 리셋된다:

```
void SavingsAccount::month_end()
{
   double interest = min_balance * interest_rate / 100;
   deposit(interest);
   min_balance = get_balance();
}
```

CheckingAccount 클래스의 withdraw 함수는 인출 횟수를 세어야 한다. 너무 여러 번 인출하면, 수수료가 부과된다. 다시 한 번, 이 함수가 BankAccount:: 문법을 사용해서 기반 클래스 함수를 부르는 방법을 주목하라:

```
void CheckingAccount::withdraw(double amount)
{
   const int FREE_WITHDRAWALS = 3;
   const int WITHDRAWAL_FEE = 1;

   BankAccount::withdraw(amount);
   withdrawals++;
   if (withdrawals > FREE_WITHDRAWALS)
   {
      BankAccount::withdraw(WITHDRAWAL_FEE);
   }
}
```

체킹 어카운트에 대한 월말 처리는 단순히 인출 횟수를 리셋한다:

```
void CheckingAccount::month_end()
{
   withdrawals = 0;
}
```

단계 8 힙에 객체들을 할당하고 그들을 처리하라.

C++에서 다형성(즉, 습성의 변화)이 작용하려면, 포인터를 통해 가상 함수를 호출해야 한다. 가장 쉬운 전략은 new 연산자를 사용해서 모든 다형적 객체들을 힙에 할당하는 것이다.

우리의 샘플 프로그램에서는 다섯 개의 체킹 어카운트와 다섯 개의 세이빙스 어카운트를 할당하고, 그들의 주소를 은행 계좌 포인터 배열에 저장한다. 그런 다음, 사용자 명령을 받아서 저금, 인출, 월간 처리를 실행한다.

```
int main()
{
   cout << fixed << setprecision(2);

   // Create accounts
   const int ACCOUNTS_SIZE = 10;
   BankAccount* accounts[ACCOUNTS_SIZE];
   for (int i = 0; i < ACCOUNTS_SIZE / 2; i++)
   {
      accounts[i] = new CheckingAccount;
   }
   for (int i = ACCOUNTS_SIZE / 2; i < ACCOUNTS_SIZE; i++)
   {
      SavingsAccount* account = new SavingsAccount;
      account->set_interest_rate(0.75);
      accounts[i] = account;
   }

   // Execute commands
   bool more = true;
   while (more)
   {
      cout << "D)eposit  W)ithdraw  M)onth end  Q)uit: ";
      string input;
      cin >> input;
      if (input == "D" || input == "W")  // Deposit or withdrawal
      {
         cout << "Enter account number and amount: ";
         int num;
         double amount;
         cin >> num >> amount;

         if (input == "D") { accounts[num]->deposit(amount); }
         else { accounts[num]->withdraw(amount); }

         cout << "Balance: " << accounts[num]->get_balance() << endl;
      }
      else if (input == "M")  // Month end processing
      {
         for (int n = 0; n < ACCOUNTS_SIZE(); n++)
         {
            accounts[n]->month_end();
            cout << n << " " << accounts[n]->get_balance() << endl;
         }
      }
      else if (input == "Q")
      {
         more = false;
      }
   }

   return 0;
}
```

완성 프로그램은 ch10/accounts.cpp에 있다.

데모 예제 10.1 **급여 대상자 명단 처리를 위한 직원 계층구조를 구현하기**

이 데모 예제는 서로 다른 직원 유형들에 대해 동작하는 급여 대상자 명단 처리를 구현하는 방법을 보여준다.

Available online at www.wiley.com/college/horstmann.

랜덤 팩트 10.1 계산의 한계

강사 또는 채점자가 나의 프로그래밍 과제가 옳은지를 어떻게 확인하는지 궁금해 했던 적이 있나? 십중팔구는 나의 솔루션을 들여다보고, 아마도 어떤 테스트 입력으로 돌린다. 이는 더 쉬운 방법이 존재할 수도 있음을 시사한다. 아마도 그들은 내 프로그램과 정답 프로그램을 '프로그램 비교기'(두 프로그램을 분석해서 그들이 같은 결과를 산출하는지를 확인하는 컴퓨터 프로그램)에 넣을 수 있을 것이다. 물론, 내 프로그램과 정답 프로그램은 똑같을 필요가 없다–중요한 것은 같은 입력에 대해 같은 출력을 산출하는 것이다.

이러한 프로그램 비교기는 어떻게 동작하나? C++ 컴파일러는 프로그램을 읽고, 클래스, 함수, 명령을 이해하는 방법을 알고 있다. 따라서 누군가는 약간의 노력을 들여서 두 개의 C++ 프로그램을 읽고, 그들이 하는 일을 분석하고, 그들이 같은 작업을 해결하는지를 계산하는 프로그램을 작성할 수 있을 것이다. 물론 그런 프로그램은 채점 과정을 자동화할 수 있을 것이기 때문에 강사들에게 아주 매력적일 것이다. 따라서, 현재까지는 그런 프로그램이 존재하지 않지만, 세계 각지의 대학들에 팔기 위해서 그런 것의 개발을 시도하는 것은 구미가 당긴다.

그러나, 그러한 목적으로 벤쳐 자금 조달을 시작하기 전에, 이론 컴퓨터 과학자들이 우리가 아무리 열심히 노력해도 그런 프로그램을 개발하는 것은 **불가능하다는 것을 증명했음**을 알아야 한다.

여러 가지 해결할 수 없는 문제들이 있다. 첫 번째 문제는, **정지 문제**(*halting problem*)로서, 1936년에 영국의 연구자 앨런 튜링(Alan Turing)이 발견했다. 그의 연구가 최초의 컴퓨터가 나오기 전에 수행되었기 때문에, 튜링은 이론적 장치인 **튜링 머신**을 만들어서 컴퓨터가 어떻게 동작하는지를 설명해야 했다. 튜링 머신은 기다란 자기 테잎, 읽기/쓰기 헤드, 다음 형태의 번호 붙은 명령들로 구성된다: "If the current symbol under the head is x, then replace it with y, move the head one unit left or right, and continue with instruction *n*" (다음 쪽의 그림 참고). 흥미롭게도, 단지 이 명령들만으로, C++로 하는 것만큼 프로그래밍 할 수 있다–비록 그렇게 하는 것은 엄청나게 지루하지만. 이론 컴퓨터 과학자들은, 수학 법칙만을 사용해서 묘사될 수 있기 때문에 튜링 머신을 좋아한다.

C++ 면에서, 정지 문제는 다음과 같다.

앨런 튜링(Alan Turing)

"예를 들어 임의의 C++ 프로그램 *P*가 문자열 입력 *I*를 갖고 실행될 때 무한 루프에 빠지지 않고 정지할 것인지 여부를 판단하는, 이 둘(즉, C++ 프로그램 *P*의 소스코드와 문자열 *I*)을 입력으로 하는 프로그램을 작성하는 것은 불가능하다". 물론, 어떤 종류의 프로그램과 입력에 대해서는 프로그램이 주어진 입력으로 정지할지 여부를 판단하는 게 가능하다. 정지 문제는 모든 프로그램과 입력에 대해 동작하는 단 하나의 판정(decision-making) 알고리듬을 찾아내는 것이 불가능하다는 것을 주장한다. 이 문제를 풀려고 단순히 입력 I에 대해 프로그램 P를 실행할 수 없음을 유의하라. 프로그램이 1000일간 돈다면, 우리는 프로그램이 무한 루프에 있는지 알 수 없다. 아마도 프로그램이 정지하려면 하루만 더 기다려야 할 수도 있다.

그러한 '정지 검사기'는 작성될 수만 있다면, 과제 채점기로도 쓸모가 있을지 모르겠다. 강사는 그것을 학생들의 제출물이 특정 입력에 대해 무한 루프에 들어가는지를 확인해서 가려내고, 그러면 더 이상 검사하지 않기 위해 이용할 수 있을 것이다. 그러나, 튜링이 입증했듯이, 그러한 프로그램은 작성될 수 없다. 그의 논거는 기발하며 매우 단순하다.

'정지 검사기' 프로그램이 존재했다고 하자. 그것을 *H*라고 부르자. *H*로부터 우리는 다른 프로그램 '킬러' 프로그램 *K*를 개발할 것이다. *K*는 다음 계산을 수행한다. 그의 입력은 프로그램 *R*을 위한 소스 코드를 포함하는 문자열이다. 이것은 입력 프로그램 *R*과 입력 문자열 *R*에 정지 검사기를 적용한다. 즉, 이것은 프로그램 *R*이 그의 입력이 그 자신의 소스 코드일 때 정지하는지를 검사한다. 프로그램에 그 자신을 입력한다는 것이 이상하게 들리지만, 불가능하지는 않다. 예를 들면, C++ 컴파일러는 C++로 작성되며, 우리는 이를 자신을 컴파일하는 데 사용할 수 있다. 또는, 더 간단한 예로서, 단어 수 카운트 프로그램을 그 자신의 소스 코드에 있는 단어들을 세는 데 사용할 수 있다.

*R*이 그 자신에 적용될 때 정지한다는 답을 *K*가 *H*로부터 얻을 때가, 무한 루프에 들어가도록 프로그래밍된다. 그렇지 않으면 *K*가 존재한다. C++에서는 프로그램이 다음과 같이 생길 것이다.

```
int main()
{
   string r = read program input;
   HaltChecker checker;
   if (checker.check(r, r))
   {
      while (true) { }
      // Infinite loop
   }
   else
   {
      return 0;
   }
}
```

이제 나 자신에게 물어보자: *K*가 입력으로 주어졌을 때, *K*가 정지하는지를 질문 받았을 때, 정지 검사기가 뭐라고 대답하겠는가? 아마도 그러한 입력에 대해 *K*가 무한 루프에 들어간다는 것을 발견한다. 그러나, 잠깐. 그건 맞지 않다. 그것은 *r*이 *K*의 프로그램 코드일 때 `checker.check(r, r)`이 `false`를 반환함을 의미할 것이다. 분명하게 알 수 있듯이, 그 경우, `main` 함수가 반환되어, *K*는 무한 루프에 들어가지 않았다. 이는 *K*가 그 자신을 분석할 때 정지되어야 하며, 그래서 `checker.check(r, r)`이 `true`를 반환해야 함을 보여준다. 그러나, 그러면 main 함수가 종료하지 않는다–무한 루프에 들어간다. 이것은 모든 프로그램이 특정 입력에 대해 정지하는지 여부를 검사할 수 있는 프로그램을 구현하는 것이 논리적으로 불가능함을 보여준다.

계산에 한계가 있음을 알면 정신이 번쩍 든다. 아무리 기발하더라도 컴퓨터 프로그램이 답할 수 없는 문제가 존재한다.

이론 컴퓨터 과학자들이 계산 본질을 포함한 다른 연구를 수행하고 있다. 오늘날까지 풀리지 않은 채 남아 있는 중요한 한 질문은, 푸는 데 시간이 아주 많이 소요되는 문제들을 다룬다. 이 문제들은 본질적으로 어려운지도 모르며, 그 경우, 더 나은 알고리듬을 찾으려 노력하는 것은 의미가 없을 것이다. 그러한 이론 연구가 중요한 실제 응용을 가질 수 있다. 예를 들면, 지금 현재, 오늘날 사용되는 가장 보편적인 암호화 방식이 새로운 알고리듬을 발견해서 풀릴 수 있을지 여부는 아무도 모른다(암호화 알고리듬에 관한 더 자세한 정보는 랜덤 팩트 8.1을 참고). 특정 코드를 풀기 위한 빠른 알고리듬이 존재하지 않음을 안다는 것은 암호화 보안에 관해서 우리를 더 안심하게 만들 수 있을 것이다.

프로그램

Instruction number	If tape symbol is	Replace with	Then move head	Then go to instruction
1	0	2	right	2
1	1	1	left	4
2	0	0	right	2
2	1	1	right	2
2	2	0	left	3
3	0	0	left	3
3	1	1	left	3
3	2	2	right	1
4	1	1	right	5
4	2	0	left	4

제어 유닛

읽기/쓰기 헤드

테잎

튜링 머신

요약

상속, 기반 클래스, 파생 클래스의 표기를 설명한다.

- 파생 클래스는 기반 클래스로부터 데이타와 작용을 상속받는다.
- 항상 기반 클래스 객체 대신에 파생 클래스 객체를 사용할 수 있다.

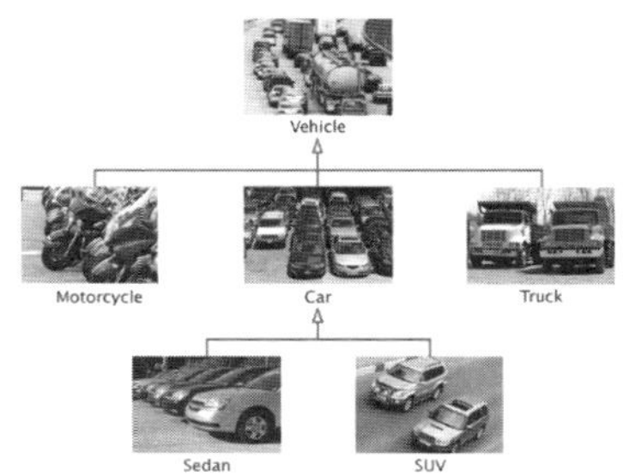

파생 클래스를 C++로 구현한다.

- 파생 클래스는 새로운 구현을 제공해서 기반 클래스 함수를 오버라이드할 수 있다.

- 파생 클래스는 오버라이드하지 않는 모든 데이타 멤버와 모든 함수를 상속받는다.
- 달리 명시되지 않는 한, 기반 클래스 데이타 멤버는 디폴트 생성자로 초기화된다.
- 파생 클래스의 생성자는 기반 클래스 생성자에 인수를 공급할 수 있다.

파생 클래스가 기반 클래스의 함수를 어떻게 오버라이드할 수 있는지 설명한다.

- 파생 클래스는 기반 클래스로부터 함수를 상속받거나, 다른 구현을 제공해서 그를 오버라이드할 수 있다.
- 기반 클래스 함수를 명시적으로 호출하려면 *BaseClass* ::*function* 표기를 사용한다.

가상 함수와 다형성을 설명한다.

- 파생 클래스를 기반 클래스로 전환할 때, 파생 클래스 데이타가 잘려나간다.
- 파생 클래스 포인터는 기반 클래스 포인터로 전환될 수 있다.
- 가상 함수가 호출될 때, 내재적 파라미터의 실제 타입에 속하는 버전이 불려진다.
- 다형성('여러 형상을 갖는 것' 이란 뜻)은 작업 집합을 공유하고 그들을 서로 다른 방식으로 실행하는 객체들을 묘사한다.

복습 연습 문제

R10.1 다음의 클래스 쌍들 각각에서 기반 클래스와 파생 클래스를 식별하라.

a. `Employee, Manager`
b. `Polygon, Triangle`
c. `GraduateStudent, Student`
d. `Person, Student`
e. `Employee, Professor`
f. `BankAccount, CheckingAccount`
g. `Vehicle, Car`
h. `Vehicle, Minivan`
i. `Car, Minivan`
j. `Truck, Vehicle`

R10.2 객체 지향 트래픽 시뮬레이션 시스템에 다음 클래스들이 있다.

```
Vehicle     PickupTruck
Car         SportUtilityVehicle
Truck       Minivan
Sedan       Bicycle
Coupe       Motorcycle
```

이 클래스들 간의 상속 관계를 보여주는 UML 다이어그램을 그려라.

R10.3 다음 클래스들 사이에 어떤 상속 관계를 설정하겠는가?

```
Student          Professor
Employee         Secretary
Person           Janitor
DepartmentChair
```

R10.4 다음 클래스들 간 상속 관계와 종합 관계를 보여주는 UML 다이어그램을 그려라.

```
Person           Instructor
Student          Lecture
Course           Lab
```

R10.5 작은 기기 가게의 물품 목록을 관리하기 위한 프로그램을 고려하자. 기반 클래스로 `SmallAppliance`, 파생 클래스로는 `Toaster`, `CarVacuum`, `TravelIron` 등등을 사용하는 것은 왜 도움이 안 되나?

R10.6 455쪽의 *How to* 10.1의 `CheckingAccount` 클래스는 그의 기반 클래스로부터 어떤 데이타 멤버들을 상속받는가? 어떤 데이타 멤버를 추가하는가?

R10.7 455쪽의 *How to* 10.1의 `SavingsAccount` 클래스는 그의 기반 클래스로부터 어떤 함수들을 상속받는가? 어떤 함수들을 오버라이드하는가? 어떤 함수들을 추가하는가?

R10.8 직사각형, 정사각형, 원의 기하 모양들에 대한 상속 계층구조를 설계하라. 어떤 모양의 면적을 계산하는 가상 함수를 제공하고, 각 클래스를 위한 적절한 생성자를 제공한다. 클래스 정의를 쓰되, 멤버 함수들의 구현은 제공하지 말라.

R10.9 다음 단계들을 실행하는 `main` 함수를 작성해서 연습문제 R10.8을 계속하라.

Fill a vector of shape pointers with a rectangle, a square, and a circle.
Print the area of each shape.
Deallocate all heap objects.

R10.10 기반 클래스 객체를 파생 클래스 객체로 전환할 수 있는가? 파생 클래스 객체를 기반 클래스 객체로는? 기반 클래스 포인터를 파생 클래스 포인터로는? 파생 클래스 포인터를 기반 클래스 포인터로는? 만일 그렇다면, 예를 보여라. 만일 그렇지 않다면, 아닌 이유를 설명하라.

R10.11 함수 `process_file(ostream& str)`를 고려하자. 그림 10.7의 클래스들 중 어느 클래스들의 객체들이 이 함수에 파라미터로 전달될 수 있는가?

R10.12 다음 프로그램은 무엇을 출력하는가?

```
class B
{
public:
   void print(int n) const;
};

void B::print(int n) const
{
   cout << n << endl;
}

class D : public B
{
public:
```

```
    void print(int n) const;
};

void D::print(int n) const
{
    if (n <= 1) { B::print(n); }
    else if (n % 2 == 0) { print(n / 2); }
    else { print(3 * n + 1); }
}

int main()
{
    D d;
    d.print(3);
    return 0;
}
```

이 프로그램을 컴파일 및 실행하지 말고, 손으로 답을 계산하라.

R10.13 클래스 D가 B로부터 상속받는다고 하자. 다음 할당문들 중 어느 것이 적법한가?

```
B b;
D d;
B* pb;
D* pd;
```

a. `b = d;`
b. `d = b;`
c. `pd = pb;`
d. `pb = pd;`
e. `d = pd;`
f. `b = *pd;`
g. `*pd = *pb;`

R10.14 클래스 Sub가 클래스 Sandwich로부터 상속받는다고 하자. 다음 할당문들 중 어느 것이 적법한가?

```
Sandwich* x = new Sandwich();
Sub* y = new Sub();
```

a. `x = y;`
b. `y = x;`
c. `y = new Sandwich();`
d. `x = new Sub();`
e. `*x = *y;`
f. `*y = *x;`

R10.15 다음 프로그램은 무엇을 출력하는가? 각 호출의 흐름을 추적해서 답을 설명하라.

```
class B
{
public:
    B();
    virtual void p() const;
    void q() const;
};

B::B() {}
void B::p() const { cout << "B::p\n"; }
void B::q() const { cout << "B::q\n"; }

class D : public B
{
```

```
public:
   D();
   virtual void p() const;
   void q() const;
};

D::D() {}
void D::p() const { cout << "D::p\n"; }
void D::q() const { cout << "D::q\n"; }

int main()
{
   B b;
   D d;
   B* pb = new B;
   B* pd = new D;
   D* pd2 = new D;

   b.p(); b.q();
   d.p(); d.q();
   pb->p(); pb->q();
   pd->p(); pd->q();
   pd2->p(); pd2->q();
   return 0;
}
```

R10.16 데모 예제 10.1의 `Employee` 클래스를 사용해서(부록 코드의 `ch10/salaries.cpp`) `Employee`의 `Volunteer`를 만들고 급여를 0으로 설정하는 생성자 `Volunteer(string name)`을 제공하라.

R10.17 *How to* 10.1의 `accounts.cpp` 프로그램에서 `get_balance` 함수를 가상으로 만드는 것이 타당하겠는가? 어떠한 추론인지 이유를 대라.

R10.18 `display` 멤버 함수를 `ChoiceQuestion` 클래스에서만 가상으로 선언하는 효과는 무엇인가?

프로그래밍 훈련

P10.1 10.1절의 질문 계층구조에 `NumericQuestion` 클래스를 추가하라. 응답과 예상 답이 0.01 이하로 차이가 나면, 옳은 것으로 수용한다.

P10.2 10.1절의 질문 계층구조에 `FillInQuestion` 클래스를 추가하라. 이 부류의 질문은 _ _로 둘러싸인 답을 포함하는 문자열로 구성된다. 예: `"The inventor of C++ was _Bjarne Stroustrup_"` . 질문은 다음과 같이 표시되어야 한다.

```
The inventor of C++ was _____
```

나의 클래스를 입증하는 `main` 함수를 제공하라.

P10.3 `Question` 클래스의 `check_answer` 멤버 함수를 변경해서 빈칸 또는 대소문자를 구분하지 않게 하라. 예를 들면, 응답 `"bjarne stroustrup"`은 정답 `"Bjarne Stroustrup"`과 일치해야 한다.

P10.4 10.1절의 질문 계층구조에 여러 개의 정답 선택(correct choices)을 가능하게 하는 `MultiChoiceQuestion` 클래스를 추가하라. 응답자는 올바른 선택들 중 어느 하나(any one of the correct choices)를 제공해야 한다. 답 문자열은 빈칸으로 분리된 모든 올바른 초이스(correct choices)를 포함해야 한다.

P10.5 10.1절의 질문 계층구조에 여러 개의 정답 선택을 가능하게 만드는 ChooseAll-Correct 클래스를 추가하라. 응답자는 빈칸으로 분리된 모든 올바른 초이스(correct choices)를 제공해야 한다.

P10.6 Question 클래스에 멤버 함수 add_text를 추가하고, 초이스 벡터를 저장하는 대신에 add_text를 호출하는 ChoiceQuestion의 다른 구현을 제공하라.

P10.7 월 3회의 무료 거래를 초과하는 예금이나 인출에 대해 수수료 $1이 부과되도록 How To 10.1의 CheckingAccount 클래스를 바꿔라. 수수료를 계산하는 코드를, 우리가 deposit 및 withdraw 멤버 함수들에서 호출하는 프라이빗 멤버 함수에 넣어라.

P10.8 Employee로부터 Programmer 클래스를 유도한다. 기반 클래스 생성자를 호출하는 생성자 Programmer(string name, double salary)를 제공하고, "Hacker, Harry (Programmer)" 포맷으로 이름을 반환하는 함수 get_name을 제공하라.

P10.9 기반 클래스 Person을 구현한다. Person으로부터 Student와 Instructor 클래스를 유도하고, 사람은 이름과 생일을 가진다. 학생에게는 전공이 있으며, 강사에게는 급여가 있다. 모든 클래스들에 대해 클래스 정의, 생성자, display 멤버 함수를 작성하라.

P10.10 Employee로부터 Manager 클래스를 유도한다. string 타입의 department라는 이름의 데이타 멤버를 추가하고, 매니저의 이름, 부서, 급여를 표시하는 함수 display를 제공하라. Manager로부터 Executive 클래스를 유도한다. 문자열 Executive, 그리고 Manager 기반 객체에 저장된 정보를 표시하는 함수 display를 제공하라.

P10.11 기반 클래스 Account, 그리고 파생 클래스 Savings와 Checking을 구현한다. 기반 클래스에는 멤버 함수 deposit과 withdraw를 제공하라. 일변을 계산하고 더하는 daily_interest 함수를 제공하라. 계산을 위해서, 한 달을 30일로 가정하라. 체킹 어카운트(checking account, 당좌 예금 계좌)는 $1,000을 초과하는 잔고에 대해 연 3%의 이자를 준다. 세이빙스 어카운트(savings account, 저축 예금 계좌)는 전체 잔고에 대해 연 6%의 이자를 준다. 한 달 치의 예금과 인출을 거래하고 이자를 매일 계산하는 테스트 프로그램을 작성하라.

P10.12 기반 클래스 Appointment와 파생 클래스 Onetime, Daily, Weekly, Monthly를 구현하라. 약속은 설명(예: '치과 예약')과 날짜 및 시각을 가진다. 약속이 그 날짜에 있는지 여부를 검사하는 가상 함수 occurs_on(int year, int month, int day)를 작성하라. 예를 들면, 매월의(monthly) 약속에 대해서, 그 월의 날이 일치하는지를 검사해야 한다. 그런 다음 Appointment* 벡터를 약속들로 채운다. 사용자가 날짜를 입력하게 하고, 그 날에 발생하는 모든 약속을 출력하라.

P10.13 연습문제 P10.12의 약속 다이어리를 개선한다. 사용자에게 새 약속을 추가하는 옵션을 제공하라. 사용자는 약속 유형, 설명, 날짜 및 시각을 명시해야 한다.

P10.14 사용자가 약속 데이타를 파일에 저장하고, 파일로부터 데이타를 다시 불러오도록 연습문제 P10.12와 P10.13의 약속 다이어리를 개선한다. 저장부는 간단하다. 가상 함수 save를 만들어라. 유형, 설명, 날짜, 시각을 저장하라. 로딩부는 쉽지 않다. 우선 불러올 약속의 유형을 결정하고, 디폴트 생성자로 그 유형의 객체를 생성하고, 그런 다음, 나머지를 불러오기 위해 가상 load 함수를 호출한다.

P10.15 다형성을 이용해서 연습문제 P8.10과 P8.11에 기술된 것들과 같은 영상 처리를 수행하라. 기반 클래스 Effect와 파생 클래스 Sunset 및 Grayscale을 설계하라. 가상 함수 process를 사용하라. 프로그램의 파일 처리부는, 어떤 효과가 적용되는지를 알 필요 없이, Effect* 포인터에 대해 process를 반복적으로 호출해야 한다.

엔지니어링 P10.16 이 문제에서는 임의의 저항기 배치로 구성된 회로를 모델링한다. 멤버 함수를 get_resistance를 갖는 기반 클래스 Circuit을 제공하라. 한 저항기를 나타내는 파생 클래스 Resistor를 제공하라. 각각이 vector<Circuit*>을 포함하는 파생 클래스 Serial과 Parallel을 제공하라. Serial 회로는 각각이 단일 저항기나 다른 회로일 수 있는, 일련의 회로들을 모델링한다. 비슷하게, Parallel 회로는 병렬 회로들을 모델링한다. 예를 들면, 다음 회로는 단일 저항기와 하나의 Serial 회로를 포함하는 Parallel 회로이다.

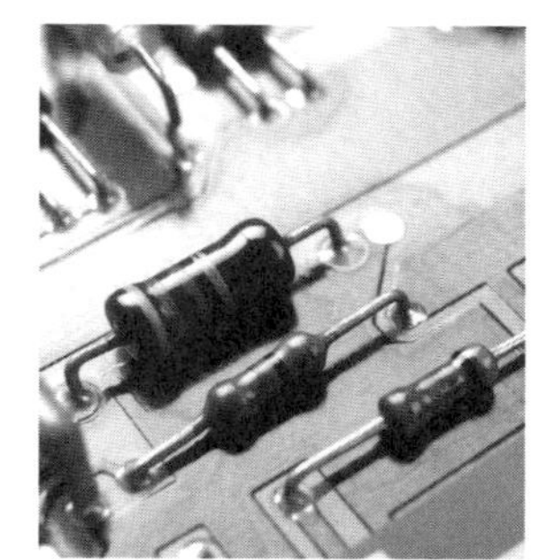

결합 저항을 계산하기 위해서 Ohm의 법칙을 이용하라.

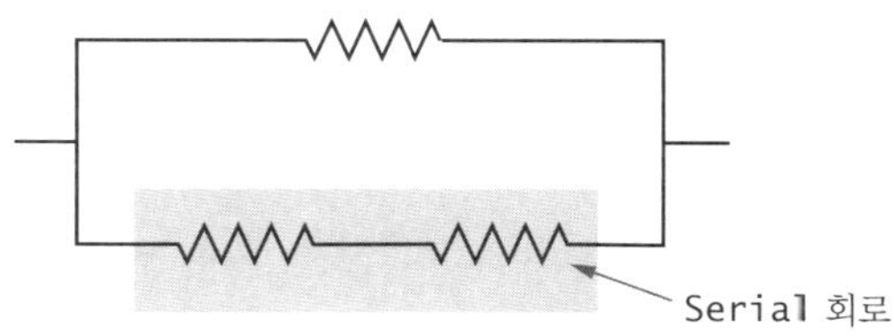

엔지니어링 P10.17 아래 그림의 (a)는 증폭기라고 불리는 전기 회로의 기호 표현을 보여준다. 증폭기의 입력은 전압 v_i이며, 출력은 전압 v_o이다. 증폭기의 출력은 입력에 비례한다. 이 비례 상수를 증폭기의 '이득'이라고 부른다.

(b), (c), (d)는 세 개의 특정 증폭기 유형들의 스키매틱(schematic)을 보여준다. **반전 증폭기, 비반전 증폭기, 전압 분배 증폭기.** 이들 세 증폭기의 각각은 두 개의 저항기와 하나의 op 앰프로 구성된다. 각 증폭기의 이득 값은 저항 값들에 따라 달라진다. 특별히, 반전 증폭기의 이득 g는 $g = -\frac{R_2}{R_1}$로 주어진다. 비슷하게, 비반전 증폭기와 전압 분배기의 이득들은 각각 $(g = 1 + \frac{R_2}{R_1})$ 그리고 $(g = \frac{R_2}{R_1 + R_2})$로 주어진다.

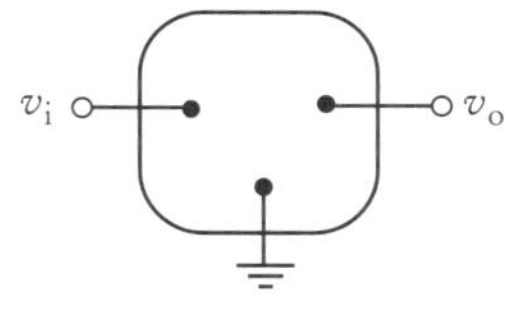

(a) 증폭기

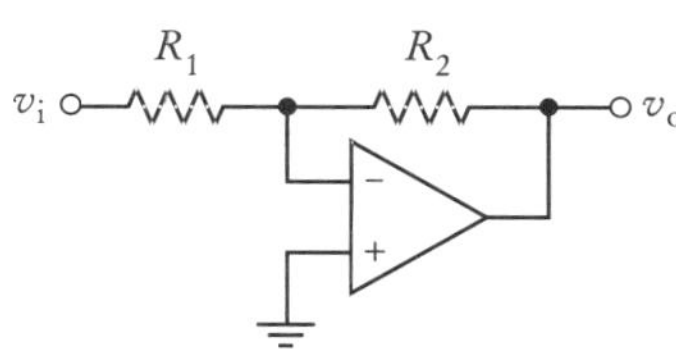

(b) 반전 증폭기

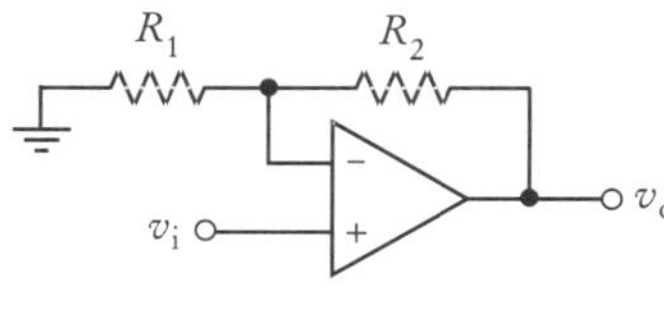

(c) 비반전 증폭기

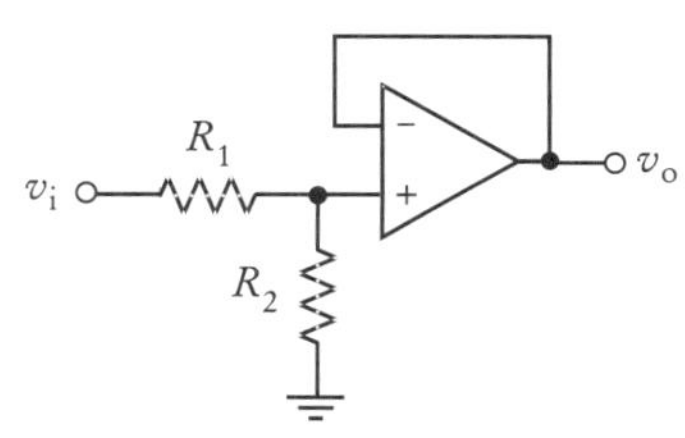

(d) 전압 분배 증폭기

증폭기를 기반 클래스로 표현하고, 반전, 비반전, 전압 분배 증폭기들을 파생 클래스들로 표현하는 C++ 프로그램을 작성하라. 기반 클래스에는 두 개의 가상 함수, 즉, `get_gain`과 증폭기를 식별하는 문자열을 반환하는 `get_description`을 제공하라. 각 파생 클래스는 증폭기의 저항들인 두 개의 인수를 갖는 생성자를 가져야 한다.

파생 클래스들은 기반 클래스의 `get_gain`과 `get_description`을 오버라이드해야 한다.

샘플 저항 값들에 대해 파생 클래스들이 모두 적절하게 동작하는 것을 입증하는 C++ 프로그램을 위한 `main` 함수를 작성하라.

엔지니어링 P10.18 공진 회로는 섞여있는 신호들 중에서 한 신호(예: 라디오 방송 또는 TV 채널)을 선택하기 위해서 사용된다. 공진 회로는 아래 그림에 보인 주파수 응답에 의해 특징지어진다. 공진 주파수 응답은 세 개의 파라미터에 의해 완벽하게 기술된다. 공진 주파수 ω_o, 대역 폭 B, 공진 주파수에서의 이득 k.

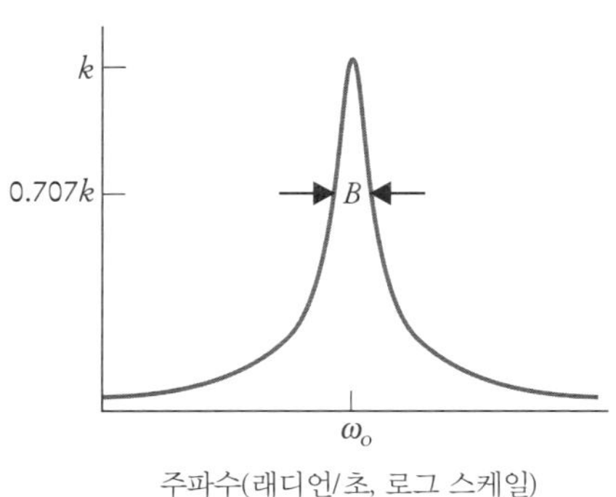

주파수(래디언/초, 로그 스케일)

두 개의 간단한 공진 회로를 아래 그림이 보여준다. (a)의 회로는 **병렬 공진 회로**라고 불린다. (b)의 회로는 **직렬 공진 회로**라고 불린다. 두 공진 회로는 저항 R, 커패시턴스(정전 용량)가 C인 커패시터, 인덕턴스(유도 용량)가 L인 인덕터로 구성된다.

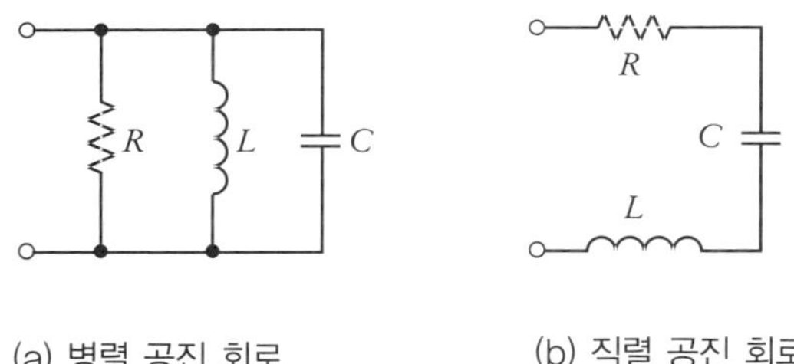

(a) 병렬 공진 회로 (b) 직렬 공진 회로

이 회로들은 명시된 ω_o, B, k값들에 의해 공진 주파수 응답이 기술되게 하는 R, C, L의 값들을 계산해서 설계된다. 병렬 공진 회로의 설계 공식들,

$$R = k, \quad C = \frac{1}{BR}, \text{ and } \quad L = \frac{1}{\omega_o^2 C}$$

직렬 공진 회로의 설계 공식들,

$$R = \frac{1}{k}, \quad L = \frac{R}{B}, \text{ and } \quad C = \frac{1}{\omega_o^2 L}$$

ResonantCircuit를 기반 클래스로 표현하고, SeriesResonantCircuit와 Parallel-ResonantCircuit를 파생 클래스로 표현하는 C++ 프로그램을 작성하라. 기반 클래스에 공진 주파수 응답의 파라미터들인 ω_o, B, k를 나타내는 세 개의 프라이빗 데이타 멤버들을 부여하고, 기반 클래스는 이 멤버들을 얻고 설정하기 위한 퍼블릭 멤버 함수들을 제공해야 한다. 기반 클래스는 공진 주파수 응답의 설명을 출력하는 display 함수도 역시 제공해야 한다.
각 파생 클래스는 해당 공진 회로를 설계하는 함수를 제공해야 한다. 파생 클래스들은 또한 주파수 응답(ω_o, B, k의 값들)과 회로(R, C, L의 값들) 모두의 설명을 출력하는 기반 클래스의 display 함수를 오버라이드해야 한다.
모든 클래스는 적절한 생성자를 제공해야 한다.
파생 클래스들 모두가 적절하게 동작한다는 것을 입증하는 C++ 프로그램을 위한 main 함수를 작성하라.

자체 검사 질문에 대한 답

1. 모든 매니저는 직원이지만 그 반대는 아니므로, Manager 클래스가 더 특화된 것이다. 이것이 파생 클래스이며, Employee는 기반 클래스이다.

2. CheckingAccount와 SavingsAccount 모두 더 일반적인 클래스인 BankAccount로부터 상속을 받는다.

3. istream, istringstream, ifstream, iostream, fstream

4. Vehicle, Truck, Motorcycle

5. 그렇지 않다. 퀴즈는 질문이 아니다(isn' t a). 퀴즈는 질문을 가진다(*has*).

6. a, b, d

7.
```
class Manager : public Employee
{
private:
   double bonus;
}
```

8. name, base_salary, and bonus

9.
```
class Manager : public Employee
{
public:
   double get_salary() const;
}
```

10. get_name, set_name, set_base_salary

11. 이 함수는 기반 클래스의 text 멤버에 접근이 허용되어 있지 않다.

12. this 포인터의 타입이 ChoiceQuestion*이다. 따라서, ChoiceQuestion의 display 함수가 선택되며, 이 함수는 자신을 호출한다.

13. 모호성이 없기 때문이다. 파생 클래스에는 set_answer 함수가 없다.

14.
```
string Manager::get_name() const
{
   return "*" + Employee::get_name();
}
```

15.
```
double Manager::get_salary() const
{
   return Employee::get_salary() + bonus;
}
```

16. quiz[1]의 타입은 Question*이며, Question 클래스에는 add_choice란 이름의 멤버 함수가 없다.

17. a와 d가 적법하다.

18. a와 d가 적법하다.

19. 선택 대상들은 아니고, 질문 텍스트만. 선택 대상들은 *p가 객체 q에 할당될 때 잘려나간다.

20. 바뀌지 않을 것이다. 이 함수는 우리의 테스트 프로그램에 사용된 클래스들에서 결코 오버라이드되지 않는다.

부록 A

C++ 언어 코딩 가이드라인

C++ Language Coding Guidelines

서론

이 코딩 스타일 가이드는 산업 업무 및 대학 과목 모두에서 매우 성공적으로 사용되어 온 지침을 간략화한 버전이다. 프로그래밍 과제를 할 때 따라야 할 규칙들이다.

스타일 가이드는 레이아웃과 포맷팅을 위한 의무적인 요건들이다. 한결 같은 스타일은 강사 및 급우들의 코드를 읽기 쉽게 만들어준다. 팀 프로젝트를 한다면 이러한 일관성의 중요성을 실제로 인식하게 될 것이다. 강사 및 채점자의 입장에서도 프로그램의 본질을 더 빨리, 더 쉽게 찾아낼 수 있게 할 것이다.

스타일 가이드는 불필요한 선택권을 줄여주기 때문에, 우리를 더 생산적인 프로그래머로 만든다. 사소한 것들에 관해 선택할 필요가 없어진다면, 우리는 에너지를 실제 문제 솔루션에 쏟아 부을 수 있을 것이다.

이 가이드라인에서 여러 구성 요소들이 분명하게 금해진다. 그렇다고 해서 그들을 이용하는 프로그래머들이 사악하다거나 무능력하다는 것을 의미하지 않는다. 그보다는 그들 구성 요소들이 중요하지 않은 유틸리티이며, 언어의 다른 구성 요소들에 의해 마찬가지로 또는 더 잘 표현될 수 있음을 의미한다.

이미 C나 C++로 프로그래밍해봤다면, 익숙해진 습관들을 포기하는 게 처음에는 불편할 지도 모른다. 그렇지만, 사소한 개인적 취향을 포기하고 그룹의 이익을 위해 타협하는 것이 프로다운 것이다.

이 가이드라인은 어쩔 수 없이 다소 길고 지루하다. 또한 강의에서 못 봤을 특징들도 언급한다. 다음은 가장 중요한 하이라이트들이다:

- 탭은 빈칸 세 개로 설정된다.
- 변수와 함수 이름들은 소문자이다.
- 상수 이름은 대문자이다. 클래스 이름은 대문자로 시작한다.
- 예약어 다음, 그리고 이항 연산자들 사이에는 빈칸이 들어간다.
- 중괄호의 줄을 맞춘다.
- 마법수를 사용하지 않는다.
- 모든 함수에는 주석이 있어야 한다.
- 함수 당 코드 줄 수는 30줄을 넘지 않아야 한다.

- goto, continue, break를 사용하지 않는다.
- 파일 당 전역 변수 수는 두 개를 넘지 않는다.

강사를 위한 쪽지: 물론 많은 프로그래머들과 단체들이 코딩 스타일에 관해서 강한 신념을 갖고 있다. 만일 이 스타일 가이드가 당신 자신의 취향 또는 지역 관습과 배치된다면, 마음껏 수정해도 된다. 그 때문에, 이 코딩 스타일 가이드는 이 책의 짝 웹 사이트에 전자 양식으로 제공된다.

소스 파일

각 프로그램은 하나 이상의 파일 또는 모듈이 모인 것이다. 실행 프로그램은 이 파일들을 컴파일 및 링크해서 얻어진다. 각 파일의 내용을 다음과 같이 체계화한다:

- 헤더 주석
- `#include` 문
- 상수
- 클래스
- 함수

흔히 각 파일을 주석 블록으로 시작한다. 다음은 전형적인 형식이다:

```
/**
   @file invoice.cpp
   @author Jenny Koo
   @date 2012-01-24
   @version 3.14
*/
```

다음과 같이 저작권 공고를 포함할 수도 있다.

```
/* Copyright 2012 Jenny Koo */
```

유효한 저작권 공고의 구성은 다음과 같다:

- 저작권 기호 © 또는 단어 'Copyright' 또는 약어 'Copr.'
- 작품의 최초 공개 연도
- 저작권 소유주의 이름

(주: 공간을 절약하기 위해서 헤더 주석은 이 책과 디스크의 프로그램들에서는 빠졌다. 그로 인해 실제 줄 번호와 책에 인쇄된 줄 번호가 일치한다.)

그 다음, 포함된 모든 헤더 파일을 나열한다.

```
#include <iostream>
#include "question.h"
```

다음처럼 절대 경로 이름을 끼워넣지 말라.

```
#include "c:\me\my_homework\widgets.h"  // Don't !!!
```

헤더 파일들 다음에는, 프로그램 파일에 거쳐 필요한 상수들을 열거하라.

```
const int GRID_SIZE = 20;
const double CLOCK_RADIUS = 5;
```

그런 다음, 모든 클래스의 정의를 제공하라.

```
class Product
{
   ...
};
```

클래스 정의 순서는 어떤 클래스가 다른 클래스에서 사용되기 전에 정의되도록 하라.

끝으로, 클래스의 멤버 함수들과 비 멤버 함수들을 포함해서, 모든 함수를 열거하라. 비 멤버 함수들이 정의되는 순서는, 호출되기 전에 정의되도록 한다. 결과적으로, main 함수는 파일의 마지막 함수가 될 것이다.

함수

모든 함수를 위해 다음 형태의 주석을 제공한다.

```
/**
   Explanation.
   @param parameter variable1   explanation
   @param parameter variable2   explanation
   ...
   @return explanation
*/
```

이 도입부 설명은 main을 제외한 모든 함수에 필요하다. 대문자로 시작해서 마침표로 끝나야 한다. 일부 문서화 툴들은 이 설명의 첫 문장을 추출해서 요약 표에 넣는다. 따라서, 여러 문장으로 구성된 설명을 제공한다면, 첫 문장이 함수의 용도에 관한 축약 설명이 되도록 이 설명을 표현하라.

함수에 파라미터 변수가 없다면 @param 주석은 생략한다. void 함수에 대해서는 @return 주석을 생략한다. 다음은 전형적인 보기이다.

```
/**
   Converts calendar date into Julian day. This algorithm is from Press
   et al., Numerical Recipes in C, 2nd ed., Cambridge University Press, 1992.
   @param year the year of the date to be converted
   @param month the month of the date to be converted
   @param day the day of the date to be converted
   @return the Julian day number that begins at noon of the given
   calendar date
*/
long dat2jul(int year, int month, int day)
{
   ...
}
```

파라미터 변수 이름은 명백하도록 지어야 하며, 정수 또는 부울일 때는 특히 그래야 한다.

```
Employee remove(int d, double s); // Huh?
Employee remove(int department, double severance_pay); // OK
```

물론 매우 일반적인 함수에 대해서는 짧은 이름이 적절할 수도 있다.

참조를 통해서 단 하나의 응답을 반환하면 void 함수로 작성하지 않는다. 그 대신, 결과를 반환 값이 되게 한다.

```
void find(vector<Employee> c, bool& found); // Don't!
bool find(vector<Employee> c); // OK
```

물론, 함수가 둘 이상의 값을 계산한다면, 일부 또는 전체 결과를 참조 파라미터들로 반환할 수 있다.

코드는 함수 당 30줄을 넘지 않게 한다(주석, 빈 줄, 중괄호만을 포함하는 줄들은 세지 않는다). 하나의 기다란 if/else/else로 구성된 함수는, 각 분기가 10줄 이하라면 더 길어져도 된다. 이 규칙은 복잡한 계산을 별도의 함수로 나누게 한다.

지역 변수

블록의 시작부에 모든 지역 변수를 정의하지 말라. 각 변수를 처음 사용되기 바로 전에 정의하라.

모든 변수는 정의될 때 명확하게 초기화되거나 바로 다음 명령문에서 설정되어야 한다(예: >> 명령에 의해):

```
int pennies = 0;
```

또는

```
int pennies;
cin >> pennies;
```

변수를, 필요로 하는 맨 안쪽 블록으로 이동시킨다:

```
while (...)
{
   double xnew = (xold + a / xold) / 2;
   ...
}
```

두 변수를 한 명령문에 정의하지 말라:

```
int dimes = 0, nickels = 0; // Don't
```

포인터 변수를 정의할 때 *는 변수가 아닌 타입과 함께 놓는다:

```
Link* p; // OK
```

not

```
Link *p; // Don't
```

상수

C++에서는 #define을 사용해서 상수를 정의하지 말라.

```
#define CLOCK_RADIUS 5 // Don't
```

그 대신에 const를 사용하라.

```
const double CLOCK_RADIUS = 5; // The radius of the clock face
```

코드에 마법수를 사용하지 말라(마법수란 상수 정의 없이 코드에 끼워 넣어진 정수형 상수이다). 0, 1, 2를 제외한 모든 수가 마법수로 간주된다.

```
if (p.get_x() < 10) // Don't
```

그 대신에 const 변수를 사용하라:

```
const double WINDOW_XMAX = 10;
if (p.get_x() < WINDOW_XMAX) // OK
```

가장 타당한 우주 상수조차도 언젠가는 바뀐다. 1년이 365일이라고 생각하는가? 화성에 있는 고객은 그런 바보 같은 편견에 대해 기분 나빠할 것이다.
상수

```
const int DAYS_PER_YEAR = 365;
```

를 만들어서 코드의 모든 365, 364, 366, 367 등을 찾아내지 않고도 화성 버전을 쉽게 제공할 수 있도록 하자.

클래스

클래스 항목들을 다음과 같이 배치하자.

```
class ClassName
{
public:
   constructors
   mutators
   accessors
private:
   data
};
```

클래스의 모든 데이타 필드는 프라이빗이어야 한다.

제어 흐름

for 문

변수가 어떤 상수 증분/감분으로 어딘가에서부터 어딘가로 변해갈 때는 for 루프를 사용한다.

```
for (i = 0; i < a.size(); i++)
{
   cout << a[i] << endl;
}
```

기묘한 구성으로 for 루프를 사용하지 말라. 예:

```
for (xnew = a / 2; count < ITERATIONS; cout << xnew) // Don't
{
   xold = xnew;
   xnew = xold + a / xold;
   count++;
}
```

이런 루프는 명령문들의 순서가 훨씬 명료하도록 while 루프로 바꿔라.

```
xnew = a / 2;
while (count < ITERATIONS) // OK
{
   xold = xnew;
   xnew = xold + a / xold;
   count++;
   cout << xnew;
}
```

비선형 제어 흐름

switch 문을 사용하지 말라. 그 대신에 if/else를 사용하라.

break, continue, goto 문 등을 사용하지 말라. 실행 흐름을 제어하려면 bool 변수를 사용하라.

어휘 문제

작명 관례

다음 규칙들은 식별자 이름에 언제 대문자 또는 소문자를 사용하는지를 규정한다.

1. 모든 변수 및 함수 이름들과 클래스의 모든 데이타 필드들은 소문자이다. 때로는 중간에 밑줄 표시를 사용한다. 예: first_player.
2. 모든 상수는 대문자이다. 때때로 밑줄 표시도 사용한다. 예: CLOCK_RADIUS.
3. 모든 클래스 이름은 대문자로 시작해서 소문자들이 뒤따른다. 가끔씩 중간에 대문자를 사용한다. 예: BankTeller.

이름은 적당히 길고 서술적이어야 한다. fp 대신에 first_player를 사용한다. drppng f vwls는 안 된다(모음을 생략하지 말라). 틀에 박힌 지역 변수들은 그들이 입력 글자, 루프 카운터 등을 위한 따분한 홀더에 지나지 않는 한, 짧을 수 있다(예: ch, i). 또한 내 함수의 다섯 개의 카운터 변수들로 ctr, c, cntr, cnt, c2를 사용하지 말라. 분명히 이 변수들 각각은 특정 목적을 가지며, 읽는 이에게 그 목적을 상기시키도록 이름이 붙여질 수 있다(예: ccurrent, cnext, cprevious, cnew, cresult).

들여쓰기와 공백

세 열마다 탭 위치를 사용하자. 파일이 탭을 전혀 포함하지 않도록 저장하라. 이는 내 에디터에서 탭 위치 설정을 바꿀 필요가 있을 것임을 의미한다! 에디터에서, '탭 위치 당 3 빈칸'과 '모든 탭을 빈칸으로 저장'을 필히 선택하자. 모든 프로그래밍 편집기에 이 설정이 있다. 만일 내 것에는 없다면, 탭을 사용하지 말고, 들여쓰기를 위해서 맞는 수 만큼의 빈칸을 타이핑한다.

함수의 논리적으로 구분되는 부분들을 분리하기 위해서 빈 줄을 마음껏 사용하라.

모든 이항 연산자 주위에 빈칸을 사용하라.

```
x1 = (-b - sqrt(b * b - 4 * a * c)) / (2 * a); // Good
x1=(-b-sqrt(b*b-4*a*c))/(2*a); // Bad
```

각 쉼표, 세미콜론, 예약어 다음(앞이 아님)에는 빈칸을 두라–함수 이름 다음에는 제외.

```
if (x == 0) ...
f(a, b[i]);
```

모든 줄은 80 열에 맞아야 한다. 명령문을 나눠야 한다면, 연속을 위한 들여쓰기 레벨을 추가한다.

```
a[n] = .................................................
   + .................;
```

중괄호

열기와 닫기 중괄호들은 수평으로든 수직으로든 줄을 맞춰야 한다.

```
while (i < n) { cout << a[i] << endl; i++; }  // OK
while (i < n)
{
   cout << a[i] << endl;
   i++;
}  // OK
```

어떤 프로그래머들은 수직으로 중괄호 줄을 맞추지 않고, `while` 다음에 {를 넣는다:

```
while (i < n) {    // Don't
   cout << a[i] << endl;
   i++;
}
```

이 스타일은 줄을 절약하지만, 중괄호 맞추기가 어렵다.

`if`, `while`, `do`, `for` 문에는, 바디에 한 명령문만 있더라도, 항상 중괄호를 사용한다.

```
if (floor > 13)
{                // OK
   floor--;
}
if (floor > 13)
   floor--;   // Don't
```

불안정한 레이아웃

어떤 프로그래머들은 코드에서 특정 열들의 줄을 맞추는 것에 큰 자부심을 가진다.

```
class Employee
{
   ...
private:
  string  name;
     int  age;
  double  hourly_wage;
};
```

이것은 명백하게 정갈하며, 자신의 편집기가 이 기능을 제공하면 이렇게 하기를 추천한다. 그러나, 수동으로는 하지 말라. 이 레이아웃은 변화에 대해서 안정적이지 않다. 미리 할당된 열 수보다 긴 데이타 타입이 있으면, 모든 엔트리를 이동시켜야 한다.

어떤 프로그래머들은 모든 줄이 **로 시작하도록 여러 줄 주석을 포맷하기를 좋아한다:

```
/* This is a comment
** that extends over
** three source lines
*/
```

다시, 이것은 나의 편집기가 별표 기호를 추가 및 제거하는 명령을 갖고 있거나, 내 코드를 유지보수할 모든 프로그래머들이 그런 편집기를 갖고 있다면 깔끔하다. 아니라면, 이것은 프로그래머들이 주석을 편집하는 것을 막을 강력한 방법이 될 수 있다. 예쁜 주석과 프로그램의 현 실상을 반영하는 주석 간에서 선택해야 한다면, 실상이 미를 이긴다.

부록 B

예약어 요약

Reserved Word Summary

예약어	설명	참고 위치
bool	부울 타입	3.7절
break	루프나 스위치를 깨고 나온다	특강 3.3, 4.2
case	switch 문의 레이블	특강 3.3
char	글자 타입	7.3절
class	class의 정의	9.2절
const	상수 값, 참조, 멤버 함수, 또는 포인터의 정의	2.1.5절, 특강 5.2, 특강 6.4, 9.2절
default	switch 문의 디폴트 케이스	특강 3.3
delete	메모리 블록을 힙에 반환한다	7.4절
do	적어도 한 번은 실행되는 루프	4.4절
double	배정도, 부동소수점 타입	2.1.2절
else	if 문의 대안 절	3.1절
false	거짓 부울 값	3.7절
float	단정도, 부동소수점 타입	특강 2.1
for	변수를 초기화, 테스트, 갱신하도록 의도된 루프	4.3절
if	조건부 분기문	3.1절
int	정수형	3.7절
long	int 및 double 타입의 수식어로서, 해당 타입의 바이트 수가 더 많을 수 있음을 나타낸다	특강 2.1
namespace	이름 간을 구별하기 위한 이름 공간	1.5절
new	힙으로부터 메모리 블록을 할당한다	7.4절
private	클래스와 그의 친구들에 의해서만 접근 가능한 이 클래스의 특징들	9.2절
public	모든 함수들에 이해 접근 가능한 클래스 특징들	9.2절
return	함수로부터 값을 반환한다	5.4절

예약어	설명	참고 위치
short	int 타입의 수식어로서, 이 타입의 바이트 수가 더 적을 수 있음을 나타낸다	특강 2.1
static_cast	한 타입으로부터 다른 타입으로 전환한다	특강 2.3
struct	임의의 타입들을 단일 값으로 합치기 위한 구성 요소	7.7절
switch	표현의 값에 따라서 여러 분기들 중에서 선택하는 명령	특강 3.3
this	멤버 함수의 내재적 파라미터에 대한 포인터	9.9.3절
true	부울 타입의 참 값	3.7절
unsigned	int와 char 타입의 수식어로서, 값들이 음수가 될 수 없음을 나타낸다	특강 2.1
using	이름 공간을 import한다	1.5절
virtual	동적 dispatch를 갖는 멤버 함수	10.4절
void	함수 또는 포인터의 빈 타입	5.5절
while	조건에 의해 제어되는 루프 명령	4.1절

다음 예약어들은 이 책에서 다뤄지지 않는다

```
asm            explicit    operator           template    union
auto           export      protected          throw       volatile
catch          extern      register           try         wchar_t
const_cast     friend      reinterpret_cast   typedef
continue       goto        signed             typeid
dynamic_cast   inline      sizeof             type_info
enum           mutable     static             typename
```

부록 C

연산자 요약

Operator Summary

아래 표에 연산자들이 우선순위의 내림차순으로 나열되어 있다. 표의 수평 줄들은 연산자 우선순위가 바뀜을 표시한다. 예를 들어, =의 우선순위가 -보다 낮기 때문에 `z = x - y`는 `z = (x - y)`를 의미한다.

접두사 단항 연산자들과 할당 연산자들은 우-좌로 결합한다. 다른 모든 연산자들은 좌-우로 결합한다. 예를 들면, -가 좌-우로 결합하므로 `x - y - z`가 `(x - y) - z`를 의미하지만, `x = y = z`는 =이 우-좌로 결합하기 때문에 `x = (y = z)`를 의미한다.

연산자	설명	참고 위치
::	스코우프 레졸루션	9.4.1절
.	멤버에 접근한다	2.5.4절, 7.7.2절
->	멤버를 역참조 및 접근한다	9.9절
[]	벡터 또는 배열 첨자	6.1절
()	증가시킨다	5.1절
++	감소시킨다	2.2.2절
--	감소시킨다	2.2.2절
!	부울 NOT	3.8절
~	Bitwise NOT	부록 G
+(단항)	양	2.2.1절
-(단항)	음	2.2.1절
*(단항)	포인터 역참조	7.1절
&(단항)	변수의 주소	5.9절, 7.1절
new	힙 할당	7.4절
delete	힙 재사용	7.4절
sizeof	변수 또는 타입의 크기	부록 F
(*type*)	캐스트	다루지 않음
*	멤버에 대한 포인터에 접근한다	다루지 않음
->*	멤버에 대한 포인터를 역참조 및 접근한다	다루지 않음

연산자	설명	참고 위치
*	곱셈	2.2.1절
/	나눗셈 또는 정수 나눗셈	2.2.1절, 2.2.3절
%	정수 나머지	2.2.3절
+	덧셈	2.2.1절
-	뺄셈	2.2.1절
<<	출력	1.5절, 2.3.2절, 부록 G
>>	입력	2.3.1절. 부록 G
<	미만	3.2절
<=	이하	3.2절
>	초과	3.2절
>=	이상	3.2절
==	동등	3.2절
!=	다름	3.2절
&	Bitwise AND	부록 G
^	Bitwise XOR	부록 G
|	Bitwise OR	부록 G
&&	부울 AND	3.7절
||	부울 OR	3.7절
?:	조건부 연산자	특강 3.1
=	할당	2.1.4절
+= -= *= /= %= &= != ^= >>= <<=	결합된 연산자 및 할당	특강 3.4
,	표현들의 시퀀싱	다루지 않음

부록 D

글자 코드

Character Codes

이 이스케이프 시퀀스들은 문자열(예: "\n")과 글자(예: '\"')에 나타날 수 있다.

이스케이프 시퀀스	설명
\n	새 줄
\r	캐리지 리턴
\t	탭
\v	수직 탭
\b	백스페이스
\f	줄 바꾸기(form feed)
\a	경보
\\	백슬래시
\"	큰 따옴표
\'	작은 따옴표
\?	질문 기호
$\backslash xh_1h_2$	16진수로 명시된 코드
$\backslash o_1o_2o_3$	8진수로 명시된 코드

표 1 ASCII 코드 표

십진 코드	16진 코드	글자	십진 코드	16진 코드	글자	십진 코드	16진 코드	글자	십진 코드	16진 코드	글자
0	00	\0	32	20	Space	64	40	@	96	60	‘
1	01		33	21	!	65	41	A	97	61	a
2	02		34	22	"	66	42	B	98	62	b
3	03		35	23	#	67	43	C	99	63	c
4	04		36	24	$	68	44	D	100	64	d
5	05		37	25	%	69	45	E	101	65	e
6	06		38	26	&	70	46	F	102	66	f
7	07	\a	39	27	'	71	47	G	103	67	g
8	08	\b	40	28	(	72	48	H	104	68	h
9	09	\t	41	29	)	73	49	I	105	69	i
10	0A	\n	42	2A	*	74	4A	J	106	6A	j
11	0B	\v	43	2B	+	75	4B	K	107	6B	k
12	0C	\f	44	2C	,	76	4C	L	108	6C	l
13	0D	\r	45	2D	-	77	4D	M	109	6D	m
14	0E		46	2E	.	78	4E	N	110	6E	n
15	0F		47	2F	/	79	4F	O	111	6F	o
16	10		48	30	0	80	50	P	112	70	p
17	11		49	31	1	81	51	Q	113	71	q
18	12		50	32	2	82	52	R	114	72	r
19	13		51	33	3	83	53	S	115	73	s
20	14		52	34	4	84	54	T	116	74	t
21	15		53	35	5	85	55	U	117	75	u
22	16		54	36	6	86	56	V	118	76	v
23	17		55	37	7	87	57	W	119	77	w
24	18		56	38	8	88	58	X	120	78	x
25	19		57	39	9	89	59	Y	121	79	y
26	1A		58	3A	:	90	5A	Z	122	7A	z
27	1B		59	3B	;	91	5B	[	123	7B	{
28	1C		60	3C	<	92	5C	\	124	7C	|
29	1D		61	3D	=	93	5D	]	125	7D	}
30	1E		62	3E	>	94	5E	^	126	7E	~
31	1F		63	3F	?	95	5F	_	127	7F	

부록 E

C++ 라이브러리 요약

C++ Library Summary

표준 코드 라이브러리

〈cmath〉

- `double sqrt(double x)`

  함수: 제곱근, $\sqrt{x}$
- `double pow(double x, double y)`

  함수: 멱승, x^y. 만일 $x > 0$이면, y는 아무 값이나 가능. 만일 x가 0이면, y는 > 0이어야 한다. 만일 $x < 0$, y는 정수이어야 한다.
- `double sin(double x)`

  함수: Sine, $\sin x$ (x in radians)
- `double cos(double x)`

  함수: Cosine, $\cos x$ (x in radians)
- `double tan(double x)`

  함수: Tangent, $\tan x$ (x in radians)
- `double log10(double x)`

  함수: 십진 log, $\log_{10}(x)$, $x > 0$
- `double fabs(double x)`

  함수: 절대값, $|x|$

〈cstdlib〉

- `int abs(int x)`

  함수: 절대값, $|x|$
- `void exit(int n)`

  함수: 상태 코드 n으로 프로그램을 종료한다.
- `int rand()`

  함수: 랜덤한 정수

- void **srand**(int n)

  함수: 랜덤 수 생성기의 씨드를 n으로 설정한다.

〈cctype〉

- bool **isalpha**(char c)

  함수: c가 문자인지 테스트한다.
- char **isalnum**(char c)

  함수: c가 문자나 수인지 테스트한다.
- bool **isdigit**(char c)

  함수: c가 숫자인지 테스트한다.
- bool **isspace**(char c)

  함수: c가 공백(white space)인지 테스트한다.
- bool **islower**(char c)

  함수: c가 소문자인지 테스트한다.
- bool **isupper**(char c)

  함수: c가 대문자인지 테스트한다.
- char **tolower**(char c)

  함수: c의 소문자를 반환한다.
- char **toupper**(char c)

  함수: c의 대문자를 반환한다.

〈ctime〉

- time_t **time**(time_t* p)

  함수: 1970년 1월 1일 00:00:00 GMT 이래 초 수를 반환한다.
  만일 p가 NULL이 아니면, 반환 값도 p가 가리키는 곳에 저장된다.

〈string〉

- istream& getline(istream& in, string s)istream& **getline**(istream& in, string s)

  함수: 입력 스트림 in으로부터 다음 입력 줄을 얻어서, 문자열 s에 저장한다.

Class string

- int string::**length**() const

  멤버 함수: 문자열의 길이를 반환한다.
- string string::**substr**(int i) const

  멤버 함수: 문자열의 인덱스 i부터 끝까지의 부문자열을 반환한다.
- string string::**substr**(int i, int n) const

  멤버 함수: 인덱스 i부터 시작해서 길이가 n인 부문자열을 반환한다.

- const char* string::**c_str**() const

  멤버 함수: 이 문자열의 글자들을 갖는 char 배열을 반환한다.

⟨iomanip⟩

- **boolalpha**

  조종자: 부울 값이 디폴트 1과 0 대신에 true와 false로 표시되게 한다.
- **fixed**

  조종자: 0이 뒤에 따라붙는, 고정된 부동소수점 포맷을 선택한다.
- **left**, **right**

  조종자: 필드 폭보다 짧으면 좌 또는 우로 값들을 맞춘다.
- **scientific**

  조종자: 1.729000e+03 같은 과학 부동소수점 포맷을 선택한다.
- **setfill**(char c)

  조종자: 채움 문자를 글자 c로 설정한다.
- **setprecision**(int n)

  조종자: 고정 및 과학 포맷들에서 부동소수점 값들의 정밀도를 소수점 다음 n 자리로 설정한다.
- **setw**(int n)

  조종자: 그 다음 필드의 폭을 설정한다.

⟨iostream⟩

Class istream

- bool istream::**fail**() const

  함수: 입력이 실패하면 참.
- istream& istream::**get**(char& c)

  함수: 그 다음 글자를 얻어서 c에 넣는다.
- istream& istream::**unget**()

  함수: 읽힌 마지막 글자를 스트림에 돌려줘서, 그 다음 입력 연산에서 다시 읽히게 한다; 한 번에 한 글자만 제자리에 되돌려 놓아질 수 있다.
- istream& istream::**seekg**(long p)

  함수: get 위치를 위치 p로 옮긴다.
- long istream::**tellg**()

  함수: get 위치를 반환한다.

Class ostream

- ostream& ostream::**seekp**(long p)

  함수: put 위치를 위치 p로 옮긴다.
- long ostream::**tellp**()

  함수: put 위치를 반환한다.

⟨fstream⟩

Class ifstream

- void ifstream::**open**(const char n[])

  함수: 읽기용으로 이름 n인 파일을 연다.

Class ofstream

- void ofstream::**open**(const char n[])

  함수: 쓰기용으로 이름 n인 파일을 연다.

Class fstream

- void fstream::**open**(const char n[])

  함수: 읽기 및 쓰기용으로 이름 n인 파일을 연다.

Class fstreambase

- void fstreambase::**close**()

  함수: 파일 스트림을 닫는다.

Notes:
- fstreambase은 ifstream, ofstream, fstream의 공통 기반 클래스이다.
- 입력 및 출력용으로 이진 파일을 열려면 f.open(n, ios::in | ios::out | ios::binary)을 사용한다.

⟨strstream⟩

Class istringstream

- istringstream::**istringstream**(string s)

  문자열 s로부터 읽는 문자열 스트림을 구성한다.

Class ostringstream

- string ostringstream::**str**() const

  함수: 문자열 스트림에 의해 수집된 문자열을 반환한다.

Notes:
- istrstream을 구성하기 위해서 istrstream(s.c_str())을 호출한다.
- ostrstream out에 의해 수집된 글자들을 포함하는 문자열 객체를 얻기 위해서 s = string(out.str())을 호출한다.

⟨vector⟩

Class vector<T>

- int vector<T>::**size**() const

  함수: 컨테이너의 요소 수를 반환한다.

- vector<T>::**vector**(int n)

  함수: n개 요소를 갖는 벡터를 구성한다.

- void vector<T>::**push_back**(const T& x)

  함수: 마지막 요소 다음에 x를 삽입한다.

- void vector<T>::**pop_back**()

  함수: 마지막 요소를 제거한다(반환하지는 않는다).

- T& vector<T>::**operator**[](int n)

  함수: 인덱스 n의 요소에 접근한다.

- T& vector<T>::**at**(int n)

  함수: 인덱스가 범위 안에 있는지 확인하면서, 인덱스 n의 요소에 접근한다.

용어 사전

Glossary

가상 함수 파생 클래스에서 재정의될 수 있는 함수. 호출되는 실제 함수는 런 타임 때의 호출 대상 객체의 타입에 의해 결정된다.

값 파라미터 함수 파라미터로서, 그 값이 함수의 파라미터 변수에 복사된다. 만일 변수가 값 파라미터로서 전달되면, 함수 안에서 그 파라미터 변수에 변화가 가해져도, 바깥의 원래 변수는 영향을 받지 않는다.

객체 슬라이싱 파생 클래스의 객체를 기반 클래스의 변수에 복사하는 것. 파생 클래스의 데이타에 손실이 발생한다.

객체 지향 프로그래밍 협력하는 객체들에 의해 작업들이 허결되는 프로그래밍 스타일.

경계 오류 적법한 범위 바깥의 배열 요소에 접근하려고 시도하는 것.

경계 테스트 케이스 적법한 값들의 집합의 바깥 경계에 있는 값들을 포함하는 테스트 케이스. 예를 들어서, 만일 어떤 함수가 음이 아닌 모든 정수들에 대해 동작할 것으로 기대된다면, 0이 경계 테스트 케이스이다.

공백(White space) 빈칸(space), 탭, 그리고/또는 newline 글자들로 구성되는 시퀀스.

관계 연산자 두 값을 비교하는 연산자. 부울 결과를 산출한다.

구조체 임의의 타입의 항목들을 단일 값으로 합치기 위한 구성체.

글자 단일 문자, 숫자, 또는 기호.

기계 코드 CPU에 의해 직접 실행될 수 있는 명령어들.

기반 클래스 그로부터 다른 클래스가 파생된 클래스.

내재적 파라미터 멤버 함수가 호출되는 객체. 예를 들면, 호출 `x.f(y)`에서 객체 `x`는 `f`의 내재적 파라미터이다.

논리 연산자 부울 값들에 적용될 수 있는 연산자. C++에는 세 개의 논리 연산자가 있다: &&, `||`, `!`.

논리 오류 문법적으로 옳은 프로그램의 오류로서, 프로그램이 그 규격과 다르게 동작하게 만든다.

다형성 파라미터의 실제 타입을 비교해서, 같은 이름을 갖는 여러 함수들 중에서 하나를 선택하는 것.

단계적 정제 문제를 더 작은 문제들로 나누고, 그들을 또 다시 더욱 분해해서 문제를 해결하는 것.

단항 연산자 인수가 하나인 연산자.

대롱거리는 포인터 유효한 위치를 가리키지 않는 포인터.

대소문자 구별(Case-sensitive) 대.소문자를 구별하는 것.

대체 원칙 기반 클래스 객체가 필요할 때 항상 파생 클래스 객체를 사용할 수 있음을 명시하는 규칙.

데이타 멤버 클래스의 모든 객체에 존재하는 변수.

둥지 튼 블록 다른 블록 안에 포함된 블록.

둥지 튼 루프 다른 루프 안에 포함된 루프.

디렉터리 파일이나 다른 디렉터리들을 담을 수 있는 디스크 상의 구조체; 폴더라고도 불림.

디버거 버그가 있는지 프로그램을 분석하기 위해서, 프로그램을 사용자가 한 번에 하나 또는 두어 단계씩 실행하고, 실행을 중단시키고, 변수를 조사할 수 있게 해주는 프로그램.

디폴트 생성자 파라미터 없이 불려질 수 있는 생성자.

라이브러리 프로그램에 포함될 수 있는, 미리 컴파일된 함수들의 집합.

랜덤 접근 앞의 값들을 읽을 필요가 없이 모든 값에 직접 접근하는 능력.

런 타임 오류 논리 오류를 참고하라.

루프 반복적으로 실행되는 명령어 시퀀스.

루프-반 종료 판정이 시작에도, 끝에도 없는 루프.

링커 객체와 라이브러리 파일들을 실행 파일로 결합하는 프로그램.

마법수 설명이 없이 프로그램에 등장하는 수.

메모리 컴퓨터에서 코드와 데이타를 저장하는 회로.

메모리 누출 동적으로 할당되었으나 힙 관리자에 반환된 적이 없는 메모리. 메모리 누출이 계속되면 힙 관리자가 메모리가 부족하게 만들 수도 있다.

멤버 함수 클래스에 의해 정의되고, 그 클래스의 객체에 대해 작동하는 함수.

명령줄 명령창에서 프로그램을 시작할 때 타이핑하는 줄. 프로그램 이름과 명령줄 인자로 구성된다.

명령줄 인자 프로그램이 사용할 수 있는, 명령줄에 제공되는 추가적인 정보 문자열.

명시적 파라미터 함수가 호출된 객체가 아닌, 멤버 함수의 파라미터.

모듈러스 연산자 정수 나눗셈의 나머지를 산출하는 % 연산자.

문법(Syntax) 특정 프로그래밍 언어에서 명령을 형성하는 방법을 정의하는 규칙들.

문법 오류 프로그래밍 언어 규칙을 따르지 않고, 컴파일러에 의해 거부되는 명령.

문자열 글자 시퀀스

바이트 0에서 255 사이의 수(8 비트). 기본적으로 오늘날 제작되는 모든 컴퓨터는 바이트를 메모리의 최소 저장 단위로 사용한다.

반올림 오차 컴퓨터가 유한한 자릿수의 부동소수점 수만을 저장할 수 있다는 사실로 인한 오차.

반환 값 반환 명령문을 통해서 함수가 반환하는 값.

배열 같은 타입의 값들의 모음. 각각은 정수 인덱스에 의해 접근될 수 있다

부울 연산자 논리 연산자를 참고하라.

부울 타입 두 값, 즉, 참고 거짓을 갖는 타입.

벡터 동적으로 성장하는 배열을 위한 표준 C++ 템플릿.

변수 다른 값들을 담을 수 있는 저장 공간.

병렬 배열 같은 길이의 배열들로서, 상응 요소들이 논리적으로 관련된다.

부동소수점 수 소수부가 있는 실수.

블랙 박스 주어진 사양을 가지나, 구현이 알려지지 않은 장비.

블록 {}로 묶인 명령문 그룹.

비초기화 변수 특정 값으로 설정되지 않은 변수. 그 변수가 점유하는 메모리 위치에 존재하는 "랜덤한" 바이트로 채워진다.

비트 이진 숫자. 정보의 최소 단위로서, 0과 1의 두 값을 가질 수 있다. *n*개의 비트로 구성된 데이타 요소는 2^n개의 가능한 값들을 가진다.

사전식 순서 두 문자열에 대해서 모든 매칭 글자들은 건너 뛰고, 맨 처음 매칭하지 않는 글자들을 비교해서, 문자열들을 사전에서와 같은 순서로 정렬하는 것. 예를 들면, 사전식 순서에서 "orbit"은 "orchid" 앞에 온다. C++에서는 사전과 달리 정렬 때 대.소문자를 구별함을 주의한다: Z가 a의 앞에 온다.

상속 일반적인 기반 클래스와 특화된 파생 클래스 간의 "*is-a*" 관계.

상수 프로그램에 의해 바뀔 수 없는 값. C++에서 상수는 예약어 `const`로 표시된다.

생성자 새로 할당된 객체를 초기화하는 함수.

선언 변수, 함수, 또는 클래스의 존재를 발표는 하지만 정의는 하지 않는 명령문.

선택 정렬 요소가 남아있지 않을 때까지 최소 요소가 반복적으로 발견 및 제거되는 정렬 알고리듬.

센티널 실질적인 입력 값으로서가 아니라 입력의 끝을 표시하기 위해서 사용되는 입력의 값.

소스 파일 프로그래밍 언어의 명령들을 포함하는 파일.

수도랜덤 수 겉보기에는 랜덤하게 보이나, 어떤 공식에 의해 생성되는 수.

수도코드 프로그램을 위한 코드를 개발할 때 사용되는 영어와 C++의 혼합체.

순차적 접근 값을 건너뛰지 않고 하나씩 접근하기.

스코프 변수가 정의된 프로그램 부분.

스터브(stub) 기능이 없거나 최소한인 함수.

스트림 바이트 시퀀스에 대한 추상적 개념으로서, 그로부터 데이타를 읽거나 거기에 데이타를 쓸 수 있다.

실패한 스트림 상태 그 다음 스트림 위치가 숫자를 제공하지 않을 때 수를 읽거나, 파일의 끝에 도달하고 나서도 읽는 것 같은, 무효한 연산이 시도된 후의 스트림의 상태.

실행 파일 프로그램의 기계 명령어들을 포함하는 파일.

알고리듬 문제를 풀기 위한 분명하고, 실행 가능하며, 종료하는 명세.

연산자 +나 && 같은, 수학 또는 논리 연산을 나타내는 기호.

연산자 우선순위 어느 연산자가 먼저 평가되는지를 통제하는 규칙. 예를 들면, C++에서 && 연산자는 || 연산자 보다 더 높은 우선순위를 가진다. 그래서 `a || b && c` 는 `a || (b && c)`로 해석된다.

예외 프로그램이 정상적으로 지속되는 것을 막는 조건.

예약어 프로그래밍 언어에서 특별한 의미를 갖는 단어이며, 그래서 프로그래머가 이름으로 사용할 수 없다.

오버라이딩 기반 클래스의 함수를 파생 클래스에 재정의하는 것.

오버로딩 함수 이름이나 연산자에 둘 이상의 의미를 부여하는 것.

요소(Element) 배열의 한 저장 장소.

용량 배열 같은 데이타 구조가 잠재적으로 담을 수 있는 값의 수–현재 담고 있는 요소 수인 크기(size)와는 다르다.

유니코드 세계 각국의 문자에 사용되는 글자들에 두 바이트로 구성된 값을 할당하는 표준 코드.

유닛 테스트 프로그램의 나머지 부분과 분리되어, 함수 자체만에 대해 수행되는 테스트.

이진 탐색 정렬된 배열에서 어떤 값을 찾기 위한 고속 알고리듬. 매 단계에서 탐색을 배열의 반으로 좁힌다.

이진 파일 값들이 이진 표현으로 저장된 파일로서, 텍스트로 읽혀질 수 없다.

이스케이프 글자 보이는 그대로 취급되지 않고, 그를 따르는 글자 또는 글자들과 결합될 때 특별한 의미를 갖는, 텍스트의 글자. \ 글자가 C++ 문자열의 이스케이프 글자이다.

인수 함수 호출 때의 파라미터 값 또는 연산자에 의해 결합된 값들 중 하나.

인덱스 배열의 요소의 위치.

인터페이스 주어진 타입의 객체들에 적용될 수 있는 함수 집합.

잇기(Concatenation) 한 문자열을 다른 문자열 다음에 붙이는 것.

재귀 함수 더 간단한 값들로 자신을 호출할 수 있는 함수. 가장 간단한 값은 자신을 호출하지 않고 처리해야 한다.

전역 변수 스코우프가 단일 함수로 제한되지 않는 변수.

접근자 함수 객체에 접근하나, 바꾸지는 않는 함수.

점 표기(Dot notation) 객체에 대해 멤버 함수를 부르는데 사용되는 *object.function(parameters)* 표기.

정수 소수부가 없는 수.

정수 나눗셈 두 정수의 몫은 취하고 나머지는 버리는 것. C++에서 / 기호는 두 인자 모두 정수이면 정수 나눗셈을 나타낸다. 예를 들어, 11 / 4는 2.75가 아니라 2이다.

정의 변수, 함수 및 그의 구현, 타입, 또는 클래스 및 그의 속성들을 완전하게 기술하는 명령문 또는 일련의 명령문들.

종합 관계 클래스 간의 "*has-a*" 관계.

주석(Comment) 프로그램을 읽는 이가 이해할 수 있게 하는 설명; 컴파일러는 무시한다.

주소 메모리에서 변수의 위치를 규정하는 값.

지역 변수 스코프가 단일 블록인 변수.

참조 파라미터 호출에 제공된 변수에 묶인 파라미터. 함스 안에서 이 파라미터에 변화가 생기면 그 함수 바깥의 변수에 영향을 준다.

초기화 변수가 생성될 때 잘 정의된 값으로 설정하는 것.

추적 메시지(Trace message) 디버깅 목적으로 하는 프로그램 런(run) 동안 인쇄되는 메시지.

캐스트 값을 한 타입에서 다른 타입으로 전환하는 것. 예를 들면, 부동소수점 수 x로부터 정수로의 캐스트는 C++에서는 정적 캐스트 표기인 `static_cast<int>(x)`로 표현된다.

캡슐화 구현 디테일을 숨기는 것.

컴파일러 C++ 같은 고수준 언어 코드를 기계 명령어들로 번역하는 프로그램.

컴파일 타임 오류 문법 오류 참고.

클래스 프로그래머 정의 데이타 타입

타입 이름이 붙은 값들의 집합과 그들과 함께 수행될 수 있는 연산들.

탭 글자(Tab character) 그 줄의 그 다음 글자를 탭 스톱으로 알려져 있는 고정된 스크린 위치들의 집합 중 바로 다음 것으로 보내는 `'\t'` 글자.

테스트 범위(Test coverage) 테스트케이스들이 런(run)될 때 실행(execute)되는 프로그램의 명령들.

텍스트 파일 값들이 텍스트 표현으로 저장되어 있는 파일.

파라미터 변수 함수가 호출될 때 인자 값으로 초기화되는 함수의 변수.

파생 클래스 데이타 멤버 추가, 멤버 함수 추가, 또는 멤버 함수 재정의에 의해 기반 클래스를 변경하는 클래스.

파일 디스크에 저장된 바이트 시퀀스.

파일 열기 읽기 또는 쓰기를 위해 파일을 준비하는 것.

파일 포인터 읽히거나 쓰일 그 다음 바이트의 파일 내 위치. 파일의 임의의 바이트에 접근하도록 이동될 수 있다.

퍼블릭 인터페이스 모든 클라이언트가 접근 가능한 클래스 특징들.

포인터 객체의 메모리 위치를 나타내는 값.

폴더 디렉터리.

표현 상수, 변수, 그리고/또는 함수 호출, 그리고 그들을 결합하는 연산자들로 구성된 문법 구성.

프로토타입 파라미터 타입과 반환형을 포함하는, 함수의 선언.

프롬프트 프로그램 사용자가 입력을 제공하도록 안내하는 문자열.

할당 새 값을 변수에 넣는 것.

함수 파라미터 변수들의 값을 달리해서, 여러 번 호출될 수 있는 명령문 시퀀스.

헤더 파일 컴파일러에게 다른 모듈이나 라이브러리에 있는 특징들을 알려주는 파일.

화살표 연산자 -> 연산자. `p->m` 는 `(*p).m`과 같다.

확장자 파일 이름의 끝 부분으로서, 파일 타입을 규정한다. 예를 들면, 확장자 `.cpp`는 C++ 파일임을 나타낸다.

힙 프로그램이 실행될 때 메모리가 할당될 수 있는 저장 공간.

ANSI/ISO C++ 표준 미국표준협회와 국제표준화기구가 개발한 C++을 위한 표준.

ASCII code 미국 정보교환 표준 코드. 0에서 127 사이의 코드 값들을 문자, 숫자, 구두점 기호, 제어 글자와 연관시킨다.

`break` **문** 루프나 swich 문을 종료시키는 명령.

CPU(Central Processing Unit) 컴퓨터에서 기계 명령어들을 실행하는 부분.

delete 연산자 메모리를 힙으로 보내서 재활용하는 연산자.

IDE(Integrated Development Environment, 통합 개발 환경) 편집기, 컴파일러, 디버거를 포함하는 프로그래밍 환경.

`#include` **지시어** 헤더 파일을 포함시키기 위한, 전처리기에 대한 명령.

`main` **함수** 프로그램이 실행할 때 맨 처음으로 호출되는 함수.

mutator 함수 객체의 상태를 바꾸는 멤버 함수.

new 연산자 힙으로부터 새 메모리를 할당하는 연산자.

Newline 한 줄의 끝을 나타내는 '\n' 글자.

Off-by-one 오류 값이 정상보다 1만큼 더 크거나 작아지는 흔한 프로그래밍 오류.

void 타입이 없거나 알려져 있지 않음을 나타내는 예약어.

Walkthrough 올바로 동작하는지를 테스트하기 위해서 손으로 프로그램 또는 프로그램의 일부를 시뮬레이션하는 것.

찾아보기

Index

국문 찾아보기

ㄹ

ㅁ

ㅂ

ㅅ

ㅇ

ㅈ

기타

영문 찾아보기

역자 소개

유현중 | 상명대학교 공과대학 정보통신공학과 교수
yoohj@smu.ac.kr

C++ 에브리원 제2판

C++ FOR EVERYONE 2/E

2판 1쇄 발행 2012년 8월 30일

지 은 이 Cay Horstmann
옮 긴 이 유현중
발 행 인 최규학

진 행 고광노
본 문 (주)우일미디어디지텍
표 지 김남우

발 행 처 도서출판 ITC
등록번호 제8-399호
등록일자 2003년 4월 15일
주 소 경기도 파주시 문발동 파주출판단지 535-7
세종출판벤처타운 307호
전 화 031-955-4353(대표)
팩 스 031-955-4355
이 메 일 itc@itcpub.co.kr

인 쇄 한승문화사
용 지 신승지류유통
제 본 동호문화

ISBN-13 : 978-89-6351-040-8 (93560)
ISBN-10 : 89-6351-040-9

값 28,000원

www.itcpub.co.kr